森と悪魔

森と悪魔

中世・ルネサンスの闇の系譜学

伊藤 進

岩波書店

森と悪魔

目次

目　次

はじめに　森と竜と聖人

森というときまって思い浮かぶ絵画がある。それは、一六世紀前半にドイツで活躍したアルブレヒト・アルトドルファーの描く《聖ゲオルギウスのいる風景》という、縦横三〇センチにも満たない小品(図1)である。[1] 一五一〇年という年記からしてアルトドルファーの初期の作品といってよいと思うが、小品ながらこの絵画が観者《かんじゃ》に与えるインパクトは強烈なものがある。

一見して息をつめてしまうのは、観る者のほうに盛り上がるように迫ってくる木々の量感のためである。深い緑というよりは、どちらかというと落陽の光でも映しているのか、妙に不安な気持ちにさせる黄金色に染まった葉叢と、上方に突き抜けるように伸びあがった枝振りが印象的で、観る者を圧するような自然の力感がよく表現されている。その圧倒的な枝振りと生い茂る葉が渾然となったひとつのマッスを前にして、その精細な細部描写にまで目を凝らしていると、われ知らず眩暈に襲われそうになる。木立のあいだからは遠望の山がかすかに姿を見せる。[2] ここにみなぎっているのは明らかに暗闇であり、アルトドルファーは原始の森を描いているのである。主題となっているはずの聖人はどこかと探せば、なんと画面をいっぱいに覆う森の大きな木々とは対照的に、ごく小さく画面の下方に添え物といった感じで描かれているではないか。聖ゲオルギウスは王女を襲う竜を長槍で退治した武勇伝によって知られ、図像的には白馬に跨って騎士然とした聖人が槍ないし剣で竜を成敗するという場面が一般である。なるほどよくよく見れば、鎧姿の聖人が持つ剣の切っ先に、奇怪な有翼の竜が口を開けていましも攻撃体勢にある。

図1　アルブレヒト・アルトドルファー《聖ゲオルギウスのいる風景》（16世紀前葉，ミュンヘン，アルテ・ピナコテーク）

それにしても圧倒する森の大きさに較べて、慎ましやかに描かれた聖人と竜の不釣り合いなまでのささやかさはどうだ。画家の関心は明らかに、提示された主題にもかかわらず、森の覆いかぶさってくるような感覚を観者《かんじゃ》に与えることにあるようだ。言い換えれば、自然の幻想的で不安に満ちた様相を描写することである。

この絵を見ながらふと思うのだ。じつはヨーロッパ人が抱いていた森のイメージとは、アルトドルファーが描いてみせたこの森そのものではなかったか、と。少なくとも一六世紀ころまでのヨーロッパの人々にとって、森はごく身近にありながらも、アルトドルファーの絵にあるごとく、その鬱蒼として圧倒的な佇まいになにかしら不安と恐怖を覚える存在ではなかっただろうか。

今日であればたいてい、森林を散策しようとするには、ブーローニュの森にせよフォンテーヌブローの森にせよ、車かなんらかの交通手段を用いてひとまず森の縁に近づかなければならない。ところが往昔のヨーロッパでは、森が人間の住処のすぐ近くにまでその影を落としていた。町や村を出ればただちに森にさしかかることは、たとえば、フランス一七世紀のシャルル・ペローの童話「赤ずきんちゃん」に読み取ることができる。知られるように、赤ずきんちゃんは「別の村に住むおばあさんの所へ(3)」お菓子をもっていくために――グリム童話ではおばあさんは「村から三〇分ぐらいかかる森のなか(4)」に住んでいることになっている――でかけるのだが、そのためには「森を通って」行かなければならない。つまり森の向こうにある「村に入って最初の家」をめざすのだった。このことから、村と村とのあいだに大きな森があって、それが村境をなしていたことが分かる。だからといって、「一七、一八世紀までは村とか町は森という大海原に浮かんでいる小島のようなもので、森に囲まれながらおのおのが閉鎖的な小宇宙を作っていた(5)」とするのは、中世ヨーロッパの場合ならいざしらず、森林が大幅に後退した一七世紀に適用するにはいささか無理があるだろう。とはいえ、森が人々に日常親しいものであったことは紛れもない事実であり、善きにつけ悪しきにつけ、人々はたえず森を意識しながら生活を営まざるをえなかったのである。

実際のところ、典型的な中世ヨーロッパの地勢を想い起こせば、赤ずきんちゃんの地理はいっそうはっきりするだろう。集落をなす家々の周りには、泥棒や山賊どもに対して集団自衛するために、そして野獣の侵入にも備えて、囲いをめぐらした各戸の庭や果樹園が広がっている。都市でいえば、同心円を描いて拡大し、市壁に取り囲まれたなかに、見慣れた城塞の主塔や物見櫓や教会の鐘楼が空に突き上げている。肩を寄せ合うようにして建つ家並みをぬって市門を出れば、そこにはもう農民たちが毎日夜明けとともに耕しにでかける畑と野原が広がる。これらの耕地はたいてい家畜の群れが踏み荒らさないように囲いで守られていた。森の周辺部に近づくにつれ、森と農地が相半ばする地帯に出くわすだろう。そこは、火をつけられて伐り拓かれ、その灰で土壌が肥沃になった開墾地である。ここまで来ると、人々はもはや不安に陥らないではいられない。ひたひたと迫ってくる森をここで押し止め、鉈や斧を振るって押し返す努力がつねに払われている場所だ。実際、中世ヨーロッパの人々には文字どおり森は動いていると感じられ、人間がすこしでも手を休めれば、たちまち森が襲ってくるという恐怖に駆られていた。ペローの「眠れる森の美女」が年とった仙女の呪いにかかって百年の眠りについたあと、その城が一五分後には樹木や茨や灌木がおびただしく茂って覆い隠されてしまうとあるのも(6)、けっしてお伽話なればこその表現などではない。そこでは森は静態的なものではなくひたひたと押し寄せてくるもの、まさに森は動くという感覚があったということである。新石器時代の昔に放置された古い居住地が長いあいだに森に戻ってしまい、後になってそれが新たに開墾されなおした事例も存在するそうだし、放棄された葡萄畑の山が再び森に覆われたり、ローマ帝国の道路とか境界壁が今日では森のなかにあったりするらしいから、森はじっと静止しているものではないのだ(7)。こうしてみると、シェイクスピアの『マクベス』(一六〇五年ころ)で、「バーナムの森」が動くことにマクベスが恐れおののくのもまんざら絵空事ではない。さて、開墾地には牛飼い、樵、炭焼きらが住み、風下のほうにはところどころ、廃牛馬の解体を生業とするらい病者の小さな農地があった。このあたりまで独りでやって来るにはよほど勇気がいるだろう。開墾地の向こうにいよいよ森が始まる。それこそ実直な人であればだれも危険を犯してまで足を踏み入れることのない、暗く不気味な、悪意ある森だ(8)。

アルトドルファーの森はヨーロッパ人が森に対して抱く漠とした不安と恐怖の表徴ではないか、と前述した。現に、赤ずきんちゃんは狼との出会いに怯えなければならなかった。だがもっと恐ろしい目に遇うことすらあるのだ。同じペローの童話「親指小僧」では、「木の茂った深い森」に口減らしのために捨てられた親指小僧とその兄弟が「味わった怖い思い」が描かれている。

〔……〕子どもたちはすっかり悲しくなりました。歩けば歩くほど道に迷い、森の奥深く入りこんでしまうからです。夜になり、激しい風が吹き出すと、子どもたちは恐ろしくてたまりません。自分たちを食べにきた狼のうなり声だけが、あちこちから聞こえるように思えるのです。お互いに口をきくことも、後をふりむくこともはばかられるくらいです。強い雨が急に降り出し、骨までしみ通るようです。一足ごとにすべり、泥の中に転び、泥だらけのまま起き上がっても、手をどう使ったものかわからないのです。(9)

図2　ギュスターヴ・ドレ，シャルル・ペローの「親指小僧」のための挿絵(19世紀)

暗い森のなかで親指小僧たちが肩を寄せ合って恐怖に怯える様は、なによりもギュスターヴ・ドレの挿絵(図2)が雄弁に描ききっているところでもある。さんざん恐怖に襲われた末に親指小僧たちはようやく蠟燭の明かりのともる家に着いたものの、そこは人喰い鬼の家だった。それでも子どもたちは再び森に迷いでるくらいなら鬼に喰われたほうがましだと思うほどに、森の恐怖ははなはだしかったのである。第一、森に迷いこんだら最後、もう二度と森から出られないと信じられていたのだ。そう、森はなんでも貪り喰う怪物のようなものだったかもしれない。それだからこそ親指小僧たちも、グリム童話のヘンゼルとグレーテルも「二人兄弟」(KHM 60――一八五七年の決定版による物語番号)も森に捨てられたはずだった。
これはなにも童話の世界だけのことでも、一七世紀以前の話だけのことでもない。一九世紀になってもそんな深く怖い森がフランスにはまだ残っていたらしく、　九世紀フランスの女流作家ジョルジュ・サンドは、六歳になった一八一〇年のこと、パリへ行くのに馬車で森のなかを通ったときの恐怖を回想している。

オルレアンの森を通り抜けることは、もういま〔一八四七年〕ではどうということもない。私が子どものころには、この森はまだ堂々としてなにやら恐ろしいものだった。通り抜ける二時間というもの、大木が街道になおも影を落としていたし、旅のどんな感動にも必ずついてまわる追剝どもに、森のなかで馬車はしばしば止められたものだった。宵闇が迫るまえに森に着くためには御者たちを急がせなければならなかった。しかしこの祖母とのはじめての旅では、私たちがどんなに急いでも、森に着いたときにはもう真夜中だった[10]。

もっとも、これには続きがある。幼いサンドの心配は杞憂に終わり、このときは幸い山賊どもは出没しなかった。しかしサンドがもっと怖い思いをしたのは、ここで祖母が小間使いに問わず語りに話してきかせた思い出話を聞いたときだった。

いまじゃ、泥棒どもの襲撃もここではあまり見かけないし、それに〔フランス〕革命以前と較べれば森は街道沿いがたいそう刈り込まれているんだよ。昔は密生した茂みがあってね、溝なんてほとんどなかったのさ。だから何者が襲ったのかも知らないままに、自分の身を守る暇もあらばこそ襲撃されたもんだったよ。〔……〕強盗と殺人は日常茶飯のことだったので、その件数を数えて、旅行者にそれらを知らせる奇抜なやり方があったんだよ。追剝が捕まって、裁かれ、処刑されるとね、その仏が街道沿いの木々に吊り下げられたのさ。追剝が罪を犯したちょうどその場所にね。それで、ここでは街道のどちらの側からも、しかもごく間近に、枝に引っかけられて頭上で風にぶらぶら揺れる死体が見られたものさ。たびたび旅行するとね、もう吊り下げられた死体が全部見分けがついちゃって、毎年新参の死体を数えることができたんだよ。ということは、見せしめがたいして役に立っていなかったということを証明してるんだけどね。私はいまでも覚えているけれど、ある冬のこと、ずっと長いあいだそのままにされていたひとりのやんごとない女性を見たことがあってね。その黒髪は風になびいていたが、烏どもがその肉を奪い合おうとしてぐるぐる旋回していたよ。それはぞっとする光景だったし、ものすごい臭いが市門までついてきたっけ(11)。

つまりフランス革命以前の森はもっと物騒で恐ろしい場所だったということである。ましてアルトドルファーの時代の森とあれば、なにをかいわんや、である。

こうして、私たちがアルトドルファーの絵を前にして得た印象は必ずしも唐突なものではなかった。しかし、この森の絵にヨーロッパ人の抱く森のイメージの祖型を認めるだけではなく、この作品からもうひとつ重要な面を窺い知ることもできるのである。

竜と闘う聖ゲオルギウスは、とりわけヤコブス・デ・ウォラギネの『黄金伝説』(一二六一—六六年ころ)の記述でよく知られるようになってか、一三世紀から好んで採り上げられた絵画上の主題であった。リビュアの町シレナの近くに大きな湖があって、有毒の竜が棲んでいた。町の城壁の下に現れては毒気で空気を汚染して多くの人々を殺すこの竜をなだめすかすために、町の住民はそれぞれの息子や娘を人身御供として竜に差し出していたが、やがて籤で王の娘が竜の餌食となる巡り合わせになった。王女が湖までやって来たまさにそのとき、運よく騎士ゲオルギウスが馬で通りかかり、キリストの御名のもと、長い槍でみごと竜を斃した。[12] たぶんこの竜退治はギリシア神話「ペルセウスのアンドロメダ救出」のキリスト教的なパスティシュ(模作)であろうが、この主題を読み取るうえで鍵となるのは竜である。

竜(ドラゴン)はそのラテン語語源 draco が竜と蛇の双方を意味し、ときにはそれらが混用されることすらあった。大天使ミカエルが「火のように赤い大きな竜」(『ヨハネの黙示録』第一二章第三節)と戦った末に、『ヨハネの黙示録』第一二章第九節はつぎのように述べているからである。

> この巨大な竜、年を経た蛇、悪魔とかサタンとか呼ばれるもの、全人類を惑わす者は、投げ落とされた。地上に投げ落とされたのである。その使いたちも、もろともに投げ落とされた。

あるいは、開かれた天から下ってきたひとりの天使が、「悪魔でもサタンでもある、年を経たあの蛇、つまり竜を取り押さえ、千年の間縛っておき」(同、第二〇章第二節)、底なしの淵に閉じ込めてしまう、とも繰り返される。オリゲネスは『詩編』第七四編のレビヤタンに関連して、竜と蛇の同一性の確証を提起しているらしい。[13] これに加うるに、竜と混用される蛇は原罪を象徴する。このことから、竜はユダヤ教文化圏では悪を象徴したのである。したがって槍(ときには剣)を構えて怪物を討つ聖人の図柄は、一般に宗教的な悪に対する信仰の勝利を象徴しているとされる。[14] すなわち、異教に対するキリスト教の勝利である。そもそも西欧文明における竜の本来的機能は二つあるが、[15] そのうちのひとつがこれであった。もうひとつの機能は、古代異教の文脈ないしケルト・ゲルマン神話において、竜は宝物の番人として、人間が近づくのを許さなかったことである。ヘスペリデスの園に実る黄金の林檎、金羊毛、そしてニーベルンゲンの財宝を守る竜[16]。

なるほど、アルトドルファーはこの手のものでは月並みなテーマである、異教に勝利するキリスト教会を表現しようとしたのかもしれない。が、この二つめの機能をこそこの絵画に認めるべきなのである。竜は人間が森のなかに導入するかもしれない冒瀆から野生の自然を「守って」いるのである。アルトドルファーの描く森は、植物の生命に横溢した、汚れを知らない気高い原生林であった。怖じ気づかせはするものの人間にとって蠱惑的でもあるこの森を見張るのが、竜なのである。では、番人の竜を撃破する聖ゲオルギウスはなにを表徴するのか。野蛮な森を耕地に変えようとする、あるいは文化の萌芽を植えつけようとする人間の圧倒的な力と解することができよう。野生を人間文化が侵食・征服するのである。このとき野蛮対文化という根本的な二項対立の図式が浮かび上がってくる。

野蛮対文化という図式はさらに、森林対都市という二項対立に置き換えることもできるにちがいない。いったいにギリシア・ローマ文化は自然をまさに文明の対立概念に見立てていた。食文化からヨーロッパの歴史を見直したマッシモ・モンタナーリの言うように、「この文明という言葉自体、語義的に、人を自然から区別し隔てるよう造られた人工的秩序である都市の概念に、結び付いていたものだった[17]」のである。忘れてならないのは、悪疫から都市を守る聖ゲオルギウスは都市の守護聖人だということである。だからであろうか、ウッチェロやカルパッチオなど、一五世紀後半のイタリアの画家たちは聖人と竜の闘いの場を都市文明のさなかか、あるいはそれを示唆する開けた場所に設定するのだった。カルパッチオなどは都市風景を背景に決闘を据えたし、ウッチェロやラファエロは耕された田野の真ん中とか、都市の近くにある洞窟のまえに据えた。またフランドルの画家ロヒール・ファン・デル・ウェイデンも、アルトドルファーと同じドイツの画家ルーカス・クラーナハも遠方に都市を望む荒地に決闘場面をもってきていて、けっして森のなかにではない。しかるにアルトドルファーでは、本来的に都市のコノテーシヨンを具える聖人が巨大な森のなかで竜と闘うのである。都市が森林に対峙していることは明らかである。

さらに、都市ということでいえば、聖人の竜退治はそもそも都市の誕生あるいは開墾と連結する。各地域の聖人の生涯を伝える多くの伝説は、聖ゲオルギウスにかぎらず、聖人と竜ないし巨大な蛇との闘いを語っている。(18) しかもそれらはほぼ同じパターンを示していることを看過すべきではない。そこでは、人間による入植よりももっと昔から棲みついていた「土地の霊」(genius loci)が悪魔化されて、往々にして竜の姿をとり、聖人に打ち負かされたり駆逐されるのである。(19)

聖クレメンスは十字を切り、ストラ(聖職者が肩から掛けて膝まで垂らす長い帯状の祭服)でつなぐことで、メッスの洞窟にはびこっていた怪獣「グラウリ」あるいは「グラウイ」を従順にさせて、荒野に去って二度と悪事を働かぬよう命じた。聖ロマンは、ルーアンの市壁付近に棲みついて町の住民に大きな災いをもたらしていた竜「ガルグイユ」の首にストラを置いて、これを服従させ、町民たちに引き渡した。聖ルーはトロワ近郊に棲む残酷な竜「シェール・サレ(「塩漬けの肉」の意)」を退治したし、聖ヒラリウス(聖女ラドゴンドとする説もあり)は、ポワチエ近くの洞窟に棲息してサント・クロワ修道院の修道女たちを貪り喰った、人間の肉を好む竜「グラン・グール(「大きな口」の意)」を斃した。

また聖女マルタは有名な竜「タラスク」を退治したことで知られている。半ば蛇、半ば魚の竜が、アルルとアヴィニョンのあいだのローヌ河沿いに広がる森に棲んでいて、通りがかった人々の命を奪ったり船を沈めたりしていた。それを知ったマルタは竜を見つけるや、聖水を竜にふりかけ十字架を突きつけた。すると竜はまるで仔羊のようにおとなしくなり、マルタは腰帯で竜を縛ったが、人々はそれを殺してしまった。この竜はタラスクと呼ばれていたので、それにちなんで、古くはネルルク、すなわちこんもりとした森が続いていたところから「黒い森」と命名されていたこの地がタラスコンと称されたという。(20) ここで注目したいのは、竜が棲んでいた、のちにタラスコンと称される町の近くに横たわる未開の空間を、聖女マルタが開化(文明化)することに着手、人間世界を拡張して、人間に新しい土地を割り当てていることである。これは要するに、新しい空間が人間に開かれるということだ。文化による野生の侵食、新しい都市の誕生である。同じ構図は聖ヒラリウスの蛇退治にも認められる。蛇どもが蝟集するガリナリア島――ジェノヴァ湾の小島――に上陸すると、聖ヒラリウスは島の中央に一本の杭を打ち込んで、蛇どもにこの境界を越えてはならないと命じた。以後、蛇どもは島の半分から越境することはなかった(21)。これも聖人のおかげで新たな空間が人間に割かれたことを謂う。

さらにもうひとつ、聖女マルタや聖ヒラリウスのエピソードに引き合わせることのできる伝説を見ておこう。五七五年ころに書かれたウェナンティウス・フォルトゥナトゥスの『聖マルセル伝』によれば、高貴な家系を出自としながらふしだらだったある婦人の墓を暴いて、竜(蛇)がその死体を貪り喰った。物音を聞きつけて家族の者たちが駆けつけると、怪獣が首をもたげながら墓穴から出てくるところだった。これに恐れをなして、人々は家を打ち捨てて逃げていってしまった。これを伝え聞いた聖マルセルは、自分がこの怪獣を倒さねばならないと悟った。蛇が墓に戻ろうと森を出てくると、聖マルセルは祈りはじめた。すると怪獣は頭を垂れて、尾を振りながら赦しを乞うてきた。聖マルセルは蛇の頭を司教杖で三回打ち、蛇の首にストラを巻いて、「今後は、砂漠にとどまるか、水中に身を隠しなさい」と蛇を叱責した。怪獣は忽然と行方をくらまし、二度とその姿を見せなかった(22)。中世史家ジャック・ル・ゴフは明敏にも、このパリ司教の聖マルセルの竜退治が、キリスト教的な形態をとった、「土地の霊」に対する人間の勝利であることを指摘している(23)。竜に対する聖人の勝利は「土地の霊」の飼い馴らしにほかならず、竜の棲む森という荒野と竜が姿を消すように命じられた沼地とのあいだに広がる土地の整備、すなわち現在のフォーブール・サン＝マルセルの創設を意味するというのだ。中世初期に、司教＝企業家の保護のもとに、すこしずつの開墾と初歩的な排水で都市が成立していくことを証するものであるという。

このように、竜の放逐は文明化する行為なのである。悪と災厄をもたらす竜は、人間からすれば土地の発展を妨げるものでしかない。そこに獰猛な怪獣を退治する聖人が介入する。竜に対する聖人の勝利は、未開と野蛮、荒地と森と沼地を一挙に征服する文化の勝利そのものであり、同時に都市という新しい秩序と経済的な領域の誕生でもあった。

だがやがて、竜は都市の守護神に組み込まれる。柳の枝で作られた張り子の竜が豊作祈願祭《ロガシオン》（主の昇天の祝日に先立つ三日間）に町中を練り歩く習慣は一二世紀終わりころ――この時期は中世都市の絶頂期とも符合する――に生まれたのだが、この竜の口のなかにパンや果物などが差し込まれつつ執り行われる行進は、その都市に生きる共同体の繁栄と豊饒を呼び寄せるべく神の憐れみを冀《こいねが》う儀式に相当する。だからこそ、本質的に祭の竜は都市の現象なのであり、中世都市の建築物でたとえば風見にかたどられた竜も都市の豊かさを見守る守護者の役割を担うようになったのである。都市の創設は外敵を打ち破った勝利の結果であり、結束して都市を守るためにも共同体はアイデンティティーを必要とした。都市の創設神話に竜が登場する所以である。怪獣タラスクがタラスコンという町の名前のもとになったのも道理といえよう。一六世紀のフランソワ・ラブレーにとって、メッスのグラウリはもはや滑稽で、どこか親しみのある存在となっていた。

> それは、子供たちが恐ろしがるような、滑稽で醜怪な化物人形であったが、その眼は腹よりも大きく、頭は体全体よりも大きかったし、それに、上にも下にも、歯がずらりと並んだ、幅の広い恐ろしい大きな顎が附いていた。その上顎と下顎とを、金ぴかの竿のなかに匿された細紐仕掛で、恐ろしい音を立ててお互いに嚙み合わせたのである(24)［……］。

ラブレーは、一五四七年に、メッスの町に滞在していたと考えられるので、実際にこの張り子の竜が引き回されるのを目撃しているかもしれない。

ヨーロッパ文明における竜の象徴的意味から照射するのみならず、聖者伝における聖人と竜の闘いの文脈に聖ゲオルギウスと竜を改めて据えることで、森と竜と聖人の関係を宗教的な観点から捉えなおすこともできるだろう。原始の森を守る竜を打ち倒す聖人とは、神の御名のもとに神聖な森を伐り拓くもの、森に分け入って異教を排除するものである。フランスでいうならば、たとえばここにシトー修道会の仕事を想起すればよいかもしれない。聖ゲオルギウスは闘う教会なのである。森が未だ密生していた一五世紀のドイツとは異なり、フランスや南方の国々では、修道院の活動が森を減少させていた。換言すれば、異教の呪術に支配されて完全にはキリスト教化されきっていない森から、神の代理人たる聖人が異教の神々を駆逐することで、キリスト教化を完遂しつつあったということでもある。森林の文明化はキリスト教――キリスト教も本質的には都市の宗教であった――の定着化と同義なのであった。

かくて、「土地の霊」を駆逐する文化と都市の成立のアレゴリーと解釈されうるアルトドルファーの森の絵は、森林をめぐってさまざまな想念に私たちを誘うのだが、それでもきわめて根本的な問題を提起していると思われる。ヨーロッパの森を考えるとは、とりもなおさず、ヨーロッパ人の心に根づいていた異教的な信仰と習俗をキリスト教化していく闘う教会の戦略を照射し、さらには野蛮な森を伐り拓く都市文明の功罪を再考することにつながるのである。もちろん都市文明は森をすっかり同化しえたわけではない。ヨーロッパ文化のここかしこに森の記憶は露見するだろう。ともあれ、都市文化と対峙するものとしての森のイメージと、キリスト教によって馴化された野蛮な森の寓意とは、ヨーロッパにおける森のひとつのありようを示唆するものではある。間違いなく、ヨーロッパ精神の原風景がそこにある。

日常に親しい存在でありながら、なにかしら曖昧さが拭いえない森のイメージは、中世からルネサンスにかけて、想像力によってどのように肥大ないし枯渇していったのだろうか。あるいはこう問いなおしてもよい。現に存在する森は想像界でどのように変貌していったのだろうか、と。そこには人々の織りなす恐怖と夢が映し出されていたように思われる。森の記憶が鮮烈だった中世とルネサンスを中心に、ヨーロッパの精神風景としての森を考察すること、それが本書の意図するところである。

本書は、まず第一章で古代から近世までの森の歴史を粗描し、第二章で、中世・ルネサンスのヨーロッパ世界において、政治的・経済的に重要な位置を占めていた森林が生活の場としていかなる意味をもちえたかを考える。第二章、第四章では想像力の領域での森林を考察する。現実の生活では現れなくとも、書くことを媒体にすることで人々の精神に潜んでいる神話的な森のイメージが識閾に上ってくるものだ。それは、片や魑魅魍魎の跋扈する、伏魔殿としての世界、片や時間の流れとは無縁の、魔法と不可思議の世界である。ヨーロッパ人の森に対する想いの根底にあるのは、おそらく、このすぐれて異教的にして土着的な、驚異と摩訶不思議なものへの尽きせぬ好奇であり畏怖であった。最後に、第五章で森のイメージが中世からルネサンスにかけてどのように変遷しているかを文学表現に検証する。

第一章

かつてヨーロッパは森林の王国だった

1　ヨーロッパ文明と森、あるいは幽邃な森の影

はじめに森があった。アントワーヌ・フュルチエールが「その昔ヘルキュニアの森には全ヨーロッパがほぼすっぽりはいっていた」[1]と辞典（一六九〇年）に例示したように、実際、ヨーロッパの大部分は原始の時代に深い森林に覆われていた。そのなかに狭い耕地が点々と穴を穿ち、やがてそれらの点は村落になり、あるいは都市へと膨張し、まるで風穴をあけるように森のここかしこに文明空間が伐り拓かれてできたもの、それがヨーロッパ文明だといえる。

とはいえ、中世ヨーロッパの森の果てしなさを強調しすぎるのも正しくない。なるほど現代よりはるかに森の占める面積は大きかったにしても、広大な鬱然たる森の拒絶性という、カエサルやタキトゥスらのローマの著述家たちが抱いた強烈な印象はたぶんに誇張されていて、私たちはそれを割り引いて考えなければならないからである。プリニウスなどはゲルマニアに途方もない大木があるとして、「根が互いに張り合い枝の高さにまでも高まってアーチをなしていて、その下を騎兵中隊が通過することができる」[2]ほどだったと書いている。第一、鬱蒼とした森ばかりでないことは、タキトゥスがトイトブルガーヴァルトの森での決戦に関する報告のなかで、樹木のない平地や木が疎らで透けて明るい森にも言及していることから明らかであろう[3]。

もちろん森の占める比率などはっきり割り出せるわけではないが、それでも、たとえばローマ化される以前はドイツの大地の三分の二は森で覆われていて、場所によっては四分の三を超えたと推定されている[4]。フランスでも、ローマ人によるガリア征服までは、ケルト人に伐り拓かれることがあったにせよ、全土は概ね森に覆われていて、楢やブナなどの広葉樹、樅などの針葉樹が密生した森を形成していた。ある説によれば、八百万人の住民に食糧を供給するために国土の三分の一が耕作され、残る三分の二が未開の森からなっていて、その面積はおよそ四千万ヘクタールに相当したという[5]。現在、ドイツ全土において森林は地表の

二九パーセントを、フランスでは二五パーセントをそれぞれ占めるにすぎないから、[6]お寒い現状とちょうど対照的なイメージを思い描いておけばいいのかもしれない。

では、ガリアの鬱蒼とした森を目の当たりにして戦慄したとされるローマ人は、自分たちの地中海地域における森林とどのように向き合っていたのか。牧神《ファウヌス》、森の神《シルウァヌス》、木の精《ドリュアス》、サテュロス、パンといった神々がギリシア・ローマ神話に登場することからも察せられるように、古代ギリシア・ローマにおいて森林は聖なる境域と見做されて、特別の思い入れがなされていた。

いったいに古代ギリシアにも山を覆う森は存在していた。『アポローンへの讃歌』(前五八六年以前)は二つのタイプの森を提示している。アポロンは神託を下す地を求めて旅する途中で、「森の衣をまとった」テーベにたどり着く。「当時、神聖なテーベーには、いまだ人ひとり住んではいなかったし、小麦実るテーベーの平原には、一筋の道とてなく、ただ森が鬱蒼と繁るだけ」[7]。これは耕作される以前の、分け入ることのできないような道なき原生林である。しかし『アポローンへの讃歌』は続けてうたう、「そこよりさらに先へと、遠矢射るアポローン、あなたは進み、ポセイドーンの名高い杜《もり》のある、オンケーストスへと到着した」[8]と。この杜(アルソス)は自然(糸杉、セイヨウヒイラギガシ、トネリコ、ミズキ、月桂樹、オリーブなどの樹木、泉)と人工(建物、彫像、祭壇)が混合した礼拝所で、耕された土地と原生林の中間のような性格を具えていて、人間的な景観、少なくとも森と較べて整備された景観を呈していた。[9]この杜はパウサニアスの『ギリシア案内記』(二世紀)で繰り返し言及されているように、ギリシアに親しい宗教的景観であった。たとえばレルナの杜についてはこう記されている。

主にプラタナスの木が生えている聖なる杜《アルソス》はこの山(ポンティノス山)のところから始まって、下の海のほとりまでつづいている。この杜の(南北の)境を画するのは、一方はポンティノス川、他方はもうひとつ別の川で、この川にはダナオスの娘にちなんだアムュモネという名前がついている。聖なる杜《アルソス》の境内には、デメテル・プロシュムネとディオニュソスの両祭神像、それにデメテルの小さな坐像がある。[10]

しかも森は「豊饒の角」のごとく人間にとって恵みの場でもあった。ウェルギリウスがローマ建国の叙事詩『アエネーイス』(前一世紀)第八歌で書いているとおりである。

> この森は昔より住みなすファウヌスらとニンフらのもの
> 　であった。
> それに、木の幹や固い樫の木から生まれた人間の種族が
> 　いたが、
> この種族には、しきたりもたしなみもなかった。牛を軛
> 　に繋ぐことも
> 財を蓄えることも、実入りを倹約することも知らず、
> 木の実と狩りを糧とする厳しい暮らしを送っていた。[11]

神話的には確かにそのとおりであろう。それにもかかわらず、古代ギリシアはすでに地中海地方の森林伐採を推進していた。ギリシア文化にとってもローマ文化にとっても、耕作されていない手つかずの自然たる未耕地という概念には否定的な意味が籠められていて、森林は周縁や排他性と同義にほかならず、[12]したがって森は征服される運命にあったのである。アテナイ海軍の木材調達のために森が伐採されていくアテネ周辺の丘について、プラトンは対話篇『クリティアス』(前四世紀)でつぎのように書いている。

> 今をむかしに比べると、小さな島々でよく見かけることだが、病人の身体が骨ばかりになっているように、肥沃で柔らかな土壌はことごとく流失し、痩せおとろえた土地だけが残されたのである。
> だが当時の国土は、〔……〕山々は土におおわれた小高い丘をなし、今日〈石の荒野〉と呼ばれているところには、肥沃な土壌に満ちた平野がひろがっていたし、山々には木々の豊かに茂る森があった。この点については、いまでも確かな証拠が残っている。すなわち、アッティカの山々のうちには、いまでは蜂に餌を提供するにすぎぬほどのものもあるが、つい先だってまでは、それらの山々から、大建築物の屋根を葺けるほどの樹木が、数多く伐り出されていたし、これらの樹木でつくられた垂木が、いまでも傷まずに残っているのみならず、ほかに、数多くの栽培果樹も、空高く茂って、家畜の飼料を無尽蔵に実らせていたのである。[13]

古代イタリアも、そもそもは樹木豊かな地域であった。ラティフンディアと呼ばれる大土地所有(大所領農場経営)の発展によって風景はかなり変化してしまったにせよ、少なくとも前一世紀にはまだ森林が多く残っていたはずであ

る。『アエネーイス』に樹木や森林が到るところに頻出するのも、ウェルギリウスの幼年時代の思い出から織りなされた夢想の森なのかもしれない[14]。詩人の自然をみる繊細な視線は、つぎのような短い詩句にも垣間見られるであろう。

それはまるで宿り木のよう。いつも厳寒の冬至のころ、
　森の中に
新緑の葉を伸ばすが、親木とは種が異なり、
サフラン色の実でなめらかな幹を包む。
そのような光景を見せて、黄金が蔭深い常磐樫から
枝を伸ばしていた。そのように金箔がそよ風に鳴っていた[15]。

ローマ帝国は増大する人口を支えるためにも、農業技術の飛躍的な進歩がぜひとも必要であった。そのためには森が農耕地に空間を明け渡さざるをえないので、農耕の民ローマ人は森林の減少をあまり気にかけることもなく、土地を果敢に開墾していった。それゆえであろう、森はわずか数世紀しか持ちこたえられなかった。この自然の風景の変貌にルクレティウスはめざとく気づいていた。

日が経つにつれて森は山の中にますます退けられ、
下では荒地は耕地に所をゆずった。
そして丘や野には、畑、池、川、麦畑、
楽しい葡萄畑ができ、そして平野の中に
鮮かなオリーヴの緑が走り、
丘や谷間、野原に拡がることになった[16]。

鉄ないし火＝文明による、自然ないし原始＝森林の破壊である。森は鉄斧で伐り倒され、火で焼き払われ、かわって登場するのは開けた耕地であり果樹園であった。とりわけポエニ戦争のころから、主に船舶の建造のために大規模な森林伐採が推し進められた[17]。森林には家畜の飼料となる木の実や下草があるので、それまではほとんど放牧のための林地として使用され重んじられたにすぎない。ローマ時代の末期には森の破壊は目を覆わんばかりで、山岳地帯の森は別としても、荒廃はすでに著しいものがあった。滅びた森のあとには小灌木や低木からなるマキが密生する程度で、地中海沿岸は耕作と文明の侵食に晒された惨めな姿を見せていたにちがいない[18]。そう、古代メソポタミアの王たちが良質な建材を求めてレバノン杉を乱伐した挙句に、レバノン山地から森林の面影を奪ってしまった行為はここで

も繰り返された。今から五千年前に、『ギルガメシュ叙事詩』はこうした森林破壊の運命を予言していた。ウルクの王ギルガメシュが友エンキドゥとともに「香柏《こうはく》の森」へ遠征を試み、森を守る怪物フンババを殺害する物語は、自然への畏怖を忘れた傲慢な人間が自然を破壊しはじめた象徴だった。あるいは、文明を体現するギルガメシュによる森の神フンババ退治に、森林の犠牲の上に文明が発展してきたという図を看取することも許されよう[19]。過去五千年のあいだ、森の侵略を繰り返すことで、文明人は物質的欲求を満たしてきたのである。ギリシア・ローマ文化が続けてきた森林破壊はそうしたひとこまにすぎなかった。

明るい地中海地方からヨーロッパ北部に目を転じると、前述したように、中世の初期までは深い広葉樹林や針葉樹林が大陸の端から端まで広がっていた。とくにガリアの東部地方には、カエサルが『ガリア戦記』(前一世紀)第六巻第二九節、または第五巻第三節で記したアルデンヌの大森林があった。

〔アルドゥエンナの〕森は、レヌス川やそしてトレウェリ族の境界から始まり、ネルウィイ族の領土にまで達し、全長七五〇キロ以上に及ぶガリアで最大の森林である[20]。

カエサルが目撃した森には、高く生い茂る樹木や森のなかの泉、巨石などに神秘の力を見いだす自然崇拝に生きるケルト人が潜んでいた。エブロネス族の人々は「あらゆる方面に散らばりそれぞれ人里離れた谷間とか森林地帯とか、踏みこめない沼沢[21]」に住みついていた。あるいは王の館が聖なる森(ネメトン)[22]のすぐ近くに存在していた。カエサルはエブロネス族の王アンビオリクスの屋敷が森に囲まれていたことを記述したついでに、つぎのように付け加えている。「ガリア人(ケルト人)は、ほとんどどこでも同じように、夏の暑さをしのぎやすくするため、多くの場合、森や川の傍に居住地を求めるのだ[23]」。ドルイドや森林崇拝が存在したケルト文化は、まさに森に多くを負った森林文化にほかならない。

ケルト人にとって、森と神殿は等価で、類義の、相互交換の可能な概念であった[24]。ローマ詩人ルカヌスがカエサル礼賛にあてた『内乱賦(ファルサリア)』(一世紀)——カエサルとポンペイウスによるローマの内戦を謳った未完の叙事詩——によれば、ドルイドたちが祭式を主宰するのは森のなかでだった。「汝らの住みかは、深い森の中のさらに奥の木立の中[25]」。ルカヌスは別の箇所では、カエサルが見たガリアの太古の森の恐ろしさをうたっている(第三歌第三九九―四五二行)。それは今日のマルセイユ近くにあった森であるが、カエサルによって攻囲の際に伐採されたものである。

ずっと昔から穢されたことのない聖なる森があった。それは絡み合った小枝で、闇に沈んだ空気と陽光も差し込まぬ凍りついた陰を包み込んでいた。それは、田野の住人であるパンにも、森の主であるシルウァヌスとかニンフにも占拠されたことは金輪際なく、夷狄の儀式による神々の聖所で占められている。祭壇は不気味な丘の上に設《しつら》えられ、すべての樹木は人間の血で清められている〔人身御供の悪習を謂う〕。空の生き物に賛嘆する古代人の言を信じなければならないならば、鳥どもは怖がってこの森の枝に羽を休めることもなく、野獣も棲処に帰って寝ようとしない。風は高林の上を吹き渡ることなく、黒雲から発する雷も高林に落ちることはない。葉叢をいかなる微風にも差し延べようとしないこれらの樹木は、まったく独特な恐怖をかき立てる。滔々たる水が黒い泉から溢れ落ちる。形の定かならぬ神像は伐り倒された幹の上に無造作に置かれている。黴と朽ちた木々の表面に見える青白さが人を唖然とさせる。このように人が恐れおののくもの、それは宗教的伝統がその特徴を俗悪にしてしまった神々などでない。畏怖されなければならない神々を知らないせいで恐怖はかくも助長されるのだ。はや噂は広まっていた。地震がたびたび洞穴の奥をごうごう唸らせ、撓《たわ》んだイチイの木がまっすぐになり、林は、燃えてもいないのに、火事の輝きできらきら光り、竜は幹に巻きついてあちらこちらを這っていた、と。一般の人々が礼拝するためにこの場所に近づくことはない。ここは神々に譲り渡されているのだ。フェビュス〔アポロン〕がその運行の真ん中にあろうと暗い夜が空を占拠しようと〔真昼であろうと真夜中であろうと〕、祭司自身も森に近づくのを畏怖し、不意をついてこの森の主を驚かすのではないかと懸念している(26)。

ルカヌスはこの不気味な森がドルイドの領域とは記していないが、ポンポニウス・メラが『地誌』(一世紀)第三巻第二章第一八節―第一九節で書いていることからすれば、森はドルイドが教えを説く通常なる場所なのである。

住民は高慢な上に迷信深く、かつては戦慄すべき人種で、最も優れ諸神にお気に入りの人間が供犠されるべきだ、と信じたほどであった。この残酷な風習はすでに無くなったがその痕跡をとどめ、最終的な人殺しは控えているものの、それでも犠牲となる人を祭壇のそばまで引いて行くと、身体の一部に損傷を加える。それでも固有の弁論の力を持ち、知恵の教師ドルイダイがいる。これら教師は、大地と宇宙の大きさと形、天空と星の運動、諸神が何を欲するか、を知っていると称する。そして、族民のなかで最も優れた人びとに数多くの知識を、秘密のうちに長い間すなわち二〇年もかけて教え、教える場所は洞窟や隠れ谷である。[27]

ケルト人は民族名の選択(たとえば、前出の「エブロネス」族とは「イチイの人」の意)によっても、あるいは大きな聖所の地(マルセイユの森、ウェールズ西端にある今日のアングルシー島にあたるモナ島の聖所――タキトゥスによれば、ブリタンニア総督パウリヌス・スエトニウスのローマ軍は、そこに住みつき聖所を守っていたドルイドもろとも聖所を破壊し、「残忍な迷信的儀式のおこなわれていた聖林を切り倒した」[28]――など)によっても、森との親密な結びつきを保持していたといえるのである。

ケルト人の森林崇拝の基本は檞の木であった。[29] その聖木に宿り木が寄生していればなおさら深い神聖の感情に打たれた。ドルイドは宿り木とその宿主の檞の木をあらゆる自然物のなかでもっとも神聖なものと見做していた。それは、ギリシア人がゼウスの神託を檞の木の葉が風にそよぐ音に聞いたとされるドドナの森の信仰と一脈通じるものがある。[30] ともあれ、プリニウスの『博物誌』(一世紀)第一六巻第九五章が伝えているのはこうした儀式だった。

〔……〕ヤドリギがカタガシ〔むしろ「檞」とすべきか〕に生えているのはめったに見られない。そしてそれが見つかると、それは盛大な儀式をもって採取される。そしてとくに月の第六日(それはこれら諸種族にとって月および年の始めをなすのである)に、そして新世代が三〇年経つごとにである。というのはその時でもそれは強さが増しつつあり、生長しきった大きさの半分もないからである〔ここの訳文は分かりにくいが、「月はまだ半月にもなっていないのにもう大きな力をもっているからである」の意〕。「あらゆるものを治癒する」という意味の土地の言葉で月を歓呼しながら、彼らはある木の下での生贄の式と饗宴の準備をし、二頭の牡牛を連れて来る。その角はこのめでたい折に初めてくくられる。白い法衣を着飾った一人の僧侶がその木に攀じ登り、金色の鎌でそのヤドリギを切り落す。するとそれは白い外套の中に受け止められる。それから最後に、それを賜わった人々は情深い賜物を授けられるよう神に祈りながら生贄を殺す。彼らは飲み物に入れて与えられたヤドリギはどんな不妊の動物にも生殖力を与え、そしてそれはすべての毒に対する解毒剤だと信じている。しばしば多くの民族の間に威を振っている、つまらぬものについての迷信はかくも力強いものである。(31)

ローマ軍は各地で森を伐り拓き、軍事的・政治的に道路の敷設や駐屯地の設営などを実施した。ガリアのローマ化が進んだガロ・ロマン時代になると、人口の増加とともにさかんな開墾が、とりわけ地中海沿岸の市場に近い中部・南部地方で促進された。しかしそれでも、ガリアの森林はまだまだ豊かであり、ゲルマン人が侵入してくる五世紀以後も、相対的に温暖な気候のせいもあってか、たいした森林の後退は見られなかった。それればかりかむしろ、蛮族の攻撃による村落の荒廃にともなっての荒地の広がりと、それにつぐ森林の漸進的な形成・拡大のおかげで、森は勝利を謳歌したとさえいえるのである。もちろんガリアの森林分布の状況が現在判明しているわけではない。だが一二世紀ころから、後述する大規模な開墾が始まっていることに鑑みて、ガリアの相当部分が森林化したことは確かなようである。

入植したローマ人たちにとって、ガリアの森よりもおどろおどろしく感じられたのはゲルマニアの森林であったかもしれない。プリニウスは『博物誌』(第一六巻第二章)でゲルマニアの森林の驚異を叙述しているし、タキトゥスは『ゲルマニア』(一―二世紀)第五節で簡潔に、「土地は表面の状態でいくらか変化を呈しているとはいえ、全般的に見れば森林に覆われてうす気味の悪い、そうでなければ沼沢に覆われて陰鬱な光景である」(32)とだけ記している。このタキトゥスの簡潔な文章はかえって、高度な文化を誇るローマ人が当時すでに森の少ない温暖な地中海地方からやって来て「不毛の地」にはじめて接したときに、彼らがどんなにか強烈なインパクトでもって驚きと不気味さを実感したかをよく物語っているといえよう。また、カエサルはゲルマニア南部のヘルキュニアの森――『ゲルマニア』の第二八節、第三〇節でもやはり簡単に言及されている――について詳しい記述を残している。

ヘルキュニアの森は、〔……〕南北の距離が、軽装の旅行者で一〇日もかかるほど長い。彼らはこうした方法でしか、森を測定できないし、また、道程を測る尺度を心得ていない。この大森林は、ヘルウェティイ族とネメテス族とラウラキ族の領土からはじまり、ダヌウィウス川に沿って走り、ダキ族やアナルテス族の領土に達し、この地点から森林は北東へ向きを変え、川から遠く離れた地域を通って、次から次へとたくさんの領土へ広がっている。ゲルマニアのこの西部地方に住み、この森をじっさいに六〇日間歩いて行きながら、森の東端に達したといいきれる人はまだいないし、この森林がどのあたりで終わっているかを聞いて知っている人もいないありさまである。(33)

原始的な耕作農具しかもたないゲルマン人にとって、多くの人手を要する、かかる圧倒的な森林の開墾はままならず、したがって耕地はさほど拡大しなかった。ところが人口は増大する。そうなれば必然的に土地も不足する。ゲルマン人が大移動を始めた原因の一端もこんなところにあった。

小規模なゲルマン人の集落のはずれには、放牧——牧畜と採集の場である森林や草地が広がっていた。かかる未開の空間は集落で共同して利用されていたが、同時に隣の集落との境界ともなりえた。森は、部族と部族、ひいては国と国、都市と都市の境界を確定する神聖なるものであったのである。境界の役割を担う森林はほぼヨーロッパじゅうに見られたが、フランス国内でいえば、シャンパーニュなどのいくつかの地方が森と未耕地で囲まれていた。ポワトゥー地方とシャラント河一帯とのあいだには、長さ九〇キロ、幅一〇キロから一五キロにおよぶアルジャンソンの森がかつて広がっていて、一〇世紀末まではポワトゥーの沼沢からシャラント河流域まで続く境界を形成していた。ヴォージュの森はロレーヌ地方とアルザス地方を、マルシュノワールの森はメーヌ地方とボース地方を分け隔てていた。フランス国外では、たとえばベーマーヴァルト（ボヘミア森）がドイツとボヘミア地方との境界をなしていた、という具合である。(34)

グリム童話の「六羽の白鳥」(KHM 49)に見える一節も、こうした森の役割の記憶だったかもしれない。ある王が継母にいじめられる子どもたちをかくまうために、森のなかにぽつねんと立っている城に連れていく。しかしこれを知った継母はひそかに城にでかけていき、六人の兄を魔法にかけて白鳥にしてしまう。ひとり難を逃れた女の子は白鳥になった兄たちを探しに城を出る。

日がとっぷり暮れると、お城を逃げだして、外へは行かず、森の奥へ奥へとはいりこみました。夜どおしあるいて、それからそのあくる日も歩きつづけにあるきましたら、しまいにはつかれきって、もう一歩もあるけなくなりました。そのとき、床の高い丸木づくりの小舎が一軒見えました(35)。

この小屋で白鳥になった兄たちに邂逅するのだが、再び飛び立っていった兄たちを探そうと、女の子は「まる木小舎を出て、森のまんなかへはいりこむと、いいかげんな木の上にすわって、そこで夜をあかしました(36)」。木の上で彼女はかなり長い時間を過ごしていると、そこに「その国の王さま」が通りかかる。つまり、女の子の父親の国に属する森をさらに奥に分け入って、女の子が森の中央にある木の上にいると、その国を治める王がやって来たということだ。この広大な森は、女の子の父王の国と別の王の国を分かつ境界=「無人の地」だったことを暗に示唆するのである。

やがて、この領地の境界としての森林は、ほぼそのまま司教区を分けるものとしても利用されてゆく。たとえば、かつてレミ族、レウキ族、メディオマトリキ族、トレウェリ族らを分かったアルゴンヌの森は、ランス司教区、シャロン司教区、トゥール司教区、ヴェルダン司教区を分かつ境界となり、八四三年のヴェルダン条約の後は西フランク王国とロタールの王国を分けることになる(37)。

さらに、森林はガリア人やゲルマン人たちの土地を異国の種族から防護する自然の城壁でもあった。カエサル軍が押し寄せてきたときに部族は森のなかに逃げ隠れたために、カエサルはまず森林を伐り拓かねばならなかった。トレウェリ族の指導者インドゥティオマルスが武器をとれない老齢者や年少者をアルドゥエンナ(アルデンヌ)の森のなかに隠したように(38)、どの部族の領域にも最後の逃げ場所になるはずの森があった。

大陸がほとんど緑のベルト地帯であったことは前述のとおりであるが、では海峡を隔てたイングランド(ブリタニア)ではどうだったか。そこはおそらくフランス以上に森林国だったと思われる。考古学とか残された古文書などが教えるところでは、ローマ軍が撤退したあとの、五、六世紀ころのイングランドは広範囲に深い森林に覆われていたらしい。ずっと後の時代に属することではあるけれども、エリザベス女王の治世下に生きた法律家ジョン・マンウッド――それにしても「マンウッド（人・森）」とは、この文脈からするとすこしできすぎの感があるけれど――が一五九二年に執筆した御料林法に関する論考の一節が、そのことを示唆してくれているとおりだ。彼はノルマン人による征服以前のイングランドの状況をこう説明する。

多くの人々が私たちの国に住みつく以前は、広大な森林が多数存在していて、当時イングランドで知られていたあらゆる種類の野獣がそこに溢れていた。これらの森に人々が住むようになると、森はしだいに破壊され、とりわけ人家の周辺はひどかった。人々がさらなる土地を占有するにつれて、森も野獣のねぐらも日ごとに破壊され、こうして野獣たちは自分たちの棲処《すみか》から遠く離れた、まだ残されている森林の奥深くに立ち去っていった。(39)

これは、古来、人類が未開の森林をつぎつぎに蚕食してきたという、果てしなく人類が繰り返してやまぬ物語を述べたものである。ここには、森林破壊の進むその時代に、森林に携わって生きた男の、緑に溢れた古き時代への郷愁と懐古が読み取れるかもしれないが、だからといって、かかるマンウッドの言葉の信憑性を問ういわれはないであろう。

こうして、森林史の専門家ミシェル・ドヴェーズとともに、ローマ帝国時代のヨーロッパの森林に顕著な二つの異なった傾向をとりあえずは認めることができる。(40) すなわち、地中海地方では伐採と放牧による森林の衰退がはなはだしく、一方ゲルマニア――ましてやスカンディナヴィアやスラブ諸国はいうにおよばない――では、森林が手つかずのまま未開の状態が保持された、と。

2 中世の森、あるいは文化の蚕食

中世初期のヨーロッパの広くを森林地帯がなるほど占めていたにしても、それはやがて始まるであろう大規模な開墾によって無惨な荒廃ぶりをさらけ出す結果になる。しかしそれ以前からもすでに開墾はなされていた。最初の開墾期にあたる六世紀から七世紀にかけて、ゲルマン民族の移動とか修道院の創設によって、その規模については不明ながら森林の開墾に取り組まれたことはまず間違いないからである。詳しくは後述するが、修道士は好んで人里離れた場所に住みついたが、外界から隔絶された地といえば森のなかが最適であった。それゆえであろう、九世紀になるとフランスにあるベネディクト会修道院の数は九百を数えて、その大部分は森のただなかにあったという(1)。ベネディクト会は、森に入植し、農地を拓き、収穫するという自給自足の原則を貫くべく、修道士に筋肉労働を奨励していたために、修道士は森林の伐採に挺身し、その結果、開墾＝森林の後退は避けがたくなるのである。修道士たちの脳裏には、開墾することは真の信仰の勝利のために労働することである、との想いがあった。開墾してさらに栽培・耕作するのであれば、なおさら誉むべきことであった。なにせ、これでもって貧者にパンと葡萄酒を与えることができるではないか。異教的な妖精の隠れ場であった森の木々は修道士や隠修士たちによって容赦なく伐り倒されることになる。

この時代の人々にとって、森は文化の発展を妨げるものでしかなく、森林開発がさらなる経済的・社会的発展の前提であった。人口増加にともなう居住と食糧の確保のための土地需要は、森の開墾こそが文化の発展に寄与するものであるという考え方を前面に押し出すことになる。まったく進歩とは、茂み、灌木、高林(図3)——長い時間をかけて樹木が生長するままにされた大木の森林(2)——、原生林、ダンテのいう「暗闇の森」(serva oscura)(3)ないしクレチアン・ド・トロワのペルスヴァルが少年時代を過ごした「荒れ森」(4)(gaste forest)を征服すること、すなわち開墾の謂であった。このことは語源的に見ても確かめられる。「文明」(civilisation, 英語の civilization)は、ラテン語の「市民」(civis)を語源としている。森を伐り拓き、そこに人間が集まり、やがて村ができあがり、都市へと発達していく——この過程が「文明」でなくてなんだろう。これは森を犠牲にしてなっているのである。一方、「文明」の反対概念は「野蛮」であるが、これはまさしく「森」と語源的に関連がある。「野蛮」(sauvage, 英語の savage)は中世ラテン語の salvaticus, もっと遡った古典ラテン語の silvaticus を語源とする。この形容詞は silva(「森」)の派生語で、「森の、樹木の」を意味する。文明化を阻害する森は野蛮にほかならず、したがって暗い森に住む人は野蛮人であり、森を伐採して明るさを取り戻し、村や町を興してそこに住めば、それが文明人であるという図式ができあがるのである。森林は文明の反対概念であった。

図 3　高林で獲物を探している場面．ガストン・フェビュス『狩猟の書』からのミニアチュール(15 世紀)

　さて、やがて押し寄せる大開墾の波を前にした一〇世紀のヨーロッパでは、森林が占める割合はそれでも大きかったことは、ここ数十年来の研究でしだいに明らかになってきている[5]。森林はヨーロッパの二分の一以上の土地を覆っていたと推定され、なお西欧の景観の主たる部分を担っていたのである(図 4)。

　入植されないままの、人跡未踏の原生の森は相変わらず広く存在していた。ひとたびそのような広大な森に踏み込めば、飢え死にしたり狼の餌食になる危険性があることから、それは死をも意味していた。広い原生林の存在と迷い込むことの恐怖を表したものとして、ドイツ王ハインリヒ四世による一〇七三年のハルツの森への逃避行を挙げるこ

図4　10世紀の西欧の森(シャルル・イグネの作成による)

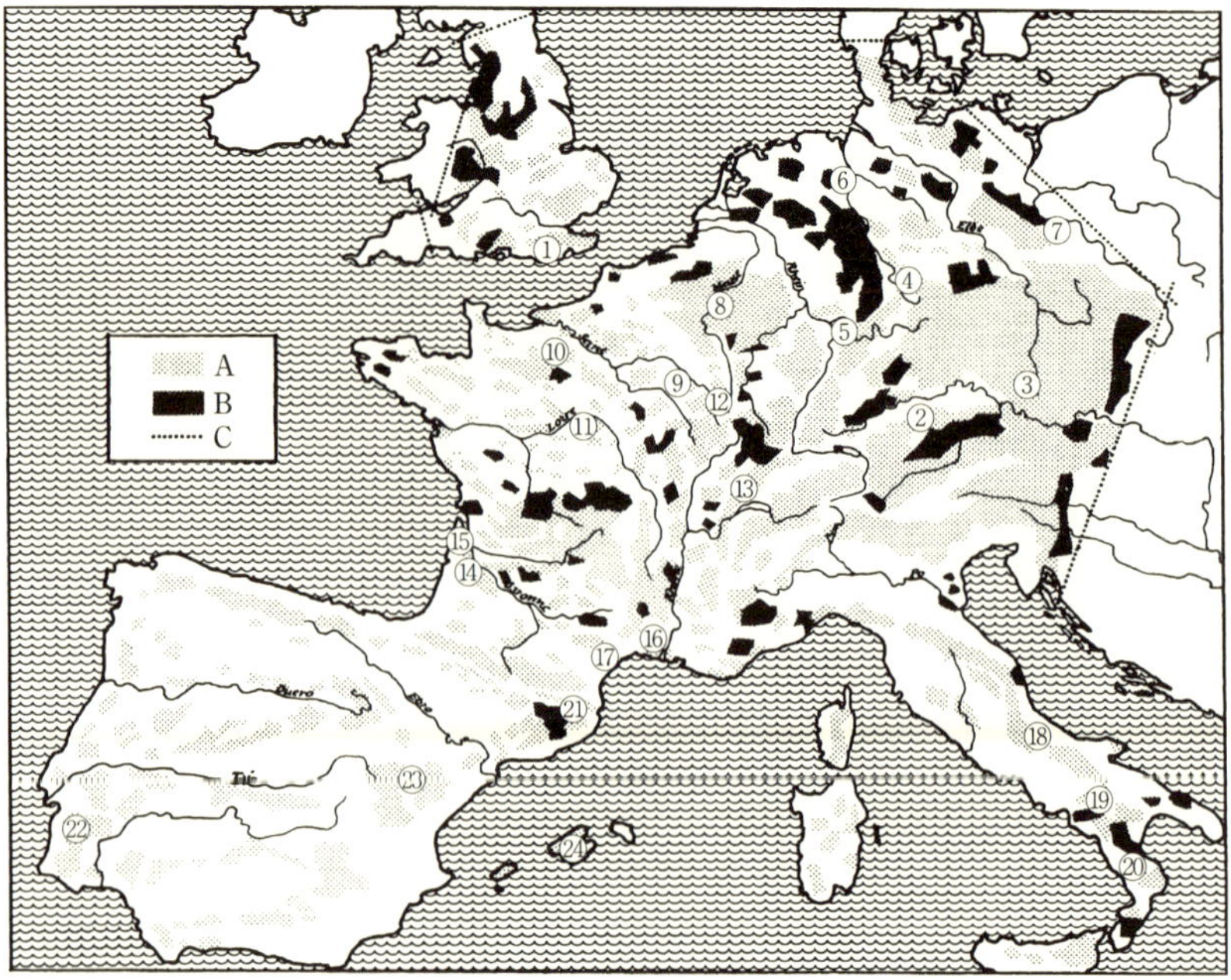

A：主な森塊　　B：境界と密度に曖昧さが残る森塊　　C：調査の限界

主な樹木の種類

① ウィールド：楢，樺
② バイエルン前面丘陵地帯：ブナ，楢
③ ベーマーヴァルト(ボヘミア森)：楢，ブナ
④ ブコニア：ブナ
⑤ ドライアイヒ・フォルスト：楢，ブナ，クマシデ
⑥ ディーフォルツ：楢，樺
⑦ ラウジッツ：楡，クマシデ
⑧ アルデンヌ：ブナ
⑨ オトの森：楢，ブナ
⑩ レヴルサンの森：楢，ブナ，楓
⑪ ソローニュ：楢，樺
⑫ ラングルの台地：楢，クマシデ，ブナ
⑬ ジュラ山脈：松，樅，ハリモミ
⑭ グラーヴの森：楢
⑮ メドックの森：楢，松
⑯ シルウァ・ゴデスカ：松
⑰ セートの山岳地帯：松
⑱ アブルッツォ：楢，ブナ
⑲ チレント：松
⑳ シラ：松
㉑ カタルーニャ：楢，ヨーロッパ楢，樺，松
㉒ アルガルベ：松
㉓ セラーニア・デ・クエンカ：松
㉔ バレアレス：松

(Ch. Higounet, *Paysages et villages neufs du Moyen Age*, Bordeaux, Fédération historique du Sud-Ouest, 1975, p. 63, cité par R. Delort, *La vie au Moyen Age*, Paris, Seuil, 1982(1972), p. 19)

とができよう。ザクセンの貴族の反乱にあって、王が数人の家来とともにハルツブルクの城を脱出、四日間もかけて大原生林を抜けてようやく南にあるエッシュヴェーゲに逃亡したというものである。時のドイツの修道士、ヘルスフェルトのランペルトゥスは年代記にこの逃亡事件を記録している。

〔ハインリヒ四世の居城ハルツブルクの〕城は小山のちょうど頂に位置していて、たった一本の、しかもそれ自体きわめて険しい道を通ってしかその城に近づくことはできなかった。そのほか、山の斜面は広大な森の影に沈んでいたし、その森はそこからテューリンゲン地方の境まで、何千歩も何千歩も渺茫と果てしなく広がっている。それゆえ攻囲軍がどんなに躍起になったところで、攻囲された人々が出入りするのを妨げることはできなかったのである。〔城に閉じこめられていた王はまんまと夜陰にまぎれて脱出、森のなかにはいりこんだ。〕三日間というもの、彼らは飲まず喰わずで、ほとんどだれにも知られていない細い小道をたどりながらこの広大な森のなかを歩きつづけた。その小道は彼らの案内人を務める猟師が以前に見つけておいたもので、彼は狩猟経験のおかげで森林の隠れた場所に向かうのになおのこと手慣れていたのである。四日目にエッシュヴェーゲに到着したときには、食糧の欠如と睡眠不足とこの長い道のりの疲れとで困憊してしまい、彼らは力尽きていた。(6)

このような巨大な森はそもそも所有者がいないのであるから、それは王のものと宣告された。そこで広漠たる原生林は一気に王領となった。けれども森の支配権の設定と分与は王に属する権力であるとはいえ、森は事実上みんなのものでもあるわけで、自由に狩りをすることもできれば、豚の放牧もできるし、木を伐採したり枯れ枝を拾い集めることもできた。一二世紀のアングロノルマンの学僧ヴァースが『ルー物語』(一一七二年)のなかで描いた、一揆を起こした農民たちの渇望する情景とは、まさにかかる時代の万人に開かれた森の姿だったかもしれない。

こうしてわれわれは森に行けるだろう、
好きなときに木々を伐ったり、
養魚池で魚を釣ったり、
森で獣肉を獲ったりしに。
森林で、池で、草原で、

図 5　中世の領主たちは森林のなかに垣で囲んだ雑木林をつくり，狩猟用の獲物の養牧場にあてた．ギヨーム・ド・マショー『運命に対する治療』からのミニアチュール（14 世紀）

なんでも思いのままだろう。(7)

しかし、やがて社会は封建制に移行して、森は封土の授与によって領主たちの手に、あるいは寄進されて司教座や修道院の手に移り、あるいは入植農民たちに一定の貢租とひきかえに譲渡されることが多くなった。かくて、王領の森の多くは、ほどなく貴族や聖職者たちの保有するところとなった。

森の所有が領主の手に移ると、領主は所有する森が荒らされないように、とりわけ彼らにとって娯楽・スポーツである狩猟の機会を保証する猟場として保護するために、森林の用益権――生木や薪を必要に応じて伐採する権利や、豚や牛や馬の放牧権・牧養権であり、たとえば豚はどこでも好きなところで草や木の実を食べることができた――を禁止する動きにでる。これは結果的には、農民層がそこでの狩猟から排除されて密猟の方途しか残されないことにつながるし、放牧も厳密に規制されて羊や豚に牧草やドングリを食べさせる牧養権が制限されることにつながった。また農民の蛋白源である動物の肉を調達することが困難となり、農民は穀物食をもっぱらとせざるをえなくなる。(8) しかし反面、エコロジカルな立場からすれば、こうした動きは森のためにはよかった。森を含む領地の相当部分が囲い込まれることで、農民たちが森に近づくことは妨げられ、狩猟用として森が手つかずの状態に放置されたからである（図5）。森を意味する英語の forest の語源は中世ラテン語の forestis に遡るのだが、これは「外にある」という古典ラテン語の副詞 foris から生まれた言葉であり、「共同利用の埒外にある土地」を意味する。すなわち「法律的に画定された土地」、「禁制地」であり、狩猟と樹木伐採に関する森林使用権が法的に領主だけに制限されている森林区域(荒蕪地のような樹木のない空間も含めて)を「フォレスタ」(foresta)というのである。つまり、農民は耕作区域に隣接した「共有林」(sylva communis)だけの利用を許され――後述するように、枯れ木を拾い集めるような用益権や動物の牧養権を森の近隣の住民共同体に許可することで、領主たちはちゃっかりと大きな利益を引き出していたことを忘れるべきではない――、目ぼしい森はすべて禁制地であった。これらの禁制地「フォレスタ」の管理を任されたのが林務官「フォレスタリイ」(forestarii)であった。したがって「フォレスタ」、つまりforestという言葉の普及は、貴族らによる森の囲い込みの進展ぶりを物語っているといえる。[9] もっともよく知られている例は、いうまでもなく一〇六六年にイングランドを征服した征服王ウィリアム一世がもたらした御料林法「フォレスト・ロー」である。御料林法の目的は狩猟好きの王の猟獣たる鹿を保護することにあった。ということは、鹿の快適な棲息地として森の緑を保護しなければならない。広大な地域に造林するために、いくつもの既存の村々が取り壊され、住民たちは追い払われた。また、御料林法に違反して「フォレスタ」に立ち入ったり狩猟でもしようものなら、この違反者は目をくりぬかれたり手足を切断されるなどの厳罰に処された。[10] 実際、森は一般領民の立ち入りを禁ずる土地にするだけの価値があったのである。森は狩猟する貴族たちに主要な獣肉(一二世紀ころにフランスでは絶滅したが、中央ヨーロッパではなおも数世紀のあいだ生存していたヨーロッパの野牛オーロックスや猪など)を提供するばかりでなく、彼らにとって眠れる資本でもあった。開墾と耕地化と入植によって森は価値が高められうるからである。一三世紀イングランドでは、国土の三分の一から四分の一のほぼ中間くらいがこの「フォレスタ」だったという。[11]

領主たちは狩猟権を横取りし高林を利用する特権を恣《ほしいまま》にしていたとはいえ、共有林の使用と諸権利は領民に認めざるをえなかった。たいていは使用料を支払うことで、農民たちが商売目的でなく個人的な用途で森の産物(蜂蜜や漿果など)を採取するのは許可された。こうして伐採権のおかげで、村人は薪を備蓄するに充分なだけの低林(図6)――ブナや楢や栗の木を伐採したあと、地面に残った切り株から新芽が伸びて生長した樹木からなる小規模な森[12]――を伐採することができたし、森林周辺の住民は枯れ木を拾

図6　低林のなかでの狩猟場面．ガストン・フェビュス『狩猟の書』からのミニアチュール（15世紀）

い集めたり柴を刈ったりするために高林のなかを通り抜けることが許された。地域によっては、住民が使用料を支払って開墾することもできた。猫の額ほどの土地を開墾して、そこの木を伐り倒し、切り株やら藪を焼き払ってから黒麦やライ麦の種をまくのである。土壌が疲弊すると草を伸び放題にしておいて、再び刈り払う。この刈り払いこそが往々にして森の周縁をすこしずつ削り取っていくことになったのだ。また、多くの森は家畜に草を食べさせるのにも使われた。夏になると、周辺住民は家畜を放して羊飼いに番をさせることができた。牧養権のおかげでドングリを食べさせるために豚を森に放つこともできた。こういうやり方で領主は土地の所有者としてのあらゆる権利を保持することはもちろん、比較的稠密な人口を維持することもできた。ということは、それだけ莫大な使用料を徴収できたということにほかならない。まさに一挙両得である。場合によっては、後述するように、農業収入に応じた税の割増しを差し引いてやるかわりに、領主は新しい村づくりを奨励したりすることもあった[13]。

　こうして、人口の増加と都市の勃興――都市は木材の大量な需要を抱えていた――は、一一世紀から一三世紀にかけて、大規模な開墾の開始を促した。これが第二の開墾期にあたる。マルク・ブロックは、いまなお色褪せることのない古典的著書『フランス農村史の基本性格』（一九三一年）のなかで、言明することができた。「およそ一〇五〇年頃――おそらく、ノルマンジーやフランドルのようなとくに恵まれた二、三の地方では、もうすこし早く、その他の地方では、もうすこしおそく――、一三世紀の末頃にいたってようやくおわりをつげる新しい時期、すなわち大開墾の時期が開始された。それは、多分、まちがいなく、先史時代このかた、わが国土を舞台とする耕地面積の最大の増加であった(14)」と。

事実、これを契機に著しい森林の消滅が確認されるのであり、アルフレッド・モリーはナポレオン三世の時代に刊行した著書のなかで、それら消滅したり寸断されたフランスの森を退屈なくらい単調に列挙している(15)。そのいくつかをピックアップしてみよう。イル＝ド＝フランスのサリの森は一五世紀にはほぼ消滅したし、シルペリク二世から七一七年にサン＝ドニの修道院に譲与されたルーヴレの森は一三五八年に縮小されてしまい、現在のブーローニュの森はその名残である。ピカルディー、カンブレジ、アルトワの境界地帯にあるアルエーズの森は一二世紀から林間に広い空地ができたし、シャンパーニュのオトの森は一三世紀にすでにはなはだしく縮小されて、今日では半分以上が消滅している(16)。シャンパーニュ南部のマレ＝ル＝ロワの森もほぼ消滅。シャンパーニュ地方の森がかつては人影もまばらなもっと鬱蒼としたものであったことは、たとえばユオン・ル・ロワの物語詩『ヴェール・パルフロワ(連銭葦毛の駒)』(一三世紀)の一節が示唆するとおりである。

さて当時のシャンパーニュ地方は
森でも平野でも今よりもずっと
人影もまばらな未開の国でありました(17)。

さらに、マルシュノワールの森(ロワール＝エ＝シェール県)は半ば以上が消滅してしまい、ビマール(あるいはブリマール)の森(アンドル＝エ＝ロワール県)はフォンテーヌ＝レ＝ブランシュ大修道院が奥深くに創設されたことで急速な縮小を見、一二世紀には小さな森になり果てた。現在でこそ跡形もないが、アンジュー地方のボフォールの森は、もともと一一世紀には表面積が七、四九七ヘクタールあったのが、一四世紀半ばにはもう二、一七八ヘクタールしか占めていなかったという。ノルマンディー地方のクロト(あるいはクロテ)の森は一一世紀にははなはだしく開墾されて、いまはもうない。その主因は広大な用益権を保持していたブルイユ＝ブノワ大修道院の設立にあったらしい。ノルマンディーでもっとも広い森のひとつだったブルトゥイユの森は聖王ルイの時代から開墾されて、ずたずたに断ち切られた(18)。ポワトゥー地方のオルベスチエの森が荒廃したのは、一一世紀中葉にアキテーヌ公、ポワチエ伯のピエール＝ギヨーム六世がその用益権をサント＝クロワ＝ド＝

タルモンの修道士たちに許可したことに始まる。モンペリエの近くには、まず斧と火で破壊され、ついで開墾された森があった。この森のことを報告した、民俗学者の先駆的な存在ともいえるティルベリのゲルウァシウスによれば、だれも植えていないのにこの新耕地に葡萄の樹が生えてきて、三年間は極上のワインをもたらすが、その後新たに燃やされないと不毛の地に戻ってしまうという[19]。トゥールーズからモントーバンにかけてのガロンヌ河左岸に一二世紀にはグランセルヴの森が広がっていたが、聖母マリアを讃えてサン＝ブノワ会の修道院が森の中心に建てられてからというもの、修道士たちの手ですこしずつ小さな森の規模に縮小されてしまった。ルエルグ地方ロデーズの東にあったパランスの森、ケルシー地方のトレガズーの森などは消滅した……。一方、アルデンヌ地方やヴォージュ地方の森林などのように、古代から鬱蒼としていた大森林地帯は寸断された。

この積極果敢な開墾によって森の減少に貢献したのは、上述のモリーがたびたび強調したように、勤勉な修道士たちの手の労働による、とされるのが一般的であった。

最初に森にはいったのは隠者(隠修士)であった。四世紀のエジプトでアントニウスが荒野(砂漠)——悪霊の棲む堕落の場所であり、キリストが神の傍らにあらんと孤独を求めた場所——に隠棲し孤独な生活のうちに神を探し求めたのをモデルとして、中世初期のヨーロッパでは隠者が聖書の荒野と等価である森の奥深くに独りではいりこみ、ひたすら神にのみ仕え、神との合一を求めて生きようとした[20]。まず四―七世紀に、ついで一一―一二世紀に、都市の飛躍的発展に対抗して、多くの隠者は荒野の神秘的体験を味わうために人の住まぬ未開の地へと出立していった。「われわれはすべてを捨て去った。これぞ隠者の森を満たした言葉だ」と書いたのは、一〇七二年に死去したペトルス・ダミアニであった[21]。七―八世紀にハーゲナウの森は隠者の庵で満ちていたというし[22]、一二世紀初頭、ジョフロワ・ル・グロは『聖ベルナール・ド・ティロン伝』のなかで、「メーヌ地方とブルターニュ地方境にある広大な孤独の地〔森の謂〕」を「おびただしい隠者」に入植された「第二のエジプトのごときもの」と描いて、森にはいる隠者がいかに多かったかを仄めかしているほどである[23]。彼らは「みずからの手で未耕作地帯への攻勢に効果的に参画して、木々を伐り倒し新耕地を伐り拓いた[24]」。

隠者が開墾に一役買っていることは聖者伝や隠者伝にたびたび言及されているとおりである。聖フィアクルはブリー地方のさる森の開墾に与ったとされるし、聖ディエルはヴォージュ地方の森の一角を開墾したと認められている。アンジュー地方とブルターニュ地方の森の開墾にとりわけ貢献したのは、一一世紀のギヨーム・フィルマ、ベルナール・ド・ティロン、ヴィタル・ド・サヴィニなどの強烈な個性の持ち主たちであり、なかでもロベール・ダルブリセルである。彼がクラオンの森に庵を結ぶと弟子たちが増えてしまい、彼らを近隣の森に送り込まざるをえなくなった。たとえば隠者ラウール（別名「高林のラウール」）はレンヌに近いサン＝シュルピスの森に居を構え、ルノーという隠者はラ・フレーシュ南方のメリネの森を選んだ。もうひとりの弟子サロモンはウドン川付近のニ・ドワゾの森に隠遁を決め込み、アンドレはアンジュー地方とブルターニュ地方の境にあるラ・ショセールの森に、アンジェルジェはフジェールの森に隠棲した。他の弟子たちはフジェールの森の北東にあるコンシーズの森に住んだ。こうした隠者たちの多くはそれぞれの教派に分かれて人里離れた場所で孤独な生活を送り、小さな修道院を創設した。事実、ロベール・ダルブリセルの弟子たちはグループごとに分かれて、フランス東部の各地に修道院を設立することになるのである[25]。

いかなる正規の宗派にも属さなかった隠者は、やがて公認の教団に統合されていく。その一方で、教団そのもののなかに隠者の生き方を理想とする精神が芽生える。そのも

図７　大木の上で樵が斧で枝を下ろし，根元では剃髪した修道士が幹に斧の一撃を加えようとしている．グレゴリウス１世『ヨブ記講解』の写本（12世紀）の欄外挿絵

図8　パリ盆地北部のコンピエーニュの森にベネディクト会修道院が伐り拓いた村落(オワーズ県，サン－ジャン－オ－ボワ)

っとも有名なものとして、モレームのロベルトゥスによって一〇九八年に創立されたシトー会修道院を挙げることができる。ロベルトゥスは聖ベネディクトゥスの戒律を遵守しながら手作業の労働で生活し、華美を嫌い、厳しい苦行に生きることをめざした。一二世紀になって、「森は君に書物以上のことを教えてくれるだろう。木や岩は、科学の教師たちが君に教えないようなことまで教授してくれるだろう」[26]というクレルヴォーのベルナルドゥスの言葉に和するかのように、シトー会のほかに、カルトジオ会、律修聖堂参事会(代表的なのがプレモントレ会)などの修道士が清貧と観想と労働の場を求めて森にはいった(図7)。このころまでに、フランスで千三百の修道院が新設され、うち五百はシトー会修道院だったというからその勢いは凄まじいものがある[27]。

一般に、修道院は立地の孤立性によって特徴づけられる。人里離れた荒地や人がめったに足を踏み入れない森や沼地、あるいは隔絶した山間に、孤立した農園を設けたり小集団の居住地を建設することで、周辺を開墾していった(図8)。これが「グランジュ」――もとは穀物倉を意味したが、やがてその建物を中心とした農場や領地を指すようになった――と呼ばれるものである。彼らは領主から土地の寄進を好んで受けたが、ただしそれは開墾ずみだったり、造成されたり、手入れされたりした土地であるよりは、それから開墾したり整備しなければならないような森であることが多かったという。白い衣服を黒いスカプラリオ(袖なしの肩衣)の下に着用していたゆえに「白い修道士」と呼ばれたシトー会修道士は、家事に従事する平の修道士や有給の召使――時と場合によりさまざまだったが、小作人、樵、雑草や低木を刈り焼き払う者など――を使って耕地を耕していった。もっともやがて力仕事は彼らに任せきりにして、修道士たちは祈りと学問に専心するようになるのだが。かくして森林部分に建てられた修道院が、部分的な開墾のせいにせよ、森の主たる使用法のひとつである牧畜のたんなる結果であるにせよ、あるいは修道院の付近に村が発達していったせいにせよ、森林面積を減らす一因になっていったことは否定できない。西ヨーロッパでは、実際多くの修道院が周りに集落を引き寄せ、その集落はときには大きな都市に発達することもあったからだ。

それゆえであろう、宗教施設の近隣で森は消滅することが顕著であるとか、修道院の主導によってたくさんの開墾が実施されたとか、森林面積の減少における修道士の役割を重要視する意見は根強い。たとえば、一一八〇年に、サンスのサン＝ピエール＝ル＝ヴィフ修道院の修道士たちが、オトの森のなかに位置するヴィルピエの地を所有せんと、ディロ参事会教会の参事会員たちと争ったことがある。このとき、この奪い合いを決着させるために証言するよう喚問された林務官ユリー某は、修道士たちに開墾されるまではこの地がかつて森に覆われていたのを覚えていたという(28)。この類の逸話とか、往昔の森の記憶を留める名前ないし主要な樹木の種類の名前をそのまま残す修道院がフランスじゅうに散在する事実とかも、修道院の進出と修道士の活躍が森林減少の元凶とする説の傍証とされる。しかしジョルジュ・デュビーやミシェル・ドヴェーズが指摘するように、修道士の役割を過大に評価すべきではないだろう(29)。

実際には、クリュニー会やベネディクト会の修道士は領主のような生活を送っていた。ということは無為に暮らしていたにすぎない。彼らは、家畜と召使つきで、すぐに活用できる土地を施されるのをただ待っていた。開墾しようなどとはつゆほども思っていなかったのである。またシトー会修道院にしても、部分的であれすでに伐採された林間の空地に創設された。その修道士たちはとりわけ牧畜に専念して、田畑を拡大することは概して念頭になかった。しかも自分たちの「荒野＝森」を保護するべく農民たちを遠ざけておくように注意を払うことで、結果的にはかえって、修道院は縮小されていたであろう森林区域を開墾事業から保護することにつながったとされる。

開墾の主役はむしろ農民たち自身であっただろう。一〇世紀ころから、ここかしこで農民たちは村落共同体の枠内で林間の空地の拡張に乗り出していた。個々の農民が家や村の周りに広がる森林をすこしずつ伐り拓いていく開墾もあったし、村落共同体の枠内からはずれて農民たちが集団で遠く隔たった森のただなかにはいって住居拠点を設け、やがて自ずと村落を創出することもあった。つまり開墾は、すでにある村落の耕作地域の拡大と、まったく新しい村落の形成という二つの側面をともなった。とくに後者の場合で活躍したのが、「オート」(hôte)と呼ばれる入植者たちであった(30)。人口増大のあおりを受けて飢餓の瀬戸際にある農家の余剰人員、相続権のない第二子以下の男子たちや自由を渇望していた農奴たち——領外婚姻税や死亡税などで領主の保有地からの移動を禁じられた不自由身分——は、父親や主人の集落を去り、未開拓地に居を構えて、パリ盆地やフランス西部やガロンヌ地方に生い茂る木々や、ロワール渓谷の激流や、ドイツ北部・東部の沼沢地と格闘した。こうして彼ら、よそからの流れ者は新しい農耕地を作り、新しい地区を形成し、新しい村を興して、自身がかつて飛び出してきた村とよく似た社会を築き上げるのである(31)。

しかし入植者たちだけでは開墾を推し進めることはむずかしい。広大な森林空間を所有する領主が開墾のプロモーターとして旗を振らなければ、大規模な開墾はとても完遂できるものではない。事実、前述した新開墾集落の大部分は、村落を建設するべく準備した領主たちの断固たる意志から生まれたとされる。片や農民は労働力を提供し、かつ飢えを満たすための土地を求めている。片や領主は狩猟に未練を残しつつも、狩りに適した未開墾地を減らしてでも入植させて、そこから得られる貢租で自分の金庫や穀物倉を満杯にしておくほうを選ぶ。こうして両者の思惑は一致をみることになる。その意味で、開墾は領主と入植者の合同事業だった。

人口増大にともなって耕地面積を拡大する必要性が生じた時期から、開墾が促進されるのは領主のイニシアティヴによることが多かった。あるいは複数の領主合同の主導によることもあったり、領主が人集めに巧みで潤沢な資金をもつ教会と共同開発の契約を結んで開墾されることもあったが、そのとき利益は折半されることになった。シャチヨン家のように、開墾にとりわけ好意的な領主一族も一一、一三世紀には現れることになる。[32] ところで、豊富な資力をもつ領主主導とはいえ、それまで忌避されていた土地に入植者を募るには、既存の領主農民関係におけるよりも有利な法的・経済的条件や特権を用意しなければならない。そこで入植者には、賦役労働の免除、貢租支払いの定率ないし定額化、十分の一税などの諸税の免除、移動の自由などが認められた。要するに、領主の農民に対する人身的支配から農民の耕作する土地を介しての支配への移行が確認されるということだ。賦役免除は、それだけ農民は自分の保有地の耕作に集中できるということにつながるし、定率ないし定額の貢租に変わったということは、収穫があがればあがるほどその余剰分は自分のものになるということを意味し、それだけ農民の生産意欲を刺激するだろう。移動の自由が得られるとは、隷属状態からの脱出を可能にするものだった。「フランスにおける農民の条件の総体的な改善は森林に対する大攻勢にかかっていた[33]」とする、中世の森に関する優れた著作をものしたベックマンの逆説的な指摘も、こうしてあながち的外れとも断じえないのである。農民の負担が大幅に緩和されるこのような入植者優遇措置は、旧来の村落の農民にとってははかりしれない魅力であり、このため新村建設への参加に意欲を示す者も続出する。そこで領主は自領の過疎化と労働力の流失を回避するために、旧村落にも同じ条件を与えざるをえなくなるほどだった。[34]

この新村建設が最高潮に達したのは、一一五〇年から一二〇〇年にかけてのこととされる。この動向は地域によってまちまちであり、ドイツの北部・東部の境界地帯では一四世紀まで続いたし、アキテーヌ地方では一三世紀の半ばになっても活発だったけれども、ほとんどいずれの地域でもやがては鎮静化し、わけてもパリ盆地では一二三〇—四〇年に間違いなく停滞してしまう。これ以降、概ね開拓者たちはもはや集団化せずに個々で森にはいり、てんでんばらばらに居を構えて、一二世紀以来お手本を示しているシトー会修道士に追随しながらやがて牧畜経営の発展に貢献するようになる。

最後に付言しておかなければならないのは、耕作地域を拡大し増大する人口を養うために、開墾がこれらの新村を建設する第一の動機になっていたにしても、領主たちには他の動機も働いていたことである。それは軍事的な防備への配慮であり、公共の安全への配慮でもあった。新村は、争乱絶えない地方では防御の拠点となりうるし(例えば「バスチド」と呼ばれるフランス南西部の軍事開墾集落[35])、人口が稠密になれば追剥などの悪事の横行を緩和できるだろうし、巡礼者や旅人に安全な通路を確保することにもなる。つまるところ、森林を後退させ平地を拡大するとは、山賊やアウトロー、追放された兵士や反逆者などが逃げ込む地域を縮小することでもあった。たとえば、中世のフランス南西部アルマニャック地方には、ガリアの時代の鬱蒼とした様相そのままの、かなり広大なバコンヌ(またはブコンヌ)の森があったけれども、一六世紀になるともうかつての面影をほとんど留めていなかったらしい。一六世紀の作家フランソワ・ド・ベルフォレによれば、それは盗賊の巣窟を一掃するために伐り拓かれたのである。[36]

開墾による森林の減少はたんに盗賊やアウトローたちを森から駆逐することになっただけでなく、森の聖性の喪失にもつながることを忘れるべきではない。クレチアン・ド・トロワの物語ではトポス的に重要な役割を担っているブロセリアンドの森も、じつは一二世紀にはクレチアンの意匠に反してすでにその神秘性を失っていたのである。ヴァースの『ルー物語』が、「妖精や他の不思議」がブロセリアンドの森には見られることになっていたし、オオタカや鹿がたくさん棲んでいたのにもかかわらず、農民《ヴィラン》たちがそれらをすべて破壊してしまった、と述べているとおりである。ヴァースは続けて自嘲気味にうそぶいている。その不思議を求めて森に行き、森と土地をしっかり観察して不思議を探したもののなにも見つけられなかった。のこのこでかけた私も愚かだったが、そのまま徒手空拳で戻った私も馬鹿だった、と。[37]

広大な森林地域が狭められていったのは、丸太や薪の膨大な消費地である都市が大きく発展し、農村にもたくさんの新しい家が建ち、それにつれて多くの新しい竈《かまど》にも火がはいったために、建材や暖房用や炊事用の木材が必要だったからであり、放牧のため、とりわけ農耕のために土地が必要だったからである。その意味で、森林が食糧補給のための土地であるという基本的な性格は依然として失われていなかった。三〇年経った木を伐ろうとする人たちは雑木林のうちでもいちばん立派なのを伐採するし、もっとも良質の木を選んで伐ってもその代わりを植えない人たちもいる。炭焼きや鍛冶屋やガラス製造職人は森のなかに作業小屋を建てて、膨大な燃料を消費するためにその周りから樹木を消滅させる。皮なめし業のために楢の樹皮が剝がされ、洗濯とか染色のために燃やされた藪の灰が集められ、蠟燭や松明のためにトウヒや松の木肌に刻みを入れて樹脂が採取される。森のなかに放たれた山羊、羊、豚はドングリでは満足せず、樹木の若芽まで食べて森林再生の道を閉ざすだけでなく、樹皮を剝ぐのでたくさんの成木を枯死させてしまう。こうした家畜を追う羊飼いは木々から葉をむしりとるのに熱中したり、よい牧草を得るために火入れを行い、森林破壊を促進する(38)。

しかし森林の後退の主要原因は、前述したように、なんといっても人口の過剰な増大に求められなければならない。人口増加による食糧事情の悪化にともなう耕地拡大のための森林の開墾は、同時に都市の政治的・経済的な飛躍ならびに都市文化の最初の形成とも年代的に符合するのである。やがて肥沃な土地はもはやあさりつくされ、新開墾地はあまり多くの収穫が期待できない痩せた土地であることが分かり、木材不足の兆しも現れたことで、領主も狩猟のことを考えれば森の開墾に消極的にならざるをえなくなった。そのうえ、森林の産み出す富の減少と需要の増加は必然的に森林の商品としての高価性を再認識させ、森林所有者は耕地に変えることよりも森林の監視と管理・保存に力を入れだした。この木材不足ということでいえば、サン＝ドニ修道院長シュジェによる太い梁になるような木材探しの苦労話が思い出されよう。一二世紀前半のこと、シュジェはサン＝ドニ教会の再建を決意するとたちまち難題にぶつかった。大教会堂の足場と骨組みを組むのに必要な、均整のとれてまっすぐに伸びた長い幹をした樹木が、管理の行き届いていない当時の森には多くなかったことである。なるほど資金潤沢なこの修道院はパリ周辺にたくさんの森林を所有していたものの、建築工匠の話ではこれほど大がかりな木組みに応じられるような材木はそこでは一本たりとも見つからないという。パリ市の木材消費がイル＝ド＝フランスの広大な森林を消滅させてしまったうえに、一二、一三世紀の大聖堂建立のラッシュが木材不足にいっそう拍車をかけたようだ。ブルゴーニュ地方にならまだ巨木が見つかるかもしれないとの建築工匠の示唆で、シュジェは落胆する心を奮い立たせて材木探しにでかける。そして神の助けもあって、ついにシュヴルーズの谷にめざすものを見つけた。

私はさっそく早朝に起床して、大工を何人か同道させ、また梁の寸法仕様を持って、私たちはイヴリーヌと呼ばれる森へと急いだ。シュヴルーズの地を通りかかると、私たちの森を監視し他の森のことも知悉している役人たちを召喚して、私たちがさしたる苦労もなく寸法どおりの梁を首尾よく見つけられるかどうか、彼らに誓いを立てさせたうえでしきりに訊ねた。彼らは薄笑いを浮かべた。もしも勇気があったら、彼らはあざ笑っていただろう。なんと、私たちはこの地のどこを探してもかようなものを見つけられないことをまったく知らなかったのだ。こうした状況に立ち到ったのは、とりわけ私たちの臣下――彼はもうひとつの封土とともに私たちから森林の半分を譲り受けているので――のシュヴルーズ城主ミロンのせいであった。国王陛下とアモリー・ド・モンフォールに対して彼が久しく続けていた戦争のときに、数階建ての塔と要塞を築くために、彼は手つかずの良い状態のこの寸法のものをなにひとつ残さず容赦なく伐りだしたのである。しかし私たちは、彼らの言いぐさをはねのけて、いわば信仰の果敢さでもって森林を歩き回ることを始めた。するとほぼ一時課〔午前七時ころ〕の時刻に、上々の寸法の梁になるものを一本見つけた。結局、低林や鬱蒼とした藪や棘のある茂みを歩き抜けた末に、みんな驚いたことに、とりわけ近隣の人々が驚いたのだが、私たちは九時課〔午後三時〕にならないうちに一二本の（必要な数だけの）梁になる木に印をつけたのである。欣喜雀躍のうちに、それらは神聖なる教会堂へ運ばれた。私たちはそれらを建造物のてっぺんに据えさせて、その御意《みこころ》によって盗人どもの手からそれらをお守りくださり、ご自身とその殉教聖人のために取っておかれたイエス様を誉め讃えながら、それらに屋根を葺いた。[39]

ともあれ、こうして一四世紀には開墾の勢いはそがれ――このころになるとフランスにおける森林面積は国土の三分の一くらいしかなかったし、イタリアでは森林がほとんど消滅したらしい[40]――、かわって森林保護の動きが見られるようになる。人々は残された森林がだれにでも利用できる無尽蔵の天然資源でないことにようやく気づきはじめ、開墾から森を守り、倹約しつつ利用する必要を悟るのである。まず王、ついで領主といった権力者たちが、自分たちの利益のために、みずから特権を留保している森林という新しい富の利用を秩序立てようとする。森での伐採や放牧の禁止を命じ、いったんは消滅しかかった林務官を復活させて森林管理に乗り出し、森林保護の立法化にも着手する。ここに王権の伸長にともなう森林行政の著しい進展を指摘しうるのである。

森に関する最初の王令は、知られるかぎりでは、一二一九年にフィリップ・オーギュストによって発布された。ヴィレル・コトレの森（あるいはレの森）を対象としたこのジゾールの王令は、木材の商取引に関する訴訟の裁判権を王室御料林の監視を職責とする役人に委任するものであった。御料林の役人がすこしずつ増やされたのは、国庫を潤す森からの収入がもはや無視しえぬほどにのぼっていて、聖王ルイの時代にはほぼ国庫全体の四分の一を占めるほどになっていたからであり、王の種々の特権の維持は森林監視官の指揮下にある林務官の増員によって揺るぎないものになる。ルイ一〇世が発布した「ノルマン人への勅許状」(一三一五年)では、私有林での伐採について王室の徴収する税額が定められた。一三一八年には、フィリップ五世は治水森林局(Eaux et Forêts)の官吏に関する規定を定めた。けれども本当の意味での森林法は、フィリップ六世の発布したブリュノワの王令(一三四六年五月二九日)である。それは森林の使用権に関する「王室森林法典」の基礎をなすもので、その権利獲得者のリストが打ち切られて、今後はいかなる森林使用権の新設も認めないと宣告された。これは、使用権所有者数の増加によって森林不足の時代が到来するのを懸念したあらわれにほかならない。森林には共同体的な性格が維持されていて、使用権所有者は取り交わした契約に従いつつ、森林所有者の監督のもとに森林資源を利用することができたからである。続く一三七六年、一三八九年、一四〇二年にも、森林に関する王令が発布されている。[41]

百年戦争やペストの流行による人口の激減がもとで、逼迫した森林危機が一時的に回避されたにしても――そのせいであろうか、一五世紀は森林に関する法令がほとんど発布されていない時期にあたる――、森の破壊はやまず、中世末期および近世初期には真の森林危機に瀕する。一五〇〇年には、ドイツは森林地帯が国土の三分の一になり、フランスでは四分の一、イングランドではわずかに一〇パーセントが森林地であったという。[42]それ以後、古代より受け継いできた大きな森の塊は細分化され、そのかろうじて残された森林部分も繰り返される伐採で徐々に減らされるばかりだった。森林空間はより管理しやすい、人間の居住する世界に変貌し、かつて森によって惹き起こされた恐怖も薄らいでいく。一六世紀から一八世紀にかけて、森林はヨーロッパの到るところで決定的に人間の意のままにされていく運命にあった。

3　森の危機、あるいは植林思想の萌芽

一三、一四世紀に森林は荒廃に脅かされたものの、猛威をふるったペストの大流行およびカペー王朝断絶後のフランス王位継承権をめぐって惹き起こされた百年戦争（一三三七―一四五三年）による人口減少と農村経済の疲弊がもとで、この最初の森林危機はなんとか回避された(1)。しかし一六世紀初頭には人口が再び増加に転じて、集団ないし個人で開墾が再開される。度重なる王令の発布もものかは、用益権者の数は増える一方だったし、牧養権を享受する家畜の群れの数もいっこうに減る気配はなかった。森林治安は不充分であるし、官吏の汚職も相変わらずだ。森林火災も頻発、それに昔ながらの焼き畑農耕はしぶとく続いている。これらがいまや新たに森林を脅かしはじめた。森林面積の変化を窺い知るひとつのヒントを与えてくれるのは、一六世紀フランスきっての法学者ジャン・ボダンである。

以前、平地の国とほとんどの都市は市民戦争〔英仏間の百年戦争〕の被害のために荒廃していた。〔……〕百年前からこのかた〔ボダンがこの文章を書いているのは一五六八年である〕、国では無数の森林と荒野が開墾され、いくつもの村落が建設され、都市は人で満ち溢れた(2)〔……〕。

また、大木に斧をふるって空地をつくり、藪を刈って焼き畑にして土壌の肥えた耕作地をつくるスカンディナヴィアでの様子は、一六世紀前半に活躍、ウプサラの大司教にまでなったスウェーデン生まれのオラウス・マグヌスの『北方民族文化誌』（一五五五年）の第一三巻第五章「森の中の開墾地」に活き活きと描かれている。

〔……〕近くの森に生い茂る厄介な藪をはらい、土地を肥沃にするため芝土をおこし、細い根やじょじょに生い茂る森の雑草が畑のなかに入り込んで、これから萌え出る苗を台なしにする有害な品種を、マムシのように沢山

生み出すことのないように、畑の上で火をたいて除去しようとする。こうして、芝や枝や柴を焼いた後、地面に残った灰からすばらしい豊饒が生じ、特に上等の小麦、カブラ、ケシ、亜麻、麻をまくと豊かな収穫が得られる。しかし、このようにして焚かれた火がひろがり、火事になって森を荒らすことがないように注意する。そのためまわりに岩や水を配し、それらの障害物によって火の手がひろがらないように、火をとおさない障壁をおく[3]。

前節でも述べたように、森の奥深くにはいりこんだ入植者たちによる開墾は急ピッチだったので、樹木はすくすく発育して太い幹を回復する暇もなかった。伐採区域には家畜が放牧され、切り株は生長の悪い灌木にしかならない。地方によっては、入植者が増加して林間地に集まり、村落ができあがって樹木が完全に一掃されてしまった。そうした例をいくつか、アルフレッド・モリーは紹介している。フランシュ＝コンテ地方はジュラ県ドール近傍の、さる小村が建設されたのはもともと、一五一〇年にアルレー男爵領の広大な森林に居を構えた炭焼きの二家族に端を発していたし、ヴォージュ山脈の寒村オザンヴィリエも森のなかに定住した炭焼きと木靴職人が建てた小屋がそもそもの出発点となっていた[4]。すなわち一六世紀の森林で働く人々は、多くは第2節で述べた入植者の子孫だったのであり、彼らの大部分は一六世紀にも相変わらず農業や牧畜を主たる生業としていた。フランソワ一世の治世（一五一五―四七年）以降は、入植者の数は当局がストップをかけねばと懸念するほど膨らんでいった。たとえ再植林してもせいぜい雑木林程度にしかならないこともあるのだろう。森林の回復はいっかな芳しくなかったし、とりわけ楢類、ブナ、トネリコといった大木からなる原生林の破壊が目に余ったからである。正真正銘の美林は危機に瀕していた。

とはいえ、農民たちだけが樹木を伐り倒してきたわけではもちろんない。旧来の脅威に加えて、一六世紀には新しい危機が森を脅かしはじめるからである。大都市の発展とそれにともなう木材の消費の増大がまず挙げられよう。パリなどの大都会では木材の補給が乏しくなって木材価格の高騰を招き、いくつかの森を開発せざるをえなくなった。一六世紀初頭のルーアン市会の議事録はその深刻ぶりをよく表している。

〔ルーアンの〕界隈の森は伐採しつくされている。もしルーヴレの森から木材を伐りだそうとしていたら、三年も経たないうちに伐り取られ破壊されていただろう。リヨンの森にはたくさんの木材がある(現在薪にして三千から四千カルトロン[一カルトロンは四分の一ポンド]ある)。しかし木材を運搬するのに秩序と治安維持がなければ、この木材は毎日強奪されかすめ取られているがゆえに、都市には調達されないだろう。木材商人たちはパリや他の地に薪を運びださせているのだ。(5)

ルーアン市民の不満が嵩じて、一五一七年一一月には、河岸に積まれてあった木材めざして掠奪に走るという暴動が勃発したほどであった。

それでも開発すべき森林が残っていればまだよい。トマス二世・プラッターの留学していたモンペリエの近郊には森林が消滅していて、冬の木材の供給に支障をきたすほどだった。一五九五年のことである。

モンペリエの周囲、半径二里以内には森がない。セルヌーヴ[モンペリエから数キロ離れた集落で、今日ではモンペリエに併合されている]を通ってサン＝ポール[サン＝ポール＝エ＝ヴァルマルはモンペリエの東一五キロほどに位置する小邑]のガラス工場へ行くには三里はたっぷり見ておかなければならない。そこには一種の森らしきものがあり、そこから木材を騾馬と驢馬の背に載せて町に運び込むのである。木材は目方で売られる。もし冬が長く続くようなことになったら、いったいどこから木材を伐りだしてこられるものか知りたいものだ。というのは、彼らは冬のあいだに暖炉で大量の木材を消費するからで、それでも彼らは火の傍らでほとんど凍えそうなのだ。私たちのところ[バーゼル]でもそうであるように、彼らには充分に暖められた特別な部屋がないからである。パン屋などはたいていマンネンロウとかケルメス柏とかその他の灌木でパン焼き竈《がま》を温めているのだ。燃料の点では、彼らは私たちのところほど資源に恵まれていない。(6)

なかでも森林を脅かしたのは金属工業の発展である。鉄製の大砲などを製造する冶金業は軍事産業とでもいうべきもので、工場に供給するには膨大な量の木材が必要だったからである。ある一六世紀の史料によると、一五四〇年代のフランスには鍛造工場が四六〇以上あって、そのうち四〇〇以上は五〇年前から(ということは、一六世紀になってから)続々と建てられたもので、この史料が記述されている時点でも毎年二五から三〇の工場ができているという。

これにはどうやら誇張があるらしいが、それでもドヴェーズの見立てによれば、一六世紀中葉以降、鍛造工場はフランス国内で入手できる木材の約六分の一を消費していたらしい。(7) 他の軍事産業では、造船には海水を透しにくい堅くて丈夫な木材を大量に必要としたし、砲架には楢の木や楡の木が要った。火薬製造には硫黄と硝石とともに木炭が必要である。要塞の築造、橋や城や町の再建にも莫大な量の木材を要した。かてて加えて、ガラス製造による木材需要の増加も森林を脅かしていた。フランソワ一世をはじめとして一六世紀の王たちはガラス製造に関心があったらしく、フランス国内のここかしこの森のなかにガラス工場が建てられているのである。王の保護と奨励のもと、イタリアからガラス職人が流入・居住したことも、一六世紀フランスにおけるガラス産業発展の大きな原動力のひとつとなっていた。この世紀後葉にはフランス全土に二千五百人から三千人にのぼるガラス製造職人がいたという説もあるが、(8) とにかく彼らは木材がなくなると別の森の近くに移り住んでしまうので、なかなか正確なところは分からない。ガラス工場が森にとって重荷になるくらい膨大な木材を消費したこともまた事実なのである。

森の開発にほとんどいつも産業が絡んでいたことは、リュシアン・フェーヴルが報告するフランシュ＝コンテ地方のショーの森の場合からも指摘できるかもしれない。(9) ファルタン村やエクラン村は、ドールの人々が狩りをしたり驢馬を連れて薪を貯えにやって来るこの広大な森に建設されて、それらの村の農民たちも炭焼きや樵や密猟者としてこの森のなかを駆け回り、女や子どもは薪の束を町に売りに運んでいた。このようにありとあらゆる人々に糧を提供していた森から、鍛造工場、ガラス工場、釘製造工場などが出現したという。

かくて一六世紀には、輸送手段が改良されるのにともなって、大都市への暖房用の薪とパン焼き用の薪の供給とか、軍隊や造船所への糧食・燃料の補給とかの問題が深刻になるであろうし、こうした増大する需要を満たすために森林の産業開発が緊急に推し進められることになるのである。

そもそもルネサンス期には、森はとりわけ経済的な基盤として人間の生活を支える貴重なものと考えられる傾向にあった。神から授けられた恵みとしての森の効用について、ジャック・ド・ショフールほど簡にして要を得た説明を施している例を知らない。彼の『治水森林局の勅令判定集』（一六〇三年）には、一六世紀のヨーロッパ人が森林に負っているものがみごとに列挙されているからである。中世来の摘果、牧養、狩猟に役立てられた森林利用のほかに、建築(10)——度重なる大火災のせいで一四世紀ころからは石造りや煉瓦造りの建物が普及しはじめるが、それでも中部ヨーロッパの都市やボルドーのような南フランスの都市では近代にもなお木造家屋が建てられていたらしい——、造船、燃料、ガラス製造、製鉄、鉱業や冶金、製陶や樽作りなどの手工業といった、近代産業に欠かせない資源地としての森林像が明確に輪郭づけられている。

この王国〔フランス〕を飾る美しい大都市、城館、王館、それに私たちが目の当たりにするままに華麗に木材で建てられ、保存され、管理されている全住民の家々が、この〔神の〕恵みを十全に証している。〔……〕

私たちがあんなにも利便にあずかっている大型船舶、舟、小舟は木材で造られ維持されている。

私たちは健康なときも病気のときも、冬にも夏にも、木で暖をとっている。

パンと肉は食糧として木で焼かれ、食べやすくなる。

あの美しいクリスタルを使った、あるいはガラスによる、立派な花瓶や器、また私たちの家の装飾なども、森林の樹木が尽きれば製造されえない。

金、銀、鉄、鉛、その他フランスやよそにある金属は、木で鍛造されて、使用に供される。

私たちの建物や陶器を作り保存するための、石灰、煉瓦、瓦は、同じく森林がなければ作られえない。

みごとな大きい桶や葡萄酒醸造桶、大樽、樽は木で組み立てられ維持される。

とどのつまり、いかなる職業も、件《くだん》の森林の助けが必要不可欠になってくるであろう。

それだけでなく、森林にはおいしい立派な食糧があり、豚が牧養され、牧草と木の実もあって、それらは私たちの食糧ともなり、耕作にも畑や葡萄畑を肥やすのにも役立つ家畜の飼料に適している。

私たちは、林檎、梨、サクランボ、花梨、その他の果実も同じくたくさん森林で摘みとっている。

そしてなににもまして、狩猟の悦びと気晴らし、獲物の捕獲がそこにはある。(11)

このショフールの正鵠を射た要約からも推測されるように、したがって森林の破壊はまさに国家的な災害と見做されることになる。しかしながら、ショフールよりも数十年も前からすでに森林危機の警鐘を鳴らし、森林があらゆる生活環境の根本にあること、そしてその効率的な利用を唱えていた人物がいたのである。その人の名前は、ベルナール・パリシー。一介の陶工でありながら、農学にも造詣が深く、林学の基礎を築いたひとりとも称される。

このパリシーが、河川や泉や沼などの水、鉱物、塩、岩石、土壌など、自然万般に関する知識を論述した『森羅万象賛』（一五八〇年）のなかで、人間や動物が森林から享けている恩恵をショフールよりもさらに熱烈に思い出させているのである。実際、もし樹木がなければ私たちの生活は成り立っていかないことを喚起して言う。

> 樹木がなくて、なにができるというんだね。お天道様で料理をこんがり焼くことができるとでもいうのかい。お願いだからまあ考えてもみたまえ、樹木なしでやっていける職業があるものかどうかを。そうさ、樹木を使用することで生計を立てない職人なんてほとんどいやしないのさ。家屋を建てようとすれば、大梁や梁、それに垂木のために樹木が必要だし、〔消石灰を作るために〕石灰を焼くのにも、煉瓦積み工事をするのにも必要だ。どんな職業であれ、仕事するために工具や道具を作るのであれば、それらを鍛造するのに木炭が要る。異国と貿易するために航海するのであれば、船舶を造るために木材が必要だし、防禦用武器を備えるのならば、木材で組み立てねばならない。四輪馬車や二輪馬車を造るためにも木材が必要だし、蹄鉄工とか錠前師とか金銀細工師とか木炭で仕事をしている人々はみんな、樹木なしでやっていくとしたらどんな職業を選べというのかね。つまるところ、風〔水〕車を設《しつら》えたり、皮をなめしたり、染色したり、葡萄酒を入れるための樽やその他のなくてはやっていけないようなものを作るのにも、こうしたあらゆることに樹木はぜひとも必要なのだよ。梨や林檎、苺や栗やプラム、その他の種類の果実についても、樹木が植えられなければそれらをどうやって摘むというのかね。樹木の有用性がどんなに大きいか、かつまたそれなしですますことがいかに不可能であるかを、もし私が書き記そうとしても、けっして書ききれないだろうな。[12]

森林の有用性をこのように説くパリシーによると、森林の破壊は森林所有者の儲けを追求する強欲さの結果であり、さらには農地の低い生産性と経済的危機の結果である。施肥と土壌改良による農業技術の改善を図ることで、森林空間を犠牲にしてまで耕地を拡張するような事態は避けられる。森を正しく理解したうえで木々の枝を払えば、目先の欲にかられて大損することなく利益を殖やすことだってできるだろう、というのである。事実、森林の保護・整備の観点から、パリシーは樹木の伐採の仕方に力点を置く。対話体形式の作品『真の処方』で、パリシーは森林を尊重する「農業愛好家」――いうまでもなく作者の代弁者と見做しうる――に、樹木に対する無智な仕打ちを憤懣やる方ない調子で嘆かせている。しばらくは彼の説に耳を傾けよう。

樹木に無智な人々が森林の管理にあたってさまざまな誤りを犯しているが、高林の伐採に適した天候と季節を考慮する者がほとんどいないのもその現れのひとつである。なるほど実際には、彼らはふつう、夏に伐採したりしない。それというのも、夏にはほかに急がれる仕事があって――収穫に追われているので日雇いの働き手を見つけるのもままならない――、伐採にまで手が回らないからで、結局冬まで待たざるをえないことになる。冬には仕事がないし、第一、身体を暖めるのには働くほうが都合がよい。だからふつう、冬に伐採するだけのことなのだ。しかしもっとよく考えてみる必要がある、とパリシーは続ける。というのも、南風や西風が吹く日に伐採すると、湿った風のために樹木が膨張し、気孔が湿気だらけになる。こんな状態で伐採されると、気孔にある分泌液が熱せられてマメゾウムシなどの害虫が発生し、やがて木は腐ってしまう。こんな季節に伐採された木でつくった骨組みは長持ちしないだろう。北風の吹く寒い時期に伐採されれば、木の気孔がよくひきしまって、夏に伐採された木よりも目がつんで堅く丈夫なのだ(13)。

あるいは、「農業愛好家」は無智な農夫が地味を悪くし樹木を傷めていることに悲憤する。対話者はそんな彼を揶揄することもある。

まるであなたは樹木とは人間だといわんばかりですね、それに樹木は大いにあなたの憐憫を買っているみたいだ。農夫たちは樹木を傷めつけるとおっしゃるが、そんな話は私にはお笑い種ですな(14)。

すると「農業愛好家」は森林を破壊する人々を語気を強めて非難し、無智から無惨にも傷つけられる樹木の悲鳴を聞き分けようとさえするのである。

愚か者や知識の敵ならそれも当然でしょう。けれども、私は自分がなにを言っているかちゃんと弁えていますとも。なぜって、低林を通り抜けるときに、私は樹木の伐採の仕方を何度も目にしたし、この地方の樵たちが、低林を伐採するときに、切り株とか幹を、割られて、折られ、砕かれたまま地面に打ち捨てておくのを目撃したからです。幹のことなんかお構いなしなんです、幹からとれる木材が手にはいりさえすれば。それでいて五年ごとに幹がまた同じだけの木材を産出してくれることを連中は願っているんですけれどね。私は樹木がこんなに無惨に傷めつけられても悲鳴をあげないのに驚いてしまいます。こんなふうにあちこちを割られ砕かれている切り株が、自分になされた引き裂きやらもぎ取りを恨みに思っていないとでも思いますか。あなたはあんまりご存じないのかしら、風や雨がこの切り株の割れ目にいくばくかの埃を運んできて、それがために切り株は真ん中が腐り、もとどおりに回復できずに、もぎ取られたことで永久に病むことになるだろうとは(15)。

なんとも今日の私たちの心にも迫るものがある樹木擁護の返答ではないか。ここに明示される人間と樹木の同一化ないし同類共感《ホメオパシー》は古代にまで遡るひとつの考え方であるが(16)、後に言及する一六世紀フランス最大の詩人ピエール・ド・ロンサールの詩調と妙なる照応を見せているといえよう。

ところで注目に値するのは、パリシーは土壌改良ないし耕作地の配分によるより高い生産性を念頭におくだけでなく、私たちのいう生態系《エコシステム》をもすでに意識していたらしいことである。

――もっとも軽んじられている木のひこばえほど貴重なものはなく（と「農業愛好家」は主張する）、それは金山や銀山よりも大事なものなのです。ひこばえの価値たるやすこぶる高いことに鑑みても、「人々のはなはだしい無智には驚くばかりです。今日では、先人たちがあんなにも大切に守ってきた美林をめちゃめちゃにし、伐採し、引き裂くことにしか血道をあげていないようです。あとでどこかに植林するのなら、森を伐採するのを悪いとは思いません。でも将来のことなんかまるで意に介さず、これからさき、自分たちの子どもに及ぼす大損害などこれっぽっちも考えていないのですからね」。

――森林を伐採しても構うまい（と対話者が応じる）、司教、枢機卿、小修道院長、大修道院長、修道士、司教座聖堂参事会員たちは森林の伐採で三つの利益をあげているのだから（宗教関係者ばかり列挙するのにはわけがあって、パリシーがしばらく住んでいたサントにあるサン＝トゥートロプ小修道院が一五六二年に許可もなく樹木を伐採した廉《かど》で告発されたことへの当てつけである。これはアンリ二世が高等法院に交付し、一五六〇年にフランソワ二世治下に公表された開封特許状に反していたのだ)。一つ、彼らは木材で金を儲け、そのいくばくかを女たち、娘たち、男たちにおすそ分けしたこと。二つ、彼らは、耕作に適する土地を賃貸しして、地代をがっぽり手に入れたこと。三つ、農夫は小麦を毎年播いて相当の割当て分を得ていること。こんな具合に土地は以前よりも多くの収益をあげているから結構なことじゃないですか。

——それは過失どころか(と「農業愛好家」は切り返す)、フランスにとって不運であり災いでしょう。「森という森がことごとく伐採されたあとでは、すべての手仕事は中断しなければならないし、職人たちはネブカドネツァルのように草を食べに行かねばならないからです」(野人としてのネブカドネツァルについては第三章第3節参照)。木がなくなったら、営める手仕事はなにひとつないのです。木がなければ、航海も漁場も活動停止にならざるをえないし、木の実を食糧とする鳥や獣もほかの王国に立ち去らざるをえず、「牡牛も牝牛、仔牛も去勢されていない牡牛も木のない国ではなんの役にも立たないでしょう」。木がなくては、おまんまの食い上げ、食べないですまさねばなりません。どうして領主は領民たちにドングリのなる樒や栗の木や胡桃の木を植えさせないのでしょうかね、そうすれば公益にもなるし、あとは寝てても収入がはいってくるんですから。「暖をとるために牛糞を集めざるをえないようなたくさんの地方に、植林することはすこぶる好都合でしょう。また他の地方では、やむなく藁で体を暖めたり鍋を沸かしたりしているんですからね」。植林を怠ることは誤りであり、みんなに共通した無智ではありませんか。木さえ植えておけば、寝ていても収入はあるし、その木の果実を食べてから、枝や幹で暖がとれますしね。「フランスには、狩猟の楽しみを好んで森に足繁く通う人たちがいます。でも将来のことなんか気にもかけずに、彼らは見つけたものをかたはしから捕らえるのです」。華やかに着飾った宮廷に出仕して散財するよりは、農民たちと玉葱をかじり、彼らに良い生き方を教えてやり、もめごとを調停し、裁判で身上《しんしょう》を潰さないようにしてやり、植え付け、家を建て、溝を掘り、育て養い、いざというときには生国を護るべく君主に奉仕する支度をしておく方が、ずっと有益でしょうに(17)。

以上は、一五六三年に出版されたパリシーの代表作といってよい『真の処方』から、森林の消滅を惜しむ箇所を抜粋しながら紹介したものである。重農主義者にしてエコロジストたる陶工パリシーの面目躍如といったところである[18]。このあとさらに「農業愛好家」は農機具の改良の必要性を訴えるのであるが、ともあれかかる森林保護の考えは今日でも充分に通用するものであろうし、とくに最後の一節、つまり宮廷の魅力がゆえに本来の義務を怠っている地方の貴族たちに土への復帰を勧めるくだりは、一六〇〇年に出版されるオリヴィエ・ド・セールの『農業劇場と田畑の管理』(以下、『農業劇場』と略記)を予感させるものがあるし、さらにいえば、農業の発展に強い関心を示してこれを奨励したアンリ四世の農本主義的な政治をつとに予告しているといっても過言ではないだろう[19]。

フランス十六世紀の後半はほとんど宗教戦争に明け暮れしていたといえるが、戦争が終結して帰還した貴族たちのために、南フランスの田舎貴族オリヴィエ・ド・セールは、手つかずのまま放置されていた彼らの領地の生産高をあげるべく処方箋を作成してみせた。それがこの『農業劇場』であり、これは一千頁にも及ぶ大著であるにもかかわらず、著者の生前に七版を重ねるというたいへんな人気を集めた。現代の私たちからしても、それはなるほど数々の農学上の助言が有益で示唆に満ちているではあろうが、なによりもカルヴァン的な倫理観を持して土地に根ざして生きようとするオリヴィエの姿に魅かれるものがある。華やかな社会のことどもに毅然として背を向け、一家の主として家族と使用人たちを律しながら農地に根を下ろし、そこから最高の収穫をあげるべく努力する「家長」の理想像がそこにはある[20]。その家長たるものが使用人や隣人たちに対してなさねばならぬ務めを説いた第一巻第六章で述べているとおり、荒れた土地を良地に、良地をさらなる良地に変えること、水道や風(水)車、牧場、鉱業地、絹――オリヴィエは養蚕を重視していたことを忘れてはならない――、草や根でもって、小麦や葡萄酒やありふれた農作物はいわずもがな、無の状態から大きな利益をあげること、そして知識人はそれを個人の利益に留めないで公的に役に立ててもらえるようにすること[21]、これが『農業劇場』執筆の目的であった。個人の経験と知識は社会の発展に貢献させなければならないのである。その点では、パリシーも同様であり、この陶工は農民などの有用のために著書を発表していた。新約聖書『コリントの信徒への手紙一』第一二章をもとに、みずから「聖パウロは「各々は授けられた天賦に応じて、それを他の人々にわかち与えるように」と述べておられる[22]」と書くように、パリシーも自分の経験を流布させることで広く一般社会の発展に寄与することになればと願っていた。そういえば、オリヴィエもパリシーもプロテスタントであった。ふたりは、いわばプロテスタント倫理観でつながっていたといえる。

ここでは『農業劇場』全般について言及する余裕がないので、こと森林の記述にかぎって一瞥しておくことにしたい。

建前はフランス全般を対象にしているものの、オリヴィエの住むラングドック地方の理想的な田舎領地を記述した『農業劇場』は、その第七巻で森林を論じている（図9）。しかし、田舎の開発の一環として論じられているので、オリヴィエの森に原生林の記述を期待するのは土台無理がある。長期にわたる戦役と疫病と飢饉とその他の変動で、国が人口の減少をきたし土地が荒れ放題になっていたときにも、大森林は緑に覆われていた(23)、とフランスにおける森林の存続をせいぜい仄めかす程度で、記述の大部分は耕作と関わりのある、人間が愉しむために馴致された樹木に費やされる。防風用に、冬の防寒用に、また夏に涼を得るために、植樹を自分の住む土地に、しかも家のすぐ近くに行うべきであるという人工的なものについて語り(24)、自然のままの森林はほとんど問題にすらならない。樹木には湿った土に根をはる木と乾いた土に根をはる木があって、区別する必要がある。樹木の性質をよく知ってこそ、木々を組み合わせて植栽すれば将来にそれらは有用になるというのである。三〇〇年の寿命をもち値がはる楢の木が栗の木と比較されたり、寒い山に茂る松や樅やブナにも言及されたうえで、乾いた土に根をはる木の苗の作り方が三種類指南される(25)。そしておもしろいのは、桑の木の記述が詳細にわたることである。養蚕業の一環としてその重要性をオリヴィエはよく認識していたことの現れにほかならない。桑は三月

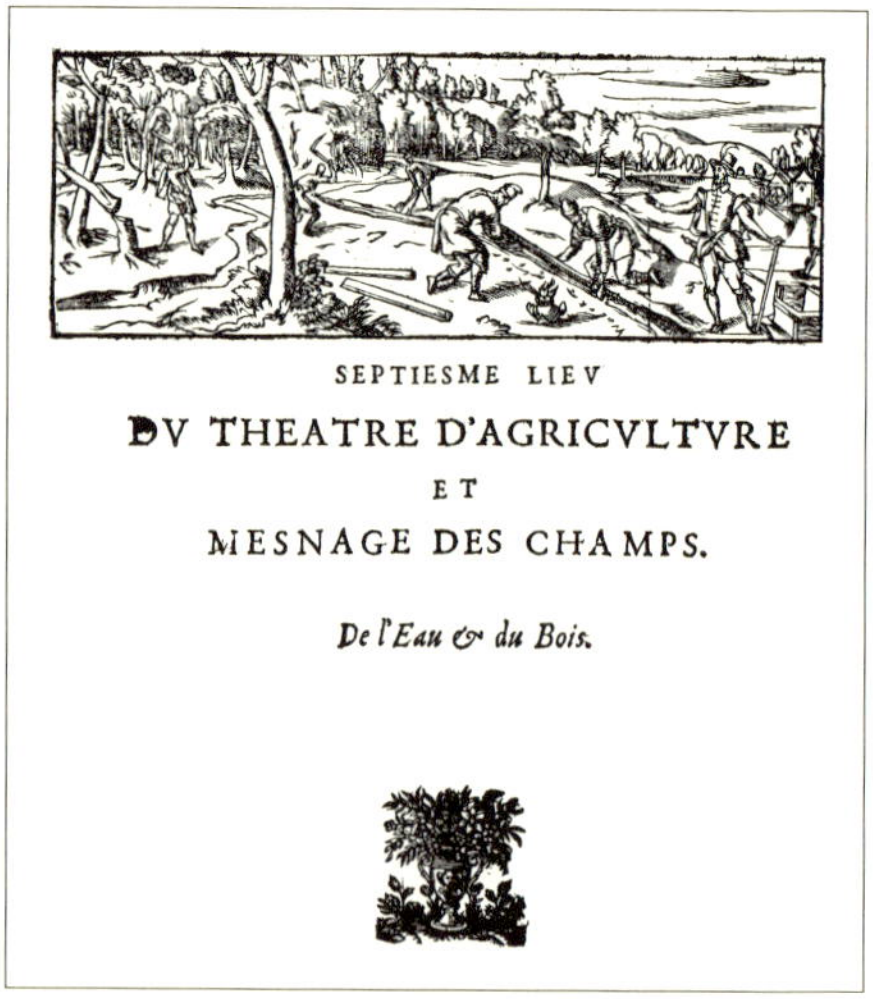

図9　オリヴィエ・ド・セール『農業劇場と田畑の管理』(1605 年版）の第 7 巻表紙

か四月の播種が最良であると指摘し、桑の実から種子をどのように取り出すかを説明する。水で満たした容器に完熟した桑の実を入れてから、手で容器を静かに揺すって実と種を分離させ、つぎに水を抜いて種を陰干しするという[26]。

モンペリエ近辺の未耕地のままに放置された荒地で貧民たちがセイヨウヒイラギの真っ赤な実を摘んでいるのを目撃したことのあるオリヴィエ・ド・セールは[27]、宗教戦争で蹂躙された南フランスに再び植林することを夢見ているかのごとくである。低林を造るのには、「主題に応じていろいろな種類の木々を装飾として混ぜてもいいが、性質のよく似通った木を集めることで不調和は最低限に抑えられるだろう。その場をもっと愉しくするために、並木道や迷路やさまざまな遊歩道を設けるとよい[28]」。高林にしても、樹木の配列の仕方は低林の場合とほとんど変わらない。片側には美しい楢林を、その反対側には栗林、楡林、榛《はしばみ》の林、セイヨウトネリコの林などを造り、それらを交互に見やることは愉しい。徒歩とか馬に乗って散歩するためにも、ペルメル遊戯場(一方の陣地に鉄環を吊るし、黄楊《つげ》の木の球を槌で打って通過させる遊戯(図10)など楽しいものを設えるためにも、それらはただ広くて直線的な道で区分されているだけだという[29]。ここでは、自然は人間の手が入れられて人工化されたものになっているといわざるをえない。植林された森のことを考えるオリヴィエにとって、美的価値こそが大切なのである。だからこそ種類の違う木々を無秩序に入りまじえて植えるか、木々の種類を揃えてまっすぐに並べて植えるかにこだわることになる。木々を一列に植林することは素晴らしいことにはちがいないが、そのうちの一本が枯れたりして欠けてしまうと、ちょうど歯並びのいい口に一本だけ出っ歯があるかのように、そこばかりがすぐに目立ってしまう。それゆえ木の種類を区別しながら植林するのがよい[30]。

図10 ペルメル遊戯. 15世紀フランスのミニアチュール

このように、オリヴィエは『農業劇場』第七巻の論点を樹木の有用性に定めている。私たちは、たとえばパリシーの議論に見てきたような、もっと巨視的な森林の整備・保護の問題についての提言を彼に期待するべきではないのだ。オリヴィエの議論はせいぜい再植林の必要性を唱える時点に留まっている。ただし彼の名誉のために付言しておかなければならないのは、彼とて森の荒廃に無関心ではありえず、森林保護の観点から森林の濫伐、過剰な売買に警告を発していることである。すなわち、森林の生長が追いつかないほど迅速な商人への木材売り払いに対して警告したものである。

気をつけるべきは、金銭の甘さに騙されないようにすること、商人のしつこい頼みのせいで、森林の能力を超えるたくさんの樹木を伐採してしまわないことである。伐りすぎてしまって、森林が荒れ果てたり、丸裸になったままにならないように。[31]

これはなにもオリヴィエ・ド・セールだけに当てはまることではないけれども、ドヴェーズが的確に指摘するように[32]、オリヴィエの農業経営論は、当時の人々が自然の美しさを具えた原生林に対する美的感覚からすこしずつ遠ざかりつつあることを示唆するばかりでなく、人間味を帯びた森林のほうを好むためか、林学と呼ばれる新しい学問によって顕在化されることになる森の危機に敏感になったことをも証するのである。

さて、農学者たちの危惧にもかかわらず、いや増す森の荒廃に対処する良策はもはやひとつしかない。森林の諸権利を唯一の強権に集中すること、王国じゅうの森を保護するべく監視する森林行政を布くことだった。実際、王権はこうした森林の危機に手をこまねいていたわけではない。なかでもフランソワ一世はもっとも精力的に資源保護政策に乗り出した王である。一三四六年のブリュノワの王令をはじめとする一四世紀の森林法を効力あるものにするために再公布した形の一五一六年三月の王令は、森を規則的かつ頻繁に視察するよう林務官に命じ、森林の整備と保全、伐採の方法を規制するだけでなく、森での狩猟を禁じ、これに違反した者は厳罰に処するという、領民から狩猟権を剥奪するものとなっていた。また、一五一七年三月の王令は材木の販売に関するものだし、一五一九年一月の王令は森林の濫用と加害に対する損害賠償額の大幅な引き上げに関するものだった。一五三七年のフォンテーヌブローの王令は、私有林にも直接に容喙《ようかい》する内容になっていて興味深いものがある。教会や大修道院に属する高林からなる森、つまり建築などになくてはならないもっとも貴重な森の保全を目的として、教会などが高林の立木を伐採販売するときには高等法院の許可が義務づけられたのである。森林所有者がだれであろうと、森を一般的に規制しようとする傾向が徐々に顕著になってきたのだった。さらに、森林関係の王吏の増員は手厚い保護によって森林資源を守ろうとする王権側の努力を証してもいる。もっとも王吏の二つのグループ間には勢力争いがあったのだけれども。一方のグループの王吏たちは森林資源を保存しようとし、もう一方のグループ――とりわけ財務官――は樹木の臨時の伐採に王室金庫の赤字を埋める手段を求めていたからだ。いずれにせよ、王権側は森林使用者の犠牲のうえに森を保護しようとしたといえるだろう。王室御料林については王国がたくさんの用益権を廃止してしまったし、領主所有の森林については、裁判所が使用者の諸権利を実際の必要性だけに制限した。中世よりこのかた、森に付随していた共同用益権はこうして限定されることになった[33]。

かかる森林行政は、森林に関係する訴訟の増加を予想させる。そのため、森林行政は司法と不可分である。その存在が一三世紀にはじめて言及された治水森林局[34]において、時代と地域によってまちまちではあるものの、林務官はおおよそ三階級を構成していて、行政のトップに治水森林長官(grand maître〔または souverain maître〕des Eaux et Forêts)があり、バイイ裁判所管区ではその総代官ないし特別代官(lieutenants/généraux, particuliers)によって代行される。第二の階級が治水森林監督官(maître des Eaux et Forêts)、第三の階級が治水森林監督官に服属する森林監視官(verdier, gruyer)であり、彼らを補佐するのが森番(gardes)だったり執達吏(sergents)だったりする。彼らはすべて行政担当者であり、同時に裁判官でもある。森林監視官ですら、関連区域の森林・河川で犯された軽罪を初審裁判として担当したからである。それぞれの裁判には、国王代訟官(procureur du roi)と秘書兼書記官(clerc et greffier)、ひとりか数人の計量測量吏(mesureurs-arpenteurs)などがつく。これの最高権能はパリ高等法院とルーアン高等法院に所在する「大理石卓室」(Table de marbre)にあって、森、河川、狩猟と漁労に関する上訴を審判する。裁判権は治水森林長官によって行使されるが、通常は総代官が数名の評定官と一名ずつの国王弁護士と国王代訟官の出席のもとに主宰する。この大理石卓室という名称は、パリ裁判所の大きな黒大理石のテーブルで判決が下されたことに由来する。

フランソワ一世による森林使用権を規制する政策はある程度奏功して、危殆に瀕していたいくつもの森林を壊滅から救うことができた。一六世紀の森林行政のシステムがなんとか存続しえたのには、フランソワ・ダレーグル、ピエール・ド・ラ・ブルトニエール、アントワーヌ・ド・クレルモン、シャルル・ド・レヴィ、アルベール・ド・ゴンディ、トリスタン・ド・ロスタン、そしてとりわけアンリ・クロス・ド・フルーリといった、決然たる森林行政官の活躍に負うところが大きかった。

とはいえ、一六世紀後葉の宗教戦争の期間に王権が衰弱したせいもあって、宗教戦争は無秩序と国庫の消耗をもたらしただけで、森林を回復させることにはつながらなかった。軍事上の必要(要塞の築造、都市の攻略など)が森林の乱伐を惹き起こしたからだ。シャルル九世による一五六一年の王令は、高林を増やすために伐採には三分の一を必ず残して行うことを義務づけたにもかかわらず、多くの森が略奪者の手に好き放題に委ねられた。また、アンリ三世の時代には治水森林局関係の官職が水増しされたことで、官職を狙う者は莫大な金を支払ってその職を買い、ひとたび官職に就いてしまえば今度は元手を取り戻すために暴利を貪ろうとした。結局、当時の売官という悪しき慣行がいっそう助長されただけで、森林行政の進展にはつながりようがなかった。森林の回復はアンリ四世の治世下になってもきわめて緩慢であって、一六一〇年に植林された土地の面積は一五一五年の時点よりもむしろ小さかったほどである。失われた森林空間は耕作でもって取り戻すこともできず、荒蕪地や荒野のままに残されただけだった。しかし皮肉にも、森林にとって有害きわまりなかった宗教戦争時代に、林業上の知識は大いに進捗した。一五六〇年以降にあいついで出版された技術書、たとえばクロード・ド・マルヴィル(一五六〇年)、ギヨーム・マルタン(一五八二年)、前述のジャック・ド・ショフール(一六〇三年)、アントワーヌ・ド・サン゠チヨン(一六一〇年)などの著述は、問題の重要性と治水森林監督官などの王吏たちが森林について抱いている危機意識をよく表している。(35)

続くリシュリュー、マザランの時代になっても、こと森林の危機に関しては好転する気配がなかった。むしろマザラン政府のときには、ドヴェーズによれば、弊害は絶頂に達した。王室御料林の売上は、一六三八年度には九〇万リーヴルだったのが、一六五七年度には資源が枯渇してしまって三〇万リーヴルに落ち込んだというのだから。[36] 森林行政が全般的に改革されるには、ルイ一四世と財務総監コルベールの登場を俟たねばならなかったのであるが、それはまた稿を改めて説かれるべき別の話である。[37]

ともあれ、この長い森の歴史を大急ぎで駆け抜けてみて、森の利用が時代によってじつにさまざまな段階を経てきたことが分かる。初期の時代には、狩りや木の実の採取の場として森は人間に大いに有用であった。やがて農耕と家畜の飼育が農民の生産活動を決定し、定住地が定められるや、森の産物は発生したばかりの農家の存続を幇助するものになった。開墾は人間の各地への拡散を促し、人間が生活しうる場を一挙にもたらした。そしてこれが今日あるヨーロッパ文化の景観をなしているといえよう。都市の発達につれて、森の多様な資源は生活や経済にも、また工業や産業にも不可欠なものとなるだけでなく、その使用量も飛躍的に増大した。この結果が森の乱伐に拍車をかけたとは容易に推察できるところだ。植林政策を長いこと怠ったツケもあって、やがてヨーロッパは木材の深刻な不足に悩まされることになる。こうして森林の保護と経営が計画的かつ持続的に実施されることが求められるようになった。このことに気づきだされるのは、ようやく一八世紀になってからのことである。このとき、林業の思想も芽生えてくることになる。

第二章

森と人間

1　さんざめく森——森の住人たち

森での生活はいったいどのように受けとめられていたのだろうか。前述したオリヴィエ・ド・セールは水のある暮らしと木のある暮らしを比較しながら、後者に軍配をあげておおよそつぎのようにいう。思慮分別のある人なら、木の不足よりも水の不足のほうがまだしも我慢できると判断するだろう。泉や河川、そのほか慰めを与えてくれる水の流れのある生活よりも、水といえば雨水しかなくとも、あらゆる木の揃った森のなかでの暮らしのほうがそれでもまだ辛抱できる。水辺の生活では、燃料ときたら灌木、木の根、麦藁、芝、草、牛糞、無煙炭、骨ぐらいしかなく、イングランドやフランドルなどがそんなふうで、それらの住民はそのような粗末なもので暖をとっている。森林では、優雅な泉水にお目にかかるという愉しみはないにせよ、緑陰の愉しみがあり、四季を通じて樹木の下で快適な時を過ごすことができ、冬ですら寒さを防げるのだ。魚釣りとか魚を食すという満足は味わえぬものの、狩りの気晴らしがあり、捕らえた野獣を賞味できる。現に、大貴族は釣りよりも狩猟のほうを重んじているし、歴代の王でさえかかる意見に賛同して、魚釣りより狩りにでかけるのをもっぱらとしている。河川に隣接して建てるよりも森のなかのほうが宏壮な家が建てられるし、なにはさておき燃料の入手に便利だ。どんな身分の高い人であろうと、人間の一年の生活の半分を占める冬の時期に火は欠かせないではないか。建築したり家具を作るにも、木炭や石灰や瓦や煉瓦や陶器やガラス用具を作るにも、鉱物を溶かすにも、鳥たちを呼び寄せたり、ほかに数えきれないほど有用なこと、楽しいことにも必要な木を提供するのは、ほかならぬ森林なのである。じめじめと湿ったところよりは乾いたところのほうが健康によいとはだれしも判断するとおりで、森のなかでの暮らしが健康的であることは疑いを容れない。かくてオリヴィエは、木の利便性は無限だと結論づけ、樹木を利用しない手はないとして熱心な植林を勧めるのである。一家を支える「家長」たる者、農地に木がないことを重視して、さっそく植樹に着手しなければならない。ただちに利益を産み出す即効性には乏しいにせよ、それはいずれ八年や一〇年もすれば豊かな労働の代償をもたらしてくれるだろう。(1)

オリヴィエ・ド・セールの勧めに呼応するかのように、つまり森の有用性に気づきだしたルネサンスの人々が樹木を蕩尽せんばかりに森に斧を入れつづけたことは、前章で見てきたとおりである。こんな森林であれば、一六世紀の森は想像していた以上に、今日の森林よりもはるかに人の往来があって——いつもというわけではないにせよ——、生活の臭いがあったし、呼びかわす声とか吠える犬とか家畜などの鳴き声で結構賑やかだったと想像されるというものである。いや、森の有効利用を意識していた中世の時代からすでにそうだったと言いなおすべきかもしれない。森はさまざまな活動の場である。「ビエーヴルの森〔フォンテーヌブローの森のこと〕」で炭焼きが薪を切るために木に登っていたり、老女が「粗朶《そだ》を刈ったり木屑を拾ったり」している。(2) 牧者は夏になると村の家畜を集めて荒蕪地や下草の生えた森に連れていき、そこで狼どもの襲撃を警戒しながらたっぷりと草を食べさせてやる。狩人は獲物を追いかけて森を走り回り、暖房用の粗朶や野生の漿果や野菜や薬草や蜜を探しにはいった農民たちで森はいっぱいだった。秋になると森の木立のなかにはいって村民は棍棒でたたいてはドングリを落とし(図11)、豚の飼料とする。森の奥深くでは、法の網をかいくぐろうとする密猟者とそれを取り締まる林務官がいたちごっこを繰り広げていた。木材に関わる職人のように森に定住する者もいれば、森の近くの集落に住んで足しげく森にはいる者もいた。炭焼き、たが職人、木灰製造職人、ろくろ細工職人、煉瓦製造職人、瓦製造職人、鍛冶屋、焼物職人、製籠職人、木靴職人、ガラス製造職人など、「町や村の住民たちよりは無骨な人間の階級を構成していた」(3) 人たちである。読み書きのできない、社会の周縁に生きる下層の人々を森の緑はかくまっていた。

中世初期には、ヨーロッパ北部の広大な森林がその闇のドームで、時間の流れとは無関係に、大陸を覆っていた。大小さまざまな集落は古典古代の徐々に薄れゆく影にかくれすんで、森のここかしこにひっそりと佇んでいた。新しい封建的・宗教的制度をもとに再編されつつある中世社会の新たな秩序にとって、森林とは「フォリス」(foris)、すなわち外界であった。その森に住んでいたのが、追放された者、狂人、恋人たち、山賊、隠者、聖者、らい病者、抵抗者、逃亡者、落伍者、迫害された者、そして野人である[4]。

これはヨーロッパの想像界における森林の歴史をあとづけようとしたロバート・ハリスンの言葉である。たんに社会周縁の人々をかくまう避難所としての森だけでなく、畏怖すべき森のもつヨーロッパの原風景としての象徴的意味までをもうまく暗示しているかもしれないが、しかしさきに指摘したごとくかつての森はとりたてて言われるほど森閑としてはいなかった。この類の言挙げをそのまま鵜呑みにするのは要らぬ誤解を生むもとともなりかねない。

そもそも「物理的な《マテリエル》」森林には両義性が存することを忘

図 11　森のはずれで，農民が楢の枝に棒を投げてドングリを落とし，豚にドングリを食べさせている.『ベリー公のいとも豪華なる時禱書』(1413-1416)「11 月」のミニアチュール

れてはならない。森が避難所として機能するのは、それが一般の人々を寄せつけない恐怖と野蛮の空間だったからである。だからこそ人間社会の「外界」として機能するのだろう。ハリスンの言葉にもあったように、森は凶暴な盗賊や野人やアウトローたちの巣窟と化していた。旅人が森のなかを横切るとは、ある程度の危険を、ときには死すらをも覚悟のうえでなければならなかった。それに森には、赤ずきんちゃんを喰ってしまう獰猛な狼や熊が徘徊していたのだ。人々を不安に陥らせるそれら危険の存在が森林を恐怖の空間として成立せしめている。しかし同時に、森は多くの人間と動物をかくまい養う空間であることも忘れるべきではない。そこにはなによりも木材で生の営みをなさねばならない職人たちを養う樹木があったし、食糧不足で飢えた農民たちや動物たちの胃袋を一時なりとも満たす果実や獣や茸類などがあった。あるいは寒さをしのぐのに必要な薪材もあった。つまりは生ある者に生きる手段・方途を与える恵みとしての場でもあったのである。あるいはひとつめの特色の裏返しとして、規律を失って無法者と化した兵士たちの乱暴を恐れて逃れてくる農民たちを庇護する空間であったことも付言しておきたい。

そこで以下に、森を賑わす人々の、森での営みをすこし見ておこう。

(1) 隠　者

中世初期の森の風景を私たちが知りうるとすれば、それはおそらく聖者伝を介してであろう。聖者伝とはキリスト教の聖人たちの生涯と彼らの偉業、とりわけ奇蹟を叙述した文学的な一ジャンルであり、ヨハネス・カッシアヌスが五世紀初頭エジプトで編纂した『エジプトの教父たちとの対話』と、同じころにギリシア語から訳された逸話集成である『教父伝』が、二大聖者伝集成であった[5]。なかでも有名なのが、一三世紀にヤコブス・デ・ウォラギネが一七七人の聖人の奇蹟を信者の教化のために著した『黄金伝説』である。

中世の森は、前章でも触れたとおり、まるで磁石のように神に仕える者たちを引き寄せてきた。修道士たちは森にオリエントの隠者の荒野(砂漠)を見たのである。彼らのモデルになったのは、オリエントの隠者聖アントニウスであり、隠者の祖とされる聖パウルスである[6]。アタナシオスやヒエロニムスに語られた彼らの生涯は、西欧でも中世の数世紀にわたって『黄金伝説』などの聖者伝でいつも時代に合ったものとされ、あまねく知られていた。例えば、九〇歳のアントニウスが一〇〇歳を越えていたパウルスを訪うエピソードが多くの芸術家に霊感を与えてきたことを思い出すべきだろうか。中世の末に、グリューネヴァルトはイーゼンハイムの祭壇画で二人の出会いを森を舞台に描いたし(図12)、一四、一五世紀に、「テバイード」——隠修士たちの禁欲的生活の場面をエジプトのテーベを中心に描き出したもの——の主題がたびたび絵画に採り上げられていた。福音書の荒野は危険な試練の場、誘惑の場所であるとともに、神の啓示の場でもあった。悪霊が棲みつき、悪魔がキリストを誘惑しようとしたばかりでなく、キリストはもっと神の御許の近くにありたいと孤独を求めたからであ

図 12　グリューネヴァルト《イーゼンハイム祭壇画》第三場面(1512-1516, コルマール, ウンターリンデン美術館), 〈聖アントニウスの聖パウルス訪問〉

る(『マタイによる福音書』第四章第一節、『マルコによる福音書』第一章第三五、四五節)。西ヨーロッパで荒野に相当する孤独の地といえば、森を措いてほかにない。修道士たちは神秘体験に与るために、世間の悦楽から遠く離れて森に隠棲しようとした。ヨーロッパ中世はコプト人の隠遁者たちに荒野の理想のモデルを認めて、隠者(隠修士)を森のなかへと導いていったのである。

件《くだん》の聖者伝は、森に隠遁する聖人のヒロイズムを際立たせるために、人跡未踏の森林の恐ろしい面だけを好んで誇張しているきらいがある。たとえば、ノルマンディー地方フォントネルの谷間にある六四九年創建のサン゠ヴァンドリーユ大修道院は、鬱蒼とした森のなかに建てられていた。『フォントネル歴代大修道院長年代記』(九世紀前葉)によれば、修道院が建立された土地は、

棘だらけの藪、密生した茨、広漠と続く無用な茂みに覆われ、到るところに沼沢地があり、近づきがたかった。それは人間の住むところというよりは、山賊の巣窟とか野獣の巣穴に似つかわしかった(7)。

このサン゠ヴァンドリーユ大修道院縁起の記述を信ずれば、修道院や隠者は確かに追放者や山賊どもや猛獣を隣人としてもっていたことになる。人けのないどころか、なんとまあ物騒なこと。しかしこの荒涼たる景観の反動からであろうか、「われらが崇敬されたる創建者、素晴らしきヴァンドリーユの巧智によって、またフォントネルの修道院に住むキリストの兵士たちの汗によって、有害な藪が取りのけられる(8)」や、この地はとたんに「悦楽境《ロクス・アモエヌス》」のトポスに結びつけられるような美しい理想郷に変ずるのである。「この修道院の敷地はとても肥沃で、果樹林と緑なす庭園の魅力のなかですこぶる心地よくて、ここに来る人はだれでもたちまちこう叫びたくなる。「ヤコブよ、あなたの天幕はいかに美しいことか、イスラエルよ、あなたの住むところはいかに素晴らしいことか。繁茂した谷のようだ、河に潤された園のようだ、主が植えられた天幕のようだ、水辺の杉のようだ」と(9)」。そして、聖ヴァンドリーユとその甥ゴン(ゴド)は修道士たちとともに、「祈りによって古来の罪の穢れをまずもって浄め、なんの役にも立たないものはことごとく排斥するように専念し」、「かつては獣どもが棲み人間たちもまるで獣のように生きるのをつねとしていたその場に、善き行いの実がなるように、修道院の基礎を据えたのである(10)」。

そのうえ、聖者伝は隠者のステレオタイプを形成するのにも一役買っていた。それによれば、ほぼつぎのようなパターンをたどる。ひとりの男（まれに女）が荒野＝森をめざして出奔する。隠者は木の実を摘み取ったり、動物たちと接触しながら孤独の生活を送っている。ごくたまにはキリスト者たちの訪問を受け入れることもある。訪問者たちは思いがけず隠者と出くわすか、あるいはわざわざ彼を探し出して、付き添ったり、食物を提供したり、祝福を授けてくれるよう懇願したり、秘密を告白したりするのである。悪魔がときには蠱惑的な姿に変身して隠者を惑わそうとするが、勇気ある隠者は悪魔の誘惑に毅然として抵抗する（誘惑に屈することもままあるけれど）[11]……。

ともあれ、『アントニオス伝』を介してアタナシオスのまいた種子は西方の隠者に受け継がれる。まずはケルトや北欧の修道士たちによって島嶼に霊的荒野が求められ――もっとも有名なのは南フランスのレランス島――、ついで森こそが西欧の唯一の荒野とされて、アイルランドの修道士コルンバヌスがよき見本であるが、六世紀ころからは隠者たちが救いと赤貧を求めて森の奥深くにはいっていく。大貴族を出自とするフランドル人バウォが苦行への渇望やみがたく、晩年に隠者としてヘントの森にはいって、古木の洞で暮らした話は有名である。この六―七世紀が隠遁熱の第一回目の隆盛であり、内憂外患の九―一〇世紀にはこの熱もいったん鎮まる。一一世紀に荒野の誘惑が再び疼きだし、さる同時代人（ボドリ・ド・ブルゲイユ）の著した伝記によれば、森の動物を友としながら、豚の剛毛でつくった肌衣を身につけてたえず節食していたロベール・ダルブリセルのような聖職者が輩出する。この時代は、西欧にあってはまさに大開墾の時代と重なるわけで、第一回目の隠遁熱の時代ほどには森も鬱蒼としていたわけでも人けがなかったわけでもない。それでも相変わらず森林は象徴性を有しつづけていた。森の繁茂はオリエントの砂漠の不毛の対極にあるようにみえるけれども、森は心理的には同じ境界に位置する荒野にほかならなかった。森林の広漠さと暗闇は恐怖と賛嘆を惹き起こさずにいなかったからである。森に棲む隠者が一二世紀初頭にいかに多かったかは、第一章でも一部引用した『聖ベルナール・ド・ティロン伝』でベネディクト派ティロン修道院（パリの南西約一二〇キロ）の修道士ジョフロワ・ル・グロが記しているとおりである。

メーヌ地方とブルターニュ地方の境にある広大な孤独の地は当時、まるで第二のエジプトのごとくに、おびただしい隠者で花を咲かせていた。彼らは別々の独居房に住む、生活のすぐれた戒律でつとに知られる聖者たちである。〔……〕この者〔隠者のひとりでピエール某〕は畑を耕すことも菜園の手入れをすることも知らなかった。あちこち歩き回って摘んだ木々の若芽が日々の食事に供された。(12)大きいとはまったくいえない庵も、嵐で大部分が壊された聖メダルドゥスに奉献された教会の廃墟に、彼が樹皮を使ってこしらえたものである。〔やがて将来のティロンの修道院長ベルナールがピエールと合流することになる……〕しかしピエールは、自分の食卓では、たったひとりの会食者でもまかないきれないのに、何人かの会食者たちを十二分に満足させることはできない、と心中ひそかに考えた。とはいえ、招待客たちをどうやってもてなしたらいいかを知らないではなかった。彼は急いで籠を取り、庵の敷地を四方取り巻いている森のなかにはいりこんで、棘が立った茨の茂みを手早く引き抜きながら、榛《はしばみ》や野生の木々から木の実をもいだ。いろいろな種類の果実を籠につめこんでいると、彼は木の幹の洞に蜜蜂の群れがいて、まるで豊饒の角そのものから富が出てきているのではないかと思われるほど潤沢な蜜蠟と蜂蜜を見つけた。(13)

こうしてみれば、中世の文学テクストに、森に隠遁する隠者がたびたび登場するのも当然のことなのだ。(14)マルク王の追手を逃れて、モロワの森にはいりこんだトリスタンとイズーが遭遇するのは隠者オグランであった。悔悛を勧めるオグランの説諭にもかかわらず、恋人たちは悔悟の色を見せぬ。諦めたオグランはあろうことか、二人に自分の庵を一晩貸し与える。(15)また、悪行のかぎりを尽くす「悪魔のロベール」が回心して告解しにいくのも、「大きくて広い、マラボンドとよばれる森」のなかに庵を結ぶ聖らかな隠者のもとであった。ロベールは狂愚を装って贖罪に励みつつ、白銀の騎士としてトルコ軍と戦い獅子奮迅の活躍をした後、贖罪を果たして件《くだん》の隠者とともに森の庵に帰っていき、自身がそこで聖なる隠者として生を終える。(16)戦闘に敗れたジラール・ド・ルシヨンが妻のベルトとともにアルデンヌの森に逃走し、そこで遭遇するのも山羊の皮と羊毛の古いぼろしか身につけていないひとりの白髪の隠者であった(17)(図13)。発狂して宮廷から森へとはいっていったイヴァンは、粗末な小屋に住みながら開墾に携わる隠者に出会った。こうして狂気の騎士は捕獲した猟獣を隠者の庵のまえに捨てておき、隠者は狂人のためにこれを調理して水とパンといっしょに窓に置いておくという、無言の奇妙な交流が始まるのだった[18]。

　おそらく民間伝承や民話でも同じことが指摘できる。たとえば「魂なき肉体」というブルターニュの民話。主人公の王子が、〈魂なき肉体〉つまり生命が肉体に宿っていない巨人にさらわれた婚約者を取り戻そうと旅にでる。巨人の

図13　ジラール・ド・ルシヨンと妻は森に避難場所を，隠者のもとに支援を求める．ジャン・ヴォークラン『ジラール・ド・ルシヨン物語』(1448)からのミニアチュール

棲処《すみか》を探して昼夜を分かたず歩き回っていたが、やがて大きな森に迷いこむうちに闇夜が迫る。「彼はすっかり当惑してしまい、不安に駆られた。この森は野獣でいっぱいだったから」。やがて淡い明かりを遠くに見つけて、それをめざして歩くうちにようやく「枝と羊歯《しだ》と葉で造られたつましい小屋」に行き当たる。そこには白い髭を長く伸ばした隠者が十字架のまえにひざまずいて祈っていた。一晩夜露をしのぐ宿を乞うべく事情を話すと、親切な孤独者は主人公にこれから取るべき道のヒントを与えるのである[19]。

　ところで、前述したステレオタイプ化された隠者といい、文明の利便を放棄し原初の状態の自然に回帰しながら荒野＝森を希求する隠者といい、こうした隠者像は現実と想像のはざまで虚実ないまぜになって成立し伝承されてきたもので、これが中世の隠遁の実態を忠実に反映していないことはつとに指摘されているところでもある[20]。森林のなかや山中などの「荒野」は、後世になって作られたロマンティックなイメージであるとか、人間関係の断絶や世間の愉悦・慰安の拒否、観想の裡に神と向き合っておのれを見直す欲求などを標榜しつつも、こうした人々が著名人であることが明らかになるやたちまち取り巻きができてしまうとか、孤独は危険なものなので教会は隠者の周りに仲間を増

やしたり世捨て人を共同体に回帰させようとした——隠棲から共住生活(修道院)への移行という西方修道制の形成を想起しよう——とか、民間伝承上の隠者は半ば野人——体じゅう毛むくじゃらで、生肉や木の根などを食し、人間の言葉を発しない、獣のような生活をする森の生き物——同然にイメージされるがそのじつはむしろ開化する人物であった、などという具合に。最後の点について付言すれば、「荒野」にはいった隠者は食べていくために猫の額ほどの土地を開墾した。だからこそ前章で触れたように、隠者の森での隠棲は開墾運動の有力なひとつの動因となりえたのである。実際、中世の隠者はさほど野人のような暮らしをしていたわけではない。自然は飼い馴らされていた。さきに引いた『聖ベルナール・ド・ティロン伝』の一節はステレオタイプ化された隠遁生活を描いているにすぎないのではないかとの疑念をぬぐいえない記述もまた存在するのである。ローマ教皇ピウス二世(在位一四五八—六四年)、あの人文主義者としても名高いエネア・シルヴィオ・ピッコロミニが、ペトリオロの湯治場へ行く途中の、「北風には閉ざされ、南と東に開けた、樹木の繁茂した山間《やまあい》」にある隠遁の地を、こう描写しているからである。

樹木はコルクガシ、栗の木、セイヨウヒイラギガシでいっぱいで、そのドングリは時期になると山間の低地に巣穴がある猪の群れの食料となる。この山間に枯渇することのない泉を見つけた昔の人たちは、あたりの森を伐採して、その古さゆえに崇敬に値する聖アントニウスに献じられた聖所を切り石で建立した。脇には修道士たちのために独居房を建て、葡萄の木を植え、菜園を耕して、果樹に接ぎ木をした。この地には隠修士会修道士たちが住んでいるが、四人ないし六人を越えることはない。喜捨を仰ぎに行かなければならないからだ。孤独を愛する模範となる人たちがそこに派遣されている。彼らはみずから葡萄畑で葡萄酒を、菜園で野菜を作る用意をしている。森には栗を探しに行く。機会があれば狩りをして肉を手に入れることもできる。余った分は施物係の修道士によって分配される。客人がここまでやって来ることはまずめったにない。反対に狼とか猪がときどき現れるのだが、これらに対して葡萄畑を守ることはむずかしい。森のなかを独りで歩くのは危ない。けれども森はつねに緑なす木々の下に心地よき木陰を投げかけるのだ。(21)

隠棲の地を取り巻く自然の平和なヴィジョン。森は遠ざかり、修道士たちが菜園でのんびりと過ごしている。ユマニスムの時代になると、自然はもう悔悛の補助にすらならない。修道士たちは森という自然のなかで神と対面することはないからだ。森のなかの孤独に修道院の図書室のなかの孤独が取って代わり、彼らはそこで日がな一日テクストと向き合って過ごすのである。

(2) 樵

クロード・ゴーシェは、いまではほとんど忘れられてしまった『田園の愉しみ』(一五八三年)のなかで、樵の仕事ぶりを活き活きと描いている点で特筆に値する。語り手の「私」は森がどんなふうに利用されているかを知ろうと、独りで緑の森にはいる。するとさっそく遠くから大きな打つ音が聞こえてくる。その音に導かれるようにして「私」は三人の頑丈な樵が立ち働く現場に逢着する。樵たちは帽子もかぶらず、腕をむきだしにして、息を荒らげながら、高い楢の木の根元で斧を交互に力強く振り上げている。斧が打ち下ろされるたびに木屑が高く飛び散って、六本の腕の力を証明している。楢が嵐のような轟音を立てて倒れると、百門の大砲が一斉射撃したかのように国じゅうがぶるぶると震動するかと思われた。「私」は樵のひとりに大木がなんの役に立つかを訊ねると、彼は木の効用と便利を長々と説明する。そこから一二〇歩ほど離れたところには木材関係の職人たちの一団が働いている……。[22]

賑やかで活気に満ちた森を彷彿させるゴーシェの詩句にあるように、たくましい樵は低林を伐採するのだが、とくに伐り倒される木々が保存される木々に倒れかかったりひっかからないように気をつけなければならず、王令で推奨されていた道具は、切り株を砕いてしまう鉈鎌よりも斧の使用であった。なにがしかの量の木を伐採すると、樵は鋸でそれらを挽き割って丸太(薪)をつくる。つぎに木材を積み重ねて一コルド(薪の体積を計る単位で、一コルドの積量は綱で測られ、長さ八ピエ〔一ピエは約三二センチ〕、高さ四ピエに相当)ずつに束ねる。木材搬出人がそれらを運び出し、ついで材木商が消費地にまで運ぶのである。また、樵は薪よりも高価に売れそうな木材――たとえば犂を製作するための堅い木材――は別にしなければならず、枝とか木っ端なども別にして、それで柴の束や小枝の束などをつくった(図14)。

森林伐採の仕事ならびに木材搬出には多くの人手が必要だったので、樵ないしそれに類する労働者はたくさんいた

図14　「樵たち」(1460年ころ制作のタペストリー，パリ，装飾美術館)

にちがいない。狼が森の木立を抜ける赤ずきんちゃんを食べられなかったのは、「森には樵たちがいた」からだった、というのももっともなことだった。こうして民話や童話の主人公が森に分け入ってまず出会うのが樵であり、森に迷いこんだ主人公が最初に叩くのが樵の苫屋《とまや》の戸ということになる。再びブルターニュの民話を例に引けば、結婚した妹の消息が杳として分からなくなり、五人の兄弟たちが彼女の嫁ぎ先である「水晶城」を訪ねようと東方に旅する話がある。ひたすら歩いた末に、兄弟は周囲が五〇里は下らない大きな森のはずれにやって来ると、ひとりの年老いた樵に遭遇して、水晶城へ行く道を訊ねている(23)。あるいは「魔法の宮殿の王女」という民話では、フランス王がブルターニュの森で狩猟を楽しんでいるうちに迷ってしまう。夜の森は恐ろしい。家の灯を見つけた王が一目散にやってきたのは「貧しい樵の小屋」のまえであり、樵夫婦に食べ物と一夜の宿を無心したのだった(24)。

樵は季節労働者といってよく、伐採作業は農民たちのオフシーズンにあたる冬に行われた。だから作業期間にだけ森に建てた小屋に住み、自宅は村落にあった。夏には村落共同体の一員となって、収穫と干し草作りに雇われた。このことから推測できるように、樵は貧しく、収入の足しにすべく日雇いで働きにでなければならなかった。アンリ四世の時代に治水森林総代官を務めたアントワーヌ・ド・サン＝チヨン（図15）によれば、「この職業がつねに不潔ととられていたので人物も不潔として扱われて、樵はもっとも卑賤な身分と見做された」(25)らしい。

事実、民間伝承や年代記や図像などに、森の奥深くにはいりこみ、ひっそりと独りで、あるいはせいぜい小人数で暮らしている樵（それにすぐ後に述べる炭焼き）を貶める証言はおびただしい。一三世紀の『メルラン物語』は、入市する予言者メルランに樵の恰好をさせているが、その樵に野人の特徴まで具えさせているのである。

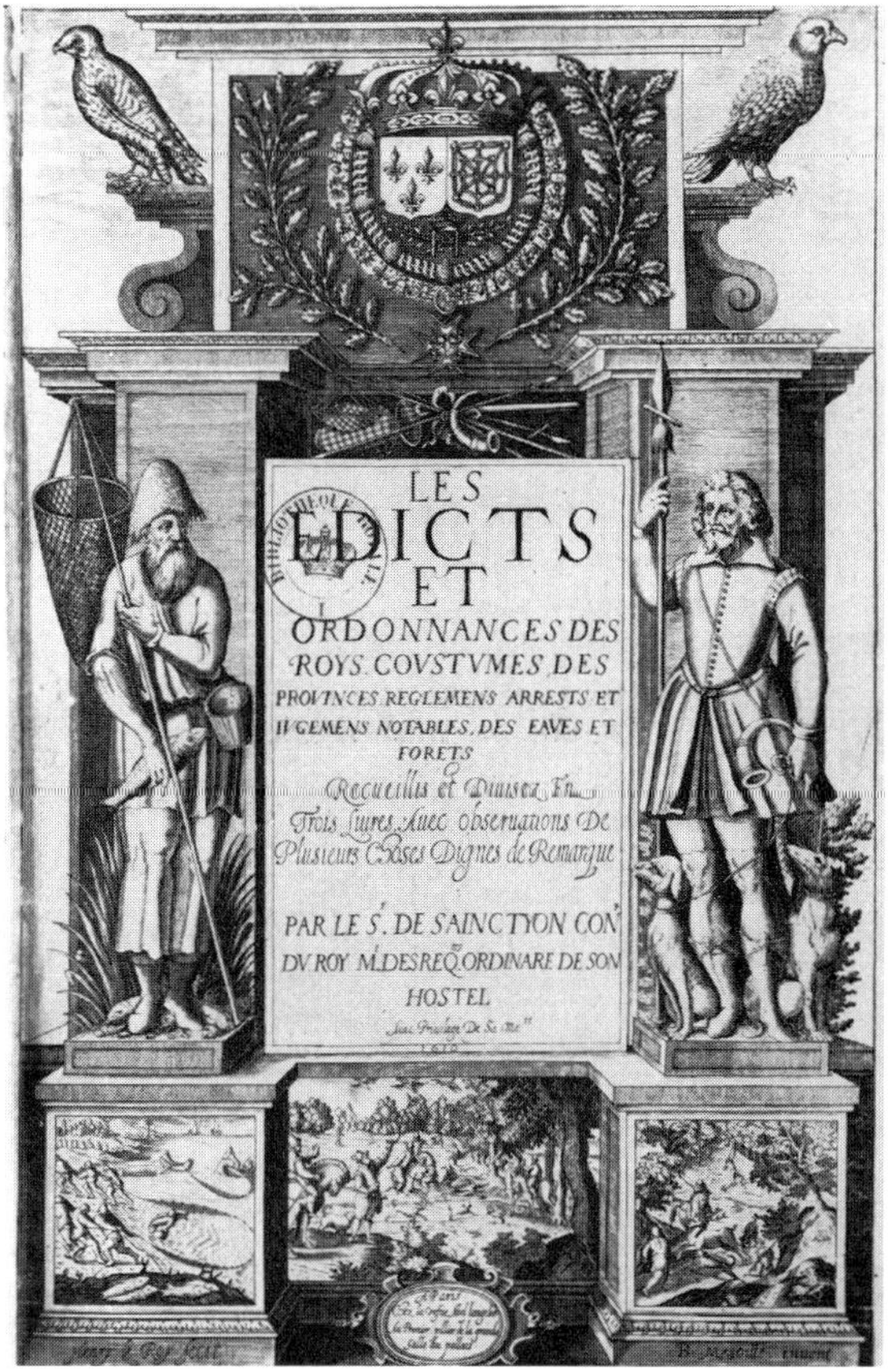

図15　森林と河川に関するサン＝チヨンの著書（1610）の表紙

> メルランは樵の風体をして町にはいった。大きな斧を肩にかつぎ、どた靴をはいて、ぼろぼろになった短いチュニックを着こみ、もじゃもじゃの長い髪を振り乱して、長い髭を生やしていた。まったくのところ野人のようであった。(26)

貧しく、薄汚く、髪ぼうぼうで、他の人々から離れて渡り歩く樵たちは、いってしまえば、土地から土地へと移動しては木々を傷めつけるのを生業としているのである。なによりも樵は鉄を取り扱う。それは樹木の敵であり、生命を切り取る者である。森の刑吏——まさに人間にとっての死刑執行人であり動物にとっての肉屋でもある——そのものだ(27)。ロンサールがガチーヌの森の樵に斧を持つ手を休めるように呼びかけたのは、まさに彼らにそうした刑吏の姿を認めたからにほかならない。

聴いてくれ、樵夫《きこり》よ(しばし手を休めよ)、
おまえが伐り倒しているのは木ではない、
堅い樹皮の下に生きていたニンフたちの
血がどっとしたたり落ちるのが見えないのか(28)。

受けた情けを仇で返す忘恩の徒を樵に譬えながら、ラ・フォンテーヌは森の「やさしい樹の蔭」が伐り取られていくのを嘆く。

一人の樵夫が、その斧の柄《え》にすげた
木を折るかまたは失うかした。
この損失はすぐ償われなかったから
森はしばらくそのために難を逃れた。
　男はとうとう辞を低くして、
もう一つ柄をつくるため森に向かって
枝をたった一本だけ、それも極く
静かに取らせてくれと願った。
「これからはこの商売道具、他処《よそ》の林で使います、
誰でもがこの老齢と美しさをあがめている
多くの樫やまた樅をたおすことなく残しまする」と。
無邪気な森は、男に新たな道具を与えた。
森はたちまちそれを悔んだ。男は刃物に柄をすげて、
浅ましいかな、その得物をば
　恩ある森から主《おも》だった飾りの木々を
はぎ取るだけのために使った。
森はそれからなげきうめいた、他ならぬ
自分の遣《や》ったそのものが責苦のもとで(29)。

樵はけっして斧を手離さず、村人たちとはほとんど関わりをもたない。そのうえ気難しく粗暴なことでは定評があり、泥棒だとも見做されていたから、森を出てくるとしたら、それは村人の家禽を盗んだり村人に喧嘩を売るためだけだととられていた。こんな具合だから、伝説と民話における樵のイメージは中世から一九世紀までほとんど変わっていない。さらに樵は驚くべき力を授けられた存在とも見

做された。ジョルジュ・サンドが「謎の賢者で、年とった木こりとか、狡猾な森番とかだが、本物の狼を魔法にかけ、言うことをきかせ、手なずけて、思いのままに操る「秘法」を知っている」(30)と伝える、「狼使い」(31)として動物に命令する力が具わっているというのもそのひとつであるし、魔術師とも同一視された。(32)

前述のように、彼らは赤貧洗うがごとき暮らしをしている人々である。だが民話や文学テクストにたびたび現れるトポスは、「貧しい樵」の娘（ないし倅）が運命の神ないし本人の優れた資質のおかげでついには王（ないし王女）とめでたく結婚する、というものである。親指小僧の童話は樵の倅であっても頭の回転の良さがあれば輝かしい未来が開けてくることを、ヘンゼルとグレーテルは貧しい樵の子どもたちでも幸運から金持ちにもなれることを示唆している。かかる古き素朴な物語は、あるいは貧民たちの夢を表現しているのかもしれない。

(3)　炭焼き

前述したブルターニュの民話「魔法の宮殿の王女」は、森に迷ったフランス王が樵夫婦に一夜の宿を乞うところから始まる。よりによって、その夜になんと樵の女房が突然陣痛に見舞われ、丸々とした男の子を出産する。王はさっそくこの男の子の代父になることを申し出る。そうすると代母は王に見合うだけの立派な身分の女性でなければならない。そこで白羽の矢が立ったのが城主の姫。樵がお願いにあがると、姫はにべもなく軽蔑の調子でこう言う。「この私に樵の倅の代母の役を務めろですって、しかもたぶん代父役の炭焼きといっしょにでしょっ。よそへ行っておまえに身分相応の人でも探すことね」。(33)ところが代父が立派な裕福な貴族であると聞かされると、姫は一転して代母を引き受けるのである。この一節から窺い知れることは、樵と炭焼きは同じくらい軽蔑されるべき卑賤な身分の者だった、ということである。

けれどもじつは、炭焼きは樵よりももっと汚くて貧しく、ずっとみすぼらしくて不気味に思われていたのである。樵の鉄ではなく、木の最大の敵である火を自在に操る術を心得ていて、ある物質から別の製品を産みだす（変身させる）力をもつ炭焼きは、いわばデーミウルゴス（造物主）である。自然の秘密を知悉する炭焼きは神がかくあるべしと定めた秩序に対峙することを辞さない。このとき中世の想像界は、キリスト教からすれば異人的な性格を炭焼きにレッテルとして貼りつけ、これを悪魔ないし悪魔の被造物ではないかといつも恐れることになる。その意味では、森のなかでもうひとりの「魔術師」にたびたび出会うはずである。鍛冶屋である。鍛冶屋も火と鉄を取り扱う一種の魔術師で、社会的には、謎めいた力を秘めた恐ろしい人間の部類に入れられていた(34)。

炭焼きが森を立ち去るのは、破壊と火作業を続けるために、丸裸になった森から別の緑深い森にはいるときだけである。いかなる土地でも、渡り歩く炭焼きは村人たちから受けが悪い。森の人たちは村人とは生活様式も異なるし、村人以上に貧しかったし、人目につかずに遠くで生活することから社会的な束縛を受けない不羈な連中と見られたし、なによりもノマド(放浪生活者)であった。村人の定着した生活に障壁はなく、すべてがお互いに知られていたし見えていた。そういう人々からすれば、彼らは得体の知れぬ、道徳的規律をもたない不安な存在として排斥されざるをえないのだ。森のただなかでの粗野な生活、火との付き合い、夜間におよぶ作業、これらから炭焼きが魔術を用いると嫌疑をかけられたのもやむをえないとすべきだろうか。森に迷う羽目になったブルゴーニュ公フィリップ・ル・ボンが夜中に森の奥深くで見たのも、赤々と燃える不気味な炭焼きの竈《かまど》であった。公は森の高みに登って、人の気配の徴である明かりはないかと彼方を窺う。するとようやく微かな光を見つける。そこでさっそく公は明かりめざして森のなかを進む。

公が明かりに近づくにつれて、ますますその明かりはなにかおぞましく恐ろしいもののように見えた。というのも、もうもうたる煙とともに、炎が〔炭材の〕山から千箇所以上にもわたって出ていたからである。これを見て、自分が霊魂の煉獄に迷いこんだか、それとも敵の仕業と錯覚させるようなものかと思わないような者はひとりたりともいまい。それゆえそこで躊躇して、公は黙って立ちすくんだ。しかし公はどのように炭が深い森で燃やして作られるかをすぐに思い出して、これはきっと炭焼き場かもしれないと判断した(35)〔……〕。

実際、人々から知られずにひっそりと質素に暮らすには、炭焼きほど好適な職業はなかったかもしれない。ノジャンのグィトベルトゥス(ギベール・ド・ノジャン)が『自伝』(一二世紀初め)(36)で語っているエピソード(第一巻第九章)がそれを示唆する。高貴な家柄の出自であるエヴラール・ド・

ブルトゥイユは武勲と富とでその名も高き青年だった。ところがあるときおのれの罪深さに気づき、悔悟の念に襲われた。さんざんに思いあぐねた末に、若干の者だけを従えて人知れず異国に逃げだして、そこでだれにも自分の素性を知られぬまま気儘に生活した。糊口をしのぐために木炭を作り、仲間とともに村々と小邑を回りながらあちこちで木炭を売り歩いた。エヴラールが質素な生活を送ることを選んだのは、貴族出身のチボー・ド・プロヴァンスが裸足で家を出奔、隠者として北イタリアで生を終えた(一〇六六年)ことを手本としていたからだった。このチボー、庵で木炭を作っていたことから炭焼きの守護聖人として知られる。やがてエヴラールは炭焼きの生活も捨てて、修道院生活に没入するのだが。このように、炭焼きとは隠棲にも等しい、社会的外縁にある職業であった。

森にはいって否応なく出会うのは、したがって樵か炭焼きということになる。ジラール・ド・ルシヨンが「広大な森」にはいりこんで、まず耳にしたのは樵たちの作業する物音だった。その音に導かれて木立をくぐり抜けていくと、火のそばに二人の炭焼きがいるのにぶつかる(図16)。「ひとりは大男で醜く、真っ黒に汚れていたし、〔……〕もうひとりは馬鹿笑いが大好きな小男だった」[37]。このように文学テクスト、とりわけ騎士道恋愛物語で、作者たちは森のなかに迷いこんだ立派な騎士を登場させては、好んでおぞましい炭焼きに道を聞かざるをえないようにしている。ペルスヴァルがアーサー王の城に行こうと「カルドェイユへ行くいちばん正しい道」[38]を訊ねるのは、驢馬を連れた炭焼きにであった。仙界から帰ってきたギンガモールが森に迷って出られなくなっていると、遠くで炭焼きが木を伐っている音がする。火を燃やして炭を作っているのだ。ギンガモールはそちらに馬を走らせて炭焼きを見つけると、自分がかつて住んでいた伯父の城の所在を訊ねるのだった[39]。身分卑しからぬ立派な騎士と風采のあがらぬ炭焼き、この組み合わせは究極の身分の上下という点からも、また美醜の対比からも、さきに指摘した狂人(悪魔のロベール、イヴァンなど)と隠者との出会いよりももっと印象的である。

一二、一三世紀の読者たちにとって、この組み合わせは想像しうるかぎりでもっとも強烈な社会的コントラストを形作っていたはずである。こうしたテクストのなかで、炭焼きはいつも同じ類型で描かれている。すなわち、小柄で、色黒く、毛深く、赤いくぼんだ眼、残忍そうに歪んだ口である。これは、社会の最下層に位置し、動物であり同時に悪魔的である人間の祖型である[40]。いくつかの地方では、軽蔑された炭焼きは「不可触賤民」の階級を形成していた。ピレネー山脈地方の「カゴ」(cagots)——長いあいだ「ゴート族の犬」(オック語で can de Got)がその語源とされた——がこれにあたる。中世から一八世紀末まで、村落から隔離された地区で森の仕事を生業としながら社会的グループをつくっていた人々は異教徒の出自と見做され、らい病者の子孫とされていた。村落共同体に危機が訪れたときには、カゴはユダヤ人やロマ(ジプシー)と同様に、社会的異人として生贄になったという[41]。

図 16　炭焼きと，部分的に伐採された森のなかでの木炭の生産．生活に困窮したジラール・ド・ルシヨンは木炭をつめた黒い大きな袋を運ぶ．ジャン・ヴォークラン『ジラール・ド・ルシヨン物語』(1448)からのミニアチュール

炭焼きはこんなに蔑まれていながら、そのくせ木炭そのものはいくつかの産業(とくに冶金とガラス製造)に不可欠だった。第一、木炭は木材よりも運搬が容易だし、同じ量でより多くの熱量を発散する。中世の人々はこういうことを知っていて、大いに利用もしていたのだ。炭焼きは木炭を作るために森のなかに穴を掘る。火がヒースや羊歯《しだ》に燃え移って大火事にならないように、穴は木立から少なくとも百歩離れた林間地で許可されていた。だから炭を作る場所は治水森林局の官吏たちに記録されていた。木炭は一六世紀まではこの地面に掘られた穴のなかで作られ、それ以降は竈《かまど》で作られた。竈の作り方はつぎのようであった。まずシャベルと鶴嘴《つるはし》で竈の面積を線引きし、その中央に棒が立てられる。つぎにその棒の周りに木炭用木材をめぐらしてすこしずつ円錐状の竈を立ち上げていく。さらに通気用に棒近くの頂点部は除いて、竈の外部はすべて土で覆うのである(図17)。木材が焼けて炭になるにつれて、木材の体積が減っていく。竈を覆っていた土はだんだん陥没してい

く。開口部をすべて塞ぐと、火はゆっくりと消える。[42] 木炭はこうしてできあがる。

第一章の森の歴史で見たように、森林は一三世紀から到

図 17　木炭製造のために薪材の山を作る技法は，16 世紀以降ほとんど変わっていない．螺旋状に薪材を積み重ね，内部に煙道を作り，土で表面を覆い，てっぺんに点火する．ビリングッチョ『火薬製造術』(1572)より

るところで保護されはじめたものの、木炭製造はこの森林保護の動きに水をさすものであった。計算によると、フィリップ・ル・ベルの時代(在位一二八五―一三一四年)には、一キロの木炭を作るのに八キロから一〇キロの木材が必要だったし、炭焼き用の穴たったひとつ分が四〇日で一〇〇ヘクタールほどの森を蚕食することもありえた。[43] 樹木と森の破壊者は、樵以上に、炭焼きだったのである。

ちなみに、炭焼きはしばしば木灰製造職人でもあった。木炭にふさわしくない枝や木っ端などを木灰にしていたからである。木灰はガラス製造になくてはならないものだったので、木灰作りはいい収入になったらしい。

(4) 山　賊

六四九年のサン゠ヴァンドリーユ大修道院創建のとき、年代記作者がその土地は「人間の住むところというよりは、山賊の巣窟とか野獣の巣穴に似つかわしい」ものだったと記していることは、すでに述べた。おそらく年代記作者の筆致はそのとき宗教的な意味で荒野としての森の側面を強調しようとしたのだとしても、森が山賊の巣窟とも化していたことは明記せざるをえなかった――そのような野蛮な

場所に居を構える修道士たちの信仰と勇気を讃えることが目的であろうとも。つまり、聖なる隠者、樵や炭焼き、あるいは木材に関わる職人たちに糧を与える恵みの場としての面と同時に、社会の辺境にある森は追放された者たち、社会の除け者、アウトローたちの避難所の面をもあわせもつのである。森はヤヌスの顔をもつ。

森林は王権や領主権の及ばぬ領域である。マージナルな場所である森の懐に山賊は増殖していくのも当然なのだ。山賊や盗賊が蝟集することは、「はじめに」で引用したジョルジュ・サンドの回想を俟つまでもなく、昔からのことであった。当然、文学テクストや民話にも山賊の姿はたやすく見いだされる。一三世紀初めに書かれたとされるギヨーム・ル・クレールの『フェルギュス物語』の主人公は森のなかに迷いこむうちに、断崖の下に一筋の煙を見つける。近づいてみると、そこには山賊の一味がたむろしていた。

そこに住み心地のよさそうな葉叢でつくられた小屋を見つけた。内部には火が赤々と燃えさかり、その火のぐるりに一五人の騎士が車座になっていたが、彼らは年寄りでもなく白髪でもなく、全員が若者であった。ほかに生きる道もないので、彼らは昼といわず夜といわず森でいつも掠奪を繰り返して生きていた。掠奪から帰ってきて、ちょうど九時課と呼ばれる時間〔午後三時にあたる〕に食事のために座っていたのだった。(44)

この引用で、ならず者たちが騎士と同一視されているのは、おそらく一部の小貴族の経済的に困難な生活状態を示唆しているのだろう。封建制の時代、土地は長男が継ぐのであるから、次男以下の弟たちは家を出ていかざるをえず、別の生活の途か生きていくうえでの幸運を探さなければならない。その成れの果てが盗賊だったかもしれない。だからこそ彼らは全員老人でなく若者だったのである。

修道士を殺し、商人を掠奪し、巡礼者を追剝ぎする、女性をさらったり強姦する……。繁茂する葉叢のおかげで彼らは罰せられることもなく逃げおおすことができる。悪事に耽る無法者ロベールも森林で荒れ狂う。

国を立ち去ると、道をいそぎ、さらに街道をそれて森へ入り込む。セーヌのほとり、ルーアンの近くである。そのさきは山賊どもや盗賊や無頼漢が横行する土地、つまり、そういった連中が愉快にうろうろしていたのだ。さあ、大いに悪事に励めるというものだ、何しろふんだんに仲間がいるのだから。そこでかれは喜んで悪事に耽った。道を分け小みちをさぐって、もし巡礼とか、商人とか、道で人に出会えばかならず捕え、焼き殺したり、縊《くび》り殺したりする。

さてロベールが存分に悪事を働くうち、一年が経った。二〇もの修道院を焼き払い、人々は四方に逃げ散った。貴婦人でも乙女でも、見つけ次第、たとえまだ少女であっても、ロベールは意のままにしてとどまることを知らない。(45)

罪にも匹敵する狂気は森林の薄暗がりでこそ立ち現れるもののようで、ロベールはその鬱蒼とした森で野蛮な本能に身を任すのである。そして犯した罪に対する赦免の光が彼の上に降り注ぐのは、まさにこの暗い舞台を立ち去るときである。またしても負の場としての森。

ポンチュー伯の息女とその夫君チボー殿がはいっていった森は「野盗の出没する森であって、〔野盗たちは〕巡礼者を道に迷わせるため、偽の道を拓いておいた(46)」のだが、チボー殿たちはまんまとひっかかってその偽の道をたどり、野盗に襲われる。そのうえ、奥方は夫君のまえで――正確には、両手両足を縛られて藪のなかに放りこまれた夫のすぐ近くで――野盗に輪姦される。

グリム童話の「森のなかのばあさん」(KHM 123)では下婢《はしため》が恐ろしい経験をしている。主人たちのお供で馬車で大きな森を通り抜けるときに、森の真ん中にさしかかったところで強盗どもに襲撃される。皆殺しになるが、運よく下婢だけは木立の陰に隠れて難を逃れた。強盗どもはかすめとった品をもって姿を消した。(47)

このように、森を通るときに金品を取り上げられるだけですめば幸運といわねばならないし、命を奪われることも珍しくはなかった。幸い、いずれの被害にもあわずにすんだものの、そうした恐怖を味わったのが、後にバーゼル大学学長になったことでも名高い医学者フェーリクス・プラッターである。四年間の刻苦勉励の末に学位を取得して故郷のバーゼルに錦を飾ることになるはずの一六歳のフェーリクスは、一五五二年にモンペリエ大学に医学の勉強をしにいくことになった。その年の一〇月、二人の同行者とともにペストが猛威をふるうバーゼルをあとにした。出発して三日目の一〇月一三日のこと、朝からの雨にずぶ濡れになりながら旅を続けたが、ある旅籠屋で濡れた服を乾かし食事をとってから、午後にまた出発。雨は依然降りやまない。ローザンヌへの途中に、同行者のひとりが道に迷ってしまい、フェーリクスたちは彼を捜し出すのに思いのほか時間をとられてしまう。夜の帳がおり、霧も出てきて、彼ら三人はジョラの森で完全に道に迷う。ジョラの森は当時旅するのが危険なところで、山賊の巣窟となっていた。長らく森のなかをさまよった挙句、寒村にたどりついたが、不親切な村人は彼らを泊めてやろうとしない。しかし村の青年の道案内で、さんざん歩いた末にやっとのことで赤い旅籠屋に着く。通された一階の部屋には、農民や乞食たちが黒パンを焼き栗といっしょに食べながら安酒をあおって酔っぱらっていた。外が漆黒の闇夜でなく、また肌に滲みいる雨降りでなかったら、逃げだして旅を続けたところなのだが。空きのベッドがないということで、この浮浪者たちの傍らで、抜身の剣を手近に置いてまんじりともしないで夜を明かすことになった。連中は酔っぱらって火のまえでやがて眠りこんでしまう。じつは危機一髪だったのだ。例の案内役の青年の話では、連中は朝早くに森で待ち伏せをしてフェーリクスたちを殺す算段だったというのだから。陽の昇る三時間前に、うろんな輩が鼾をかいて熟睡しているうちに、フェーリクスたちはこっそり宿を立ち去った。森を突き抜けて、朝日が昇るころにようやくローザンヌに通じる街道に出た。正午にローザンヌに到着。ローザンヌの宿屋で経験したばかりの危険について話をすると、よくぞ助かったとみんなから祝福された。ジョラの森ではフェーリクスたち全員が殺害されてもなんら驚くにあたらないという。その当時ジョラの森には芳しくない評判がつきまとっていた。ジョラの森でごろつき一味によって毎日のように殺人が犯されているからだ。もしならず者どもが酒に酔いつぶれて眠りこまなかったら、フェーリクスたちを襲い、殺害したかもしれないのである。これを裏づけるかのように、この一件からほどなくして一味の首領がベルンで車刑（図18）に処されたのだが、彼がたくさんの犯罪を自白したなかに、ごく最近にジョラの旅籠屋で数人の学生たちを殺そうとした、というのがあった(48)……。ぞっとするような話ではある。

暗い森のなかに逃げこむのは、野盗と化したならず者どもだけではない。みずからをメシアと称しては信者たちを引きつけ、果ては徒党を組んで教会や修道院を襲撃した宗教的異議申し立て者も森を根城にしていた。有名なのは一二世紀のブルターニュ地方を脅かした男、エオン・ド・レトワル（ステラのエオン）。このブルターニュ人に関する数少ない史料は、ブロセリアンドの森について大著をものしたフェリックス・ベラミによって集められ参照に便利であるが[49]、なかでももっとも詳しい記録がニューバーグのウィリアムによって書き留められている。このイングランドの司教座聖堂参事会員は一一九六年と一一九八年のあいだに、つまり件《くだん》の男の事件から半世紀後に年代記を執筆したとされるが、事件と同時代の史料を使用するなどしてその報告をかなり信憑性のあるものにしているので、主にこの記事に依拠しながらエオンとその信者一党の顚末を追ってみよう[50]。

図18　車刑.『ルツェルン年代記』(1509-1513)より

時の教皇エウゲニウス三世(在位一一四五—五三年)がたまたまランスで公会議を召集したときのことである、とニューバーグのウィリアムは切り出す。たくさんの司教や貴族たちが居並ぶまえにひとりの男が引き出された。この男は欺瞞をもって多くの人々をかどわかし、群盗となってここかしこの地域を震撼させ、とりわけ教会と修道院を襲った。ランスの大司教に捕らえられてこの公会議に引き出されたこの男、名をウードといい、ブルターニュ人で、レトワル(「星」の意)とあだ名されていた。このエオン(=ウード)はブルターニュの小貴族の出だとされる。少なくとも「卑しい生まれの者」ではなかった。パンポンの森(ブロセリアンドの森の名残)の北西約五〇キロのルーデアクで生まれたとする説もある。

「文盲で教養のない」この男は、自分の名前(Eun)はエウンと発音されると信じこみ、「生者ト死者ヲ裁キ、火デ世界ヲ懲罰セント来ラン者ニヨリテ」"per *eum* qui venturus est judicare vivos et mortuos, et seculum per ignem"、つまり自分をキリストその人と思いこんでいたという。エオンは eum の意味と音の類似で洒落のめしているのだが、ウィリアム自身は eum と Eun の区別もつかない痴れ者だと立腹している。いずれにせよ、エオンは自分を神の子と同一視しているのだ。悪魔から吹き込まれた虚偽を弄して、エオンは人心を「まるで蜘蛛の糸に引っかかった蝿のごとく」虜にしてしまい、エオンを「主の主」と信じこませるにおよんだ。「主の主」という呼称は『ヨハネの黙示録』がキリストに与えた「王の王、主の主」(第一九章第一六節)の名称を踏まえていただけに、終末の時代に現れたキリストの意味合いをみずからに付与することになった。

実際、エオンはパンポンの森で隠遁生活にはいってから——メシアとか神の霊感を得た預言者などと自称した説教師は、ほとんどまず森にはいって隠者となるパターンを踏んでいる——、やがて説教師として堕落した聖職者と教会を弾劾し、自分こそ世直しのためのメシアだと民衆に説いたらしい(51)。これがとりわけ社会の下層階級、ここではブルターニュの奥深い未開の森林地帯に住む貧民たちを、それこそ蝿がつぎつぎと蜘蛛の巣にかかるように魅了したのにちがいない。こうしてエオンは信者を組織して新しい教会をつくり——信者らのために司教とか大司教を聖別したとされる——、生え抜きの弟子たちに「知恵」、「知識」、「分別」などの名称を与えた。彼らは往来の激しい道からはずれた荒野に潜むかと思えば、不意に現れては教会と修道院を襲撃する暴徒集団と化したのである。

エオンは国王然としていたし、その信者たちもきらびやかな衣服に身を包み、労働することもなく、豪勢な宴会を催していた。富とか饗宴をともに分かち合うというイメージは平等主義と繁栄につながるということで、飢饉に苦しむ貧民たちが心動かされないはずがない。しかもこれは教会秩序の廃止を前提としているのだから、ローマ教会にとって座視しえぬは当然である。それゆえニューバーグのウィリアムも、この食事は空気からできていて、食事を求めてくる人々を養うためでなくその魂を捕縛する悪魔の企みだと強弁する。果ては悪魔の仕業としてある騎士の近習の話まで持ち出す。「欲しいものはなんでもあげよう」との信者の言葉に、騎士は耳を貸さずに立ち去るが、近習のほうは立派な鷹をもらい受けて主人の騎士のあとを追う。主人が「すぐに手に持っているものを捨てよ。それは鳥ではなく、鷹に変身した悪魔だ」と諭しても、近習は忠告を無視する。と、鷹が爪を食い込ませてむんずと近習を宙に持ち上げるや、たちまちのうちに近習とともに姿を消してしまった。

「サタンの保護の下に、エオンは傍若無人の所業にふける」ばかりなので、貴族たちはエオン征伐のために追手を何度も派遣したが、追いつめるたびに彼の姿が見えなくなったという。しかし神の裁きの御旗の下、教会勢力が悪魔どもを好き放題にしてはおかなかった。一一四八年にランスの大司教が武装した一隊をエオンに差し向けたからだ。あっけなくエオンは逮捕、一味は逃走して四散する。側近だけがエオンと運命をともにした。さてニューバーグのウィリアムが冒頭で言及した公会議に引き出されたエオンは、素性を尋問されて、「私は生者と死者を裁き、火で時代を裁かねばならないエウン(Eun)である」と自分の名前に関連づけて新たに答えた。彼は先端が二股になった奇妙な形の杖を手に持っていた。曰く、二股の先で宇宙を支えているのであって、このときは神が宇宙の二つの部分を所有し、三つめの部分は自分のもの、そして二股の先が地面に向けられるときは世界の二つの部分が自分のもので、三つめの部分だけが神のものである。この返答には満場が笑いの渦だった。彼は常軌を逸した男と見做されて監禁されるが、まもなく死んでしまう。いっしょに捕らえられた弟子たちのなかには、師の教えを否認するのを拒み、師に授けられた呼称を誇りにしつづけた者も少なくなかった。悔悛して生きていくよりも火刑に処されるのを選んだのだ。「分別」の名称を得た者は火刑台に連行されるときも、「大地よ、裂けよ」と言いつづけたらしい。ニューバーグのウィリアムはこう締めくくる。「彼らの心にひとたび根をおろした過誤の力たるや、かくも強かった」。

異端者として死んでいかざるをえなかったエオンとその信者たち。彼らは何者だったのか。公会議が断罪したようにたんなる狂人なのか、ブロセリアンドの森に潜伏しながら、金満家となった聖職者たちから身ぐるみ剝ぐ山賊なのか。それとも、原始キリスト教の教えに共鳴した説教師だったのか。初代キリスト教会の清貧、純粋、質朴簡素の生活と、彼の生きた時代の階層化された教会とでは、いかんともしがたい彼我の差異がある。金に蝕まれた社会を断罪すべく山賊行為を働くことで、新しい時代の到来を早めようとしたのだろうか。

エオンの例から、社会不正に対峙、反抗して、強きを挫き弱きを助ける義賊を連想するのは不遜だろうか。すぐに思い浮かぶのは、女や子どもをいたわり、権力者に苦しめられている者たちを城や町から森に救い出すロビン・フッドであろう。森こそが自由と平和と友愛の存在する王国であり、体制に抵抗し戦いうる想念の王国であった。森は都市に打ち克ち、自由が制度を破砕する構図が見えてくるのだが、バラッドにうたわれた義賊ロビンも法の力の及ばぬ森なくしては生まれえなかった伝説なのである。百数十人の弓の名手を従えながらシャーウッドの森で待ち伏せては、悪名高き御料林法をはじめとする法の執行者として私腹を肥やすノッティンガムの州長官や、搾取と蓄財に励む聖職者から掠奪しては、金品を貧者に分け与えた、かのロビン・フッド。[52] これは中世イングランドの庶民たちの見果てぬ夢を投影したものかもしれない。

　ロビン・フッド物語はほとんど虚構といってよいと思うが、ロビンに先行する英雄的なアウトローが実在していて、ロビンの伝説もこれらを踏まえてできたとするのが通説のようだ。ロビン・フッド物語との類似と結びつきが言挙げされるのは、ヘリワード・ザ・ウェイク、修道士ウスタッシュ、フルク・フィッツ・ウォーリンの三人のアウトローである。このうち森と深い関係をもっていて興味深いのは『修道士ウィスタス』(一三世紀)の主人公であろう。

　修道士ウスタッシュは一一七〇年ころにブーローニュ伯領に生まれ、早くから騎士として躾けられたが、地中海地方を旅した際に船乗りの教育も受けたらしい。旅から帰ってから修道院にはいったものの、封土の所有をめぐる諍《いさか》いに巻き込まれて殺された父親の仇を討つために修道院を去った。決闘裁判に敗れた後、ブーローニュ伯ルノー・ド・ダマルタンの家宰になったが、伯の不興を買って——不興の原因は不明だが、『修道士ウィスタス』は父親を殺した張本人の讒訴《ざんそ》のためとする——、ブーローニュの広大な森に逃げ込んだ。一二〇四年ころのことである。ウスタッシュはアウトローとして伯と対立することになるが、おそらく一年後にはイングランド王ジョンに仕え、この間海賊として英仏海峡を通行する船舶を襲撃したりして、一時は海峡での制海権を握るほどだった。一二一三年にイングランドを立ち去って、今度はフランス王太子ルイに忠誠を誓った。しかし一二一七年八月二四日に、サンドウィッチ沖の海戦でウスタッシュはヘンリー三世率いるイングランド軍に敗戦、船団は拿捕され、ウスタッシュはただちに首を刎ねられた。[53]

　作者不詳の韻文ロマン『修道士ウィスタス』はこの実在の逆臣、修道士、海賊、山賊、魔術師たる人物を美化したものである。彼の波瀾万丈の生涯のなかでも、とりわけ彼の財産を没収したブーローニュ伯に企まれた数々の術策がこの作品の主題になっている。二三〇七行の詩は概ね三部に分けられる。第一部はトレドでのウスタッシュの魔術の修得と呪いの実践が、第二部は幼少時代、父の死、なかんずく街道や森のなかでの伯に対する闘い、策略、騙し、変装、窃盗、掠奪、追跡が、第三部ではイングランドに渡ってからの海賊行為と死が語られている。その分量からしても第二部が圧倒的に多く(一六〇〇行余)、作者の関心の在処《ありか》がブーローニュ伯と確執を繰り広げるアウトローとしてのウスタッシュにあったことは歴然としている[54]。

森のなかでアウトローとして生きるという点でも、また変装の達人という点でも、権力者が捕らえられ解放されるという点(州長官はロビン・フッドによって、ブーローニュ伯はウスタッシュによって)でも、ウスタッシュはロビン・フッドと共通点をもつ[55]――これに、やはりアウトローとしてジョン王と戦ったウェールズの大貴族フルク・フィッツ・ウォーリンも加えられ、彼の武勲は散文ロマン『フーク・フィッツ・ウォーリン』(一四世紀)に謳われている[56]。ウスタッシュの変装は、羊飼い、巡礼、炭焼き、焼物師、婦人、らい病者、片足の男、大工と、変幻自在なのだ。変装の対象となるこれらの業種のいくつか、あるいはこのころ登場する鍛冶屋などは、いずれも森と縁のある生業であることに気づかれる。まさに森が舞台なのである。現実の森はこうした義賊、アウトローをもかくまっていたのである。

(5) 狩　猟

一二世紀中葉に成ったとされる武勲詩『ニームの輜重』は、十数行の前置きに続いて、語りが中世詩のトポスともいえる「ルヴェルディ」、つまり美しい季節の再来の抒情的な喚起で始まる。時は五月。森は新緑の衣をまとい、野原は緑鮮やかに、鳥たちは美しい甘い声で歌っている。主人公ギヨームが長々と狩猟をしつづけていた森から戻ってきた。丸々と肥えた若鹿を二頭仕留めて、三頭のスペイン産牝騾馬に運ばせていた。脇に使い残しの四本の矢をさげ、エニシダで作られた弓をもちかえった。お供には四〇名の若い貴族たちを従えていた。息抜きのために猛禽を携えて、彼らは猟犬の群れを連れて戻ってきたのだ[57]……。

このわずか二〇行にも満たない冒頭の詩句から、私たちはなにを知りうるのだろうか。

まず狩猟が食糧確保の必要性からの行為であるだけでなく、平和時の貴族の娯楽でもあったこと。ドイツ中世叙事詩『ニーベルンゲンの歌』(一三世紀初め)で、グンテル王がニーデルラントの勇士ジーフリト(ジークフリート)に運命的な狩猟にでかけようと提案するのも、そもそもがハゲネの仕組んだ企みであった戦争が虚報により回避され、平和が確認されたときのことである。「これで戦争にゆく必要もなくなったので、／いつもやるように一つワスケンの森へ／熊や猪を狩りに出かけようと思うのだが[58]」と。これにはもうすこし説明を要するかもしれない。森の野獣を追い、これと闘い仕留めることは、貴族にとってたんなるスポーツにとどまらず、戦士として肉体を鍛練し技を磨く修練であるとともに、貴族の勇気を誇示する、すなわち王侯の優越性を見せつける象徴的な効果をもっていたことである。それに獲物の獣肉は、想像できるように彼らにとって大切な栄養源でもあったのである。

つぎに、狩猟の主たる獲物は鹿にあったと思われること。鹿は森や林を好むから、スポーツたる鹿狩りの特権的な場所は森林ということになる。そして大勢の従者を、おそらく勢子としてであろうか、引き連れていったらしいこと。とくに週に三、四度は行われたらしい王の狩猟には過剰な随員が仕えた。王家の猟犬による狩猟団の構成は、ルイ一二世とフランソワ一世に仕えたフルランジュ(またはフロランジュ)元帥の回想録に詳細に書き留められている。王は大きな網を張った罠による狩猟隊を召し抱えていたが、その隊長の下に一〇〇人の射手がひかえ、罠を仕掛けたり、大きな槍を徒歩で持ち運んだ。設営するときにはたくさんの衛兵が加わり、王が行くところにはどこにでも罠と天幕用の板を運ぶために、五〇台の四輪荷車と、六頭の馬を各荷車につなぐので締めて三〇〇頭の馬が用意された。隊長の配下にはさらにブラッドハウンド(嗅覚のすぐれた大型猟犬)係が六人、馬担当の狩猟係が一二人、それに補佐役一人もひかえており、追跡犬(獲物を嗅ぎ出し射手のほうへ追い立てる猟犬)も五〇頭いて、六人の猟犬係がそれらを世話する。この罠猟に要する費用は毎年一万八千フランに上るとも明記されている[59]。ルイ一四世のときには、主馬《しゅめ》寮の吏員が仕えるのは当然として、そのほかに供廻りがおよそ三八〇人を数える大所帯だったという。ちなみに、随員のなかでも、一四一三年に設けられた狩猟長の職位がもっとも声望が高く、鷹匠頭、狩狼隊長などの職位もそれほどではないにしても輝かしい肩書であった[60]。

武勲詩『ニームの輜重』の一節から知られることの最後に、中世の狩猟には二種類のタイプがあって、ひとつは猛禽類(とりわけ、鷹)を使っての鳥猟、もうひとつは猟犬を用いた騎馬猟であること。そう、森のなかを縦横に駆けめぐる狩りは、猟犬のけたたましい吠え声や嚠喨《りゅうりょう》たる角笛の響き、あるいは獣を追い立てる勢子たちの掛け声などでじ

図 **19**　パオロ・ウッチェロ《夜の狩り》(1468 年ころ，オクスフォード，アシュモーリアン美術館)

つに賑々しかったにちがいないのだ(図19)。

狩猟隊一行はなるほど森の住人とはいえない。が、森を賑わす最大の要素であろうから、これに言及せずして森の賑わいを考察するのを目的とした本節を終えることはできない。

まず狩猟の形態としては、前述のごとく二種類がある。騎馬猟と鳥猟である。いずれも狩人は軽装備で馬に乗って移動する。前者は森のなかを長時間激しい追跡が繰り広げられ、後者は静的で木立のない開けた場所で行われた。

昔からもっともよく知られた貴族的な狩りである猟犬狩猟では、獲物を駆り立てるときに猟犬が不可欠であった。猟犬狩猟は、一四世紀後葉にアンリ・ド・フェリエールによって書かれて大いに読まれたらしい『モドゥス王とラティオ王妃の書』によると、灰褐色の獣(牡鹿、牝鹿、ダマジカ、獐《のろ》、野兎)をまず対象とし、つぎに黒っぽい猟獣(猪、牝猪、狼、狐、カワウソ)を狙った。しかし実際には、狼や狐などの有害動物はあまり魅力がなかったし、野兎はなにやらけちくさかった。熊は稀少となり、いくつかの地域では見かけられなくなっていた。なによりも弓で射かけられる鹿狩りが代表的なもので、ついで猪狩りが貴族たちの血をたぎらせた。罠を仕掛けたり網を使用する狩猟はもっぱら有害動物や兎に向けられた(図20)――そもそも罠による狩猟は農民のよくするところであった。森での大型獣の狩猟はおおよそつぎのとおりである。猟犬どもを放ち、逃げる獣を騎馬で追いかけ、疲れ果てた獲物が立ち止まり犬どもと向き合うまで追跡する。この相対する機が到来するや、剣か槍で獣を仕留めるのである。もしも獣が追跡区域を出てしまったら、狩りはその時点で中止される。追跡境界(つまり森)を確定しておくことが約束事になっていて、獲物がどこへ逃げこむか分からないのも狩猟の妙味の一部であった[61]。

図20　兎狩り．画面右上，フェレット(イタチの変種)を使って兎を巣穴から追い出す．ガストン・フェビュス『狩猟の書』からのミニアチュール(15世紀)

かような境界確定は古代には存在せず、自由人はどこでも狩猟できたし、獲物も狩人のものであった。ところが七世紀ころから、王が使用する森林地帯を管理する考えが現れはじめ、やがてこれが王専用の狩猟地となり、締め出された狩猟権のない者は、立ち入れば厳罰に処された。この極端な例がイングランドのフォレスト・ロー(御料林法)であったことは、第一章第2節でも述べたとおりである。一一世紀後葉からは領主たちもこの流儀を採用、一二、一三世紀には広く一般化した[62]。禁猟地の設定とともに領民に狩猟を禁止したことは、農民たちから恨みつらみを買う結果になった(図21)。

鳥猟は、これに反して、もっと拓かれて広々としたところで行われた。鷹、ハイタカ、隼、シロハヤブサ、ワキスジハヤブサなどの猛禽を調教訓練して獲物を狙わせるのは貴族だけに許された狩猟といってよい。『鷹の書』(一三世紀)をものしたドイツのシュタウフェン家のフリードリヒ二世、あの神聖ローマ皇帝にしてシチリア王の鷹狩りへのやみがたい情熱を想起すべきだろうか[63]。したがって、このとりたてて武器を必要とせず、危険性の少ない雅やかな狩猟は貴婦人にも適していた（図22）。ちなみに鷹狩りは一七世紀半ばには急速にすたれていく。

狩猟に欠かせないのは角笛である。狩人も狩猟係も猟犬係もみな肩から斜めに角笛を下げていた。しばしば追跡するうちにはぐれて孤立する危険があったから。角笛は猟犬の群れを導くこともできるし、自分の居場所を知らせたり、呼応する角笛の音を頼りに自分の進むべき道を見いだすことができるのである。

狩猟は貴族の特権的なスポーツであった。おそらく数ある狩猟書のなかでももっとも有名な『狩猟の書』（一四世紀末）をみずからの経験からまとめたフォワ伯ガストン・フェビュスは、貴族にふさわしい行動として三つを挙げている。武勲と恋愛と狩猟である。このうちみずからがもっとも嗜んで通暁しているのは、三番目のものだと明かしている[64]。これはなにも彼だけが例外なのではない。フィリップ・ル・ベルからルイ一六世まで、王侯貴族は毎日のように狩猟していたのだ。狩猟はたんに愉しいだけでなく、あらゆる美徳の源であり、優れた騎士となるべく勇気を高め誇示し、戦争のトレーニングともなりうる。狩猟はキリス

図 21　領主の領地での狩猟と魚釣りの場面．猟犬による狩猟，鷹狩り，弩を用いた狩り，魚釣りなどの様子が禁制地の情景のなかにひとつに集められている．ピエトロ・ディ・クレセンツィ『田園の収益の書』（1470 年ころ）より

図 22　鷹狩りは貴婦人お気に入りの娯楽のひとつであった．ボッカッチョ『テセイダ』からのミニアチュール（1460 年ころ，ウィーン，オーストリア国立図書館）

ト教にいう悪の根源たる「無為」を免れるのに好都合の肉体の訓練でもあれば[65]、さらには仲間たちとの友愛を学ぶ教育の場でもある。それゆえ、将来に立派な騎士になるために通過しなければならない騎士見習いの一里程であった。クレチアン・ド・トロワの未完作品『ペルスヴァルまたは聖杯の物語』(一一八〇年代)に結末を与えようと、あまたものされた続編のひとつ、『カラドックの書』(一二世紀末)に、アーサー王の宮廷に騎士見習いのために送りこまれたカラドックがアーサー王からじきじきに薫陶を受ける箇所がある。アーサー王はほぼ毎日、森のなかか水辺に弓を携えて狩りにでかけた。「獲物をどうやって仕留めるかを教え見せるために、王はカラドックをいっしょに連れていった。そのあとで、猛禽を引き留めておいてこれぞというときに放つ仕方をすっかり伝授した。それから賢明であらねばならぬこと、物腰は洗練されていなければならぬこと、チェス、トリックトラック(西洋双六の一種)、貴族なら巧者であるべきあらゆる競技がちゃんとできねばならないことを教えた。さらにまたご婦人がたを敬い、いざというときには若い女性たちを守らねばならないとも[66]」。この一節から知られるように、青年貴族の教育はまずもって狩猟から始まるのである。

遡れば、狩猟は古典古代から愉しまれてきた。狩猟活動の実態は不明であるものの、日常的な現実と密接なつながりがあったので、狩猟は文学にもさかんに採り上げられているのである。ホメロスはもちろんのこと、プラトン、ソポクレス、エウリピデス、アリストパネス、ピンダロスなどに、狩りに関する簡潔な言及、仄めかし、譬喩が散見される。こうして狩猟論の草分け的存在であるクセノポンの『狩猟について』(前四世紀)に到るレールは敷かれた。ところが、猟犬と罠による狩りにもっぱら頁が割かれたクセノポンの著書から一二世紀までは資料の空白期にあたるのである[67]。だからといって狩猟から人々の気持ちが離れたとはむろんいえない。カペー王朝は王の狩猟をオルレアンの森で実施するという伝統を保持しており、ユーグ・カペーの長子ロベール二世などはシャルルマーニュ(カール大帝)に劣らぬ熱狂的な狩猟愛好家であった。ルイ九世は週に三日から五日は馬で鹿を追い回して過ごし、五〇年間に約一万頭のアカシカを仕留めたらしい[68]。イングランドの征服王ウィリアム一世が全国のめぼしい森林をフォレスト(御料林)に指定し、フォレスト・ローを施行して、狩猟の権利と自由を剝奪された農民たちの恨みを買ったこと、その農民たちの反感がおそらく投影されているのがロビン・フッドの伝説であることはすでに述べた。領主たちも王と同じ趣味をもち、王からさまざまな譲渡を引き出して、一四世紀にはオルレアンの王室御料林で狩りをする権利を得るほどになっている。それゆえ中世を通じて、狩猟が王侯貴族の特権として受け入れられたことは疑いない。

このスポーツへの貴族たちの熱中ぶりに呼応するかのように、狩猟術に関する手引書は一二世紀ころから増えていく。西欧でもっとも古い狩猟術の書はシチリア王国のノルマン人の宮廷でものされた『ダンクス王』だとされる。フリードリヒ二世の『鷹の書』と同様に、この著作でも騎馬猟よりむしろ鳥猟に関心が向けられているのは、アラビアの伝統の影響である。同じシチリアではギセナスと名乗るドイツの騎士が『弓狩り術』(一三世紀)を書いて、ドイツ地域では猟犬狩猟の伝統が息づいていることを教えている。イングランドでは、エドワード二世の宮廷に仕える狩人だったウィリアム・トゥイッチ(別名トゥイティ)が『狩猟術』(一四世紀初め)を著した。中世末から一六世紀にかけてが、狩猟に関する著作の最盛期にあたる。すでに名前を引いた『モドゥス王とラティオ王妃の書』やガストン・フェビュスの『狩猟の書』、なかでもジャック・デュ・フイユーの『狩猟論』(一五六一年)は特筆に値する。[69]

かかる貴族たちの狩猟への熱中ぶりにおもしろからぬ想いでいたのは聖職者であった。ローマ教会はこのスポーツが救済の道から騎士を逸脱させてしまう咎むべき娯楽にすぎないと見ていた。いたずらに混乱と争いを生む元凶、沈潜すべき瞑想から魂を逸らす情熱をそこに嗅ぎつけていたのだ。おのれの救いよりも猟犬の吠え声ばかりに気を奪われて、日曜日や祝日に教会そっちのけで森のなかを駆け回っている貴族がいる、と聖職者に告発されるケースも事実あったらしい。[70]それにもかかわらず、狩猟は相変わらず王侯貴族の心をとらえて離さず、住まいの壁には狩猟の場面が武勲の場面とともに描かれたり、タペストリーにして飾られたりすることも少なくなかった。[71]アルトワ地方のエダンの城館には猪狩りの図で飾られた部屋があったというし、ヴォードルイユ城の歩廊壁面にも狩猟場面が描かれてあった(いずれも一四世紀の制作)。ことのほか興味をそそられるのは、一三四三年に、時の教皇クレメンス六世までもが、アヴィニョン教皇庁の今日「鹿の間」と呼ばれる書斎の壁面に、狩りのフレスコ画をイタリア人画家マッテオ・ジョヴァネッティ――もっとも最近は、ジョヴァネッティの筆に帰することに否定的で、複数のフランス人・イタリア人逸名画家の手になるとする説が有力――に描かせたことだ。

入口をはいって正面の壁に鹿狩りの場面が、その反対側、斜め向かいの壁に鷹狩りの場面が見える。北側の壁には鳴き声で鳥をおびき寄せる黐《もち》猟の図が、南側の壁にはフェレット(イタチの変種で、飼い馴らして兎狩りに用いる)狩りの図なども描かれている。(72) クレメンス六世が狩猟隊に加わるようなことはなかったであろうが、当時の貴族階級の流儀を共有してはいた。それほど狩猟は人々の心に懸かっていたということなのである。

森に分け入るどんなルネサンス人も、狩りを愉しみたい欲動に疼いたという点では変わらない。ただしこの時代になると、繰り返し指摘したように、フランスでは狩猟はもうだれでも野獣を殺してよいという平等の権利ではなくなっていた。広い領地をもつ貴族の個人的な特権であって、一三九六年から一七八九年までは、ごくかぎられた少数者のみが狩猟の喜びに与ることができるようになる。一三九六年一月のシャルル六世による王令、および一四五一年のシャルル七世と一五一六年のフランソワ一世による、一三九六年王令のより明確化された再公布は、中世の寛容はそれでもまだ領民の狩猟を認めることがままあったのに、その寛容の息の根を止めることに貢献しただけであった。しかも狩猟好きなフランソワ一世は、森での狩猟を厳罰でもって禁じたこの王令を王領のみならず全フランスに行き渡らせようとした。この動きはヨーロッパ諸国にまで波及することになる。しかしこれは密猟を増やしこそすれ、密猟者たちを根絶やしにすることにはけっしてつながらなかった。もっとも、フランスではひとしなみに領民の狩猟が禁じられたわけでもないらしい。都市の特権的な市民は市外都市領域で狩猟が頻繁にできたし、ベアルヌ地方やピレネーとアルプスの山間やラングドック地方ではどんな領民にも昔からの狩猟権が認められていたというから。とはいえ、やはり旧来の特権は徐々に撤廃されていくことになる。(73) だから狩猟が厳密な意味で貴族の独占ではないにしても、権威とか身分の徴のひとつではありえたわけで、エリートの社会的なアイデンティティーになったことは間違いない。

ルイ一二世は鷹狩りを好んだが、フランソワ一世は猟犬による狩猟がお気に入りだった(74)(図23)。鷹狩りは鳥とその餌食とのあいだで繰り広げられる一騎討ちという感がするのに対して、一方、猟犬狩猟は猟犬をけしかける猟犬係の怒声や犬どもの吠え声などで、まさに全面的な戦闘の様相を呈する。激しいスポーツを好み勇猛な戦士であったフランソワ一世にとって、後者のほうに熱く血潮をたぎらせるものがあったとは容易に想像がつく。リチャード・ウィングフィールド卿はイングランド王ヘンリー八世に宛てて、フランス宮廷の猪狩りの様子を報告している（一五二〇年四月）。午後三時過ぎに、フランソワ一世は猪狩りにでかけた。このときウィングフィールド自身、いっしょに来ないかと王に誘われたという。猪狩りの様子はこんなふうだ。猪が潜んでいる場所に来ると、王は猟犬を一頭だけ放った。猟犬が猪を追いつめると、たちまち放たれた三、四つがいのマスチフ犬（毛の短い大型の猛犬）とともに、四〇頭の猟犬が猪に襲いかかった。逃げ場のない猪が引きずり倒されたところで、王が家臣とともに歩いていって、槍で手早く猪に止めを刺した。彼らの流儀に従ってその猪の右脚を切り落とすと、王は馬の背に猪を載せて森のなかを通り抜けていった[75]……。

それほどに、フランス・ルネサンスの代々の王は狩猟をことのほか愛好した。ついでに付け加えるなら、狩猟を愛好したのは男だけでなく、ときにはアンリ二世妃のカトリーヌ・ド・メディシスのような女性もいた。ブラントームの伝えるところでは、乗馬が得意だった若きカトリーヌは、舅のフランソワ一世が狩猟にでかけるときには必ず随伴して離れることがなかったらしい[76]。王妃カトリーヌの息子シャルル九世などは狩猟熱が嵩じて、みずから鹿狩りに関す

図23　フォンテーヌブローの森で鹿狩りをするフランソワ１世．王はお気に入りの狩猟係ペロを引き連れている．フランソワ・ドムーラン『ガリア戦記』第２巻に収められたゴドフロワ・ル・バターヴによるミニアチュール（1519-1520，パリ，フランス国立図書館）

図24　アネ城の噴水，ジャン・グージョンの工房《鹿にもたれるディアナ》(1549年ころ，パリ，ルーヴル美術館)

る著作を執筆したと伝えられるほどだ。王が多くの随員を従えて華やかに森にはいっていくのは、たんに狩猟好きだからとかたづけるわけにはいかない。それは中世来の狩猟に付された道徳的・肉体的価値を確認するためだけでなく、動物の大虐殺を繰り広げる君主の超人的な性格を発揮する絶好の機会でもあったからである。狩猟は、土地を文明化させる者にして征服する者でもある王の本質を再確認させるとともに、それを象徴的に演じる神聖な儀式でもあった。

この狩猟のために、自然が改変されたり——たとえば一八世紀には、コンピエーニュの森に千六百キロの道がつけられた——、豪華絢爛の居城が増やされたりした。シャンボール、フォンテーヌブロー、ヴェルサイユ、コンピエーニュの城館などはこの副産物であった[77]。

王の狩猟熱はまた、当然宮廷の貴族たちの狩猟熱でもある。貴族は各々の領地に高名な狩人や供廻りを召し抱え、豪奢な館を建てた。アンリ二世の寵姫で名高いディアーヌ・ド・ポワチエの居城はアネ城であったが、当代きっての建築家フィリベール・ド・ロルムによる設計は、なによりも狩猟を優先させるものだった。それが構想されたのは狩人たちの動きを一望できるようにするためであり、この新しい狩猟の女神——とはつまり、ディアーヌ・ド・ポワチエその人のことであり、ディアーヌが狩りの女神ディアナ（ギリシア神話のアルテミス）と同一の名前であるところから生まれた一六世紀の神話であり、彼女におもねって城の中庭に噴水彫刻《鹿にもたれるディアナ》（図24）が設置されたのは有名——を讃

図 25　《アネ城》(16 世紀，パリ，ルーヴル美術館)，ペン，淡彩画，グワッシュ

えるためであった。これが狩猟のための城であることは、その設《しつら》えから明らかである。建物はかなり低いがその代わりに広くひらけていて、屋根付きの歩廊とテラスがあり、その四囲は森、すなわち娯楽と狩りの場が広がる。正門のテラスが重要なのだが、壁が低く引っ込んでいるので見通しがよく、城から出なくても遠方まで見渡せるようになっている(図25)。狩猟の一行が出発したり帰ってきたりするのがよく見えるし、いながらにして森まで一行を目で追うことができたのである。(78) けれどもここまでくると、関心の中心にあるのは狩猟の場としての森そのものというよりも、好きなときにいつでも狩りの愉悦に浸ることのできる心地よい居場所であろう。

*

森を賑わす人々の群れをとおして、中世から一六世紀に到るまでの森と人間の交流がいかなるものだったのかを測るべく錘鉛を下ろしてみた。四百年から千年ほど過去に遡って考察した森と人間。しかしいかに想像を巡らせたとしても、両者の関係について日常的なレベルで実像を結ばせるのはむずかしく、やはり隔靴搔痒の感があることは否めないだろう。そこで第2節と第3節では、マクロ的なアプローチからミクロ的な視座にスタンスを移動させて、一六世紀に森とのかかわり合いのなかで生きた二人のフランス人の書き物を採り上げながら、具体的・個別的にこの関係をすこしく見ていきたい。いささかなりとも森の生活のにおいが立ちのぼってくるのを期待しつつ。ひとりは治水森林代理官という物々しい肩書をもつノルマンディーの田舎貴族であり、もうひとりはルーアンとジゾールの中間に位置するリヨンの森にある修道院のお坊さんである。

2　田舎領主グーベルヴィル殿と森

ジル・ド・グーベルヴィルの生涯は総じて単調で、履歴をまとめるのにそんなに字数は要らない。ジル・ピコは一五二一年ころに、父ギヨーム・ピコと母ジャンヌ・デュ・フーとのあいだに生まれた。父はグーベルヴィルとル・メニル・オ・ヴァルの領主で、ヴァローニュ子爵領の治水森林代理官を務めていた。ジルは七人兄弟の長男で、弟と妹がそれぞれ三人ずついた。父ギヨームが一五四四年ころに死去すると、長子ジルが父の財産を分配して、自身はグーベルヴィルとル・メニル・オ・ヴァルの領主におさまった。一五四三年に襲職権として父親の治水森林代理官の職を受け継いだ。一五五六年にはコタンタン裁判管区(bailliage)の治水森林監督官の職を拝命すべく猟官運動に奔走するも、失敗。[1] これが単調な彼の生活のなかでほとんど唯一の事件であった。一五七八年三月に独身のまま死去。

これがすべてである。要するにグーベルヴィルとル・メニル・オ・ヴァルの領主ジルは、ノルマンディー地方の西部からイギリス海峡にぐっと突き出たコタンタン半島の先端、シェルブールの近くに住む田舎領主にすぎない(図26)。生まれてからこのかた、めったに都市には出ないで、せいぜい役職上の必要からとか交際のためにしか屋敷を離れず、ひたすら農作業のことばかりを気にかける片田舎での単調な暮らし——少なくとも忙しい現代の生活に追いまくられている私たちにはそう見える——を送って、私たちの多くがそうであるように平凡な生を終えたこの男のことを、なぜここで採り上げなければならないのだろうか。それは、この田舎貴族が千頁を超す膨大でしかも貴重きわまりない日記を書いていたからである。それでいて現在残っている日記は、一五四九—五二年、一五五三—五六年、一五五七—六二年の三分冊だけで、これは全体のわずか三分の一くらいにしかならないという。[2] この日記というのも、波瀾万丈の冒険や事件、あるいは折々の感想や意見が綴られているのであれば読んでまだしも楽しいのだが、グーベルヴィ

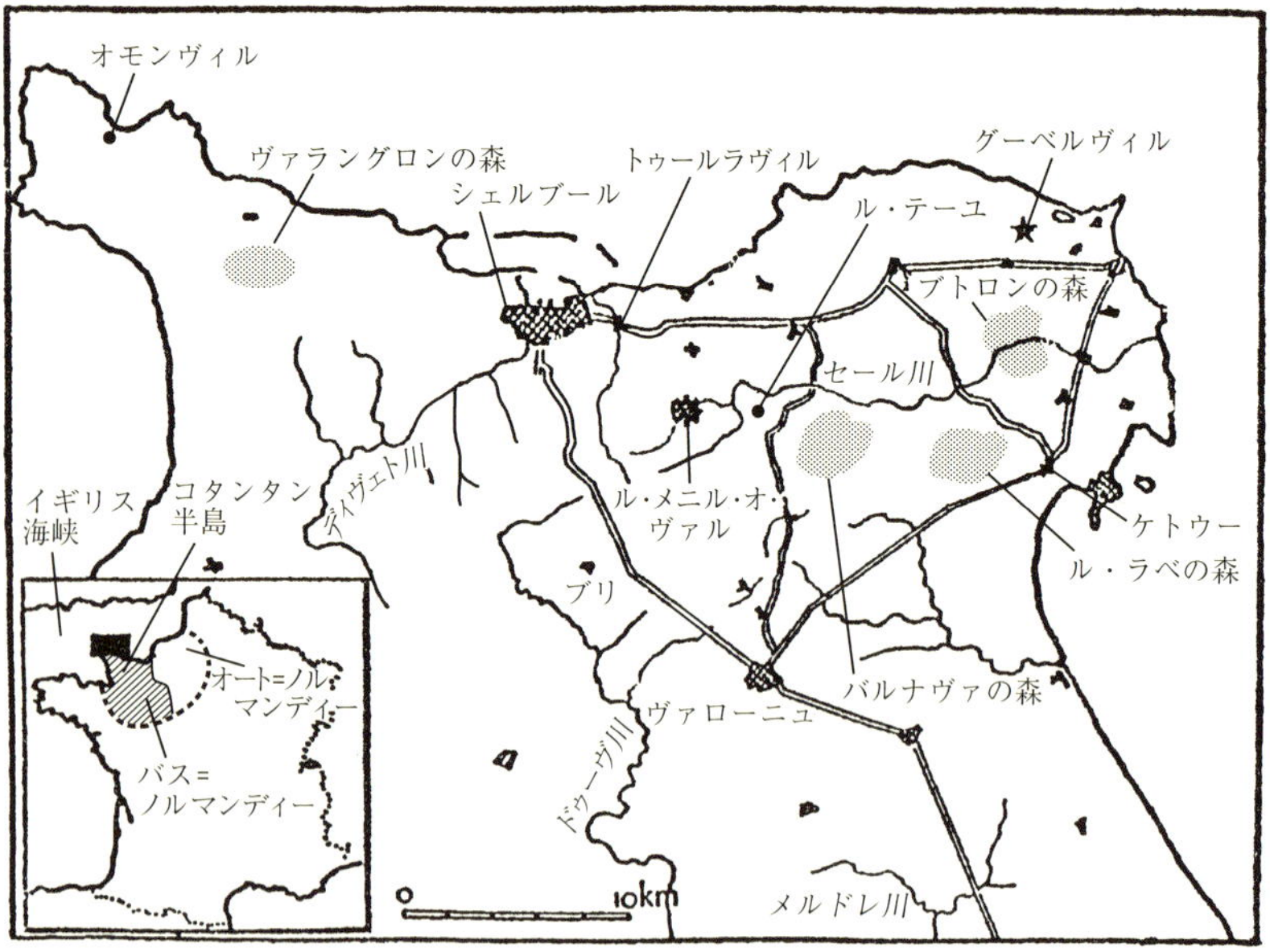

図26　グーベルヴィル殿の生活空間（フォワジルの著書より）

ル殿の日記は毎日の農事・天候とか、なにを買ってだれと会ったか、などという、おそろしく淡々として無味乾燥な日々の記録であり出納簿だったから、ある意味では退屈きわまりないといえるかもしれない。しかしそのことが書き手の凡庸なるモノクロームの日常世界を反映していて、かえって好ましく思われるのも事実である。私たちが送る人生とは、えてしてこのような単調な毎日の繰り返しなのではないか、と。「アナール」派第三世代の代表的な歴史家ル・ロワ・ラデュリーがこの日記を「歴史民族学にとって正真正銘の獲物」[3]と称したのは正鵠を射ている。まさしく一六世紀の農民世界の日常・環境と心性を考えるのにうってつけであり、この家事日記をとおして、私たちは一六世紀フランスの一寒村の日常生活にそのままタイムスリップすればよいのだ。とはいえ、ノルマンディー方言で書かれたこの膨大な日記にかじりつくのは並大抵のことではない。ここではさしあたって、グーベルヴィルの手書きの日記を一九世紀になってはじめて発見し、かついまなおその最良の紹介者であるトルメール神父[4]に手を引かれながらグーベルヴィル殿の森に足を踏み入れる、きわめて乱暴な、森に関する記述のつまみ食いでよしとせざるをえない。

グーベルヴィル殿と森との関係は、彼が父親から譲り受けた治水森林代理官という地位からも察せられるように、仕事上はなはだ密接なものがあった。その役職はけっして閑職ではなかったらしい。

主な職務として、日記に散見する言及によれば、まず森林に関する法廷を開くことにあった。森林法に違反した者に対する訴訟事件全般を吟味し裁くものである。バス＝ノルマンディー地方の治水森林監督官はニコラ・エノであったが、彼がヴァローニュ子爵領の森林を巡察することはまずなく、グーベルヴィルが実際にはそこの行政担当者だった。彼の配下に二人の森林監視官が配属されており、ひとりはシェルブールに、もうひとりはヴァローニュに居住していた。さらにおよそ一〇人ほどの執達吏を抱えていた。裁判官団には国王代訟官ヴァテル某と書記官ジル・カバールを含んでいて、執行官の役目を実質的に果たしていたのは、グーベルヴィル殿が召し抱える召使のうちの二人、トマ・ドルーエとシモネ（父ギヨームの不義による異母兄弟）であった。裁判機関の中心は子爵領の本拠地ヴァローニュにあり、高等法院の巡回裁判が年に四、五回、主に金曜日にここで開かれた――たとえば一五四九年五月七日、七月二日、九月一七日、一五四九年（現行暦では一五五〇年）一月二八日、三月一一日のように。このほかに治水森林代理官が月に一回ほどヴァローニュで会議を開いた。しかしこれは巡回裁判でもあって、田舎貴族は時に応じて、あるときはシェルブールで、あるときはケトウーでと、あちらこちらで開廷している。グーベルヴィルは自分の屋敷で何度も開廷してさえいるのだ(5)。

つぎに、河川の監視と視察がある。地方を豊かに潤すように、河川の浚渫《しゅんせつ》を監督することもあった。伐採の指示も大切な職務である。樹木を伐採しようとする森の区域を定めるのだが、伐採区域の面積を測る測量吏や、区域の境界を画定する森林監視官と治水森林代理官（ないしもうひとつランクが上の治水森林監督官）の立会いと協力のもとに、この作業は行われたのである。そしてこの伐採区域の入札に関わったし（一五四九年九月三一日）、木材や森林の産物（草、敷藁、樹皮など）の競売も執り行った（たとえば一五五五年一〇月二九日）。さらに、森林に携わる役人たちは暖房用に薪を要求する権利があったが――その量は職位によって異なり、治水森林監督官は二五コルドの薪、治水森林代理官は一五コルドの薪、森林監視官とそのほかは一〇コルドの薪、下っ端は六コルドの薪という具合に定められ、それは職階を示唆するバロメーターになっていた――、治水森林監督官ないし治水森林代理官から事前の許可を得ておかなければならなかった。しかも王所有の森の木材で暖をとるのは森林関係の役人だけでなく、そのほかの人たちも懇願しにくることがあったので、許可を与えるにあたっていろいろ気苦労もあったようだ。また、フランソワ一世による一五三五年の王令で、治水森林監督官は森を巡察しドングリやブナの実を売るように規定されていたように、ドングリの収穫のために森へ行くのも職務のひとつだった。買い手の関心を呼ぶに充分なほどに楢やブナがたくさんの実をつけているかどうか確認しに森を巡察し、さほどの収穫が見込めないときはその年の収穫は見送られた。巡察はきまって六月一一日の聖バルナバの祝日に行われた。一五五三年の巡察のときは、ミサに与ってから朝の八時にグーベルヴィル殿は森へ出発、刑事・民事代官、国王代訟官、治水森林関係代訟人、森林監視官、その他の森林関係の役人などとともに森を見て回ったあとで、慣例どおり諸氏から意見を聴取、治水森林関係代訟人が反対意見を述べたものの、森には実がなっていないという意見で一致した。巡察はこうして六月に実施されたけれども、ドングリの競売は、地方によっても異なるが、グーベルヴィル殿の地域では一〇月の末ころだった。ドングリを棒でたたき落とすのでなく、熟して自然に落ちるのを待たねばならなかったからである。棒で楢やブナを打つと次年度以降の収穫を損ねる恐れがあるので、この完熟の時期を待つのは理に適ったことらしい。

職務の最後として挙げなければならないのは、森を良好な状態に保存するのを目的として、どんなことにも監視の目を光らせることである。たとえば一五五三年一二月一一日のこと、伐り倒された五本の楢の木を検証に森へでかけたところ、弩《おおゆみ》と弓を張るのに使うバンダージュという部品と矢を持った三人組に出くわした。彼らは明らかに狩猟を目的としていたので、グーベルヴィル殿はここが若木を傷めないための立ち入り禁止区域だということでそれらを没収してしまった。

このほかに、ヴァローニュ子爵領は海に沿って長い海岸線をもっていたので、造船や沿岸の要塞築造に必要な木材の提供を申し込まれることもあった。一五四九年五月二三日木曜日のこと、提督から必要な木材を準備するように森林官たちに命令が下された。さっそくグーベルヴィルはブリの森に三人の男たちとでかけて、「五〇本のブナ」に印をつけさせた。事態は急を要した。彼はただちにトゥールラヴィルに出発、そこで農民たちに労役を依頼した。今度

の土曜日に荷車一〇台分の木材を、また翌週に一二台分の木材をシェルブールに運ぶようにと。同年七月六日には、イングランド軍の上陸に備えてオモンヴィル港に要塞を築造するという王の意向に沿うべく、田舎領主はヴァラングロンの森から木材を伐りだすよう、木材確保の手配に奔走している。

　グーベルヴィル殿は、王の森林を守る官吏として職務に忠実であるがゆえに悶着を惹き起こすことがあったにせよ――たとえば楢の木の引渡しをめぐって、一五五五年一二月一〇日のヴァローニュ子爵との口論や、一五六二年(現行暦では一五六三年)一月七日(一二日の間違いであろう)のトゥールヌビュ殿との諍《いさか》い――、概して融和を心がけて、和気藹々とした雰囲気で職務を果たしていたようだ。森林監視官や執達吏やいろいろな王吏を集めては、たびたび宴会酒盛りを催しているのも、そうした配慮の現れであった。彼は尊大な男ではなかったのである。

　グーベルヴィル殿が主に住まいとしたのは、ル・メニル・オ・ヴァルの屋敷であった。この屋敷についてもその周辺の風景についても、彼は日記に詳しく叙述してくれているわけではない。考えてみればあたりまえの話なのだが、自分の出納簿ないし家事日記に勝手知ったる身の回りの風景など、書く必要をあまり認めなかったからだ。それでもここかしこに仄めかされる言い回しから、彼の生活したル・メニル・オ・ヴァルの景色が多少は見えてくる。生け垣や低い石垣で碁盤の目のように仕切られた土地――フランス西部地方はボカージュと呼ばれる、畑や農家が木や生け垣で囲まれた農耕牧畜地帯が多く、グーベルヴィル殿の領地はまさにこのボカージュの真ん中にあった――、ル・メニル・オ・ヴァルの教会に隣接する果樹の苗床、耕地と森林とのあいだに広がる、藪とか茨がすこしずつ引き抜かれて小石だらけのごつごつとした荒地、緑なす牧草地、がっしりした幹と生い茂った葉をもつ楢の木からなる森[6]……。

　そう、森であった。グーベルヴィル殿の屋敷の脇には、なるほど牛小屋(一五六〇年七月一五日/一五六二年一〇月一二日)、厩(一五六〇年五月二九日)、牝馬用の小屋(一五六二年一〇月一三日)、牝牛の冬ごもり用の小屋(一五五三年一一月二七日/一五六二年一〇月一二日)、羊小屋(一五五四年一一月一九日/一五六二年九月一五日)があった。しかし周りにはいくつもの森(バルナヴァ、ヴァラングロン、ル・ラベ、ブトロンなど)が広がっていたので――ドヴェーズによれば締めて約一万七千アルパン(アルパンは昔の地積の単位で、一アルパンは約三〇―五〇アールと、地方によって異な

る)にもおよび、コタンタン半島北部全体を占める、フランスでもっとも樹木豊かな地帯のひとつで、グーベルヴィル家が自慢にするのも無理からぬところがあった(7)――、大部分の家畜はその森に野生の状態で放し飼いにされていた。牝牛どもは屋敷から遠く、広大なブリの森(一五五〇年ころには少なくとも一万三千アルパンあったらしい)にも迷いこむことがあった。ブリの森も例に洩れず一三、一四世紀にさかんな開墾が行われ、とくにル・メニル・オ・ヴァル小教区とトゥールラヴィル小教区とル・テーユ小教区の境界あたりの開墾は著しかったようだ(8)。ル・メニル・オ・ヴァルといえば、さきに述べたごとくグーベルヴィル殿の領地である。その昔、ブリの森に斧の音が響き渡ったのである。しかし大規模な開墾があったとはいえ、ブリの森はグーベルヴィルの時代はもちろん、一八世紀まで広大な面積を保っていたようだ。現在はもう荒蕪地と茂みしか残っていないけれど。

したがって家畜を捕まえようとすると、きまって大がかりな捕獲隊を組むことになった。一五六二年六月二四日には二〇人ほどの男たちをやって、「森に放っているほとんどすべての家畜」を連れてこさせ、翌日に野生の仔牛を去勢させている。なかには仔牛が成長して、去勢もされないままに猛牛になってしまい、これを取り押さえるのに七人がかりで悪戦苦闘することもある。空手で戻ってくることも珍しくなかった。一五五八年九月二三日にはグーベルヴィルがじきじきに森に行って家畜を探すけれども、ここ二ヵ月来、見つかっていないとこぼす。同年一一月三〇日に使用人が野生の牛を一頭屠ろうと森にでかけたが見つけられずにいる。もちろん家畜を探しやすくするために、今日のスイスの移牧と同じように牝牛の首に鈴をつけるなど、あらかじめ怠りなく備えもしていたけれど、鈴ごと牛が盗まれることもあった。群れは勝手気儘に茂みを通って移動するから、とくに仔牛は迷子になることがよくあり、持ち主の気苦労は絶えない。一五五七年四月一七日、使用人たちが森へはいっていくと、「母牛からはぐれた仔牛を見つけたので連れて帰ってきたが、それは歩けないほど腹をすかしていた。乳を飲まなくなって二、三日は経っていただろう」。野生となった牝牛が森から逃げだして、町のど真ん中を走り抜けて羅紗屋の商品台をひっくり返す騒動もあった。グーベルヴィル殿の森はほかの市町村共有の森と隣接していたので、双方の家畜がごっちゃになることもよくあった。そうなると区別するのが大変なので、混ざった家畜を買い取ることにもなる。田舎貴族は持ち馬に特別の焼

き印を押していることから、ほかの家畜にも同じことをしていたかもしれない。

さて、この馬となると、これを捕まえるのはもっと一苦労だった。馬は馬小屋に飼われて農作業用とか運搬用に調教されるものと、森のなかで自由に放し飼いされて売られたり、なにか必要なときに森から連れだされるものとがあった。後者の、森で放し飼いにされていた馬を捕まえるのが骨の折れる仕事だったのである。森で生まれてほとんど家畜化されないままに育った動物は、馬にかぎらず、ひとたび野生の状態に戻ってしまうと、これを再び駆り集めるのはたいそうむずかしいことだった。まして馬ともなると、その気性の激しいこともあって駆り集めるのがいっそう難儀なうえに危険ですらあった。まずは馬が好んで集まる森の地点を知る必要があったが、これがまたいつもうまくいくとはかぎらない。種馬を捕まえようと森にでかけても、その姿を見かけることすらできないこともあった。森には柵をめぐらした囲い地とか土地の起伏によってできた自然の囲い地があちらこちらにあって、一五五五年七月二五日に、グーベルヴィルたちが三度失敗した末に三歳以下の若い牝馬二頭をようやく捕まえることができたのもそこでであった。喉の渇きを癒しにくる馬たちのためにわざわざ川辺に囲い地を作ることもあったし、疾駆する馬の群れを止めるのに充分なくらい丈夫な網を森に張ることもあった。また、森に散らばった馬を集め、一網打尽にしようともくろむ地点に導くためには多くの人手を必要とした。一五五八年六月一九日の日曜日には、ミサが終わってから、町の屈強の者三〇人ほどを連れて森にはいり、グーベルヴィル所有の牝馬一頭、牝の二歳馬一頭、牡の仔馬一頭をようやく捕まえることができたのである。

豚については、これまた森に放し飼いにしていたようだ。しかし森で迷子になったり狼に喰われたりすることが多いのだろう、グーベルヴィルは一五六二年一一月五日に豚小屋を建てさせている。豚を肥らせるために、小屋に飼っていようが森に放し飼いにしようが、いずれにもドングリを食べさせていた。だから楢の木を傷めないようにグーベルヴィルも細心の注意を払っていた。一五五六年九月一一日の日記にその様子が窺えて興味深い。熟していないのにドングリを棒でたたき落として木々を傷めつける数人の者たちがいると聞いたグーベルヴィル殿、さっそく使用人を従えて行ってみると、子どもたちの仕業だったのですぐにやめさせた。もっと奥のほうでは三人がめいめい長さ四尋(五メートル弱)ほどの長い棒でドングリをたたき落として

いた。殿はこれまたすぐにやめさせた。連中のポケットをあけさせたところ、一ボワソー(約一二・五リットル)ほどのドングリがつまっていた。もう二度と来るんじゃないぞと厳重注意したというものである。なにやらあたふたしているグーベルヴィルの姿が彷彿として楽しい。

熟したドングリの採り入れは、前述したように地域によってまちまちだったが、グーベルヴィル殿の地域では一〇月下旬に行われた。使用人に収穫させたのはむろんだが、地元の住民にもドングリを分配するという条件でできるだけ多く収穫させることもあった。収穫がたくさんあったときは、売ったり、ドングリを採集すべき森が手近にない人たちに分け与えたりした。これが小屋で飼育している豚の餌になるのは間違いない。しかし森にはまだたくさんのドングリが残っていた。グーベルヴィル自身の放し飼いの豚に喰わせるのは当然としても、地元の住民であろうが遠く離れた住民であろうが、使用料さえ支払えば彼らの豚がそのドングリを食べるのを許可した。ただし、領主の所有する森でのこのドングリ使用権(paisson というが)、これにグーベルヴィルは村人にとてつもない高値をふっかけている。穀粒を市場で売るよりもよほどいい実入りを約束する値段だったという。この森での牧養の期間——概ね九月から一二月にかけて——に丸々と太ってたっぷり脂がのった豚は殺され、塩漬けにされてパリにまで出荷された。これも田舎領主にたくさんの収入をもたらした。このころには豚も充分消費されるようになっていたのである。かくて豚が領主にとって最大の収入源になっていったと思われる。

ちなみに、牡牛や牝牛や羊は、豚のように広範な商取引ルートにのることはなく、地方の小都市の市《いち》と市とを結ぶローカルな商取引にとどまった。領主は家畜を売りに市へ規則的にでかけていくのであるが、売買が首尾よくいったときにはこれは毎年かなりの収入をもたらしたのだった。それだけではない。市に行けば、小貴族や粗野な連中と酒杯を交わしたりお喋りを楽しんだりする機会ともなった。(9) 屋敷をほとんど離れない田舎領主にとって、恰好の気晴らしになったにちがいない。

ところで、家畜の群れを放し飼いにして草を食むがままにした状態には、二つの大きな危険があった。ひとつは盗難である。さきにすこし触れたように家畜が盗まれることはよくあった。二つめは狼である。私たちの案内役を務めてくれているトルメール神父によれば、「狼は出くわしたどんな動物にも、また人間にも、区別なく一様に降りかかってきて絶えることのない正真正銘の禍(10)」であった。と

くに飢えた冬の狼である。

森にはいった二人の使用人は狼が二頭の豚を喰らっているのを目撃しているし(一五六二年一一月七日)、犬たちに傷を負わせた二匹の狼も森で目撃されている(一五五四年一一月一八日)。そして、牝馬の一頭が狼たちに殺されてしまったので死んだ馬の皮を剝がねばならなかった(一五六〇年五月六日)。狼は馬、羊、仔羊、牝牛などの肉を喰うが、なかでも好物は鵞鳥の肉だった。一五五九年一〇月二八日に二人の男が狼の皮をグーベルヴィルのもとに持ってきた。「それは彼らが昨晩自分たちの鵞鳥を食べているのを中庭で捕まえたものだった。〔……〕私は彼らに四スー(当時の貨幣単位で、一スーは一二ドニエにあたる)を与える」。つまり狼を仕留めた者には報奨金が出されたのである。狼は森のなかだけでなく人家近くにも出没して、場所を選ばなかった。一五六一年五月一〇日、「この日狼は私の仔羊と羊を一頭ずつ殺した」。屋敷の礼拝堂付近にも現れて牝羊をさらっていった(一五六一年(現行暦の一五六二年)三月二日)。またー五五八年五月二九日には、牝狼が姿を現して仔羊をさらっていった。使用人たちが追跡すると、牝狼は仔羊をその場に置いて逃げていった。すこししてから牝狼が餌をとりに戻ってきたところを、使用人のひとりが火縄銃でこれを撃ち殺した。狼の仔への母性愛に訴えて親狼をおびき寄せようとして失敗することもある。一五五九年五月二五日のこと、五匹の狼の仔が見つかった場所に一匹だけを残して、使用人たちは牝狼が戻ってくるかどうか待ち伏せすることになった。四時間ほどねばっていたが、ついに母狼は姿を見せなかったという。狼が大胆で手に負えないときには、その地域の住民たちができるだけ大勢集まって、ときには隣の地域の住民たちの応援を求めながら、狼をぐるりと輪になって囲い込み、徐々にその輪をせばめながら進んでいくという狩猟法もあった。そのとき住民たちは叫んだり、鍋や釜をがんがん叩いたりして、狼を追い詰めていくのである。

狩猟は家畜を守るためであったり獲物の肉を手に入れる思惑からなされることがあったにしても、同時に当時の貴族たちの息抜きでもあった。もっとも農民たちもしたたかで、領主がおずおずと発する禁止をものともせず、相変わらず狩りを続けていたけれども。ただし飼育と較べれば、その生産性ははなはだ低かった。それはそうだろう、兎一匹捕らえるのに、一日がかりで三、四人の人手が要ることも稀ではなかったのだから。

狩猟の方法はさまざまあって、しかもそれによって社会的ヒエラルヒーまでもが浮き彫りになった。森鳩などが餌を食べるために棒(juc)にとまったところを捕まえる仕方(一五五三年一一月一六日)、冬の森や沼沢で降り積もった雪の上の足跡を追いかけて猪や兎を捕らえるやり方(一五五五年四月一五日)などがあるが、もっぱら使用されたのは弩や火縄銃であった。前者は農民レベルで鴨や鹿など獲物の区別なく使用されることが多く、後者は領主や聖職者の使用する武器であった。一五五〇年ころに彼らのあいだに流布したらしいが、重くて、持ち運んだり装備するのに二人ほど人手を必要としたので、この不便を解消すべくもっと軽量の短銃が使われることもあった。そのうえ高価で、弩の弦は一本三スーにしかつかなかったのに対して、火縄銃のほうは五ないし六リーヴル・トゥルノワ(当時の貨幣単位で、一リーヴル・トゥルノワは二〇スー)ほどして、これは牝牛一頭分に値したそうだ(11)。

鷹狩りよりは猟犬を使って猪や鹿を捕獲することのほうが一般的であった。一五五九年六月八日、シモネたちは生後一〇日か一五日くらいしかたっていない瓜坊《うりぼう》を四匹巣穴で生け捕りにした。庭に林檎を食べにきた若い牝猪を若者たちがグレーハウンド犬で捕まえてもいる(一五五五年一〇月四日)。兎などを穴から追い出すのにフェレットも用いられたし、狐、穴熊、鹿などには罠が仕掛けられた。使用人たちは罠を仕掛けに森へよくでかけている。「ニコラ・ドルーエとアルヌーは狐の罠を仕掛けに森へ行った」(一五五四年(現行暦では一五五五年)三月一四日)。一五五九年(現行暦では一五六〇年)二月二一日には首尾よく牝狐を捕獲している。「朝に、シモネとアルヌーは森で罠を仕掛けて、白い喉をした牝狐を捕まえた」。鳥を捕まえるには各種の網が用いられたり、鳥黐《もち》が使われた。舟に乗って、葦のなかを若い白鳥を探しにいくこともあった(一五六〇年七月二八日)。鳥を捕まえにいくといえばなかなかにおもしろい記述がある。一五五七年一二月一四日のことだ。使用人が二人、朝から森へ森鳩を探しにいったのはいいが、帰ってきたのはなんと真夜中の二時だった。「私は」とグーベルヴィル殿は書いている、「彼らが道に迷ったと思ったので、トマ・ドルーエに小銃を二発撃たせた」。このエピソードは、森をわが家同然に知り尽くしているはずの者でも森のなかで道に迷うことがよくあったことを示唆して、興味深い。最後に、グーベルヴィルのような田舎貴族の分際を超えたものに、大貴族たちが嗜んだ猟犬の群れを用いた騎馬狩猟がある。グーベルヴィル殿はそれでもこの種の狩りに参加したことがあったが、鹿がグレーハウンド犬の片目を潰したことにげんなりしてしまい、狩りを諦めている（一五五九年（現行暦の一五六〇年）一月二九日）。そもそもグーベルヴィルはあまり狩猟にはでかけていなくて、彼の日記について優れた研究を発表したマドレーヌ・フォワジルによれば、一五五〇年から一五六〇年にかけて狩猟場面には一五〇回ほど言及されているが、その多くはシモネとカントピ（グーベルヴィルの有能な片腕）による狩猟だそうである。(12)

いずれにせよ、森は田舎領主の生活になくてはならないもののひとつになっていたことが、こうした断片的な記述から知られるのである。

3　フィリップ・ダルクリプの小話集にみる森の生活

バス＝ノルマンディーのグーベルヴィル殿はコタンタン半島のブリの森を舞台に活動を繰り広げていた。他方、この田舎貴族とほぼ同じ時代に、オート＝ノルマンディーに広がる森林に住んで、森と密接な関係を保ちながら祈りかつ働いた修道士がいた。

その森はリヨン(Lyons)の森という――リヨンといってもローヌ県の県庁所在地である大都市リヨン(Lyon)とは異なるので注意されたい。オート＝ノルマンディーの地方都市ルーアンから東南に約二〇キロばかり行ったところに広がっていて、現在でも一万六百ヘクタールほどの地積を誇る。[1] 一五五〇年ころのブリの森は一万三千アルパンほどあってフランスでももっとも広大な森のひとつであったとは前述したところだが、リヨンの森は一六六五年の時点ですら二一、八六二アルパンもあった。[2] まさに治水森林総代官アントワーヌ・ド・サン＝チヨンならずとも、これらの森を抱える「ノルマンディー公国はわが王国の他のいかなる地方にもまして森林と茂みと藪とで占められている[3]」と断言できた。リヨンの森がさほど縮小されなかったのには、森が王領だったり親族封――王が世継ぎ以外の親王に与える領地の謂だが、リヨンの森の場合は木々に深い配慮を示したフェラーラ公夫妻(フェラーラ公妃はフランス王ルイ一二世の王女ルネ・ド・フランス)に与えられた――に封じられたりして、開墾しようとする農民たちに抗して保護されたこともあって、さして伐り拓かれなかったことにある。[4] 実際、一五七三年八月の高林伐採に関する勅令では、毎年伐採されてもよい――ということは、それだけ高林に余裕があることの裏返しにほかならない――高林面積のトップにリヨンの森が指定されていて、オルレアンの森で二〇〇アルパン、フォンテーヌブローの森で二六アルパンなのに対して、なんと二九四アルパンだったのだ。ちなみに、グーベルヴィル殿のブリの森はコタンタン裁判管区の他の森もあわせて九二アルパンだった。[5] リヨンの森が相対的に良好な状態に保たれていた、なによりの証左である。

そして、このリヨンの森に住んでいた修道士とは、フィリップ・ダルクリプと名乗る男である。彼が『すばらしき真実なる特徴の新製造法』と題された小話集を刊行したのは、たぶん一五七九年のことである。作者のフィリップ・ダルクリプというのは筆名であって、この男、一八世紀以来、リヨンの森にあるシトー会モルトメール大修道院の修道士フィリップ・ル・ピカールに同定されている。ル・ピカールなる人物は当地、リヨンの森林地域に生まれ、若き日より神の道を選んでモルトメールの修道士たちから教育を授けられたというから、根っからのリヨンの森育ちといってよいだろう。

この地域をよく知るフィリップ坊はリヨンの森を『すばらしき真実なる特徴の新製造法』の「主人公」に仕立てることで、小話をもっぱらリヨンという一地域に局限化させて時代に見合うものにすることに成功したといえる。小話集が書かれたのは一五七五年から一五七八年にかけてのことと する説が有力であるが、一部の小話はもっと以前に書かれたとする説もある。彼は敬虔な生活を送りつつも、文学的な才能を持ち合わせていたのか、ほかに詩の創作にも手を染めたらしい。しかし、それらの詩は破廉恥で教養に乏しい、と修道院では不評だったようだ。そのせいもあってであろう、フィリップは修道士たちに知られぬようにこの小話集を偽名で発表せざるをえなかった。年齢《とし》をとるにつれて四肢が不自由になり、食事するのにも人の手を煩わさなければならなくなるほどだった。二年間この病に苦しんだ末に、修道院の過去帳によると、一五八一年二月一一日に五〇歳で死去した。ということは、一五三〇年か一五三一年の生まれということになる。(6)

一六世紀における森の生活の様子を、田舎貴族の家事日記とはやや異なった角度から垣間見るのに恰好な資料が、この『すばらしき真実なる特徴の新製造法』という奇妙なタイトルをもつ小話集である。ここに収められている全九九話の小話のほとんどがなんらかの形で森と関連をもつか、あるいは森を舞台にしたものであり、その意味で小話集の主人公はまさに森林だったといえるのだ。これら奇想天外な滑稽話を介して、私たちは当時の人々の森との関わりをいささかなりとも窺い知ることができるように思われる。しかし、かような空想話にルネサンス人の生活の現実を見てよいのか、といった類の反論がすぐに聞こえてきそうである。

小話の衣装に惑わされてはならないだろう。フィリップ坊自身は森のなかに育ち、森に根づいた生活を送っていたし、森の住人たちの生き方にも通暁していたではないか。たとえば冬の森の厳寒について、彼はだれよりもよく知っていた。こんな小話がある。木に登って枯れ枝を払っていた樵が持っていた鉈鎌を地面に落としてしまう。いちいち下におりて拾いまた登るのが面倒だし億劫なのでどうしようかと思案していたところ、たまたま尿意を催す。「萎びて役立たずの垂れ下がった切れ端」[7]――これはフィリップ坊自身の表現です――を股引から引っ張りだして、鉈鎌に向けて放尿した。するとあまりの寒さのせいで小便は出るさきから凍ってしまい、長いつららのような小便の柱ができた。男はその端をもって持ち上げると、下の先端に鉈鎌を引っつけたまま上がってきて、難なく取ることができた(第一八話)。なんと下品な、とどうか眉を顰《ひそ》めないでいただきたい。この小話集の『すばらしき真実なる特徴の新製造法』というタイトルそのものが、すでに突拍子もないおもしろおかしさを暗示しているのだから。「製造法」とは、法螺話などを「でっち上げる、発明する、製作する」ことを意味するからである。[8]これは、読者を楽しませる突飛な逸話集ですよ、ということをあらかじめ仄めかしているようなものなのだ。では、この小話集が森の「現実」を反映したものと見做す前提は、根底から誤ったものなのだろうか。タイトルにはもうひとつ、「真実なる特徴」とも明記されていることを忘れないようにしよう。笑い話の衣装のもとに森の「真実」を語ろうともしているのである。短いながら示唆に富む洞察を展開したガブリエル＝A・ペルーズはそのように解釈している。[9]おのおのの小話の冒頭は、ほとんどどれも、具体的な時と状況と固有名詞を明示した「現実的な」調子で始まり――「ブーローニュの戦役(一五四四年にヘンリー八世が占領したブーローニュをフランソワ一世が攻囲したこと)から帰還すると」(第四話)、「私たちの森に、家に大きなマスチフ犬を飼っている男がいた」(第一三話)、「物故したリヨンのモルトメール大修道院長は」(第二五話)、「ラ・バールにトンデ師とおっしゃる坊さまがいる」(第三九話)、「ル・クロの町民のひとりで、エチエンヌ・ペヌヴェルという男が、このまえの五月に私たちのリヨンの森の木立のなかで、鳥の巣を探しながら時を過ごしていた」(第四六話)、「リヨンの森の執達吏ジャン・ド・ボーなる者が」(第五四話)など――、そのうちに話に奇抜さが忍びこんできて突飛な結末を迎えるのである。現実のなかに幻想が忍びこむからといって、現実がすべて帳消しになるものだろうか。ペルーズのように、ドイツ・ロマン派のホフマンやフランスの幻想詩人ネルヴァルの名前をここに持ち出しても[10]、けっして場違いともアナクロニズムともいえないのである。

フィリップ修道士が厳冬の森の寒さをよく知っていたことに関連して、もっと驚くような奇抜な話がある。火にかけた沸騰する鍋も凍てついてしまうほどの酷寒の年の、ある朝まだきのこと、ある女が庭にしゃがんで水たまりができるほど勢いよく用を足したところ、あまりの冷えこみのためにその小便の池に女の陰毛が凍りついてしまい、いざ立ち上がろうにも痛くて立ち上がることもできない。女の悲鳴を聞きつけた亭主が鋏で陰毛をちょきんと切って、ようやく一件落着とあいなった(第二四話)。これまた尾籠な話になって恐縮だが、これにはじつは種本があって、なにを隠そう、マルコ・ポーロが『東方見聞録』(一四世紀初頭)に記す、ロシアで「実際に起こったエピソード[11]」がもとになっているのだ。そこでは話はいっそうグロテスクで、亭主がかがみこんで暖かい息を吹きかけてなんとか氷を溶かそうとするが、その息の水分までもが凍ってしまい、亭主のあご髭が妻の陰毛にからまってともに凍りついたことになっている。漫画的なところでは、逃げる鼠とそれを追う猫が高い所から下へ飛び降りたまさにそのとき、酷寒のあまりそのまま凍りついてしまい、宙に浮いたまま死んでしまった、というとんでもない話もある(第一八話)。これらに劣らず奇想天外な話をもうひとつ。森のなかを歩いていた男が盗賊に首を切られて、文字どおり首の皮一枚で頭と胴体とがつながっていた。男は頭が落ちないようにピンで留めた。そのうえ、幸いにも厳寒で凍りついてなんとか頭は落ちないですんだ。そのまま帰宅して、暖炉のそばに座り冷えた体を暖めているうちに、洟を勢いよくかんで鼻先の鼻水をぬぐいとろうとしたところ、ピンごと頭部をもぎとったのにも気づかず[12]、そのまま頭をなにげなく燃える火のなかにくべてしまい、男はあえない最期をとげたというものである(第九四話)。もちろんいずれも真に受けることはとうていできないものの、寒さの厳しさを実感させるべく誇張したものにはちがいないのである。

あるいは、フィリップ坊の住むリヨンの森林地域は多雨多湿の地帯であったが、それを彼は友だちのルニェ親方の語る話として表現しようとする。親方がモルトメールに帰ってくる道すがら、降り続く雨は依然やまず、雨水が体に滲みこんでくるほどだった。親方がかぶっていた先端の平べったい帽子を揺すったところ、雨水が帽子に溜まっていて、なかに小さなヒキガエルが一匹(なんと細かい数字だこと)も泳いでいた、と(第三二話)。

たとえ表現はどんなに突飛であろうとも、フィリップ坊は森の住民たちと同じ空気を吸い、同じ風景を見つめていたことにかわりはない。修道士の森への思い入れはけっして現実を遊離したところにあるものではない。生活の実感があってこそ、この奇想天外さが活きていると考えるべきなのである。

このようにフィリップ坊は、『すばらしき真実なる特徴の新製造法』の核心をなす一五六〇年か一五七〇年ころのリヨン森林地域の社会の現実をおもしろおかしく描くのだが、その舞台は、さきに述べたように、リヨンの森であった——その第六二話には森のいろいろな種類の木が列挙されているが、森に慣れ親しんでいる者だからこそそれも可能だったと考えるべきであろう。その中心にあるモルトメール大修道院はこのあたりではもっとも由緒あるシトー会修道院で、小さな谷間に建てられていた。ただ修道院は森林地をたくさん所有しているわけではない。御多分にもれず、修道士たちがせっせと開墾に精を出すことになる。そもそも、モルトメール大修道院がリヨンの森の奥深くや周縁に「グランジュ」(第一章第2節参照)を設けたのは、一二世紀のことだった。グランジュにはひとりないし二人の修道士と数人の召使、それに家畜が配された。主なものとして、ボスカンタン、ルール、ブルミュル、ラ・メザンジェール、ラ・ポムレ、モントロチ、アンヴァルのグランジュが知られている。その後、同じ森のなかにグランジュを設けた他の修道院との競合や係争、それらグランジュの周辺に農民・入植者の小屋が集まることによる集落の形成などの過程を経て[13]、リヨンの森は徐々にその分だけ狭められていった。それでも修道院は、リヨンの森がその主要部分をなす王領の使用権だけはかろうじて保持していたからまだいいようなものの、一般に御料林における教会側の使用権はむしろ制限されていた。もちろん庶民の狩猟のための使用権も徐々に廃止されていって、大きい野生動物の狩りだけでなく、その当時まで住民には認可されていた野生の小動物の狩りまでが禁止の対象になっていった。シャルル九世も「リヨンの森に狩猟にでかけたり、火縄銃とか小銃のような火器を携帯することを厳罰でもって禁止した」(第五二話)のである。リヨンの森は王室御料林であり、小話集の第八八話(および第二七話)にあるように、熱烈な狩猟好きのシャルル九世などはよくシャルルヴァル——狩猟好きが嵩じて、シャルル王が広い森のなかをゆったりと狩猟できるように城館を築城させたことから、ノワイヨン゠シュル＝アンデルの村にこの名がついたのであるが、王の早逝によりシャルルヴァルの城館は完成されることがなかった——に狩猟にきていて、一五七一年には六月四日から一〇日まで逗留するほど、リヨンの森のはずれのこの地を愛していた。

神の御許にみまかったフランス王シャルル九世はかつて、たくさんの貴族と、こうした鍛練のときにきまって必要とされる、狩猟官、近習、従僕、猟犬訓練係、そのほか狩猟司の者たちをいっしょに従えて、王のリヨンの森で鹿狩りをなさった。ある者たちは猟犬どもの尾に拍車を入れ、別の者たちはらっぱを喨々《りょうりょう》と吹き鳴らし、他の者たちは〔疲れた犬に代わるべき〕換え犬を配置していたし、何人かは〔走るのに疲れて〕鹿が通るにちがいないと踏んだ場所で待ち構えていたという具合に、要するにめいめいが狩りに気を配っていた(14)。　（第八八話）

中心人物が森であるからには、小話集にはルーアンを例外としてほとんど町らしい町は登場せず、話題になるとしてもせいぜい人里離れた集落くらいのものである。しかも森のなかに小集落があった。「私たちのリヨンの森に、グピエールという小さな集落があり、そこに穴がある」（第二一話）。あるいは、「私たちのリヨンの森にフリルーズという小さな集落があって、良心に恥じることのない純朴な人たちが数人住んでいる」（第五八話）。森を出るには、高林かあちこちの低林をまるまる三里は通っていかねばならない。楢やブナが生い茂る広大な森は言い知れぬ寂しさを感じさせるであろう。心細さとともに恐怖に襲われるのである。小話集にもこの手の記述がないわけではない。森のなかの狭い小径に強盗——敗走した軍隊のはぐれ兵士の成れの果てか(15)——が出現したり（第三八話）、金子目当ての山賊どもに首を刎ねられることもあるし（第九四話）、夜道に迷いこんでしまうこともある。「もと村の司祭だった男がある日遅くに帰宅しようとリヨンの市《いち》から戻ってくるとき、森のなかを通って悪い道のりを二里以上も歩かねばならなかったが、道を間違えてしまって、正しい道にまっすぐ行くこともできずに、ほとんど夜どおしあっちをうろうろ、こっちをうろうろする羽目になった」（第九一話）。この男の災難にはまだ続きがあって、森を歩き回っていると、かつては枝や灌木で穴を塞いで落ちないようにしてあった泥灰岩坑に足をとられてしまう。だが服が引っ掛かって底まで落ちずに宙ぶらりんになっているところへ、今度は恐ろしい狼がすごい唸り声をあげて喰いつこうとするのである。結末はお笑いで、狼の尻尾をつかんで穴から脱出することに成功する。森のなかでは若い材木商のように、例によって狼、それも老獪な大きい狼に出くわすこともある(第三一話)。それは宗教戦争で殺された人々の死体を貪り喰っていた狼で、リヨンの森にまでやって来て殺戮を繰り返し、みんなから恐れられていたのである。森で遭遇して危険なものに、猪もいる。ある錠前師が村に錠を持っていくために森を通っていると、牙を剝きだした見るだに恐ろしい猪に出会ってしまったからである(第六四話)。

しかしながら、森に長く住み慣れて森の住民をよく知っているフィリップ坊には、森はもっと親しいものなのである。森はいろいろな職業の人々の活動の場であった。枯れ枝を切り払うために木に登る樵がいる――農民は枯れ枝を切り払う権利を有していたので。「このまえの厳冬に、ピユシェの男が森にはいって、大きなブナの木のてっぺんに登り暖房用にと枝を払った。そして実際に何本かを切って地面に投げ落とした」(第一八話)。ドングリとブナの実の季節になると、家畜たちがたらふく喰うのも森のなかだ。

一五七一年は、私たちのリヨンの森にとてもたくさんのドングリとブナの実がなったので、豚どもには大御馳走で、満腹したあとはよく森のなかに姿を消していった。そんなある日のこと、尊敬すべきジャン・フーベール殿およびその息子さんの豚飼いがご主人たちの家畜小屋に豚を連れ帰る段になって、牝豚が一頭足りないのに気がついた。それで急いで森に探しに戻ると、薪の束を結わえている男に出会った。男が豚飼いに言うには、フォス・グロリエット〔モルトメールの近く〕の奥地で穴にはいっていくのを見た、と。(16)

(第三三話)

穴にはいっていく兎を追っかけた「不思議の国のアリス」よろしく、この豚飼い殿も牝豚のはいった穴にもぐりこんでいくと、不可思議な国に着いてしまうのだが……。右に引用した文章でも、グーベルヴィル殿の日記のところで指摘したように、森に放し飼いの豚とドングリを食べさせに豚小屋から連れてこられる豚があることが知られる。またリヨンの森には何本かの川が流れており、材木商は薪を運搬するのにその河川に薪の束を浮かべて流した。それを筏師《いかだ》は川に沿って歩きながら、木材がなにかに引っかかって流れないときには、手に持つ長い鉤棹で引き離すのである(第三一話)。暑い夏の日差しのなか、森で牝馬の番をする男もいる(第七八話)。森と森とのあいだには、耕されて広々した土地が村々の周りに広がっていた。そこで小麦が収穫され(第六六話)、小麦の種がまかれ、小麦畑からアザミが引き抜かれる(第一九話)。後者の小話にはまだ続きがあって、レオナール・バル某がアザミを引き抜くときに、巣のなかにいた小兎を捕まえることができた。幸運はそれだけではない、抜いたアザミに蜜蜂の群れが集まってきたので、機転の利くレオナールはその群れを庭先までそっと導いて巣箱に入れてしまった。一八日か二〇日が過ぎると、蜜蜂の群れは四つの群れに分封するという具合に、蜜蜂はどんどん増えていき、ついには六九リーヴル一一スー七ドニエ・トゥールニエ(またしてもこの細かな数字)で売れたというのだ。砂糖がまだなかなか入手できなかったこの時代、蜂蜜は貴重品だった。まさしく「五月の蜜蜂の群れは乳牛に相当する」。一本のアザミから、レオナールおじさんは大儲けした次第。この耕作地域は、王領の空地が割譲されて、面積を広げていった。もともとは沼地か、そうでなくとも痩せた土地だったが、これが穀物の豊作をもたらすこともあった(第三五話)。

職人のなかでも、一箇所にじっとしていないで、村々を回っては仕事を見つける人たちもいる。そうした職人は森を通っていかざるをえない。そこで靴直し(第七話)、錠前屋(第六四話)などに出会うことになる。

森を賑わすものとして、当然狩猟をする人たちがいる。すでに述べたように国王と宮廷人が大挙押しかけることもあれば、五月ともなると森にはいって鳥の巣を探す町民がいるし(第四六話)、火縄銃をもって森にはいり、小鳥を撃つ者もいるし(第七一話)、尾と耳を切った馬に跨り、頑健な猟犬を二匹引き連れて、大きな兎を全速力で追跡する林務官もいるし(第七四話)、伯爵殿もリヨンの森で大鹿を追っていて、鹿は一一時間も走った挙句にル・トロンケの風車小屋の池に飛びこんだところを伯爵に仕留められ、分け前が猟犬に与えられることもある(第八〇話)。

小話集で人間の世界に劣らず重要な位置を占めているのが動物の世界である。モルトメールの谷間に沿って広がる森にたくさんいる雌の野鴨が巣をかけ(第三七話)、毎年九月の末には鶴の群れがリヨンの森の上を飛来する(第三六話)など、鳥の数々が嬉々として列挙されているのだ(第七一話)。狼、猪、鹿、狐が森を徘徊し、無数の兎が駆け回る。いくつかの池が大きな森のあちらこちらに穴を穿っていて、池では魚釣りを楽しむことができる。モルトメールの修道院長が牧草地を拡大しようと池の水を干上がらせたところ、たくさんの魚が捕獲できた。そこでやはり魚の種類が列挙されることになる(第二五話)。

森の孤独を分かち持つ人々はつつましやかで質素な生活を送る。彼らの暮らしは森で成り立っているのだ。活動はささやかなものでしかなくとも、多種多様にわたる。小さい土地を耕し、家畜を育て、狩りをし、魚を釣り、暖をとるために薪を拾い、ときには通行人を身ぐるみ剝がす。動物たちはほとんどいつも森を徘徊している。馬も豚も牛も犬も。そして犬の繁殖に比例しての狂犬病の発病に人々は恐れおののく(第四二話、第八五話)。『すばらしき真実なる特徴の新製造法』に描かれた世界とは、ほとんどつねに、以上のような世界なのである。

森で生活を営む人々に温かい視線を注ぐフィリップ坊。こうした人々を抱擁する原始的な森は、そこに住み、歩き回るフィリップ坊をかぎりなく魅了するであろう。瞑想に耽るときに彼が好んで通ったのは、モルトメール大修道院の付近にある「モン・ド・サント・カトリーヌ」と呼ばれる谷間の傾斜地であった。

〔……〕
かつてフェビュスは繁る枝の陰で
私の胸の奥底にこうした話の着想を与えてくれた、
モン・ド・サント・カトリーヌの
葦で覆われた養魚池の傍らに座り、
鳥たちの歌と
銀色の泉の優しい音にまどろむ私に。(17)

これは巻頭に置かれたソネットの一節であるが、フィリップ・ダルクリプは中傷、とりわけ彼の文学的活動が修道士仲間に惹き起こした非難の声の煩わしさから逃れたり、フェビュス(アポロン)の竪琴から文学的な着想を得るために、修道院近くのモン・ド・サント・カトリーヌにしばしば足を運んでは、泉水の鈴の音色と小鳥たちの歌に心を慰めたのだった。これを要するに、フィリップ修道士は森に慰撫と夢想の場を求め、森はこれに応えるかのごとく、一修道士に瞑想に恰好の場を提供したということである。少なくともフィリップ修道士にとっての森とは、現実から浮遊したたんなる憧憬が結んだ虚像ではなかった。そういえば、フィリップ坊の語る音楽好きな貴族は、気晴らしのために、自分の城館からすぐ近くにある、九アルパンかそこいらしかない小さな、しかし楢やブナが植えられてとても美しい高林にしばしば散歩にでかけたというが(第二話)、この貴族もあるいは森に慰めを求めた人だったかもしれない。私たちはここに、森のイメージが恐怖を超えたところの、孤独な心を癒す牧歌的・田園的なものに変貌しつつあるのに否応なく気づかされるのである。

第三章

想像界の森(1)

——呪われた空間

1　想像界の森の両義性

「森林は、世紀を経て、農村社会の物的な環境と心的な環境の主たる要素となってきた」とは、浩瀚なフランス農村史の執筆者のひとり、ジョルジュ・ベルトランの言葉である(1)。物的な環境の要素としての森。それは欲望の地である。より大きな収穫が見込める、開墾されるべき新しい土壌であり、木材の伐採、家畜の牧養など、自然の恵みを満喫できる場であった。しかしながら、それは危険と背中合わせの地でもある。狼や作物を荒らす猪など、有害な獣が潜むのみならず、山賊たちの出没する恐ろしい遭遇の場でもあった。同時に、マージナルな森の人たちが、都市住民はいわずもがなで、農民にとっても、異質なよそ者、部外者として軽蔑の対象にあったことも忘れてはならない――その代表的なものとして樵や炭焼きなどがあった。これらが物理的な森のあわせもつ二面性であることを、第二章では検討してきたのだった。

ところで、森の人が軽蔑の対象であったということは、森という存在がメンタルな面でも象徴的な意味を有していたことを、はしなくも示唆するであろう。森が危険な場であるということ自体、すでに森の外の人々になんらかの精神的な作用を及ぼしているはずである。危険で恐ろしい森は人を容易に近づけない。ということは逆に、土地に縛りつけられていた農奴や領主に反抗したり不正の犠牲になった人々には、森とは人けのない静寂さに自由な空気が流れる解放の場だと夢想させたし、社会から追放されたアウトローには追手のかからぬなによりのアジールだったはずである。ましてや漆黒の夜ともなれば、暗闇に溶けこむ森は人々の幻想をいやがうえにもかき立てずにはおかない。森には薬草も生えれば毒草も生える。それを身をもって体得した人々は森に神秘的な力、神の力の発現をかぎとったり、あるいは悪魔的な呪われた力の潜在を感じ取ったりするだろう。このとき、悪霊や幽霊、魔女、妖精などの徘徊を信じこんだとしても不思議はない。このように森はもうひとつ、ベルトランのいう「心的な環境の主たる要素」としての面をもたざるをえないことが分かる。物的な環境の要素と心的な環境の要素とは、いわば不即不離の関係にあるということだ。

このように考えてくると、心の世界というかイメージの世界というか、ここでは想像界と表現したいのだが、その「イマジネール」な森も、物理的な森と同じく、両義性をもっていることに気づかされる。しかもそれは物理的な森がもつ二面性とまったく比例した、意味の二分極を示す。すなわち想像界の森は、ひとつは、得体の知れない魔物の棲む呪われた恐怖の空間だということ。魑魅魍魎が跋扈する魔性の森だ。もうひとつは、神性が顕れる、魔法と不可思議の空間であるということ。時間の流れとは無縁の(ときには黄泉《よみ》の国だったりする)、安息を与える世界だ。森は地平がそれ自体を囲繞している、いわば閉ざされた空間である。ということは、外なるものをシャットアウトしているわけで、それだけ親密な空間を形成しているといえる。ジルベール・デュランのいう「森の閉じた風景」(2)(paysage clos de la sylve)は、子宮のなかにいるような居心地のよさと親密さという元型《アーキタイプ》を世界規模にまで拡大したものにほかならない。これらはいずれも物理的な森がそのまま人々の心に投影した印象といえよう。本章ならびに第四章では、この相反する二面性を検討するのを目的としている。

イマジネールな森といえば、基本的に中世ヨーロッパの文学テクストに森の存在を見ていくことになる。ところが、中世のテクストには森がほとんど描写されていない。どんな種類の木々があったかとか、陽光と緑がどのような美しいコントラストをなしていたかとか、森を行く者の視野にどんな木の実や動物が映ったかとか、鳥の囀《さえず》りはどうだったかとか、木肌はじっとりとしていたかとか、視覚的にも聴覚的にも触覚的にも説明されることはまずない。森の風景の諸相を明確に描きわけようとは意識されていない。だから森は類型化されていて、いかなるテクストでも類似した森が喚起されることになる。ロマン主義を経験した現代からみれば、そんな中世文学の、森に対するあまりの素っ気なさにいささか落胆するかもしれない。なるほど中世の作家たちはブロセリアンドの森やアルデンヌの森――ライン河からランス付近まで、フランドルの平原からムーズ河流域地方まで広がる森林地帯が、中世にはアルデンヌの森という名称で示された――にたびたび言及する。(3)言及はするがけっして描写はしない。森はいわば物語の背景、アクセサリーにすぎないと指摘されるのもゆえなしとしないのである。しかしこのことを誇張しすぎてはならない。森の形容がどんなに短いものであろうと、それは隠された意味、象徴的な価値を含んでいて、なんらかの情動的な風土を醸しだしているからである。テクストには森のイメージが刻印されているのである。(4)

さて、森は漠たる不安と不気味の印象を生み出すというのが文学の常数である。ということは、中世の人々の感性もかかるものだったといわざるをえない。

森を特徴づけるのに、たとえば『ペルスフォレ』(一四世紀中葉)や散文ロマン『ランスロ』(一三世紀)では《desvoiable》という形容がたびたび使用されている。ゴドフロワの古仏語辞典によれば、「迷いこんだ、道に迷う、道に迷わずにはおかない、近づきがたい」というような意味である。要するに、「通ることができなくて、迷うこと必定の」ということである。「森は(鬱蒼として)迷いこんでしまうほどだったので、彼らは道をみつけることができなかった」(『ペルスフォレ』)という具合だ。(5)寂寞たる森に足を踏み入れた人は実際に迷いこみ、際限なき世界にどんどん落ち込むような不安な印象を経験したことだろう。この無限性は森のイメージの本来的な属性である。(6)二例挙げてみよう。

一二世紀末から一三世紀初めにかけて書かれた『腕ききの騎士』はアーサー王ロマンスに連なる作品のひとつであるが、それはアーサー王の甥ゴーヴァン(ガウェイン)が気晴らしに森へでかけるところから始まる。馬に跨って都市から森まで行くと、優しく鳥たちが囀っている。ゴーヴァンはそのさまざまな歌声に心奪われ、時が経つのも忘れて聞きほれて、いつしか物思いに沈む。長い沈思はゴーヴァンの足どりをあらぬ方角に向かわせてしまう。日は沈み、夜になろうとしていた。いまどこにいるのかも分からないままに、帰路につくべく遠くまで続く広い道を通ったけれども、はや夜の帳が下りて方向が皆目分からない。目を凝らして見ると、道が木立のあまりない空間を横切っていて、そこに大きな火が赤々と燃えていた。きっと樵か炭焼きに遭えるだろうし、そうすれば道が訊ねられるだろうと思いなおして、火の見える方向に向かった……。(7)この冒頭部から少なくともつぎの三点が気づかれる。まず、森はえてして物思いに耽るにふさわしい、心静かな気分に浸れる場所であること。森の平安は森を行く人にとって魂の平和であり、それくらいに森はひとつの精神状態であって、(8)これを言い換えれば、森は正の価値も具えているということ。そして、広大な森では迷いこみやすく、そこに闇が重なることで恐怖は倍加されること。最後に、森のなかで騎士が樵ないし炭焼きと遭遇することを示唆する、おきまりのパターンがここでも追認されること、である。

二例目は、二〇世紀の歴史家ホイジンガが名著『中世の秋』(一九一九年)で、揺るぎない造形力でもって色彩感覚豊かに表現したと讃える、フランドルの年代記作家ジョルジュ・シャトランから。非常に長いエピソードなので詳述はできないけれども、夜の森での恐怖の彷徨譚はじつに活き活きとした語りになっている(9)(第四巻第四八―四九章)。一四五七年、ブルゴーニュ公フィリップ・ル・ボンとその息シャルルとの確執が高まる。同年一月一七日のこと、ブルゴーニュ宮廷のある官職をめぐって、ブルゴーニュ公フィリップは息子とのかねての約束を反故にして寵臣に譲ってやってくれと言いだす。これに強く反発して父の申し出を容れようとしないシャルルに激昂した父公は、怒りおさまらぬままにたった独りで馬に乗り、装備も不充分なままにブリュッセルの町をひそかに抜け出した。ときあたかも日の傾くのが早い時期とあって、夕闇はすでに濃い。一日じゅう濃く立ちこめていた霧も日暮れには細かい雨に変わっていた。追ってくる家来たちをまくために、老公は野を越え、あちらこちらに迂回を繰り返すうちに、「出口も入口も分からぬ、長大で広い、鬱蒼とした(10)」ソワーニュの森に迷いこんでしまう。小止みない雨、月明かりもない夜、体に滲みいる寒さと空腹に、さしもの豪胆の公も心細い想いをしはじめる。道をみつけだそうと、泥濘に足をとられながら森のなかをただただすらうばかりで、やがて希望は絶望に変わりはじめる。さまようこと三時間。もう夜の九時ころである。腹の虫は空腹を訴える。なにか物音はせぬかと耳を澄ますが、甲斐もない。この「危険な夜」を過ごすのに農家にでも行き当たるか、森のはずれにでも出ないかと神に祈るが、探すほどに前進するほどに期待はことごとく裏切られる。喚こうが叫ぼうが、返答するものはない。馬が三、四回足をとられたために、鞍は粉々に砕け、馬は脚に怪我を負う始末。仕方なく公は馬を曳いて歩かざるをえなかった。履いている靴は紐でゆわえた簡単なものだったので水が滲みこんでくる。あちらこちらで滑り、何度も転倒しては立ち上がる。しまいには馬もついていくのを嫌がるので、力ずくで引っ張っていかなくてはならない。谷に下りて道を歩こうとするが、道と思えたものがじつは深くて危険な川だった。馬が尻ごみしたおかげで危機一髪のところで助かったのだ。やっと遠くに明かりが見える。鶏の鳴き声か犬の吠え声でも聞こえれば、人が住んでいる徴候にもなろうが、認められるのは明かりだけだ。明かりに近づくと、それは炭焼きが炭を焼く火だった(このエピソードは第二章第1節に既述した)。その近くに、人や動物の気配もなければ、休息できる家もない。だれかいるかと大声を張り上げるが、返答はない。もう真夜中の時刻になっていた。さらに長いことさまよった挙句、ついに犬の吠え声が聞こえた。それを頼りに一軒の貧しい者の家をみつけ、ようやく休息と食物にありついたのである。

フィリップ公が、なだらかな起伏を登ったり沼沢の多い谷間に下りていったり、穴に落ちたり、泥にはまって抜け出られなくなったり、広々とした道を行っているつもりが茨に行く手を阻まれたり、右手に曲がったり左手に曲がったり、轍や馬の蹄の跡があるかどうか手で地面をなでまわしたりと、まるで地獄めぐりさながらに味わった恐怖。(11)これを要するに、森とは見通しのきかない無限の空間、やみくもにさまよわざるをえない迷路空間だということで、それゆえにこそ幻想的な特質を帯びやすい。そのうえ、人間のもつ心の闇につながるかもしれない暗闇に包まれた、人けのない森の寂寥感。シャトランの叙述をとおしてあぶりだされる、闇に沈んで近づきがたく、どこまでも広がる空間であるという森の姿と、森という語は語源的に「よそにあって、悪意ある外界」(12)を含意する(第一章第2節参照)ことを、これに付け加えれば、中世人の森のイメージがおおよそできあがることになる。

しかしながら、この物理的空間だけからヨーロッパ人の想像的森林を斟酌するのは、偏頗であるとの誹りを免れまい。森の広がりという水平軸に、文化的空間というか、時間的な縦軸を交差させることが大切であろう。過去を支配する森、この古い森は無限の時間を内包しており、すでにして神聖なのである。神々が住まうまえから、太古の森は神聖であり畏敬の念を人間に植えつけていた。ガストン・バシュラールならば、その神聖な森に住むために神々が訪れたのだと表現するだろう。(13)こうして、キリスト教がヨーロッパに布教されるずっと以前から、宗教的な感情は、森林の中央の、もっとも奥まった人目につかない、みだりに足を踏み入れることが禁じられた一角に礼拝場所を据えていた。ギリシア人においては森の奥深くで託宣が下されたし(ドドナの聖所)、ローマ神話のディアナ女神はローマ郊外のネミの聖なる森に祀られていた。北欧神話は楢の美林をオーディン(ヴォーダン)に捧げていたし、ゲルマン人やケルト人やガリア人においても森は神々の住まわれる聖地であった。(14)そしてこの異教の神々を駆逐せんと闘ったのが、ガリアで最初のキリスト教布教者たちであった。キリスト教によって古代の信仰が異教の迷信・過誤のカテゴリーに組み入れられたときから、森は古代信仰が逃げ込んでひそかに生き延びる地となった。

キリスト教は本来的に都市の宗教であって、まず都市社会に浸透・流布していった。それにつれて信仰禁止に処された異教の神々は森の奥まったところに駆逐され、キリスト教信徒たちはその存在そのものを蔑《ないがし》ろにしようとした。だが、田舎では古代の信仰は相変わらず風習として根強く生きつづけた。この事情を推し量るには、再び語源にたずねるのが早道であろう。「異教徒」を表すフランス語の païen にせよ、英語の pagan にせよ、もとはラテン語の paganus からきている。paganus とは「農民、田舎者」を意味する。そしてまたここから、フランス語の paysan、つまり「農民」という言葉が生まれてくる。すなわち田舎に住む「農民」は、「異教徒」にほかならないということである。田舎は「異教徒」の地であったのだ。聖職者は、都市を離れれば離れるほど異教の神々＝悪霊の力は強いと見做していた。だからこそ、教会は田舎において異教信仰からくる「迷信」を根絶しようと努めたのである。[15]

この文脈において多くの示唆を与えてくれるのが、六世紀のブラガのマルティヌスが、「昔からの異教徒たちの迷信に依然として束縛されていて、神ではなくもろもろの悪霊を尊崇礼拝しているような田舎者たちを正すために」、「田舎者たちのために田舎風の言葉で」書いた『田舎者たちへの訓戒』と題する書簡である。[16] これを読むと、六世紀のイベリア半島のみならずヨーロッパ全体における、迷信の民衆への浸透ぶりがよく伝わってくるからである。悪魔とその手下の悪霊どもは神を信じない人間たちに、「自分たちのために高い山や深い森で犠牲を捧げ、神の代わりに自分たちを拝むように」[17]と要求した。聖職者にとって、ローマ神話の神々はこうした悪魔どもが名乗ったものにすぎない。

> ある者はユピテルと自称したが、ユピテルとは魔法使いであるとともに数多くの姦淫に汚れた者であった。すなわち、ユノという自分の姉妹を妻とし、自分の娘のミネルウァとウェヌスを辱め、姪たちをも自分の女性親族すべてをも恥ずべき近親相姦で汚したのであった。ある悪霊はマルスと名乗ったが、マルスとは争いと不和を惹き起こす者であった。また、ある悪霊はメルクリウスと呼ばれることを欲したが、メルクリウスとはあらゆる窃盗と詐欺との狡猾な発明者であった。利欲に取り憑かれた

人間たちはこのメルクリウスに対して、あたかもそれが神であるかのように、四つ辻を通るときに捧げ物として石を投げ、積み石を作っている[18]。

こんな調子で、さらにサトゥルヌスとウェヌスと彼らの所業が悪魔たちと同一視されて難詰されていく。また、神々は自然に宿ると信じた古代ギリシアの宗教も迷信として断罪される。「無知な田舎者たち」は彼らを讃えるものだから、「数多くの悪霊たちが、今は海や河や泉や森を統べている[19]」ありさまである。

> 神を知らない人間たちは、〔……〕彼らを神々として拝み、彼らに犠牲を捧げ、海にいるものをネプトゥヌスと呼び、河にいるものをラミア、泉にいるものをニュンファ、森にいるものをディアナと呼んでいるのである。しかし、これらすべては悪意に満ちた悪霊、無益な霊である。彼らは、十字架のしるしによって自分を守ることを知らない不信仰な人間たちに害を与え、苦しめるのであるが、しかし、神の許しなしに害を与えることはない[20]。

こうして不信仰な人間たちは一週間の曜日にも悪霊たちの名前をつけて、「マルスの日〔火曜日〕」、「メルクリウスの日〔水曜日〕」などと呼ぶし、一月朔日を年初と誤解している――後者についてはすこし説明を要するかもしれない。ローマの一年は、一月の名の起源であるヤヌスが二つの顔をもち年から年への移行を象徴していたところから、一月朔日に始まっていたが、ブラガのマルティヌスは『創世記』に「神は光と闇とを分けられた」という記述があるのを根拠にして、昼と夜が同じ長さになる春分の日を年初とすべきだと考えているのである。ほかに、悪魔の礼拝と断ぜられた迷信を列挙することで、ブラガのマルティヌスは田舎に生き残る異教信仰のしぶとさを私たちに教えてくれる。

> 実際、岩や木や泉や三叉路に蠟燭を灯すのは、悪魔の礼拝以外の何であろうか。占いや前兆や偶像の祝日を尊重することは、悪魔の礼拝以外の何であろうか。ウルカヌスの日〔八月二三日に犠牲の動物が火で焼かれた〕や一月〔朔日〕を祝うこと、食卓を飾ること、月桂樹をつけること〔いずれも新年に行う〕、足に気をつけること〔家や部屋にはいるときに、右足ではいると運がよく、左足だと縁起が悪いとされた〕、炉の中の薪に果物と葡萄酒を注ぐこと〔新年の

儀式〕、泉にパンを投げること〔願い事のため〕、こうしたことは悪魔の礼拝以外の何であろうか。女たちが機織りするときにはミネルウァの名を唱えること、結婚するときにはウェヌスの日〔金曜日のことで、ウェヌスは愛の神だから〕を選ぶこと、人はどの日に旅立つべきかということに注意すること、こうしたことは悪魔の礼拝以外の何であろうか。毒薬を作るために草に祈りの言葉〔呪文〕をかけ、唱える祈りの言葉のうちに悪霊たちの名を呼び出すこと、こうしたことは悪魔の礼拝以外の何であろうか。他にも多くのことがあるが、話せば長くなるであろう。(21)

かくて、森はその内部に異教の名残を留めていた。これがすこしずつキリスト教化されていく過程は、第四章第2節で改めて述べる。森は、教養ある人間と異なる信仰をもつ人間との対峙の場であり、野生の思考とキリスト教文明がぶつかりあった記憶を留め、幾星霜の時間の堆積を担った場所としての容貌をも具えているのである。このとき必然的に、想像界の森は悪魔や野人や狼男や妖精といった、曖昧ではっきりしない、それでいて人を不安に陥れるものたちの巣窟になる。

中世ヨーロッパの人々にとって、森とは暗くて恐ろしい、吸い込まれるような深みと無限性を具えていた。それは同時に、暴力の世界であり、混乱とカオスの世界であり、(22)不可思議と驚異に満ちた世界でもあった。悪魔が跋扈するのに恰好な場所であったし、イヴァンやランスロ(ともに本章第3節参照)のように忽然と狂気の発作に襲われて森のなかに駆けこんでいくのにふさわしい場所でもあった。キリスト教文化からすれば、森は「野生的な」性格を具えているからにほかならない。森の内部に生きるものは、植物にせよ動物にせよ、人間によって飼い馴らされない、文明化された生活とは無縁な生き物であり、それらが森にひしめいている。この「野生」が都市の対極にある森の性格であればこそ、人が森にはいっていくと変身することもあるだろうし(ここでは狼男を念頭においている)、棍棒を振り回す毛むくじゃらの野人と遭遇しても驚くにあたらないのである。森に棲むとは、人間を「野生にする」の謂である。

以下に、森のもつ二面性のうち、恐怖の場としての、いわば負の価値といってもよいイメージを論じつつ、中世・ルネサンスのヨーロッパ人の驚異と不可思議への気質的な傾斜と嗜好、いまにして農村社会に残存しているかもしれない迷信の一端を考えてみることにしよう。

2　隠者と悪魔の誘惑

フィリップ修道士のようにリヨンの森に心の平安を見いだす教会人もいるにはいたが（第二章第３節）、キリスト教は概して森に敵対する態度をとっていた。聖書で森や樹木について言及されることはあっても、それは熊や猪など野獣の棲処《すみか》としてである（『詩編』第八〇編第一四節、『列王記下』第二章第二四節）。森は悪の形象として現れ、神の怒りを惹起することもある。預言者ゼカリアは異教徒の倨傲を森に象徴させた。「レバノンよ、お前の門を開け。／火にお前を焼き尽くさせよう。／糸杉よ、泣き叫べ。／杉は倒れ、見事な大木も荒れ果てた。／バシャンの樫の木よ、泣き叫べ。／人を寄せつけなかった森も倒された」（『ゼカリア書』第一一章第一―二節）。バビロンの王ネブカドネツァルの見た夢に現れる一本の木はたくましく成長し、葉と実を豊かに茂らせて、やがて天に達するほどの高さになるが、神の命令で伐り倒されるというものだった。預言者ダニエルはこの夢を解釈して曰く、この驕慢な木は王自身であり、驕る者は天に倒される惨めな運命にある、と（『ダニエル書』第四章）。

ところで大天使が天から投げ落とされて悪魔となったのも、この傲慢ゆえではなかったか。「田舎者」にも理解しやすいようにと書かれたブラガのマルティヌスの『田舎者たちへの訓戒』はこう語っている。

神が初めに天と地を造られたとき、その天の住居に霊的な被造物を造られた。すなわち、神の傍に立って神を讃えるべき天使たちである。しかし、彼らのうちの一人で、すべての天使たちの筆頭者である大天使となった者が、非常な栄光の内に輝き出ている自分を見て、自らの創造主たる神を賞め讃えることをせず、自分は神に等しいのだと言うに至った。そこで彼は、この傲慢のゆえに、彼に同調した他の多くの天使たちとともに、かの天の座から、天の下にあるこの大気の中に投げ落とされたのである。そして、かつては大天使であったのに、その栄光の光は失われ、恐ろしい暗黒の悪魔となってしまった。同様にして、彼の同調者であった他の天使たちも彼とともに天から投げ落とされ、その輝きは失われ、もろもろの悪霊となった。だが、神に従順であった残りの天使たちは、神の傍にあって、その輝ける栄光の内にとどまったのである。それゆえ、彼らは聖なる天使と言われている。これに対して、その傲慢のゆえに投げ落とされた者たちは、彼らの長であるサタンとともに、反逆天使ないし悪霊と呼ばれるのである(1)。

長い引用になってしまったが、それでも天使の墜落の原因が傲岸にあったことをこれほど手際よく知らせてくれるものはない。こうして木は、というか森は、傲慢という共通項から悪魔的形象とつながりをもつに到るのである。

深い森の暗闇およびもつれあった茂みは悪と不信仰のイメージそのものであった。前者は闇の力と地獄を喚起せずにおかないし、後者はさまざまな形をとりうる悪魔がつぎつぎと触手を広げていくことの表徴である(2)。純白に輝く天使に対して真っ黒な悪魔・悪霊は、いろいろなものの姿をとって、キリスト教徒を迫害し、誑《たぶら》かし、誘惑し、堕落させる。蛇や竜や蛙、猿、グリフォン(ライオンの胴体に鷲の頭部と翼をもった怪物)やセイレーン(上半身が女、下半身が魚ないし鳥の怪物)などの動物の姿をかりて人間を恐怖に震えあがらせたり、あるいは美しい娘——当然エバの誘惑を思い出させる——や敬虔な巡礼者、修道士、隠修士に変装して誘惑するのである(3)。なかには、睡眠中の女や男を襲って性的交渉を迫る男夢魔《インクブス》や女夢魔《スックブス》のような性的な悪霊もいるとされた。森に隠棲する者に罪を犯させ背教を促すために、一方は誘惑、他方は脅しという相反する策略を弄するというわけだ。ちょうど森の木の枝々や蔓が通行人の歩みを遮るように、悪魔はさまざまな策略を弄して罪深い人をひきとめ気を引こうとする。実際、森には悪霊たちが跳梁し、森の訪問者を騙そうと待ち伏せているかのごとくだった。あまつさえ、教会や礼拝堂の存在しない森はまさに神を拒絶しているようにみえる。森は広漠として、森に分け入ろうとする者は日の光を失うばかりか、神の加護をも失いかねない、そんな危険な誘惑の場所であった。

森に踏みこむやいなや神を見失ってしまうとしたら、いったいだれが森にはいりうるのか。悪との闘いにおいて百戦錬磨の隠者にほかならない。彼らが恐れることもなく森にはいっていったのは、オリエントの荒野の隠者たちに倣って、悪魔の誘惑をみずから受けるために荒野に赴いたイエスを思い浮かべてのことだった。西欧修道制の父、ヌルシアのベネディクトゥスはその『戒律』(六世紀)の「序」で述べている。「神の王国の幕屋」に住む者は、「「悪魔」の誘惑を受けても、悪魔とその誘惑を心の「視界」から遠く退け、「これを無に帰し」、また悪魔の誘惑の「最初の」動きを「捕えて」、これをキリストの足下に「投げつける者」」であると。(4) オリエントの荒野が危険な試練の場であるとともに誘惑の場であったとすれば、西方では森が荒野に相当した。(5) そしてこのモデルになったのが、聖アントニウスの隠遁であったことはすでに述べた。善を愛するアントニウスを誘惑すべく、嫉妬深い悪魔は女に変身したり、黒い小童の姿で聖者のまえに現れるが、むろん悪魔は屈伏される。これが悪魔との闘いの第一ラウンドだった。つぎに、墓所にとどまったアントニウスを悪魔は悪霊の大群を率いて責め苦で圧し潰そうと襲いかかるが奏功せず、悪霊どもはライオン、熊、豹、蛇、牡牛、蝮、蠍、狼に変身してアントニウスを悩まそうとするがこれまた失敗。さらに荒野に向かう隠修士のまえに銀の器や黄金が投げ出されても、彼の心は貴金属の魅力に揺らぐことがない。要塞に閉じこもる隠者に騒音をたてて追い出そうとするが、これも十字架のしるしのまえに悪霊どもは退散する(『アントニオス伝』第五一—一三章)。晩年をエジプトは上部テーベ地方の山中深くで過ごすアントニウスに、悪霊どもはなおも闘いを仕掛けてきた。さまざまな騒音が響きわたり、山が火花に包まれ、老隠者は獣どもに取り囲まれたり、「股のところまでは人間の恰好をしていたが、下脚と足先は驢馬の恰好をしていた」怪物の訪問を受けたりする。悪魔の企みがいずれも成功しなかったのはいうまでもない(6)(同、第五一—五三章)。

悪魔から執拗に攻撃されるという隠者の運命は、『マタイによる福音書』第四章第一節の「さて、イエスは悪魔から誘惑を受けるため、〞霊〞に導かれて荒野に行かれた」に源を発する。かくて、アタナシオスの『アントニオス伝』をプロトタイプ——文学や絵画でお馴染みの、いわゆる「聖アントニウスの誘惑」のテーマ(7)(図27)——として、荒野での禁欲的生活はもっぱら悪魔との闘いと見做され、この特徴は中世の聖者伝にもはっきりと現れる。(8) 悪魔による誘惑の手練手管は修道士によからぬ考えを吹き込み、身分を穢すような欲望をかき立てることにある。悪魔がアントニウスの心に吹き込もうとしたのは、「財産に対する追憶、妹への配慮、家庭の愛への思い、〔……〕金銭に対す

図27　グリューネヴァルト《イーゼンハイム祭壇画》第三場面(1512-1516，コルマール，ウンターリンデン美術館)，〈聖アントニウスの誘惑〉

る欲求、野望、食べ物の嗜好、この世のさまざまな慰撫、〔……〕徳行の苛酷さ〔と〕それに要求される多大な労苦、肉体の弱さ、長い時間[9]」であった。霊的生活万般に対する嫌気と倦怠感、修行の放棄、世俗に還りたいとする欲求を惹起させること、これらが悪魔の狙いであった。悪魔は、ヒエロニムス描くヒラリオンのまえに何度となく「素っ裸の女の幻[10]」を出現させたごとく、西方の荒野＝森の修道士にも禁じられた欲望、なかでも性欲をかき立てようとする。そのために補助手段としてサラセン人女性とか娼婦を利用することもあれば、悪魔自身が女に変身することもある。悪魔が肉の誘惑を最大の武器にしていることは、中世の聖者伝、エクセンプラ(例話)、宗教的なコントなどに明らかである。

　枚挙に暇がないので、ここでは一例だけを挙げておく。フランスでは聖ジャン・パウリュスの伝説なるものが中世に大いにもてはやされたらしい。一三世紀前葉にピカルディー地方で二〇六六行におよぶ韻文が作られてから、何度も書き写されたらしく、現在三種類の写本に保存されているし、ほかに散文にも編まれている。この『ジャン・パウリュス伝』は二部構成になっていて、あらましつぎのようである。第一部では、地獄を訪れたバジルという聖人の魂が、劫罰を受けている女の救済はやがて生まれるはずの彼女の曾孫（つまりジャン・パウリュス）に懸かっていることを知る。第二部はジャン・パウリュスの祖父母と母親の登場から始まる。ジャンの幼年時代と教育が語られてから、いよいよ彼の不幸と苦難が物語られる。祖先の救済がほかならぬ自分に懸かっていることを知った主人公は、トゥールーズ近傍の大きな森にはいって七年間の苦行生活を送る。ジャンを妬んだ悪魔は名誉と富で聖人を誘惑しようとするも徒労だと知るや、今度は女を彼の眼前に出現させた。肉の誘惑はやみがたく、とうとうこのトゥールーズの王の娘と肉の交わりを結んだあと、狂気に駆られたジャンは娘を井戸に投げ入れて殺してしまう。森を出て正気を取り戻したジャンはバジルや隠者に告白するものの助言は得られず、再び森にはいって、獣のように四つんばいで歩き、言葉を発せず、手を使って肉を食べたり水を飲んだりしないと神に誓いながら、森で隠遁生活を再開する。ところがトゥールーズの王が主宰する狩猟のさなかに、ジャンはたまさか獣として捕獲される。口をきかずただ祈るばかりのジャンを王らは宮廷に連れ帰る。宮廷では物珍しげに嘲弄されるのだが、そのなかで一歳になるかならないかの幼子が突然、ジャンの罪は神に赦されるだろうと告げる。そこで隠者は自分の犯した罪を王らに告白せざるをえない。告白後に打ち揃って井戸に行き、ジャンが井戸のなかに向かって娘の名前を呼ぶと、娘から返答があるではないか。井戸から助けあげられた娘は父王ならびに母の王妃と再会を喜び合う（図28）。ジャンは乞われてトゥールーズに留まり、やがて司教に選任されて数々の奇蹟を行い、彼の死後もその名は崇敬された。[11]

この聖者伝は隠者の誘惑と堕落をテーマとした典型的な類話のひとつである。そのパターンも、主人公が誘惑に屈し、後悔に苛まれて悔悛し、そのことで彼は救われ、魂は天国に召される、というもっともありふれたものである。[12]これは野人というテーマからしても、狂気に陥った隠者というテーマからしてもじつに興味深い――しかも彼はひとたび森を出ると正気に戻るのであって、狂気に誘いこむ呪われた森の一面が認められる。その意味で想像界の森の考察にさまざまな示唆を与えてくれるこのテクストについて

図 28　ジャン・パウリュスの奇蹟．井戸に放り込まれたサビーヌの生還．『聖母マリアの奇蹟』の写本(14 世紀)より

はまた後述するとして、ひとまずここでは、誘惑の謀略がことごとく失敗して業を煮やした悪魔が嵐を起こし、その嵐で若い女を森の隠者のもとに運び、彼を貶めようとしたというエピソードに注意を喚起しておけば充分であろう。

悪魔が誘惑ではなく威嚇と恐怖させることを目的とするときには、アタナシオスの『アントニオス伝』にもあるようにライオンや蛇や蠍や狼などの恐ろしい野獣(第九章)、あるいは巨人のような怪物(第二三章)に変身したり、あるいは軍勢の轟き(第二三章)や凄まじい騒音をたてたりする(第九章、第二三章、あるいはヒエロニムス『ヒラリオンの生』)。威嚇で隠者を怯えさせることによって、悪魔は彼をその地から立ち退かせようとするのである。かかる悪魔の目論見を挫折させるため、隠者は十字架のしるしを切ったり聖水をふりかけたり、祈りを捧げたり、「内側はごわごわした袋地、外側は獣皮の衣服[13]」をまとっての苦行と断食をしたりして、悪魔を遠ざけるしかない。

このようにして、誘惑と威嚇に満ちた森のなかで修行をするのは隠者にこそふさわしい。なぜなら、ヌルシアのベネディクトゥスによれば、「隠修士(隠者)は、修道生活に入った当初の熱誠の段階を越え、修道院における長期の修練を経ている。多くの同僚の助けによって悪魔と戦うことを学び、鍛練を重ねた後に兄弟たちを後にし、砂漠での孤独な戦いに向かう彼らは、いまや神以外の誰からの助けもなく、独り、肉体と思念の悪徳と戦うことができる[14]」からである。たえざる悪魔とその誘惑との闘いは生半可なものではない。だからこそクレルヴォーのベルナルドゥスは、安楽と居住地の楽しさを逃れるのが叡智というものだし、神だけに身を捧げるためには荒野にいるほうが誘惑に晒されることも少ないからあえて森に隠棲したいとする修道女に向かって、その試練は女性のか弱い肩にはあまりに苛酷だとして諦めることを勧めているのである。森の孤独とまったき静謐はかえって悪を犯しやすくするし、罪を犯しても森では咎める者がだれもおらず、それに誘惑者が容易に忍びこんで女性はなおさら放縦に流れやすいから、というのだ[15]。

　森林のカオス的性格が隠者の使命に適したということは、裏を返せばそれだけ悪魔や悪霊どもにも都合がよいということである。旧約聖書は悪魔をほとんど知らなかったにもかかわらず、新約聖書は天使の軍勢との葛藤を描くことで、結果的に悪魔どもの存在を強調している[16]。ジャック・ル・ゴフによると、悪魔が西洋中世に躍り出てくるのは一一世紀のことである[17]。九世紀まではキリスト教世界のイメージにまったくといっていいくらい不在で、一〇〇〇年ころにようやくその凶悪性と獣性を明確にした表現が流布して相応の地位を占めるに到った。悪魔は教会とキリスト教徒の敵を使嗾《しそう》する者とつねに見られていて、キリスト者からすれば異教徒が崇める神々もたんなる悪霊にすぎなかった。悪魔は、都市にも森林にも、キリスト教世界のどこにも存在し、キリスト教徒たちを付け狙っていたが、人里離れた荒れ果てた場所こそがたいていの悪霊どもの棲処であったのだ。一二世紀にピサのウグッチョは、ブラガのマルティヌスを追認するかのように、こう書いている。

> 天から追放されたおびただしい悪霊どもは海に、河川に、泉に、森に棲んでいる。無智な人々は連中を神さながらに呼び、犠牲を捧げている。海の悪霊どもをネプトゥヌスと呼び、河川のはラミアと、泉のはニンフと、森のはディアナと呼んでいる始末である[18]。

　とりわけ異教の神々が生き残っているとされ、異教的な慣行が保存された森は悪魔の領域と見做された。一四世紀ヨーロッパに『ゲスタ・ロマノールム(ローマ人物語)』という説話集がある。このなかの聖ラウレンティウスの話が悪魔と森の関係を明確にしている。スペインの異教徒の王には世継ぎがいなかった。王がキリスト教の隠者の助言で洗礼を受けると、願いどおりに男児が誕生した。これに腹を立てた悪魔は男児を奪って、籠に入れてローマの森の月桂樹に吊るしおき、かわりに自分が世継ぎになりすまして好き放題の悪事をなした。ところがたまたま通りかかった教皇シクストゥス二世は籠のなかで泣いている男児を見つけ、洗礼して、養育した。長じてラウレンティウスは自分の実の両親を知り、スペインに赴いて無事に再会を果たすことで、世継ぎになりすましていた悪魔はものすごい騒音とともに雲を霞と逃げていった、というものである[19]。

この逸話で注目されるのは、取換え子《シャンジュラン》の信仰、つまりラウレンティウスが森に捨ておきされて悪魔が王の子どもになりかわることである。この取換え子は聖者伝にときどき見られるモチーフであり、すでにボードゥアン・ド・ゲフィエによって聖ステパノと聖バルトロマイの場合との関連で研究されている[20]。森に乳児を遺棄するとは、ジャン＝クロード・シュミットの研究で知られる聖ギヌフォールの伝説[21]ではないけれど、キリスト教会から激しく攻撃された異教の慣習であった[22]。遺棄された乳児が森のなかで生きつづけたということは、ファウヌスら、森の被造物に受け入れられたことを表すだろう。しかし、キリスト教秩序の具現者たる教皇がその新生児に洗礼を施すのである。ここでの洗礼は、いったんは森の世界に受け入れられた者がキリスト教社会に立ち戻ることを意味する。要するに、捨てられた子どもを励まし救うのはもはや森ではなく、教会の介入によってであるということだ。キリスト教が森の魔力に打ち克ったのである。教会の影響の及ぶところ、もう魔力は通用しない。

とはいえ、キリスト教は森の入口で足踏みをする。森にはいった隠者の最初の仕事は、野獣を駆逐ないし飼い馴らすことであり、森林空間に入植して新しい宗教を伝えることだったが、必ずしも成功したわけでないことは一三世紀初めの十数年のあいだに書かれたとされる『ペルレスヴァウス』にアレゴリックな形で示唆されるとおりである(第六〇九五―六二七一行)――もっとも最終的には新約聖書の宗教(キリスト教)がキリスト以前の旧約の宗教(ユダヤ教)に打ち克つのではあるが。隠者が入植してキリスト教化した土地を旧約の教えを奉じる者たちが攻撃、一三人の隠者たちは森から追い出されようとしていた。そこへキリストを表象するペルレスヴァウスが応援に駆けつけ、みごと「死の城」の王を撃破した結果、「隠者たちは庵に戻り、われらの主に仕えつづけた[23]」。キリスト教が本質的に都市の宗教だっただけに、農村のキリスト教化は緩やかにしか進まなかった。森の入口でキリスト教の保護が止まり、異教は生き延びていく。到るところに出没する悪魔に固有の場所はないにしても、もっとも居心地がいいのは異教の残存する深い森のなかである。教会が異教の払拭に手を焼いたこの森、中世ヨーロッパ社会に最後に残されたこの驚異の空間、そこはまさしく悪魔・悪霊が待ち伏せをするのにふさわしい。

森で悪魔の誘惑に悩まされるのは、なにも隠者だけではなく、騎士もそうだった。森は騎士にとって、悪魔と遭遇し信仰の力を試される試練の場となりえた。聖杯探索の騎士たちはたえず森のなかを進むのでなおさらだ。作者不詳の『聖杯の探索』(一二二〇年代)でペルスヴァルは独りで森のなかを騎行していると、武装した男たちに突然攻撃され、大切な馬を殺されてしまう。危ういところをひとりの騎士に助けられるものの、馬なしでは聖杯を探すどころではない。完璧な騎士たるもの、歩兵ではさまにならぬ。ペルスヴァルは嘆くことしきりである。

このような悲嘆、このような憤りのうちにペルスヴァルは、その日一日とどまったが、かれを力づけてくれるような誰も、やって来はしなかった。そうして日が暮れたとき、すっかり疲れ切って、全身の力が抜けてしまったような気がした。そしてこのとき、睡気におそわれる。そこで眠りこみ、真夜中まで目をさまさない。そして目がさめたとき、眼前にひとりの女性を見たのである。女はおそるおそるこう尋ねる――「ペルスヴァル、ここで何をしているの？」[24]

ペルスヴァルが事情を説明すると、この女は自分の言うとおりにするならば馬をあげようと申し出る。騎士は渡りに舟とばかりに、あまり深く考えもせずに女の提案を受け入れる。作者はすぐにこの女の正体を明かしている。「せいぜい、相手は女性だと思っている。ところがそうではなくて、これはかれを欺き、かれの魂を永劫に破滅させようとまで企んでいる、悪魔なのである」[25]。女は森へはいっていき、一頭の巨きな黒馬を曳いて戻ってくる――黒色は夜、不吉、地下世界、地獄を喚起するだろうが、なによりも悪魔の色である[26]。ペルスヴァルはこの馬を見て恐怖に襲われるが、悪魔の陰謀など警戒もせずに馬に跨ると森のなかにはいっていく。

〔……〕馬はじつに速やかにペルスヴァルを運んで、あっという間に森を抜け、徒歩なら三日かかるほどの距離を来てしまった。そうして馬を進めるほどに、目の前の谷間に、大きな、流れの速い川を見たのである。馬はその川の方へ進み、今にもその中へ乗り入れようとする。

ペルスヴァルはその川がたいへん大きいのを見て、渡るのがこわくなる[27]〔……〕。

そこで騎士は思わず額の上で十字を切るしぐさをする。すると馬＝悪魔は「十字の重み」を感じて、いななき叫んで水のなかへ飛びこむ。すると「水はあちこちで火がつき、明るい焔をあげ、まるで水が燃えているように見えた[28]」。十字のしるしはいうまでもなく神の加護を求める切り札である。森で女や黒馬に変身した悪魔の誘惑を受け、十字を切ってようやく悪魔の策謀を打ち破る騎士。ここで騎士ペルスヴァルを隠者に置き換えてみよう。森で苦行生活を送る隠者に、女に扮した悪魔が甘言を弄する図を想起すればよい。聖アントニウスも聖ヒラリオンも十字を切って悪魔の誘惑を切り抜けるのである。勇士はおのれの勇気を誇示するためにも、聖杯に値するためにも、聖人たちを模範として悪魔の誘惑に抗しなければならない[29]。かくてこのエピソードを聖者伝として読み替えることも可能なのである。

　このエピソードを読むときまって想起されるのが、またもやシャトラン記すブルゴーニュ公フィリップのソワーニュの森での彷徨譚である。ラビリントスの森を出るに出られぬフィリップを付け狙っていたのは悪魔であった。「金輪際眠ることのない敵〔＝悪魔〕は、とんでもなく遅い夜にたった独りで王侯が苛立ち絶望しているのを目の前に見て、難儀に追いこんで破滅に導いてやろうと、虎視眈々、相変わらず公の跡をつける[30]」とは、年代記作者の言葉だ。

　こうして、この王侯の分別が他の情況のときほどしっかりしていなかったものだから、艱難がすこしばかり公を混乱させることと相なった次第で、この敵は谷間を下りて、川が流れているところへと彼をつれていき、その川が白くてなめらかだったからきれいに伐り拓かれた道だろうと思いこませたのである。川岸まで来ると、悪魔は川のなかにはいって進むように彼に吹き込んだ。きっと事はうまく運ぶにちがいないからそうするように、と悪魔は抜かりなく唆したのだ。それで公は信じこんでしまい、実際そのとおりだと考えた。これ幸いと嬉しくなって、彼は川のなかにはいるように馬を手で御した〔公は馬からおりて、手綱をとって馬を引き連れていたので〕。だが馬は、神の御手によりおしとどめられて、鼻孔を広げ、後ろ足を蹴上げて主人に逆らいだした。そして力の及ぶかぎり後ずさりすると、動物は悪意をかぎとって恐怖におののいた[31]。

フィリップ公は川が道であると思いこんでいるので、馬が反抗して進もうとしないのに腹を立てはじめる。手綱をとって引けば引くほど、馬は鼻を鳴らし、耳をぴんと立て、尻ごみするばかりだ。これを見ていぶかりだした老公が道だと思っていたものに改めて視線を落とすと、それが深い危険な川の流れだと気づいて、ぞっと総毛立ち、血も凍る思いがした。

> 天に視線を上げると、彼はようやく事の次第が呑みこめて、自分を頓死から守ってくださったことに対して神に感謝を捧げた。人類の敵たる闇の王〔悪魔〕が自分を滅ぼそうとしていたのが分かったからだ。それで急いで馬首をめぐらし、この不測の事態で肉体の危険のみならず魂と名声の危険にも瀕していたことを悟ったのである[32]〔……〕。

森のなかで道を失えば、身分と老若を問わず、だれにも悪魔の策略にまんまとはまる危険性があるということなのである。

森林が一五世紀になってもなお悪魔お気に入りの地であったことは、なにも一五世紀前葉のドイツで書かれた『悪魔の罠』――クリスマス前夜の悪魔と隠者との対話――を引いてくるまでもなく[33]、このシャトランの年代記から窺い知ることができる。では近世では森と悪魔の関係はどうなっているのだろうか。地獄や悪魔・悪霊が西欧の人々の想像力をもっとも強くとらえたのは中世ではなく近世初期であったこと、そして悪魔に対する恐怖心が頂点に達したのが一五七五年から一六二五年のあいだであったこと、これらを指摘するのは宗教的心性史でめざましい成果をあげている歴史家ジャン・ドリュモーであった[34]。事実、この時期におびただしく著された悪魔学関係の書物、「驚倒すべき物語」[35]（古典古代からのさまざまな驚異、すなわち天変地異、怪物などを蒐集しカタログ化した物語集）とか、「悲劇的物語」（もとはバンデッロを翻案するところに端を発し、血なまぐさい犯罪とか悲愴な事件、すなわち近親相姦、重婚、不倫、魔女裁判などを題材にした、ときに露悪的な傾向に堕しやすい物語集）といった文学ジャンルの流行、たとえばファウスト伝説などに見られる悪魔への関心と人気――ついでながらラブレーや『マクベス』も付け加えるべきか――、さらには日記や年代記などにまで散見される悪魔譚に鑑みれば、近世ヨーロッパの想像界になお悪魔は跋扈していたことは首肯せざるをえない。悪魔そのものよりは魔女のほうに関心がシフトされている傾向があるにしても、である。(36)本節は包括的な悪魔論を論ずる場ではないので、ここではひとつの話題を提供するだけにとどめ、悪魔と森を考察する手がかりとしたい。

材料として採り上げるのは「瓦版《カナール》」である。(37)瓦版とは、簡単に言ってしまえば、一枚の大型判紙の片面に挿絵入りで本文が印刷されたもの、ないし八頁から一六頁ほどの小冊子で、残虐な犯罪、怪物の誕生、異常な天体現象や自然災害、魔女の出現などの、いわゆるセンセーショナルな三面記事を売り物にする廉価な不定期刊行物である。一六世紀前半に現れはじめ、行商人により町辻で呼び売りされて広く出回ったようだ。その最盛期は一六世紀末から一七世紀初頭にあたり、現存する五一七点の瓦版のうち六〇パーセント以上は一六〇〇年にはいってから刊行されたものである。(38)粗悪な紙に印刷されたうえ、今日の新聞や週刊誌に似通った、読んだら捨てるという一過性の性質をもちやすいので、瓦版が現在まで保存されて残るというのは稀で、したがって実際に刊行されたのは現存するものよりももっと多かったであろうとは容易に想像できる。

ところでドリュモーは一五七五年から一六二五年にかけて悪魔への恐怖が絶頂に達したと指摘しているが、おもしろいのはその期間が瓦版の全盛期とほぼ重なることである。そして現存する五一七点中、悪魔に関する内容の瓦版が六二点あり、そのほとんどすべてが一五七〇年代から一六二〇年代にかけて印刷されたものなのである。(39)筆者が参照しえた悪魔を話柄にした瓦版は四一点にすぎないが、(40)それでもそれらを検討してみると興味深いことに気づかされるのである。瓦版に登場する悪魔はほとんどが都市（あるいは小邑）を舞台にして、個々人に取り憑いたり誘惑したり、まるでひとりの殺人者のごとく被害者を殺害したりしていることである。(41)中世の場合とは異なり、森と悪魔の関わりが希薄になっているように思われる。ましてや隠者と悪魔の組み合わせは、当然のことながら、話題にすらならない。(42)多少なりとも森と悪魔の関係を示唆するものとして数えられるものは、わずかに四点しかないありさまなのだ。(43)ひとつは、ジル・ガルニエが森のなかをさまよっているさなかに悪魔と出会い、契約を結んで狼男に変身する術を手に入れ、一三歳の男児を林に引きずりこんで貪る事件を惹き起こしたことを伝えたもの。一連の狼男変身譚に連なるもので、一六世紀後半のフランスを震撼させた事件として有名である。二つめに、これまた狼男と関連するが、さる魔法使いが軟膏を全身に塗って狼に変身し、森のなかで貴族に襲いかかったが、逆に捕らえられてしまい、その自白により谷間でのサバト(魔女集会)に集まる魔女たちも一網打尽にされたことを伝えるもの。三つめに、フォンテーヌブローの森を通り抜けようとした貴族が荒猟師を目撃したのを伝えるもの。最後に、オルレアンの森を行く貴族たちのまえに悪魔が現れて害を及ぼそうとしたことを伝えるもの。最初の狼男事件および三つめの荒猟師については、しかるべき文脈で後述するので、ここでは触れない。二つめの瓦版は、悪魔そのものよりはむしろ悪魔の手先たる魔女現象に関心が移行しつつあることを窺わせて興趣尽きない。一六世紀末から一七世紀前葉にかけては魔女狩りの絶頂期でもあった。たぶん三つめを除けば、最後の、四つめの瓦版が森と悪魔の関係をもっとも雄弁に表している。

この瓦版は、『一六二〇年三月二六日木曜日にオルレアンの森を通るときに、ブールブイユ男爵殿とその一行が四匹の悪魔とおぞましくも遭遇したこと』と題されて、一六二〇年にパリで印行された(44)。瓦版は、本題にはいるまえに、悪魔の策謀としてひとつのエピソードをまず紹介している。さるブルゴーニュの貴族がノジャン近傍のスールダンの森で、巨人ほどの身の丈があるムーア人姿の霊と出会った。貴族は逃げもせず勇敢に剣を振るうが、虚しく空を切るばかり。すっかり疲れ切ってへたりこんでいると、通行人たちが彼を見つけて近くの小村に運びこんだというもの。しかしこれよりももっとおぞましい実話があるとして、いよいよ本題にはいる。ブールブイユ男爵は所用で家臣を連れてオルレアンの森を通ることになった。森にはいってかれこれ四分の一里ほど行くと、突如、武装した男が四人、馬を駆って茂みから飛び出してきた。彼らは四対四の決闘でどちらが勝つか決着をつけようと男爵に申し出た。男爵はこの言いようにすこしばかり驚きはしたものの、このように攻撃を仕掛けてくる者たちとはそも何者なのかを知ろうと、甲冑を脱いで同等の条件下で一戦交えるべきだと男たちに提案した。するとこの「騎士たち、というより悪魔ども」——もうここで四人の男たちの正体が種明かしされているのだが——は、ただちに甲冑を脱ぎだしたので、これに男爵はまたもや喫驚した。こうして剣を手に四対四で戦いはじめたところ、男爵の家臣のひとりが剣先を突き出しながら、「神よ、われらに加勢したまえ」と言葉を発した。たったこの一言で、騎士の恰好をした四匹の悪魔は姿をくらましてしまい、四羽の大きな烏が近くの楡の木の枝にとまっているだけだった。烏どもは羽を激しくばたつかせ、人を不快にさせる鳴き声で奇妙に騒ぎ立てていた。男爵はこの不可思議に驚きいり、家臣に烏どもに向けて発砲させた。しかし烏どもはますます騒ぎ立てるばかりだった。男爵たちが森のなかを進みつづけると、烏どもも相変わらず騒々しく木から木へと飛び回って、一里以上も彼らにつきまとった。さて一本の楢の大木のところまで来ると、烏どもはどうしたことか忽然と姿を消してしまった。その楢の木で、すこしまえに二人の盗賊が奉行の判決で絞首刑に処されたばかりだった。

この瓦版の記事などは、深い森に棲む悪霊どもが道行く者たちを悩ませるという、中世来お馴染みのパターンをよく伝えているであろう。この類の物語がめっきり減るのが近世であった。近世にはもちろん鬱蒼とした森は数少なくなっていたし、もはや中世のときのように暗い影を落としてもいなかった。まるでこうした事実と符合するかのように、森にまつわる悪魔の話は減少するのである。しかし人々の心の闇は深まりこそすれ晴れることはないだろう。魔女の跋扈が民衆の想像力を占有することになるのだから。

3　狂気の場――彷徨と野生

第2節で述べた聖ジャン・パウリュスが引きこもった森は、闇(悪魔)と罪(王女を犯したうえに井戸に投げ込む)を反映させたものであった。その森を一歩踏み出るや、明るく輝く太陽の光を浴びて、ジャン・パウリュスは悔悟の念に臍《ほぞ》をかみ、ローマに告解の旅に出たのだった。とどのつまり、森は、あるときはブロセリアンドのように冒険の場であり、あるときはモロワのように恋人たちの、あるいはアルデンヌのように追放された者たちの逃避行の場であったように、聖人や隠者を精神的に堕落させる場でもあったのである。しかしここで留意しておきたいのは、ジャン・パウリュスが森を離れ陽光を目にするや、正気に戻り悔悛の情やみがたくなったということである。森こそ人を狂気に陥らせる場であったということではないのか。

いかなる狂気もまず隔離から始まる。隔離といっても、ミシェル・フーコーのいうような、人文主義時代の狂人の舟、つまり「阿呆船」に乗せられて川沿いに都市から都市へと移動させられる拘束でも、古典主義時代の施療院への監禁でも、ましてや現代の精神病院への隔離でも、もちろんない。(1) 中世ではむしろ比較的自由に、狂人は森のなかや都市のなかも、さらには城のなかをも駆けめぐることができたらしい。(2) いずれにせよ狂気は、世間から逃げだし、人目を避けること、つまり身を隠したいという自覚的な欲望から始まるのである。(3) 他者の視線から逃れるために、山を越え谷を越えてさまようことになる。でもどこに行き着けばよいのか。人の往来のほとんどない、人里離れた場所しかない。ということは原始的で、それだけ野生的な空間だ。その特権的な場所は、森を措いてほかにあろうか。現代では精神病院の病棟が狂人を隔離するのに対して、中世西欧では森、この緑なす荒野以上に狂人をかくまうのにふさわしい場所はない。野生化することが狂乱の序幕であるとは、ジェフリー・オブ・モンマスの『マーリン伝』(一二世紀中葉)の冒頭部がよく示すとおりである。他のテクストとちがって、ここではマーリンはまだ魔術師ではなく、デメティアの王にすぎない。ある戦において、ヴェネドティアの王ペレディールに味方すべくマーリンは軍を戦場に集結させる。マーリンを戦慄せしめるほどの壮絶な戦いの末、多くの兵士はもちろん、彼の兄弟も戦死するにおよぶ。マーリンは三日間泣き通して、食べ物も喉をとおらないほどの悲嘆の暮れようであった。

と、突然に、果てしなく嘆きを繰り返していると、新たな狂気の発作が彼を捕らえた。彼はひそかに立ち去り、失踪を気づかれたくなかったので森のほうへ逃げこんだ。大の字に寝そべったりトネリコの下に身を隠せるのが嬉しくて、木立のなかをどんどん分け入った。下草を食む野獣に見とれ、あるときはあとを追いかけ、あるときは競走して追い抜いた。植物の根や草や木の実や茨の木苺を食べていた。まるで森に身を捧げたかのように、彼は森の人となった。まるひと夏、自分自身のことも身内のことも忘れて、だれにも見つかることもなかった。森のなかに隠れて、彼は野獣の習性を身につけた[4]。

しかしやがて、カレドニアの森に潜んでいるのを見つけられ、正気を取り戻したマーリンは妹と妻のもとに帰る。町じゅうの歓迎を受けるが、マーリンは周りに群がる人々の波に堪えられず、再び錯乱にとらわれる。「そっと逃げだす方途はないものかと探りを入れつつ、彼は森に戻りたいと願った[5]」。ここでも森なのだ。妹の夫君ロダルヒ王がなんとか森のことを忘れさせようと努めても、マーリンの想念から森を駆逐することはかなわなかった。そればかりか、マーリンが過去の出来事を言い当て、未来についても予言する能力を森で得ていることが知らされる。そして予言者が森に帰るのをだれも引き留めることはできないのである。

　マーリンと並ぶ好例として、クレチアン・ド・トロワのイヴァンの狂乱を挙げることもできる。ブロセリアンドの森の泉を守る騎士を倒して美女ローディーヌと結ばれた円卓の騎士イヴァンは、騎士として生きていくためにも、おのれの勇気の証をするためにも妻のもとを去る。ただし遍歴の期限は一年間と妻に約束して。しかし騎士としての血気にはやるあまり、妻との約束を違えてしまう。イヴァンは偽りの誓いを立てたことになる。黒い儀仗馬(黒色にイヴァンの黒い狂気の予兆が認められるという意味でシンボリックな)[6]に跨ってローディーヌから遣わされてきた女は、アーサー王の宮廷で公然とイヴァンをそのことで責めたてる。誓いに違背するとはまさに騎士失格であった。イヴァンの頭のなかは真っ白になり、言葉が出てこない。それほど妻からの難詰は容赦なかった。煩悶は増すばかりだった。

聞くものすべてが心に重くのしかかり、見るものすべてが堪えがたい。できることならイヴァンは独りで逃げだしたかった、所在不明になるために未開の土地にでも。そうすれば、まるで彼が奈落の底にでもいるかのように、男であれ女であれ、だれも彼の消息を知ることができないだろうから(7)。

ここでも姿をくらましたいという願望が狂気に先立っているのである。騎士はなみいる諸侯のまえから退席する。「彼らのなかにいて理性を失うのが怖い(8)」からである。幕舎から離れたところで、突然、「狂人になるほど強烈な旋風が頭に立ちのぼってくる(9)」。衣服をずたずたに引き裂いて、野や畑を抜けて逃げ去っていく。人々は騎士らの住まいや生け垣や果樹園のなかをあちこち捜し回る。

イヴァンは全速力で逃げていくと、弓と五本の長く鋭利な、矢尻に逆刺《さかとげ》のある矢をもった若者を囲い地のそばに見つけた。手にもっている矢もろとも小さい弓を男から奪い取ろうと近づいた。その瞬間、自分のしたことをもう覚えていなかった。彼は森のなかで獣たちを待伏せして殺した。その獣肉を生のままで食べた。狂人のように、はたまた野人のように森のなかをさんざんさまよった挙句に、隠者の庵になっているとても低くて小さい家を見つけた。隠者は開墾していたのだ。隠者は裸の男に気づくと、男がもう理性をもちあわせていないことをたやすく見抜いた。これが狂人であると充分に承知していた。恐れをなして、隠者は小屋に逃げこんだ(10)。

イヴァンが耕作地帯を抜け、居住地帯を越えて、幕舎から離れて駆けこむのは、森のなかであった。この行程はまさにイヴァンの、人間世界から立ち去って動物世界へ没入する行程でもある。服を引き裂き裸になるとは騎士(人間)の外姿を脱ぎ去ったということであろうし、居住地帯を越えるとは騎士世界から離脱することであり、幕舎から離れるとはアーサー王の宮廷社会から立ち去ることであり、耕作地帯を抜けるとは文明を捨て去るということにほかならないからである。かくて、人間社会を捨てたイヴァンの行

図 29　動物たちにまじっての，裸で毛むくじゃらのネブカドネツァル．ジャン・パウリュスなど野人化した聖人のモデルになった．聖書写本(12 世紀末)より

き先が森であるというのは、必然的な帰結なのである。精神の離脱により、狂人は社会から立ち去る。イヴァンが目的もなく理由もなく森を徘徊するのは、騎士としての遍歴とは次元こそ違え、やはり精神の彷徨をまた始めるということだろう。狂人は二重の意味でノマドなのである。その立居振舞からも、またその割り当てられた空間からも、彼は社会的規範から外れていることになる。[11] 森でイヴァンは「自然」状態に退行するのだが、この人間世界から野獣世界への移行の中間点にあって、二つの世界の媒介の役割をしているのが、ジャック・ル・ゴフの卓見が示すように、「囲い地」のそばにいた弓矢をもつ若者である。この中世史家によれば、「囲い地」は牧養の閉ざされた地帯、農耕世界と採集世界のはざまにある牧畜領域だからであり、ここに生活する若者は社会階級の最下層に属する者なのである。[12]

　マーリンにせよイヴァンにせよ、狂人は森で動物に隣接している。狂人はもはや人間に属さずに動物に近いのだから、どんな狂気もまず野生化するのである。いみじくもリチャード・バーンハイマーが、「中世には、野生と狂気はほぼ相互交換可能な用語だった」し、「たとえばマロリーにとって、「野生の」(wylde)は私たちが「発狂した」とか「狂気の」と呼ぶものと同義である」[13]と指摘するとおりなのだ。つとに聖書には、理性喪失がもとで惹き起こされた野生の現象が描かれている。驕慢の極みにあったネブカドネツァル王は神の命令で、「人間の社会から追放され、牛のように草を食らい、その体は天の露にぬれ、その毛は鷲の羽のように、つめは鳥のつめのように生え伸び」(『ダニエル書』第四章第三〇節)るよう罰せられた(図29)。七つの時が過ぎて、バビロンの王が「目を上げて天を仰ぐと、理性が戻って来た」(同、第四章第三一節)のである。あるいは、悪霊に取り憑かれたために、「鎖でつながれ、足枷をはめられて監視されていたが、それを引きちぎっては、悪霊によって荒野〔ということはつまり、森であり、野生であるということに再度注意を促しておきたい〕へと駆り立てられていた」(『ルカによる福音書』第八章第二九節)ゲラサ人の男についても語られている。

野生化した狂人はキリスト教化されたスコットランドの伝説にも見られる。ジェフリーの『マーリン伝』の材源《スールス》のひとつとされる『聖ケンティガン伝』(一二世紀)にプロローグの形で載せられているライロケンの伝説がそれである。グラスゴー大修道院の創設者ケンティガンが荒野に隠遁していたときのことである。ひとり森のなかで祈りを捧げていると、「裸で毛むくじゃらの、無一物の狂人がまるで猛り狂った野人のようにすぐ傍らを通っていった(14)」。これが予言者ライロケンであった。ケンティガンがなぜ野獣を供にこんな荒野をさまようのかと訊ねたところ、狂人は走るのをやめて答えるに、戦闘でおきた大殺戮の全責任を神からとらされて、おのれの死のときまでサタンの堕天使たちにわが身を委ねて野獣と暮らすように宿命づけられたのだ、と。荒涼たる人けのないところで獣たちに混じって野獣のように生活し、さまよいながらただ牧草地の草だけを食べているライロケンは、やがて理性を回復し、予言どおりの死に方をするのである。このようにマーリンはライロケンの伝説と類似点をいくつももっていることが知られるが、さらにアイルランドのゲール語で書かれた『シヴネの狂気』(一二〇〇―一五〇〇年のあいだ)もマーリンと同様、ライロケンの伝説と同じ材源に発している。修道士ロナンを辱めたシヴネは、その報いか、戦闘のさなかに突然すべてのものに嫌悪を抱きはじめる。「闇、憤怒、眩暈、狂気、逃げだしたい欲望、情緒不安、動揺、困惑で彼はいっぱいになった(15)」。手と足は震え、心臓の鼓動は激しく打ち、眼がかすみ、意識を失い、抜身は手から落ちる。「ロナンの呪いで、彼は狂気と理性欠如のなかに沈む、空の鳥のように(16)」。こうして彼は鳥に変身し、彷徨するうちに、大ブリテン島の森に棲む「フェール・カーレ」(森の人)という意味深長な名前をもつ別の狂人に遭遇したりする……。「ライロケンはマーリンという名前をもっていた(17)」とテクストに明記されているだけに、マーリン／ライロケンともうひとりの森の人マーリンとの類似性は疑いを容れない。一方、シヴネのほうはマーリンをこそ名乗らないものの、中世文学者フィリップ・ヴァルテルによれば、やはりこの予言者と同一視できるという。シヴネもマーリンも二人ともシャーマンの力を具えているからである。シャーマンは鳥に変身して精神の真の力を獲得するし、また鳥となって来世まで死者の魂に付き添う。飛翔は人智を超えて上昇し、神智にまで近づきうる知性の優れた形態を表す。その意味で、鳥に変身するシヴネの狂気は森の狂人(マーリン)が空を駆ける性格を身に具えていることを裏付けるのである。しかもヴァルテルはメルラン(マーリンの仏語読み)と「鶇《メルル》」とのあいだに神話上の同族関係を想定するし、英語の merlin が鷹狩りで使われる小型の鷹「小長元坊」を意味することも示唆している(18)。

宮廷文学華やかなりし時代には、クレチアンのイヴァンのように愛の狂気が導入される。騎士は愛が軽んじられたと思いこむや、あらゆる絆を断って森に赴き、動物のような生活をすることで自分の悲しみと堕落を表現する。奇蹟かあるいは女性による癒しが理性を回復させるまで、たぶんそれは続く。ランスロもその犠牲者のひとりであった。婦人に冷たくあしらわれると、彼は心悩ませ、狂気の世界に没入する。

> 彼は叫びながら森のなかに突進する、「死よ、死よ、早く私のもとに来い。生きるのに飽き飽きしたから」。三日間というもの、彼は飲み食いもせずに森のなかをさまよった。捜索の手から逃れるために、知るかぎりもっとも奥深い場所を。彼は生きつづけたこと自体が奇蹟であるような虚脱状態に六日間あった。この間、慰めてくれるような人にはだれにも会わず、食料にもまったく事欠いていた。もう自分がなにをしているのか分からないほど理性を失っていた(19)〔……〕。

この中世文学のトポスは近世になっても採り上げられることになる。たとえば一六世紀イタリアの物語作家ジョヴァン・フランチェスコ・ストラパローラの『愉しい夜』(第一部のみ一五五〇年、全一三夜収録版は一五五三年)。これは一六世紀に三〇回ほど版を重ね、あまつさえ仏訳、独訳、英訳などいくつか翻訳もされて、大成功を博した物語集である。最初の仏訳版は、その第一巻がジャン・ルヴォーによってまず一五六〇年に出版、同第二巻はピエール・ド・ラリヴェーの手により翻訳されて、合本版が一五七二年に出版された。この仏訳版における第五夜第一話が、愛の狂気から野人に変身した青年の話である。題して、「シチリア王フィリップ・マリのひとり息子ゲランが父王の牢獄から野人を解放、母親は父親〔の怒り〕を恐れて息子を国外に出させたこと、および野人は従順になってゲランをあまたの難事から救出したこと」[20]。かなり長い題名からも察しがつくように、これは解放してもらった野人の王子への報恩譚である。ある日、王は狩猟にでかけた際、「とても大柄でがっしりした野人が森から飛び出してくるのを目撃した。それはあまりに醜く異形だったので、みんなはいたく喫驚した。その上、力は他の者にまったく見劣りしなかった」[21]。王はこの野人を捕縛して宮殿の牢獄に監禁すると、鍵の保管を王妃に託した。王は数日後にまた狩猟にでかける。まだ幼かった息子ゲランは父親の留守中に野人を見てみようと思い立ち、矢を手に握ってひとり牢獄に赴く。野人はゲランと親しげに雑談している最中に、巧みに矢を取り上げてしまう。ゲランは矢を返してと泣いて懇願する。野人はゲランに交換条件をもちかける。午睡する母親の枕の下に牢の鍵があるので、それを取ってきて牢から自分を解放してくれれば矢を返す、と。こうして野人はゲランに礼を告げて立ち去る。さて、目を覚ました母親は息子が野人を逃がしたと知るや、父親の逆鱗に触れるのを恐れて、息子に二人の従僕をつけて国外に逃亡させる。ここまでが物語の前半部といえよう。後半は、逃避行のゲランのまえに立ちはだかるさまざまな難事も野人の力添えで無事切り抜けていくというものである。前半の粗筋をやや詳しく紹介したのは、後半もさることながら、たとえばグリムの「鉄のハンス」(KHM 136)にじつによく似通っているからでもある。グリムの童話では、野人を捕まえるのが狩人であったこと、王子から野人が取り上げたのが矢ではなく毬《まり》であったこと、野人が王子をつれて森にはいっていったこと、これらがストラパローラの物語前半部と異なっている程度なのである。おそらくストラパローラはグリムの童話と同一の民話的材源からこの野人の話を書いたものと思われる。実際、ヨーロッパに類話が数多く存在することは、口承文芸研究者ドラリュとトネーズがリスト化しているとおりだからである[22]。さて本題に話を戻そう。この野人もじつは愛の狂気から森に逃げこんだ犠牲者だったことが種明かしされているのだ。

さて、この野人はたいそう美しい若者だったのであり、このうえない愛を注いでいた女性の好意が得られないことに絶望して、あらゆる恋愛沙汰も娯楽もほうり出して猛獣の仲間入りをしたのである。暗い影を落とす森に棲みつき、動物たちのように草を食べ水を飲んだりしていたので、かわいそうにこの哀れな男は柔らかく繊細な肌をしていたのに、太い体毛と硬い皮、もじゃもじゃの長い髭に変わっていた。しかもふだん食べている草のせいで、彼の体毛と髪は緑色になってしまい、見るもおぞましいものとなっていた。[23]

ストラパローラの物語は民間伝承的な色彩が強かったのに対して、アリオストの『狂えるオルランド』(一五三二年)では、オルランドの狂気は中世の宮廷風ロマンに登場した恋煩いの騎士——もちろんイヴァンやランスロのことをいっているのだが——のパロディーとなっている。[24] 恋人アンジェリカがメドーロと結婚したことを知ったオルランドは、森のなかでもっとも暗く鬱蒼としたところにはいりこみ(第二三歌第一二四詩節)、一晩じゅう森のなかをさまよった。怒りが彼の心に火をつけて、心にはもう憎悪と激怒以外の感情はなかった。怒りはなにものをも容赦せず、剣をふるって岩山を打ち砕き、木々をたたき切る。疲れ切って草の上に横たわり、空に視線を投げたまま、三日三晩なにも飲み食いせずにそのままじっとしていた。四日目にむくりと起き上がると、甲冑をはぎとり、「衣服を引き裂いて、毛むくじゃらの腹と胸、背中をむきだしにした。いまや、けっしてこのさきも見ることのないような恐ろしいまでの狂気の発作が起こった」[25](同、第一三三詩節)。一撃のもとに松の大木を根こそぎにし、さらに高い木を二本引き抜く。ブナ、楢、楡、樅、クマシデも彼の手にかかるとたやすく抜かれてしまう。その凄まじい音を聞きつけて、羊飼いたちは森のなかに羊の群れを放置したまま、何事かと駆けつけてくるほどだった(同、第一三六詩節)。そしてオルランドも生肉を喰らい(第二四歌第一二詩節)、その姿はネブカドネツァルに譬えられる(第三四歌第六五詩節)。とどのつまり、「彼の顔は人間の顔というよりも獣の顔に似ていた」[26](第三九歌第四五詩節)。オルランドの怒りはみずからを中世の「森の人」(homo sylvestris)——力持ちで、乱暴で、裸の——に変えてしまったのである。[27]

こうして、森は狂気の場であった——そういえば色彩のシンボリズムからしても緑色は狂気の色であった。[28] これに強烈な日差しが照りつければ、[29] 狂気の舞台はほぼととのう。シャルル六世狂乱のエピソードがそうであった。一三九二年八月、フランス王シャルル六世はブルターニュ公に対して戦闘を仕掛けるべく軍隊の先頭に立ってル・マンを出立した。ジャン・フロワサールの年代記は、その日はたいそう暑かったと記している。さらに、ル・マンに逗留中、王はいろいろな助言・忠告にすっかり消耗してしまったうえに、体調おもわしくなく、食べ物も飲み物もほとんどなにも口にせず、衰弱して微熱が毎日続いた。そしていまは戦争に出陣せねばならない。こう書きつづけるフロワサールは、これに引き続く王の発狂の遠因とおぼしきものをこうして示唆しているのであろうか。さて王がル・マンの森のなかを騎行していると、

突然、無帽で股引もはいていない男が王のまえに現れた。その男は白い粗布でできた粗末な寛衣をまとい、賢いというよりは見るからに気がふれていて、木立のなかから無謀にも飛び出してくると、王の馬の手綱をとって馬をぴたりと止め、こう言った、「王よ、これよりさきは馬を進めてはなりませぬ。お引き取りください。これは謀叛ですぞ」。この言葉が王の頭にはいりこみ、のちのち王の状態ははなはだ悪化したのである。精神は震えおのき、血が頭にどっと流れ込んだから(30)。

この言葉を聞いて駆けつけた部下たちは、馬を止めた男の手をしたたかに打って、王をそのまま前進させ、男をその場に置き去りにした。狂人の戯言と、これに取り合わなかったのだ。しかし本当は、この男を尋問して、狂人なのかどうか、また何者に仕向けられてかかる言葉を吐いたのか、などを調べるべきだった、と年代記作者は考えているようだ。一行はこのまま行き過ぎてしまったので、畢竟、この男の正体は不明のままで、その後は行方知れずだという。「しかし、そのときに王の脇に控えていた者たちもしかとその言葉を聞いたのだ(31)」とフロワサールは付け加えて、けっしてこれが王の幻聴ではないことを強調するかのごとくである。王が森を横切ったときはもう真昼だった。広々とした砂地の野に出ると、太陽は一行をじりじりと照りつけ、熱せられた砂が馬たちを汗だくにする。この時期、こんな猛暑は経験したことがないと、ここでもフロワサールは王の発狂への伏線を張る。そのうえ王は体にぴったりした黒いビロードの上着を着込んでなおさら暑く、王妃が出陣の別れの際にくれた大きな白真珠の環飾りのついた頭巾を頭にかぶっていた。そこへもってきて、王の槍を捧げ持っていた近習がうっかり槍を落としてしまい、それが別の近習の鉄兜に当たったから堪らない、ものすごい音が響いた。

王は突如身を震わせ、精神は動揺をきたした。狂人だったにせよ賢人だったにせよ、あの男がル・マンの森で口走った言葉の印象が王の想像力のなかに痕跡を留めてい

たからである。王はまるで一団の敵どもが自分めがけて殺しに躍りかかってきたかのような幻をみた。頭の脆弱さゆえに惑わされ逆上して、馬に拍車を入れると突進し、戦闘のさなかにあって敵に包囲されたと思いこんで、もうだれかれの区別もつかぬまま、剣を抜き放って近習たちに敵対した。一撃がだれにふりおろされるかなどは無頓着に剣を高く振りかざして、「前進、前進、裏切り者どもめがけて、前進」と叫んだ(32)。

ほど遠からぬところにいたオルレアン公は、王が抜身で自分のほうにまっすぐ迫ってくるのを認めるや、恐れをなして馬に拍車を入れ、一目散に逃げだす。傍らを騎行していたブルゴーニュ公はオルレアン公が王に追跡されているのを見て、「早く王を取り押さえよ、ご乱心だ」と叫ぶ。悲鳴があがり騒然とする。いちばん離れたところにいた者たちは狼か野兎でも狩っているのかと思ったけれども、それが王の狂気のせいだと知る。家来たちは王の周りを囲み、王が疲弊するのを待つ。やがて寵臣のギヨーム・マルテルが背後から王を取り押さえるや、家来たちが寄ってたかって王から剣を取り上げ、王を馬から下ろして静かに横たえ、風を送って涼しくしてやる。落ちついたところで、王は一行とともにル・マンに引き返すことになる。この事件のことは永く秘密にされたらしい。王は医者たちの診察を受けるが、いっこうに回復の兆しは見られなかった……。これが王を狂気に追いやった顚末だという。

ところで、熱に浮かされたように森にはいるのはなにも狂人だけではない。羊飼いも、社会から追放された者としてのアウトローも、冒険を求めて彷徨する騎士も、巨人や小人も森に出没する。しかしとりわけ狂人と関わりがあり、狂人と森林空間を共有する存在に隠者があったことはすでに述べた。そもそもジャン・パウリュスのように隠者自身が狂気に陥ることもけっして稀ではない。その意味で、隠者は狂人と同義か、もしくはメトニミックな関係にあった。イヴァンが森で遭遇するのも隠者だった。ここでの隠者は現実的な存在になっている点で特筆されねばならない。これまた慧眼のジャック・ル・ゴフのつとに指摘するところではあるが、この隠者は開墾に携わり、獣の皮を売ってパンを買うという経済活動を営んでいるからである。したがって、彼が「社会の組織化された秩序と野生の宇宙との中間の秩序に属する(33)」とは、けだし名言である。イヴァンもおずおずとながらこの流通に参画する。隠者は野生化した騎士に「火のとおった」鹿肉と泉の水とパンを与え、かわりに野人となった騎士は仕留めた野獣をもってくる。一種の物々交換である。ここでは、隠者はイヴァンが生き長らえるのに力を貸しているのであって、狂気を癒す機能を果たすというよりはもっと物質的なことに関わっている。その点で『悪魔のロベール』(一二世紀末ないし一三世紀)、とりわけ聖杯物語に登場する隠者は贖罪と救済を説いて、より精神的な機能を果たしているといえよう。『イヴァンまたは獅子を連れた騎士』(一一八〇年ころ)における隠者は、なるほど狂人と同様に、隔離・隔絶をしている。だがそれはよく制御された隔離、計画的に組織された隔離なのである[34]。そこにこそ悪魔の誘惑に負けて狂気に陥ったジャン・パウリュスとの大きな差異がある。したがって隠者はイヴァンを人間社会に連れ戻すことはできなくとも、狂気を管理する仕方を学ばせることはできるのである。

狂人と関わりがあって、森に出没する存在に、もうひとつ野人がある。ジャン・パウリュスはまさに隠者であり、野人であり、狂人であった。また、イヴァンは発狂して森に潜み、野人となって野獣と行動をともにし、隠者のおかげで生き延びた。これら三つの形象は、それぞれが相互交換可能なのである。いままで見てきたように、森にはいった狂人は野生の徴を帯びた。毛むくじゃらの肉体、野獣との共生、俊敏な動作、言語の喪失ないし無智、途方もない膂力《りょりょく》など、野人の特徴をいくつか具えていた。マーリンしかり、ライロケンしかり、ランスロしかり、オルランドしかり。しかし精神錯乱を経験しないで、野生に没入する者も少なくないのである。『ブロワのパルトノペウス』(一二世紀末)の主人公は自分の過ちで妖精メリオールの愛を失い、絶望のあまりアルデンヌの森に逃げだす。匿名の作者は、森が秘める危険の数々、野獣の恐ろしい存在を長々と強調するが、パルトノペウスはその森で死を求めようとする。「昼夜を分かたず歩きとおしたので、熊や獅子や豹の棲処に行き当たった。臆病者ならばなんぴともそこから逃げられるものではない。彼は蛇の群れのなかを通ったが、彼に歯をむきだすものはなにもない。こんなにたくさんの有害動物の真ん中を通りながら、貪り喰われないとは驚くべきことだ」[35]。自死を願うパルトノペウスは、意に反して、毒蛇にも噛まれず、獰猛なライオンに襲われることもない。やむなく、ただひとりこの森で野人の生活を送るのである。不全な狂気とでもいおうか。

とにかく、森はたんに野放図にさまよう場としてあるだけではない。それは、隠者の庵のある現実的な空間ないし野人との類似といった譬喩的な関係を通して、狂人の輪郭がくっきり浮かび上がってくる場でもあるのだ。森は狂人にとって特権的な空間であったといえる。[36]しかしなおさら特権的な空間としていたのは野人である。隠者についてはたびたび言及したいま、[37]この野人の神話に話柄を移さなければならない。

4　野人の神話

ヨーロッパの森をめぐる中世の想像界で重要な位置を占めるのは、いうまでもなくアーサー王物語群に根をおろすマーリン(メルラン)伝説であろう。一二世紀の半ばあたりに出現したジェフリー・オブ・モンマスの『マーリン伝』は、森が有する野生の側面を強く際立たせている点で貴重な資料となっているからである。

強大な国王にして占者のマーリンは、戦場に斃れた三人の兄弟の死を目の当たりにした悲しみに発狂、森の奥深くに逃げ込んだ。森のなかでは木の実や草の根などを食べ、野生の動物たちにまじって暮らし、まさしく「森の人」になった。自らを隔離することから狂気の発作が惹起され、狂気が野生と同義になるとは第3節にて指摘したとおりである。マーリンの狂気は、神罰によるのでなく悲嘆と苦痛に発することを除けば、ネブカドネツァルの狂気の中世版といえる。戦闘中の恐怖と悲痛、それに恋の破局が、騎士なり主人公なりを孤独の生活に追いやり野生化させる、狂気の主たる原因であった。そして忘れるべきでないのは、マーリンが森という野生の自然と接触することで予言する能力を授けられたことだ。妹の不倫を言い当て、ある子どもの死に方を予言するのである。

正気を取り戻したマーリンは妻といまや王妃となった妹のもとに帰ってくるものの、歓迎一色の騒々しさに再び狂気の色を帯びはじめ、森へ逃げ帰りたい想いに駆られる。そんなマーリンをなんとか翻意させるべく、妹の夫君ロダルヒ王は、「衣服、鳥類〔おそらく狩猟用の鷹〕、犬、脚の速い馬、金、きらめく宝石、〔……〕盃」[1]をマーリンに贈ろうと申し出るが、しかしマーリンはいわば現世の富と権力を象徴するこれらの品々をことごとく辞退して、壮麗な枝ぶりを誇る森の木立、峨峨たる連山、緑なす草原のほうを選ぶありさま。「人けのない森」に戻るのを妨げるべく、王はマーリンをいったんは縛りつける暴挙におよぶが、結局縛めを解いて森に帰るのを許す。予言者は社会生活にも

図30　ケルトの森の神ケルヌンノスは中世の野人神話の材源のひとつである．グンデストルップの大鍋側板内側（前1世紀，コペンハーゲン，デンマーク国立博物館）

う耐えられなかったからである。必死に引き留めようとする妻に、マーリンは、愛の誘惑から遠ざからねばならないこと、愛する男ができたら結婚すればよいことを告げて去る。夫が相変わらず森で野生の生活を送りつづけるので、妻はついに新たな夫を見つけて結婚する。それを天体の運行から読み取ったマーリンは、結婚当日に、鹿に跨り鹿の群れを引き連れて妻のもとに馳せてくる。妻はマーリンが動物たちを手なずけ思いのままにするのに驚くが、新しい夫のほうは彼を見て嗤う。憤った予言者は鹿からその角を引き抜くや、それを新郎の脳天に貫通させてしまう――この角が妻を寝取られた男の頭に生える嫉妬の角と関連づけられることもある。この場面にケルトの宗教の影響を認める説がある。鹿たちを服従させるとは、まさにケルトの神ケルヌンノスを想起させるというわけである[2]。ケルヌンノスは鹿の角を生やして描かれる、動物と森の支配者であった（図30）。あるいはさらに、楽の音で動物を従順にさせるオルペウスに関連づけることも不可能ではない――第三七一行ですでにオルペウスに言及されている。

捕らえられたマーリンは、都市民と生活をともにすることを強いられるたびに、森の孤独な生活に憧れる。町の群衆を嫌悪していたからであり（第二二一―二二三、五三三―五三四行）、肉体は野生の動物の状態（「私は自然の秘密を知っていた。鳥たちの飛翔も、星辰の運行も、魚の流れるような動きも」[3]）にどっぷり浸かっていたからである。つまりマーリンは野生への逃避と宮廷（＝都市）生活のあわいで揺れ動いていたのである。後者は権謀術数と嫉妬と暴力に満ちているのに対して、森はこうしたものに汚されていない空間である。予言者は都市に対比させつつ森に留まる喜びと決意をたびたび表明している。

マーリンは森のなかにはいって、野獣さながらに生きていた。雪と雨と容赦ない強風のもと、凍って硬くなった苔で命をつなぎとめることができたのだ。けれども都市の行政や好戦的な人々の政治よりもよほどこちらのほうが好きだった(4)。

あるいは、玉座に復帰するよう要請された年老いたマーリン自身が明かす言葉は、反都会生活の感情をいっそう如実に表す。

私が再び統治することには応じられない。わがカレドニアの森の豊かさは、その緑の葉叢の陰にいると、私に非常な喜びをもたらしてくれるものなのだよ。インドが隠し持つ宝石よりも、〔イベリア半島の〕タホ河の岸辺にあるとされる金よりも、シチリアの収穫よりも、メティスの甘い葡萄よりも、はたまた高き尖塔や市壁に囲まれた都市よりも、テュロスの緋色染料で染色された、香りのよい衣服よりもね。私の目にいつも優しいカレドニアから私を引き離すほどに私の心を愉しませるものなどなにもない。果物と草ですっかり満足して、生きるかぎりここにずっといるつもりだ。永遠の生の権利を得るために、敬虔な苦行を実践することで肉体を浄めようと思う(5)。

ジェフリー・オブ・モンマスの『マーリン伝』は、一二世紀からコード化され広く行き渡ることになる形象の初期的な存在を知らせている。それは森に棲む野人(homo sylvaticus, homo agrestis)の神話である。野人はドイツ語でWildemann，英語でwild man，wodewose，wodehouse，フランス語でhomme sauvage，イタリア語でuomo selvaggioなどと称されて、ヨーロッパじゅうに、わけてもヨーロッパ北・中部によく知られている、中世からルネサンスにかけて大いにもてはやされた形象である。一一世紀ドイツのヘッセン州の史料は、通称「女の野人の家」(wilderowibu hus)と名づけられた場所に言及しているという(6)し、一二世紀後葉には一二六三の貴族の紋章に野人がデザインされ、さらに一二、一三世紀におびただしい木彫りの野人が家々の切妻とかバルコニーなどを飾った。中世末になると、とりわけスペインでの野人の隆盛ぶりには瞠目すべきものがある。グァダラハラのインファンタード宮殿(一四八〇年ころ)にある大客間は「野人の間《サロン・デ・サルバヘス》」として野人に当てられているし、バリャドリードのサン・グレゴリオ教会の扉

図31　野人のカップルをあしらったパリの印刷者フィリップ・ピグーシェの印刷者マーク．この2人の野人は追放される以前の楽園を想起させる．1498年の時禱書より

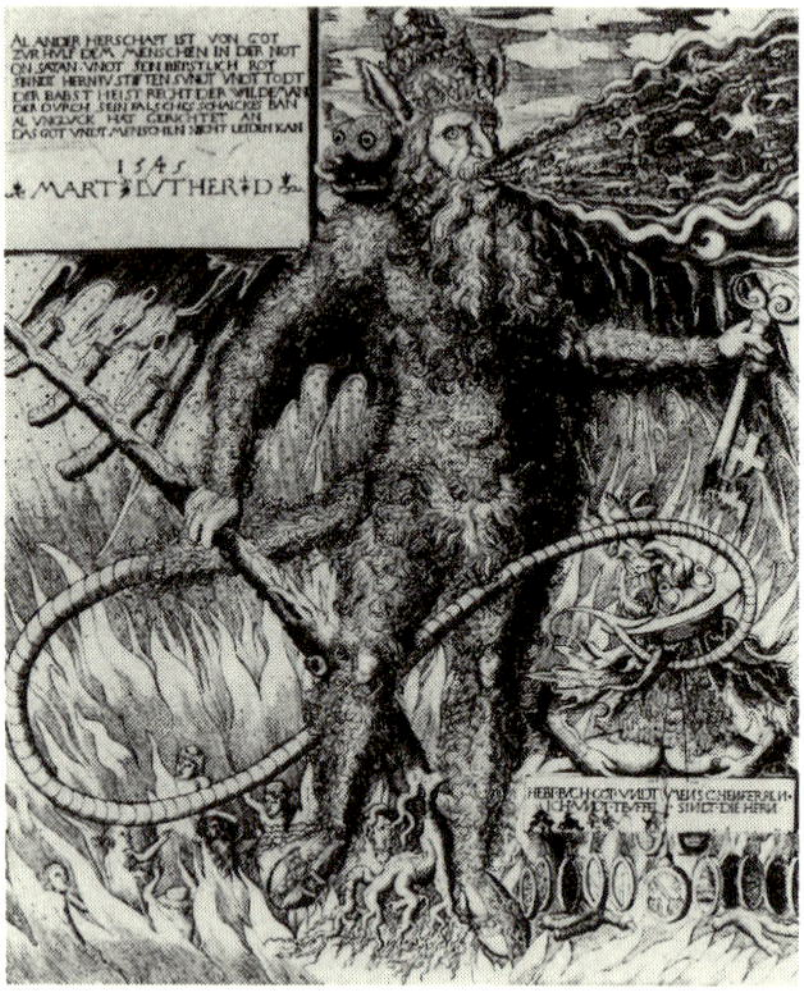

図32　メルヒオル・ロルヒ《野人としての教皇》(1545)．野人の邪悪で攻撃的な面がここでは過度に強調され，しかもその野人は悪魔的な特徴を具えた教皇を表している

口(一四九四—九六年)にも、ブルゴス大聖堂のフェルナンデス・デ・ベラスコ元帥の礼拝堂(一五世紀)内部にも、野人の姿が認められるからである。また、一四、一五世紀には象牙の小箱や木工品やタペストリーなどの装飾としても人気を集めたし、一五世紀の終わりから一六世紀初頭にパリで活躍し、時禱書の印刷で知られるフィリップ・ピグーシェは印刷者マークに野人の意匠を用いている(図31)。一六世紀後半に旧教同盟《リーグ》の一員として出版活動のめざましかったギヨーム・ショディエールは、「時と野人」の看板を掲げてパリはサン゠ジャック通りに店を構えている[7]。果ては、政治的・宗教的なプロパガンダの材料として、「反キリストとしての教皇」が野人の姿を借りることもある(図32)。ローマ教皇は恐ろしい悪魔に化した野人として描かれ、口からは蛙だの蠍だの蛇だのを吐き出し、教皇のもつ三重十字をかたどった棍棒を振り回すありさまである。

ラブレーを民間伝承から読み解いたことでも知られるクロード・ゲニュベによれば、中世の文学や美術に現れる野人の典型とはおおよそつぎのようになる[8]。

森には、毛むくじゃらで頑丈な、人間の風采をした生き物が存在する。森の人として、狩猟や漁、耕作や飼育で生活していて、たいていは共住し、稀に独りで暮らしている。樹木を伐る者もいれば、鹿を使って耕す者もいる。連れ合いは木の葉で作られた小屋の敷居で、赤子に授乳しながら静かに糸を紡ぐ。野人の、人間たちならびに森の他の生き物との関わりのさまは曖昧である。野人が女たちをさらいに村落の付近まで出てきたり、悲鳴を聞きつけて騎士が野人を成敗しに駆けつけなければの話であるが、森の奥深くにはいってきた女たちを襲う。全身が褐色ないし赤い体毛に覆われ、ただ手と足と顔と、それに女の野人の場合は乳房にも毛が生えていない。お気に入りの武器は棍棒か根こぎした木である。弓や槍を扱うこともままあるが、剣はまず扱うことがない。

なるほどマーリンは常日頃森に棲む本来的な野人ではなく、狂気に襲われて都市社会から人けのない森に逃げこんでは、野獣のような生活を送る。だが中世のテクストでは、聖人や隠者、予言者、恋に破れた者などがこのような野生化した人間として登場し、これらもまたれっきとした野人として扱われる。髪と爪を伸びるがままにして、風呂にはいることも髭を剃ることも髪を梳くことも知らない。狩猟と漁という原始的な経済活動で生き延び、たいていは仲よしの動物を連れている。森に捨てられたりさらわれたりした赤ん坊が、熊や狼や牝鹿に育てられることもある。こうした物語の主人公たちは、波瀾万丈の生涯のうちに、おのれのアイデンティティーと社会的地位――たいていは高貴な身分――を取り戻すのである。

さてジェフリー・オブ・モンマス描くマーリンには、荒野＝森林にはいって苦行を積む隠者としての影がつねにつきまとっている。ジャン・パウリュスのように隠者も孤独を求めてやがて野人になっていくのだから、マーリンにもしだいに隠者の影が寄り添うのはごく自然のことなのだろう。このことがもっとも顕著なのが、森に帰ろうとするマーリンを引き留める妻に、彼が肉欲から遠ざかって汚れから身を清く保つ必要を説く場面であろう。王の提供しようとする贈り物をも固辞したマーリンは物欲を断ち、いまここでも肉欲から逃れて純潔を守ろうとするのである。これは現世の富を貧者に分け与え、妻や家族を残して禁欲的苦行にはいる隠者の姿にほかならない(9)。誘惑に満ちた都市から荒野に逃れていくオリエントの聖人たちのように、マーリンは宮廷から森に逃れていく。ジェフリー・オブ・モンマスの『マーリン伝』は、中世における荒野と森の等価的概念を明瞭に反映しているのである。

しかも、マーリンが逃げこむ森はたんなる野生の空間ではなく、キリスト教社会を待ち伏せては襲いかかる異教の神々が住む空間でもあった。森が野人マーリンの偏愛した空間であったのは、ケルトの伝統では森が神々の住まう神聖な場であったからである。森は異界が所在する地であり、神の力が取り憑いた場所である。ケルヌンノスを彷彿させるべく鹿に跨るマーリンは、森に住むことで神に近づいている。正真正銘の森の神となるのだ。したがってこの森でマーリンが予言能力を授けられるのも、ゆえなしとしないのである。こうして、野人の伝説の起源のひとつにケルト神話が関わっているとは充分に推測される。そればかりか、前述したようにオルペウスを仄めかすことでギリシア・ローマの伝統とのつながりさえ予想させるものがあるし、なによりも野人はシルウァヌスやケンタウロスと同類のようにみえるし、肉体的特徴からすればシレノス(あるいは後述のサテュロス)にも似ているし、ネメアのライオンの皮をまとい棍棒を持ったヘラクレスとも同一視されるのである。(10)

おもしろいのは、ジェフリー・オブ・モンマス自身、『マーリン伝』より数年前に著した別の著作では、マーリン像に異なる様相を与えていることである。一一三五年と一一三八年のあいだに著された『ブリタニア列王史』では、マーリンは野人などではない。そのかわりに、マーリンが男夢魔を父親として生まれたという奇妙な誕生譚(第一〇七章)を叙述しているのである。(11) ロベール・ド・ボロンの韻文作品『メルラン』——ただし作品自体は冒頭部しか残されていない——を散文化した作者不詳の『メルラン物語』(一三世紀)では、メルラン(ここではフランス語作品の登場人物ということで、ジェフリー描くマーリンと区別する意味から、マーリンのフランス語読みのメルランと表記する)は、予言者と同時に魔術師として重要な役割を果たすことになる。ところが一三世紀前半に匿名作者の手になる「ランスロ=聖杯物語群」(通称「流布本物語群」)に組み込まれた「続流布本物語群」では、メルランは伝統的な野人の特徴を回復する。「メルランとグリザンドル」のエピソードがそれだ。そこではメルランが鹿に変身してローマ市中にはいりこんだり——いうまでもなく、メルラン=鹿は『マーリン伝』から着想されたイメージにほかならない——、野人の姿でグリザンドルのまえに現れる(図33)。「メルランは真っ黒で、髪ぼうぼう、髭を生やし、裸足で、ぼろぼろのチュニックを着ていた」(12)し、棍棒を持っていた。またみずからの出生を明かしてもいる。

図 33　森に逃げ込んで野人に変身したメルランは，捕らえられて，グリザンドルによってカエサルの前に差し出される．『聖杯とメルランの物語』(15 世紀初頭)の挿絵

ある市日《いちび》に、私の母が町から戻ってきたときのことだ。もう時間は遅くなっていた。ブロセリアンドの森にはいりこんだが道に迷ってしまい、森でその夜を過ごさなければならなかった。ひとりきりで迷いこんだのが分かると、木の下に身を横たえ眠りに落ちた。ひとりの野人が彼女に近づいてきて、傍らに座り、彼女ひとりだと分かるや彼女と寝た。彼女には身を守る術もなかったのだ。その夜に私がもうけられたのだ。自宅に帰ってからというもの、彼女はずっと不安な想いにあった。そして妊娠したことに気づくと、彼女は私を大事に守ってくれた。誕生するや、私は洗礼盤で洗礼を受けた。彼女が私を育ててくれて、私は成長し、彼女なしでもちゃんとやっていけるようになると、奥深い森にはいって暮らした。父の本性のせいで、私は父と同じく野生なのだ[13]。

メルランは男夢魔の子ではなく野人の子であり、舞台もブロセリアンドの森に移し変えられていることが分かるだろう。

野生生活への没入はマーリンに予言する能力を与えたが、同様に、野人になることで救済される聖人もいる。本章第2節で述べたジャン・パウリュスを想起してもよい。森で修行中に王女と肉の契りを結んでしまい、狂気のうちに王女を井戸に投げ入れて殺したジャンは、ひとたび森を出るや、正気に戻り罪を悔いる。救いの道が得られぬまま、再び森で贖罪の野人生活にはいる。苛烈な苦行の末、神に赦され救済される。救済へとたどるパターンはこれまた神をも畏れぬ傲慢のネブカドネツァルがたどる道筋と同一といわねばならない。『ジャン・パウリュス伝』から窺われるように、森とは狂気と罪に開かれた暗黒の場であるとともに、野生の状態のおかげで信仰と救いが得られる希望の場でもある。

この中世においてひとかたならぬ人気を得た聖ジャン・パウリュス伝は、おそらく同じ一三世紀にもてはやされた聖ヨアンネス・クリュソストムスの伝説のフランス・ヴァージョンであろう。イタリアでは聖ジョヴァンニ・ボッカドーロであり、ドイツではヨハネス・クリゾストモとして流布した。

歴史的事実とほとんど関係のないクリュソストムス伝説とは、大略つぎのとおりである(14)。現世の腐敗から逃避したヨアンネス・クリュソストムスが、森の洞穴に住み苦行を積んでいたときに、森にやって来たひとりの美しい王女を犯して妊娠させてしまい、彼女を絞め殺して屍を隠した。犯した罪を激しく後悔して、動物のように四本足で歩き、裸で、獣のように食べて暮らすことを罰としてみずからに課した。時が経つにつれ、体毛が伸びて全身を覆うほどになった。多くの年月が過ぎて、さる王妃の生後一週間の男児が赦しの言葉を発するや、彼は犯した罪を告白、悔悛の声をあげた。すると殺されたはずの王女とその子が生きていたことが判明する。版本により微細な部分に異同はあるものの、野人として生きることでクリュソストムスの悔悛が美しい王女の奇蹟的な生還に帰着するという事実は変わらない。神の赦しを得たクリュソストムスは人間の姿を回復し、罪障の償いのために捧げられた聖人のごとき生活に報いて司教に任じられ、聖人として死去する。

聖ジャン・パウリュス伝と内容的にほとんど同じの、このクリュソストムス伝の起源は明らかにオリエントの隠者たちの話に遡る——そもそも荒野の隠遁者の元型《アーキタイプ》が洗礼者ヨハネ(『マルコによる福音書』第一章第六節)にあるとはヒエロニムスも指摘していた(15)。野生に生きて毛深い隠修士に関する神話の体系は初期修道制において隆盛となり、その影響が中世にあまねく見られるのである。その野人としての隠修士の神話は四世紀のエジプトで明瞭な形をとって現れた。その話のパターンはこうだ。ある隠修士が夢の啓示を介して、独居する隠者に面会すべく、「荒野の茫漠たる広がり」——ヒエロニムスならパウルス伝でこう表現する(16)——への旅に乗り出す。艱難辛苦の末、ついに隠者のもとにたどり着き出会いを果たす。このときの隠者の姿は、裸身を長い髪の毛で覆い隠すような野人の体《てい》をなしていた。二人が会話を続けるその夜、神が奇蹟的に授けてくれた食べ物を分け合って、わずかな泉水で喉を潤す。隠者は自分の死期が近づいているのを知り、訪問者がやって来たのも自分を埋葬するために神から遣わされてのことだと悟る。隠修士は隠者の傍らに留まりたいと願うが、隠者はそれを許さない。翌朝、隠者は体内からの光に照らされながら事切れると、悪魔が引き留めようとするも甲斐なく、聖人の魂が天に昇っていくのを隠修士は目撃する。隠修士は聖人の亡骸を埋葬し、この奇蹟の話を広めるために荒野を去る。[17]これをヒエロニムスによるパウルス伝の場合に当てはめるならば、キリスト教最初の隠修士パウルスは「縫い合わされた棗椰子《なつめやし》の葉を身にまとっていた」し、一羽の烏によってパウルスとアントニウスの面前に置かれた一塊のパンを二人で分け合った。パウルスは安らかな眠りにつくときが来たと知るや、アントニウスを遠ざけた。アントニウスは「パウルスが雪のように白い輝きによって燦きながら、高みへと登っていく」[18]のを見て、隠者の死を知る。アントニウスはパウルスの遺体を二頭のライオンとともに埋葬してから、修道所に取って返し、弟子たちに起こったことの一部始終を話して聞かせた。という具合に、ほぼ同一のパターンをたどることが看て取れるであろう。

百三十人余のさまざまな修道者たちの言葉を蒐集した『砂漠の師父の言葉』(四世紀から五世紀にかけて編纂)に示された話のひとつに、隠修士が女の誘惑に溺れる古い例もある。テーベ出身の隠修士は粗い毛皮をまとって、ただ獣たちのみを友としながら砂漠に独居していた。彼は砂漠に隠遁するまえに修道女に魅かれて純潔の誓いを破ってしまった顛末を訪問者に語る。彼はこの罪を悪魔のせいにした。悪魔は女を使って誘惑しようとしたのだと。懲罰と誘惑を免れようと、妻を捨てて砂漠に逃れ、そこで野生の毛むくじゃらの隠者になった。[19]この物語は明らかにヨアンネス・クリュソストムス伝説の、ということはジャン・パウリュス伝説の、と置き換えられるけれども、そのいっそう初期のヴァージョンにあたるであろう。

野人と化した聖人の神話にはもうひとつ別の変種もあり、やはり中世に広く流布していた。それは四世紀の隠遁者オヌフリウスの話である。[20]アビシニア王の息であるオヌフリウスは父親の不在中に生まれた。王妃が私生児を産んだと疑った王は子どもを火中に投げ入れたが、子どもは火傷ひとつせず正嫡であることが証明された。天使の命令で異教の王はオヌフリウスを受洗させた。三年間烏からパンを毎日一枚与えられてエジプトの修道院で教育を受けてから、テーベ近傍の洞窟で孤独の修道生活にはいった。苦行で痩せ細った体を覆う蓬髪と長い灰色の髭、腰の周りに木の葉で作った帯を締めた、さながら野人そのものの恰好で、天使の運ぶ棗椰子の実とパンで六〇年間を生きた。彼に会ったテーベの司教パフヌティウスはその異様な姿に驚くが、彼の言葉に聖人と認め後世に伝えた。天使の合唱とともに、白鳩が天より降りて隠者の魂を天国に運んだという。伝説では二頭のライオンが彼の墓を掘ったというから、パンを運んでくる鳥というモチーフとあわせて、テーベのパウルスの伝説と多くの共通点がある。

野生の動物が棲む広大な孤独の地で、人間から遠ざかり、主に草の根を食べながら、羊や山羊の皮を着用する隠者をめぐる伝説は、中世を通じてあまねく流布した。

「罪の女」と呼ばれるエジプトのマリアもそうしたもののひとつである。ソフロニオス(六三八年ころ歿)の筆に帰せられる最古のギリシア語の物語によれば、アレクサンドリアの娼婦だった彼女は、聖地巡礼の船に乗りこみ、船長に身を売って船賃を支払った。エルサレムに上陸後、聖墓聖堂にはいろうとすると超自然的な力に阻まれた。聖母マリアの像を見るや、それまでの罪を悔いて、改宗。エジプトの砂漠に隠遁し、そこで四七年間暮らした。最初の一七年間は三個のパンと草と根だけで生き、残る三〇年間はなにも飲み食いせずに絶食を貫いた。ヨルダン川の水に浸して髪を清めた。荒野では、彼女は痩せ細って、着衣はぼろぼろになり、長い髪が体を隠した。野獣かと見紛うほどに髪はぼうぼうで、皮膚は日焼けして黒くなっていた。司教ゾシムスが彼女の死体を見つけ、一頭のライオンの助けを得て墓を掘り、埋葬した[21]――パウルスとオヌフリウスに続いてここでもライオンが埋葬を手伝う。彼女も、ヨアンネス・クリュソストムスと同様、荒野で野人となることで救われたのである。

全身を覆う長く波打つ髪といえば、このエジプトのマリアに引き合わされるのがマグダラのマリアである。事実、マグダラのマリアの伝説はソフロニオスのエジプトのマリア伝から多くを借用しているからである[22]。贅沢三昧の生活の果てに娼婦にまで身を落としたマリアはキリストの布教の旅に同行するも、キリストの昇天後は迫害を受けて、漂流ののちマルセイユに上陸、伝道に従事した。その後はプロヴァンスの荒野に引きこもってサン゠ボームの洞窟で三〇年間――この三〇年という数字もエジプトのマリア伝から直接に借用されたらしい――の隠遁生活を送った、とヤコブス・デ・ウォラギネの『黄金伝説』は語る[23]。天使たちに導かれて天上に昇り天国の食物にあずかると、彼女はまた地上に降りてくるのだった。だから地上の食べ物は必要

図 **34**　聖オヌフリウス．『ロレット・デルブヴィレの祈禱書』より

図 **35**　アルブレヒト・デューラー《聖ヨアンネス・クリュソストムスの苦行》(1497年ころ)．中世の図像とちがって，背景に小さく描かれたここでの聖人は毛に覆われていない

としなかった。天使たちは最後の聖体拝領にあずかれるように彼女をエクス＝アン＝プロヴァンスに運び、そこで彼女は息を引き取ったとされる。しかしよく知られているように、このプロヴァンスに関する部分はなんら聖書的・歴史的根拠をもたず、一一世紀にヴェズレーの修道僧たちによって捏造されたものである。巡礼地として人々を誘うために、修道僧たちの教会にマリアの聖遺物が奉納されていることを証し、権威づけるためのことであった。

　そして付け加えておかなければならないのは、これら野人化した隠遁者の画題が一五―一六世紀の、とりわけドイツの画家たちに好んで採り上げられたことである。荒野でひとり暮らす痩せ衰えた隠者オヌフリウスは全身を毛髪に覆われた野人として描かれた(図34)。エジプトのマリアの男性版とでもいえようか。稀に四つんばいで描かれることもあった。王冠を頭上に戴いたり、それが足元に転がっているのは、彼が王家の出自であることを表す。

図36　ハンス・ゼーバルト・ベーハム《聖ヨアンネス・クリュソストムスの苦行》（1525-1528）

天使から聖体パンを授かる場面が描かれることもある。オヌフリウスはヨアンネス・クリュソストムスと並んで東方では人気があったらしい。そのクリュソストムスはギリシア教会の教父のなかで、西方キリスト教美術に広く描かれた唯一の聖人であるようだが、近世になってプロテスタント諸国では野人の姿でたびたび絵画に表現された。荒野で

図37　ルーカス・クラーナハ《聖ヨアンネス・クリュソストムスの苦行》（1509）

子どもに授乳する女、これが隠遁者に殺された娘とその子どもであることは明らかであるが、その女の背景には四つんばいで歩く裸のクリュソストムスが小さく描かれる。デューラーの銅版画《聖ヨアンネス・クリュソストムスの苦行》はまさにそのようなものとして描いているし（図35）、ハンス・ゼーバルト・ベーハムの同名銅版画にも遠景に四つんばいのクリュソストムスが描かれて、その前面には若い女が美しい背中を観者《かんじゃ》のほうに見せて横たわっている（図36）。その横臥像はさながらイタリア・ルネサンス絵画が顕彰した美しい女性の裸像を彷彿させる。またルーカス・クラーナハの同名銅版画は、打ち捨てられて哀れをそ

そるような女の描き方をしているものの、基本的にはデューラーと同じ構図である（図37）。そしてエジプトのマリアは、裸の痩せ衰えた老女で、長い髪で体の一部ないし全体を覆い隠しているのが一般的である。マグダラのマリアとよく混同されるが、こちらは香油壺を持つのに比して、エジプトのマリアのほうは手に三個のパンを持つ[24]。ティルマン・リーメンシュナイダーの《天使たちに天へ引き上げられるマグダラの聖女マリア》は長い髪が聖女の体を隠しているだけでなく、女の野人のごとく体毛が全身を覆っている（図38）。

図 38　ティルマン・リーメンシュナイダー《天使たちに天へ引き上げられるマグダラの聖女マリア》(1490-1492，ヴュルツブルク)

　なかには、人里離れた森や荒野でなくとも、絶海孤島の岩山で贖罪を果たす野人化した聖人もいた。一二世紀後半に成立したとされる、フランス語による『教皇聖グレゴリウス伝』の主人公である。兄妹の近親相姦から生まれ落ちたグレゴリウスは、運命のいたずらか、母と子の近親相姦を犯してしまう。本人の知らぬこととはいえ、二重の近親相姦に穢れたことになる。事の真相を知ったグレゴリウスは母にして妻たる女性と別れ、すべてを投げうって、悔悛の苦行にはいる。それは海中に突出して屹立する岩の上で、鉄の鎖で足をつないだまま、わずかな雨水で一七年間も痛悔の生活を送るというものであった。これを嘉《よみ》した神により、グレゴリウスは教皇の座につき、死後は聖人の列に加えられることになった。このような経歴をもつグレゴリウスという人物はどうやら実在しないようだが、その異常な主題のせいもあってか、伝説自体は広く流布した――たとえば一四世紀の『ゲスタ・ロマノールム』に第八一篇として収められた[25]。さて、天使のお告げに従ってグレゴリウスを探しにきた聖職者たちが見た一七年後のグレゴリウスは、「白髪だらけ、毛は生え放題、／しかも痩せ衰え切っていた。／骨と皮しか残っていない[26]」という姿であった。これだけでは野人のイメージからほど遠いかもしれない。しかし一二世紀末にドイツのハルトマン・フォン・アウエによって翻案された『グレゴーリウス』になると、恥ずかしさのあまり、探しにきた聖職者たちから身を隠そうとした裸形裸足のグレゴリウスは、はるかに野人然と描かれる。

> 哀れなこの男の髪もひげも、伸び放題に伸びきって、皮膚の上でフェルトと化し、かつては美しく捲いていたその髪は、今はその労苦のため、汚れきって煤《すす》色だった。またかつてはまことに釣り合いよく、白い肌に薔薇《ばら》色をたたえて、丸まるとしていたその頬は、今や黒ずみ落ち込んで、顔の色は青白かった。更にかつて、彼の目は、明るい輝きに満ちみちて、唇にはいとも楽しげなほほえみが常にただよっていたものだが、今やその唇も青ざめて冷く、両の眼は、なべての苦しみのため、落ち窪んで暗く赤く、長くもじゃもじゃの眉の毛に、すっかり覆われていたのだった。以前は肉付きの良かったその四肢も、骨にいたるまでやせおとろえ、腕も脚も、神のあわれみ給うほどに細くなってしまっていた[27]。

「元来たいそう信心深い人とは、／修道院なんぞの中ではなく、／庵の中とか、砂漠だとか、／森に住むべきものだろうが[28]」、グレゴリウスは海中の孤岩に水のみで生き、野人となって贖罪の日々を送ることで神に嘉された一例である。

ところで、毛で覆われた隠者と類縁性をもつのは、『ギルガメシュ叙事詩』のエンキドゥである。旧約聖書にもヘブライの話にも古代バビロニアの伝統がともに顕在するからには、毛深い隠者という概念は、原始人に半獣的な性質があるとするオリエントの伝統から派生したということも充分に考えられるのである。ギルガメシュの友エンキドゥは、アダムのように、神によって泥から造られる。ただし、エンキドゥと自然や動物たちとの密接な関係にもかかわらず、エンキドゥは楽園的な状況のもとにある原初的な存在ではなく、はなはだ逆説的ではあるが人工的な存在である。荒ぶるギルガメシュに立ち向かうように神がわざわざエンキドゥを「荒野」に創造したからである。

その全身は毛に覆われ、女のような毛髪で装われ、
その毛髪はニサバのようにふさふさと伸びていた。
彼は人も国家も知らず、身なりはスムカンのようであった。
かも鹿たちと一緒になって草を食み、
動物たちと一緒になって水場に押し寄せ、
野獣たちと一緒になって水で心をなごませていた。
（第一の書板第二欄第三六—四一行）[29]

荒野で造られ、野生の動物たちと山に住む裸のエンキドゥは、文明を知らない「未開の男」(同、第四欄第六行)、つまり野人であった。その彼にギルガメシュの命令で聖娼シャムハトが近づく。すると彼の動物たちはよそよそしくなり、「荒野の獣たちは彼から遠ざかった」(同、第四欄第二五行)。すなわちこれは、都市の文明社会を象徴する聖娼と交わることにより、エンキドゥの野生性が弱められたことを意味する。獣たちが彼から去っていくだけでなく、「彼の膝はきかなくなった」(同、第四欄第二七行)し、走りも以前のように速くはなくなった。かわりに、「彼は高く〔立ち〕、知恵も広くなった」(同、第四欄第二九行)。それゆえシャムハトに町へ行くように勧められるのである、「エンキドゥよ、いまや、あなたは賢〔く〕、神のようになった。／なぜ、動物たちと一緒になって荒野をさまようのです。／さあ、囲いの町ウルクにあなたをお連れしましょう」(同、第四欄第三四—三六行)。これは「いまや、たしなみを身につけた」(同、第四欄第四一行)エンキドゥが都市の文明に染まりつつあることを謂う。ウルクの町に連れていかれる途中で、エンキドゥは不作法を捨て、衣服をまとい、パンを食べ、ビールを飲むし(第二の書板第一欄)、ウルクの町にはいるまえに都市の周縁に暮らす牧者に会い、狼やライオンなどの野獣を殺傷する(同、第二欄)。これは都市の文明を学習し、野生が文明化されていく過程を表すであろう。つまり、「エンキドゥのウルク入りは、「山」での野生生活か

ら荒野を経て、都市の文明社会へと「啓蒙」されていく過程でもあった[30]」わけである。

そしてここにもうひとつ、基本的なパターンが現れていることも確認しておきたい。すなわち野生世界対都市文明という対立構造である。両者は相容れないものとされ、野生は否定されるべきもの、文明社会に服従すべきものという考えに収斂されていく。こうして野人は非文明、野蛮、非理性といった具合に特殊化され、したがって排除されなければならない存在となる。さらに言い添えれば、ユダヤ＝キリスト教の伝統にあって、隠者と女の関係は、聖ジャン・パウリュス伝説や聖ヨアンネス・クリュソストムス伝説に見たように、女が罪と人間堕落のシンボリックなイメージを形成しているからには、祝福されるべきものではなかった。しかるにバビロニアの神話では、エンキドゥがシャムハトに誘惑されることでむしろエンキドゥは都市文明に浴することになり、英雄物語が開始されるのである[31]。女は罪であるどころか、裸のエンキドゥにとって都市文明への導き手であった。

野人は本来的に人間との接触を断つ森の住人であった[32]。人里離れた森の棲処で、冶金の恩恵に浴するでもなく、農耕にいそしむでもなく、ただ苺やドングリなどの木の実を食べたり、動物の生肉を食べて暮らすのだった。中世の作家やミニアチュール画家たちの描くところでは、いつも野獣と暮らすことになるので、野人も四つんばいになって、体じゅう密生した体毛に覆われていたし、猿のような尻尾をつけたり、猪のような牙を口の両端からにょきりと突き出していることが多い。野人に襲いかかってくるものといえば、獰猛な野獣だけだったから、おのれの身をかばって生き抜くためには野獣たちに負けぬ体力と腕力を具えていなければならなかった。かかる生活条件で要求されるのは人間以上の怪力ということになるが、サムソンとデリラの物語から知られるように、密生した多毛性は、野獣などと闘って自分の安全を図る肉体的な力と関連があると考えられていたのである。

野人は武器を持つとすれば、たいてい棍棒か根こぎした木であった。こうしてたとえば、クレチアン・ド・トロワの『イヴァンまたは獅子を連れた騎士』描くところの、冒険を求めてさまようアーサー王の騎士カログルナンがブロセリアンドの森で出会うことになる森の住人こそは、もっとも早期の典型的な野人描写になっている。ムーア人に似たこの牛飼いは言語に絶する醜悪さで、大きな棍棒を手に持ち、切り株に腰を下ろしていた。

彼は馬か他の獣のよりも大きい頭をもち、髪はぼうぼうの蓬髪で、禿げあがった額は手二つ分の広さがあり、耳は象の耳のように巨大で苔むしていて、おまけに巨大な眉、偏平な顔、梟の眼、猫の鼻、狼のように裂けた口、赤茶の尖った猪の歯、黒々した顎鬚、ぼうぼうとした口髭をもち、顎は胸にくっついてしまって、背骨は長くとも、よじれて「せむし」になっていた。彼は棍棒に寄りかかり、亜麻も羊毛もはいっていない奇妙な着物を身につけていた。それは最近剝いだばかりの、去勢されていない牡牛か去勢された牡牛の皮二枚で、首に結わえ付けていた(33)。

彼は獰猛な野獣を完全に統率する支配力をもっていた(「こうしておれは獣たちを支配しているのさ」第三五二行)。動物を意のままに統率するのは野人の変わることない特徴であり、マーリンが鹿どもの群れを引き連れて、結婚する妻のもとに駆けつけたことをここで思い出してもよい(34)。この牛飼いは正真正銘の森の人であった。彼がたんに野生化しているからというのでなく、風貌と肉体の特徴にせよ、身につけている衣服にせよ、すべてが動物界に属していること(馬、象、梟、猫、狼、猪、牛)からしても、クレチアンは「農民、下層民」(vilain)としか言っていないけれども、彼はまさしく野人といえた(35)。いま、牛飼いは森の人だといったが、「森の人」という総称的な言葉のもとに牛飼いは炭焼きや樵と結びつけることができるだろう。森で生活の糧を得ているという意味からもちろんそうなのであるが、しかし同時に野人的な特徴を帯びていることからもそういえる。樵の姿に変装したメルランは野人の風貌を具えていたし、真っ黒な炭焼きも野人の特徴をもっていたことを想起されたい。

『イヴァン』よりもすこし後代に書かれたとされるウェールズ古譚『オウェインまたは泉の淑女の物語』(一三世紀初頭)にも、この牛飼いに似た野人が登場する。この二つのテクストは類似点をいくつか孕むためにしばしば比較対照されてきたが、野人に関しても共通するものがあるかもしれない。アーサー王の廷臣キノンは、自分に打ち勝つような強者の居場所を教えてもらうために、とある丘の上にいる真っ黒な大男に会いにいった顚末を物語る。

翌朝、私は起きて、服を着、馬に跨って、森まで川に沿って続く道をたどり、それから〔……〕林間地まで脇道をたどった。林間地に来ると、そこで目にした野生動物の数は話に聞いていたよりも少なくとも三倍は多かったようにみえた。黒い男がそこにいた。丘の頂に座って。男は自分が大きいことを私に言った。まったく彼が言う以上に大きかった。大のおとなが二人がかりで運ぶほどの重さだと聞いていた鉄の棍棒は、明らかに四人がかりでないと持ち上げられないように私には思えた。その棍棒が黒い男の手に握られていた。

私が奴に挨拶すると、唐突に返事をしてよこした。これらの動物にどんな力をもっているのかね、と私は訊ねた。「こわっぱ、じゃあそれを見せてやろう」と奴は言った。奴は棍棒をひっつかむと、鹿をしたたかに打ち据えた。鹿は鋭く鳴いた。この声に応えて、空の星ほどのおびただしい野生動物がやって来たので、林間地に動物たちといっしょにいる場所がほとんどなかったくらいだ。蛇あり、クサリヘビあり、あらゆる種類の動物がいた。奴は動物たちに一瞥を投げると、餌でも食べてこいと命令した。動物たちは、まるで服従する家来たちが支配者にするような恭しい仕種で、奴のまえで頭を下げた。それで奴は私に言ったものだ。「どうだ、こわっぱ、俺さまがあの動物どもに及ぼす力のほどを思い知ったか」と。(36)

この一本足で、額の中央に隻眼をもつ、「森の番人」とも形容されている巨人も、カログルナンが遭遇する牛飼いと同様に森の勢力範囲に属しつつ、開墾地という社会の周縁、言い換えるならば自然と文化のはざまに生きている。この二つの世界の境界で、森の不可思議を知悉する野人は、カログルナンやキノンのような向こう見ずな騎士たちに忠告を与えることができるのである。

もっともこうした、主人公の冒険に忠告を与えて便宜をはかる役割を担う野人をパロディー化したような怪物が『オーカッサンとニコレット』(一三世紀)に登場するのではあるが。オーカッサンは恋人ニコレットを求めて森のなかをさまよっている。すると小径の真ん中でぞっとするほどに醜悪な若者と遭遇する。

黒金《ニエロ》よりも黒い髪の巨大な頭に、両眼の間は掌《たなごころ》ほども開いており、大きな頬に大きな団子っ鼻、幅の広い大きな鼻腔、焼肉よりも赤くて部厚い唇、黄ばんだ醜い大きな歯をしておりました。大男は菩提樹の皮の紐でぐるぐる巻きにした、膝の上まで届く牛皮の脚絆と靴をはき、裏表なしの外套を羽織り、長い棍棒によりかかるようにして立っておりました。オーカッサンは出会い頭にこの大男にぶつかったので、その姿を見た時には怖じ気づいてしまいました(37)。

この野人は動物たちを支配するどころか、大切な牛を一頭見失ってしまうどじな野人で、オーカッサンはそのために金銭を恵んでやる羽目になるほどなのだ。

さて、野人の肉体的な特徴ということにかけては、クレチアンの『イヴァン』を翻案したハルトマン・フォン・アウエの『イーヴェイン』(一三世紀)のほうが、当のフランス韻文物語よりももっと明瞭になっていよう。まず多毛性が強調されている。大きな耳は長い毛で一面覆われていたし、髭と眉毛は灰色で、長く、縮れていたし、大きな鼻の穴にはぎっしりと毛が生えていたし、顎は鬚だらけだった。もうひとつ強調されているのは、外観が黒人のように真っ黒なことである。「体といえば黒人のように真黒で」、「この野人の頭髪は、ごわごわしてすすのようにまっ黒でした。それが頭と頰の肌にびっしりとからみついているのでした(38)」。主人公が発狂して森のなかに逃げ隠れたときも、ドイツの詩人はこの黒さを強調しているのである。「こうして高貴な生まれの狂人は、森の中でこのようなものを食べて日を送っているうちに、体中黒人のように真っ黒になってしまった(39)」。

さきに引いたグレゴリウスにしても、ぼさぼさの髪や髭は煤色に変色し、頰も黒ずんでいたのだった。それゆえ、野人はその風体のせいで怪物になっているのであって、獣と区別されうるのはかろうじて言語能力の有無だけであった。カログルナンが野人に発した問いに「おれは人間だ(40)」と返答したこと、これこそが野人は獣でなく人間である徴だった。

とはいえ、本能的な衝動から行動を起こすのをつねとする野人には人間とコミュニケーションをはかる必要がないので、作者によっては、野人は往々にして言語能力を欠くものとされた。コミュニケーション不能の野人の非文明性は、文明人に言い知れぬ不安と恐怖を植えつけたであろうことは想像に難くない。プルタルコスは、ローマの独裁者スラがサテュロスと意思の疎通ができないで慌てふためいたエピソードを伝えている。

〔……〕ニュンファイオンという神聖な場所には緑の森や草原の処々から絶えず火の泉が流れていた。ここで、彫刻家や画家が作る像のようなサテュロスが眠っているのを捕えて連れて来たので、スㇽラがいろいろの通訳者を使ってお前は誰だと訊かせたところが、どうしてもわけのわからない音しか出さず、馬の嘶きと山羊の叫びとが混ざった荒々しい声を出したので、スㇽラは驚いてこれを放してやった(41)。

男根を屹立させてニンフを追い回すギリシア神話の好色なサテュロスを野人の文脈で引用するのを訝る向きがあるかもしれないが、中世にはサテュロスはその多毛性と性的欲望の強さの点で野人と混同されていたのである(42)。聖ヒエロニムスが聖書をヘブライ語からラテン語訳したときに、『イザヤ書』第一三章第二一節にある「山羊の魔神」を「毛で覆われた者」と解釈し、これに「男夢魔かサテュロスか一種の野人を意味する」と註解を付したことを想起すれば、その理由を説明するには充分であろう(43)。だからヒエロニムスが聖パウルス伝のなかで、最初の隠修士を探し出そうとするアントニウスが砂漠の途中に出会った怪物——額に角を生やし、手足の先は山羊の足のようになっている動物——に、「私は死すべきものです。そして異教徒の人々がさまざまな誤りによって欺かれて、ファウヌスとかサテュルスとかインクブス〔男夢魔〕とか呼んで崇拝している荒野の住人たちのうちの一人です(44)」と言わせているが、この聖人に棗椰子を差し出す怪物は野人なのである(45)。

中世から近世初期にかけて大きな人気を博した『ヴァランタンとオルソンの物語』のオルソンも人間の言葉を失っていた。これはもともと、散佚した一四世紀の武勲詩『ヴァランタンとサンノン〔「名なし」の意〕』を種本にしているが、いまは一五世紀前半にドイツ語で『ヴァレンティンとナメロス』として翻案されたものにその内容を窺うしかない。『ヴァランタンとオルソンの物語』は後者に手を入れた散文物語で、一四八九年のインクナブラが最古の版本であり、後の一五〇三—〇五年ころにはヘンリー・ワトソンにより英訳された。この長編騎士道物語は野人神話のモチーフを色濃く留めていることで、『マーリン伝』とともに野人を考える際の基本資料になりうる(46)。

ペパン王の妹ベリサンはコンスタンティノープルの皇帝に嫁ぐが、謀略にあって、妊娠中の身でパリの兄王のもとへ逃げだす。しかしその逃避行の途次、オルレアンの森で双子の男児を出産する。そのうちのひとり、ヴァランタンはたまたま森を通りかかったペパン王に見つけられて育てられることになったが、もうひとりのオルソンは牝熊に連れ去られてしまう。牝熊は四匹の仔熊とともに一年間授乳したので、オルソンは野獣のように毛で覆われた。ほどなくして成長すると、オルソンは森の獣たちに殴りかかり、そのために動物たちは怖がって彼のまえから逃げだした。動物の生活を送りながら、この状態ではなにも恐れるものはなかった。

一五年の歳月が過ぎて、彼は力が強くたくましくなり、彼を凌ぐような者は森にだれもいなかった。彼は獣同然に生肉をたいらげ、熊のような毛をしていたし牝熊に授乳されたのでオルソン(仔熊の意)と呼ばれた。森のなかで悪事を重ねるものだから、どんなに豪胆の士も恐れるあまり森をあえて通ろうとする者はいないほどだった。一糸もまとわず、一言も発することなく、獣の生活をして過ごしていたのである。(47)

こうして野人オルソンは人間の言葉を発することができないので、兄弟のヴァランタンと意思の疎通をはかるときにも身振り手振りしか手段はなかった。(48)オルソンが言葉をようやく発するには、青銅の頭が予言することで彼がアイデンティティーを取り戻す日まで待たねばならない(第二三章)。

時代が下って、シェイクスピアの『テンペスト』(一六一一年ころ)のキャリバンも人間の言葉を知らなかったことは、ミランダの科白からも明らかだ。「私もはじめのうちは／かわいそうに思い、ものが言えるよう毎日、毎時間、／あれこれ教えてあげた。なにしろまるで野蛮で、／自分でなにを言っているかもわからず、獣のように／ただわめき散らすだけだったおまえに、心の思いを／人に伝えることばを教えてやった」(49)(第一幕第二場)。それにエドマンド・スペンサーの『妖精の女王』(一五九〇―九六年)に登場する野人。「[……]野人は、言葉といえるものを話すことができず、ただ低い囁き声と、わけの分からぬ言葉のような、混乱した音を出すだけで、これだけが、言葉では表わし得ない自分の感情を表わすために、自然が教えたものだったからである」。それゆえ、「見知らぬ客人たちを案内すると、野人は手まねや顔つきや、その他あらゆる身振りで、精一杯、歓迎の意を」(50)表すしかないのである。

かかる言語能力の欠如に加えて、野人は知的にも精神的にも欠陥がはなはだしく、したがって神に関する知識も欠いていた。これが文明人と親しくなるのに決定的な障害となった。キリストの教えを受け容れようとしないあいだは神を曲解しかねないわけで、野人は異教徒とすら見られることがなかった。異教徒ならば改宗させうる余地がまだしも残されていたからである。精神的盲目がまさっているかぎりは、野人は発狂しているとか理性をもたないと見做されることになったのである。

5　野人のアルケオロジー

発狂した野人といえば、予言者や聖人のほかに、失恋の痛手から発狂し、ついには野人として森を徘徊する場合がある。クレチアンのイヴァンや、一三世紀の散文ロマン『ランスロ』の主人公や、ストラパローラの物語集に語られていた野人や、アリオストのオルランドについては第3節ですでに言及したので繰り返さない。

ところで騎士物語の登場人物において、恋愛から生ずる狂気はつぎの四つの段階を経るという[1]。(1)騎士の脱ぎ捨てる行為(脱衣による裸[2]、武装を解いて丸腰になる)。(2)森への逃避。森で騎士は野生生活を送り、生肉だけで、あるいは木の根などだけで生きていく。(3)外面的な変化(肌の黒ずみによるにせよ、髪と体毛の伸び放題によるにせよ)。(4)他の人間に対する攻撃性、ないしその反対の、人間への恐怖。この図式がたとえばイヴァンに当てはまることは一目瞭然であるが、そればかりかマーリンのような予言者の場合にも有効であろう。

それにしても、第一段階でなぜ裸にならねばならないのか。まず予想されるように、衣服が文明の徴だからである。さきに言及した『ルカによる福音書』にあるゲラサ人の話は、ここでもその意味で示唆的だ。悪霊に憑かれた男は「長い間、衣服を身につけず、家に住まないで墓場を住まいとしていた」。鎖につながれても、足枷をはめられても、それを引きちぎって、彼は「悪霊によって荒野へと駆り立てられていた」。イエスのおかげで悪霊を追い出してもらうと、この男は「服を着、正気になって」、イエスの御業を町じゅうに広めた(第八章第二七―三九節)。裸＝狂気＝野生／服装＝正気＝文明という二項対立の構図が浮かび上がるのをここに看て取ることはたやすい。裸になるとは自己を隔離する一過程である。つまり集団生活から絶縁すること、集団の文化的記号との関連でいえば明らかな退行にほかならない。文化的な特徴をとりあえずは脱ぎ捨てるのである。さらにいえば、脱衣行為は法律と権威と秩序の世界からの離反なのだから、裸になるとは以前からある秩序を壊すことをも意味する。だが社会的な緊密性をなしていた秩序およびしきたりのコードが脱衣によってひとたび無に帰せられるや、今度は裸は原初の状態への退行の徴となるだろう。野人は社会の周縁の落とし子といえる。だから逆に衣服を身につけるとは、周辺的存在に甘んじることをやめて再び共同体に復帰することを表す。(3) 裸の時期を過ごして後、イヴァンは円卓の騎士という社会的集団に復帰するし、オルソンも文化に同化させられ、エンキドゥもギルガメシュの友となりうるのだ。

　さて一四世紀フランスに、『李《すもも》の賦』と題された一四四六行にわたる作者不詳の詩がある。主人公のジャンの狂気も前述の四つの段階をたどるのである。ジャンという愚直な無骨者が伯爵夫人の愛を獲得しようと、貴婦人の愛にふさわしい輝かしい騎士となり、騎馬試合に参加しては名声を高める。しかし彼の三回におよぶ求愛の報奨はことごとく先送りにされ、ついに四回目の求愛のときになって、貴婦人は自分には夫がいて、夫を裏切ることはできないことを告げる。絶望の淵に投げこまれたジャンは森の奥深くに分け入り、衣服を引き裂き、乗ってきた馬――騎士身分の符牒――を手綱と轡《くつわ》をはずして森のなかに放してやり、野人の生活を送る。

二日間彼はもはや食べず、
正気と理性を失うくらいに
絶望のあまり空腹で死ぬにまかせた。
飢餓感を抱くほどになると、
自然はいかなる情況でも
巧みに救いの手を差し延べるもので、
彼にも味わわせてやった、りんぼくの実と、
花梨、ドングリ、林檎、山査子《さんざし》の実、
栗、胡桃、野生の梨、
それにたくさんの草の種を。
この状態でそこに七年間も生活した。
雨降りのときは、腐って
洞のできた古木に駆け込んだ。
体じゅう熊のように毛むくじゃらで、
もじゃもじゃの体毛が覆い隠していた、
愛惜してやまぬあのダイヤモンドの指輪、
爾来彼の紛れもなき誉れとなっていた指輪をば。(4)

しかしやがて彼女は夫を亡くす。夫の魂が救われるよう

に巡礼にでかけた帰途、たまたまジャンの棲む森を横切っていると、ジャンがかつて夫人のために作った歌をうたう声を耳にする。夫人はだれがうたっているのかを確かめるべく家来たちを差し向ける。家来たちが捕まえようとすると、野人(第一二三四行)と化したジャンが大木をもって身構えながら立ちふさがったので、彼らはてっきり熊だと思いこむ。夫人の姿をめざとく見つけたジャンは彼女のまえにひざまずくが、夫人のほうは見覚えがなく誰何《すいか》する。「私は人間でございます、奥方、正真正銘の」(5)と答えるところなどは、『イヴァンまたは獅子を連れた騎士』の野人のエピソード、カログルナンがブロセリアンドの森で出会った牛飼いのあの返答、「おれは人間だ」を思い出させるだろう。彼女から贈られた指輪を肌身離さず持っていたおかげで、熊のような男がじつはジャンであると認知される。彼女から授かった社会生活に復帰する術をジャンが忠実に実行することで、めでたく二人は結ばれる。

愛はがさつな若者をいかにして勇ましい騎士に変える力をもつか、また既婚女性はいかにして若者が向上して騎士世界で幸先よいスタートを切れるように援助する義務があるか、『李の賦』はこれらの次第を魅力的に語ったものであった。それを下敷きにして一五世紀に散文で書かれたのが『ジャン・ダヴェーヌ物語』である。さる大貴族の蔵書のなかにラテン語で書かれた古書を見つけてそれをフランス語に移し変えた、と無名氏の作者がその序文でどんなに主張しようとも、である。(6)この一五世紀の物語は、戦闘場面などは敷衍されているものの、『李の賦』の筋立てをほぼそのまま忠実に踏襲しているのだから。(7)ただし、一五世紀の逸名作者が登場人物の名前と繰り広げられる舞台の地名をはっきりと記していることは特筆されてよい。フランス北部地方をよく知る作者は具体的な固有名詞を明示することで、当時のブルゴーニュ公国を拡大強化せんと軍事外交に全力を注いでいたフィリップ・ル・ボンの領土政策を支持・称揚することを目論んでいると考えられるからである。

アルトワ伯爵夫人への愛に目覚めた生まれ卑しからぬジャン・ダヴェーヌは、彼女に気に入られるように騎士になる決意を固め、フランス宮廷に赴き、さっそくその傑物ぶりを発揮する。数年後に栄光に包まれて帰ってくるが、女性は既婚の身であることを明かして若者の求愛を斥ける。若者の心は絶望に沈んで、馬に跨るや、「広大なアルデンヌの森に隣接したムールメ(モルマル)の森にやって来るまで、飲んだり食べたりすることもなく騎行した」(8)。森のはずれで出会った隠者に馬と着ていた衣服を差し出し、かわりに隠者の粗末なマントを貰いうけて、森の奥深くにはいっていく。こうして愛に絶望して森のなかをさまよう若者の愁嘆が長々と語られるが、これは一四世紀の種本にはなかったものである。不幸な星の下に生まれたことを呪いながら、遅からぬ死の到来を願う。「死よ、死よ、この恋する哀れな男を捕まえに来い。大地よ、口を開いておまえの胎内に呑み込め、あらゆる人間のなかでもっとも哀れな、不幸な人間のなかでもっとも不憫な、不運にうちひしがれた者たちのなかでもっとも無一物なこの者を」(9)。こう叫びながら溜め息を吐いては、傷心の涙で頰を濡らすのである。

森の奥深くに分け入ると、奥まったところに茂みを見つけて、疲れ切った魂に休息を与えるためにその陰に腰を下ろした。座るとすぐに、間近い春を感じて鳥たちが森じゅうに響くほど歌声を囀《さえず》りはじめた。だがその歌は満たされぬ愛に苦しむ男の心を楽しませることはなく、休息どころか苦しみを新たにかきたてるものだった。鳥たちの楽しげな歌は彼が味わえるものとばかり思っていた幸せを思い出させたからであり、この思い出に堪えきれなくて彼は失神してしまった。鳥たちが楽しげにうたえばうたうほど、若者の懊悩は増し、苦渋が心に溢れかえるばかりだった(10)。

鳥たちが甘い歌をやめると若者の苦しみも和らぎ、意識を取り戻す。再び涙にかきくれながら、自分が恋にうつつをぬかしていたときをひとしきり呪ってから、

彼は立ち上がり、面を伏せながら洞のある木のところまで歩くと、ここで嘆くことにしようと独りごちた。爾来、七年間そこに棲みつき、根っこと大地からの収穫を食べて生き長らえ、だれか姿を現すのをいつも恐れていた(11)。

さて騎士が野生の動物と共住して七年後の、五月初旬のある日、夫君の死を悼んで貴婦人がサン゠チュベール゠ダルデンヌに巡礼の旅に出たその帰路に、野人となった騎士の棲むモルマルの森を通る――アラスの宮廷に帰るには、カンブレ近くのモルマルの森を実際に通らねばならなかったらしい。空が明るく晴れわたり、森の木々が新緑をまとい、鳥たちが羽毛を生えかわらせるのを見ると、ジャン・ダヴェーヌは伯爵夫人のことを思い出さずにはいられず、歌をうたいだす。『李の賦』の場合とちがって、彼のうた

う歌詞 ung lay(各詩節一二行が八詩節、全九六行)がここに挿入されていることは注目される。(12) その歌声を聞きつけた貴婦人に歌い手を探してくるよう言いつけられた家来たちが洞のある木に近づいてくると、騎士は森のなかを駆けだす。「野人だ、野人だ」と叫びながら、家来たちは彼を追う。騒ぎを聞きつけて馬車を降りた貴婦人に気づくと、棍棒をもって身を守っていた若者は彼女の傍らに駆け寄る。彼女の誰何に対して、若者は「キリスト信徒です(13)」と答える。そう、ここではもう人間なのか獣なのかの区別は必要とされずに、キリスト教徒なのか異教徒なのかの区別が重要になっていることが知られる。このあとの筋立ては『李の賦』とほぼ同一である。

『李の賦』にも『ジャン・ダヴェーヌ物語』にも、このように愛の狂気による野人のテーマが共通して現れる。しかし狂気にはもはやさほど力点が置かれていないことは明らかである。なるほど前者の主人公は「正気と理性」を失い、森にはいって裸になる——貴婦人は主人公の性器を手で隠そうとしているくらいだから(第一二八六—一二八九行)。しかしイヴァンのように、脳裏に立ちのぼってくる狂気の旋風はもう問題にならない。ましてや後者のジャンにいたっては、悲嘆に暮れるだけで、狂気の暗示を見いだすことすらむずかしい。しかも二つの場合とも、野人は言語能力を喪失してはいない。一四世紀の詩の野人は、かつて夫人のために創作した歌をうたっている。ジャン・ダヴェーヌになると、宮廷詩の伝統に則った嘆き節を朗々とうたう始末だ。逸名の作者は野人のエピソードをたんなる文学的な伝統として選択しているにすぎないのである。

ところで、古典的な野人論(一九五二年)の著者、リチャード・バーンハイマーは、恋に泣く野人が詩全体のメインテーマになっているものとして、ドイツ一四世紀初めの短篇詩『鷹《ブーザント》』を挙げている。(14) これはフランス中世の「ピエール・ド・プロヴァンス」の物語から素材を得た、一〇七四行からなる詩である。

「ピエール・ド・プロヴァンス」ものは一五世紀になっても人気が衰えることなく、『ピエール・ド・プロヴァンスと麗しのマグローヌ』という愛すべき珠玉の掌編を産みだしている。それゆえ『鷹』と材源を共有するといえるのだが、このフランス語作品には野人のテーマが現れないばかりか、重要な森のエピソードにもさほど重きがおかれていないのである。ナポリ出兵に出陣したピエールは途中でマグローヌと恋に落ち、婚約の契りを結ぶ。二人はピエールの両親に会いにでかける。途中、森のなかで休息をとるうちに、マグローヌは眠りこける。ピエールは彼女に贈った指輪のはいった包みを脇に置いておいたので、一羽の鳥がその袋を肉片と間違えてくわえていってしまう。ピエールは鳥を追いながら、いつしか海辺に出る。海に漕ぎだすうちに、サラセン人に捕らえられ、長いことサラセン人のもとに暮らす羽目になる。置き去りにされたマグローヌのほうは、紆余曲折を経て巡礼者のための施療院を設立する。釣り上げられた魚の腹から指輪が見つかるなどして、結局二人は再会を果してめでたく結ばれる(15)。

それに比して、『鷹』はといえば、『ピエール・ド・プロヴァンスと麗しのマグローヌ』にある森のエピソードにむしろ重点をおいて展開しているといえよう。ある王子が王女と出会うと、二人はたちまち恋に落ちる。王女が別の王と結婚させられるその日に、両人はまんまと駆け落ちに成功、王子の馬に乗って森のなかを抜けていく。馬からおりて休息するうちに、王女は疲れのために王子の膝の上でいつしか深い眠りにおちる。王子は彼女の指に嵌められた指輪をそっと抜いてしげしげと見いっていると、突然鷹が空から急降下し、その指輪を奪い去ってしまう——ジャン・ルナールの『鳶』(一三世紀初頭)の主要モチーフである(16)。王子は鷹を追ってなんとかこれを取り返そうとするが甲斐なく、そのうちに森の奥深くにはいりこんで道に迷ってしまう。ここからフランスの物語とは相違が生ずるのであるが、ひとり置き去りにしてきた恋人をいくら探せど、彼女にめぐりあうことがかなわない。彼は発狂し、人間性の表象たる衣服を引きちぎると、野人のように四つんばいになり、獣のごとくに森を徘徊しつづける。一方、王女のほうは王子ほど狼狽することもなく、粉挽き場に隠れ家を見つけ、後には地方貴族の城に迎え入れられる。それから一年が過ぎて、狩人たちがたまたま毛むくじゃらの野人(王子)を城に連れ帰る。貴族はこの生き物が野生ではないことに気づき、丁重にもてなして直立で歩くように彼に教えるよう取り計らう。狩猟に連れだされると、野人は鷹の頭を喰いちぎるので、どうしてそんなことをするのかと不審がられる。そこで野人は、鷹のせいでかつて恋人を失う憂目にあわされたのでこの鳥が憎いと説明する。こうして野人の身元が明らかにされ、王女と再会することがかなう。この魅力的な詩を締めくくるのは二人の結婚である(17)。ここでの野人は、『李の賦』や『ジャン・ダヴェーヌ物語』の主人公、ないしイヴァンなどと異なって、恋に破れたり妻の愛を失うわけではない。置き去りにした恋人の姿を見失うことからくる絶望の果ての狂気と野人化が主題になっているのである。

野人の無視しえぬ特徴として、人間の動物的な欲情を表徴していることが指摘できよう。つまり、食人的な衝動であり、女を凌辱しようとする情欲的な衝動である。ヘイドン・ホワイトにいわせれば、「野人がどんなふうに描かれようと、それはほとんどつねに、社会的な抑圧から解放された人間、リビドー的な衝動が頂点に達した人間としてイメージされる(18)」のである。

カニバリズム的な性格についていうと、古代・中世から野人には食人種のイメージがついてまわっていた。伝カリステネスの『アレクサンドロス大王物語』(三世紀)は、東方遠征のさなかにアレクサンドロス大王が遭遇した野人をそのようなものとして語っている。

〔……〕私たちはそこで、体のすべての部分が毛に覆われた、巨大な身の丈の男をひとり見かけて、思わずぞっとした。私は奴をとっつかまえるように命じた。私たちの手に落ちると、奴は私たちの顔を獰猛そうにじろじろと見回した。そこで私は裸の女を奴にあてがってみろと命じた。女をさっと奪い取るや、奴はそれをがつがつ食べだした。兵士たちが飛びかかって女を奴から引き離したところ、奴は突然自分の言葉でぎゃあぎゃあ喋りだした。するとそれを聞きつけて、他の仲間たちが沼から這い出てきて私たちに襲いかかった。その数、およそ一万の兵だった。〔……〕奴らは人間の理性などおよそ持ち合わせず、それどころか犬のように吠えたてていた(19)。

この食人的性格がもっとも強調されていると思われるのが、エドマンド・スペンサーの『妖精の女王』第四巻に登場する野人である。森でアモレットを誘拐した「身の毛もよだつ生き物」は、「腰には緑の蔦の環が巻かれ、他には何も着ていなかった。全身の毛が衣服のようだったからである。そして手には、長い樫の若木を持っていたが、そのごつごつした瘤はみな先がとがらしてあり、鋼鉄の代りになるようにと焼きが入れてあった(20)」。しかも「狼や虎どもの乳で養われたのは確かなこと(21)」だというから、これが野人であることはまず疑いを容れない。スペンサーはさらにつぎのようにも描写する。

それは、つまり未開の野蛮人であったが、しかし人間ではなく、ただ形が似ているだけで、それに身の丈も一スパン〔手のひらの親指と小指とを伸ばした長さで、約二三センチ〕だけ高く、一面に毛で覆われていて、勇気のある人でも怖じ気をふるうばかり。大きく開いた口からは巨大な歯がむき出していて、牙を生やした猪そっくりであった。というのは、この男は、さらったり盗んだりして来た人間や獣だけを常食とし、生き血をすすっていたからで、その証拠に、彼の唇は今も血で汚れていた(22)。

まったくの自然状態にある野人は文明の約束事にも法や掟にも束縛されず、欲するがままに振舞うのであるが、そのなにものにも拘束されない自然状態の極端な形で現れるのが本能的な性行動である。性的欲動の代名詞ともいうべきはもちろんサテュロス——これが野人と同一視されていたことはすでに述べた——である。パウサニアスはサテュロスの棲む島に立ち寄った人から聞いた話として、好色なサテュロスについて『ギリシア案内記』でこう紹介している。

船乗りたちからサテュリデス諸島と呼ばれただけあって、島々の住民はちりちりの赤毛で、尻には馬に見劣りしない尻尾が生えている。この連中は気配を感ずるや、声も立てずに船めがけて駆け降りてきて、船内の女どもを狙った。とことん恐れをなした船乗りたちは、ひとりの異民族の女をその島に向けて追い出した。するとサテュロスどもはこの女に向かって、お決まりの箇所だけではなく、肉体全体にわたって乱暴狼藉を働いた(23)〔……〕。

全身の多毛性とその獣的様相と性的欲望の強さとのあいだには象徴的な関係が存在するのである。自制力のない野人は欲情を剝き出しにしながら女に接近する。肉欲と攻撃性を象徴する野人は「騎士道に具現された精神的な愛の対極(24)」と見做されたために、貴婦人をわがものとするために騎士と戦ったり貴婦人を誘拐したりするものの、いつもついには打ち負かされる。そうした戦いの図が、一三世紀末の写本挿絵から、一四世紀フランスの象牙細工、さらには一四—一五世紀のタペストリーにおいてまで広汎に描かれている。『テンペスト』のキャリバンもミランダを犯そうとしたのだった。

さて、野人は野蛮、狂気、非文明の烙印をおされた怪物なのであるが、しかし野人がその野蛮性を棄て去るのであれば事情は一変する場合もあることを指摘しておかなければならない。野生の状態は決定的なものでも、旧に復しえぬものでもない。なぜなら野人は人間性を逸脱した成れの果ての姿であり、人間性が消滅してしまった姿ではないからである。正しく教化されれば、ということは、つまり文明の思想と習俗に触れさせれば、救済は可能だった。ヨーロッパ中世は野人化した男が礼節を弁えた生活に復帰する物語を好んだ。文明社会の人間と遭遇すると、野人は慌てふためいて逃げだすか、蛮勇を奮って頑強に抵抗するかのいずれかであったが、たいていは捕らえられて、森の棲処から引きずり出され、領主の城館などに引っ立てられていく。そこで美味な食事や風呂を供され、美しい女性たちに香油をふりかけられたりすれば、野人は新しい環境に適応し、エンキドゥのように不作法を棄て、正気を取り戻したり話したりできるようになるのが定式である。ドイツの短篇詩『鷹』の主人公がそうだったし、『ヴァランタンとオルソンの物語』のオルソンもそうだった。

　オルソンを仕留めんと森にはいったヴァランタンは、野人といつ果てるともなく格闘するうちに、彼に降参するよう説得する。「おまえは森で獣のように暮らしているが、私といっしょにここから立ち退かないか。そうすればおまえを洗礼してやるし、神の教えを授けてやろう。肉や魚やパンなどの食べ物も、葡萄酒などの飲み物も、衣服や履物もあげよう。本来の人間のように、おまえも誠実に生涯の日々を過ごせ」[25]。これが奏功して、従順になったオルソンをヴァランタンは王宮に連れ帰る。まず洗礼を受けさせ、キリスト教を教える。ついで豪華な食事を供し、美しい女官たちと楽しく興じさせる。こうして野人オルソンは凜々しい騎士へと生まれ変わるのであるが、はじめて野人に引き合わされたペパン王の言葉がそのことをいみじくも示唆しているのである。「たとえこの者が毛むくじゃらであろうとも、体軀も四肢も申し分なく背丈もみごとじゃ。われわれのように衣服をまとったならば、きっと目にも心地よく、立派な騎士に似つかわしいだろうて」[26]。

　ヴァランタンに打ち破られるや、オルソンがたちまち文明化される過程をたどったように、かつて野人だったという経歴は騎士の出世と成功を追求するのになんら支障とならなかった。一四世紀に書かれた長大な『トリスタン・ド・ナントゥイユ』の主人公がその例に当たる。生まれたばかりのトリスタンは海に捨てられるが、セイレーン、つぎに漁師の妻、さらに牝鹿の授乳で育てられ、生肉を、ときには人肉を食べながら、一六歳になるまで森で野獣の生活を送る。「トリスタンはたくましく敏捷、大柄で頑健だった。〔……〕夏だろうが冬だろうが、若者は木の葉しか身につけなかった。足には胼胝《たこ》ができ、爪は鋭かった。毛深い肉体、明るい容貌、きらきら輝く、楽しげな美しい眼をしていた」[27]。やがてトリスタンは森を去り、王女と妖精の愛の力を借りて、ついに騎士としての資質を獲得するからである。支障になるどころか、ときには森に生きていたということが立派な人間の身分の回復を希求する者の利点にすらなりえた。クレチアン・ド・トロワのペルスヴァルにせよティオレ(一三世紀のブルトン人の短詩《レー》の主人公)にせよ、最初はあらゆるものから遠ざけられた森で生活する不作法者だったのに、後者などはアーサー王の宮廷に騎士として迎え入れられる[28]。深い森にひとり棲むとは、世俗の種々の誘惑を知らないということであろう。純粋無垢の生活はかえってその者に内的な力を授け、その者自身の徳によって社会——たとえば宮廷社会——でその評価をいっそう高めるということにつながるからである。数年間を野生のうちに育つということは、後々の高貴さの原因ともなり条件ともなった。こうして、野人の生活は文明化された生活と較べて劣悪なのではなく、むしろ優れていると評価されうることに気づかされるのである。ここに、野人の生活を古典的トポス「悦楽境《ロクス・アモエヌス》」に連結させる思念の現れを見ることができよう。

ここまでもっぱら男の野人ばかりを論じてきたけれども、もちろん女の野人も民間伝承に語り継がれてきたし、中世においてはしばしばラミアのような魔女に擬せられることすらあった[29]。教会は女の野人の存在を信じることに否定的ではあったが、だからといって世俗の作家たちを女の野人について沈黙させることはできなかった。たとえばアーサー王物語群に属する『鸚鵡の騎士』(一四世紀末ないし一五世紀初め)。これはアーサー王その人を武者修行の英雄として扱った匿名作者による冒険物語である。アーサー王が物語の主人公になること自体、彼の神秘的な誕生譚などを除けば、きわめて稀である。たいていは円卓の世界における要石の役割を演じていて、登場人物というよりは磁極として機能したからである。この散文作品は、人間の言葉を話す鸚鵡に導かれて冒険の旅に出るアーサー王(つまり鸚鵡の騎士)が、つぎからつぎへと現れる奇怪な怪物や不可思議な出来事を当然のように退治・解決していくといった楽しい物語になっている。ここに女の野人が怪物として登場する。鸚鵡の騎士は山を下りるうちに茫漠たる荒野に出て一日じゅう騎行する。やがて峨峨たる山の近くで、高木と灌木に囲まれた隘路に到る。なにか危険な気配をかぎとったのか、アーサー王は身構える。

すると背後からひとりの女の野人が現れた。彼女に腕のなかに抱きかかえられるまでそれと気づかなかったのだが。もし甲冑で防備していなかったら、女の野人は彼を殺していただろう。実際、馬がこの性悪な生き物の気配を感じていななき、激しく後脚で蹴りださなかったら、彼は止めを刺されていただろう。馬のおかげで女の野人は怖じ気づき、締めつける力をすこし緩めたからだ。鶡鵡の騎士はこの機を逃さず、彼女を地面に投げつけた。それから彼女を追い払うために剣を抜き、馬に跨ると猛烈な速度で道を進みつづけた。確かなことは、女の野人がもたらした恐怖のせいで、この荒野にいるかぎりは彼はあえて眠ろうとしないということだ(30)。

ただフランスの中世文学は女の野人に言及する機会がいかにも少ない。怪物や民間伝承の不可思議などの研究で知られる中世ドイツ文学研究者クロード・ルクトゥに倣って、この欠を埋めるために、一二一〇年ころに書かれたヴィルント・フォン・グラーフェンベルクの『ヴィガロイス』を召喚することにしよう(31)。じつはこの物語、さきに見た『鶡鵡の騎士』と類縁関係にあり、どうやらこの二作品は、いまは散佚した韻文物語を共通の材源にしているらしい。若き騎士ヴィガロイスも、冒険の途次に女の野人に遭遇するのである。

彼女は頭から足まで黒く、まるで熊のように毛むくじゃらであった。美しさや洗練された物腰というものを知らなかった。なにせ怪物のようだったから。振り乱した長い髪は地面にまで垂れ下がり、背中で波打っていた。ばかでかい頭、ひしゃげた鼻、長い灰色の眉、頑丈な歯、大きい口をしていた。耳は犬の耳にも似て、幅が一スパンもあって垂れていた。体の前後に瘤があった。乳房は垂れ下がって、まるで二つの大きな頭陀袋のように腹を覆い隠していた。爪はグリフォンの爪のようだった。〔……〕頑健な脚とねじまがった足をしていた(32)。

中世文学者ミシェル・ザンクによると、中代高地ドイツ語による四三篇の叙事詩が男女の野人を登場させているというから、ドイツ中世は男の野人はいわずもがな、女の野人をも好んでテーマに採り上げたようである。その叙事詩のひとつには、主人公が野生の大女に腕に抱えられて運びさられるというのがある(33)。この野生の大女、以下に述べるスペインのファン・ルイスが描く女の野人を想起させないでもない。

スペインの詩人たちは森ならぬ山地で詩人と女が出会う歌を創作したが、そのもっとも代表的なのが一四世紀に書かれたファン・ルイスの『よき愛の書』にある四篇の「山《や》家《ま》娘《が》の歌」であろう。前述のザンクはこの「山の荒くれ女」、「牛飼い娘」、「馬追い女」の人物像をつぎの五つの特徴にまとめている[34]。(1)山地に住む娘であること。旅人は、彼女が住み、道をよく知っている高い峠で遭遇する。道に迷った旅人に正しい道を教えるも教えないも彼女次第だ。なお、鸚鵡の騎士が女の野人と出会ったのも険しい山の近くであったことに注意。(2)驚くべき怪力の持ち主の大女で、彼女のそばにいれば普通の男も一寸法師に等しい。ファン・ルイスの「第一の山家娘」は川を渡ったり坂道を下るために、旅人をひょいと肩に担ぎ上げて背負って行ったし、「二番目の山家娘」は牛追い棒でしたたかに詩人をぶった。鸚鵡の騎士を背後から襲った女の野人も絞め殺さんばかりの怪力だった。(3)山娘は棒を持っていること。(4)山娘は欲得ずくで、淫奔である。なんとしてでも通行料や宿代を旅人に支払わせようとするし、一戦交えんと「しばらくの間、とっ組みあおうよ。／さあ、すぐに立ち上がって／その服を脱ぐんだよ、早く」[35]とせかすのである。(5)そんなにもばかでかくてたくましいゆえ、おそろしく醜い娘であること。「四番目の山家娘」は「異様な怪物」で、「この世で私が目にした最も巨大な化け物といえるそれは、／筋骨隆々とした毛むくじゃらの馬追い女であった」。「女の頭はその体にも不釣り合いなほど巨大で」、「耳は、生まれて一年経ったロバのそれより大きく、／黒く汚れたその首筋は、毛深く太いうえにとても短い」。「女の口は番犬並みで、突き出た唇はとても厚ぼったく、／歯は馬のそれのように幅広で長く、おまけにひどい乱杭《らんぐい》歯、／その太いげじげじ眉は、ツグミの羽根よりもなお黒い」。「この馬追い女の手首は私の手の平よりも幅広で、／じっとりとして、長い毛がもじゃもじゃ生えている」。「女の上着の下では、乳房がだらりと垂れ下がり、／それは二つに折り曲げてあるから腰の上のところに収まっていたが、／そのまま垂らしておいたなら、脇腹の下まで届いたはずだ[36]」。この醜悪さ、騎士ヴィガロイスの出会った女の野人と甲乙つけがたい。なお、詩人がこの怪物に遭遇するのは、きまって冬の寒さと嵐のさなかといった、悪天候の山中においてであることも付け加えておこう。

　これらの特徴から、淫乱で、棒を持ち、嵐をものともしない怪物のごとき大女が、山中に住むことを除けば、野人から派生したものであることはまず間違いない。女の野人

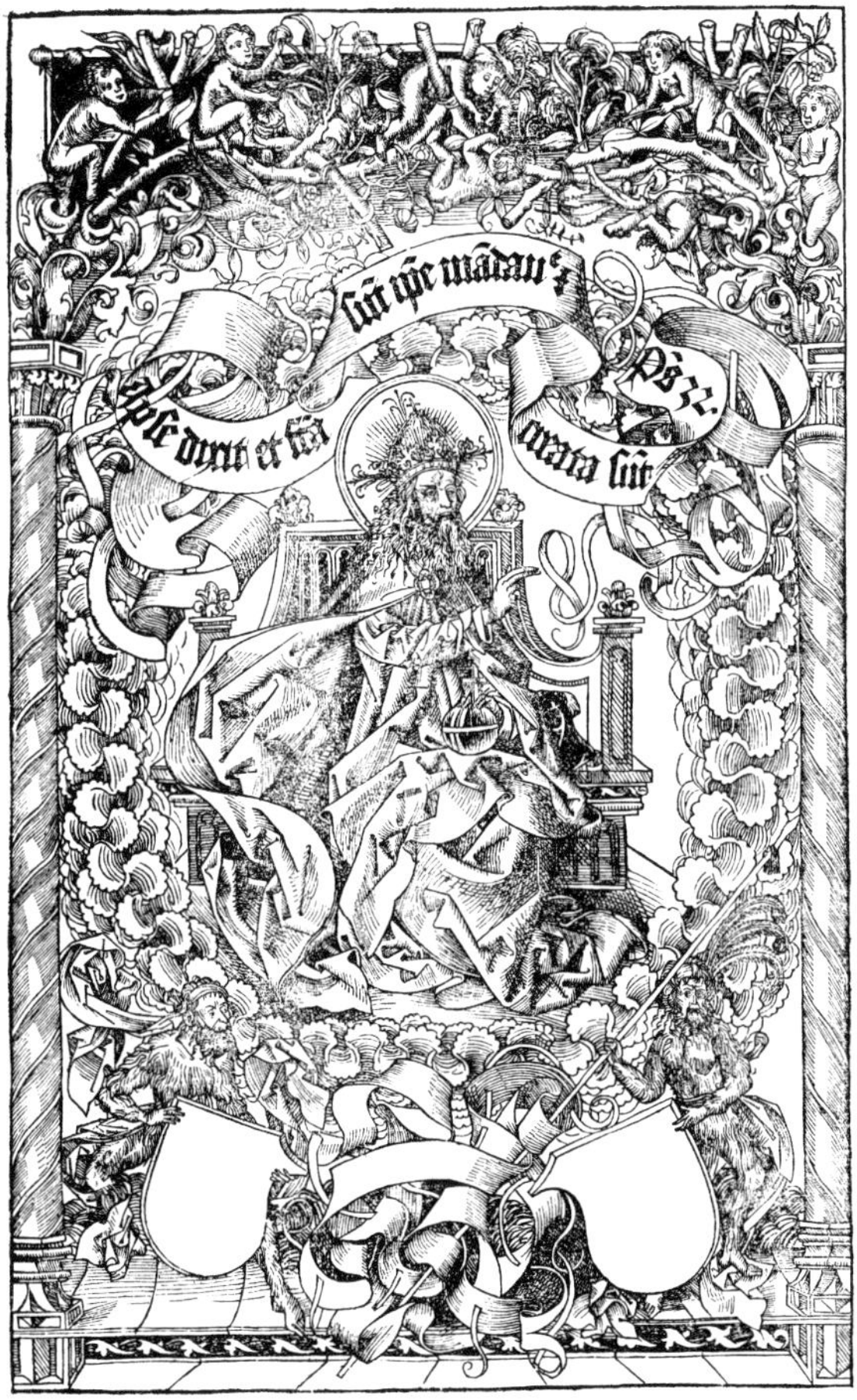

図 **39**　ハルトマン・シェーデル『ニュルンベルク年代記』（1493 年ドイツ語版）より

は野人の変種なのである。この女の野人が性的な欲望に衝かれているのを大きな特徴としていることは、さきのザンクや、ロマネスク彫刻にみられる「色欲」――その垂れ下がった乳房を蛇に吸わせた像もある――との関連にも注目するバーンハイマーの指摘するとおりである。(37) これは自然の豊饒や春の蘇りとつながりがあるためとも考えられる。

そもそも民間信仰では野人の元型は森の精であり、森の奥深くに棲む森の精も毛深いか、緑色に装って、往々にして力持ち、根こぎした木を棍棒がわりに持ち、不用心な通行人、とりわけ女や子どもを襲う。また森の精は捕らえられ、飼い馴らされ、役立つように教えこまれることもある。人間の姿をした森の精が民衆の祭りに現れ、ときには「野人」と呼ばれるという。(38) だからこそ蘇りの季節としての春の再来を称える祝祭――大部分がカーニヴァルの時期に行われる――に豊饒の先触れとしての野人が登場するのである。(39)

いずれにしても、この「山家娘の歌」は中世の牧歌のパロディーなのであろう。騎士と羊飼いの娘の対話からなるパストゥレルと呼ばれるフランスの抒情

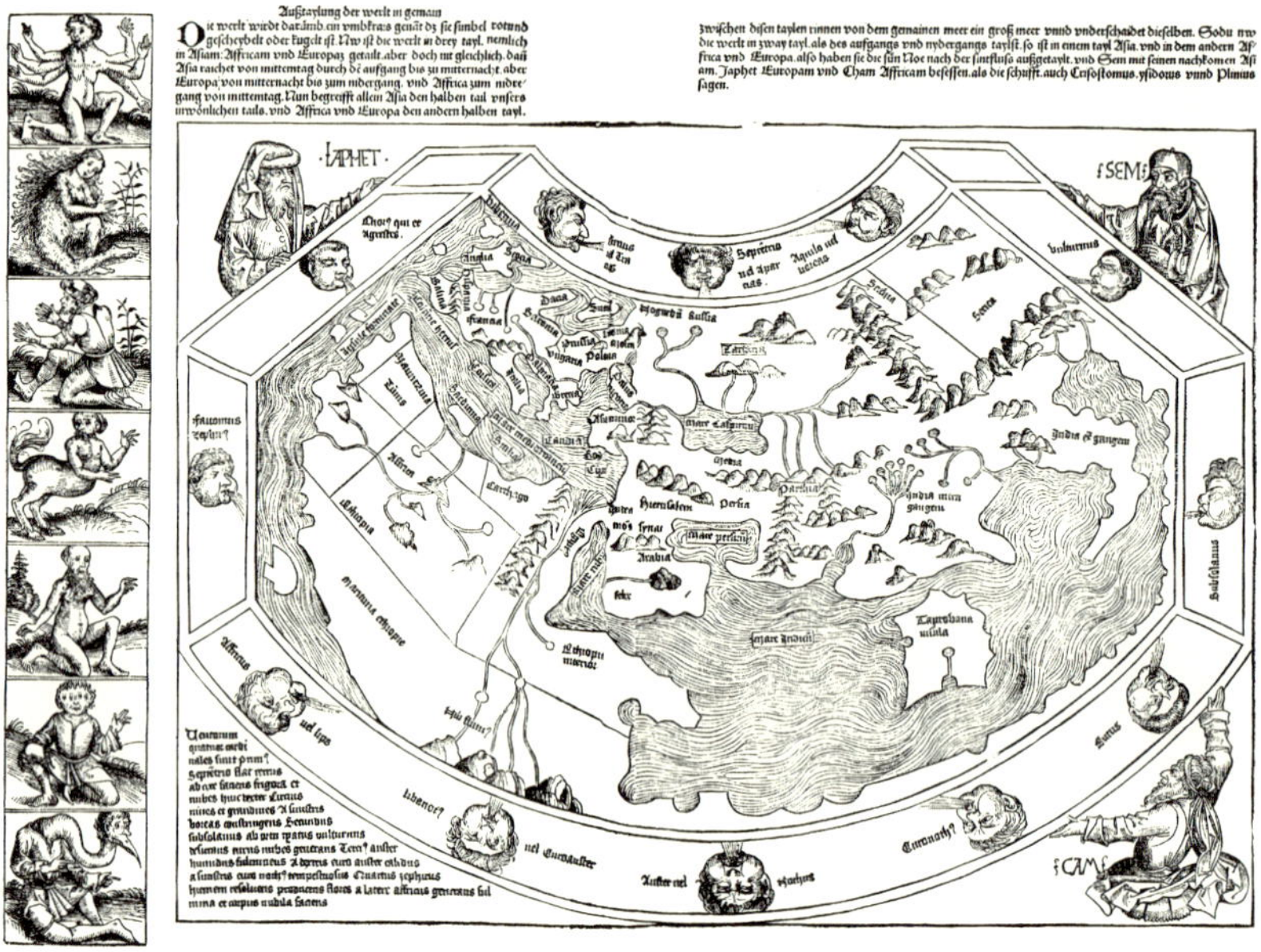

図 40　ハルトマン・シェーデル『ニュルンベルク年代記』(1493 年ドイツ語版)より

詩では、春の自然から匂い立つようなエロティシズムを湛えた若い娘を騎士が言葉巧みに誘惑しようとする。たとえばこんなふうに始まる。

> 田野を出るときになって、
> このままその道に迷ってしまい、
> 平原のヒース生える荒地のただなかで
> 羊飼いといっしょでない羊飼い娘を見つけた。
> 〔……〕
> 山中で家畜の番をしているのだが、
> そんな仕事、彼女には似合わない。
> 「美しい羊飼い娘よ、教えておくれ、
> 町に続くまっすぐな道を」(40)。

道に迷った主人公が美しくて魅力的な娘を見つけて町へ行く道を訊ねるのだが、この娘は山に住む羊飼い娘なのである。スペインの詩人も山家娘に道を訊ねる。しかしこちらはすでに見たようにひどい醜女である。ここに、スペインの詩人はフランスの手本に従いつつもこれをパロディー化しようとする意図を見せているのである。

しかし女の野人の醜悪さばかりを強調するわけにはい

かない。後述するように、女の野人が母親として子どもに授乳したり、あるいは従順になった一角獣と休らっている情景を描いた版画やタペストリーでは、芸術家たちは長い髪をなびかせた毛むくじゃらの彼女たちに美しい容貌と露な乳房を付与しながら誘惑的なエロスを漂わせることに成功しているからである。ここでは女の野人の並外れた性欲の強さが多産と豊饒の表象にずらされているのだ。女の野生が男の視線をとおして片や好色と醜悪に、片や蠱惑的なものと生殖力に特徴づけられているといえよう。女性嫌悪《ミソジニー》の一面を有する中世ヨーロッパ文化における女の他者性が極限の形象に追いやられている一例を、ここに見るのは不遜だろうか。おもしろいのは、ジェンダーの観点から女の野人を検討する女性研究者ロレイン・ストックがハルトマン・シェーデルの『ニュルンベルク年代記』(一四九三年)の挿絵にその傍証を求めていることである。[41] この中世のベストセラーには千八百点以上の木版画が収録されていて、そのうちの一頁大の口絵に二人の男の野人が創造主たる神の玉座の下にひかえる恰好で描かれている。しかもその野人たちの出で立ちたるや、洒落た羽飾りを帽子のようにつけ、飾り帯をしめて、手には長い槍を持ち、まるでページェントで仮装行列する文明人さながらである(図39)。他方、女の野人は世界図の欄外になみいる怪物どものひとつとして描かれる始末である——ということは、女の野人は紛れもない怪物だということだ。こちらは文明人もどきどころか、体毛に覆われ、蓬髪を腰のあたりまで垂らした文字どおりの女の野人そのものである(図40)。ケンタウロスや鶴首人や六本の腕の人間などの異形の人種——しかもすべて男である——に同類として組み込まれた卑しき女の野人。これに対して、男の野人は「高貴な野蛮人」として神のコンテクストに配置されている。女の野人は男の野人よりももっと野生的であるといわんばかりに。この対比からストックは結論づける。女の野人は女のもつ力について中世の伝統

前頁掲載の『ニュルンベルク年代記』(部分).左欄外の上から二つめに女の野人が見られる

が抱く恐れと紋切り型の見方を具現している、と。[42]

＊

野人は森、荒野、山地など、共同体の辺境に棲むものとしていつも描かれる。大木の割れ目とか野獣の洞穴で眠り、子どもや女をそこに拉致してくる。狡猾で、家畜をくすねることもある。全身体毛に覆われ、黒く、醜い。巨人であったり小人であったりする。ところで、中世の市民生活においてはキリスト教会の制度が三つの安全を保障していた。家族制度による性の安全、政治・社会・経済の諸制度が保障する暮らし、教会が保障する救済である。[43] しかし欲望の化身たる野人はこれらをまったく尊重しない。いや尊重するいわれがなかった。淫乱な野人にとって文明化された性になんら得るところはなかったし、掠奪する野人にとって秩序立てられた社会生活から利を得るものはなかったし、動物の状態に退行して罪の意識などもちあわせない野人にとって制度化された神の恵みは無縁だったからである。そう、野人とはキリスト教的文明社会の土台を脅かす不安のエッセンスにほかならない。したがって野人は騎士のアンチテーゼでもある。[44] 多毛性と身の丈といった外見からしても、生活習慣や武器の面からしても、野人は宮廷社会の価値基準とことごとく対峙するからである。野人は教養のない人間とか粗野な人間を体現し、炭焼きや樵など、森に生きる人々を総合した象徴的存在でもある。狂気と隠遁のいくつかの教訓的な事例は、人はひとたび社会や文明や共同体から放逐されるや、獣の位置にまで後退することを垣間見せてくれる。そして最後に、野人は土霊や森の精が変化したもののひとつであると見做されうる。

6　野人と異人

一五世紀の『魔女への槌』の二人の著者、ヤーコプ・シュプレンガーとハインリヒ・インスティトリスは野人に悪魔との結びつきを認めようとした。(1) しかしヘイドン・ホワイトが注意を喚起しているように、野人と悪魔にははっきりとした相違が存在する。(2) 野人はあくまで人間が動物の状態に退行したものである。ところが、悪魔ないし魔女は邪悪な霊ないし悪霊の力を賦与された存在である。彼らはサタンの婢《はしため》として悪をなす能力に長けているけれども、野人はこのような力をもつはずもない。彼には理性が欠如しているのだから、悪行を働くという自覚がないのだ。狂気のうちに、神に対してたえず罪悪を犯しているにしても、罪の意識なり良心の呵責なり、そうした感情からいわばまったく解き放たれた位相にあるといってよい。堕天使たちとちがって、野人は自己が罪に陥っていることも知らないし、罪を犯していることも、そもそも罪とは何かということすら知らない。それゆえ中世の想像界では、本能のおもむくままに暴力と破壊を繰り返す野人は、なるほど嫌悪すべき、恐怖と宗教的不安の対象でしかなかったとはいえ、それが精神的な腐敗の具体例と見做されることはなく、精神的な腐敗とは、まさしく悪魔どもにとっておかれるべきはずのものであった。

とするならば、野人は善悪を超えた、一種の無辜《むこ》の人ともいいうるのではないか。罪を犯しても、それは故意からでなく無智からである。このとき、野人に貼られる肉欲、暴力、蛮行といったレッテルも、文明社会の抑圧と合理化という網にからめとられた一般人には、なにやら羨望すら抱かせる自由の響きを奏でるのである。やがて野人が嫌悪と恐怖の対象から、公然たる憧れと羨望の的にすこしずつ転じたとしても、したがって驚くにはあたらない。野人が自由な人間性の理想型になるや、野人の属性は喪失した人間性の本質をなすものと見做され、果ては文明そのものに対するアンチテーゼと措定されることになる。かかる変貌

図 41 版画家 bxg《野人の家族》(1470-1490，ウィーン，アルベルティーナ)

した野人の理想像が一四、一五世紀には顕著に現れてくる。「悦楽境《ロクス・アモエヌス》」のトポスと連関させながら、野生の生活は文明社会よりも優れているとする思念の現れを先に指摘しておいたけれども、そしてこれは再び強調しておいてよいと思うが、その自然のままに生きる姿が、あるいは先史時代の人類への、あるいはいまは失われてしまった純朴へのノスタルジーをかきたてるのだろう、男の野人と女の野人は森のなかでの自由気儘な自然生活のシンボルともなりえた。野人の新しいイメージの展開といえよう。それは罪責感も争いも過ちもない理想的な生活である。一五世紀後期のドイツで活躍したｂｘｇの署名を記す版画家が描く《野人の家族》(図41)はそんな平和な家庭生活のひとこまである。長い髪をなびかせた美しい、毛むくじゃらな女の野人が子どもを優しく抱いて座る傍らには、半身を横たえた男の野人が自分の背中によじのぼろうとする子どもに温かい視線を送っている。その場所ももはや鬱蒼たる森ではなく、小さな泉が囁き、鳥が飛び交い、動物が駆けめぐる、天国のような空間を占める幸福な睦まじい家族の図になっている。[3] そこにあるのは質朴な生活、エデンの園への半ば宗教的なノスタルジーなのである。これは、「原罪やキリスト教以前の幸福で無垢な、人類の夢である黄金時代の原初世界」[4]を描いた図でもある。また、ジャン・ブールディションが一五〇〇年ころに描いたとされるミニアチュール(図42)は、「善き野蛮人」のステレオタイプを確立する先駆けといってよい。洞穴のまえで、金髪の女の野人が子どもに授乳し、その傍らに男の野人が棍棒を手に立っている。野人の足元には、岩から清水が湧き出て小さな池ができている。背景に都市を暗示する宏壮な城館が聳えている。喧騒の都市の絢爛と静謐な自然の質素との対比を際立たせる、なんとも心ひかれる図である。[5]

当然のことながら、野生の生活を賛美するということは、文明社会そのものを諷刺するということと表裏一体でもある。一四六〇年のスイスのタペストリーには、野人が幻獣たちに囲まれた絵柄があり、その銘文帯には「背信が世間にはびこっているので、私たちはこうした動物たちといっしょにいるのだ」と記されている。[6] ここには、野人のほうが、それよりもはるかに恵まれた身分と環境にあるはずの宮廷人よりも、善良かつ優秀ではないかと反問する声が聞こえてきそうである。

はからずもここに想い到るのが、ハンス・ザックスの「不実な世の中に対する野人たちの嘆き」という詩（一五三〇年）である。このニュルンベルクの靴屋の親方の詩に、デューラーの弟子だったハンス・ショイフェラインが挿絵（図43）を付している。[7] 野人の夫婦がお互いに視線を交わし、夫のほうは棍棒をもっている。二人とも頭のまわりに葉飾りを戴き、蔓草が毛むくじゃらの体に巻きついて腰部を覆

図 42　ジャン・ブールディション《野生の状態》(1500 年ころ，パリ，国立美術学校)

図 43　ハンス・ショイフェライン挿画．ハンス・ザックスの一枚刷りの詩「不実な世の中に対する野人たちの嘆き」(1545，ロンドン，大英博物館)

っている。彼らは二人の子どもの頭を撫でている。この木版画を見るかぎり、画家は明らかに野人の図像的伝統を知っていたし、詩人も野人の神話を知悉していた。しかし詩人は、文明社会の悪行を告発する牧歌的な、徳溢れる野人像をうたうことで、従来の野人のイメージを転倒させた新しい野人像を提起しているのである。

開口一番、野人は「ああ、この世はなんと腐敗していることよ」(8)と嘆きを洩らす。腐りきった人間どもが権力を握り、正義は獄舎につながれ、誠実な仕事は無益と片づけられる世の中なのだ。続いて、不正な世の習慣が単調なくらいに縷々説かれる。暴力が法律の代わりを務め、潔白は蹂躙され、流される血も安直にしか受けとめられない。富ばかりが通用する世にあって、貧困はひどく蔑まれる。いまや力と金がひしめきあって、叡智は扉の陰に隠れてしまっている。哀れむ心は病んでやつれ、嘘がまかりとおる。兄弟愛は冷えきり、忠義はかき消され、柔和さは打ちのめされ、謙譲はもう見られず、神の信仰も傷つけられている。中庸は軽蔑の的でしかなく、純潔はやつれはて、質素などは木端微塵、跡形もなく、友愛は墓場行きで、肉の歓びがもてはやされ、甘言が幅を利かす、云々。とどのつまり、あらゆる面で堕落し利己主義に陥っている人間社会に対する皮肉たっぷりの揶揄と嘆き節である。それを動物のような風采の者が口にするのであるから、動物と人間の振舞を対比しつつ後者の愚かしさを際立たせることになり、さらには動物が人間の社会風習に価値判断を下すという転倒した関係が立ち現れてくる。いわば『狐物語』(一二世紀後葉—一三世紀中葉)のような世界である。野人はかかる悪に対して、不信仰と欺瞞にむしばまれた世の中は偽りだらけなのだから、世の中の悪に染まらないためには、そこから逃げだして森に住まいをもたねばならないというのである。野生の果実や木の根を食べ、泉の澄んだ水を飲み、陽光で体を温める。木の葉や草や苔で服をこしらえ、寝床や覆いも作る。洞穴が家がわり。危害を加えたりなどしないで、森の野獣と仲よく暮らす。人里離れた場所で子どもたちを育て、強い絆で団結して暮らすので、不和も平和を乱すような諍《いさか》いも存在しない。世間的な気苦労はなにもなく、日々食べ物を集めるだけで、世の中の富なんかに見向きもせず、ひたすら神を讃える。このように質素にして謙譲に過ごしながら、世間の人々が誠実で敬虔になり、清貧と純朴が広く行き渡るようになってはじめて、森を出て世人と生活をともにするだろう。野人は徳と誠実が再び地上に見られるようになるまでずっと森で待っているというのである。

ハンス・ザックスの野人は悪魔どころか徳の模範であり、思いやりのある人間なのである。心優しき野人。

そのうえ、かつては荒々しく暴力的だった野人も牧歌的な生活を送るものとして描かれるとき、甘い愛の力を体現することになる。一五世紀末のアルザスのタペストリー(図44)には、顔と乳房と膝、手首と足首から先を除いて全身が毛に覆われ、頭上に花冠を戴く女の野人が描かれている。どちらかというと、悔い改めるマグダラのマリアを思い出させないこともない。野辺は花咲き乱れ、灌木に鳥や小動物の姿が見られ、泉に水音は優しい。要するに、これは古典のトポスたる「悦楽境」である。そこに女の野人は腰をおろし、本来は獰猛なはずの一角獣が安心しきった様子で彼女の膝に休らっている。[9] 馴致しがたい獣をも虜とする処女は、愛の力そのものを象徴するであろう――そういえば一角獣は女の野人の乗物ともなった(図45)。しかし淫乱の権化であった女の野人が処女・純潔のシンボルである一角獣にそっと手を添えているからには、これが淫欲の強い女の野人へのアイロニーにもなっていることを看過すべきではない。

粗野で乱暴な、人から恐れられた野人から、なぜ「善き

図44　クッション・カバーに描かれた女の野人と一角獣.「私は名利を求めて人生を費やしてしまった. いまはここで困窮した生活をしなければならない. ああ, なんと悲しいことか」と銘文帯に読める(15世紀末ないし1500年ころ. バーゼル, 歴史博物館)

図45　一角獣に跨ってこれを手なずけようとしている女の野人(1475年ころの版画)

野蛮人」を思わせる、羨望と憧れの対象たる優しい野人へと変貌していったのだろうか。たとえば、野人の家族像には、キリスト教のパラダイムに組み込まれて成立した一夫一婦制の家族観など、キリスト教の影響を見ることはたやすい。が、ここにはヨーロッパ人の自然観の変遷が関わっているとも思われる。

そもそも中世初期には、自然はつねに悪の世界、罪に満ちた世界と考えられていたし、自然は洪水や旱魃などさまざまな異常気象・現象で人間を苦しめるものでしかなかった。そんな自然に敵意と恐怖と嫌悪をすら抱きながら、人間は、自然の圧倒的な威力のまえに平伏せざるをえず、自然に歩み寄ることなどは思いもよらなかった。せいぜい呪術的な方法で自然の脅威を慰撫しながら共生するしかなかった。自然は不気味でよそよそしい存在でしかなかったのである。(10) アルノ・ボルストの指摘するように、自然に親しんだり、自然の景観を美的に楽しむ姿勢はまず皆無といってよかった。(11) ところが一二世紀には、新しい農具と農業技術がヨーロッパの広大な領域を開墾し、森は伐り拓かれて破壊され、辺地は広々とした牧羊地に変貌していった。人間は自然世界とは別個の文化世界をもつにいたり、今度は自然を人間に奉仕させようとするだろう。自然の征服は同時に自然の人間世界への取り込みである。また、一神教たるキリスト教は、ギリシア・ローマやゲルマンの宗教のような、自然の偉大な力を讃え、自然に住まう神々や精霊を崇拝する自然宗教と折り合えるわけがない。そこでキリスト教は布教の段階で自然宗教たる多神教を打倒ないし取り込んでいく。物心両面から自然は征服され馴致されていくことになるだろう。やがて、創造主として神を讃えるとき、教会美術は現実世界と折り合いのつくイメージを採り入れたし、新しい思考は動物寓意譚《ベスティエール》——実在の動物、架空の動物を問わず、動物の特性を叙述し、それにキリスト教的な象徴的解釈をほどこしたもの——の幻想的な動物や驚異を斥け、商人や伝道者が未知の国を探検するころには空想の産物を払拭し、ロマネスクのミニアチュールに描かれた幻想的な植物相を森で見かける木の葉に代替した。このように自然の事物と親しくなるにつれ、自然は罪あるものではなく神の徴を刻印されていて、神の姿を明らかにするものであるという感性が育っていく。(12) 一例だけ示せば、一二世紀のベルナルドゥス・シルウェストリスが『コスモグラフィア』(一一四七—四八年)で自然の賛美を展開している。ガリアの地、聖マルティヌスの町トゥールの周辺地域の自然描写をつぎのように始めて、全面的な自然肯定を繰り広げるのである。

泉は苔の布をまとい、
岸は芝草をまとう。大地は衣装に
草を、森は葉をつける。鈴懸の木は
平地でその葉叢を広げるのを好む。
榛《はしばみ》の木は谷間に、乾いた黄楊《つげ》の木は
岩の上に、しなやかな柳は岸辺に茂る(13)。

以下、樹木、果実、香木、花、野菜、穀類、薬草、魚、鳥のカタログが続けられ、森の列挙ではリュケイオンの森やプラトンが足しげく通ったアカデモス園、ブロセリアンド、ガチーヌ、アルデンヌの森などが挙げられている。もちろんこれらはウェルギリウスやオウィディウスなどを典拠にしている部分もあり、「悦楽境」のような古典的トポスを援用するというレトリック上の配慮に発している部分もあって、これをもってただちに現実の自然描写と断ずるのは早計であろうが、しかしここには自然をそれ自体で美しいとみる、形あるものをなんらかの象徴としてでなく、そのものとして追求する眼差しがある。自然世界を親密なものとして受け容れようとする姿勢がある。したがって、ここに「中世における自然の発見(14)」を見いだそうとするのもゆえなしとしない。ところが中世文明のもろもろの価値は自然の痛ましい征服のうえになっているとの認識が形成されるにつれて、自然は敵意と恐怖の対象であることからノスタルジーの対象へと徐々に変わっていく。社会的・宗教的規範に拘束された中世人は、人間の本性に反する社会に生きているとの想いを強くし、自然と人間が幸福な結びつきにあった時代を取り戻したいと願う。一四、一五世紀における、この自然への感受性の緩慢な進展が、恐ろしい野人から善良な野蛮人への変貌をおそらく説明している。新しい野人像は牧歌的な自然観を反映しているのである(15)。

＊

一七世紀の代表的な辞書のひとつ、フュルチエールの『万有辞典』(一六九〇年)で「野人」の項目を引いてみると、つぎのように定義されている。

定着せずにさまよう人間のことをいう。彼らには、定まった住居も宗教も法も治安もない。ほとんどアメリカ全土に野人が住んでいる。野人の大部分は人喰いである。野人は裸で行動し、毛に覆われて毛むくじゃらである(16)。

この定義は、野人の神話を検討してきた私たちにはいささか奇矯にみえる。というのは、野人の存在がなぜか新大陸に限定されているからである。フュルチエールは、野人がヨーロッパの想像界に古くから存在する森の人だったことをまるで失念しているかのごとくである。そのかわりに、フュルチエールにとって野人はあくまで新大陸の未開人と同義であったことが窺われる。しかしこの混同を犯したのはなにもフュルチエールばかりではなかった。大航海時代に海洋に乗り出して新大陸の土を踏んだ冒険者たちは、ほとんどみなこの混同を繰り返したのである。

ヨーロッパ人とアメリカインディアンとの邂逅を研究するオリーヴ・パトリシア・ディカソンによると、「新世界に航海したたいていのヨーロッパ人は、今日でいうサンタクロースと同じくらい親しい人物だった野人のことをよく知っていたにちがいない」[17]。ある観察者は一五〇一年にリスボンに連れてこられた新世界の人々を見て、穏やかな顔つきながら風俗習慣は「まるで野人のごとくに」動物的だったと報告しているし[18]、一五〇九年にルーアンの往来で行進した七人のアメリカインディアンは「森の人」(homines sylvestres)と称されているからである[19]。つまり航海者たちにとって、野人の実在は彼らの意識のなかに形成されていた既知の事柄に属していたといえる。

新世界でなくとも、どこか遠い国には毛深い人間が生きていると往昔より報告されていたことからしても、野人の存在は実際に信じられていた。いや、なにも古の話にかぎったことではなく、一五世紀のノルウェーでも、野人が目撃された話をリュコステネスが『奇異ならびに前兆の年代記』(一五五七年)で伝えているとおりである。

スコットランドのジェイムズ四世が一四八九年《ママ》に治世を始めたとき、フランス王に使節を派遣したが、アバディーン大学を卒業したヤコブス・オギルウィウスがその使節団長であった。彼らの船は嵐でノルウェーの海岸に押しやられ、〔……〕彼らはその丘陵で野人と呼ばれる人々のように毛むくじゃらの男たちが走り回っているのを目撃した。あれらは何者かと訊ねると、土地の住民たちは、人間の姿をした野獣で人間をたいそう嫌っていると答えた。日中は危害を加えるようなことはなくてむしろ走り去っていった。しかし夜ともなると徒党を組んで町々に侵入し、人間を殺しては貪り喰った[20](図46)。

そのうえ近世の一六世紀になっても野人は現実に捕らえ

られているのである[21]——少なくとも当時はそう信じられていた。したがって野人の存在を疑う理由がなかった。

プリニウスははるかインドにこの種の生き物が棲むことを記していた。

図 46　野人と女の野人．コンラート・リュコステネス『奇異ならびに前兆の年代記』(バーゼル，1557)より

タウロンがコロマンダという名を与えた森林の種族はことばはないが、恐ろしい叫び声をもっており、毛むくじゃらの身体で、鋭い灰色の眼と、イヌのような歯をしている[22]。

これに和するかのように、中世・ルネサンスの旅行者たちは、ヨーロッパの周縁たる遠国に野人を認めたと報告して憚らない。

マルコ・ポーロによれば、毛深くはないが尻尾を生やした「一種の野人[23]」がランブリ王国に棲む。「長さ一パーム〔約二二センチ〕以上の尻尾をもつ人々がいて、彼らには毛が生えていない。もっとも、そんな人々がたくさんいるのだが。彼らは遠くの山中に棲んでいて、町なかにはいない。彼らの尻尾は犬の尻尾みたいに太い[24]」。無類におもしろいジョン・マンデヴィルの『東方旅行記』(一四世紀)も、「〔ある島の〕人々は顔と掌を除いて毛むくじゃらである[25]」とか、「獣のように両手両足で四つんばいになって歩く別の種類の人たちもいて、全身が毛むくじゃら、猿と同じくらいすばやく木々にいともたやすく登る[26]」とか、「角を生やした醜い野人がたくさん棲んでいて、話すことなく豚のようにぶうぶう啼く[27]」と書いている。つまるところ野人とは、マンデヴィルによれば、猿に似た人間ということになり、コマリ国に「いろいろな種類の獣がいるが、とりわけ猿がそうで、そのうちのいくつかは珍妙ななりをして太っているので、人間と言えそうなくらいである[28]」と書くマルコによれば、人間と見紛う猿のことである。野人の定義は、見方によって異なるという曖昧さをもつ。実際アリストテレスが、「ある動物はヒトと四足類の性質を兼ねている。たとえば、サルやオナガザルやイヌザル（ヒヒ）である[29]」と述べたとおり、猿と人間との境界は必ずしも明瞭ではなかった。一六九九年に出版された『オランウータン、あるいは森の人』でなお、イギリスの解剖学者エドワード・タイソンはオランウータンと人類とのあいだの否定しがたい類似を指摘し、直立で杖をついている姿を挿絵（図47）に載せているくらいである[30]。ちなみにタイソンの影響は大きく、スウィフトの『ガリヴァー旅行記』（一七二六年）に登場するヤフーはタイソンのオランウータンを参考にしたものらしい。カルタゴの航海者ハンノ（紀元前五世紀）の周航記に出てくる野人も、類人猿なのか人間なのか区別がつかない、もっとも初期の例である。

図47 杖をもった猿．エドワード・タイソン『オランウータン，あるいは森の人』(1699)より

この湖には、野人たちが棲むもうひとつ別の島があった。女たちは醜く、すっかり毛で覆われていた。通訳たちはそれはゴリラだと私たちに言った。私たちは牝を追っかけたが、奴らは敏捷に逃げ回って、私たちに石を投げつけてきた。三頭の牝を捕まえることができたが、私たちについてくるのを拒んで、押さえつけていた者たちに噛みついたり引っ掻いたりしたので、それでやむなく殺さ

ざるをえなかった。私たちはその皮を剥いでカルタゴに持ち帰ることにした。食糧が尽きたので、私たちはそこで航海を中断した[31]。

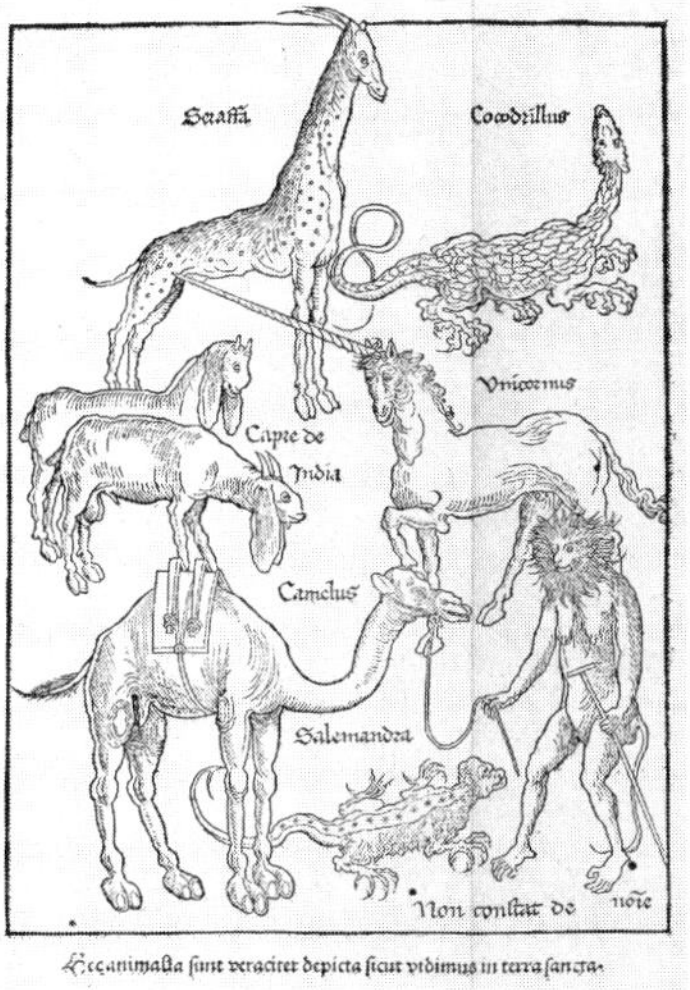

図 48　存在の大いなる連鎖．図右下に杖をもった野人の姿が見える．ベルンハルト・フォン・ブライデンバッハ『聖地巡礼』(マインツ，1486)より，エアハルト・ロイヴィッヒによる木版画

図 49　ブライデンバッハ(図 48)から借用された野人．コンラート・ゲスナー『動物誌』(1560 年版)より

図 50　図左から二つめはブライデンバッハ(図 48)と同じ女の野人である．カール・フォン・リンネとホッピウスの『学術研究の喜び』(1789 年版)より

野人はこの、人間か猿かの線引きのむずかしい境界線上にあって、どちらの範疇にも当てはまりうる曖昧さを特徴としている。たとえばアルベルトゥス・マグヌスが猿を人間と獣との中間にある生物と見ることで、存在の大いなる

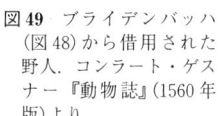

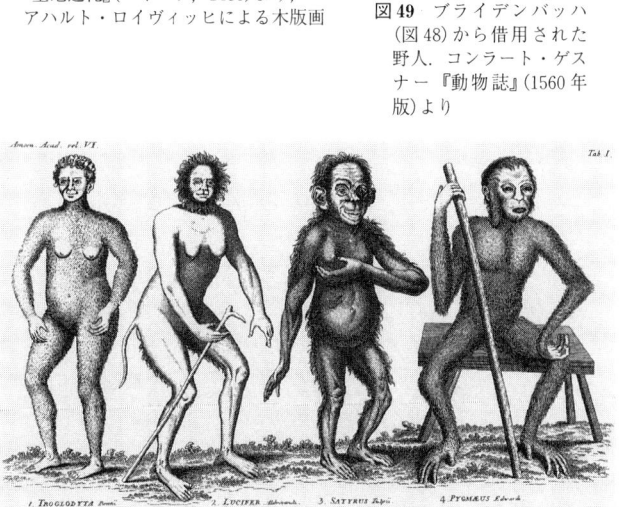

連鎖の中世的なヴィジョンを私たちに教えていたように(32)、もっとも下等なものからもっとも高等なものまで、下は微生物から上は神まで、存在の連続した位階的梯子は人間と動物とのあいだにも過渡的な領域を含むと措定されていた。ルネサンス以後、人間と猿とのあいだの「失われた環」探しが始まったのであり、野人が人間と猿との中間の存在と考えられるに到る。ベルンハルト・フォン・ブライデンバッハの『聖地巡礼』（一四八六年）の挿絵（図48）にある、「名称《ノン・コ》はっきりせず《ンスタトウ・デ・ノミネ》」とのキャプションが付されて二本足で直立した、毛深くて髪ぼうぼうの、尻尾のある牝の動物——野人にほかならない——もまさにかかる人間と猿とをつなぐ失われた環と見做しうる(33)。しかもこの野人の図は、一六世紀スイスの博物学者コンラート・ゲスナーによってその『動物誌』（一五五一年）に流用され（図49）、さらには三百年後に近代分類学を確立したカール・フォン・リンネの著作にも登場する（図50）という息の長さを誇っている(34)。野人はヨーロッパの森から海外に移動するばかりでなく、伝説から科学の領野にも進出することになる。

さて、遠くの国に毛むくじゃらの人間＝野人が棲むと信じられていたことについては、一二世紀のプレスター・ジョンの手紙に、王国に棲息する野生の生き物のリストのなかに野人（homines agrestes）が加えられているし(35)、一三世紀初めに書かれたとされるピエール・ド・ボーヴェの『動物寓意譚』にも、その章数の多い版本のほうに「野人」の章（第六六章）が収められており、額に角を一本生やした野人がインドに棲み、半人半馬といつも闘っていること、群がる野獣から身を守るために野人は好んで木のてっぺんに登ること、たまたまライオンを殺してその毛皮を着るのでもないかぎり野人は裸であることなどが記述されている(36)。さらに、一五世紀前半に製作された「ボルジア図」と呼ばれる世界図《マッパ・ムンディ》にも、毛深いアマゾネスが描かれている(37)。毛深い人はルネサンスの旅行記にも相も変わらず登場する。たとえば、マゼランの世界周航に同行したイタリア人アントニオ・ピガフェッタは、ミンダナオ島に住む毛深い種族＝人喰い人種に言及する。

このブトゥアンとカレガン〔カラガン〕の島の、ある岬に流れている川の流域に、ひじょうに毛深い種族が住んでいる。かれらは勇敢な戦士であり巧妙な射手である。わずか一パルモ〔約一二センチ〕の短刀をもってたたかう。かれらは敵の心臓を、オレンジかレモンをしぼった果汁をつけて生のまま食うのである。この種族はベナジャン、

すなわち「毛深い人」と呼ばれている。(38)

マゼランから一世紀半経ってもなお、「アメリカの野蛮人」は「理性のない残忍な人間」と断じられ、おまけに「獰猛さに加えて体毛を逆立てた体をして、おそろしく長い鉤爪をもっている」(39)と報告される始末である。森が人間社会の辺境であったように、遠国も文明の辺境である。したがって森の人が遠国に棲むのはごく自然なことなのだ。旧大陸の人々はこれを自明の理として疑おうともしなかった。

このように見てくると、新大陸ではじめて裸の種族に遭遇した探検家たちが、アメリカインディアンを野人に比定しても驚くにあたらないのである。野人とは明記していないけれども、コロンブスの場合もそうであった。一四九二年一〇月一二日にコロンブスははじめて陸地と原住民を目撃した。それは「裸の人間」(40)であった。「この島をはじめとして、私が見つけたり、私がかねてから聞いていた島々の人間は、男も女も、また彼らを産んだ母親達もすべてみな裸で歩いております」(41)と書く提督は、おそらく裸の人間を見て少なからず驚いている。コロンブスはきっと怪物に出会うものと信じていたのに(「これらの島々で、私は今日まで、多くの人が考えているような怪物には会ったことがありません」、「私は怪物に会ったこともなければ、怪物についてきいたこともありません」(42))、世界の果てで出会った最初の人間はそうではなかった。

私には、彼らはあらゆる面からみていかにも貧しい者達のように思えました。彼らは皆、母親が彼らを産み落した時と同じような状態の裸で歩いており、女達も同様でした。もっとも、非常に若い女は一人しか見かけませんでした。私の見たのはどれも皆若者で、三〇歳以上の男は一人も見ませんでしたが、誰も皆姿がよく、美しい体つきをしており、顔立もなかなかよいのです。髪の毛は馬の尻尾の毛のように剛くて、しかも短く、眉毛の上まで伸ばしていますが、少しだけを後へ長くしていて、全然刈っておりません。(43)

衣服は文化の象徴なのだから、原住民の裸の姿は文化の欠如、未開を意味する。この裸に加えて、赤貧と文化の利益に対する無関心は、コロンブスにまさに原住民を野人と見做させるに充分だった。彼らがさほど毛深くなく、棍棒の代わりに弓を使用するにしても、それらは些細な差異に

図51　コロンブスの新大陸発見の木版画(1493)

すぎなかった。ヨーロッパ文明から隔たった未知の土地で、コロンブスは期待していた怪物を見るかわりに、森という辺境で見かける裸の野人の全体的イメージを想起したにちがいない。だからエンキドゥやオルソンたちが人間社会に馴化させられたように、コロンブスは原住民をキリスト教社会に迎え入れてやらねばならないと考える。コロンブスは自分に服従するインディオたちを奴隷としてヨーロッパに連れ帰ることを罪悪だとはつゆほども思っていない。野人の彼らを文明化し改宗させることほど正当なことはないからである。

> またこれらの島々の中でも食人種のいる島は、他の島よりはるかに大きく、かつ人口も多いから、この食人種の島の男女を数名捕えて、カスティリャに送ることは、決して悪いことではないのである。その上彼らをカスティリャに送れば、人間を喰うという非人道的な習慣もこれ限り棄てるであろうし、またカスティリャで言葉を習得すれば、もっと速やかに洗礼を受けるようになるであろうから、それは彼らの魂にとって良いことなのである[44]。

さらに一方では、好戦的で従順でない原住民は懲らしめ抹殺してしかるべきであると考えられていたから、結局インディオたちにとっては、同化か滅亡かの選択肢しか残されていなかったことになる。こうして、ヨーロッパ人によって作られた野人としてのインディオ像が、植民地主義の主要なファクターとなっているのである。

一四九三年にバーゼルで印刷されたコロンブス書簡の木版画(図51)は、同時代の人々が新大陸の原住民についてコロンブスと同じ見方をしていたことを示唆する。コロンブスの三隻のカラベラ船が近づく島には、新大陸のイメージに結びつけられる棕櫚の木と、原住民の藁屋根と木材の壁のない家があり、なかには髭を生やした、裸で長髪の原住民が、手に投槍をもちながら、コロンブスたちに驚き、逃げだしていく。大西洋をはさんで手前の陸地は耕されて草や花に覆われ、玉座にどっしり構えるのは王杖をもつフェルナンド王である。この図からつぎのような二項対立の図式が抽出できよう。

インディオ⟷スペイン人

裸のインディオ⟷衣装をまとった王やコロンブス

インディオの長い髪⟷スペイン人の短髪

非耕作の島⟷耕作された陸地

壁のない原始的な建築⟷石壁のヨーロッパ建築

つまり自然に文化が、レヴィ＝ストロース流にいえば生ものに火の通ったものが対立している。ヨーロッパ人は、文明に背を向ける裸の未開人に、森のなかに隠れ住んで人間社会との関係を絶とうとする野人を重ね合わせて、両者に通底する本質を認めたように思ったのである。未開人も野人同様に育てうるし、開化しうるのだ、と。(45)

野人とアメリカインディアンとの混同が民衆の心性に生まれたのは、明らかにこうしたあやふやな情報に基づく話によるのだろう。しかし一部の良識ある知識人が、新大陸の毛深い人々という思いこみを打ち消そうと躍起にならねばならぬほど、その思いこみはすでにして深く根を下ろしていたのである。そうした最初の反駁は、一六世紀フランスに世界地誌の権威として活躍したアンドレ・テヴェから提出された。テヴェが一五五五年にブラジルに渡って見聞したところを書き留めた『南極フランス異聞』(一五五七年)の第三一章「未開人たちが毛深いと考えている人びとの論を駁す」がそれである。アメリカインディアンは毛で覆われていると断言して憚らない人々に対して、そういう人々はアメリカインディアンを見たことがないにちがいなく、事実はまったくその逆で、彼らはむしろ体じゅうの毛を抜いてしまうと主張する。

われわれが未開人と呼ぶところのこれらの人間たちが、森や野原でほとんど野獣のような生き方をしているために、熊や鹿やライオンと同様彼らも身体中毛で覆われているのだ、と間違って思い込んでいる人たちが大勢いる。そして、彼らをそうした姿で仰々しく絵に書いたりする。つまり、未開人を描くときには、まるで、鴉が黒いのと同様、毛深いというのが、未開人にとって切っても切り離せない属性であると決めているかのように、足の先から頭のてっぺんまで、ふさふさとした毛を生やさせる。だが、これはまったくの誤りである。私が会った人のなかにはずいぶん頑固な人間もいて、彼らは自分が見たことがないので確信の持てるはずのないものについて、世の通念がこうなのだからこのことは絶対に確かだ、神にかけて誓う、などとまで断言する(46)。

アメリカインディアンは毛深いという俗説がいかに浸透していたか、テヴェのこの記述からも推測できよう。続けてテヴェはきっぱりとこの俗説を否定する。

> 私は、この目で実際に見てきただけに、真実を知っていて、はっきり断言できる。実際は逆であって、東インドの未開人であれ、わがアメリカの未開人であれ、母親の胎内から生まれ出るとき、その肌はわがヨーロッパの赤ん坊と同じようにきれいですべすべしているのである。そして、そのご時がたつにつれ、われわれに起こるのと同様、彼らにも身体のあちこちの部分に毛が生えて来るのであるが、頭部だけは別として、他のどの部分の毛でも、彼らは爪でもって引き抜いてしまう。それほど彼らは、男でも女でも、毛が生えるのを嫌がるのである(47)。

さらにテヴェは別の章で、カナダ人には「毛のついた野獣の皮を彼らなりに仕立てて身にまとう(48)」習慣があるので、それが未開人は毛むくじゃらであるという謬説を生んだのではないか、とも推論している。

テヴェと同じように、カルヴァン派牧師ジャン・ド・レリーもフランスの植民計画に参画してブラジルに渡り、やはりその見聞を『ブラジル旅行記』(一五七八年)にまとめている。彼もまた、この俗説は、何度でも否定するに値するほど重要な問題だと考えていた。その第五章で、「未開人は毛むくじゃらだとわれわれに信じこませようとした連中の誤りを反駁するのは、あとに残すとしよう(49)」と予告だけしておき、第八章で、テヴェを追認するかたちで改めて反駁を展開する。

> しかしながら、ある人たちが思いこみ、また他の人々がそう信じこませようとしているように、彼らが毛むくじゃらだとか全身毛に覆われているとかいうのは、まったく事実に反する。それどころか、生まれた時はこちらの

国のわれわれ以上には毛が生えていないのに、その後少しでも毛が生え始めると、それがからだのどの部分であろうと、鬚や眉毛や睫毛に至るまで、爪先や、キリスト教徒がかの地にしげしげと行くようになってからはピンセットを使って抜いてしまうのだ[50]〔……〕」。

一七世紀以降にカナダの地に降り立った観察者たちも、ステレオタイプの未開人像を矯正する必要性を感じていたのだろう。ラオンタン男爵は、「毛むくじゃらの未開人を熊のように描いた人々は金輪際、彼らを見たことがなかったのである。というのは、未開人には体のどこにも毛も鬚もないようだからだし、女についても同様で、私以上によく事情に通じているはずの人たちを信じるべきであるとすれば、腋下にすら毛はないのであるから[51]」と、こだわりを見せているからである。それでいて、アメリカインディアンは「サテュロス、ファウヌス、正真正銘の森の住人[52]」で、岩から岩へぴょんぴょん飛び移り、茨や茂みのなかもまるで平坦地を走るように駆け抜けるとも述べていて、混乱を助長するありさまなのだ。これではかえって、一八世紀の読者にアメリカインディアンが毛深いことを改めて確信させるだけではないか。一六二三―二四年にカナダインディアンのヒューロン族の地を訪れた伝道師ガブリエル・サガールなどにしてもそうだ。未開人の毛深さという誤った先入主を正そうと努める一方で、このフランシスコ会静修派《レコレ》(静修を重んじたフランシスコ会改革派で、一四八〇年にスペインで創設、一六世紀にはフランスに導入された)の布教者は、完全にはこの先入主を捨てきれないでいるのである。カルタゴの将軍ハンノが毛むくじゃらの住民たちがいるゴルガデス諸島から毛むくじゃらの女の皮を二枚持ち帰ってユノの神殿に寄託したという有名な逸話に拘泥して[53]、これをもって未開人はみな毛深いと信じられるようになったと付け加えているからである。この話は、アカディア(カナダ南東部地域の古称)を旅行して、後に『ヌーヴェル=フランス史』(一六〇九年)を著した弁護士マルク・レスカルボにも、『アメリカ未開人の慣習』(一七二四年)を著して社会人類学の先駆者のひとりとも目されるイエズス会士ジョゼフ=フランソワ・ラフィトーにも再説されるほどである。野人が民衆の想像界に生きつづけるかぎり、野人はヨーロッパの未開人観に影響を及ぼしつづけるのであろう。

ラフィトーは一八世紀初頭になって、未開人=野人の神話は過去に属すると書くことができた。

図 52　1549 年の，バンシュの宮殿大広間での余興
右：騎士たちと野人たちとの戦い，貴婦人たちの誘拐の場面
左：右図の部分．騎士たちと野人たちとの戦い

未開人についてかつて作り上げられていた観念とは、一種、獣のように社会のない森のなかに棲み、毛に覆われた、裸の人間のようなもので、人間というには不完全な姿しかもっていなかった[54]。

しかしラフィトーが間違っていたことは、野人の神話が民衆のメンタリティーのなかに、また民間伝承のなかにしっかりと根づいていたことからも明らかである。けっして過去の産物とはなりえていなかった。

野人はたんなる話だけに終わらない。それだけならば、野人の神話は、戦争と恋の合間をぬう、貴婦人と騎士の暇つぶし、気晴らしでしかない。野人の物語に野人をめぐるさまざまな儀式がついてまわり、それらが相俟ってこそはじめて、社会は野人を信じる気持ちを共有するのである。野人にまつわる祭典的な所作は、ダンス、ページェント、芝居などにしぶとく生き残った[55]。仮面を被ったり、衣装を身につけて、野人の役が演じられるのである。かかる扮装をする本来の意味は、野人のもつパワーを体現することにあった。畏怖の念を惹き起こす存在だった野人に対して、一四世紀ころから共感を寄せる動きが顕著になったことはすでに述べた。人為的な宮廷・騎士生活よりも、むろん粗野ではあるが真摯な原始的生活への回帰を、生活の模範として褒めそやす動きである。野人はタペストリーにひしめき、ミニアチュールの欄外で活躍し、王侯貴族の住居の扉口に棍棒をもって傲然と立つようになる。野人は畏怖の的というよりも、どこかふざけた、痛ましいものと見做されはじめ、祭典にその粗野な姿を見せるにつれて野人への反感も影を潜めていく。こうして王侯の行列のときには、野人が随行して高官を護衛したり、君主に先行して露払いを務めたりしたし、一五一一年にアラゴンのキャサリンが男児をもうけたのを祝って催された馬上槍試合《トーナメント》では、野人が山車を先導した[56]。一四六一年のルイ一一世のパリ入市式のときには、サン＝ドニ門近傍のポンソーの泉の周りに未開墾の土地が案配されて、男の野人と女の野人がその土地を取り囲んでいた[57]。一四八六年にシャルル八世がトロワに入市したときには、トロワ市の出納簿にわざわざ野人の項目がもうけられていて、野人の扮装のために支出した金額が記録されている[58]。一五六四年にシャルル九世がトロワに入市したときにも、たくさんの野人が一角獣に擬した馬や山羊、驢馬に跨って、サテュロスの一団とともに王を歓迎した。おもしろいのは、このときの野人が棍棒だけでなく、弓と矢でも武装していたことだ。これはこのころアメリカ大陸で認められたばかりの未開人を模したものであろう[59]。一五四九年にカール五世の妹、ハンガリーのマリーがベルギーはバンシュの宮殿で催した祝典では、鄙びた緑色のマントを羽織った八人の野人が舞踏会の最中に闖入、八人の騎士を攻撃して、貴婦人を誘拐、近くの砦へ連れ去るというスペクタクル(図52)が演じられた[60]。

図 53 焼死者たちの舞踏会．フロワサール『年代記』の写本(15 世紀)のミニアチュール

この類のものでもっとも有名なのが、一三九三年一月二九日の悲劇的な「焼死者たちの舞踏会」(図53)である。これについては年代記作者ジャン・フロワサールが詳しく伝えている[61]。さる婚礼の席上、フランス王シャルル六世と貴婦人たちを喜ばせるべく仮装舞踏会が計画される。王たち六人が、「頭から足の裏まで毛で覆われた野人そっくり」に、髪の毛のようにほぐされた亜麻を一面にはりつけた布製の寛衣を着込むというものだった。ただし衣装が燃えやすいので、松明は遠ざけておくようにあらかじめ命じられてあった。ところが王の命令も六人の野人の登場のことも知らないオルレアン公は、四人の騎士をともないながら五本の松明をもって部屋にはいってきた。そして踊りが始まったころに野人に扮した六人が姿を現したが、彼らの正体を知るものはだれもいない。そのうちの五人は互いにつながれたまま、王が先頭に立って踊っていた。やがて王は五人の仲間から離れて、貴婦人たちのほうに近づいていった。とそのとき、オルレアン公は野人に扮している者たちが何者なのか知ろうと、踊っている五人に松明を近づけた。松明の炎が寛衣の布地に亜麻を付着させていたタールを熱すると、タールを塗ったリンネルのシャツは薄く乾いていたのでたちまち発火して、それを着ていた者たちの肌を焦がした。仮装の者たちはぞっとするような悲鳴をあげたものの、だれも近づけない。手に火傷を負うばかり。それでも数人の騎士が火を消そうとするが、手に火傷を負うばかり。五人のうちのひとりは水が溜めてあった盥のなかに飛び込んで一命をとりとめた。あらかじめ王が野人に扮することを知らされていた王妃は、この阿鼻叫喚のさまに気絶してしまう。貴婦人のほうに近寄っていた王は、この災難をなんとか免れることができた。というのも、機転をきかせたベリー公爵夫人がとっさにドレスの裾を王のうえに掛けて、火が燃え移るのを防いだからである。燃え上がった四人のうち、二人は即死、もう二人は自邸に運ばれて二日後に悶死した。

祝祭のスペクタクルは粗暴な野人をスターに仕立てあげたが、これは飼い馴らされて人々を安心させるものであり、もはや恐ろしい存在ではなかった。野人が王侯に服従するとは、文化の担い手である王侯が野生・野蛮を征服したということでもある。征服される野人がときにはサラセン人やムーア人になぞらえられて、王侯の政治的な演出に一役買うこともあった。服従した野人は華やかな演劇舞台から紋章の図柄にも登場するようになる。ここでは貴族の楯を両側から支えもつサポーターの役割を演じつづけるが、この役もまた従属を表すはずなのだ。

野人はカーニヴァルの期間や御公現の祝日（一月六日）に行われる仮装行列や仮装芝居の主要人物であった。ニュルンベルクの肉屋の同業組合によって主催された伝統的なカーニヴァルでは、妻と子どもを連れた、鬚を生やして毛むくじゃらの例の恰好の野人が際立っていた。事実、そのニュルンベルクのカーニヴァルの毎年の仮装を再現した画集（一五世紀末―一六世紀初め）には、巨人に想定された男の野人と女の野人（図54）がいくつも見られる。[62] 村祭りや定期市の呼び物のひとつになっていた仮装劇としては、本章第4節に言及した『ヴァランタンとオルソンの物語』がある。

図 **54**　カーニヴァルでの野人の仮装．ニュルンベルクの仮装行列スタイルブック（16世紀）より

ブリューゲルの原画になる木版画（図55）にもあるように、演出上では、野蛮性を強調するためにオルソンに棍棒をかつがせ、蓬髪は腰まで伸びて、衣装には体毛の代わりに木の葉か布製の鱗片を全身につける。他方のヴァランタンは

図 **55**　ブリューゲル原画の木版画《ウルソンとヴァランタンの仮装会》（1566）

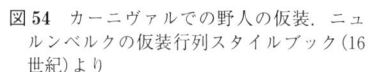

騎士の持ち物である弓と剣で武装される。ブリューゲルの木版画には観客から路上芝居の木戸銭を徴収する様子も見られる[63]。

このような風習はドイツ、スイス、オーストリア、イタリア北部のさまざまな地方で伝承されてきた。民族誌学者アーノルド・ヴァン・ジュネップは、フランスの各地からいくつかのサンプルを蒐集・紹介している[64]。ラングドック地方のエロー県では、一九世紀前葉になってもなお、マルディ・グラ(四旬節開始日にあたる「灰の水曜日」の前日、肉食・告解の火曜日であり、この日をもってカーニヴァルは終わる)に、若者たちがジャムを体に塗り、「野人をするために」羽毛のなかを転げ回った。ボッカッチョの『デカメロン』(一三四九年完成/五三年公表)第四日第二話の、修道士アルベルトが「森の人」に扮装するためにしたように[65]、全身に蜜を塗ってから羽毛をつけて仮装するという風習は各地で見られたらしい。ヴァン・ジュネップはさらに、ケルシー地方のグールドンでの風習を引いている。四旬節の最初の日曜日が「野人たちの日曜日」(lou dimenge dei Salvagi)と呼ばれていて、若者たちはサテュロスを装ってこの祝祭を祝っていた。

ラフィトーがどんなに野人を過去のものとして葬りさろうとしても、野人はヨーロッパ精神の所産として消し去りようもなく現前する。まさに最新の野人論を著したロジャー・バルトラの指摘するとおりなのである。「野人の神話はヨーロッパ文化の原初的で根本的な要素である[66]」と。

7　狼　男

架空上の森の生き物の代表的なものとして野人が挙げられるとすれば、実在の森の生き物の代表としては狼が挙げられることにまず異論はないであろう。その狼と人間との付き合いは先史時代にまで遡るが、両者は鹿のような共通する獲物をめぐって争うことはあっても、最初から敵対関係にあったわけではない。むしろ人間が熊やオーロックスやイヌワシやオオヤマネコを絶滅状態に追い込んだことで、狼には強敵の野獣がいなくなり、居心地がよくなったとすらいえる。しかしこの幸福な時代も長くは続かない。人間が森林をつぎつぎと伐採し農地を開墾することで、そして人口が増加することで、それだけ狩猟の獲物は減少し、人間は狼と接触する機会が多くなる。それはそうだろう、狼は生活圏が狭められ、獲物となる小動物が減少すれば、人里に姿を現さざるをえないではないか。しかも人間が農耕と牧畜を営むようになることで、羊や豚や牛は狼の恰好の餌食になる。牧夫と犬が番をしていようが、きわめて組織化された集団で行動する狼には問題にもならない。家畜を狙いに家々の近くにまでやって来る狼にとってさらに都合がよかったのは、羊のついでに猫や犬、家禽、それに肉の柔らかい小娘から簡単に仕留められる老人まで、通りすがりに餌食とすべきものが容易に手に入ったことである。さらに、飢饉や病気が蔓延したり、戦争と内乱が繰り返されて、人間が疲弊し、衰弱しきったり、負傷したり、死んだりすると、死者や負傷者、餓死者はそのまま放置され、疫病による死者も埋葬されることなく山野に捨てられて、寒さと飢えで森を出てきた狼——一五世紀フランスの放浪詩人ヴィヨンによれば、「飢えてただ風を喰らい(1)」彷徨する狼ども——は苦もなく餌食を見つけることができた。飢饉→死体→死体に群がる狼→狼の増加と襲撃、という、まさに最悪の連鎖である。こうして人肉の味を覚える狼も多く、常習的な人喰い狼も出現する。少なくとも一八世紀までは、狼の生存と繁殖にとって好都合な自然環境にあったといっていい。それだけに、ヨーロッパの人々の狼に対する恐怖はなみなみならぬものがある。同じ森の主でも、熊は、繁殖力に劣り好戦的でない点で、恐怖の面では狼と比較にならなかった[2]。

狼の人間世界への闖入と攻撃性、それゆえの狼への恐怖の広がりを伝える証言はおびただしい。古くは、八一三年のシャルルマーニュ(カール大帝)の勅令自体が狼の遍在を示唆している。狼の捕獲のスペシャリストたる狩狼官を二名ずつ各伯爵領に設置し、彼らにはいかなる狩猟具も認可され、五月には狼の仔を退治するよう命じているからである[3]。兵役免除、タイユ税免除、武器携帯許可などの特権を与えられた狩狼隊長なる役職は、一九世紀に到るまで存続した。いや、もっと正確にいえば、フランスでは、狼がいなくなった二〇世紀になっても狩狼隊制度はなお存続しており、一九七一年に狩狼官は、身分はそのままで「農業補助員」とか「狩猟相談員」の役を引き受けているのだ[4]。

しかし、やがて狼狩りのスペシャリストを置いただけでは追いつかなくなり、集団による狩出しが要請されるようになる。一一一三年にサンティアゴ・デ・コンポステラの教区会議は、復活祭と聖霊降臨祭の前日を除く毎土曜日には、急ぎの用事のない司祭、貴族、農民は狼退治に参加することを決定しており、病人を見舞うという理由もなくこれを逃れた司祭は罰金五スー、不参加の貴族も同じく罰金五スー、農民は一スーまたは羊一頭を差し出すことが取り決められた[5]。その一方で、数世紀にわたって、狼を退治した者には賞金・報奨が提供されたりもしてきた[6]。フランス王シャルル六世は一三九五年に王令を布告して、いかなる身分の者であろうと「すべての牡狼と牝狼を捕らえ、殺し、狩猟する[7]」ことを許可するほどにまでなっている。

集団による狩出しと奨励金にもかかわらず、またあらゆる方策がとられたにもかかわらず、狼はヨーロッパ大陸に頑として居座りつづける(島国イングランドは一〇世紀に狼を根絶したとされる)[8]。狼は農村に姿を見せるだけでなく、都市に、それもパリのような大都市にさえ侵入するありさまである。一五世紀前半にまとめられた『パリの一住民の日記』は、数年にわたって狼がパリに姿を見せたことを記している。日記に最初の狼の記述が現れるのは、一四二一年の夏のことである。

> また、このころ、狼どもは大いに飢えていたので、村々や畑に埋められた人々の死体を脚で掘り起こしていた。というのも、日に日に悪化の一途をたどる呪われた戦争

のせいで、人々ははなはだしき貧困に苦しんでいたため、行くところどこにでも、田舎にも町々にも死体がころがっていたからである(9)。

さらに、同年の夏のさなかのこと。

また、このころ、狼どもは大いに飢えていたので、闇にまぎれて由緒ある町々に忍び込んでは大きな被害をいろいろもたらした。しかもしばしばセーヌ河およびいくつもの川を泳いで渡った。野原にある墓地では、死体が埋葬されるやいなや、狼どもは夜陰に乗じてやって来て、掘り起こしてこれらを喰らった。市門に吊り下げられていた〔罪人の〕脚に飛びついてこれを喰らい、あちこちで女や子どもを喰らった(10)。

一四二三年七月にも、狼どもは毎晩のようにパリに襲来した。

また、このころ、狼どもは毎晩パリにやって来て、一度に三、四頭が捕獲されることもしばしばだった。仕留められた狼どもは市中に運ばれて、後脚から逆さ吊りにされたが、狼どもを仕留めた者たちには大枚の報奨金が与えられた(11)。

一四三八年一一月には、川からパリ市中にはいりこんだ狼どもが犬たちを襲い、子どもをひとり喰らうという事件が起こっているが(12)、最悪の事件は一四三九年の秋に起こった。

また、このころ、とりわけ王がパリにおられた折りのこと、狼どもは男や女や子どもの肉を喰らわんとたいそういきりたったがために、九月の最後の週には、モンマルトルとサン＝タントワーヌ門のあいだの、葡萄畑と沼沢地にて、老若を問わず一四名の人々の息の根をとめてこれを喰らった。しかも狼どもは羊の群れを見ても、羊飼いに襲いかかって、羊たちには見向きもしなかった(13)。

これにはまだ続きがあって、日記作者は、「尾なし」の異名をとり、「森の盗賊か残虐な隊長同様に(14)」恐れられた狼が捕らえられ、パリに運ばれてきたのを見ようと市民が殺到したことを記している。さらに、どういうわけか女ばかりが狙われた事件にも言及している。同年一二月一六日には、狼どもは四人の女の息の根をとめ、続く金曜日にはパリ周辺で一七人の女たちを傷つけ、そのうち一一人が嚙み傷がもとで死んだ。[15]

一六世紀後半から一七世紀にかけて大部な日記を書き記したピエール・ド・レトワルによれば、一六世紀になっても事情はなんら変わらなかった。一五九八年六月のこと、長年続いた宗教戦争が終熄して平和が回復したと思ったのも束の間、今度は人間と狼の戦いが始まった。狼は「神の正当な憤怒と懲罰によって[16]」人間を追い回し、家畜には目もくれずに人間に襲いかかった。習性に反することに羊を無視して羊飼いを襲い、羊の群れのなかでこれを喰ってしまったり、七面鳥の雛の世話をしていた一六歳ほどの娘を喰って、雛にはいっさい手をつけなかった。目撃の証言がたくさんなかったら、とてもそんなことは信じられないところだ。パリ周辺、ノルマンディー、フランスの他の地域でも、狼は母親の胸から赤子を取り上げるだけでなく、しばしば住居のなかにも踏みこんできて、男や女や子どもが喰われたという噂が毎日のように流れた。ブリーやシャンパーニュでは狼の残忍さが語り種になっていたが、「あたかも狼以上に凶悪な人間の罪を懲らしめるために神がこの残忍な獣を利用しようとしているかのようだった[17]」。また戦役から帰ってきたばかりの兵士――噂によると、彼も人間に対して正真正銘の狼ぶりを発揮してきたらしいのだが――も、刀や武器を携行していたにもかかわらず、葡萄畑で息の根をとめられていたし、いっしょにいた父親と息子は二人とも骨まで喰われて死んでおり、隣り合って倒れていた。「これらは恐るべき驚異であり、行いを悔い改めて神に復帰するように人間に警告するものだ[18]」とは、レトワルの感想である。神はペストといった疫病をとおして人間に懲罰を加えることもあれば、狼のような残忍な獣を懲罰の執行者として利用することもある、とレトワルは受け取っているのである。実際、カンペールの司教座聖堂参事会員ジャン・モローも、神の人間に対する四つの懲罰として、戦争、悪疫、飢饉、猛獣を挙げているように[19]、もっとも嫌われ、もっとも恐れられた野獣は狼であり、それは人間に下された神の懲罰のひとつであった。かかる想いを抱いたのはレトワルやモローだけではなく、それこそ中世とルネサンスにおける世論ともいうべきであった。

狼の現実とメンタリティーとが一六世紀人の精神のなかでどのように結びつき、またそれが現実の描写をどのように操作しているのか、その雄弁な例をジャン・モローの回想録の一節をもとに見ていきたい。[20]

モローはブルターニュにおける狼による惨害を語ることはおぞましいことだと断ったうえで、狼の悪賢さをまず指摘する。まるで生まれつきの本能からであるかのように、村々の犬たちを策略でもって殺戮するというのである。狼どもは集団をなして村にやって来ると、そのうちの一頭だけが家のすぐそばまで行き、他の狼どもは物陰に隠れて待ち伏せをする。その一頭が犬に見つかって追跡されると、仲間が待ち伏せるところまで退却してから、総出でかわいそうな犬に飛びかかりずたずたに引き裂く。こうした狼の術策は戦争のときの計略にほぼそっくりで、単純な人々につぎのような考えを植えつけるに充分だった。すなわち、「これは本来の狼などでなく、死亡した兵士が、神の許しを得て、生者と死者を悩ますために、狼の姿で生き返ったものであり、細民のあいだでは一般に、これをブルトン語で tut-bleis、つまり人狼 gens-loups と呼んでいた。あるいは、これはこの地方でもフランスの他の地方でも、魔術師にちがいない、と」。

モローによれば、この最後の意見がまんざら的外れでないかもしれないのは、「謹厳な著作家たちが魔術師は食人鬼であり、人間の肉、とりわけ洗礼を受けていない幼子の肉を喰う人であると言っているからだ」。実際、狼は年齢性別を問わず襲いかかるけれども、なかでも妊婦に執着し、その腹をあっという間に裂くと、女をぴくぴくひきつらせたままにして、胎内から胎児を引きずり出すのである。さて、平和時にはカンペールの市門は開門されたままにされるので、狼どもが毎晩市門から侵入、明け方まで市中をうろついた。路上で見つけた犬たちをかっさらっていくだけでなく、夜中に町の中心で人々をも負傷させ、しかも助けを求める叫び声もあげさせぬままに喰ってしまう。「狼どもは叫び声をあげさせないために、もしできればいつも喉に食いつく狡猾さを身につけていたし、余裕があるときには、衣服と下着をすら傷めることなく脱がせることもでき、貪り喰われた死骸の骨のあたりにそれらが散乱していることもあった。このことが愚直な人々の誤りをますます膨らませて、これは本来の狼の仕業ではなく、狼男か変身した兵士ないし魔術師のせいだと言わせることになった」[21]。

この文章に三つの位相を弁別しうる。ひとつは人間と狼の関係、二つめに狼のイメージ、三つめに狼男のイメージである。これらが分かちがたく結ばれているのだが、とくに後者の二つはお互いに補塡しあうばかりでなく、ひとつめの歴史的な文脈とも切り離して考えることはできまい。狼の狡猾さ、人肉嗜好、服を破らずに脱がせるテクニック。

これらの狼のイメージが狼男と魔術師(魔女)の表象に移行するのに時間はかからないだろう。ひとつめについてはすでに述べ来ったので、つぎにこの狼について、ヨーロッパ人はいかなる心象を結んでいたかを考察しよう。

*

狼は古来はなはだしい迷信と伝説に彩られてきた[22]。古代エジプトのリュコポリスでは、狼はオシリスの変身したものとして崇められたというし、ギリシア神話ではゼウスやアポロンと結びつけられることがあったし、ローマ神話では狼は保護を表徴し、ロムルスとレムスを育てて、都市の建設者でもあったように、肯定的な価値を引き受けていた一方で、残忍と貪欲の代名詞でもあった。二世紀ギリシアのあるソフィストが「罪があろうがなかろうが、狼は非難される[23]」と述べたそうだが、まさにそのとおりで、無数の諺や俚言、成句は狼を悪者に仕立てあげて、貪欲で野生の、狡猾な肉食獣として、狼が羊飼いのみならず一般民衆[24]からどんなに怖がられたかを証している。

しかし中世における狼のイメージを垣間見るのに最良のテクストは『狐物語』である。まずもって、主人公の狐ルナールの宿敵、狼のイザングランはつねに空腹を抱えていて、がつがつしていることでは際立っている[25]。鰻を食べたい一心で頭に熱湯をかけられる羽目に陥ったり、凍った池で魚釣りをしていて尻尾を切り落とすことになったり、食べ物が豊富にある天国とばかり思い込んで井戸の底にはいったものの、騙されておいてきぼりにされ散々な目にあったり、食べすぎてはいってきた穴から出られなくなったり……。それに、狼は創造されたときからすでに悪そのものであった。旧約聖書『創世記』をもじった第二四 枝篇《ブランシュ》は、狼が楽園を追放されたアダムとエバによって創造されたその顚末を語っている。二人を哀れにおぼしめした神は、海を打てば欲しいものが手にはいるように、一本の棒を彼らに与える。アダムが打つと牝羊が出てきたが、エバが棒で乱暴に海を叩くと狼が飛び出てきて森に逃げていった。アダムが打って出てくる動物はみな飼い馴らされ、エバが出した動物は狼の後を追って森にはいり野生化した[26]。要するに、狼は野生動物の筆頭に現れるのみならず、女に結びつけられるのである。人間の原罪と不幸の責任を負う女によって創造された狼は、こうして不信の徴となりうる。一三世紀にリシャール・ド・フールニヴァルも「女の愛を狼の本性に較べる」際に、「狼〔と女〕ははるかに類似する性質をほかにもまだ具えているから[27]」として、みずから正当化している。この関連から、とくに牝狼の淫乱が言挙げされる。ガストン・フェビュスは、牝狼は発情期になると、自分をいちばん愛しそれゆえ苦しんだ牡狼を選ぶやその牡狼を従えて群れから離れる、と述べながら、それゆえ「女が品行よろしくないときに、彼女は牝狼みたいだと言われる。それは女がもっとも醜くもっとも意地悪な男にのぼせあがっているからである」[28]と付け加えることになる。チョーサーも同じことを『カンタベリー物語』(一四世紀後葉)の「賄い方」に言わせている。「牝の狼もまたいやしい性質をもっています。彼女が見つけることのできる一番柄の悪い狼だって、一番評判の悪いのだって、彼女が相手をもちたいという欲望の起こった時にはそれを相手にするものです」[29]と。

狼を悪魔にしてしまうには、聖職者たちにとって、民衆の心性にあるこうした狼の否定的イメージだけで充分であった。キリスト教が狼を悪魔化したのである。

ヘブライの伝統では、狼は神が遣わした罰であった。悔い改めるのを拒んだ住民の住むエルサレムを襲うのも狼である。「それゆえ、森の獅子が彼らを襲い／荒地の狼が彼らを荒らし尽くす」(『エレミア書』第五章第六節)。『エゼキエル書』は流血の罪を犯すイスラエルの君侯たちを狼に譬える。「また、高官たちは都の中で獲物を引き裂く狼のようだ。彼らは不正の利を得るために、血を流し、人々を殺す」(第二二章第二七節)。

新約聖書では神の羊と狼の譬えが用いられる。イエスは使徒たちに、自分が宣教に派遣するのは「狼の群れに羊を送り込むようなものだ」(『マタイによる福音書』第一〇章第一六節、『ルカによる福音書』第一〇章第三節)と表明している。あるいは、「わたしは良い羊飼いである。良い羊飼いは羊のために命を捨てる。羊飼いでなく、自分の羊を持たない雇い人は、狼が来るのを見ると、羊を置き去りにして逃げる。――狼は羊を奪い、また追い散らす」(『ヨハネによる福音書』第一〇章第一一―一二節)。つまり狼とは不信仰者、異教徒にほかならない。または偽預言者でもある。「偽預言者を警戒しなさい。彼らは羊の皮を身にまとってあなたがたのところに来るが、その内側は貪欲な狼である」(『マタイによる福音書』第七章第一五節)。

四世紀になると、ミラノの大司教聖アンブロシウスはきわめて明快に断言するに到った。「もしオオカミがあなたを襲ったなら、石をとりなさい。オオカミは逃げ去るだろう。石はキリストである。あなたがキリストのなかに逃れるなら、オオカミ、つまり悪魔を逃走させることができる。オオカミは二度とあなたを怖がらせることはないだろう」[30]。

すなわち、中世において、牧人とは司祭であり、彼が貪欲な狼(悪魔)の襲撃から仔羊の群れ(キリスト者)を保護する、という単純明快な隠喩が完成されるのである。動物がキリスト教の象徴体系にどのように取り込まれていったかを研究したジャック・ヴォワズネは、野獣のなかでもとりわけ狼はキリスト教的伝統のなかで否定的な負荷を担っているとして、こうまとめる。「狼は羊の群れを殺戮し追い散らす悪魔的な肉食獣である。聖書では、狼は、殲滅の精神、貪婪、悪意、偽善、優しい仔羊にとっての危険を体現する……。狼は肯定的な特徴をけっして与えられていない」[31]。つねに悪意を示す狼は悪と罪を体現し、それゆえに悪魔、死、地獄との関連をもつに到る。ピエール・ド・ボーヴェの『動物寓意譚』は、この中世の教会人の思考にある狼と悪魔の同一化をよく反映している。彼はその「狼」の項目の前段を、自然誌に属する事象にあてながら、迷信・俗信と適切な観察とをないまぜにする。

狼——この名前はもともと「力ずくで強奪する」という意味の言葉であり、その理由から、自分を愛してくれる男たちの長所を台無しにするふしだらな女を牝狼と呼ぶのは当を得ている。狼は胸部はがっしりしているが、腰から下は脆弱である。体全体をくるりと回さないことには、頭を後ろに振り向けることはできない。狼は獲物と同時に風を喰らって生きている。牝狼は五月の雷が鳴るときに出産するのであって、断じて他の時期ではない。牝狼の本能は、仔ができると、仔の近くでけっして餌を探さず、むしろ遠くに探しにいくようである。もし夜陰に乗じて餌を探しにいくようなことがあれば、よく訓練された犬のように、そっと羊小屋と牝羊のほうに向かう。万一の場合、犬どもが牝狼の吐く息の臭いを嗅ぎつけたり羊飼いたちを起こしたりすることのないように、いつも向かい風に進む。枯れ枝ないしかさこそ音をたてるものの上をたまたま歩くようなことがあると、牝狼は自分の足をきつく嚙む。闇夜に狼の眼は蠟燭のようにらんらんと輝く[32]。

このように狼の特徴は早々にすませたうえで、後段は著者の主たる関心事であるアレゴリックな解釈を展開し、狼に帰せられた特徴に逐一宗教的な意味を付していく。

狼は悪魔を表す。というのは、悪魔は人間にたえず憎しみを覚えており、魂を欺かんと信者の思念の周りをうろついているからである。狼の胸部はがっしりしていて腰から下は脆弱であるという事実は、はじめは天国にいる天使だったのに、天国から追放されたいまは邪悪な悪魔そのものの象徴である。闇夜にらんらんと輝く狼の眼は、理性を失った人間や心の目の見えない人々には美しくも心地よい悪魔の仕業である。牝狼が子育てしているときには巣穴から遠くでしか餌の動物を捕まえないのだが、それは悪魔が慈善から遠ざかっている人々を物質的な富でもって養っているのを意味する。〔……〕狼が全身をくるりと回さないと振り返ることができないという事実は、悪魔がいかなる善にも振り向くことができないことを意味する。〔狼と人間が出くわして〕狼のほうがさきに見ると、その人は叫ぶ力を奪い取られてしまうので、遠くのほうにいる人々から救助を得ることができない。そのときには、当人は着ている服を足元にそのまま脱ぎ落とし、両手にもった二つの石を互いに打ちつけながら、衣服を踏みつけるように。そうすれば狼から体力と気力を奪い取ることになり、狼は逃げだし、人は安全無事であろう。そこに宗教的な意味を見なければならない。そしてそれについて寓意的解釈を施すのがふさわしい。狼をば悪魔と理解しよう。人が足で踏みつける衣服をば、告解で罪を取り払うことと理解しよう。両手で互いに打ちつけあう石をば、使徒、他の聖人たち、そしてわれらが主イエスご自身だと理解せねばならない(34)。

狼の悪魔化は、聖職者たちの説教を通じても民衆の意識に根づいていく。つまり狼を恐れ憎しむ民衆と、狼を悪魔とするキリスト教文化に生きる聖職者とのあいだのたえざるキャッチボールをとおして、狼と悪魔との同一視は完成されたといってよい。かくて中世において、狼は大食、貪婪さ、淫欲、残忍さのアレゴリーとなり、加うるに悪魔の変身したひとつの形になる。一七世紀の初めには、悪魔学者ピエール・ド・ランクルはついにこう断言できるほどにまでなる。

悪魔は他のどんな動物よりも好んで狼に変身する。狼は貪り喰うものであり、それゆえ他のどんなものよりも悪事をなすからであり、それにまた、われらが救世主にして贖い主たるイエス・キリストがそのお姿を顕された仔羊の不倶戴天の敵だからである(35)。

あるいは悪魔の手先として、狼は魔女の乗物となって、

図56　狼に跨る魔女．ウルリヒ・モリトール『魔女と女占者について』(1489)より

魔女をサバトに運ぶことになるであろう(図56)。ウルリヒ・モリトールはすでに一五世紀の終わりころに、狼に跨ってサバトに出席した農民が告発された裁判について報告しているからである[36]。サバトに赴くときに魔女は狼の皮でできた靴下どめをつけるともいう[37]。狼となんらかの接触がある人間にも、当然のことながら、猜疑の目が向けられ、恐れられ、憎まれる。ジョルジュ・サンドがフランス中部のベリー地方の農村に伝わる伝承として紹介した狼使いなどはそのよい例である[38]。もっとも、獰猛な狼を従順に飼い馴らして、その群れの先頭に立って田舎を徘徊する狼使いの話は、近代になって流行したものだ。狼と悪魔と魔女のつながりの環のなかで想像力が創りだしたもの——それは、近代の狼使いより以前であれば、一六世紀には往々にして魔術師(魔女)と関連づけられ、混同されることさえあった、狼に変身する人間、いわゆる狼男を措いてほかにない。

＊

狼男に関する俗信はひじょうに古く、しかもヨーロッパ各国にわたって伝播されているという[39]。それはそうだろう、狼にかぎらず何ものかに変身するというのは、人間にとって尽きせぬ憧れに属するかもしれないからだ。それはおそらく人間の存在と同じくらい古くからあるかもしれない。

オウィディウスの『変身物語』(前一—後一世紀)をもちだすまでもなく、古代ギリシア・ローマでは無数の変身譚が語り継がれていた。狼男の変身についても、まず古典古代にたずねてみるのが順序というものであろう。おそらくこれに接ぎ木されて後世の狼男のイメージが膨らんでいったと思われる。とはいえ、ヘロドトスはネウロイ人が一年に一度だけ数日にわたって狼に変身する話を伝え(『歴史』巻四、第一〇五節)、プラトンはアルカディアにあるリュカイオン・ゼウス(ゼウスのこと)の神殿にまつわる話に触れ(『国家』第八巻565d)、パウサニアスもアルカディア人の狼《ろう》狂《きょう》を採り上げ(『ギリシア案内記』第八巻第二章第六節)、ウェルギリウスは毒草で狼になり森に隠れたモエリスについて語る(『牧歌』第八歌第九五—九七行)——という具合に文献を列挙することはできるものの、人間の狼への変身に関する古典古代の記述はじつに短く素っ気ない。

肝心のオウィディウスはどうかといえば、狼への変身にひとつの説明を加えようとしている。リュカオンは冒瀆者、犯罪人だったから――「いたるところでどれだけの罪悪を見つけ出したかを並べたてるのは、時間の浪費だ。ともかく、風評は実際よりも手ぬるかったのだ」[40]――、ユピテルによって罰せられ狼に変えられた。リュカオンが人肉を食卓に供したのがユピテルの憤激を招き、「懲罰の雷電」でリュカオンの屋敷は倒壊する。

リュカオンだけは、驚いて逃げ出し、ひっそりした田園までやって来たが、しゃべろうとしても人語は出ず、けもののように吼えるだけであった。持てる限りの狂おしさを顔に現わし、身についたその殺戮欲を、今や羊たちにさし向けた。こうして、現在もなお、流血を喜んでいる。衣服はもじゃもじゃの毛に、腕は脚に、変わった。要するに、狼に変身したわけだが、もとの姿の名残りをも、いくらかはとどめている。同じ灰色の髪、同じ兇暴な顔つきで、目の光も同一だ。荒々しさの化身と見えることでも同じだった[41]。

オウィディウスは狼の獰猛さの所以を説明する。それはただリュカオンの狂暴さが変身した狼にまで持ち込まれたのにすぎない。人間の残虐さの転位である。こうして狼の伝説的な狂暴さは、リュカオンに下された神の懲罰で説明がつくのである。起源神話的な思考ともいえようか。

一方、ペトロニウスの『サテュリコン』(一世紀)にも、狼憑きの挿話がある。語り手のニケロスによると、ある兵士が墓場近くで「すっぱだかになって」、「自分の着物のまわりに小便をひっかけたとたん、狼に化け」、「ウォーとうなって森の中へ逃げていった」[42]。この様子を目撃してから、ニケロスが情婦の家にたどり着くと、狼が家にやって来て家畜を殺していったことを知らされる。ただし奴隷が狼の首に投槍を突き刺したという。ニケロスが帰宅すると、あの兵士が医者に首を治療してもらっていた。このことからニケロスは、兵士が狼憑きだと分かった。話はここで終わるが、ニケロスはこの話が嘘でないことを誓い、聞き手のひとりのトリマルキオンが「お前さんの話をうたぐる気は毛頭ない。正直なところ、わしは髪が逆立ったくらいだ。じっさい、ニケロスがでたらめをしゃべっとるとは思えん。それどころか、彼は信頼できる男だし、どうみても駄法螺《だぼら》を吹く男ではない」[43]と応じることで、ペトロニウスは物語の真実性を強調するのである。ここでは、狼への変身が懲罰といった超自然的な類のものによるのではなく、それは兵士のもってうまれた能力であるとされる。したがって狼男の残虐さは狼本来の残虐さをそのまま引き受けることになる。ただし変身するとき、儀式が前提となる。裸になることと、衣服の周りに小便をかけることである。小便という象徴的な防禦壁のおかげで、兵士は服を再び身につけ、人間に戻ることができる。ということは、裸になることが狼男に変身する絶対条件だということだ。これは中世の狼男譚でも不変の要素であるので注意しなければならない。

古典古代において狼男の存在がかなりの程度信じられていたであろうことは、おめでたい民衆の迷信をプリニウスがきっぱりと否定・告発しなければならなかったことがなによりの反証である。「われわれは確信をもって、オオカミに変えられ、また自分自身にかえされた人々の話は嘘だと断言しなければならない。さもなければ、ひじょうに多くの世紀の間の経験がわれわれに作りごとにすぎないと教えてくれたすべての話を真に受けなければならないことになる」[44]。どうして狼男の伝説が民衆の心に根を下ろしているのか。そのひとつの例をプリニウスは示す。アルカディア人たちの伝説では、ある氏族から選ばれた男は着物を楢の木に懸けて、沼地を泳いで荒涼たる地に渡る。そこで狼に変身して九年間他の狼と暮らす。九年後沼地を再び泳ぎ渡り、もとの着物をまとうと人間に戻る。この話を紹介したあとで、プリニウスはギリシア人の信じやすさに驚いてみせる。「ギリシア人の妄信はどこまでゆくことやら、驚き入る次第である。どんな破廉恥な虚誕も支持者にこと欠かないのだ」[45]。プリニウスの紹介した伝説も、ペトロニウスの挿話に通底するものがある。動物になろうとする者は裸になって荒地に赴き、衣服を再度身につけることで人間社会に復帰するというパターンである。

これらは数世紀後のヨーロッパで蒐集される狼男の民間伝承や文学テクストを彷彿させるものがある。中世において狼男が重要な役割を演じているのは、主に一二、一三世紀の資料においてであるから、そのうちのいくつかから狼男の共通するイメージを抽出してみよう。

一二世紀後半にマリー・ド・フランスは、ブルターニュに伝わる物語をうたった一二篇のレーのひとつ、『ビスクラヴレット(狼男)』と題された狼男譚のプロローグで、狼男を狼の否定的なイメージを継承したものとして描いている。人間が狼に変身するや、本来の狼に結びつけられた貪欲、暴力、野生といった負の価値を担うからである。

かつては耳にすることがあったし、また、しばしば起こ
　りもしたことだが、
多くの人たちが狼男に姿を変じ、森の中を棲み家とした
　ものだ。
狼男、というのは野獣であって、この狂気に取りつかれ
　ているかぎり、
人間をむさぼり喰らい、大層な害をなし、森の奥深くを
　徘徊して暮すという(46)。

主人公の領主は、夫が週に三日はいずこともなく姿を消してしまうことを訝る奥方の執拗な追及に、ついに「妻よ、／私は狼男になるのだ。あの大きな森の中に出かけると、／木々が鬱蒼と生い茂るあたりで、獲物をあさり、略奪をして暮しているのだ(47)」と白状する。変身の方法を重ねて問いただされ、裸になること、その衣服は人目につかぬところに隠しておくことを教えてしまう。そのうえ同じ衣服を身につけないともとの姿に戻れないことまで。夫の秘密を知った奥方は、その脱ぎ去った服を愛人に盗ませて、夫が二度と人間の姿に戻れぬようにする。しかし一年後、狼男は再会した妻の鼻をもいで復讐し、衣服のありかを白状させて人間に戻る。

作者不詳の短詩《レー》『メリオン』(一二世紀末―一三世紀初頭)も大筋はマリー・ド・フランスの短詩に似通っている。若い騎士メリオンはアイルランドの王女と結婚するが、大きな鹿を捕らえてほしいという妻の懇請を容れて狼に変身する。妻が魔法の指輪の白石で夫の頭に触れれば、衣服を脱いで裸になるやいなや狼に変身し、指輪の赤石に触れることでもとの人間に戻ることができるのだった。脱いだ衣服の番をして待っていてくれ、と夫に頼まれたにもかかわらず、妻は愛人とともにさっさとアイルランドに帰ってしまう。狼男は一〇頭の狼と群れをなして家畜や人間を殺戮し、国を荒し回るが、やがてその後、狼男がこの妻に復讐を遂げるのはいうまでもない(48)。

赴任地や旅先で見聞したことどもを蒐集した驚異譚『皇帝の閑暇』(一三世紀初め)の第三部で、ティルベリのゲルウァシウスは「狼になった男たち」(第一二〇章)を二例紹介しているが、そのうちカルスファリアという男は新月になると、「すべての仲間たちのもとを離れ、藪の中あるいは秘密の岩の下に衣服を脱いで置き、砂の中を全裸で長時間ゴロゴロ転がると、狼の姿形と獰猛さを身にまとう(49)」。

ヴァリエーションはもちろんあるものの、変身の仕方、人間に戻る方法は概ね一致している。衣服を脱いで裸になること、そしてもとどおりの衣服を身につけること。場合によっては、身につけているベルトの着脱[50]とか狼の毛皮をまとい脱ぎ去るという行為が付け加わることもあるが、いずれにせよ、これは野人のときと同様に一種の儀式であると考えてよい。野人を論じたときにも触れたように、衣服は文化と人間性への帰属の指標であり、裸は本質的に原初の状態への回帰であるだけに、裸は、その文化の放棄、換言すれば自然空間への帰還、野生化の記号である。身にまとう狼の毛皮が野生性をさらにはっきりと明示するはずである。人間に戻る方法に四肢切断もあることを、ティルベリのゲルウァシウスはもうひとつの例として紹介している。遺産を取り上げられた失意の騎士ランボー・ド・プジェは「過度の恐怖の一撃で精神に変調をきたし」、狼に変身してしまったのだが、樵によって「まさかりの一撃で片足を切断されて失い、かくて元の姿をとり戻して、ふたたび人間にもどった[51]」。

また、場所の変化が変身の主要因になっていることにも留意しておこう。森という場所、森でなくとも孤独になれる場所が変身には不可欠であった。家から森へ生息環境を移すのにともなって、人間から狼男に変身するのである。あるいは森での裸から家での着衣に移行するにつれ、狼男から人間に戻る。狼男は、動物界と人間界という、はっきりと分かれた二つの領域を往還する存在である。

さらに、肉体的には狼に変身しながら、同時に心は人間のままであることにも気づかされる。ビスクラヴレットは王をして「人語を解し、分別をそなえておる[52]」と言わしめているし、王の面前で衣服を身につけるのを恥じ入る羞恥心をもっているからだし、メリオンにしても分別までは失っておらず、罠から逃れることもできれば、人間のように嘆き悲しむこともできるからである。ギラルドゥス・カンブレンシスが『アイルランド地誌』(一二世紀後葉)の第二部第一九章で「聖職者と話したオオカミ」について記しているが、この、さる修道院長の呪詛によって狼に変えられた男女二人は人間の言葉を発し、明らかに神についての分別をもちあわせていた[53]。

ではなぜ彼ら人間は狼に変身しなければならなかったのか。ティルベリのゲルウァシウスの報告するように「過度の恐怖の一撃[54]」による狂気もあっただろうし、ギラルドゥス・カンブレンシスが言うように聖職者による呪詛もあっただろう。ビスクラヴレットやメリオンなどに到っては、なんの説明もされていない。しかし確かなことは、ティルベリのゲルヴァシウスが強調するように、それは「人間の運命」「運命の悪戯」[55]によるのである。これについてこう指摘した池上俊一の意見はおそらく正鵠を射ている。「一二—一三世紀の狼男は、本来、悲劇的な運命の犠牲者なのであり、かれらは、自らの意思となんらかかわりのない変身を、ただただ受動的に、しかも必然的にこうむってきた」[56]と。

狼男は狼に等しいが、さりとてまるっきり狼というわけでもない。運命の犠牲者にすぎないのだから、したがって狼男は制裁されるべきものでも弾圧されるべきものでもない。その意味で、一二、一三世紀は、狼男を魔術師(魔女)と同一視する一六、一七世紀における裁判官たちの態度とはじつにかけ離れた時代であった。それどころか、狼男伝承について優れた研究を著したガエル・ミランによれば、一四世紀まで、狼男に関する記述は節度を弁えた、変身を理解しようとする、同情さえ表したものになっているという[57]。しかし、民俗的伝承としての狼男は、徐々にキリスト教が断罪する魔術の世界に移行することになる。

ヴォルムスの司教ブルカルドゥスが一一世紀初頭にまとめた「贖罪規定書」(司祭が教区民に質問をし、その返答を聞いて罪を贖うための罰を定めた、告解を聞く司祭のためのハンドブック)に、狼男を信じる罪とそれに対する贖罪の罰が規定されてある。

> お前はある人たちが信じようとしているように、一般に運命の三女神が存在しているとか、あるいは彼らがそうすると信じられている次のようなことを信じているか。ある人が生まれたとき、彼らは思う通りにその人間の人生を決められると考えているのだ。その人間が何を望もうと、一般に愚か者が人間狼と呼んでいる狼や他の形に変身させられると信じているのだ。お前がこのようにかつて起ったこともなく、起るはずもないことを信じ、神のイメージが神以外のものによって何の形にも変えられると信じているなら、パンと水だけで過ごす一〇日間の贖罪を果たさねばならない[58]。

ヴォルムスの司教はこれらの俗信を馬鹿らしいこと、幼稚な想像力に属することと見做しているからであろう、罰は「一〇日間の贖罪」とまだ軽くなっている。後年であれば、悪魔の示威と見做されて拷問、火刑に相当したであろうに。だが処罰は軽いものであれ、キリスト教はかかる民間信仰をとうてい容認しがたいものとする。変身は人間が神の似姿として創られたという考えを疑問視することにつながりかねないからである。人間が動物の外観をまとうこともありうると考えること自体、創造主への冒瀆にほかならないのである。

それにしても変身は現実のことなのか幻惑なのか。これが数世紀にわたって議論されてきた主題だったのだが、その際ひとつの権威としてたえず援用されたのがアウグスティヌスの『神の国』(五世紀)第一八巻第一八章であった。これが変身に関する教会の公式見解といってよかった。アウグスティヌスによれば、悪霊どもは創造する力などもたないのだから、悪霊が人間を動物に変身させることは実際にあるにしても、そういう存在そのものを悪霊が創造することはありえない。したがって悪霊どもは、とアウグスティヌスはこう続ける。

真実の神によってつくられた存在をたんに見かけの上でのみ変化させて、そうでないもののごとくに見せているにすぎないのである。

このようなわけで、魂はいうまでもなく、からだも、ダエモン〔悪霊〕の技巧や力によって動物の肢体や輪郭へと変えられるというようなことは、いかなる理由によっても信じてはならないのであって、かえって、それは人間の幻影なのだと信じるべきである。(59)

一般に流布している俗信に反して、変身は実際に起こることでなく、悪霊がただ変身の幻覚をつくりだすにすぎず、事物がそれ自体とちがって見えるようにその外見だけを変えているのだ。このアウグスティヌスの立場が、頑迷な民間信仰を突き崩すべく、聖職者たちによって中世を通じて繰り返し再確認されていくだろう。

人間の動物への変身譚、わけても狼男への変身譚は、インド＝ヨーロッパ語圏に広く流布した古くからの伝承に属していたが、教会がたとえ控えめであれ、贖罪規定書を介してこの俗信を懲らしていたせいもあろう、一一世紀まではこの類の物語がきわめて少ない。ジャック・ヴォワズネによれば、一一世紀ころからオウィディウスの復権が始まり、狼男の実在が信じられることに大いに寄与したようだ。(60)一二―一三世紀の文学に狼男への変身譚が顕著であったことは見てきたとおりである。

しかしこれが一五世紀になるにつれ、狼男はもはや運命の犠牲者ではなく、その変身は悪魔の力を借りたうえでのみずからの意思に基づくと見做されるようになる。より大きな害をなそうとするために、悪魔と結託して変身するというのである。毒草ないし膏薬の使用が魔術と狼憑きにおいて重要な役割を担っていたのも、狼男が悪魔化されていくひとつの要因ではあったろう。古典古代の時代から毒草が狼への変身に有用であると考えられていたことについては、たとえばウェルギリウスを引いてもよい。すでに述べたように、ウェルギリウスは毒草を使って狼になったモエリスのことをうたっているからである(『牧歌』第八歌第九七行)[61]。

一五世紀後葉に二人のドミニコ会士ハインリヒ・インスティトリスとヤーコプ・シュプレンガーがまとめた魔女審問のマニュアル『魔女への槌』——悪魔の仕業を確信させるのに貢献し、魔女を抑圧するのに与ったこの基本書は一五世紀から一六世紀にかけて二八種類の版があり、およそ三万部以上がヨーロッパじゅうに流布した計算になるベストセラー——に、すでに悪魔と結託する狼男を読み取ることができる。子どもや大人を貪り喰い、どんなに手を尽くしても捕らえられずに徘徊する狼は本物の狼なのか、それとも狼の姿をして現れる悪魔なのか。「それは本物の狼である。しかし悪魔に憑かれた狼である」[62]と、『魔女への槌』は断言する。ここでは、狼への変身に対する俗信を、アウグスティヌスをはじめとする神学者たちが力説したように悪魔の幻惑だとして否認することに関心があるのではない。変身が現実のことであろうが幻覚であろうが問題ではなく、それが悪魔と契約を結んで惹き起こされることこそが重大なのである。狼男はもはや運命の犠牲者などではなく、悪魔の手下になりさがった[63]。サタンの助けを得て狼の姿を借りた狼男は、魔術師(魔女)と同一視されていくであろう。

中世においては物語作家も読者も、文学上の登場人物として狼男に興味を寄せていたのに、一六、一七世紀には狼男に関する資料体は、もはや文学作品ではなく、もっぱら裁判記録、判決文、医師とか聖職者とか裁判官といったその道の専門家たちの意見書からなる。爾来、狼男は悪魔学者と裁判官の領域に属する問題になるのである。

かくて、多くの「狼男」が法廷で裁かれることになる。悪魔学者はこの問題と取り組んだ。一六世紀きっての法学者ジャン・ボダン、あの卓越せる人文主義者にして判事は、一五八〇年に、民間信仰と偏見の山に驚くべき博学と万巻の典籍からの引用を衣装としてまとわせた『魔術師の悪魔憑き妄想』の初版を上梓し、そこで狼男への変身はありうるし、狼男は実在すると言い切ったのだった。その第二巻

第六章は狼憑きについてと、悪魔は人間を動物の姿に変えられるかという問題を扱っている。本章でも言及してきた古代ギリシア・ローマのテクストから中世の神学者の説、同時代の裁判記録までと広く渉猟しながら、ボダンは肉体的な変身の可能性を断言して憚らない。

> しかしながらもっとも信じがたいことは、それはいっそう驚くべきことなのだが、人間の姿から動物への変化、しかも肉体から肉体への変化である。だが、魔術師たちに対する裁判、神に関する物語や人間に関する物語、あらゆる民の物語はそれが確かであることを証拠立てているのである。(64)

さらには、好きなときに狼に変身し、好きなときに姿を見えなくするユダヤ人が存在したことに触れながら、これについても疑う素振りをみせないばかりか、疑う人々の気が知れないとまで言い放つ。

> さてこれは確かに奇妙なことではある。しかし何人かの人たちがそのことを信じられないというのは、地上のあらゆる民と古代人が認めていることに照らしてみても、なおさらおかしなことだと私は思う。(65)

狼男の変身を現実のこととするボダンの説は、たとえば一七世紀の医者ジャン・ド・ニノーなどによってそれは悪魔の捏造した幻影であると反駁されるもの(66)の、その反駁はなお少数の声でしかなかった。ところで、ボダンはもちろん、一六世紀から一七世紀にかけての法律家アンリ・ボゲにせよピエール・ド・ランクルにせよ、狼男の実在を主張するにしても狼男と妖術師の区別をしているわけではない。これらの悪魔学者や裁判官などの記述に、狼男は、重大な被害をもたらす襲撃を繰り返して有罪と推定される被疑者として、また魔術師(魔女)と同じ人喰いの大罪を犯すものとして現れる。狼男の悪魔化、狼憑きと魔術の同一化は、ついには魔術師たちのように、狼男も肉体のどこかにサタンが刻んだ印をもつとまで見做される。(67)狼男と悪魔と魔女のつながりは、立場の違いを超えて自明のこととされていたのである。

一六世紀でもっとも有名な狼男事件は、一五七四年にリヨン出身のジル・ガルニエがドールの高等法院で裁かれ火刑に処された事件であろう。ジル・ガルニエは世俗を捨て、神に身を捧げるために妻とともにサン＝ボノの庵に住んで、孤独で厳格な生活を送っていた。ところが、子どもたちが喰いちぎられた死体であいついで発見されるという一連の事件が発生して、サン＝ボノ近在の村々に大きな恐怖が走ったのだった。「狼の姿で数人の子どもたちを貪り喰ったという殺人、およびその他の犯罪」で逮捕されたのがガルニエだった。高等法院の判決(一五七三(現行暦では一五七四)年一月一八日)に即して、事件のあらましを見てみよう。[68]

聖ミシェルの祝日(九月二九日)が過ぎてまもなくのある日、セールの森の近くの葡萄畑で、狼の姿をしたジル・ガルニエは一〇歳から一二歳くらいの少女を捕らえ、獣の脚のような手と歯でもって殺してしまった。セールの森の界隈まで彼女を引きずってくると、彼女を裸にして腿と腕の肉を食べた。しかしこれだけでは満足せず、妻のアポリーヌのところにその肉を持ち帰ってやった。同じく、万聖節(一一月一日)の八日後のこと、ガルニエはまたもや狼の姿で現れ、同地でもうひとりの少女を捕まえて、その日の正午すこしまえに彼女の首を絞めて、手と歯でもって五箇所の傷を負わせて殺し、食べようとしたところを三人の住民に阻止された。同じく、万聖節の一五日後には、やはり狼の姿で一〇歳くらいの男の子をドール近くの葡萄畑で捕まえ、前回のときと同じように絞め殺し、少年の腿と脚と腹の肉を食べてから、身体から脚を一本もぎとった。さらに、聖バルテルミーの祝日(八月二四日)のまえの金曜日には、ペルーズ村の森の近くにある梨の木の下で一二、三歳の少年を捕らえ、森のなかに引きずり込み、食べようと扼殺した。少年を救出しようとすぐに人々が駆けつけたので食べることはできなかったが、しかしすでに少年は死んでいたし、ガルニエもそのときは狼の姿ではなく人間の姿だった。もし邪魔がはいらなかったら、彼はその姿のままで少年の肉を食べたことだろう。

この判決が印行されたときに、じつは、のちに王立《コレージュ・》学院《ロワイヤル》――コレージュ・ド・フランスの前身――のギリシア文学教授になる碩学ダニエル・ドージュ(Dan. d'Auge)の署名入りの、サンス教会の首席司祭シャルメゾンに宛てた書簡(一五七四年八月末日の日付)が付されている。[69]この書簡の冒頭部に、ガルニエ自身の自白として興味深いことが書かれているのだ。世捨て人になって妻を娶ったものの、家族を扶養することができず、ガルニエは疑念と絶望の淵に立たされて、森や荒野を彷徨していた。そのときに人間の姿をした幽霊に出会った。幽霊はいろいろ驚くべきことを約束したのだが、とりわけ好きなときに狼にでもライオンにでも豹にでもなれる方法を教えた。狼が他の動物よりも世俗的な獣だったために、ガルニエは狼に変身することを望んだ。そして狼になるために実際、膏薬を身体に塗り付けたという。このガルニエの「自白」について、ドージュは獣への変身を信じることは健全なことだと主張し、悪魔と契約してガルニエはこの変身の術を手に入れたと説く。そしてガルニエの例はこの時代ではじめてのことではないとして、サタンの手下となって狼に変身し、多くの子どもたちを食べては、膏薬の力で人間の姿に戻っていた二人の市民の話を引例している。それに引き続いては、ボダンでもお馴染みの説得術のひとつ、古今の典拠を並べ立てるのである。この書簡にある悪魔との結託や膏薬の存在への言及からも、狼男がすでに魔術師(魔女)と混同されていることが明らかになる。この時代は、古代と中世の狼男からなんと遠くに隔たっていることか。

しかしながらすこしずつではあるが、合理的な判断を働かせて、狼憑きに精神の変調と社会的な悲惨や知的な貧困のみを見ようとする傾向が、裁判官たちに出てくる。狼男は魔術師というよりは狂人として扱われていく。狼憑きは精神的な病であり、これを治療し教育して更生させるべきである、と。一六世紀末のこと、法曹界に籍をおいていたピエール・ド・レトワルが日記に書きつけた狼男の話がそれを予感させる。

今月〔一五九八年一一月〕、ひとりの見すぼらしい哀れな男がアンジェの刑事代行官の判決に上訴したので、アンジェの牢獄からパリに連行されてきた。その判決では、彼が狼に変身し、彼自身の自白によれば、その近辺でたくさんの子どもや大人たちを、とりわけ何人かの哀れな女の腕と手を食べた廉《かど》で、火刑を宣告されていた。けれども聖アウグスティヌスはこの変身を嘘偽りであって想像上のことと見做しており、魔術によって人間の肉体は獣に変わりうるとか、体液の激しい動きで分別や想像力を変化・変質しうると信じてはならないと述べている。これはソルボンヌ神学部と主要な博士たちの意見でもある。この狼男(そのように呼ばれていたのだが)は〔体毛を〕剃られてから、パリ裁判所附属監獄《コンシェルジュリ》の暗い牢獄につながれたので、私も彼を見に行った。踵まで垂れた髪をしており、鬚も同様だった。爪は手と同じくらいに大きく、長く伸びていた。高等法院評定官のル・コンニュー氏がこの男の報告官を務めていたので、彼が私に語ってくれたところでは、その男は尋問で訊ねられてもいないことまでぺらぺらと自白した。結局は、その常軌を逸した言動から、法廷は男を狂人と判断して、〔無罪〕放免にしたうえで幽閉することにした(70)。

この男、名前をジャック・ルーレといい、フランス西部アンジェの乞食であった。子どもを喰らったということで狼憑きとして逮捕されたが、実際はその子どもの一部は狼どもによって喰われたのであるらしい。パリ高等法院は彼の場合は魔術というより狂気のせいだと判決し、教育更生させるためにも、また赤貧のゆえに軽んじるようになった神のもとに連れ戻すためにも、二年間サン＝ジェルマン＝デ＝プレの病院に幽閉することを――これは当時としては軽罪に相当する――命じたのだった(71)。

一七世紀には、徐々にではあるが、狼男の存在は、エリートたちからは決定的に否定されていく。いわゆる狼男を信じることは重い心の病に属するのである。とはいえ、一八世紀にジェヴォーダンを荒し回ってフランスじゅうを震撼させた「獣」は、かつての恐怖を想い起こさせたはずである(72)。公式的には狼男の実在は信じられなくなっていても、民衆の心のどこかにはまだ狼男の恐怖が巣くっているのだろう。二〇世紀になっても地方には狼男伝説が残存する(73)。あるいは大衆文学に映画にと、狼男は相変わらず縦横に活躍する。狼男はヨーロッパの人々を呪縛して、それほど簡単には解放しないかのごとくである。

8　幻想的な狩猟

ピエール・ド・ロンサールといえば、フランスはもとよりヨーロッパの近代詩上に燦然と輝く大詩人であることにまず異論はなかろう。古典古代に涵養された該博な知識に裏づけられ、強烈な詩人意識——予言者としての詩人、詩に謳われた者に不滅を授ける詩人の高尚な役割——に覚醒して、豊かな霊感に恵まれた天性のユマニスト詩人の膨大な詩篇は、今日の読者をも魅了してやまない。とりわけ、哲学、科学、宗教、天文など万般をテーマとした叙事詩的文体による『讃歌集』(一五五五—五六年)は、ルネサンスが理想とした「万能の人《ウオモ・ウニヴェルサーレ》」を地でいったような壮大なジャンルに属する。そこに収められた「霊鬼」(一五五五年)の讃歌は、神と人間とのあいだに介在する大気中の存在たる霊鬼《ダイモン》を扱った科学詩であるが、そのなかにロンサール自身の体験をうたったとされる一節がある。

或る晩のこと、真夜中に、恋人たちにありがちな
若さに駆り立てられて、ひとりぼっちで
ル・ロワール川を越え、恋人に会いに行く途中で、
大きな十字架の立つ曲り角を通過中に、或る四つ角で、
一歩一歩私の跡をつけて来る
猟犬の群の啼き声を聞いたように思った。
骨だけになった一人の男が大きな黒馬に乗って
私のそばにいるのが見えたが、眼が合うと、
後に乗るよう私に手まねきをした。
ぐるりには猟犬係の恐ろしい群が
一人の亡霊を追いかけているのに気づいたが、
どう見ても、最近亡くなって、
その邪な生涯のために、地獄で
ラダマンテュスの手で罰せられる、と民衆が思い込む高利貸だった。
身震いするような恐怖が骨まで走った。
背には鎖帷子《かたびら》をまとい、

深夜にただ一人、月光に導かれて、
好運を求むべく恋人が身につける一さいのもの、
短剣、長剣、楯を取り、何よりも
恐れを知らぬ心を持っていた私なのに。
しかしながら、鞘をはらって、抜身で
あたりの空気を細かく断ち切るよう、
すみやかに私に知慧を授けた神がいなかったら、
締めつけられるような恐怖で窒息したことだろう。
即座に私がそうすると、空中にヒューと鳴る
剣の音を聞くや、すべてが消滅し、
彼らのざわめきも歩みも聞こえなくなった、
切り刻まれ、胴切りにされる気配を臆病にも察知して。
なぜなら、彼らは、われら人間の肉体のようには
静脈も動脈も神経もなくても、
われらと同じく感情を持っているから。
なぜなら、神経は無感覚、もっぱら精神が感じるからだ(1)。

長い引用になってしまったが、もう一度繰り返そう、これはこの時代随一といっても過言でないユマニスト詩人の筆から溢れ出た詩句である——しかしなぜか一五八四年版からはこの詩句がそっくり削除された(2)。これを読んで現代の読者は驚くだろうか、あるいは世迷い言と嗤って歯牙にもかけないだろうか。学殖ある詩人が剣を振りかざして悪魔と格闘したなどとは。

じつはこの逸話については、とくにその材源《スールス》をめぐって多くの紙とインクが費やされてきたが、これが詩人の実体験に基づくものか、それとも芸術的創作かという問題におおよそ議論が収斂するように思われる。いまなお凌駕されることのない「霊鬼」註釈を著したアルベール＝マリー・シュミットは、後述する「ヘルレキヌスの眷属（メニ・エルカン）」(mesnie Hellequin)の伝承には「高利貸」が地獄の猟犬係の群れに追い立てられる例が見当たらないことを理由に、この逸話はロンサール個人の体験談に基づく実話と見做す(3)。他方、讃歌についてのモノグラフィーを発表したジェルメーヌ・ラフゥイユは、シュミット説を根拠薄弱と解したうえで、この逸話はドラマティックに盛り上げるための芸術的な叙述にすぎないとして、ロンサールの詩的手腕の一端を分析してみせる(4)。

ロンサールは実際にヘルレキヌスの眷属に遭遇したのか。迷信からくる恐怖にただとらわれて、彼は戦慄せざるをえなかったのか。もっと一般的にいって、その民間信仰に根ざすイマジネーションは、いったい夜道を行く通行人を襲

い怯えさせるものなのか。もちろん真偽のほどはいまとなっては判然としない。が、これが詩人の実体験であったかどうかはさほど問題ではない。問題にしなければならないのは、詩人をかくも恐怖の淵に追い込んだこの猟犬の群れを従えた馬上の骸骨男とはそも何者なのか、ということである。

この逸話の背景には、じつは西ヨーロッパの大部分——フランス、イングランド、スカンディナヴィア、ドイツ、スイス、イタリア、スペイン——に広く伝わる中世来の伝承、「荒猟師」(フランス語で chasse sauvage, 英語で wild hunt, ドイツ語で wilde Jagd) の記憶が控えていることを知らねばならない(5)。「狩り」とはもちろん獲物の狩出しの意味だが、むしろここでは足早に通過する人たち全体、つまり隊列を指す言葉と考えるべきらしい。しかし隊列でなくとも、ひとりの狩人がたくさんの猟犬や獲物を従えて出没するようなこともあれば、超自然的な存在が人間を狩ることもあって、荒猟師といってもはなはだヴァリエーションン豊かなのではあるが。この分野の研究では第一人者といえるクロード・ルクトゥはこれらを峻別する必要を唱えるが、とはいえ伝承は化石などではなく、時間とともに変貌していくものだ。さまざまな記憶と混交し結びつきあいながら展開していくのだから、区別・分類することがむずかしくなるのはごく自然のことといえる。とりわけ一五、一六世紀以降はそういえるだろう。ここではルクトゥのするような厳密な定義づけは行わないで、特定の時日に地上に現れ出てさまよう死者の集団や兵士の一群、人間を狩る猟師、狩猟好きが嵩じて教会のお勤めを忘れたために永久に狩猟しつづけなければならない呪われた狩人までをひっくるめて考察する。いずれにせよ、森を主舞台としたこの不可思議な伝説は、長い時間と記憶によって磨耗するうちに、種々の伝統と混同され、キリスト教によって悪魔化されながら、ヨーロッパ人のメンタリティーに定着して今日まで各地に言い伝えられた死者信仰である。森林空間に繰り広げられる荒猟師伝説をロンサールよりもさらに時代を遡ってたずねるべく、私たちも呪われた森のなかにさらに分け入っていこう。

＊

荒猟師、これは別名ヘルレキヌスの眷属ともいう。一年の特定の時期の夜に出没し、吹き鳴らす角笛や犬の吠え声などのものすごい喧騒のうちに、呪われた狩人に先導されながら夜空を騎行する死者の群れを指す。この亡霊の群れが通るときには、「いっしょに行こうではないか」と誘われないように、住民はそのあいだずっと家の戸口をかたく閉ざさなければならないとされる。うっかり返答でもしようものなら、そのまま軍勢に連れ去られてしまうからである。まさに百鬼夜行である。

この死者の軍勢が出現する場所は往々にして、悪魔的な場所、つまり森とか四つ辻――あらゆる種類の人々がたくさん行き交うために、四つ辻は田野よりももっと穢されていると考えられ、いわば超自然的な力が宿った、死者、悪魔、魔女の場所と見做された――に限定されていた。出現する時期は冬と聖週間(復活祭前の一週間)と夏の三つで、それぞれの時間区分が決まっている。冬についていえば、聖マルタンの祝日(一一月一一日)に始まり、待降節(クリスマス前の四週間)とクリスマスから御公現の祝日までの一二日間(十二夜)を含む、聖ペテロの使徒座(二月二二日)までの期間にあたる。聖週間と夏の時間区分についてはまちまちで、復活祭、聖霊降臨の大祝日、聖女ヴァルプルギスの祝日(五月一日)、聖ヨハネの祝日(六月二四日)、聖ペテロの祝日(六月二九日)、聖バルテルミーの祝日(八月二四日)などにあたる。留意したいのは、こうした日付が、たとえば聖マルタンの祝日は冬の始まりを、聖バルテルミーの祝日は秋の始まりを、聖ヨハネの祝日は古代においては一年の中心軸をそれぞれ示していたように、一年における季節の移り目を表していることである。一二月二五日から一月六日までのいわゆる「十二夜」にしても、元来、古い年が終わり、新しい年が始まる時期で、死者や祖先の霊が自分の家に帰ってくると信じられていた。実際に、一年の始まりや終わりと見做される時期は、お祓い、悪霊の追放、仮装行列、死者を食卓にもてなしてから村の外に送りだす儀礼的な迎え入れなど、さまざまな儀式を執り行う慣習がある。復活祭がよい例で、復活祭は春分点と春の祭りであり、冬の死から春の生への通過を示し、多くの異教的な祭儀を統合したもので、どんちゃん騒ぎも冬の悪霊を祓うためであった。この一年のなかの季節の移り目は、この時期になると幽霊や精霊がやって来ることからも分かるように、彼岸と此岸とが通じ合うことを可能にする特色を具えているのだ。[6] 要するに、これらの日付はいずれも異教的な意味合いをもち、豊饒の祝日とか死者の日と関係があるということである。

さて、中世には早くから、特定の夜に女たちが異教の女神ディアナやヘロディア、アブンディア夫人(フランス語のアボンド夫人)、サティア、ホルダ(ホレ婆さんの元型)、ペルヒタに率いられて夜間飛行するという信仰が流布していた。[7] それが民間でいかに普及していたかを示す証左として、一〇世紀初頭ドイツのプリュム修道院長レギーノの解釈をそのまま継承した、ヴォルムスのブルカルドゥスの贖罪規定書(『教令集』第一九巻「治癒師」)のテクスト(一一世紀初頭)を引くことができよう。その第七〇章は、定められた夜に女たちはホルダと呼ばれる女の姿に変身した悪魔の群れに付き従うように命じられると明言して、これは悪魔が脆弱な精神の持ち主である女に吹きこんだ幻であると断じている。[8] あるいは第九〇章でつぎのように記すとあれば、この「迷信」が広く民衆のあいだに行き渡っていて、教会側はこれを警戒していたことが窺われる。

　お前は次のような背信の行為を信じたか。そしてそれに参加したか。ある女たちは悪魔に従い、悪魔の幻影や幻想に魅惑されて、異教の女神ディアナと数え切れない女たちが、ある種の動物に跨って夜のしじまのなかで地上のいたるところを通過し、ディアナが女主人でもあるかのように、彼女の命令に従い、定められたように彼女に奉仕するために呼び集められると信じていることを。[9]

しかしこの時代ではまだ、この罪を犯した者はせいぜい二年間の贖罪ですんだ。魔女たちのサバトと同一視されて火刑に処されるべき犯罪と見做されるのは、もっと後年になってのことである。

　これらの女たちの群れはなにを目的に徘徊するのか。オーヴェルニュのグイレルムスによれば、アブンディア(アボンド)夫人ないしサティアは従者たちとともに家々を訪れては飲み物や食べ物をあさるのだが、飲み食いできるようになっている家には豊饒と繁栄をもたらし、飲食を妨害されるとその家に不幸をもたらすという。[10] このアボンド夫人一行については、ジャン・ド・マンの『薔薇物語』(一三世紀後葉)でよく知られるようになる。

　こうして多くの人々が狂気に駆られて、夜になるとアボンド夫人とともに空を飛ぶ魔女になると想像します。そして世界中の三番目に生まれた子供はこの能力を備えていて、週に三回、運命に導かれるままに出かけていくのだと主張します。また鍵も閂も恐れずに、隙間や猫の通り穴や裂け目を通って、どんな家にも入り込んでしまうとのことです。魂が肉体を離れて、その善良な御婦人たちと一緒に家々と外の場所を越えて行くというわけです[11]〔……〕。

ところでクロード・ルクトゥによると、女たちの夜間飛行もたいていはクリスマスから御公現の祝日までの一二日間に出現するらしい[12]。この通過期間に、前述のように、霊が解き放たれて他界を離れ、地上を徘徊してはいろいろなことをすると言い伝えられているから、アボンド夫人たちの群れが徘徊するのと軌を一にする。訪問する女たちは与えられた食料に満足すればその家に豊饒と繁栄をもたらすという伝承の背景には、年初の神話があるというのがルクトゥの推理である[13]。つまりこの時期に生じることは新年がどういう年になるかを予示するのである。アボンド夫人たちが満足すればその一年は豊饒の年であり、不満であればその一年は災いと不幸の年になる。「この時期に食卓の準備をするというのは祖先崇拝につながりのある宗教的儀式である。というのは、死者たちは肥沃な土壌を分配し、人間と動物に多産性を授けるからである。ローマでは、食卓に「霊魂の食卓」とか「故人の食卓」という名前がついていた[14]」。

この霊魂の食卓と融合しやすい祖先崇拝がまずあり、これに荒猟師の伝説が接ぎ木されていったと思われる。荒猟師の神話の古い痕跡はすでにタキトゥスの『ゲルマニア』の一節に見られる。ハリイ族はゲルマン諸族のなかでももっとも凶暴だったが、夜の暗い時を選び、身体を黒く塗りたくるという工夫を凝らすことでさらなる凶暴性を印象づけようとしたらしい。彼らは、さながら亡霊が墓から立ち上がるように、死者の軍隊として出現し、敵に激しい恐怖を植えつけてこれを打ち破ったという[15]。これと同じくらい早い時期に、ゲルマン神話の嵐の神ヴォーダン(北欧神話のオーディン)も死者の軍隊を率いて夜の天空を疾駆すると考えられていた。戦死した兵士たちがヴォーダンに付き従ったが、ゲルマンの神話がキリスト教化されるにつれて、自殺者とか洗礼を受けていない幼子といった天寿を全うせずに死んでしまった人々がヴォーダンの眷属に加えられるようになる。古代ローマの神話でも、異常な死に方をしたり夭折した人々の魂は来世で拒否され、空中をさまよう運命にあった。たぶんこのゲルマン神話とローマ神話の類似のおかげで、荒猟師はいっそう広範囲でさまざまな文化圏に伝播することになった。

ヘルレキヌスの眷属について言及される地理的エリアがフランス東部やイタリアのほうに拡大するのは一二世紀のことであるが、そもそも荒猟師に関するフランスの民間伝承は、いろいろな名称のもとに流布していたのである。テイルベリのゲルウァシウスも『皇帝の閑暇』第二巻第一二章で記述している「アーサーの狩猟」(ベアルン、オート＝ブルターニュ、ガスコーニュ、ギュイエンヌ、メーヌ、ノルマンディー)や、その他「ヘロデ王の狩猟」(ブルゴーニュ、ドーフィネ、フランシュ＝コンテ、ペリゴール、サヴォワ)、「ソロモン王の狩猟」(バスク地方)、「ダビデ王の狩猟」(ドーフィネ、オート＝ブルターニュ、ギュイエンヌ、メーヌ、トゥーレーヌ)など、枚挙に暇がない。[16][17]

おびただしい史料を繙いてクロード・ルクトゥが抽出した荒猟師のタイポロジーはつぎのようになる。[18]

(1) 荒ぶる軍勢は騒々しい音を立てていく。

(2) 荒ぶる軍勢は沈黙のうちに通過することもある。

(3) 荒ぶる軍勢はさまざまな様相を示す。徒歩で行く者もあれば、騎馬で行く者もあるし、歩兵からなっていることも、あるいは騎兵からなっていることもある。彼らはときには荷車を引いていく。いろいろな社会身分の代表者からなっていることもあり、兵士たちだけから、あるいはペルヒタ女神に連れられた子どもの一団だけからなることもある。犬を連れていたりいなかったりもする。

(4) 荒ぶる軍勢は日中に通過することもあれば、深夜に通過することもある。しかし暗闇のおりた時間のほうが多く、夜の一一時と真夜中のあいだと明示されることもある。昼間の通過は正午になることが多い。

(5) 荒ぶる軍勢は目に見えたり、見えなかったりする。

(6) 荒ぶる軍勢は警告者の役割を担う先導者によって導かれる。

(7) 荒ぶる軍勢の出現は短い時間しか続かない。

教会ははじめのうちこそこれらの死者の軍勢をキリスト教化しようとするものの、やがてインド＝ヨーロッパ語圏に以前から存在していたこの俗信を呪われた人々の一団と見做して、荒猟師に罪の劫罰を刻み込むことになる。さきにも触れたとおり、軍勢のメンバーに、受洗せぬままに死んだ子ども、自殺者、暗殺された者、殺人者、姦通者、ミサなどの典礼を乱したり四旬節期間中に斎戒を破った者を加えることで、キリスト教会は荒猟師の悪魔的な性格を強調するようになるのである。徘徊する霊魂を取り込むことなく、悪霊と同一視するほうを選んだのだ。そのもっとも古い証言がオルデリクス・ウィタリスの『教会史』(一一四〇年ころ)の一節であり、死者の軍勢の出現を詳述して、はじめてそれをヘルレキヌスの眷属と呼んだ。[19]

一〇九一年一月初めのある夜のことである。教区のはずれに住む病人の家を訪問しての帰り道、ノルマンディーはボンヌヴァルの司祭ヴァルヒェリン(ゴシュラン)が独りで人里離れた道を歩いていると、恐ろしい物音が聞こえてきた。どうせ軍隊が砦に向かっている行進だろうと彼は思った。月は皓皓と輝き、夜道を明るく照らしていた。司祭は若く、大胆で、がっしりとした大柄の男だったが、騒然とした軍隊の音を聞いてさすがにぞっとした。兵士どもに襲われて身ぐるみ剝がれないように逃げだすべきか、襲われたら身を護るべくたくましい腕を振り上げるべきか、思い悩んでいたところに、道からはずれた田野に四本の花梨の木を見つけたので、そこに身を隠して兵士たちをやり過ごそうとした。すると大きな棍棒をもった巨人が立ちはだかり、棍棒を振り上げて「止まれ、これよりさきには行くな」と命じた。司祭は恐怖で凍りついたが、巨人は危害を加えるでもなく、司祭の脇に立ったまま一行が過ぎるのを待ち受けていた。まず徒歩の大群が通った。盗賊さながらに、彼らは頭と肩に家畜や衣類などの品を載せて運びながら、嘆きの声を発していた。司祭はそのなかに最近死んだばかりの隣人たちの姿を認める。つぎに葬儀人の一団が通過したが、巨人はこれの一員であった。死体運搬用の担架を担いでいて、担架には頭でっかちの小人が座っていた。二人のエチオピア人(悪魔)は大きな丸太を運び、丸太の上に縛られたひとりの男が虐待されてぞっとするような呻き声をあげていた。司祭はこれが無辜の民の血を流した殺人者であることがすぐに分かった。続いて女たちの群れが馬に跨ってやって来る。鞍には赤く熱せられた釘が出ていて、女たちの尻を突き刺すたびに女たちは悲鳴をあげ、生前の淫猥の罪を告白した。そのなかにも司祭の知人が混じっていた。つぎは黒衣の修道士や聖職者の群れである。彼らは呻き、嘆き、ヴァルヒェリンに自分たちのために祈ってくれと懇願した。続いて来たのは騎士たちの軍勢で、まるで出陣するかのように武装して大きな馬に跨り、黒い幟を翻していた。数千人の軍勢の通過を目撃して、司祭はこれこそ「ヘルレキヌスの眷属」だと思い知る。多くの人からそれを見たということを噂には聞いていたが、司祭はてんで信じていなかったのだ。司祭は後日の証拠にと無謀にも馬の一頭を捕まえようとして、その馬具で手に火傷を負った。聖母の名を呼んで、ひとりの騎士が助けに来てくれなかったら、司祭は死んでいたかもしれない。呪われた霊のものに手を触れた者は死ぬはずだったからだ。この騎士が身分を明かしたところから、司祭はそれが実兄であることを知って涙にかきくれる。自分の着けている甲冑の重さに苦しむ兄の踵の上には人頭の形をした血の塊が付着していた。この血も重く、それは戦場で人の血を流した報いであり、いまこの重さを持ち歩いているのだ、と兄は言う。「どうか私のことを思い出して、心からの祈りと施しで私を助けてくれ。〔……〕おまえも自分の境遇の改善に取り組んで、数々の悪徳に汚れたおまえの人生を賢明に正すことだ[20]」と言い置いて、兄の亡霊は死者の軍勢に戻っていった。この出現の後、司祭は一週間重病の床にあったが、なお一五年間ほど生きた。こういうことをすべて、オルデリクス・ウィタリスは司祭自身の口から聞き知ったという。

ご覧のとおり、ひどく教訓的な話になっている。司祭の目撃した死者たちは生前の罪を嘆きながら行進しているのだから、これは移動煉獄だといえないこともないが、それにしても司祭の兄の亡霊はなんともキリスト教色の濃い戒めを説いているし、あの世での生は生前に送った生活と死後残された近親者の祈りと施し次第だとはキリスト教臭芬芬ではないか[21]。もともとキリスト教とも煉獄とも関係のない百鬼夜行の俗信があったらしいことは、司祭ウァルヒェリン自身が、「これがおそらくヘルレキヌスの眷属だな。何人かの人たちがかつて見たことがあるという噂は聞いたが、私は信用していなかったので、そういう話を私にしてくれた人々を嗤っていたんだが[22]」と考えたことからも分かる。野外に亡霊群はさかんに出没していたのだ。一一世紀前半にブルゴーニュで活動した修道士ロドゥルフス・グラベールがその『歴史』第五巻第六節で語っている驚異は、さほどまだキリスト教化されていない話で、そこには驚異を驚異としてのみ捉える姿勢が垣間見られる。

ある日曜日のこと、夕闇が迫り、司祭フロッテリウスが夕食の準備をしていて、すこしばかりくつろごうと家の窓辺に凭《よ》った。彼が北方を見ていると、まるで会戦に赴くかのように整然と、西方へ向かう騎士たちのおびただしい群れがやって来るのが見えた。長いこと見惚れてから、この大いなる驚異を見せるために仲間のひとりを呼ぼうとした。呼ぶが早いか、隊列は散り散りになって消えてしまった[23]。

そしてこの司祭は恐怖のあまり涙が溢れるのをどうすることもできずに、やがて病に倒れてその年に死んでしまったという。

「ヘルレキヌスの眷属」というからには、ヘルレキヌスなる者がこの一群を率いていることになる。ヘルレキヌスについては語源を含めていろいろな問題があるようだが[24]、ここではこの荒ぶる軍勢を率いる先導者もやがて変貌を強いられた点にのみ言及しておきたい。すでに述べたごとく、アボンド夫人の一行にも先導者がいたように、荒ぶる軍勢にも警告者の役を担う先導者がいた。死者の行列を仕切る先導者は、悪魔化されるまでは、地上世界と異界という二つの世界の境界上に立ち、人間の魂を生から死へ、あるいは死から生へと運ぶ霊魂の導き手であった。オルデリクス・ウィタリスはそれを巨人というだけで、詳しい身体的特徴を知らせてくれるわけでもない。ただし、司祭に「止まれ、これよりさきには行くな」と命じた巨人はまさに警告者であり、この行列を取り仕切って通過するのを待つのである。注目すべきは、この巨人が棍棒をもっていることだ。ケルト世界で棍棒をもつ死者の神といえば、二世紀のルキアノスが報告するオグミオスを想起しないわけにいかない[25]。ヘラクレスにも譬えられるオグミオスも棍棒をもち、しかもその雄弁をもって人々を率いる。オグミオスは前頭部が禿げあがって、残る髪は白髪、肌は皺だらけで日焼けしている。ヘラクレスというよりは、冥界の住人カロンやイアペトスのような姿であるが、しかしライオンの毛皮をまとい、右手に棍棒を、左手に弓をもつからまさにヘラクレスの姿なのだ。棍棒をもつオグミオスもオルデリクスのいう巨人よろしく群れを率いる[26]。つまり荒猟師の先導者＝オグミオス＝巨人という公式ができあがる。だがそれだけではない。これにさらに野人を加えることもできるのである。オルデリクス・ウィタリスによれば、荒猟師が出現したのは一月一日の夜のこと、正確にいえば一二月三一日から一月一日にかけての夜のことである。ということは聖シルヴェストルの祝日に出現するわけで、このシルヴェストルとはラテン語で「森の人」を意味するのである[27]。しかも野人も棍棒をもち、往々にして巨人であった。リチャード・バーンハイマーとともに、野人は荒猟師の先導者でもあったと考えなければならない[28]。野人は狼男であり「ヘルレキヌス」でもあるという、三幅対《トリプティック》をここに完成させることができる。野人の概念の重要性を改めて思い知らされるはずなのである。

かくて、オルデリクス・ウィタリスはすでに存在していた物語を寄せ集めてキリスト教的伝説を作り上げ、後続の聖職者たちがこれにならって各自に親しい伝承をとりあげていくことで、その結果私たちは荒猟師のおびただしいヴァリエーションをもつことになった。いわばオルデリクス・ウィタリスは古来存在した荒猟師伝説を教化的なエクセンプラ〔例話〕に転換させた張本人であり、キリスト教化された伝統として教会によって流布されることになるきっかけをつくった、引き金役を担っているのである。キリスト教が荒猟師伝説の存続発展に大きな役割を果したたといえばいいだろうか(29)。

一二世紀にはヘルレキヌスの眷属への言及が数多く見られるが、ウォルター・マップのように、その『宮廷閑話集』〔一二世紀後葉〕の第一巻第一一章や第四巻第一三章(30)において、さまよえる軍団をイングランドのプランタジネット王家ヘンリー二世の宮廷に比することで、後者を誹謗する政治的な目的に利用することもあった(31)。一三世紀になると、死者たちの軍勢の先頭を行くヘルレキヌスが民間ではすでに他の呼称を与えられることもあったと示唆するかのように、エチエンヌ・ド・ブルボンは「俗にいうアレクイヌス〔ヘルレキヌス〕あるいはアルトゥルス〔アーサー王〕の一族郎党(32)」と書いている。このドミニコ会士エチエンヌ・ド・ブルボン、彼が荒猟師に重要な変更を加えることになる。それは、荒猟師がもはや死者たちの軍勢というよりは、たんなる悪霊たちの一団でしかないとされてしまうことである。

私が話で聞いたところでは、ル・シャ〔猫〕山付近で月明かりを頼りに薪束を運んでいたある農民が、獲物の足跡を追って吠えているような犬どもの大群を目撃した。たくさんの徒歩《かち》の人と騎馬の人が犬どもの後を追う。農民がそのうちのひとりに誰何《すいか》したところ、その者は「アーサー王の騎士だ」と答え、さらに、すぐ近くに来ている宮廷へ行って楽しい時を過ごすのだとも言った。件《くだん》の農民は彼らについていって、たいそう大きく壮麗な部屋にはいると、そこにご婦人たちと騎士たちが興じたり、踊ったり、美味しい料理と飲み物を飲み食いしているのが見えた。ようやく農民は就寝するように言われて、ある寝室の、もっとも豪華な造りの寝台にまで連れていかれた。寝台には驚くほど美しいご婦人がひとり横たわっていた。農民は寝台にもぐりこんで彼女に添い寝したが、しかし朝になって目を覚ますと、あわれ、彼は薪束の上に横たわっていた。いっぱいくわされたのだった(33)。

エチエンヌには桃源郷たるコカーニュの国のようなアーサー王の王国は理解できず、それは悪魔が肉欲に衝き動かされている者を誑《たぶら》かすところにほかならなかった。死者の軍勢はもはや悪霊たちの群れにすぎず、こうして完全に悪魔化されてしまうのである。「このような変化によって、一三世紀中葉から十五世紀にかけて、教会の言説の中で魔女のサバトのイメージと概念が徐々に形成されてゆくのである」(34)。

以上見てきたように、祖先崇拝に——おそらくこれに、本節では言及しえなかったけれども、仮装行列や謝肉祭のシャリヴァリに帰着する冬の追放儀礼も付加するべきかもしれない(35)——荒猟師伝説のさまざまなモチーフが接ぎ木されて死者信仰の根幹が形成される。大木となった荒猟師伝説は種々の神話的な要素や民間伝承的な要素を取り込みながらさらに太い幹をなすものの、時間に磨滅され、キリスト教化されるうちに、変形を余儀なくされ、他の伝統と混交されながら私たちにまで伝えられてきたのである。極言してしまえば、これは聖職者の伝統と民間神話の相互作用の見本みたいなものである(36)。もとにひとつのテクストが存在して、そこから他の諸テクストが派生したと単純に考えるのは幻想というものであろう。原初的なテクストがあるにしても、それはたえず推敲され、変形され、いろいろな意味を受容して原形をとどめないものなのである。

さて、ようやく本節冒頭に引いたロンサールの詩句に立ち戻る機は熟した。ロンサールを担ぎだしながら、「詩人をかくも恐怖の淵に追い込んだこの猟犬の群れを従えた馬上の骸骨男とはそも何者なのか」と問いを発しておいたが、いまや解答は明らかであろう。そう、これはヘルレキヌス、あるいは荒猟師の先導者にほかならない。

じつは、その学殖ぶりがヨーロッパじゅうでつとに評判を得ていたルター派の神学者ヨアヒム・カメラリウスは、前述のアルベール゠マリー・シュミットによれば、ロンサールの出会ったのがまごうかたなき荒猟師であったことを証言していた(37)。事実、カメラリウスの記述とロンサールの詩句には符合する点がいくつか指摘されるのである。カメラリウスは地獄の番犬どもの吠え声を報告しているが、ロンサールもそれに言及する。またカメラリウスは、荒ぶる軍勢は途中で出会った人々を死へと連れ去ることも述べているが、これは黒馬の背に乗るよう手を差し延べる馬上の骸骨の誘いに対して示した詩人の嫌悪と拒絶の理由を説明するだろう。ちなみに、鞘をはらって剣を抜き、自分の周りの空気を打つのは、その時代のごくふつうの反応であった。ロンサールの死後全集版に註解を付したニコラ・リシュレが、「一般的にどんな霊鬼も火を恐れるが、剣となるともっと恐れる」(38)と註したように、鉄には悪霊を追い払ったり阻止する力があるとヨーロッパでは長く信じられていたからである(39)。最後に、カメラリウスはおどろおどろしい亡霊たちが死者の霊を追い立てると報告しているが、ロンサールも最近亡くなったばかりの高利貸が「猟犬係の恐ろしい群」に追いかけられていると書く。さらにルクトゥによるタイポロジーに当てはめてみると、時は夜中だし、猟犬を連れているし、亡霊の群れは詩人が剣を振り回すまでの短い時間にしか出現していないし、「彼らのざわめきも歩みも聞こえなくなった」――ということは、騒々しい音とはいえなくとも、それに類する騒音があったことを示すだろう。それに荒猟師は四つ辻に現れたのだった。

ここまで検証すれば、ロンサールの「悪魔との格闘」が、ヘルレキヌスの眷属の伝説のヴァリエーションであったことは明白である。メランヒトンの友人カメラリウスにとって荒猟師はれっきとした現実であったようだが、さりとて詩人ロンサールまでもがこれを現実のことと受け取っていたか、そしてこれがロンサールの実体験であったかどうかは、この際さして重要ではない。ヨーロッパ中世の古層の記憶がロンサールの脳裏に焼きついていてここに蘇ったものなのか、ルネサンス人の心の識閾に点滅する神話が無作為に表出されたものなのか、それも問わないでおこう。中世人の心性が連綿と近世人にも継承されていたこと、このことさえ確認すればよい。

＊

なるほど、荒猟師の伝説に言及しているのはロンサールひとりではない。それどころかこの伝説にこだわるルネサンス人はじつに多かったといわねばならない。ルクトゥなどは、荒猟師の伝説の展開におけるターニングポイントは一三世紀と一六世紀であると指摘するくらいなのだ(40)。荒猟師伝説に変化と混交がはっきりと表面化するのが、この二つの時期なのである。前者の時期には、エチエンヌ・ド・ブルボンがその適例だったのだが、伝説の悪魔化が認められた。また後者はなんといっても宗教改革の時代で、プロテスタントは移動煉獄の考え方を真っ向から否定した。しかしながら当のルターは、『卓上語録』(一五六六年編集)でも繙けば明らかなように、さまざまな示現を信じていたから、話は厄介になる。

イタリアのみならず広くヨーロッパに名を知られたポッジョ・ブラッチョリーニは、フィレンツェ共和国政府の主席を務め、古典古代の写本――たとえばキケロの演説やルクレティウス――の発掘に努力した一五世紀のユマニストだが、ボッカッチョの『デカメロン』の流れを汲む『笑話集』の作者でもあった。その第一六七話は、コモ市から五マイルほど離れた地で目撃された荒猟師を語っている。

この年〔一四三九年〕の一〇月、教皇〔エウゲニウス四世〕がフィレンツェにお戻りになってから、きわめて信憑性の高い、信じないなら阿呆であるにちがいないほど確かな証言に基づく驚くべきことどもが蒐集された。それらはコモ発信の手紙に語られており、目撃者たちからそれらの証言を手に入れている重要人物たちの保証付きであった。コモから五マイルほど離れた場所で、ある晩の九時ころに、見かけは赤褐色の、四千匹ほどの犬たちの群れがドイツに向かっていくのが目撃された。この群れは先頭部隊のようなものを形成して、無数の牛と羊を引き連れていた。続いて騎兵隊と歩兵隊に分けられた騎兵と歩兵が来た。彼らの多くが甲冑を着けていて、正真正銘の軍隊を形成していた。見えるか見えないかくらいの頭部がある者たちもいたが、頭部がない者たちもいた。巨人のような者が背丈のある儀仗馬に跨り、いろいろな駄獣の大群を後衛で取り仕切っていた。いつ果てるとも知れぬ行列が三時間続き、いろいろな地域でそれが目撃された。この件についてはもっとよく見ようと近づいた何人もの目撃者が、男女を問わず存在する。日没時には不可思議な光景は消え失せた。まるでこのキャラバンが別の場所に移動してしまったかのように[41]。

伝説の亜流として、馬に跨った悪霊〔罪人、亡霊、呪われた人〕が犬どもを引き連れて、さる人物を追跡するというテーマがある。これなどは『デカメロン』第五日第八話で知られる。二匹の獰猛な番犬を引き連れた黒装束の騎士が黒馬に跨って、短剣を片手に振りかざしながら、若い裸の女性を追いかけるという挿話である。騎士はこのつれない美女に絶望して自殺、それがゆえに永劫の罰を受けている。女のほうも苦しむ騎士を見ては喜んでいた罪でやはり地獄の罰を受けている。それは騎士が女を敵として永遠に追いかけることであった。騎士は背後から女を切りつけ、女の冷酷な心臓を抉って犬どもに喰わせる。しかし女はすぐに生き返って再び逃亡し、騎士と犬は追跡を始める。金曜日ごとにこの虐殺シーンが繰り返されるのである[42]。

ボッカッチョはこの話の題材を一三世紀のシトー会士エリナン・ド・フロワモンの例話《エクセンプラ》から借用しているのだが、ドイツのフランシスコ会士ヨハネス・パウリも『冗談とまじめ』〔一五二二年〕の第二二八話「炭焼きが一人の女を見たこと」をエリナンの例話をもとに書き上げている。ある日、炭焼きが「真夜中になると一人の男が手に抜き身の刀を持って馬に乗って走り、その前を裸の女が走って行きます。二人が出会うと、男は女を真っ二つに切って泉の中に投げ込み、その後馬も男もあとを追って飛び込むのです(43)」と話すのを聞いた伯爵は、炭焼きと現場に行く。真夜中ころに、炭焼きの言葉どおりに男が現れると、伯爵は男に誰何《すいか》する。男曰く、「私は名門の騎士です。女はさる騎士の妻でしたが、私たちが姦通の罪を犯したので、このように繰り返しお互いを責めさいなみ、苦しめなければならないのです。姦通から非常に多くの悪、また大きな恥辱や不利益が生ずるとすれば、神が現世で姦通をかくも厳しく、また永遠に罰せられることを不思議に思わないで下さい(44)」。パウリは最後に一言付け加える。「これは、騎士とその愛人が救われる前の二人の煉獄であったのです(45)」と。このパウリの言葉に窺われるように、この伝承は一六世紀末まで主として聖職者に受け継がれ、戒めとされたものであって、説教をとおして民衆のあいだに伝わったのだった。

荒猟師伝説が民衆レベルに浸透した死者信仰であること、および民間信仰の現実というものをよく今に伝えるのは、一四七八年から歿する一五一〇年までストラスブールの大聖堂で説教をしていたガイラー・フォン・カイザースベルクである。前述のパウリはこのガイラーから大きな影響を受けていた。ガイラーは説教で何度も荒猟師に言及する。一五〇八年、四旬節第二の主日のあとの木曜日の説教のときにも、ガイラーは信者のひとりにこう言葉をかけながら伝説について語るのである。

いまさら荒ぶる軍団について俺たちになにを話すつもりですかい、とあなたは言うのですね。わたしはそれについてたいしたことは言えませんし、私よりもあなたのほうがそのことについてはよく知っていますよね。これについて庶民が言っていることはこうなのです。神がお定めになった期日よりもまえに早逝した人たち、旅に出て剣で刺し貫かれたり、絞首刑に処されたり、溺死した人たち、そういう人たちは死後も神が定められた時日までさまよわなければならない。神はそういう人たちについて神慮からなされるのです。そしてとりわけ四旬節の期間に、なによりも、もっとも神聖な節たるクリスマスに先行する小斎日のあいだにぶらつく人たちです。しかもそれぞれが各自の身分の服装で駆け回るのです。農民は農民の恰好で、騎士は騎士の恰好で。そして彼らは綱に沿って走り、彼らのうちのひとりは十字架をもってさきに立ち、二番目の者が手に生首を抱えて前を行きながら、

「神様に命を護っていただきたければ、近寄るな」と叫ぶのです。庶民の言いぐさはこのようなものです。(46)

ガイラーの説教集『エメイース』(一五一六年)に収められたこの説教では、伝承の出所が一般大衆に転嫁されているけれども、伝承そのものが民間の死者信仰として広く信じられていたことを雄弁に語る形になっていよう。いうまでもなく、中世の文献に伝えられてきた古くからの観念がここでも反復されている。人間の魂は神の定めた寿命を地上で待たねばならないこと、荒猟師はクリスマスという異界の扉が開かれて霊が地上に溢れる時期に出現することである。そしてここに到って荒猟師はすっかり悪魔化されていることも言うを俟たない。ルクトゥによると、ガイラーは三つの重要なモチーフをはじめて導入した。すなわち、綱、十字架をもつ者、近づかないように生者に警告する者である。(47)「綱に沿って走」るとは、やはりルクトゥの解釈では、荒猟師のメンバーたちは互いに綱でつながれていることをいうらしい。綱のモチーフは当然キリスト教以前にまで遡って、ルキアノスのいうオグミオス神——人々の耳を細い鎖でつないで率いていた——を想起させるだろう。十字架には贖罪の望みを容易に読み取ることができる。「神様に命を護っていただきたければ、近寄るな」と警告する者は、なるほどオルデリクス・ウィタリスにも出てきていたけれども、ガイラーにおいては明らかに悪魔の軍勢の行進という危険のまえに立ちふさがって、それに巻き込まれないように配慮する、通行人にとってはためになる人物であった。(48)

ガイラーが荒猟師を幻とか夢として述べるのでなく、民衆がたぶん観察したままに細部にわたって絵画的に描写していることは、伝説がどんなに混成・変形したものであれ、民間に具体的なイメージとして定着していることを窺わせる。これと相前後してのことである、ヘルマン・フィッシャー(図57)、ウルス・グラフ、ルーカス・クラーナハの三つの《メランコリア》(一五三二/三三年)など、荒猟師の図像がとくにドイツを中心に徐々に増えてくるのは。(49) 画家たちも、荒猟師の伝統的な図像学上の規範が存在していなかったところに、ようやくそのイメージをわがものにすることができたかのごとくである。

もうひとつ、荒猟師が民衆のメンタリティーに深い根をおろしていると断言しうる、興味深い事実を挙げておこう。これはあまり指摘されたことがないように思うのだが、第二章第2節で話題にした田舎領主グーベルヴィル殿のユニークな日記にも、ただの一度だけとはいえ、荒猟師のこと

図 57　ヘルマン・フィッシャー，《野蛮な一団》(年代不詳)，ペン画

が記述されているのである。一五五三年四月一四日の金曜日のことである。「シモネとモワソンが狩りにでかけ、野兎を一匹捕まえた。彼らが戻ってきたときはすっかり暗くなっていた。そして彼らが言うことには、ヴィエーユ＝ボスクでエルカンの狩猟が聞こえた」[50]。例によって、無駄口をたたかない、じつに簡潔な記述であり、とやかく容喙するのも憚られるほどであるが、筆をおさえた文章であるだけに、「エルカンの狩猟」つまり「ヘルレキヌスの眷属」のことを知らされたグーベルヴィル殿がこれをどう考えたのか、かえって知りたい気持ちにかられるのも事実である。それはともかく、少なくともシモネたち家僕は荒猟師の騒音を恐怖をもって聞いたのである。彼らが主人のグーベルヴィル殿にわざわざ報告したのは、それが不吉の前兆であると確信していたからであろう[51]。シモネたちのように、あまり教養と縁がないかもしれないごく平均的なノルマンディーの民は、確かに自分たちの耳で荒猟師を聞いたと信じこんでいるのである。この伝説が一般庶民にいかに定着していたかを推し量るのに、これほど有力な手がかりはないのではないか。

　さて、ロンサールの時代のフランスでもっとも話題にのぼるのは、フォンテーヌブローの森の「狩猟長」(le Grand Veneur)である。これまた荒猟師伝説のキリスト教的な亜流である。日曜日に狩猟をしたり、教会のなかに逃げ込んだ鹿を殺したりした猟師は罰せられ呪われて永遠に狩りを続ける、という話が核になっている。第二章第1節の「狩猟」の項で述べたことでもあるが、貴族たちのなかには狩猟熱が嵩じて、日曜日や祝日でも教会そっちのけで森で狩りに熱中する者たちも多く、聖職者は苦り切っていた。おそらくそんな事情を背景として形成されたのであろう。民俗学者ポール・セビヨによると、農民や森番たちは、荒猟師に加わる人々はみずから犯した冒瀆行為や残虐行為を贖っているのだと信じている。「荒猟師に加わる人々は自分たちの熱狂を満たすためなら、教会の規則を破ったり収穫を足で踏み荒らしても意に介さないほどにこの娯楽が好きだったのだ。彼らは罪を犯した場所で罰せられ、けっして捕まえられない獲物をこの世の終末まで休むことなく追いつづけなければならない[52]」。

こうして、最後の審判のときまで獲物を追跡しなければならない呪われた狩人としての霊の徘徊がクローズアップされることになる。フォンテーヌブローの森にはかかる霊がたびたび出現したという。まず、パルマ・カイエが『七年記』(一六〇五年)に記述した驚異譚を見てみよう。

フォンテーヌブローの森の付近の炭焼きや樵や農民がつねづね言っているところでは、犬の群れを引き連れた黒い大男が森で猟をしているのをときどき見かけたが、べつだん悪事を働くでなし、彼を狩猟長と呼んでいた。この話を聞いた人々はこれを作り話ととっていた。しかしこの年〔一五九九年。後に見るように一五九八年のこととする記録もあり〕の春に、フォンテーヌブローに滞在されていた陛下〔アンリ四世〕は数名の貴族を連れて狩猟に興じておられたが、森の奥深くにはいりこんだとき、狩人たちが角笛を吹き犬どもが吠えたてるのが、ずっと遠くのほうから、だがすぐに自分たちのそばから聞こえてきた。王の側近の貴族が数人、様子を見んと物音のするほうへ進んでいった。二〇歩も行くか行かぬうちに、彼らは叢林に黒い大男を見かけて、大いに恐れをなしてわっとわれがちに逃げだした。黒い男はぞっとするような声で話しかけてきたが、彼らは男がなにを言ったのか聞き分ける余裕も確信ももてなかった。「わしを待っているのか」と言ったと報告する者たちもいれば、「わしの言うことが聞こえるか」と言ったと報告する者たち、「悔い改めよ」だったと報告する者たちもいた。知識欲旺盛な人たちは私のいるまえでこれについてあれこれ推察しようとした。けれども私はリヨンヌの森の鞭打ち人の話を彼らにしてやった。シャルル九世王はそこ〔リヨンヌの森〕で狩猟されるのがたいそうお気に入りで、この森にシャルル・ヴァル〔シャルルヴァル〕と呼ばれる壮麗な建物を建てさせたほどだった。王がそこに滞在されているあいだのこと、何人もの村の女は、森を通るとき、姿は見えないのにスカートをまくり上げられたり鞭の痕が臀部に残るくらい激しく鞭打たれるものだから怖がっていた。そしてすぐそのあとに「ハッ、ハッ、ハッ」と呵呵大笑する声が森じゅうに聞こえた。王はこれが真実であるか調査させた。何人かが本当であると断言してその痕跡を見せたが、鼻で嗤われるばかりだった。土地の老人たちの言葉によると、毎年それに悩まされていたわけではなく、ここ数年間、迷惑をこうむっている、と[53]。

これはフランス王アンリ四世お抱えの年代記作者の記述である。また、アンリ四世の時代のフランス史を著した同時代の史家ピエール・マチューも同一の事件を報告してから、「付近の牧人は、それは自分たちが狩猟長と呼んでいる霊であり森じゅうを狩りしているのだというし、また他の者たちは、それは聖フベルトゥスの狩猟で他の地でも同様のことが聞かれるという[54]」と付け加えて、地元の住民は猟犬を率いた大男を徘徊する霊ととらえたり荒猟師ととらえていたことを教えてくれる。ちなみに、一説ではこれは悪魔だとされたり、放浪者か、あるいは相棒と計らって狩猟の物音を真似して人々の気をそらそうとした密猟者か、王を殪《たお》そうとする弑逆者だとする仮説が提出されたりしたらしい[55]。

同時代の事件について信頼できる記述を残しているピエール・ド・レトワルは、パルマ・カイエほど詳しくはないが、この驚異譚について記録するのを忘れていない。

> 今月〔一五九八年九月〕八日の聖母の夜に、フォンテーヌブローの森にたった五人のお供――ソワッソン伯爵殿もそのうちのおひとりであったが――を従えて狩猟をなさっていた王は、犬どもの吠え声とともに他の狩人たちの声らしきものを耳にされ、しかもそのひとつの声は他の声よりも大きかった。それで、陛下もお供の者たちもはじめのうちは驚いた。しかし、夜にこの森でこのような声が聞こえるのはふつうのことであって、その土地では狩猟長と呼ばれていることを、陛下は結局お知りになった。けれどもパリでこのことが知られると奇蹟にされてしまい、王は幻覚を見たのだという噂が流されたり、たくさんのみごとな寓意的な前兆集だとか翌年用の新しい暦が出回った[56]。

じつはこれには一七三六年版の異文があって、細かいところではいくつかの相違点もある。

八月一二日水曜日、ある噂がパリとその界隈に広まった。最近フォンテーヌブローの森で狩猟されていた王が、犬どもの吠え声や王と同行していた人々とは別の勢子の叫びと角笛を同じ森で聞いた、というものだ。王はこれについて、ほかにも狩猟をしていた者たちがいて、彼らが大胆不敵にも王の狩猟を中断させたとお思いになって、ソワッソン伯にもっと奥に進んでこの無謀な連中が何者なのかを確かめてくるように命じられた。ソワッソン伯が分け入っていくと、同じ狩猟の騒ぎを聞いたけれども、目にしたのは黒い大男だけだった。大男は繁茂した藪で、「わしの言っていることが聞こえるか」とか、「わしを待っているのか」と伯に叫んだ。そして忽然と姿を消した。この出来事が偽りであるにせよ、本当であるにせよ、王の狩猟を完全に中断させてしまい、王は城館に引き返された。[57]（そして多くの話題と話の種を与えた。）[58]

レトワルの日記が示唆するように、この狩猟長の出現は大いに評判をよんだらしい。レトワルによれば「寓意的な前兆集」が世間に出回ったことになっているが、実際この不思議な事件にからんで不吉な前兆がまことしやかに囁かれたのである。後年ルイ一四世の教育掛になるアルドゥアン・ド・ペレフィクスは『アンリ大王伝』(一六六一年)でつぎのように記しているからである。

〔狩猟長の話は〕猟師の似たような幻の話を無数に、世界のすべての国々に生んだ。〔……〕もし、世人の言うように、驚異が不吉な大事件の前兆になるとするならば、今度の出来事は数日後に起ったボーフォール女公爵の不可解な死を予知させるものだと考えうる。王が彼女に抱いていた愛情は、享楽で鎮まるどころか、増していく一方で、そのため彼女は王に、過ちを認めてこのあとすぐ結婚して子どもたちを嫡出と認知するようおねだりするくらいだった。そしてまた王はその願いをきっぱりと拒めず、彼女に希望をもたせつづけるほどだったのだ。[59]

「ボーフォール女公爵の不可解な死」とは、アンリ四世の愛妾ガブリエル・デストレが卒中発作の末に謎の急死を遂げたことを謂う。

そして後年になっても狩猟長のことは忘れられていない。

一六三〇年、一六四七年、一六七二年にも繰り返し狩猟長は目撃されているし、ルイ一四世も一六九八年に目撃しているらしい。(60) もっと具体的に、一六二五年に発行された瓦版を見ると、そこにも狩猟長のことが言及されているのだ。その瓦版とは、作者不明の『一五〔ママ〕二五年八月一五日聖母被昇天の大祝日に、フォンテーヌブローの森である貴族の身の上に新たに起こった、不可思議な恐ろしい話』(一六二五年、パリ)である。(61) ほとんど知られていないこの瓦版をつぎにすこしく紹介しよう。

時代は移って、ルイ一三世の御世である。パリでは悪疫が猖獗を極めていることもあって、王はフォンテーヌブローに逗留しては狩猟を楽しんでいた。サンリス近郊に城館を構えるある貴族は用事があって王に会見すべくフォンテーヌブローに九ヵ月間留まってのち、いよいよ一六二五年八月一四日午後八時ころに召使をひとりだけ従えてフォンテーヌブローを立ち去ることになった。たっぷり一里半はフォンテーヌブローの森のなかを馬で行くと、日も暮れかかり宵闇が漂いはじめたのでできるだけ早く森を抜けようと急いだ。この森にあるサン・ルイ礼拝堂——いまでは敬虔な隠修士が隠棲しているが——から四分の一里ほども行かないうちに、いくつもの狩猟隊がらっぱを吹くのを耳にした。その音に混じって猟犬どもの吠え声も聞こえ、獣を追いかけているかのようだった。彼はどこぞの貴族が王の許可を得て鹿でも捕まえているのだろうと考えて、邪魔をしてはいけないと三〇分ほど馬を止めていたが、騎乗者にはだれひとり出くわすこともなかった。吠え声やらっぱの音はすぐ近くに聞こえるのに姿形はなんら認められなかった。これがずっと昔から語り伝えられている狩猟長だなと訝って、彼は馬に拍車をかけた。召使にはいつでも鉄砲で犬を撃ち倒せるようにしておけと命じた。道を四分の一里ほど進んだところで、突然馬は立ち止まり、いくら拍車を入れても動こうとしなかった。こんなことははじめてだったので、貴族も召使もいたく驚いた。このように難儀していると、吠え声と銃声がまた聞こえだしたので、彼らはなにやら薄気味悪くなって神の加護を祈った。まさにそれと同時だった、馬上の男が二人、道を横切っていくのを目撃したのは。ひとりは黒と白が相半ばする馬に跨り、白黒の大きな羽を付けた灰色の帽子をかぶり、片手に抜身の短刀、もう片手にらっぱを持っていた。その周りにはあらゆる種類の犬どもがたくさんいた。もうひとりは漆黒の馬に跨り、赤黒の羽を付けた灰色の帽子をかぶり、血に染まった槍を手にしていた。二人がすぐそばを通っていったときに、貴族たちは月の光でそうした様子をはっきり見てとることができたのである。「この騎乗者たち、というか幽霊にして驚くべきものたち[62]」が通りすぎてしまうと、貴族たちは総毛立ち、馬も狂乱状態になり、まるで悪霊に空中へ運びさられようとしているかのようにぴょんぴょんと何度も飛び跳ねながら疾走しはじめた。しかしそれも長くは続かなかった。というのも、この狩人たちがすぐにまた現れると、今度は馬たちは梃子でもその場を動こうとしなかったからだ。貴族と召使の恐怖心は募るばかりだったが、神の加護をもう一度祈ってから銃をとり、幽霊たちに近づいて発砲した。するとたちまち、狩人も、彼らの馬も、犬の群れも姿を消してしまい、大雷鳴が森じゅうに響きわたった。そのあとすぐに二匹の白色がかった毛並みの大きなグレーハウンドが現れて、べつだん悪事を働く素振りも見せずに尻尾で貴族たちの馬にじゃれついた。道すがらものすごい速さで馬の周りを走り回っていたが、やがて森から出ると、森のはずれでグレーハウンドは消えた。貴族と召使は恐ろしくて、まっすぐムランに向かい、ようやくそこにたどり着いたのは八月一五日の聖母被昇天の大祝日の午前三時ころのことだった。

ここまでが瓦版の前半部にあたる。標題にある不思議な事件がこのように語られたあと、後半部ではすでに前半部でも言及されていた狩猟長のことがもっぱら話題にされる。「この奇妙な話の真正さを立証するために[63]」、「私」を名乗る瓦版作者はまずフォンテーヌブローの森の狩猟長について語るが、内容的にはさきに引いたパルマ・カイエの記述とほとんど変わらない。フォンテーヌブローの森周辺の炭焼きや樵や農民は、この森で犬の群れを引き連れて狩りをする黒い大男をよく見かけるが、彼はなにも悪事を働くわけではない、というようなことを言っている。それを聞いた人たちはそんなのは作り話だと受けとめるだろうが、じつはすこしまえにそういう出来事が現に起こったのだ。話柄をそのようにもっていきながら、瓦版作者は例のアンリ四世の狩猟と狩猟長の話をいよいよ切り出すのである。その話が終わると、ついでに言及したほうがいいだろうからと言って、今度は「リヨンヌの森の鞭打ち人の話」を採り上げる……。このように紹介してくると、ひとつ気づかれることがあるはずだ。それは先述のパルマ・カイエと話の進め方が同じだということである。しかも興味深いことに、内容はもちろん、筆致までが著しい類似を見せているのである。とりわけ「リヨンヌの森の鞭打ち人の話」は逐一パルマ・カイエの文章を模写したようにみえる。瓦版のほうにはせいぜい、土地の老人の話の部分に、こういう経験をする人は複数いて、そのうちの一部の人たちは恐怖のあまり死んでしまった、という意味の文言が付加されているにすぎない。両者の文言がこれほど一致するからには、瓦版作者はこの三面記事を書くにあたって、パルマ・カイエの『七年記』を参考資料のひとつとして身近に備えて参照していたとは充分に考えられることである。

瓦版は、奇妙な亡霊がフランスの各地に認められるとして、最後にもうひとつ、ブルゴーニュはシャロン゠シュル゠ソーヌ近くのボールガールの森によく現れる霊に言及する。そこの霊は、あるときは牡牛に跨った人間の姿をしたり、あるときは牡山羊に、ときには猪の姿をして、通行人のまえに現れた。猪の恰好で現れるときがもっとも恐ろしく、その牙で木の太い枝を折ったりするからで、道すがら遭遇したときは危険なのですぐに木に登らなければならない。黒馬に乗った人間の姿をしているときは、霊は馬をすぐ横につけていっしょに進むだけで、なんら害を及ぼすようなことはしないという。

ちなみに、この瓦版作者やパルマ・カイエが話題にしている「リヨンヌの森の鞭打ち人の話」も、一七世紀初頭の旅行家フランソワ・ヴァンシャンによって言及されているところからして、やはり当時としてはかなり有名だったものとみえる。リヨンヌとあるのは、ノルマンディー地方のリヨンの森——フィリップ・ダルクリプがこの森にある修道院に共住し、ここを舞台に小話をものしたことはすでに第二章第3節で述べた——のことである。この類の話は口から口へとつぎつぎに伝承されていったのであろう。

フランス王シャルル九世の御世から、この森には「鞭打ち人」と呼ばれる亡霊がいた。この森を通る女たちが、傷痕が体に残るほどひどく鞭打たれたためにこう呼ばれたのだが、それでいてその姿を見ることはできなかった。そしてそのすぐあとに森じゅうに「ハッハッハッ」という大きな笑い声が響きわたった。この森で狩猟するのを愛されたシャルル九世は、このことを真剣に受けとめて調査させたところ、これは本当のことだとお思いになった。(64)

このようなフォンテーヌブローの森の狩猟長に類似の伝承は各地に存在するが、呪われた狩人のテーマの常数は、遭遇する場所がほとんどいつも森であり、そしてその主調をなすのが罪の観念なのである。これもおそらくは、「さまようユダヤ人」やリヒャルト・ワーグナーの歌劇で知られる「さまよえるオランダ人」の伝説を産みだした、罪と贖罪をめぐる壮大な観念複合に属するといえるだろうか。

さて、荒猟師は空中の狩猟にも比定される。夜の空中に聞こえる物音は、進軍する軍隊の音や空をかけめぐる戦闘中の軍隊の音と見做された。空に鳴り響く武器のすさまじい音とらっぱの音、中天で繰り広げられる会戦については、古くはプリニウスが『博物誌』第二巻第一四八節で記していたし[65]、中世にはギラルドゥス・カンブレンシスが『アイルランドの征服』(一一八八年)で類似の記録を残しているが[66]、かかる例は近世になってもヨーロッパ各地で報告されている[67]。

有名なのでは、フランソワ一世治下の逸名のパリ市民が日記に書き留めている怪異がある[68]。一五一七年(現行暦では一五一八年)一月に、ローマ界隈で、会戦の様子が空や地上や森に響きわたったが、それは音響だけで姿形はなにも見えなかったというものだ。このイタリアからのニュースは、この幻の伝播を追究したオッタヴィア・ニッコリが説明しているように[69]、もともとは「荒ぶる軍勢」の伝承と深い関係があったのだが、おもしろいのは、日記作者がこれに続いてもうひとつの異常な出来事を書きつけて、さきの幻聴と結びつけようとしていることである。「そのあとで、〔兵士たちの数と〕同数の何頭かの豚どもが互いに戦うのが聞こえたので、仰天した民衆はこれらの豚が異教のマホメット教徒を表徴していると考えたのだった[70]」。これは「荒ぶる軍勢」という民間伝承にかこつけたプロパガンダともいうべきもので、まさにこの時期、一五一七年一一月初めに、時の教皇レオ一〇世はトルコ軍に対してキリスト教君主らによる「十字軍」結成を目論んでいたのである。したがってここでは、トルコに対する聖戦の前兆として豚の戦いが付け加えられたというべきである。軍隊が空に立ち現れるのはなんらかの戦闘の前日や、流血の惨事を記念する時日であることが多く、これはもちろん来るべき衝突の前兆をなすと信じられたのである。

他方、『アングーモワ地方で発生し、そこの住民たちに大きな驚嘆をもって目撃された、一万二千体の幽霊の畏怖すべき驚異の幻』(一六〇八年、パリ)という瓦版は、隊長を先頭にした幻の軍隊が鼓手の打ち鳴らす太鼓の音に合わせるかのように田野を行進し、雑木林に来ると隊列を乱すことなくふわりと浮き上がって、やがて忽然と消えてしまったことを報じている[71]。リーダーに主導される軍勢といい、騒々しい音(鼓手の太鼓が暗示している)といい、これが荒猟師の痕跡を留めていることはまず間違いない。ピエール・ド・レトワルが、ほぼ同じ時期、ほぼ同じ地域――レトワルの日記に記述されているサントンジュ地方はさきほどのアングーモワ地方に隣接するから――で、似たような異象が起こったと日記に記しているので、これらはおそらく同一の出来事を伝えているのであろう。(72)

そういえば、本節の劈頭に引いたロンサールは、「平和、国王へ」(一五五九年)と題する詩においても、罪深い人間に警告を発するために神が現出せしめた数々の驚異を列挙するなかで、つぎのような詩句をはさみこんでいる。「犬の群れは空に放たれ(73)」と。空を駆けめぐる猟犬の群れの幻像。これは荒猟師のメトニミーではなかったのか。

＊

後年、荒猟師の伝説は口承で流布したばかりでなく、文学上の恰好のテーマとしてももてはやされた。やがてロマン主義が荒猟師を再発見することになる。ハインリヒ・ハイネは『アッタ・トロル』(一八四三年)の第一八章、第一九章で、聖ヨハネ祭前夜の一二時と一時のあいだに狩猟に行く幽霊の群れを諷刺たっぷりにうたった。(74)またゴットフリート・ビュルガーが一七七八年に創作した譚詩「荒猟師」は、若きジェラール・ド・ネルヴァルによってフランス語に訳され、「荒ぶる猟師」と題して一八三〇年に発表された。荒猟師伝説のエッセンスがうまく採り入れられているビュルガーの譚詩は、あらましつぎのとおりである。ある日曜日の朝まだき、伯爵は勢子らを従えて狩猟に出発する。一行が四つ辻を横断すると、突然二人の騎士が出現して伯爵の両側にぴたりとつく。右側の騎士は陽光のような輝きに満ち、左側の騎士はぞっとするくらい青ざめて、嵐を呼ぶ雲のような光を眼から放っている。右側の騎士は伯爵に狩猟を中止して帰宅するように勧め、左側の騎士は教会での祈りなんかよりも狩りのほうがよっぽど心が晴れて楽しいからと狩猟に行くことを唆す。伯爵は後者の甘言に賛同して鹿を狩る。鹿が耕作地に隠れると、農夫の願いを無視して畑に踏み込み、収穫物を蹴散らして鹿を追う。鹿が野原に出て羊の群れに紛れこむと、羊飼いの懇願ものかは、伯爵は羊の群れを殺してしまう。鹿は暗い森に逃れて隠者の礼拝堂に身を隠す。隠者がたしなめるのも聞かず、伯爵が鞭を鳴らし角笛を吹くと、彼の周りのものがすべて消滅し、あたりは墓場のように暗くなり、頭上から身の毛のよだつような声が降ってくる。「人間も動物もさらには神をも容赦しようとしなかったおまえは、悪魔とその猟犬の群れに永遠に追跡されることだろう」。土中から一本の黒い手がぬっと現れて、伯爵の頭をつかむや顔を背のほうにねじ向けてしまう。一面火の海となり、焔の向こうには何千という恐ろしい形象が現れ、伯爵を追いかけはじめる。

森を横切り、田野を横切って、伯爵は悲痛な叫びを発して逃げる。しかし地獄の猟犬の群れは昼日中は地中深くに、夜間には空中に、ひっきりなしに彼を追う。彼の顔は背のほうを向いたままなので、サタンがけしかける怪物どもを逃げまどいながらいつも見ることになる。怪物どもが歯ぎしりして彼を捕まえんと飛びかかってくるのを。(75)

ビュルガーにおいてはこの地獄の狩猟は最後の審判の日まで続くが、ヴィクトル・ユゴーの「美男ペコパンと美女ボールドゥールの物語」(一八四二年)において、狩猟好きのペコパンが森のなかで経験する狩猟は一夜かぎりのものである。(76)ユゴーの物語は荒猟師の伝説をパロディー化してビュルガーほどには深刻な調子になっていないが、おそらくこのドイツ詩人から着想を得たものとされる。(77)

一七世紀から一九世紀に到るまで、民間伝承の多くは説教や口承で流布した寄せ集めと混合で生き延び、それぞれの地方色に馴染みながら新たに変容していった。だからこそ、グリムはドイツ各地に伝わる荒猟師の伝説をいくつも蒐集できたのであるし、(78)フランスの各地にも荒猟師の伝説がそれぞれに語り伝えられていることは、ポール・セビヨやヴァン・ジュネップら民俗学者の仕事がよく示しているとおりである。とりわけアルプス地方は荒猟師伝説の中世的な内容をどこよりもよく保存しているという。(79)シャルル・ジョワスタンが一九五〇年代から六〇年代にかけて蒐集したサヴォワ地方の伝承からひとつだけ紹介して、本節を終わるとしよう。

レスランは、クリスマスの日に、みんなが彼に助言していたのにミサに行かないで、二匹の犬を連れて野兎を狩りにいくほうが好きな男だった。ロシャ山の上に来たところで、彼はたまたま岩場から落ちて死んでしまった。そのときから、クリスマスの日にも一年の他の時期にも、野兎を追跡するために放たれたレスランの二匹の犬が狂ったように疾走する音が聞こえるのである。(80)

第四章

想像界の森（2）

——摩訶不思議の空間

1　魔法の森

想像界の森が両義性を有するとはすでに指摘したとおりである。つまり伏魔殿さながらに得体の知れない魔物が跋扈する恐怖の空間として存在する一方で、その対極に現世からかけ離れた不可思議と神秘の支配する空間として存在する、と。第三章ではこの前者の面を論じてきたのであるが、しかしたぶん森の恐怖ばかりを強調しすぎるのは公平でないだろう。むろんロマン主義的な時代錯誤は避けなければならないが、それでも誤解を恐れずにいえば、森は美しいし、梢の鳥は楽しげに囀《さえず》り、それに和するかのように泉の囁きが中世人の耳を楽しませることもあったかもしれない。ロシアの優れた中世学者アーロン・グレーヴィチは、「数多くの聖者伝や年代記を読めば、中世の人が木々や森の美しさにみとれ、それらの魅力になぐさめを見出すことができたことは明らかである」(1)と述べて、司教オットー・フォン・バンベルクがポーランドのシュテッティンで、異教徒たちが崇拝している樅の木を伐り倒すよう命じた話を引いている。この命令に対して人々はもう異教徒風に礼拝しないと誓いを立て、この木を残すよう司教に懇願した。「人々は樅の木の美しさと、その木が落す影が気に入っていたのである」(2)。

いったいに森は荒野に譬えられたのであるから、神が顕現する場でもあった。森に分け入る者のなかには神との出会いの経験をとおして悔悛し、隠遁生活にはいる者もでてきたことは聖者伝が教えるとおりである。また森は啓示が訪れる場所でもあった。グリムによる『ドイツ伝説集』(一八一六―一八年)の第三四九話は、天使が樵に聖母マリアの礼拝堂を建てるように命じる話であるが、樵が天使の命令でヴァルトラスト(森のなかの休息、の意)と呼ばれる場所で横になって休んでいると、そこに子どもを腕に抱えた白衣の婦人が姿を見せた。婦人が立った場所に教会を建てよとのお告げであると悟った樵は、さっそく地面に印をつけて、教会建立に尽力した(3)。

想像界の森に潜むのは、悪魔や巨人、狼男、野人や人喰い鬼だけではなかった。太古の森の影はいつまでも異教文化の記憶を引きずって、その残滓を留める空間でもある。多くの民間伝承は森と直接的な関係をもつ妖精の存在を伝えている。南フランスの小都市カストルで医者を生業としていたピエール・ボレルが『アルビジョワ地方はカストルの町および伯爵領の古代遺物、珍品、植物、鉱物、ならびにその他の重要な品々』(一六四九年)で書き残している珍しい出来事にも、おそらくそのひとつの反映を見ることが許されるであろう。彼は自分の陳列室に珍品の数々を蒐集していたことでも知られるが、珍しい事件などにも少なからぬ関心を抱いていた。刺戟的なコレクション論をものしたクシシトフ・ポミアンによれば、ボレルは、稀な出来事や珍奇な事件が歴史を表象するのであり、それらを並列することによって歴史を一望することができる、と考えていたからである。(4) ボレルは同書の第二巻第一八章をカストル界隈で起こった珍しい出来事の列挙に割いているのだが、年代は明示していないものの、一六三一年の項目と一六四三年の項目のあいだに妖精がらみの不思議な出来事を記している。

ボワスゾン・ド・メルヴィエルで、そこの住民たちは、しっかり襞のついた白いドレスを身につけ、腕と足がたいそう長いニンフないし女の野人を確かに森でよく目撃したと言い、彼女は泥濘に足跡すら残さないとも断じている。あまつさえ公務のために当地に差し向けられたカストルの執達吏セーヴ殿もこのニンフに遭遇して、このことを当地の住民たちに話したところ、人々は彼女はこの森に姿を見せるのを習いとしている、と彼に断言した。これは神霊か、あるいは魔術師たちがシビラ(巫女)とか善良なご婦人たちと呼ぶ、過ぎにし日の妖精たちのひとりであるらしい。そして他の人々は、これがボエスチュオ(5)や他の人たちがかつて捕らえられたと言っているものに似た、女の野人であると信じている。(6)

ボレルのいう「善良なご婦人たち」とは、荒猟師と混同された夜空を飛ぶアボンド夫人に従う女たち――ジャン・ド・マンが『薔薇物語』でこの表現を用いていた(7)――のことで、魔女の前駆的な形象であり、アダン・ド・ラ・アルの『葉陰劇』(一二七六年初演)にあるように「ご婦人たち」は妖精に付された呼称でもあった。(8) ボレルの文章はしたがって、荒猟師に収斂される夜間飛行する女たちという迷信的信仰の記憶、魔女と同一視されてゆく妖精、ロンサールもうたったダイモン(「神霊」「霊鬼」)の痕跡、さらには野人の神話までもが交錯する、きわめて興味深い事例といわなければならない。一七世紀前葉になると、妖精も含めたこれらすべてが想像力のなかで悪魔化されていく一過程を、ここに見ることができるように思われるからである。

この妖精、そもそもギリシア・ローマやゲルマンの異教の女神への信仰がキリスト教的色彩とケルト的な夢幻性を帯びて妖精の姿をとるようになったとされるが、人間世界との複雑な関係を保っていた。この世に戻ってきた死者の魂と見做されたり、人間に害を加えるかと思えば親切であったり、フランス中世の宮廷風騎士道物語お気に入りのテーマとなったり、民間信仰の原始的な段階からキリスト教と宮廷文化の影響をこうむるのちのちの段階まで、さまざまな変化に晒されるのは妖精も例外ではなかったが、森や山に棲む超自然的な生き物として、想像界の森を考えるときにはこの妖精が重要な登場人物であることは間違いない。

ひとつだけ例を挙げれば、フランス古来の口承は、森の妖精が通りがかりの人を輪舞のなかに引き入れて夜更けから明け方まで踊り戯れることを伝えている(9)。これを題材に小話を仕立てているのが、第二章第3節で論じたフィリップ・ダルクリプである。彼の小話集の第九三話は「妖精たちと踊ったコー地方の三人兄弟の若者たちについて」の愉快な話である。ちなみにコー地方とはノルマンディー地方東部の高原地帯である。三人兄弟はたまたま旅の帰り道にリヨンの森を通ることになった。夜の一一時ころに、彼らは木立のなかで三人の若くて美しい妖精に遇った。どこぞの奥方のような身なりをして、妖精たちは「オベロン王の宮廷からこの地にすこしまえにやって来た(10)」ばかりだった。彼女らがいっしょに踊ってくれるように頼むと、若者たちは美しい女性の誘いでもあるし、場所も場所だし、時間もたっぷりあるので喜んでそれに応じた。ひとりずつがそれぞれのパートナーを選び、夜っぴて楽しく踊りまくった。やがて夜が白々と明けてくると、三人の妖精の一番の年長者が、踊ってくれたお礼に三人各自に願いがそれぞれ叶うようにしてあげましょうと言いおいて姿を消し、二度と現れなかった。さて三人は道すがら妖精たちの言ったことをあれこれ話題にしたが、そうこうするうちに長兄は、長子の自分は相続権でなんでも手にはいるからお前たちから願をかけるとよい、と弟たちに優先権を譲ると言いだす。いやいや兄さんからどうぞ、と弟たちは兄を立てようとする。だが長兄は、願い事はない、せいぜい飼っている牛の病気が快癒すればなあ、と思わず口走ってしまい、そのとおりになる。そんな些事に大切な願いをひとつ使ってしまったことに怒って、次兄が「兄さんなんか片目になればいい」と罵ると、願いどおりに長兄の片目がぽろりと落ちてしまう。末弟は大好きな長兄の片目が落ちたのを見て嘆き悲しみ、憤懣のあまり次兄に向かって「兄さんなんか目が見えなくなればいいのに」と願い事を口走ってしまう。この願いが成就したことはいうまでもない。こうして三つの願い事を使い切ってしまったという次第。

これとよく似た話はまだあって、かつてはニコラ・ド・トロワの作と考えられた小話がそれである。(11) これは「三人の妖精と遇った三人の若者、および件《くだん》の妖精が若者たちに与えた贈り物から起こったこと」と題されて、内容的にもほとんどフィリップ坊の小話と同一である。出来事の舞台がノルマンディーからポワトゥー地方はリュジニャンに移されていること、妖精がやって来たのがオベロン(もとは一三世紀の物語『ユオン・ド・ボルドー』に登場する妖精の王で、シェイクスピアの『夏の夜の夢』(一五九四―九六年ころ)でも有名)の宮廷からではなくメリュジーヌ(実在するリュジニャン家の縁起譚に結びつけられた、土曜日ごとに下半身が蛇に変身する妖精)の宮廷からになっているこ

とくらいが、前半部にかぎっての相違であろう。後半部には顕著な違いがひとつある。願い事はなにもないと言い張る謙虚な長兄に業を煮やした次兄が、片目でもなくなれと口走り、そのとおり長兄が片目になるのを見た末弟が次兄に「両目がなくなれ」と罵る。ここまでは同じだが、まだ願い事をしていない長兄が自分と次兄の眼がもとどおりになるようにと願って、めでたしめでたしで終わっている点である。ニコラ・ド・トロワの作に擬せられた小話のほうはなんとも教訓的である。おまけに、若者たちは「役立つことだけに願い事を使って」という妖精たちの忠告を忘れていたことを恥じた、と締めくくるにいたっては、なおさらである。それに対して、フィリップ坊は不幸な兄弟を哄笑して終わり、なんら救済の暗示も与えない。せいぜい末尾に置かれた二行詩、「踊りは苦痛以外のなにものでもなく、／願いなどことごとく徒事」(12) が乾いた笑い声を響かせるだけだ。

どうみても、フィリップ坊のいささか残酷な笑いのほうが、道徳臭芬芬たる伝ニコラ・ド・トロワの小話よりもできはよいようにみえる。どちらが時間的に先行して影響を与えているのか、それともこれら二つの小話に共通の典拠があったのか、いまはそれを問わないにしても、いずれに

せよこの類の伝承は豊富にあるということなのである。

　さらに場合によっては、森が天国に譬えられることすらある。中世には、瞑想生活を送る人々は森に深く魅せられていた。先述のグレーヴィチは、修道院が森のなかに設立されたのは人里離れている点で好適であっただけでなく、森の美しさが修道士たちに喜びを与えるからでもあった、と指摘している(13)。実際、森の外に人間社会があるとか時間が流れているとかを思い出すこともなく、森に何年間も留まっているような、ときには何世紀ものあいだそこにいるかのような錯覚に陥ることもままあったにちがいない。一二世紀に、パリ司教モーリス・ド・シュリーは、時間の感覚もないままに結局三百年間も森に留まっていたという、ある修道士の話を伝えている。それは説教のときに語ってきかせる例話《エクセンプラ》で、爾来いろいろな説教師に採り上げられてきた(14)。この説教にはラテン語版とフランス語版があって、どちらが時間的に先行するかについて、いろいろ議論があるようだが、今日ではラテン語ヴァージョンのほうが先行することで、ほぼ意見の一致をみている。その例話の粗筋はつぎのとおりである。

　その昔、ひとりの敬虔な修道士がいた。彼は、神が愛されている人たちにのみ取っておかれてある、大きな喜びとなるようなものを見せてほしい、と神に一心に祈っていた。神はこれをお聞きいれになって、鳥の姿をした天使を彼のもとに遣わした。この鳥のあまりの美しさに呆然となった修道士は、あとさきのことも考えずに、鳥を捕まえんものと立ち上がった。しかし近づくたびに鳥はもうすこしさきへと飛び立った。そのつど鳥を追いかけるものだから、いつしか大修道院を出て美しい森にはいってしまった。彼はそれでも鳥の優しい声に聞きほれて、枝にとまる美しい鳥をじっと見つめていた。と、突然、正午を知らせる鐘の音を聞いたように思い、彼はわれに返って、大修道院に取って返した。ところが、見知っているはずの大修道院は全然見覚えのないものだった。すべてがすっかり変わってしまっているように思われたのだ。門番を呼んだものの、門番は彼に見覚えがなく、逆に何者かと訊ねられる始末である。自分はここの修道士なのでなかにいれてほしいと答えると、「あなたを見たこともないし、第一、ここの者ならいつここから出たのかね」と門番。修道士が「今朝がただ」と答えると、「今朝はだれも外出していない」との返事。これでは埒があかぬと、修道士は別の門番や大修道院長たちにも来てもらうが、どれも見知らぬ顔ばかりだし、むこうとても同じこと。周章狼狽して、彼は覚えているかぎりの修道士たちの名前を挙げた。すると彼らは答えた、「その人たちはみな亡くなりましたよ、三百年前に。さあ思い出してください。あなたはどこにいたのですか、どこから来たのですか、なにをお望みなのですか」。それでようやく修道士ははたと気づいた、これは神が彼のためにしてくださった奇蹟であることを。そして天国に住む者には時間がどんなに短く思われるものであるかを感じ取ったのである[15]。

この伝承にはさまざまなヴァージョンがあるらしいし、近代にもこの種の類話には事欠かないが、それらには魔法の鳥がたいてい登場する。フランス西部地方に伝わる口碑をポール・セビヨは三つ紹介している[16]。

ひとつは、オーヴェルニュの伝承で、ショーモン修道院アンセルム師の話である。ある日アンセルムは瞑想に耽るために近くの森にはいると、羽の美しい、うっとりするような歌声をもつ鳥が枝から枝へと飛び回っているのに気づく。捕まえようとしてもうまくいかないのはシュリーの話と同じだ。森にはほんの数時間いただけだと思っていたのに、戻ってみるとベネディクト会修道院はミニモ会修道院に変わっていて、周辺もすっかり様変わりしている。アンセルムは狂人扱いされるが、彼の挙げた修道院長の名前を聞いて、高位聖職者は、その修道院長なら二百年前に死んだこと、同じころにアンセルムという修道士も失踪してしまったことを思い出す。

二つめは、森のはずれで休憩する旅人が鳥の声を聞いていたが、鳥の歌がすっかり彼の心を魅惑してしまい、百年間もじっとそこを動かずに聞きいっていた、というもの。

三つめは、ある修道士が森に木を伐採にでかけたときのもの。仕事を始めようとするときになって、茂みで小鳥の歌声が聞こえた。鳥は素晴らしく美しい声で歌っていたが、やがて飛び去ってしまう。こんなにすぐに歌が終わってしまって修道士は寂しい想いをしたが、気を取り直して斧をとり振り上げようとすると、斧はなにやら妙に重く感じられるし、しかも斧の柄は虫に喰われてぼろぼろになっていた――このあたり、中国の古い物語に見える「爛柯《らんか》説話(腐った斧の話)」を想起させるかもしれない。伐り倒そうとした木も当初思ったより幹が三倍も太くなっていた。すっかり意気消沈して、彼はもう修道院に帰ろうとする。ようやく修道院にたどり着くと、見たこともない門番がどうしたのかと訊ねるので、死が間近いように感じられるのでついては大修道院長にお話ししたいと答えた。大修道院長も彼を見知らなかったけれども、ずっと以前にひとりの修道士が森にでかけたまま戻ってこなかったという話を思い出して、その修道士の名前を告げた。「それは私の名前だ」と修道士は答えて、不思議の鳥の歌を聞いているうちに百年の時が過ぎていたことを思い知ったのだった。

ここに、森が、異界と人間世界との境界をなす装置として重要な意味を担っていることが分かるのである。

このように、イマジネールな森は不可思議の場としてもとらえられる。想像界の森の両義性を詳らかにすることによってトータルな森林のイメージを喚起すべく、以下に、かかる神秘的空間としての森の諸相を考えることにしよう。

2 妖精——異界への誘い

カトリック教会がその基礎を築いたころ、森は古代の神々をかくまい、異教を具現する存在だった。森はガロ・ロマンやケルトやゲルマンの神々に木陰の庇護を提供した。この異教の残滓は田舎に遍在し、岩、樹木、泉、川には、偶像崇拝を断罪するキリスト教によって悪魔化された古代の神々が宿っていた。田舎に異教が残存する原因は、ブラガのマルティヌスが『田舎者たちへの訓戒』で説明しているとおりである(第三章第1節を参照)。自然に宿る神々は堕天使=悪魔にほかならず、異教徒はキリストを知らないものだからこれらを精霊として崇めるのだ(1)。ブラガのマルティヌスは異教の神々の聖性を斥けることで、それらをキリスト教の神よりも劣るものに貶めることができた。涵養された古典的教養から異教の神々の名前をよく知っていた聖職者は、森の霊や泉の霊や川の霊をギリシア・ローマの宗教に発する用語で解釈し、その神々に悪霊を見ていたのである。ギリシア・ローマの神々(ユピテル、マルス、メルクリウス、サトゥルヌスなど)を装って生きる異教は、やがてキリスト教的な秩序に組み込まれることになる(2)。

「農民」が「異教徒」と語源的に同義語であることがよく示すように、事実、田舎を異教的習慣が保存される場所とするテクストは多く、一三世紀前葉にパリの司教を務めたオーヴェルニュのグイレルムスは、田舎でなお抜きがたくあるのは「古代の偶像崇拝」、すなわち「古代の迷信の残存(3)」だと書いている。かくて教会がこの「古代の迷信」を根絶しようと努めるのは田舎においてであり、田舎が教会の教えにもっとも頑強に抵抗すると思い込まれるに到る。このとき聖職者にとって、異教の中身がケルト的であろうがゲルマン的であろうが区別する術もないから、いろいろな伝統が混同されて十把一からげに断罪されることになるのである。

ところで四—五世紀に、ゲルマンの侵入により、ガロ・ロマンのヴィラ(大規模な農業経営の拠点)の大土地経済が弱体化したために、田園に暮らす民衆は不安のなかで心の拠り所を失い、ローマの宗教が導入される以前からあったケルトの宗教が再び信仰を集めることになった(4)。フランク人が異教の信仰にすがっていたことは、トゥールのグレゴリウス『フランク史』(六世紀)の一節からも窺い知られる。

この世代の人々がいつも偶像崇拝にはっきりと迎合して、もちろん神を認めなかったことは紛れもない事実である。彼らは森や川から、鳥獣の世界から、また他の要素から借りてきて偶像をでっち上げ、偶像をまるで神のように崇め生贄を捧げるのを習わしとしていた(5)。

想像界の森で目立った要素をなすのは、いうまでもなくケルトの宗教でありゲルマンの宗教であった。神が専有する空間、つまり聖なる森(ケルトではメネトンと呼ばれていた)の概念が、彼らの信仰のなかで中心的な位置を占めているからである。グリムが蒐集したドイツ伝説からひとつだけ引用しよう(第三六六話)。

スエービ族の中ではセムノーネが最も古く最も高貴な部族である。彼らは一年の決まった時期にある森で集会を開く。その森は先祖代々神を祀ってきた地ゆえあたりには森厳な霊気が漂っている。ここに同じ部族から出たさまざまな氏の代表が集まって共同で人身御供を一体、神に捧げる。彼らはこの聖森をいたく崇めているのでここに踏み入る時には人間の脆さと神の全能を承認する徴に体を紐で縛る。もし転んで地に倒れたらその時は自分で起き上がったり人に抱き起こされたりしてはならない。そのまま地面を引きずられて森の外に出るのである。このような習わしがあるということはこの森が部族発祥の地であり、万物靡《なび》かざるをえぬ全能の神がここに坐《いま》すことの証拠である(6)。

したがってキリスト教会が異教徒＝農民の改宗を企てるときに最初にすべき仕事は、樹木崇拝を禁止し、聖なる森を破壊することであった。異教の神々の溜まり場ともいえる樹木を伐採してしまうことにあったのだ(図58)。これが迷信に対する教会の闘争のメインテーマとなり、そのもっとも模範的な例として挙げられるのがトゥールの司教マルティヌスの奇蹟である。

聖マルティヌスの死後ほどなくして、スルピキウス・セウェルスは『聖マルティヌス伝』(三九七年ころ)を書き上げた。その第一二章から第一五章までは、ガロ・ロマンの田舎の異教と闘う聖マルティヌスが数々の奇蹟を起こしながら異教徒＝農民を改宗させていく様子を叙述している[7]が、キリスト教が農民の迷信にどのように対処したかを示唆するものとして興味深い。聖マルティヌスは手っ取り早いところではまず異教の神殿を破壊する。第一四章は、聖所に火を放ったものの強風に煽られて火の手が隣の住居に迫るのを、聖マルティヌスが屋根に上がって炎に立ちはだかって火を後退させたという奇蹟を知らせている[8]し、さらにはルブルーで「誤った信仰で建てられた豪華な神殿」を破壊しようとするが、聖人は住民たちの抵抗に遭って一度は撤退を余儀なくされたものの、ついには神の力で「汚れた建物を土台まで破壊し、祭壇も偶像もすべて粉々に砕いてしまった[9]」ことも語っている。しかしもっと手を焼いたのは、すぐあとに掲げる引用文の冒頭からも知られるように、樹木や泉の礼拝を根絶することだった。だからこそこれが、多くの聖者伝における迷信に対する闘争の主要テーマとなりえたのである。聖マルティヌスと聖なる松の木の伐採の逸話は、一種の神明裁判として有名である。

図 58　マーストリヒトの聖アマンドゥスが，女に木を伐らせている場面．女たちが枝のなかに見える二人の人間の顔を指さしているが，彼女らが崇拝していた木の力の擬人化か．『マーストリヒトの聖アマンドゥス伝』の写本(12 世紀，ヴァランシエンヌ市立図書館)より

別のとき、彼はある村で大変古い神殿を破壊し、さらにその聖所の近くにあった松の木を切ろうとした。しかし、そのときこの地の神官とすべての異教徒たちが彼に抵抗し始めた。これらの人々は神殿が破壊されているあいだは主の意志によって静かにしていたが、その木が切られるのは我慢できなかったのである。そこでマルティヌスは彼らに対して、木の幹にはどんな神聖さも宿っていな

いこと、したがって彼らはむしろ自分が仕えている神に服さねばならないこと、その木は悪霊に捧げられたものだから切り倒さなければならないことなどを熱心に説いた[10]。

するとひとりの男が、われわれが木を伐り倒すからマルティヌスは倒れてくる木の下に立ってそれを受けとめてみよ、神がともにいるのなら助かるはずだろう、と提案する。

図59　伐り倒された樹木の奇蹟．聖マルティヌス祭壇画（15世紀，バルセロナ，国立カタルーニャ美術館）

聖人は木が倒れてくるはずのところにおとなしく引き連れられていく。まさに木が倒れようとする瞬間、聖人が十字を切ると、松は奇蹟により逆に跳ね返り、安全な場所にいると信じていた異教徒たちのほうに倒れて、すんでのところで異教徒たちを圧殺しそうになる（図59）。これを見て、異教徒たちはキリスト教に改宗する。スルピキウス・セウェルスはつぎの一文を付して第一三章を締めくくる。

　これらの地方では、マルティヌスがやって来るまでは、ほんのわずかの人々しか、あるいはほとんど誰もキリストの名を受け入れてはいなかったが、マルティヌスの奇跡や模範的な行為を通して、主の信仰は絶大な力を与えられ、今ではいたるところに多数の教会や修道院が存在するほどになっている。というのも、彼は、異教の聖所を破壊した場所では、どこでもすぐに教会あるいは修道院を建てたからである[11]。

この逸話は、田舎の異教の聖所に対するマルティヌスの粗暴なまでの攻撃、目ざましい奇蹟による異教徒の反感の打破、引き続く集団的な改宗という、劇的な構造を有しているが、これは二つのことを教えている。ひとつは、奇蹟が複数の人々のまえで行われるということ。複数の目撃者を得ることでかえって破壊行為は効果を増し、それが集団の改宗を生む。民衆の力をうまく利用するのである。[12] いまひとつは、半ば暴力的に、あるいは奇蹟によって偶像崇拝者を改宗させる方法がとられたということ。この方法はガリアでも長いあいだ存続したであろうが、北方の部族を改宗させるべくキリストの力が異教の神よりも強力であることを見せつけるためにも、同様の方法がとられた。このとき、八世紀にゲルマン人の改宗に尽力した聖ボニファティウスのように、伝道者の魔術師的性格はいっそう強くなったであろう。[13] しかしながら改宗させる方法としてはもっと穏便な方法もあった。異教の礼拝を一気に根こぎするのでなく、逆に在来の信仰を利用してそれにキリスト教的な説明を与えることですこしずつキリスト教を植えつけようとする方法である。聖なる木々は伐採するのでなく、たとえば聖母マリアを祀るものとされたり、異教の神々の宿る森に十字架や隠者の庵を配置して徐々にキリスト教化する。あるいは伝統的な慣習はなにひとつ変えずに、異教の聖所をキリスト教の礼拝堂にすげ替えたりする。[14] いわば妥協と共存の方途である。

　こうして緩慢な歩みながらも、田舎も森もキリスト教化されていく。樹木・植物に関する著作が多いエッセイスト、ジャック・ブロスが、修道院が好んで森の奥深くに建てられたのは、瞑想に不可欠の平安と静寂を見出すためだけでなく、森に避難場所を得ていた悪魔的な諸力を馴化するためであり、修道士による森林伐採、開拓整備という経済目的に呼応するかのように、森から超自然的で呪うべき被造物が追放された、とするのはけだし名言であろう。[15] キリスト教は森を犠牲にして進展したとすらいえよう。

　聖者伝における、樹木に対する教会の闘いの執拗さは、森がいかに神聖な性格を有していたかをはしなくも露呈している。森は別の世界に通じる通過点なのである。たまさか馬にでも跨って森へはいれば、迷い込み、通常の掟には属さない場所にたどり着くことだろう。森に踏み込むとは、異界に赴くと同義でもあった。木々の陰には、結局はキリスト教会も同化できなかった超自然的で異教的な生き物が蝟集しているのである。キリスト教が異教的伝承に対して講じた方策が「馴致」と「混合」の産物だっただけに、かえって異教はキリスト教という新しい衣の下に生き長らえることができた。とりわけ妖精は、「異教が精神に刻みこんでいったあらゆる名残のなかでもっとも最後まで存続したもの[16]」であった。

　中世の妖精は、田園の神々やパルカたち(ローマ神話の運命の女神たち)が混淆したものから生まれた、高度に諸教混淆的な形象であると考えられている。妖精は確かにパルカたちの様相と性格を継承している。妖精の具える力のひとつに予言があるからである。妖精は人間の宿命をあらかじめ知っていて予言できるのだ。これは「代母の妖精」というタイプで、子どもの誕生に立ち会い、その子どもの将来を、予告するばかりか決定までしてしまう。これが妖精物語に特徴的なテーマになっているのも事実で、子どもが生まれたときに、その新生児の運命を決めるためにやって来る妖精に食事の用意がされるのだが、その食事が妖精を満足させえたかどうかでその子の運命は決まるとされる――好適な例として愛の狂気を描いた一三世紀初頭の冒険物語『アマダスとイドワーヌ』が挙げられる[17]。作者不詳の短詩《レー》『ティオレ』(一三世紀初頭)の主人公が、口笛を吹くとどんな動物も呼び寄せることができるという術を体得したのは妖精の賜物であったが、これなどもさしずめ代母の妖精の庇護を受けているということであろう[18]。ティオレの少年時代はクレチアン・ド・トロワのペルスヴァルのそれを想起させずにはおかないが、彼は人里離れた森のなかで寡婦の母と妖精に守られながら成長し、妖精のおぼえめでたいおかげでティオレはまさに森の主さながらに動物を自在に操ることができたばかりか、長じてからはその魔法の力で試練を乗り越えて、一国の王にまで上り詰めることができたのである。

　しかし、「代母の妖精」は妖精の特性のひとつでしかない。民間伝承などでは超自然的な妖精は人間と結ばれることがあり、これはパルカたちの形象からは説明のつくことではない。それに反し、中世初期の知識文化は、パルカたちの特性をもった妖精しか知らなかったということである。しかし民衆文化は、このもうひとつの恋する超自然的生き物を知っていた。「恋人としての妖精」のタイプである[19]。そのことを如実にあらわすのが、またしてもヴォルムスのブルカルドゥスの贖罪規定書である。このヴォルムスの司教は、民衆のあいだに広まっていた「運命の三女神」(パルカたち)の迷信に続けて[20]、「森の女」=妖精の迷信をも断罪していたからである。

> お前はある人たちが信じようとしている次のようなことを信じているか。森の女と呼ばれる野性の女がいて、人間と同じ身体をしており、彼女らは人間の男たちの恋人として姿を現し、彼らと楽しんだ後、別れたいと思えば

離れて消えていくという話を信ずるか。もしお前が信ずるなら、パンと水だけで過ごす一〇日間の贖罪を果たさねばならない(21)。

中世の妖精について基本的研究を発表したアルフ゠ランクネルは、ブルカルドゥスのこの一節を「中世文学の超自然的恋人〔つまりは妖精〕の出生証書」と称して、「ブルカルドゥスが民間信仰に生き残っていると証言するパルカたちの傍らには、〔……〕聖職者文化から生じているのでなく、集団的イマジネールから生じている「森の女」が立ち現れている(22)」ことを指摘している。この森の女はまさに妖精の特性をもち、ブルカルドゥスの証言は、森の女と人間の男との恋物語が聖職者の文化には縁遠いものであっても、一〇〇〇年ころに民衆のあいだでは流布していたことを明かす。一二世紀には知識文化にも恋人としての妖精のタイプが浸透し、はっきりと区別されるはずのこの二つのタイプが、一三世紀になると運命の主であると同時に恋愛の神でもある新しい形象のなかに溶けこんで、いわゆる妖精が誕生したのである(23)。外観も背丈もふつうで、若くて無類に美しく、立派に着飾った超自然的な女で、予言能力があり、繁栄と豊饒をもたらし、親切で、ときには意地悪である。これを要するに、妖精とは、その魔法で周りを幸福にしてしまうような、理想的で完璧な、夢のような女性である(24)、といえよう。もっともその後の伝承では、身体的に小人ないし巨人のような異常性が付与されたり、動物に変身できたり、女であるだけでなく男のこともある(マリー・ド・フランス『ヨネック』一二世紀後葉、ブルトン人の短詩《レー》『ティドレル』一二世紀末―一三世紀初め)など、ヴァリエーションを持つようになる(25)。

ブルカルドゥスによる断罪からも分かるように、田舎に残存する古代異教の残滓を根絶しようとする教会にとって、妖精は第一級の敵対者である。「森の女」は不義密通を犯す者であり、淫欲を表徴する。しかも森が悪魔の領域であるからには、森の女は悪魔の策謀による幻である。ブルカルドゥスが妖精に見るのは、樹木崇拝に似せた迷信とまやかしでしかなかった。しかしながら、妖精は聖職者たちが思い込ませようとした悪魔による幻などではなく、たいていは肉体を具えた女であった。やがて妖精にキリスト教的な性格が具わるようになり、それはことあるごとに確認されるようになる。妖精もミサに行き(『見知らぬ美丈夫』一二世紀末)、聖体を拝領する善きキリスト教徒である(『デジレ』一二世紀末―一三世紀初め)。『デジレ』の妖精は主人公に魔法をかけるものではさらさらなく、呪われた世界から来たものでもないと断言して、教会で結婚式を挙げることを要求するほどである。(26) このようにいくつかの文学テクストでは、妖精は悪魔でもなく、老女の幻覚に現れるものでもなく、超自然的な存在でもなくなる。「姫」(demoiselle)、「乙女」(pucelle)、「恋人」(amie)などという名称が妖精に付与されるのに応じて、妖精は学問と知識をあわせもった完璧な礼節ある女性として現れることもあった。(27)

図 60　レイモンダンとメリュジーヌの出会い．14 世紀の写本より

中世の妖精は、モルガン、ヴィヴィアン、メリュジーヌのような、よく知られた妖精、無名の妖精を問わず、森に出没する。妖精物語では、妖精との出会いは森のなか、ないし森のはずれの荒野か草原と相場が決まっている。また水(泉、海、川、湖など)との関連も重要だ。マリー・ド・フランス『ランヴァル』(一二世紀後葉)の主人公が妖精とともにアヴァロンに去ったように、妖精の城は島に建っていることもあれば、湖底に建っていることもある。ケルト・ブルターニュ系の伝承では、妖精は泉で水浴びしていることが多く、妖精の住まいに近づく手段としては川を渡ることがあった。こうして妖精との遭遇のための舞台装置がととのう。

たとえば騎士が狩猟のために森にでかける。狩猟の対象とされた獣が騎士に追われて森の奥に逃げ込む。それを追う騎士はいつしか森の奥深くへと導かれ、やがて泉に行き当たる。そこには美しい妖精が素裸で水浴びをしている。もっとも妖精のほうは騎士がやって来ることをすでに承知しているものだから、初対面でも騎士の名前を知っている。妖精は騎士の気を引くために惜しげもなく裸身を晒すのであり、だから遭遇とはいえ、これはあらかじめ目論まれたことなのである。メリュジーヌと失意のレイモンダンの遭遇も同類である[28](図60)。騎士はたちまち妖精の虜となって結婚、たいていはメリュジーヌの場合のようになんらかの禁忌条件が付けられたうえで、妖精の傍らで幸せな日々を送る。騎士が妖精の世界に赴くこともあれば、妖精が人間世界で生活することもある。しかし後者の場合は、騎士が妖精から戒められた禁忌を犯してしまうために、妖精は騎士のもとを立ち去る(『ランヴァル』、作者不詳の短詩《レー》『グラエレント』(一二世紀末―一三世紀初め)や『メリュジーヌ物語』(一四世紀末)など)。前者の場合であれば、騎士はそのうちに望郷の念にかられて人間の世界に還ろうとする。ところが妖精の出す禁忌の条件をのんで人間社会に戻ってはみるものの、もう数百年の時間が流れている。異界では、超自然的世界として時の流れが及ばなかったのだが、人間社会では時の法則に従わざるをえない。永遠の世界からかかりそめの世界へと戻ったとき、騎士は過ぎ行く時間の流れを免れることはできず、時間=死に再び対峙せざるをえないのである。ここに、妖精の重要な特質が明らかになる。妖精は時間の埒外にあるということだ。だから妖精はいつまでも若く美しいし、妖精の庭に生える植物も季節の移り変わりと無縁だし、妖精の魔法の持ち物、たとえば指輪は忘却を惹き起こす(マリー・ド・フランス『ヨネック』)。これらは時間の不在を暗示させる。時間に拘束されないからこそ、妖精は過去・現在・未来を知る能力をもつことができるのである。さて、いずれにしても騎士は妖精に約束した禁忌を犯してしまうことで、二つの結末を迎える。騎士は時間の流れに身を任せて年老いて死に果てるか、あるいは妖精に異界へと永久に連れ去られるか、である――後者の結末は前者のそれよりも幸福であるかもしれないが、だがそれとて決定的な流刑でしかないわけで、二つの結末は死の二つの相貌にほかならないといえる。ひとたび永遠を味わった者は、もはや人間のあいだに安住すべき場所をもたない。これが妖精物語の教訓である。こうしてみると、ケルト・ブルターニュ系の物語では、主人公が森でひとり置き去りにされることでまず冒険が始まり、つぎに魔法の動物――たとえば白い鹿や猪――が出現するが、これは主人公を妖精に引き合わせるための媒介を果たすもので、かくして主人公の狩猟の追跡は、超自然的存在の待つ異界で終了することが分かる。皮肉なことに、追跡される動物は獲物にならずに、主人公のほうがまんまと獲物になるという次第だ[29]。

アルフ=ランクネルのまとめた語りの図式を再録すると、つぎのようになる。

Ⅰ　妖精との出会い

1　主人公は住まいを出発して、異界の境界のひとつに向かう。
2　魔法の動物が主人公にこの境界を越境させ、妖精の王国に導きいれる。
3　妖精(案内役の動物がその変身であることが多い)は主人公に愛を捧げる。
Ⅱ　異界での滞在
4　主人公は妖精の傍らで永遠の幸福を堪能する。数世紀が主人公の意識せぬままに流れ去る。
5　主人公はある日、禁じられていたことに背くことで記憶を取り戻し、身内の者たちに再会したいと願う。
Ⅲ　人間界への帰還
6　妖精は恋人に異界での超自然的な時間の流れを明かし、年月の重みから守ってくれている禁忌事項を尊重するように課す。
7　主人公はその禁忌を犯す。
8　主人公は数世紀分だけ年をとる。
9　主人公は死ぬか、あるいは永久に異界に消え去る。(30)

そこで、右に紹介した妖精物語の図式を具体的に検証すべく、一例として作者不詳の短詩《レー》『ギンガモール』(一二世紀末―一三世紀初め)を見ておこう。(31) これはまさしくヨーロッパ版「浦島太郎」ともいえるものである。

その昔、ブルターニュに国を統治する王がいた。王には世継ぎがいなかったけれど、賢明にして美しい甥ギンガモールを後継ぎにと心に決めていた。さてある日、王は気晴らしに森へ狩りにでかけた。甥のギンガモールはたまたま気分がすぐれず、城に残ってチェスを楽しむことにした。そんな美貌のギンガモールを見初めたのが王妃であった。美しい王妃はギンガモールに言い寄るが、彼はきっぱりとこれを斥ける。王妃は自分の浮気がギンガモールから王に告げ口されるのではないかと惧れた。さて、王が狩猟から帰ってからの食後のこと、王妃はギンガモールをわざと怒らせるかのように、森に棲む白い猪を仕留める勇気のある者はひとりとていない、と言って挑発する。かつて一〇人の優れた騎士が白い猪を仕留めにいったがだれひとり帰った者はいなかったので、ギンガモールはこれを王妃の自分への挑戦だと悟った。彼は王に白い猪を狩りにいくこと、ついては王の馬と猟犬を貸してほしいと願い出た。ギンガモールの申し出を渋る王に王妃もこれ幸いとばかり後押しするものだから、王も不承不承ながらこれらを認めざるをえない。みんなが嘆き悲しむなか、ギンガモールは勇躍森にはいっていく。やがて白い猪を見つけ、角笛を嚠喨《りゅうりょう》と吹き、吠えたてる猟犬どもを放したが、なかなか捕まらない。ギンガモールは深追いするうちに猟犬と猪を見失って、錯綜した深い森で道に迷ってしまう。森を横切り小高い丘にのぼって情勢いかにと構えるうちに、遠くで犬の吠え声を聞きつけ、彼も角笛を吹き鳴らす。ブナ林の空地に猪と犬が荒野のほうへと駆けていくのが見える。これで猪を仕留められると心躍り、思わず馬に拍車を入れる。猪は彼のまえを駆け抜け、犬もすぐ後を追跡する。ギンガモールは荒野を越え、危険な川を渡り、花咲き緑なす野原へと馳せる。まさに猪を仕留めんとしたそのとき、眼前に大きな宮殿が現れる。開いている門からはいってはみたものの、人影はない。やがて川に沿って野原に戻るけれども、猪の痕跡はまったくない。猪ばかりか犬までも見当たらないありさま。これではおめおめ帰れやしないと落胆しきりのギンガモール。物思いに沈んで森の高みにたどり着き、耳をすますと右手に犬の吠えるのが聞こえる。再び角笛を吹き鳴らし、犬に合流しようとする。猪が彼のまえを走り抜け、ギンガモールは追跡する。荒野のはずれまで来ると、オリーヴの木の下に泉が見える。ひとりの裸の乙女がそこで水浴びをしていて、侍女がひとり彼女の髪に櫛をいれ手足を洗っている。乙女はすらりとして美しい肉体をもち、これ以上に美しい人はいないと思われる。その美しさにうたれたギンガモールは、彼女の衣服が大きな木に掛かっているのを見つけるとそれを隠そうとするが、乙女はめざとくもそれに気づいて重々しく叱責する(わが国の羽衣伝説を彷彿させるではないか)。ギンガモールはやむなく衣服を返す。とかくするうちに猪も犬も見失ってしまうのだが。乙女の誘いに応じて、ギンガモールは彼女のもとに三日間滞在することにする。それまで女性に心をときめかせたことも恋のことを考えたこともなかったギンガモールが乙女に恋心を告白すると、彼女も喜んで愛を返すだろうと応えたので、彼の胸は喜びではちきれんばかりだ。ギンガモールはさきほど見かけたばかりの宮殿に案内されると、そこには三百人以上の人々が集まっていて、そのなかに行方不明になっていたあの一〇人の騎士たちもいるではないか(このことから妖精の国が黄泉《よみ》の国であることが明らかとなる)。ギンガモールはみなからこぞって歓迎され、食事に音楽にと楽しい一時を過ごす。彼は三日目には宮殿を立ち去って猪と犬を探しにいき、王に経験した冒険を話して聞かせるつもりだった。そしてそのあとでまた妖精のもとに戻るつもりでいた。ところが実際は彼は三百年もそこにいたのだ。

王も家臣たちもとうに死に、彼の知っている町々も廃墟となっているはずだ。そうとも知らぬ彼は、国に帰る許しを願い出る。三百年が過ぎたこと、いまさら帰ってもみんな死んでしまっていることを妖精が告げても、彼は信じようとしない。そこで、国に帰るために川を渡ったら、ここに戻るまでどんなに空腹でも飲食しないという条件で、妖精は承知する。ギンガモールは舟で川を渡り、森のなか、馬を走らせていると、斧で木を伐り倒し炭を作っている炭焼きに会う。王と城のことを訊ねても、炭焼きは王は三百年前に亡くなり城もずっと昔に廃墟となったことを告げるばかりで埒があかない。宵闇が迫るころ、猛烈な空腹を覚えたギンガモールは路傍に大きな林檎の木を見つけると、妖精の忠告をすっかり忘れてしまい、実を三つもぎ取って食べてしまう。すると彼はたちまち年老いて、体は老衰して手足が動かなくなり、乗っていた馬から転げ落ちてしまう。弱々しい声で自分の不運を嘆いていると、そこへ美しく着飾った二人の婦人がやって来て、ギンガモールのそばで馬から降りる。彼女らは約束を破ったことを叱責してから彼を優しく馬に乗せると、川まで連れていき舟で川を再び渡っていく。

『ギンガモール』の類話に、同じブルトン人の短詩《レー》『グラエレント』とマリー・ド・フランスの短詩『ランヴァル』がある。種々の矛盾と不都合が改善されて洗練されたとおぼしい『ランヴァル』よりも、むしろケルト系の要素が色濃く出ている『グラエレント』を、『ギンガモール』との相違に注意しながら概観してみよう。[32] 王妃が言い寄るのをはねつけた騎士グラエレントは、これを根にもった王妃の企みから、俸給が支給されず貧窮する。騎士にふさわしい生活が送れなくなり、人々の嘲笑を避けるように森にでかける(『ギンガモール』では白い猪を狩るという挑戦)。すると白い牝鹿(『ギンガモール』では白い猪)が跳びだしてきて、グラエレントを妖精が水浴びする泉へと導く。グラエレントは妖精を森の奥に連れだして無理やり思いを遂げる(『ギンガモール』では妖精が進んで身を任せる)。騎士は妖精に結婚を申し込み、妖精は二人の仲を口外しないことを条件に同意する。妖精はグラエレントを裕福にし幸せにする。また他人には彼女の姿が見えないが、日夜騎士の傍らに寄り添って暮らす(『ギンガモール』では宮殿の生活)。妖精はこれが目的でわざわざ泉に来て待っていたことを打ち明ける。さて一年が過ぎて、王は王妃がもっとも美しい女であると自慢すると、宮廷に集まった家臣たちがみな賛同するなか、グラエレントだけは、妖精との約束を破って、王妃よりも美しい女性を知っていると明かしてしまう(ギンガモールは三つの林檎を食べる)。グラエレントは彼女を連れてこなければならない羽目に陥り、さもなければ牢につながれることになる。しかし騎士が呼べども妖精は姿を見せず、いよいよ絶体絶命というとき、妖精が宮廷に現れ、グラエレントの言葉が正しかったことを証明する(『ギンガモール』では二人の婦人が連れにくる)。妖精が宮廷を去り、グラエレントは跡を追って妖精に赦しを乞う。森にやって来て、妖精が川のなかにはいっていくと、妖精が諫止するのも聞かないで騎士も跡を追おうとする。二度まで溺れそうになるのをついに見かねて、妖精は騎士を自分の国に連れ帰る。国の人々はグラエレントがそこで生きているといまでも言う。主人を失った馬は悲しみにくれて、「森のなかに引き返し、／昼夜穏やかでなかった。／蹄で地面をほじり、激しくいないないた。／それは国じゅうに聞こえた[33]」。

つまりは森を越え川を越えることで、グラエレントは還ることができない世界にたどり着く。超自然的なものに敏感な馬は彼を見つけようと森のなかをさまようのであるが、この森を駆けめぐるということがすでに森の境界的な機能をよく示している。森のなかをさまようことで、主人に忠実な馬は妖精の地にいっそう近くいることになるからである[34]。森は異界に通じる通過点として機能していたことが、ここでも確認されるはずである。森の彼方に、川の彼方に、妖精の国が広がっている……。

3　聖人と白い鹿

ケルト・ブルターニュ系の妖精物語は、第2節でアルフ＝ランクネルによる図式を紹介したように、主人公を妖精の王国に誘いこむための導き手として、鹿とか猪のような森の獣が重要な媒介になっていた。主人公が森の境界的な空間にはいりこむと、白い動物が出現し、追跡する主人公を異界に導くときから、冒険はさまざまな不可思議の徴を帯びながら展開していくのである。

中世文学者ジャン・フラピエが「英雄や騎士が「冒険の」森で追い駆ける白い獣とは、彼の愛を得ようとする妖精が異界の自分の元におびき寄せるために送ってきた罠であった」[1]と定義したように、確かに『ギンガモール』でも『グラエレント』でも物語はこうして始まった。マリー・ド・フランスの『ギジュマール』(一二世紀後葉)もこの枠組みに入れてよいと思われるが、ただここに現れる白い牝鹿はギジュマールを妖精＝奥方に引き合わせる契機になっているだけでなく、いかなる女性にも恋心をそそられることのないギジュマールの運命を決定づける重要な啓示・予言にもなっている[2]。

ギジュマールは家来や勢子を率いて森に狩猟に行くと、「とある大きな茂みの中に、仔鹿を連れた一頭の牝鹿を見つけた。／その鹿は全身これ白く、頭に牡鹿のごとき角をいただいていた」[3]。この鹿の描写そのものがすでに超自然的なものを予感させるが、ギジュマールはこれに弓を射かけた。矢は牝鹿の額に当たり、それがはねかえってギジュマールの腿を貫いた――射手の放った矢が別方向に逸れて不幸をもたらすきっかけにつながるとは、『アーサー王の死』(一三世紀前葉)で、ランスロの左の腿を鹿を追う射手の矢が刺し貫くというモチーフを想起させる[4]。瀕死の牝鹿は深傷を負ったギジュマールにこう告げるのだった。

〔……〕ああ、悲しいことに、私は殺される。
だが、私を傷つけた若者よ、お前の運命も呪われてあるがよい。

お前は決して薬を手に入れられまい。いかなる薬草の葉
　や根によっても、
いかなる医師によっても薬石によっても、腿に受けたそ
　の傷から、
お前は決して癒されまい。ただ、いつの日かある女がお
　前を治しはしようが、
彼女はお前を恋するあまり、いまだいかなる女性も耐え
　たことのない、
苦しみと悲しみを忍ぶことになるのだ。それにお前も、
　かつて恋し、今も恋し、
この先も恋するあらゆる人間たちから、驚嘆の念をもっ
　て迎えられるほどにも、
その女のために同じく苦しむのだ。さあ、私を残して、
　立ち去るがよい(5)。

このように、森の動物が妖精の使者として主人公を異界へと導く媒介となっているのだが、この動物は牡鹿であれ牝鹿であれ猪であれ、色だけは白色というのが不変の条件となる。白は妖精を意味するからであり、また聖なるものの領域に取り込まれているからである(6)。

これに対置されるのが当然黒い動物であろう。黒い森の動物は異界への媒介の役割をもはや担うことはなく、むしろ悪の領域に組み込まれることを示唆するのである。一五世紀半ばの散文物語『フランドル伯ボードゥアンの書』は、ボードゥアンとフランス王フィリップ・オーギュストとの確執を扱っているが、その第一一章は幻想的な黒い猪狩りをモチーフにしている。慢心しきったボードゥアンはフランス王女との婚姻を拒絶し、家臣とともにノワイヨンの森で狩猟を楽しむのだった。

ボードゥアンたちが森にはいると、ムーア人のように黒く、がっしりとした巨大な猪を見つけた。犬たちの吠えるのが聞こえると猪は逃げだし、狩猟係たちがそれを執拗に追い回した。猪がもっとも優秀な猟犬のうちの四匹を殺したことで伯爵は怒り心頭に発して、猪を仕留めぬうちはこの場を梃子でも立ち去らぬぞと神に誓った。猪は森を出てモルネーの森に逃げこんだ。伯爵と部下たちはセーヌ河まで追跡した。というのも、猪はもうヴェルマンドワ地方を横切っていたからだが、森のなかでなら休息できるだろうと思ってか、ある場所に身を隠した。しかしそうは問屋が卸さず、伯爵は猪槍をもって跡を追

っていたのだ。部下たちはまだ伯爵からはるかに後れをとっていたが、なにしろ伯爵の馬は駿馬であった。伯爵は地面にとび下りると、両手で猪槍をつかんで言った。「こやつめ、ここに来てみろ、おまえはフランドル伯と腕くらべをしなければならないのだからな」。

たちまち猪は立ち上がり、歯ぎしりをするや、口に泡をとばしながらその場所から跳びだし、容赦なく伯爵に飛びかかった。が、伯爵は猪槍でしたたかに猪を打ちすえ、背の真ん中に猪槍を突き立てた。猪がどっと倒れたところを伯爵は止めを刺し、その上に座って、部下がだれひとりやって来ないことに不安を覚えながら、じっと考えに耽っていた(7)。

これでは勇壮な猪狩りの図でしかないが、おもしろいのは、ここにひとりの乙女が黒馬に跨って姿を見せるのである。

伯爵はしばし休息してあたりを見回すと、若い女がひとり、自分のほうにやって来るのに気づいた。お供も連れないでたったひとり、彼女は黒い儀仗馬に跨って側対歩〔同じ側の二本の脚を同時に上げて進む歩き方〕で進んできた(8)。

この黒馬の美女はだれあろう、悪魔であった。ボードゥアンは彼女にすっかり魅せられてしまい、結婚して娘を二人までもうけてしまうのだが……。つまり「ムーア人のように黒」い猪は、ボードゥアンを悪魔に引き合わせる媒介・使者だったといえよう。

狩猟が妖精物語では異界と接触をもつ前段階であると知れば、それが教訓的な物語になるとどのような意味をもちうるかは想像に難くない。異界へ導く動物は、選ばれた人を啓示の場に導き立ち会わせるのである。白い鹿は主人公を妖精ならぬ神の発見に導くということだ(9)。鹿のイメージが世俗の領域から聖なるものへの領域へ自在に移行しうることは、たとえば『聖杯の探索』の一節がなによりの例証になるだろう。場面は罪で荒れ果てた世界を表す「荒れ森」である。三人の騎士、つまりペルスヴァル、ガラアド、ボオールは森のなかで四頭の獅子に導かれた白い鹿に出会う。これがなにを意味するのか知りたくて、騎士たちは鹿のあとからついていくと、やがて鹿が礼拝堂にはいり、人間の形に変わるのを目撃する。獅子たちも人、鷲、牡牛といろいろな形に変身して去っていく。礼拝堂でミサを始めようとしていた賢者が種明かしするに、鹿はキリストであり、主とともにあった獅子たちは四人の福音書記者だった——つまり人はマタイ、鷲はヨハネ、獅子はマルコ、牡牛はルカを象徴する。「鹿が皮と毛とを脱ぎすてて若返るのと全く同じように、主は死から生へとよみがえり給う、そのときに現世の皮を、すなわち祝福された聖処女の胎内で受けられた限りある生命の肉体を、ぬぎすて給うたのです。そして、祝福された聖処女の内にはこの世のいかなる罪障もなかったがゆえに、主は汚斑《しみ》ひとつない純白の鹿の姿で現われ給うたのでした[10]」。鹿の白さはもはや妖精の指標ではなく純潔の指標なのである。またトマス・マロリーの『アーサーの死』(一五世紀後葉)にも、サー・ガラハッドが白い牡鹿によって森の隠者の庵に導かれたとき、その牡鹿はキリストであり——「牡鹿は老齢になるとその白い肌でまた若返るのです。それと丁度同じように、主は死から生き返られるのです[11]」——、主は牡鹿の姿で聖職者や優れた騎士のまえに現れると聞かされる場面がある。ここでは鹿の白は純潔のみならず、不滅・蘇生の指標にもなっている。

　このようにキリストのイメージを鹿に見ようとするのは、キリスト教的伝統に則っていた。というのは、古来、『詩編』第四二編(ウルガタの第四一編)第二節の「涸れた谷に鹿が水を求めるように／神よ、わたしの魂はあなたを求める」に、キリスト教は鹿に神を渇望する魂を見ようとしたり、鹿が蛇を喰い殺すという伝承に、悪魔に勝利するキリストを見ようとしたからである[12]。オリゲネス、ニュッサのグレゴリオス、アウグスティヌス、サン＝ヴィクトルのフーゴー、それにすこし変わったところでは、『砂漠の師父の言葉』に収められた師父ポイメンら[13]は、繰り返しかかるキリスト教的解釈を施してきた。ところで鹿が蛇の敵であるとはギリシア・ローマの時代から信じられており、プリニウスは「(鹿は)ヘビの穴を捜し出し、それが抵抗するのを鼻息で引き出す[14]」と書いた。セビーリャのイシドルスは鹿に関するさまざまな伝承を集めて、それを教化文学に浸透させるのに貢献した。鹿が蛇を食べることについてもこう記す。

> 蛇の敵として、鹿は病気で体の具合が悪いと、鼻孔から強く息を吐いて穴から蛇を追い出し、蛇の猛毒にやられることもなく、蛇を貪ることで治癒させてしまう[15]。

ガストン・フェビュス自身は肯定も否定もせず、鹿が蛇を踏みつけてこれを食べると何人かの人が語り伝えている[16]ことを『狩猟の書』に書きつけるほどであるし、ブルネット・ラティーニの百科全書にも同様の記述がある。[17] もちろん中世の動物寓意譚にもこの類の記述が跡を絶たず、ギヨーム・ル・クレールにせよフィリップ・ド・タオンにせよ、蛇の居場所を知ると鹿は口に水をいっぱい含み蛇穴にそれを吹きつけ、息で蛇を穴から引き出し、足で踏みつけて殺してしまうと書いてから、これをみずからの口で水(叡智)を人間の体に吹き込んで蛇(悪魔)を追い払うキリストに譬えるのである。[18]

かくて聖者伝に鹿は頻々と登場し、鹿の現れるところに奇蹟があり神の顕示があるのも道理なのである。しかしそこに論を進めるまえに、聖者伝に現れる動物は鹿だけでなく、他の動物も隠者と親しく接していることに言及しておきたい。

異教の世界になお属している森に率先してはいりこみ、キリスト教化に努めたのは隠者や聖人たちであった。森を開墾しては闇を駆逐し、善に割り振られた空間をすこしずつ広げていこうとするとき、彼らは厳しい野生の自然に対峙せざるをえず、それは東方の砂漠の隠者たちに等しいものがあった。彼らは人間が活動するには不向きな荒野で神の平和を確立し、そこに跳梁していた猛獣を飼い馴らすのだった。したがって聖者伝には、森のなかの獰猛な動物をその奇蹟を起こす力でもって懐柔する聖人の話に溢れている。[19] アイルランドの修道士聖コルンバヌスはザンクト・ガレンの森で隠遁生活を送るときに熊から冬眠用の巣穴を譲り受けたといわれるし、そのコルンバヌスとともにブルグントで布教に従事した聖ガルスは、足から棘を抜いてやった熊(ライオンの足から棘を抜いたのは聖ヒエロニムスだった)に庵を結ぶのを手伝ってもらった。フライジンク初代司教コルビニアンはローマ巡礼の途次、ブレンナー峠を通りかかったときに、衣服を運んでいた駄馬を一頭熊に喰い殺されたために、この熊に殺された馬の代わりをさせた。また、ブルターニュで人気のある聖人エルヴェは隠者の生活を送っていたとき、畑を耕していたある日のこと、狼に驢馬を喰われてしまったので狼を犂につないで奉仕させたというが、獣に家畜の代用をさせる話は当時の聖者伝によくあった。[20] 聖レマクルスはアルデンヌの森に居を構えたが、森を開墾するにあたって、あたりにたむろしていた狼の群れを追い散らした。このように聖者伝の語りはたいした変化もなく類似した話が反復されるのだが、少なくとも森は奇蹟の場としての位置を占めている。だがとりわけ人間と動物が仲睦まじく暮らす場として森を位置づけているのは、なんといってもヤコブス・デ・ウォラギネの『黄金伝説』

図 61　ドメニコ・モローネ《野獣を飼い馴らす聖ブラシオス》(15 世紀末，ヴィチェンツァ絵画館)

でも知られる聖ブラシオスの話であろう。[21] ブラシオスが洞窟で隠者の生活を送っていたとき、野獣たちは親しく彼のところに集まってきて、彼が手をのせて祝福するまで立ち去ろうとしなかったし、鳥たちは彼に食べ物を運んできた。ある日、カッパドキア地方の総督が騎士たちに狩猟をさせたところ、森には一頭も野獣が見つからなかった。たまたまブラシオスの洞窟のまえを通ると、そこにはライオンや熊や虎など森じゅうの動物たちが集まって、ブラシオスが祈禱を終えるのを待っていた(図61)。騎士たちは総督の命令でブラシオスを捕らえて牢に連行するが、その途中にいろいろな奇蹟を目にすることになる。喉に魚の骨を引っかけて死にそうな少年を助けたり、豚を狼にさらわれた寡婦に豚を返してやるようにさせたり、池に投げ込まれても溺れることなく水面を歩いたこと、などなどである。

アッシジの聖フランチェスコとグッビオの狼の奇蹟物語もそうだが、狩猟で動物たちを威嚇するのではなく、聖人たちは優しさと毅然たる態度で接する。人間や神の他の被造物に危害を加える悪魔的な動物には怒りをもってあたるが、動物が危険な目に遭えばこれを保護してやる。聖人と動物の関係は俗人たちの狩猟熱と征服欲に対立した、聖職者の森林観を反映しているといえそうだ。かかる森は当然、神が顕れる特権的な場ともなる。その媒介となるのが白い鹿であった。

　森のなかに孤住する隠者は、たびたび牡鹿や牝鹿が近づいてくるのを目撃する。聖ゴアールはドイツのトリーア近辺の森に隠棲していた。三頭の牝鹿が毎日訪うては、聖人の空腹を満たすために乳を与えていた。牝鹿にその乳で養われたということでは聖アエギディウス(フランス語では聖ジル)のほうが名高い。このベネディクト会の修道院長の生涯はほとんど物語にも等しい[22]。アエギディウスは現世の名声が与える危うさから逃れようとアルルとニームのあいだにある森に引っ込み、泉の湧き出る洞窟に隠者として暮らした。牝鹿が毎日やって来ては、その乳で彼を養った。ある日のこと、王の家臣たちがめざとく牝鹿を見つけて猟犬をけしかけた。追い詰められた牝鹿はアエギディウスのもとに逃げてきたので、聖人が牝鹿の安全を神に祈ると、猟犬どもは近寄れずに引き返していった。この不思議を聞いて王はみずから家来たちとこの森にやって来たが、狩人のひとりが牝鹿を追い出そうと茂みに矢を放つと、その矢は牝鹿のために祈っていたアエギディウスに命中、深傷を負わせてしまった。王はこの不始末を詫びて、修道院を建て、聖人にその修道院長になってくれるよう懇願した(図62)。これがサンティアゴ・デ・コンポステラへの巡礼の途次に立ち寄る重要な巡礼地、サン＝ジル修道院の縁起である。

図 62　飼い馴らした牝鹿を保護するときに手を怪我した聖アエギディウス. 《聖アエギディウスと牝鹿》(1500 年ころ, ロンドン, ナショナル・ギャラリー)

　『ギジュマール』の牡鹿が主人公の運命を予言したように、聖者伝においても鹿は聖人に不吉な運命を予言することがあった。

それは父母殺しのユリアヌスの場合である。この伝説上の聖人は、森で狩猟をしていたときに一頭の鹿に出会う。追跡されていたその鹿は突然彼を振り返り、「おまえはいつか父と母を殺すであろう」と予言したのである。(23) 悲劇が予言どおり生じたことは、フロベールの「聖ジュリアン伝」(一八七七年)にあるとおりである。

鹿の言葉は不吉な運命を予告するものとして、狩猟に熱中する者を改心に向かわせることもある。二人の聖人、エウスタキウスとフベルトゥスの場合がそうである。

聖エウスタキウス信仰は一二、一三世紀から普及し、その伝記もラテン語版とフランス語版――韻文によるものが一一種類、散文によるものが三種類――があって、やはり一三世紀に増加しているが、伝説自体はもっと古くから存在していたらしく、もとは仏教説話に由来し、それが聖エウスタキウスに結びつけられて八世紀にはキリスト教文学のひとつになったという。したがってその話はひとえに伝説上のものである。エウスタキウスはもとプラキダスという、トラヤヌス帝に仕えるローマの総司令官であった。プラキダスは異教の偶像を崇拝していたものの慈善の心に満ちて、喜捨にたいへん熱心であった。ある日、たくさんの騎士たちと狩猟にでかける。やがて鹿の大群に出会うが、そのなかでもひときわ大きく美しい鹿に目を奪われる。プラキダスは長い時間この鹿を追うけれども、なかなか捕まえることができない。

プラキドゥスは山に囲まれた谷間《たにあい》にいる。道が見つけられなくて苦心惨憺し大いに困惑している。口に言い表せぬほどに腹立たしい想いでいる。彼はいくたびも鹿のほうに頭をめぐらす。というのも鹿を見るだけで心愉しく、これに並ぶものは見たことがなかったからである。鹿の頭を飾る太く長くがっしりした角のあいだに、ひとつの徴が顕れた。彼はこれほど美しいものは見たことがなかった。それは輝く太陽よりも明るく光を発する十字架であり、その十字架の上に、同じくらいかあるいはもっと光り輝く像が顕現した(図63)。これほど美しい徴はなかった。十字架上の像は鹿に分別と言葉を授けて、プラキドゥスに向かってつぎのように話しかけさせる。「おお、プラキドゥスよ、どうしたというのか。なぜ今日はこんなに私を追いかけたのか。私を捕らえんとしておまえは大いに悩んだが、しかし落胆するでない。私は鹿の姿でおまえのまえに顕れ、おまえに話しかけようと来たのだ。私は人類の罪を贖うために天より地上に降り来った救世

主キリストである。この像でも明らかなように、万人の贖罪のために、またサタンから人類を護りサタンが人間

図 63　ピサネッロ《聖エウスタキウスの幻視》(1450 年ころ，ロンドン，ナショナル・ギャラリー)

を貪ることのないようにするために、私は死と受難に甘んじようとした。〔異教徒の〕おまえは私のことを知らずともたいそう長きにわたり私に仕えてくれた。おまえがなしてきて、貧しき人々の手に渡した施しは私のところにまで届いている。それゆえに私はおまえに姿を顕しにきているのだ。なにも聞いてくれず感じてもくれず、なにも言ってもくれない偶像を敬い崇拝させては、サタンがおまえをあざわらい騙しているのを、私はもう望まないからだ。わが僕《しもべ》が悪魔と親しく接するのは正しいことではない。善はわれにあり、悪は悪の君主たる悪魔にあり」。プラキドゥスはこの言葉を聞いていたく怯える。その恐れたるや、なにをすべきかも分からず、自分の馬の手綱を緩めてしまったほどである。卒倒して彼は馬上より地面に落ちる[24]。

このキリストとの邂逅の後には、プラキダスは家族ともども改宗して、彼はエウスタキウスを名乗るようになる。一〇日後に鹿はまたエウスタキウスのまえに顕れ、悪魔の誘惑に負けぬよう耐え抜いて祈りつづけるように命じる。事実、エウスタキウスは家畜も財産も失い、エジプトに逃亡しようとするが、海賊に捕らえられて、一家離散するあ

りさま。まさにヨブさながらの試練の連続に耐えて、ついに妻や息子たちと再会を果たす。しかし彼は異教の神々に生贄を捧げるのを拒否するので、家族は青銅の牡牛像におしこめられ火を焚かれる。彼らの遺体がまったく損傷を受けていないという奇蹟により、彼らの殉教を記念して教会が建てられた。

改宗するまでの物語は明らかに妖精物語とパラレルな構造をなしている。エウスタキウスが狩猟にでかける（ここに超自群れのなかにひときわ美しい大鹿を見つける（ここに超自然的な属性が付与されていることに注意）。鹿はエウスタキウスだけを森の奥深くへと導く。かくて人間の主人公と超自然的な存在の出会いの舞台設定ができあがる。鹿の角のあいだに十字架が顕れ、キリストは鹿に言葉を与えてエウスタキウスに語りかけるのである。鹿は追跡されているとみえて、じつは出会いの場へ追跡者を導くという、追跡するものと追跡されるものの役割がここでもものの見事に逆転されている(25)。妖精に選ばれた者のように、エウスタキウスも鹿を追ううちにわれしらず別の世界にはいりこんでいるし、鹿は妖精の変身した姿だったように、この話でも鹿はキリストの権化と見做されうる。自在に世俗界と聖界を往来する鹿であった。

猟師の守護聖人として、聖エウスタキウス信仰は中世のフランスで隆盛を極めたが、ついで聖フベルトゥス信仰と競合したためにそれも衰退していく。七世紀半ばに生まれたフベルトゥスが史料に現れるのはベルギーのトンフレスとマーストリヒトの司教に任命されたときだけだったが、もっと後になって彼への崇拝がとくにオランダとライン河流域地方で隆盛になり、一五世紀には人気のある聖人となった。フベルトゥスが伝説に染め上げられていくのはしたがって中世末のことだったが、とりわけ聖フベルトゥス伝の核になる鹿との出会いのエピソードは、聖エウスタキウスの伝説から借用されたものだった(26)。それほどまでに聖フベルトゥス伝は聖エウスタキウス伝と類似が著しいものとなっているので、中世の絵画と伝説では、二人の聖人がついには混同される始末なのである。

アキテーヌ公の子息フベルトゥスは大の狩猟好きであった。狩猟のためならあらゆることを忘れてしまうくらいで、聖金曜日にもふだんのように狩猟にでかけると、巨大な鹿に出くわす。猟犬たちは一日の大半を費やして鹿を追跡する。猟犬に追い詰められて、突然鹿は狩人と向き合う。そのとき、フベルトゥスは角のあいだに輝く十字架を認めた。目がくらんだフベルトゥスは落馬し、ひざまずいて鹿の話す言葉に耳を傾ける(図64)。「フベルトゥスよ、フベルトゥスよ、なぜおまえは私を追いかけるのか。狩猟への情熱はいったいいつまでおまえの救いを忘れさせるのだろうか」。この神の顕現に動転したフベルトゥスは改心して、ローマへ巡礼の旅に出ることを決意する。後に、このアルデンヌの隠者はマーストリヒトの司教になるのである。

最後に、森は、聖人・隠者だけでなく、国王から騎士、樵(本章第1節参照)、男から女に到るまで、あらゆる狩猟者と森にはいる者に、神との出会いの機会を提供する。キリスト教的伝統は好んで偉大な王にこの奇蹟の森で神の力を体験させようとする。八世紀ごろにサン＝ドニ大修道院で起草された『ゲスタ・ダゴベルティ』は、七世紀のダゴベルト王の奇蹟の鹿狩りについて報告している。ここではグリムの『ドイツ伝説集』の第四三六話から紹介しておこう。若きダゴベルトはある日狩りにでかけて、一頭の鹿を見つけ、山や谷を越えてこれを追った。

> 追いつめられた鹿はとある小堂に逃げ入った。そこはディオニシウス聖人(聖ドニ)とその朋友の遺骨が安置してある祠であった。猟犬は鹿の跡を鼻で辿って祠堂の前に至った。だが堂の扉は開いているのに犬たちは中に跳び込むことができず、ただ外に立って吠え立てるだけであった。駆けつけたダゴベルトはこの不思議を見て目を瞠った。この時以来ダゴベルトはここに祀られている聖者たちに帰依するようになった[27](図65)。

図64　ジャン・ブールディション《聖フベルトゥス》,『アンヌ・ド・ブルターニュの時禱書』(15世紀, パリ, フランス国立図書館)からのミニアチュール

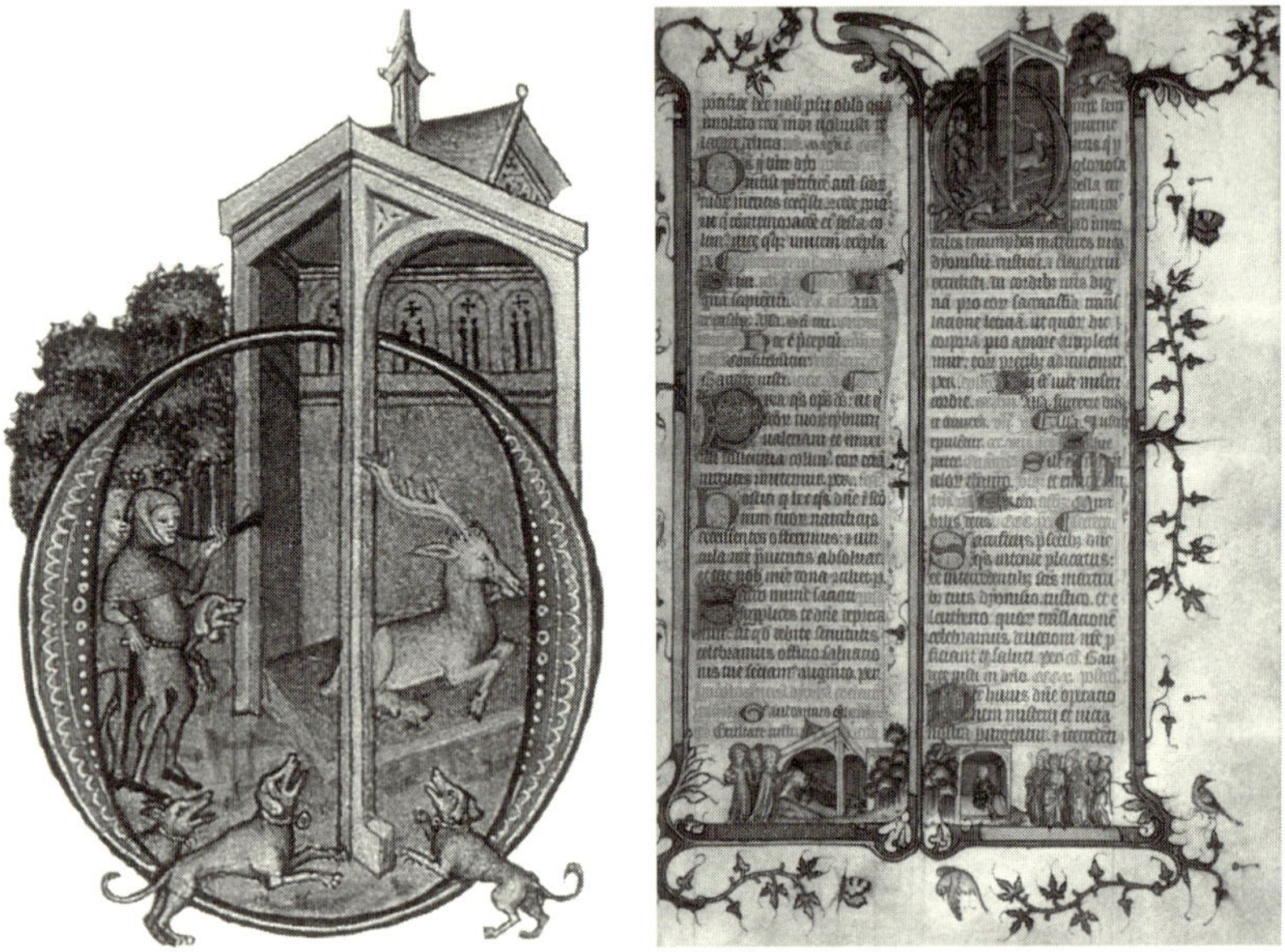

図 65　ダゴベルト王の奇蹟の狩猟
右：『サン＝ドニのミサ典書』(1350-1355 年ころ，ロンドン，ヴィクトリア・アンド・アルバート美術館)より
左：右図の一葉にある装飾頭文字 O の拡大部分

鹿狩りはフランス王にとって吉兆を得る機会になった。シャルル六世がサンリス(コンピエーニュ)の森で狩猟していた日(一三八一年九月一七日)のこと、一頭の鹿が追われもしないのに王のもとにやって来た。その首には「皇帝ガ私ニコレヲ与エタリ」と刻まれた首輪がついていた。この驚くべきことが即位一周年の記念日に起こったのである。この首輪に刻まれていた「皇帝」をカペー家最後の王シャルル四世ととることで、まさに自分がシャルル四世から王位継承されたものとして新しいヴァロワ王朝の正統性を主張するために、この日からシャルル王は紋章に「空飛ぶ鹿《セール・ヴォラン》」(有翼の鹿)を採用したという。(28)

中世にライン河流域地方に広まった伝説にブラバントのジュヌヴィエーヴ伝がある。原本が残っていないため一五、一六世紀にまとめられたものでしかその内容を知ることはできないが、その後は行商本やエピナル画、挿絵、マリオネットなどを介して広く民衆のあいだに浸透していったジュヌヴィエーヴの伝説とは、おおよそつぎのようなものだ[29]。七世紀のこと、宮中伯ジークフリートは異教徒との戦いのためにトリーアを出発することになった。その前夜に、ブラバント公女である若き妻のジュヌヴィエーヴは宮中伯の初子をみごもる。宮中伯から留守中の妻を託された騎士長ゴロは彼女に横恋慕するが拒絶され、それを恨んで、ジュヌヴィエーヴが料理番に身を任せたと戦役から帰った宮中伯に讒訴《ざんそ》する。怒った宮中伯は、子どもも不倫の結果と信じこんで、妻もろとも湖底に沈めてしまえと命令するが、ジュヌヴィエーヴを不憫に思った家来たちは深い森に置き去りにする。聖母マリアは森にひとり残されたジュヌヴィエーヴのもとに牝鹿を差し向け、彼女の子どもに授乳させる。それから六年後、ジークフリートは狩猟で牝鹿を追跡していて、妻を発見する。真実を知らされた宮中伯はゴロを死刑に処す。ジュヌヴィエーヴは庇護してくれた聖母マリアに感謝するべく礼拝堂を建立して聖母に奉献するよう夫に頼み、数ヵ月後に他界する。遺骸はその礼拝堂に埋葬される。

類話に『ゲスタ・ロマノールム』(第二四九話)やボーヴェのウィンケンティウス(ヴァンサン・ド・ボーヴェ)による聖母マリアの奇蹟譚[30]などがあるように、貞淑な女性が邪心を抱いた男に讒言されるというモチーフは中世の説話や例話《エクセンプラ》、民話によく見られるものであるが、本節の文脈からすれば、なによりもジュヌヴィエーヴの子どもが牝鹿の乳で育てられる箇所に注目しなければなるまい。聖ゴアールや聖アエギディウスの伝説に通じる、牝鹿による授乳のモチーフをここにも看取することができるのである。

4　民話の森——女とアジール

中世の宮廷風騎士道物語は騎士の冒険を好んで森に求めた。謎の生き物がうごめき、足を踏み入れる者にとって肉体的にも精神的にも危険な、中世の深い森はその人の価値を試すのに適していた。たとえば、エレックが森にはいるや乙女の助けを求める悲鳴が聞こえる。乙女の恋人が二人の巨人にさらわれてしまったのだった。[1] また「密生した森」[2]にはいったイヴァンも、ぞっとするような物音を聞きつける。ライオンと「火を噴く蛇」(ドラゴンのこと)とが格闘を繰り広げていたのだ。作者不詳の『リゴメールの驚異』(一三世紀後葉)では、ランスロが森にはいるや、つぎつぎと不気味な存在と遭遇することになる。[3] こうした対決や戦いで、武者修行の騎士はおのれの勇気を誇示することもできれば、ふだん以上の実力も発揮できるというものだ。そこで数々の武勲をたてれば、人々の称賛の的になることは必定、意中の女性の愛をかちとることすら夢ではない。勇猛な騎士は武勲と名声を求めて勇躍、城から森へと出立することになる。クレチアン・ド・トロワの『ペルスヴァルまたは聖杯の物語』では森が試練の場となり、主人公は一種の通過儀礼として森での冒険の場数を踏んでいく。

『オーカッサンとニコレット』ではもっとかわいらしく、試練の場としての森に、もうひとつ避難の場としての森が付け加わる。幽閉されていた部屋を抜けだしたニコレットはオーカッサンの父ガラン伯の手から逃れるために、「狼、ライオン、猪の類」や蛇の棲む恐ろしい森に怯えながらも逃げこみ、それでいてそこに彼女は「百合の花をば摘み取りて、／野辺の草をば摘み取りて、／さらに木の葉もかき集め、／麗わしき小屋」をしつらえてオーカッサンが捜しにくるのを待つ。恐怖の森に一瞬牧歌的な調べが舞い込む、この対比の妙。しかしすぐに現実の森の苛酷さがあらわになる。ニコレットを求めて森を駆け回るオーカッサンは「茨や刺」で体じゅうに負傷するから。「着ていた衣服はずたずたに引き裂かれて、最も裂け方の少ない布で結び目をつくるにも骨が折れるほどでありましたし、腕、脇、脚と言わず、身体の四〇ヵ所とまでは言わなくとも、少なくとも三〇ヵ所には血が滴るほどに怪我をしており、そのために地面に落ちた血痕で跡を辿ることもできたほどでありました」。めでたく二人が森で出会えたにしても、ガラン伯の追手から逃れるために恋人たちはすぐに「深き森」を出ていかざるをえなかった[4]。しかし少なくともここでの森はニコレットの隠れ処として機能したのである。

そういえば、トリスタンとイズーが手に手をとりあって逃げこむ「モロワの森」も避難場所・隠れ場所として表現された[5]。ベルールの『トリスタン物語』(一二世紀後葉)において、らい病者の群れからイズーを救い出し、「人里遠く離れた」森に逃げたトリスタンは「あたかも堅固な／砦にでもいるかのように安心」な気持ちでいる。「枝と葉で小屋を建て」、仕留めた獲物で飢えを凌ぎつつ、「長いこと彼らはこの深い森に暮らした」。森はマルク王の力も及びがたく、そこは生活の安全無事を保障する場所であった。「モロワの森は物騒この上なく、／誰ひとりとして長居をきめこむ者はいない。／今や森は彼ら三人〔恋人二人と行動をともにするトリスタンの忠臣ゴヴェルナルを含めて〕の思い通りになった」。しかし、だからといって森の生活が牧歌的なものでなかったことは、『オーカッサンとニコレット』の場合と同じである。まず文明的な生活のシンボルともいえるパンがないし(「パンにありつけず、彼らは大いに難儀する」)、「牛乳もなければ、塩もない」。しかも一所に定住することはできないで、たえず森のなかを移動しなければならない。「一夜の宿に選んだ場所で、／盛んに火を燃やし、料理をするが、／同じ場所に一夜以上とどまることはない」。捕らえられて火あぶりになる恐怖に怯えつつ、彼らは「あまたの艱難辛苦を味わった」のである。それでも「ふたりは心をこめて愛し合っていて／相手あるために苦しみを感じない」。森で「辛い厳しい暮らし」を送るにしても、それはそれで愛し合う恋人には幸せな生活だったのである。作者ベルールはこう繰り返す。「長い間モロワの森を逃げ回り、／ふたりは同じ不如意を味わうが、／相手あるために不幸を感じない[6]」と。ジャック・ル・ゴフの炯眼はここに、森に対する恐怖、逃避と隠棲の場たる森、森=荒野の野生生活の評価がないまぜになったエピソードを洞察した[7]。

この、隠れ処としての機能を果たすことは、そもそも森のもつ根本的な性格だったと思われる。森の恐怖についてはすでに繰り返し説いてきたところであるが、森を恐れ憚るならばだれも酔狂に森にはいろうとしないのは道理であろう。このとき森はすでに隠れ場所・避難所（アジール）の役目を引き受けているのである。つまり森の恐怖と隠れ場所の機能とは表裏一体の関係にあるといえる。

この観点から興味深いのが民話・伝説などの民間伝承である。いったい森の存在しない民話というものがありうるのだろうか。狼が赤ずきんちゃんを待ち構えるのは森の片隅であったし、「千びき皮」（KHM 65）が近親相姦を恐れて逃げこんだのも、白雪姫が狩人に置き去りにされたのも大きな森だった。「熊のジャン」の母親が熊にさらわれたのも「枯れ枝を拾いにいって雑木林の奥まで[8]」はいりこんだからであった。まことにイヴォンヌ・ヴェルディエが洞察するとおりである。「農民の口承が保存してきたお話が、歴史的に年代を画定するのはむずかしくとてもできない相談だとしても、また時を経るにつれもっとも目立った特徴のいくつかが失われたり、時代と地域により個別的な特徴で膨らまされたとしても、ひとつの要素はいつもついてまわりずっと変わらないことがはっきりしている。それはつまり森の存在で、森のなかを通ることのないお話などないくらいだ。主人公が森に着くと、それはお話が始まる徴である。魔法使いのお婆さんや人喰い鬼や言葉を話す動物たちがじきにやって来る夢幻劇が。それゆえ、お話の世界と森の世界はごっちゃになって見分けがつかず、お話を理解するとは森の存在を理解することでありその逆もまた同じことである、と断言したくなるかもしれない[9]」。

民話の森は、中世の宮廷風騎士道物語におけるのと同じように、広大で、奥深く、暗い。森にはいった者はきまって道に迷い、何日も歩きとおす羽目に陥っても人っ子ひとり出会うでなし、出会うにしてもせいぜい恐ろしい野獣か不可思議な生き物か魔法使いである。そんな危険な森での冒険は試練というべきで、これを経て子どもがおとなになるひとつの通過儀礼なのである。森で学習したグリムの赤ずきんちゃんは、「おかあさんがいけないとおっしゃるのに、じぶんひとりで森のわきみちへはいりこむようなことは、しょうがい二度とふたたびやるまい[10]」と物語の最後で殊勝にも自分に言い聞かせている。赤ずきんちゃんの口承民話にはさまざまのヴァージョンがあって、少女が狼に食べられてしまう結末のものや少女が狼とともに祖母の肉を食べる類話があり、ここに少女が女になる生理的変化の過程を見る意見もあるくらいだけれども、要は精神的にも肉体的にも成長したということである。森は、いわば、子どもが必ず通らなければならない通過点に譬えられる。

とはいえ、試練の森で子どもが成長するにしても、男の子と女の子とではどうも成長過程に差異があるようにみえるのも事実である。グリムの有名な「ヘンゼルとグレーテル」(KHM 15)にその傍証を求めてみたい(11)。森のなかに捨てられることを聞き知った二人の子どもの反応はまずこうだ。グレーテルはさめざめと泣くばかりであるのに対して、ヘンゼルはお兄さんらしく「心配することないよ。ぼくが、きっと、どうにかしてみせる」と妹を励ます。実際ヘンゼルは、一度目は機転を利かせた行動力をみせて家に帰る。森に置き去りにされたとき、グレーテルは「どうして森の外へでたらいいでしょ」と泣きだす。それをなだめるのはまたしてもヘンゼルである。もう一度捨てられることになって泣くグレーテルと、「泣くのじゃないよ、グレーテル。いいから、安心してねるのだよ。神さまは、きっと、ぼくたちを助けてくださるからね」と慰めるヘンゼル。今度ばかりは家に帰ることもできず、二人は森のなかで夜を過ごす。年長者として男が年下の女を保護し励ます。ここまではそんな構図が浮かび上がる。だが魔女の老婆の家に着いてからは、ヘンゼルとグレーテルの立場が逆転するのである。ヘンゼルはあっさりと家畜小屋に閉じ込められて、「わいわい泣いてみても」どうすることもできない。脂肪太りして食べごろになるのを待つしかないのだ。しかしグレーテルは主婦のように立ち働くことになる。料理をつくり、水を運び、パンを焼く。家事をさせられるグレーテルは学習したのであろう、今度は彼女が機転を利かせて老婆を焼き殺し、兄を小屋から出してやる。「戸があいたとたんに、ヘンゼルは、鳥がかごからでるように、ぱっと跳びだしました」。老婆の金銀財宝を奪って二人はこの家を立ち去るが、途中で大きな川にぶつかる。白い鴨に対岸に運んでくれるよう算段をつけるのはグレーテルであったし、一度に二人乗ろうとしたヘンゼルをたしなめて、「それじゃあ、かもちゃんには重すぎることよ」。ひとりずつ、はこんでもらいましょうよ」と鴨に優しい配慮を示すのもグレーテルであった。すべてグレーテルがリードして二人は無事家に帰り着くのである。直面する問題に的確な判断を下す力をもち、他者のことを思いやる優しさをもった女性として、グレーテルは立派に成長しているといえよう。それに比してヘンゼルは、幼さ、成長の未発達ばかりが目立つ。このように森のなかに留まるうちに男と女の立場が逆転する現象は、後段で改めて見ることになるが、他の昔話にも見られることだけはここで注意しておいてよい。

かくて男の子と女の子とでは昔話において自立の度合い

で温度差があるようなのだが、民話の森は男と女にとっていかなる意味をもつのか、また男と女とではもつ意味合いが異なるとすれば、いったいその差異はどこにあるのかという視座から、もうすこしく論を進めてみたい(12)。

民話の森において男の主人公のとる行動はたいてい一定している。男性はまず森に迷いこみ、出会う森の住人(樵、炭焼き、隠者など)の助けを得て、ときには助けてやった野獣からその恩返しに超自然的な力を得て(たとえば変身する能力)、森を抜け出すという段階をきまって踏む。一例だけ挙げてみると、ブルターニュ地方の民話「魂なき肉体」が分かりやすい。主人公の王子は、魂が抜け出て肉体に生命の宿っていない巨人――これが〈魂なき肉体〉であるが――にさらわれた姫を捜しに旅に出る。ある日、大きな森のなかに迷いこんでしまい、そこで一晩明かすことになるが、なにしろ野獣が蝟集していて不安なことこのうえない。木に登ってあたりを窺うと、幸い遠くに灯が見える。灯をめざしてしばらく苦労しながら歩いた末にようやく隠者の苫屋《とまや》に行き当たる。隠者は〈魂なき肉体〉という巨人は知らなかったが、かわりにもうひとりの隠者を紹介し、食事ならどんなものでも取り出すことのできる不思議のナプキンを手渡す。さらに旅を続けるうちに、兎ほどの大きさの腹を空かせた蟻たちに出会い、不思議のナプキンで好きなだけ食べさせてやる。蟻たちはお礼に、困ったときにはいつでも助けると王子に申し出る。ふたりめの隠者は鳥を思いのままに操ることができるからいつでも助けてあげようと言う。さらに海岸に打ち上げられている魚を見つけて海に返してやると、魚は恩返しを申し出る。さて、〈魂なき肉体〉の住む城は鎖で地上につながれた空に浮かぶ城だった。王子は蟻の助けを得て蟻に変身、鎖を伝って城に忍び込み、無事囚われの姫と再会する。〈魂なき肉体〉の魂は卵のなかにあって、その卵は鳩の体のなかに、さらにその鳩は野兎の体のなかに、その野兎は狼のなかに、その狼は海底に沈められた鉄の箱のなかにと、入れ子状態で閉じ込められていることを知って、王子はまず助けてやった魚に海底の鉄の箱を見つけてもらう。鉄の箱を開けると狼が跳びだしてきたので、これの腹を裂くと今度は野兎が出てくる。野兎の腹を裂くと鳩が飛び出して空に舞った。そこでふたりめの隠者に頼んでハイタカを寄越してもらう。ハイタカが難なく鳩を捕らえたところで鳩の腹を裂くと卵が出てきた。王子はその卵を〈魂なき肉体〉の額に命中させて、卵が割れると同時に〈魂なき肉体〉は絶命する。王子はこうしてめでたく取り戻した姫と結婚して幸せに暮らした(13)。この民話からも分かるように、森はあくまで通過点にすぎず、これを横切ってその向こうに進むことに眼目がおかれている。青年は森の住人たちの力を糧に死に立ち向かい、森から第二の場所へと向かう。そこが巨人の城だったり水晶城だったりするアレゴリックな場所で、妖精のような世界ではあったにせよ。

男はいっそう有利に、たとえば巨人と戦うために森に棲息するものたちと結託した。では女は森でどのように振舞うのか。女が森の動物と結託するとすれば、それはもちろん戦うためではありえず、恋愛の関係を結ぶためであった。「美女と野獣」の話を思い出してほしい。女主人公が野獣にさらわれたり野獣といっしょに生活するのでないにしても、民話の森は女の運命に深く関わっているように思われる。ペローの「眠れる森の美女」の後半あたり、紡錘《つむ》が手に突き刺さって王女が眠りこんでしまう段からそれ以降をなぞりながら、その点を見てみよう。「一五分後には、城の庭園のまわり一面に、大小の樹木、互いに絡み合った茨やとげのある灌木がおびただしく茂り、動物も人間も通り抜けることはできそうもなかった(14)」とあるように、百年の眠りについた王女の城の周りは鬱蒼たる森に変ずる。王子が森に足を踏み入れ、彼女を見つけ、目を醒ました王女とすぐに結婚してしまう。結婚といっても、これは二人だけの秘密であって、王子の家族には秘匿される。朝になれば王子は「父の住む都」に帰っていく。王子は狩猟を口実にほとんど毎日のように王女に会いに来ては、家族に知られぬまま二年も隠れて森で生活する。しかも二人の子どもまでもうける。それゆえこれは、ヴェルディエも指摘するように、「自由かつ秘密の結婚(15)」である。しかしついに王子は公然と結婚を宣言し、妻を城に連れてくる。森での幸福な結婚生活の後に、若い妻にとって一連の試練が始まる。王子の母親が人喰い人種で、子どもも妻も殺されかけるのであるが、結末はよく知られているとおりだから繰り返さない。この森のエピソードに、女性の定めを示唆する寓意的な読みをすることができよう。女は男の家族に承認される結婚の前段階として、自由な性生活を享受する。それが森の生活と重ねられていた。しかしその後は正式な結婚を経て、家庭と社会の規範と羈絆に束縛されることになる。それが都市の城に戻ってからの苦難と試練に重ねられているのである。民話において、森の生活は女性にとってなんの拘束もなく自由闊達に振る舞うことのできる青春時代を表すのに用いられているといえるかもしれない。しかも民話の森が女性の自由への夢を表すとは、すぐあとで見るように、じつは森での男女の反応と行動パターンの相違からも確かめられるようなのだ。

森はあまり好奇の念をそそりそうもない、なにかしら特殊な世界であるが、しかし追放・迫害された人には同情的なところをみせる存在でもあった。おもしろいのは、森へ逃げこむ人々でも、森への対応の仕方が男性と女性とでは異なっていることだ。男性の場合、森を通っていて道に迷うと、すぐにでも森から脱出しようとする。親指小僧はそもそものはじめから森から間違いなく出られるように印をつけていた。それでも道に迷うと、まずすることは木のてっぺんに登って、なにか助かる算段を見つけようとすることだった。遠くに一筋の光――ということは、とりもなおさずすこしばかりの文明の徴――が見えると、それをめざして歩きだす。親指小僧の関心事はこの無愛想な場所から一刻も早く脱け出すことだったのである。換言すれば、男は野生の生活よりも文明を選ぶということである。グリム童話の「背嚢と帽子と角ぶえ」(KHM 54)に出てくる末の弟も、はてしのない森に迷いこんで飢え死にしそうな目にあうと、「もしかしたら森のはずれが見えるかもしれないと思って、高い木にのぼってみました」[16]。ブルターニュの民話「魂なき肉体」でも王子は木に登ったし[17]、「魔法の宮殿の王女」でも、王は猛獣を避けるためとはいえやはり木に登るのだった[18]。

ところが女性――社会的にもっとも自立がむずかしい少女と老婆であることが多い――の場合には、男のように慌てふためいてすぐに森を脱け出そうとはしない。森のほうも家を追われたり危険から逃れてきた女性を温かく迎え入れるのである。グリムの「森のなかのばあさん」では、下婢《はしため》がご主人たちのお供をして大きな森を馬車で通り抜けようとしたところ、盗賊に襲われて下婢以外はみんな殺されてしまう。森でひとりぼっちになってしまった下婢は、

「あたしみたいなもの、こんなことになっちゃって、どうしたらいいのだろ、この森からぬけだす路はわからず、このなかには人っ子一人すんではいず、餓え死するにきまってるわ」と言って、おいおい泣きだしました[19]。

なるほど、森の奥深くにひとり残された女が最初に示す反応は恐怖であった。しかしはじめのうちは敵意をもっているかに見えた森もしだいに女に親切になっていく。空腹を抱える下婢に牛乳と白パンが用意され、ついで寝台が、さらに立派な衣装までが提供される。「この生活《くらし》は、まこ

とにしずかな、けっこうなものでした」[20]。これが下婢にとっての森の生活の結論であった。こうしたパターンは、グリム童話をはじめとして民話にしばしば見受けられるものである。恐怖がひとたび過ぎ去ってしまうと、女は森に避難して、そこで食べ、眠り、服を着る。森はまるで母親のような庇護を女に与えるのである。

　しかも女は急いで森から立ち去ろうとはしないし、森に分け入るときの恐怖も男より長くは続かない。森の環境にいち早く溶けこんで、まことに活動的なのだ。それにひきかえ、男はおどおどとして森を脱け出ることしか考えない。森のなかでの女の能動的で活き活きした自由闊達さに較べて、男のびくついた、腑甲斐なさ。これではまるで近世初期の家父長制社会における男と女の立場を逆転させたものにほかならないではないか。社会的に周縁にあって、実質的には抑圧された女にとっての避難所・隠れ場所は森であった。男の子と女の子の森の逃避行を描いたグリムの「兄と妹」(KHM 11)を例にとって[21]、右に述べた点を確かめてみたい。

　兄妹は継母にいじめられるのに我慢できなくなって、兄の発意で家を出ることになる。はじめは兄が主導権を握って意気揚々と歩いていくが、いざ森にはいると、妹のほうが年上のようになって兄を主導するのだ——「ヘンゼルとグレーテル」のパターンをここに認めることは容易であろう。喉の渇きを訴える兄が泉の水を飲もうとするのを、継母のかけた魔法による危険を察知した妹は制止する。しかしついに水の誘惑に負けて兄が水を飲むや、仔鹿に変身してしまい、もちろん二人は嘆き悲しむのだが、このときに気丈にも兄を慰めるのは妹のほうである。「なくのはよしてね、お鹿ちゃん、いい子ねえ、あたし、いつんなったって、あんたをすてやしないことよ」。そこで妹はどうしたか。自分の靴下留をはずして仔鹿の首につけ、それに縄を結いつけるのである。そして、「これをひっぱって、森の奥へ奥へとはいって行きました」。やがて空家を見つけてそこに住むことになる。妹が母親よろしく、毎朝、野苺や山葡萄や胡桃などの食糧を探してきて、仔鹿にはやわらかなおいしい草を与えてやる。「その草を、子鹿は女の子の手から、むしゃむしゃたべて、うれしそうに女の子の前であそびまわっていました」。兄が人間の姿をしていれば申し分なかったのだろうが、妹にとっては「ほんとうにけっこうな生活《くらし》」、社会生活ではたぶん味わえなかったような幸せな野生の生活だった。この「かなりながい間の」幸福な生活を破るのが男性世界の闖入である。国王が森に狩猟にやって来たからだ。仔鹿は自由に森のなかを跳ね回りたくて、渋る妹を説き伏せて森にでかけるが、仔鹿のあとをつけた狩人の知らせで王が小屋を見つけ、妹に求婚する。仔鹿をいっしょに連れていくことを条件に承諾した妹は、仔鹿を「燈心草の縄につないで、なわのはしを手にして、森のこやを出ました」。仔鹿を自由にしてやろうとは夢にも思っていないのだ。こうして兄妹は文明社会に戻っていく。兄にとって、それは魔法がとけて人間の姿を取り戻すきっかけとなったが、妹にとってはあやうく落命する危険な場所であった。「眠れる森の美女」が結婚して都市の城で生活する危険とここに重なるであろう。

　森のなかだけが、少女にとって思うがままに夢想し、経験が積める場所だった、といえるかもしれない。森のなかに沈潜するとは、文明の徴を捨て去るということである。文明社会ではマージナルな存在たらざるを得ない女性が、文明の徴を脱ぎ捨てて、野生の森で新しい自由な生活に慣れていき、ついにはそれを満喫するのである。それは当然女性が自分を取り戻す生活にほかならない。だからこそ、民間伝承では、森は女にとって特権的な避難所になりえたのである。

　ところで、森を伐採するとは文明化するための仕事であるとの考えが中世より以前の時代からずっとあったこと、したがって森林が文明の対立概念だったことは、第一章で縷々説いたところである。ラブレー『ガルガンチュア』（一五三四ないし三五年）の荒唐無稽な愉快な挿話もそうした文脈でつい読みたくなってしまう。ガルガンチュアが大牝馬に跨って、オルレアンの北にある「長さ三五里幅約一七里に亙る宏大な森」[22]に来たときのことである。この森には無数の馬蜂《あぶ》が群れをなしていて、牝馬に襲いかかってきた。ところがあっぱれ、牝馬は尻尾で馬蜂を追い払い、ついでに森全体を打ち倒してしまった。木々がなぎ倒されて、そのあたり一帯は田地田畑に変わってしまった――想像をたくましくすれば、これは当時の森林伐採の進捗ぶりを示唆するものではないのか[23]。ラブレーがこれの種本として用いた『ガルガンチュア大年代記』（一五三二年）には、さらに「現在この地方には林が一つもなく、土地の人々は麦藁か茅かで暖を取らねばならなくなっている通りだ[24]」の一節が付け加えられていて、ここに現実の生活の厳しさが妙に交錯してみえるのであるが。さて、これを見て心はずむガルガンチュアが言うことに、「これは見事なものだな」（“Je trouve beau ce《ボー・ス》”）と。ラブレーは語呂合わせを楽しんで、「これを機会に、この地方はボース（Beauce）と呼ばれることになったしだい(25)」と続ける。

わざわざラブレーの地口を引いてきたのは、森林が伐り拓かれ田畑に変わること、それはきっと男にとってはみごとであるとか、美しいことと思われたにちがいないからである。近世とは女性を排除したところで成り立つ男性中心の文明であるとすれば、森林開発がそれこそみごとなことと受けとめられたとしても、それはそれで道理だった。親指小僧が人家の灯という文明の徴をめざとく見つけて、急いで森を出ようとしたことを思い出そう。しかし、森が避難所であった女性にとっては、素直に森の喪失を文明だと考えたラブレーのようには手放しで喜べなかったかもしれない。そういえば、民話の主たる語部が女性だったことを想起するのも無駄ではないだろう。グリムが童話を採取したのは大部分が女性からであった(26)。炉辺の夜の集い(veillée)などを通じて、昔話が女性によって口承で代々伝承されたのは、あるいはそこに、女性の自由を希求する熱い想いがこめられていたればこそだったかもしれない。

5　森に棲む「花女」——東方の夢

ヨーロッパ中世が想像界の森に神秘と不思議の側面を認めようとしたのはおそらく当然というべきであろうが、それはヨーロッパの土着的・異教的・キリスト教的な森を媒体にしてのことであった。ところが、手近のヨーロッパではなく、遠い東方のイマジネールな森に魔法と魅惑に溢れたエキゾティシズムを見ようとしたことも看過すべきではない。そのエキゾティシズムの実体は、あえて譬喩的な言いようをするなら、ヨーロッパの土着性と原始的な信仰という核に異国への憧憬・遠い異国の不思議への好奇と畏怖という砂糖をまぶしたようなものといってよいかもしれない。そのもっとも魅力ある材料が、アレクサンドル・ド・パリ(あるいはド・ベルネ)の韻文物語『アレクサンドロス大王物語』(一二世紀後葉)第三枝篇《ブランシュ》に収められた蠱惑的な森の「花女」の挿話である。

アレクサンドル・ド・パリの『アレクサンドロス大王物語』は、紀元前四世紀のマケドニア王アレクサンドロス大王の伝奇的な生涯をさまざまな種本をもとに虚実ないまぜにまとめたものであり[1]、おおまかに四部に分けられ、第一枝篇と呼ばれる第一部はアレクサンドロスの幼少時代を、第二枝篇はペルシア帝国のダレイオスに対する勝利を、第三枝篇はインド遠征とそれにまつわるオリエントの驚異を、第四枝篇は大王の死をそれぞれ叙述している[2]。このうち第三枝篇は、師傅アリストテレスの助言に従ってダレイオスに勝利してから、世界の征服者たるべく、インドの王ポロスをさらに討伐するために東方へ遠征するアレクサンドロスの姿を描いているが、インド行軍の途中に遭遇する怪物や不可思議な事件を満載した、すこぶるおもしろい物語になっている。その驚異の連続のうちのひとつが、「花女」のエピソードなのである。ただしテクストには花女と記されているわけでなく、「乙女《ピュセル》」の類の言葉で言い表されているにすぎない。「森の植物女」とか「植物と女を交互に繰り返す生き物」とでも表すのが正しいであろうが、一般には花女と呼び習わされているので本節もこれに従う。エピソードそのものは三百行ほどでさして長くないので、ともあれ概要を紹介しておこう。(3)

ペルシアからインドへ行軍中のアレクサンドロス軍は、丘にのぼり、湖や、谷間のはずれに森を発見する。谷間へ行く途中で、石を投げつける怪物たちを撃退したり、橋の通行を邪魔する二体の自動人形を撃破しながら、川に沿って広がる森に出る。それはあらゆる種類の樹木のある、斧がまったく入れられたことのない処女林である。貴重な香辛料や草、それにふだん見つけにくいマンドラゴラが生えている。森のなかには一里四方ほどの広さの果樹園があって、果樹は四季を通じて実をつけている。果樹園の中央には野原があり、薬草が一面に茂っているものだから、病人はそこに寝ころがっているだけで病が治癒し、若い女性であれば処女を回復することができるという。さらに野原の真ん中には、水晶の台座にしっかり固定された純金の像のある泉が透明な水をほとばしらせている。不思議なことに、森にはそれぞれの樹木の下に身分卑しからぬ若い娘がいて、「彼女らは姿よく、小さな胸、笑みをたたえた明るい眼をもち、晴れやかな顔色だった」(4)。高貴な女性のように、装飾に贅を尽くした衣装を身につけ、歌いながら森から出てくる。ただし木々の影が届くところまでしか出ていくことはできず、それ以上さきに行くと死んでしまうという。彼女らは男以上に好きなものはない。アレクサンドロス自身、泉の近くの野原に馬から降り立って、森のなかに分け入り彼女らを一目見るや、その美しさに呆然となり、三日間はこの地を動かぬと誓うほどだ。顔色は野の花より明るく、鼻は鼻筋が通って完璧、口はキスするのにもってこいの形だし、歯は磨き抜かれた象牙よりも、そしてまた夏に咲く百合の花よりもさらに白く、肉体も申し分なくすらりとして、小さく締まった胸と丸みをもったお腹をしている。

さてその夜、軍隊は森のなかで宿営する。女たちはもうそれぞれのパートナーを早々に決めて、欲望を満たそうと逆に男を何度も叱咤激励する始末。兵士たちは妻や恋人を故国に残したまま長らく御無沙汰なので、夜明けまで夜っぴて快楽に耽る。兵士らが空腹になっても、四万人分の食事の用意はすぐにととのう。草の上にナプキンが広げられ、あらゆる料理が兵士各自の味付けの好みに応じて運ばれてくる。食後は野原で気晴らしだ。こうして軍隊は三日間森に野営するけれども、いよいよ四日目には出発せねばならない。アレクサンドロスは赤い花をつけるイナゴマメの木の下に匂うばかりの美しさをもつ乙女を見つける。肌は雪より白く柔らかで、大王はその白さに朱を点じた容貌の美しさにぞっこんとなり、故国に連れ帰って王妃にしようと言いだす。牝騾馬に乗せていざ出立というところで、乙女は恐怖のあまり四回も気を失い、大王に、「どうか私を殺さないでくださいまし。気高き王、誉れに満てる殿よ、ほんの一歩でも森から踏み出したら最後、木々の影からはみ出ようものなら、私は死ぬことにあいなりましょう。それが私に定められた運命なのでございます[5]」と懇願する。「妖精よりもさらに美しく、涙にかきくれて顔面蒼白の彼女を見て[6]」、大王は憐憫の情にかられ地面に降ろしてやる。彼女は頭を垂れて地面にひざまずき、解放された嬉しさに喜び勇んで森に戻る。その女の美しさに感に堪えず、兵士たちも森へ引き返そうとするのを、大王はかかる不届き者は火あぶりに処すと申し渡す。アレクサンドロス大王は道案内役の古老たちに、「なぜ彼女たちは森で暮らすようになったのか、それは掟なのか、裁きなのか、彼女たちはいったいどこから来て、あのきらびやかな衣類はどうしたのか、だれがわが軍にあてがうためにあれほどの食糧を調達するのか、彼女たちは神々に対してなにか罪でも犯したのか、あの衰えることのない若さをどこで見つけたのか[7]」と矢継ぎ早の質問をする。

古老たちは森の女たちの性《さが》を大王に明かす。
「初冬になると、寒さに備えて、
彼女たちはすべからく土中にはいって変身し、
夏がまた巡ってくると、晴天とともに
しきたりどおり白い花の姿で生き返るのでございます。
花の内部では人間の姿形をしており、
外側の花びらが衣服がわりになって、
各自の寸法にぴったりに裁たれているので
鋏も裁縫も必要ございません。
どの衣服も地面まで垂れ下がっております。
森の女たちが望むものはいかなるものであれ、
朝まだきに彼女らが願っておくだけで、
夕暮れの暗くなるまえには手にしているのでございます[8]」。

大王が軍を率いて森を去る段になって、乙女たちは木々の影が届くかぎりまで先導するが、もうそれ以上さきには行けないとなると大きく嘆息し、軍隊のまえにぬかづいてアレクサンドロスがつつがなく遠征を続けられるよう神に祈る。

このエピソードからどんな特徴を抽出することができるだろうか。まず、花女たちの棲む森はきわめて牧歌的だということである。アレクサンドロス軍が通ってきた砂漠や荒野は怪物、猛獣、害をなす生き物が蝟集する危険きわまりない場所であったが、ここはそれとは対照的に異国情緒たっぷりの樹木、香辛料、薬草、香草が繁茂する処女林である。処女林とは、フィリップ・メナールの卓見にあるとおり[9]、けっして人跡未踏の密林ということではなく、生命と精気あふれる潤沢な自然が優った地という意味である。森のなかに果樹園があり、さらに果樹園のなかに野原が、野原の中央に泉があるという具合に、すなわち川＞森＞果樹園＞野原＞泉という、遠景から細部へとズームアップされていく入れ子の状態にすることで、野生の自然が支配する森に、秩序づけられた要素を付与しようとする作者の意図が透けてみえる。果実がたわわに稔る果樹園と芳香漂う野原がいっしょにセットされることで、森＝果樹園はにわかに理想的な「悦楽境《ロクス・アモエヌス》」の様相を帯びるからである。そこへもってきて清冽な水がこんこんと湧き出る泉が配置されるとあっては、ヨーロッパ中世好みの、整序された、夢想の悦楽の園以外のなにものでもない。

花女はこの優しい芳醇な自然に渾然一体となっている。森に棲む花女の肉体的な美しさがたびたび強調されるのみか、彼女らは愛に餓《かつ》えている。この悦楽境に欠けるものがあるとすれば、それは男だけである。花女は一本ずつの木の下にそれぞれいて(第三三三五行)、アレクサンドロス軍の兵士たち(第三四六八行に「四万人」という数字が出ている)をおのおのが相手するというのだから、花女の大群が森に棲んでいるといわなければならない。花女が貪る男のスペルマが、彼女らの体内に血液として循環する樹液を豊かにする。生産的で肥沃な森と花女は一体化しているのだ。この官能的な物語はまさに生の謳歌そのものである。しかも彼女らは森から離れては生きていけないという。樹木の影から離れて陽光を燦々と浴びると死んでしまうのが彼女らの宿命だからである。このように花女は生理的にも森と緊密な関係にあるわけで、その意味からすると花女は妖精と似ていないこともない。ただ花女は妖精のように人間の運命を左右するような超自然的な力を具えていない——だが急いで付け加えなければならないが、花女に超自然的な魔力がまったく欠如しているわけではなく、兵士の人数分の食事をあっという間に調達したり(第三四六八—三四六九行)、望みのものをたちまち手に入れてしまうような力はあるのだけれども(第三五四〇—三五四二行)。その一方で、この花女をドリュアスのようなギリシア神話の木の精と考える説もある。これらのニンフも森の風景のなかに生きて、木とともに生まれ、木と運命をともにするというくらいに樹木との関係は密接であったからである[10]。だが花女の運命は場所に支配されていて、運命の定める場所から生きては出られず、生は森のなかでのみ紡がれる。森を離れないかぎりは永遠の生を享受することができる(第三五二八行)。恋愛についても、人間を罰したり(ダプニス)さらったりする(ヒュラス)能動的なニンフと異なって、見知らぬ男の来訪をひたすら待つしかほかに術をもたない彼女らの愛とは、脆弱そのものである。

では花女とはなにか。一方では、すでに述べたように肉感性むんむんの、れっきとした生身をもつ女である。他方、奇妙なことに彼女たちは植物でもある。それはさきに引用した古老たちの言葉からも明らかである。夏は木の下で過ごし、冬には土中にもぐりこんでしまう。土のなかで「変身する」とは、おそらく植物の地下生活にはいることで、人間の姿を失って木の根になったり種子になることであろう。春が再来すると、花冠の衣服をまとって人間の姿でまた地上に現れ、やがて衣服は花開いて貴族女性のような華美な衣装となって彼女たちの美しい肉体を包むのである。これを要するに、花女とは女にして植物というハイブリッドな生き物である。彼女らの体内を流れる血液ならぬ樹液とさきに表現した所以である[11]。

古老たちの説明にあったように、花女は植物の一年のサイクルに従属して、冬は地中に帰り、光に溢れる時期に再び地上に顔を出す。花女は季節の永久的な循環を体現し、大地と共生しているのである。ジャン・フラピエの指摘するように、この魅力的で人をよくもてなす花女は、季節の継起を象徴するといえる[12]。ヨーロッパ人の時間とコスモスの観念の原初的形態が現れているといえよう。そしてこれまたフラピエがいっていることだが、美が開花するには生まれた土壌とつながりを保ちつづけるべきであるという考えを象徴するかもしれない[13]。これは、アレクサンドロス大王が世界の果てを見たいという飽くことなき好奇の念に衝き動かされ、不死を求めて地上を駆けめぐるのとまさに対をなす。アレクサンドロスのように狂おしく移動を重ねるには及ばなかったのだ……。真実はおそらく足元にある。だからこの物語には個人の次元を超えたものがある。花女は世界を構成する四大——もちろんここでは土、養い育てる大地である——と力強い関係にあり、彼女たちの本質はコスモスの秩序と深く関わっているのである。

ところで、アレクサンドル・ド・パリは花女のエピソードをどこから借用してきたのだろう。古代にまで遡るのか、オリエントから伝承した奇譚からか。その伝播回路はよく分からないらしいが、アレクサンドル・ド・パリのほかにはこの挿話を採り上げた作者はほとんどいないとされる。材源は不明であろうとも、ひとつ確実にいえることは、花女という混淆種のハイブリッドな生き物に中世の人々はかぎりない興味を寄せたということである。花女が生まれた森から離れられないのは、大地と臍をとおしてつながっているからである。植物のように地面に固着してはいなくとも、森のなかという限定された範囲しか歩き回れないのだから、根本的には植物と同じであろう。しかも動物というか人間でもある。俗に「スキュティアの仔羊」と命名された、中世・ルネサンスを通じてヨーロッパ人を熱狂させた植物羊がここで思い浮かぶはずである[14]。短い茎で仔羊の臍と地面がつながって生きる、このボラメッツ(バロメッツ)とも呼ばれる植物羊(図66)、さらに成熟した莢《さや》ないしメロンがぱっくり割れてなかから羊が跳びだすタタール地方の変種(図67)、あるいは木の実から生まれ、地面に落ちれば腐ってしまうが水中に落ちれば生命を得て飛び立っていくという、バーナクルと呼ばれる黒雁(図68)を想起してもよい。植物界と動物界を横断する怪物は中世の想像界に跋扈していたのである[15]。植物にして人間とあれば、「ワクワクの木」(図69)に触れないですますことはできない。ワクワク島(一説では、ワクワクは「倭国」の転訛であるらしい。とすれば、ワクワク島は日本にほかならないということになる)にある大木は、実として人間の頭を稔らせるが(異本では女性の肉体をまるごと稔らせる)、熟すると「ワクワク」と叫びながら枝から落ちて死んでしまうという[16]。この伝承は一〇世紀に書かれた『インドの不思議』ですでに語られている。

> そこ(ワクワク)には長丸い葉をした大木が生えていますが、この木は瓢簞に似た、それより大きい実を結びます。その実は人間の形をしていて、風に揺れると、声を立てるのです。その中はウシャルの実のようにからっぽになっていて、木から切り離すと、たちまち気が抜け、しぼんで皮だけになってしまいます。ある水夫がその実を見て、気に入った形のものを選んで、持って行こうと木から切り取ったところ、気が抜けてカラスの死骸のようなものが後に残っただけでした[17]。

図 66　スキュティアの仔羊，またはボラメッツ．クロード・デュレ『驚嘆すべき植物草本の驚異譚』(1605) より

図 67　果実が熟れて破裂すると，なかから仔羊のような小動物が現れる植物羊のヴァリエーション．ジョン・マンデヴィル『東方旅行記』(アントン・ゾルク版，1481) より

図 68　バーナクル．クロード・デュレ『驚嘆すべき植物草本の驚異譚』(1605) より

図 69　ワクワクの木．1730 年の木版印刷

バーナクルがスコットランドないしその北方にあるオークニー諸島の産物であるほかは、いずれも東方の生き物である。いずれにしてもヨーロッパ大陸からすれば辺境に存在する驚異である。しかしドイツにも人間のなる木があったかもしれない。グリムはこんな伝説を蒐集している。

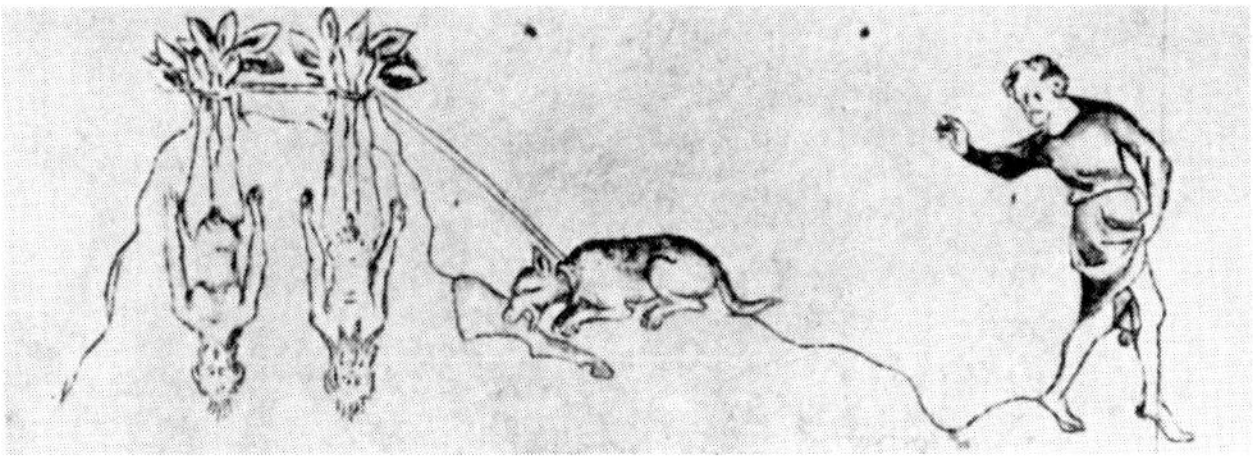

図 70　マンドラゴラ．犬を使ってマンドラゴラを土中から引き抜こうとする図．『メアリー王妃の詩編集』(14 世紀)より

古い民間伝承によるとザクセン人は最初の王アスカネス（アスカニウス）と一緒にハールツ山中の岩の中から生れ出たという。その岩は緑の森の真ん中の美味しい水が湧く泉のそばにあるという。職人の間には今もこんな小歌が伝わっている。

それからザクセンに行ったのさ
別嬪が木に生《な》るちゅう
ザクセンに
だがそのこと頓と忘れてさ
ひとりも取って来ずじまい

アヴェンティヌス（一四七七―一五三四年。バイエルンの編年史家）はドイツ人は木に生ったという伝えに基づいて、ゲルマンという名の語源をゲルミナーレ（発芽する）という語に求めている。まさに奇説と言うべきか。[18]

そういえば、これは意外に忘れられていることであるが、アレクサンドル・ド・パリは花女の森にマンドラゴラが生えていることを怠りなく明記しているのだ（第三二九四行）。このマンドラゴラ（図70）、根が男ないし女の形をした植物もまた、植物と人間が結合した怪物である。[19]同じタイプの怪物と見做されうる花女とマンドラゴフがひとつの森に同居するというのは、たんなる偶然であろうか。

このように異種を合成した奇妙な存在が、中世の思考にとっては揺るがせにできないトポスであった。アレクサンドル・ド・パリは、しかし、種の混淆の観念を弱めることで、人を不安に陥れかねない自然の歪んだ面を消去しようとしているかのごとくである。[20]あくまでも花女という植物人間を美しく蠱惑的な女性に人間化して不気味な奇矯さを払拭すること、そしてエロティックな夢を紡ぐこと――最終的にはわがものとして連れ帰ることができぬ苦い失望をともなうとはいえ。アレクサンドル・ド・パリは多くの同時代人たちと同様に、見果てぬ東方の夢にかこつけて、森と花女を悦楽境の属性にすることを選んだのである。

第五章

森の文学的イメージの変容

1　森の脱魔化

ヨーロッパの地理的景観を形成するそもそものはじめに森林があった。それゆえ、いまでこそ森の影は後退しているものの、その存在は少なくともヨーロッパ人の感性と知性になんらかの影響を与えずにはおかなかった。人間と文明はそれらを取り巻く環境と切り離しては成り立ちえないからである。いわば森はヨーロッパ精神の原風景とでも呼べるものなのだ。しかも森がいまも人々のメンタリティーになんらかの形で関与しつづけていることは、森にちなんだ数々の迷信、風習、儀式などがなお農村と山岳地帯を中心に根強く残存することからも明らかである。かつて人間を囲繞していた森との交感から、そして森との共存から、人間は森にさまざまなイメージを膨らませてきた。第三章、第四章で検証したのは、こうした想像世界におけるヤヌスの二つの顔をもつ森であった。そこから浮かび上がってきたのは、ヨーロッパ人が森についてすぐれて異教的な想いを、すなわち驚異と摩訶不思議なものに強い興味と畏怖を抱いているという事実であった。

自然が文明の対立概念であるからには、衰退する森林を犠牲にして都市の発展があった。したがって森林の黄金時代が中世であるとすれば、森林の乱伐を繰り返した結果、森林の保護に乗り出さざるをえなかった都市文化の近世は、痩せさらばえた森の時代でしかない。暗い濃密な影を投げかけていた森のイメージとまばらな薄い影を落とす森のイメージの、この落差。森の姿の変貌に人間の感性も無関心ではありえない。自然への感情の変遷とともに森林への想いも推移するだろう。その森のイメージの大きな変貌の分岐点が、おそらく中世末から近世にかけてであろうと思われる。本章では中世からルネサンスにかけての文学表現にたずねながら、基本的にヤヌスの顔をもった森が想像界においてどのように位置づけられていったか、文学表現の流れにおけるその変貌ぶりを粗描してみたい。

中世における森の恐怖がもっとも象徴的に表現されてい

るのは、いうまでもなくダンテの「暗い森《セルヴァ・オスクーラ》」であろう。それは地獄から煉獄を経て天国に到る長い旅の出発点であった。地獄の光景のまず最初が森のなかの恐怖である。ダンテはウェルギリウス『アエネーイス』第六歌にある暗い森のイメージを(1)『神曲』(一三〇八—二一年)に取り込みながら、地獄への旅の第一歩を森のなかに設定したのである。

人生の道の半ばで
　正道を踏みはずした私が、
目をさました時は暗い森の中にいた。
その苛烈で荒涼とした峻厳な森が
　いかなるものであったか、口にするのも辛い、
　思いかえしただけでもぞっとする。(2)

人生半ばにして進むべき道を見失い途方に暮れるダンテが佇立するのは、地獄へと通じる小道が通り抜けている野生の森のなかである。詩人の「暗い森」は罪深さ、悪徳、過ちの寓意に関連づけられるだろう。道徳的な混乱の森は曲がりくねり、出口のない恐ろしい場である。恐ろしいといっても野獣や山賊が現れるといった具体的な恐怖ではなく、ロバート・ハリスンの表現を借りれば「実存的な不安のぎりぎりのところにある、漠としていわくいいがたい恐怖(3)」である。この対象が定かでない恐怖、混沌とした未開の森がもつこの恐怖をはじめて鮮明に打ち出したのは、ダンテを措いてほかにないだろう。詩人はウェルギリウスという導き手に手を取られて、徳と理性の欠如した「暗い森」から、神の光へと上昇する旅にでるわけだが、その途中に詩人が通るはずの森のなかでもことさらに興味深い森が二つある。ひとつは同じ「地獄篇」の第一三歌にある自殺者の森である。野獣も棲まぬこの森を棲処《すみか》とするのはハルピュイアイくらいのものだ。詩人はウェルギリウスに促されてこの森の木の枝を一本手折る。

緑の生木の一方の端が燃える時、
　もう一方の端ではじわじわと煮えたぎり、
　熱気が洩れざまにしゅーしゅーと音をたてる。
それと同じように枝をもがれた幹から言葉と血が
　もろともに吹き出した。私は枝を地に落として、
　おびえた人のように立ちすくんだ。(4)

動物と植物を合成した奇怪な存在が古来想像されてきたことは、『アレクサンドロス大王物語』の「花女」を論じ

るときに、ほかにも植物羊とかバーナクルとかマンドラゴラなどがあることを指摘したけれども、ホルヘ・ルイス・ボルヘスはその『幻獣辞典』(一九六七年)で、それらにこの言葉と血を吐き出す樹木も加えているのである。[5] もうひとつの森は「煉獄篇」の第二八歌にある地上の楽園の森である。「暗い森」から抜け出す詩人のまえに、「さわやかな緑濃い神の林が／新しい日の光を見た目にも優しくやわらげていた」[6]。詩人は森をくまなく歩き回るが、「小鳥たちが、歓喜に満ちて、歌いつつ／朝のそよ風を葉の中へ招きいれると、／葉はさらさらと鳴って歌声に和した」[7]。いつしか、

　太古の深林の奥深くへはいりこみ
　林の入口の辺ははやすでに見えなくなった。
　するとそこに行手をさえぎって清流が一条《ひとすじ》
　　漣《さざなみ》をたてて
　　岸辺に生えた草々を右手へなびかせて流れていた[8]。

　詩人の目には、澄んだ清らかな水の流れ、五月のすがすがしい草花、花々で彩られた小径などに続いて、ひとりの夫人の姿が映るのであるが、それにしても同じ森でも「地獄篇」冒頭の「暗い森」と、ここでの「太古の深林《セルヴァ・アンティーカ》」とではなんと様相を異にしていることか。前者が罪と獣性の荒野を表すとして、後者は「神の林」という表現からも明らかなように、聖なるものになっている。森そのものとしては、前者は豹とライオンと牝狼のような野獣がいて危険な荒地であったが、後者はそうした凶暴な動物の存在しない、つまり自然が取り払われた人工的な庭園である。都市と森林が鋭く対立したヨーロッパでは、森林は野生の自然の代名詞であった。その自然が除去されたところに楽園が成立する。自然を克服し野生を飼い馴らす。これこそキリスト教文化のめざしたものそのものであった。

　このようにダンテの寓意的な森は、森への畏怖ということでも、自然を克服するキリスト教文化ということでも、ヨーロッパ人の森のイメージを集約したものと見做すことができる。悪意をもった野生の森は、実際、中世文学のステレオタイプと化しているほどで、文学テクストにそのイメージを見つけ出すことはさほどむずかしくない。たとえば荒涼とした陰鬱な自然——ここでは荒地の湖を主とするが——は、八世紀(ないし九世紀、最近は一〇世紀を唱える傾向が強い)[9]の『ベーオウルフ』に十全に描写されている。

〔……〕彼奴《きやつ》ら〔幽界の悪鬼〕は人跡の及ばぬ地、
狼の徘徊する山坂、索々と風吹き荒《すさ》ぶ岬、
おぞましき沼地を通う小径に住み、そのあたりにては山
　川が
切り岸の投げる影の中へ、低き地の面へと
滔々と流れ落ちている。ここより
湖のある所までの道のりは、何里とはない。
その湖の上には、霜の降りたる山林の樹木が枝を伸ばし、
しっかと根を下したる森の木々が水の上に張り出してお
　る。
そこにては、夜な夜な恐ろしくも不思議なる光景、
水面《みのも》に浮かぶ火を見ることができる。人の子らのうち、
齢闌《よわいた》けたるいかな物識りといえども、湖の底を見たる
　者は存命しておらぬ。
曠野《あらの》を歩む者、逞しき角を持つ牡鹿も、
犬どもに激しく追い立てられ、遠方《おちかた》より逃れ来て
森に辿り着いたとて、湖水に躍り込んで
身を守るよりは、むしろ水際に踏み止まって
命を棄てるという。さても心地よからぬ場所である。(10)

シャルルマーニュ（カール大帝）の母にまつわる物語を韻文化したアドネ・ル・ロワの『大足のベルト』（一三世紀後葉）――これにはブラバントのジュヌヴィエーヴ伝に共通する民間伝承のテーマ（邪な者にいじめられる無辜の女、欺かれた夫、森のなかに捨て置かれた妻）が含まれている(11)――も、メーヌの森に置き去りにされたベルトが、森の現実の危険と想像上の危険の相乗作用から、いや増す森の恐怖に怯えるさまを巧みに描いていた（第六九四―一二三五行）。すなわち、森のなかでは、腹を空かせたハイタカに爪で摑まれて宙に運び去られるのではないか、熊やライオンに歯や爪で引き裂かれるのではないかと空想して、恐怖に怯える。その一方で、そこで現実に遭遇するのは猛獣ならぬ二人の泥棒――もっともベルトは「自分を喰おうとする獣だと思った(12)」のだが――であり、彼らはベルトが身に着けている立派な衣服を奪おうとするが、彼女が美しいと気づくや欲望の矛先を変えて強姦者に豹変するものの、幸い仲間割れが生じて殺しあっているあいだに彼女は逃げおおせる。さらに隠者と会ってからは「森番」(voyer)シモンの家へと向かい、もう危険を逃れおおせたかとみえたとき、現実に野獣に遭ってしまう。牝熊が口を開けて襲いかかってくるので、ベルトは恐怖のあまり気絶する。牝熊は昏倒したベルトを死んだと思ったのか、遠ざかっていってしまう。森

のなかでベルトは行くべき道を探し回り、地面に寝そべり、足を引きずり、寒さに顔はちくちく刺される。夜が近づくにつれて森の奥深くへとはいりこみ、茂みのなかに体をすぼめ、はいつくばり、石を枕に、羊歯《しだ》を蒲団にして眠りこける。まさに森に囚われて森と一体になっているかのごとくである。

森にアジールを求めて逃げこむ叛徒にとっても、追跡をかわしうる安全とひきかえに、森の生活の危険と苛酷さに堪えねばならない。『ルノー・ド・モントーバン』(一三世紀)はエモンの四人の息子たちがアルデンヌの森にはいり、飢えと湿気に悩まされて野人同然の風体になっていく様子を描写している。もぐりこむような城や小邑、集落や砦が森にあるでなし、彼らを待っているのは窮乏でしかない。食糧ときたら狩猟の獲物しかなく、飲み物も泉と川の水しかない。うまく射止めた獐《のろ》の生肉と生水のせいで病気にはなるし、強風と悪天候でも四苦八苦する。部下たちはばたばたと斃れていき、ついに生き残るは四人兄弟と仲間の三人だけとなる。この残った七人に対して馬はたったの四頭しかない。馬の飼料にしようにも、オート麦もなければ干し草もなく、あるのは木の葉と草木の根だけ。羊歯でも見つかればいいほうだ。そうこうするうちにも、彼ら叛徒は国を火と血で荒し回り、万人を震え上がらせる。四人兄弟は馬に乗り、他の三人は弓を携えて歩く。川を渡らねばならないときは全員が疲弊した馬に跨る。森のなかに小屋を建てるでなし、ブナや楢の木の下で野宿することに甘んじている。着ているものもぼろぼろになり、鎖帷子《かたびら》を肌にじかにまとわざるをえないので彼らは墨より黒く、熊のように毛むくじゃらになる。金の鐙《あぶみ》をつなぐ革は切れ、馬銜《はみ》は悪天候で腐食するので、豊富にある柳で綱をつくって鐙革や腹帯の代用にする。こういうことが続くかぎりは彼らはまだ森の生活にも満足していた。弓のおかげで獲物には事欠かないからだ。しかしひとたび弓の弦が腐食すれば飢えの始まりだ。冬ともなれば試練は苛酷をきわめ、馬でも屠って喰おうかと思うくらいである。かといって森から出ようものなら、縛り首だ。というわけで、身に着けるものがなにもなくとも森に留まるしかない。雨が降り、風が吹きすさび、霰が降ろうものなら、首から楯を吊り下げ、頭に錆びた兜をかぶり、脇に猪槍を抱えて、木の下で雨宿りする。馬は蹄鉄をなくし、馬具もばらばらになる。冬の長さがいっそう彼らを打ちのめすのである(13)。

右に例示した『大足のベルト』も『ルノー・ド・モントーバン』もたまたま一三世紀の作品であるが、この一三世紀ともなると、森は、第一章、第二章でも述べたように、人間がよく利用するようになり往来も頻繁になって、徐々に人間に敵対する世界ではなくなる。そうなれば、それに呼応するかのように、妖精や異形のものどもや幻獣がひしめく、不可思議な驚異に溢れた神秘の空間といったかつての森のイメージも失われていく(14)。森はその魔力を失いはじめる。いわゆる森の脱魔化の始まりである。この変化の典型的な事例として、池上俊一は一二二〇年と一二六〇年とのあいだに書かれた武勲詩『ユオン・ド・ボルドー』にある森の描写を挙げている(15)。

　シャルルマーニュは皇子を殺した若き騎士ユオンに、無理難題の使命を果たせばその罪を赦すと言い渡す。その使命とは、バビロンにある首長《アミール》ゴーディスの宮殿で最初に出会ったサラセン人を殺すこと、首長の娘エスクラルモンドに公衆の面前で三度の口づけをすること、首長にべらぼうな年貢を要求し、そのうえ首長の口髭と臼歯四本を分捕ることだった。この使命を遂行すべくユオンは隠者ジェリオームと仲間の騎士たちとともに、「長さが少なくとも四〇里はある広大にして恐ろしい森(16)」を横切っていくことになる。この森には身の丈一メートルほどの小人でオベロンという妖精の王が棲んでいたが、ユオンはオベロンから気に入られ、魔法の大盃と角笛をもらい受け、危難の際に助けを求めれば駆けつけてくれるとの約束までとりつける。オベロンと別れたユオンたちは、妖精の王のことを話題にしながら広大な森を横切っていく。と、突然、若者は右手に果樹園があるのに気づく。彼はそちらに駒を進めると、優しく湧き出る泉が見える。

若きユオンは時を移さず
しかるべき道を急ぎ騎行する。
はや一五里を過ぎて
進み行くに果樹園が現れる。
その果樹園には泉が湧き出て、
若きユオンも仲間も泉へと
向かい、そこで休息する。
オベロンがくれた食糧があったので、
テーブルクロスを敷き、食べはじめる。
素晴らしい大盃は彼らに葡萄酒をなみなみと注ぐ(17)。

酒の酔いも手伝ってか、ユオンはオベロンがくれた角笛を試しに吹いてみようとする。角笛の音にあわせて騎士たちはみんな歌いだし、歓喜に酔いしれる。はじめは角笛を吹くことに反対していた隠者ジェリオームまでもが、もっと吹けとはやしたてる始末である。

畏怖すべき神聖な森のまっただなかで繰り広げられるこの呑気なピクニックの場面に、魔性をはぎとられた森の変わりようを見る想いがするのである。なるほど、『ユオン・ド・ボルドー』に超自然的な出来事がまったくないわけではない。それどころか妖精の王オベロンは野生の動物を意のままに支配したり、嵐を起こしたり、さまざまな魔力をふるうし、ユオンは二体の自動人形に守られた巨人の城に忍び込んでこの巨人を殺すことに成功するし、海の精がユオンを背中に乗せて海を渡って対岸に運ぶなど、摩訶不思議なエピソードに不足するところはない。そもそもアレクサンドロス大王伝説や「プレスター・ジョンの手紙」の影響を受けてか、逸名の作者は、女たちが子どもを宿すことなく太陽も照らぬ荒涼たる国や、とてつもなく大きい耳朶にくるまって寝る異形の人種の国などをも、ユオン一行に巡らせているぐらいなのだから[18]。しかし森についていえば、森は超自然的な力の源ではもうない。魔力はもはや森という神秘的な空間には存在せず、あるとすればオベロンのような個人の人格のなかにある。したがって超自然的な現象は森で起こるとはかぎらず、その魔力を行使する個人が行くところどこにでも生じうることになる。森林空間はその原初的な神聖さを保持しえないのである。

森が神秘的で畏怖すべき空間としての性格を喪失しつつあるのは、たとえば宮廷風騎士道物語のパロディーである『オーカッサンとニコレット』にも指摘できるように思われる。城館に幽閉されたニコレットはそこから逃げだしたものの、城壁のすぐ外に広がっている深い森をまえにして思わず逡巡してしまう。「〔森は〕縦も横も三〇里以上もの広さがあり、野獣や無数の蛇どもが棲んでおりました。ニコレットは森へ入れば野獣の餌食となるは必定と怖れました〔……〕」[19]。そんな恐ろしい森も、ニコレットへの恋煩いに苦しむオーカッサンには気晴らしの場所に変じるのである。ある騎士がオーカッサンに忠告するのは、恋の病を癒す、安らぎとしての森への遠出であった。「馬に乗って気晴らしに森の辺りへ遠乗りをなさるがよい。あそこには草花もあり、小鳥が囀《さえ》ずるのも耳にしましょう。おまけに貴殿を楽しませるような話がお耳に入るやも知れませぬぞ[20]」。忠告どおり馬に乗って森にはいっていったオーカッサンが泉のほとりに来ると、羊飼いの若者たちが外套を広げてたいそう愉快で楽しげにパンを食べているところに出会う——なにやら『ユオン・ド・ボルドー』のピクニックを連想させるような、この「九時課」つまり午後三時ころの場面には、ニコレットも「一時課」つまり午前七時ころをかなり過ぎた時間にやはり出くわしているのだが、この同じ場面の反復は印象的である。彼らからニコレットの消息を聞き出し、オーカッサンはやがて無事に彼女とめぐり会うことになるが……。続く筋書きは紹介するまでもないだろう。いずれにせよ、この歌物語のもつパロディー的な構想という点を差し引いても、ここにあるのはやはり脱魔化されつつある森ではないだろうか。

しかし急いで付言しなければならないが、なにもこうした二、三の事例を取りたてて言挙げし、森の脱魔化の傾向を画一的に決めつけるつもりはない。一二世紀には「自然の発見」がなされて、自然を美しいとそのまま受け容れる感性が芽生えていたらしいことは、野人について考察した第三章第6節でも言及したとおりであるし、さらに中世の人々が自然の美しさに気づいていたであろうことも前述した（第四章第1節）。かと思えば、アルノ・ボルストが例示するように[21]、アラゴン王ペドロ三世のカニグー山登攀（一二八五年）を記録したフランシスコ会士サリンベーネは、頂上での眺望の美しさについては一言も語らないかわりに、そのピレネーの山頂で遭遇した恐ろしい竜のことだけを悪天候の譬えとして語っているのである。この背反するかにみえる自然への二つの態度にもかかわらず、総じて、中世盛期にあたる一一―一三世紀は自然の美しさに無頓着であったとされている。

そもそも「中世の人びとは自然に対して、その恐るべき働きも、なだめたときの働きも感じ取るほど近くにいるが、自然をひとつの統一と見るほど離れていない[22]」。つまり個人と世界を切り離す明確な境界はなく未分化であり、人間と自然は緊密なつながりにあった。人間と人間を取り巻く自然環境との距離が欠如しているのだから、自然の一部に留まる人間は自然のさまざまなリズムに従って活動するだけで、客観的に自然を嘆賞するという態度は生じえなかった。先回りして言ってしまえば、自然を外から観察するためには距離が必要だったろう。人間が自然の懐にいるかぎり生活の場となっているわけで、自然を客観的に観察することなどとてもできない。人間が自然との境界を截然と意識するとき、つまり自然とは農業技術の革新でこれを征服し、馴致し、収奪し、人間に奉仕させるものだと経験的に認識するときに、はじめて自然の観察が起こりうるわけで、近世において形成された自然の概念はまさにこの、開拓と文化によって克服されるべき自然であった。ところが、中世の概念における自然は神の創造物であり、神の意図を物質的な形で具現する神の召使である。したがって中世人は自然のなかに神の象徴を見て、自然現象を譬喩として、あるいは道徳的教訓として理解しようとした[23]。自然への感情を表現することは二の次であった。真実は神的本質の世界にあるのだから、取り巻く環境＝可視の世界のいちいちなど正確かつ忠実に再現する必要は感じられていなかった。それでも表現するとなれば、古典古代に淵源をもつレトリックの伝統＝約束事に従って表現するしかない。そこに個人的な知覚が介入する余地はなく、自然の情景は紋切り型の表現で織りなされることになるのである。トルバドゥールやトルヴェールの抒情詩が、恋愛の書割りとして自然をうたうにしても相似の類型的な常套句を連ねているのはそのためである。こうしてたとえば、クレチアン・ド・トロワの『ペルスヴァルまたは聖杯の物語』で、若き野人ペルスヴァルが「こうして森へ入って行くと、たちまちかれの胸は歓びにひたされた、この甘美な季節のため、そしてまた耳にきこえてくる楽しげな鳥の唄のために。これらすべてがかれを歓ばせた[24]」と、森の美しさと平和が謳歌されるのも、たぶんにレトリック的なのである。

ことほどさように自然への感情の変遷を一律に図式化することはむずかしいことであるし、ここはそれを論ずる場でもない。ただ、テクストにより、類型的な自然描写もさまざまに変奏されることも事実であり、長い時間的なスパンにおいては差異と変貌、ときには驚くほど瑞々しい自然への感情の発露も垣間見ることができるのである。その「温度差」にこそ、ここで注目したいのであって、文学表現の歴史に森のイメージを据えてみたとき、森の脱魔化が始まるのが一二世紀のことか一三世紀のことかという時期画定はともかく、野獣とアウトローの巣窟にして不可思議な、驚異に満ちた聖なる空間、王権も法も文明も効力を及ぼしえない隔離された神秘的な空間である森、オリエントの聖者にとっての「荒野」や「砂漠」にも等しい畏怖すべき森が、このようにして、すこしずつではあるがその近寄りがたい魔性を失いはじめているように思われるということだ。

さて、一五世紀ともなると、パノフスキーをして「自然主義の偉大な開拓者のひとり[25]」と言わしめた『ブシコー元帥の時禱書』（一四一〇─一六年ころ）の画家や、有名な『ベリー公のいとも豪華なる時禱書』（一四一三─一六年）がよく示すように、確かに豊かな季節感と自然を見る眼が養われてきているといえよう。景観は客観的な観察の対象となりえていて、そこに画家の自然への主体的な想いが窺えるようになる。ルネサンスを迎えれば、図像上だけでなく文学表現においても、自然への感情は大きな変化を見せる。自然が美しいものとしてそのまま受け容れられ、自然は象徴的解釈から解き放たれる。自然は人間がおのれの感情を投影させることのできる人間世界の一部となっていくのである。都市文化の発達とともに森は開墾され耕地化され、人間社会に従属させられる。やがてはこの飼い馴らされた自然こそが美しいとされるようになるだろう。人間化された自然である。かかる文脈から森のイメージの変容を見ていくのが、次節以降の課題となる。

2　ペトラルカと「フラン・ゴンチエ」

エウセビウス――この時期、田園は一帯が緑色になり楽しげなのに、人々が煙のたちこめた都市を魅力に思うなんて本当に驚きだよ。

ティモテウス――みんながみんな、花や緑なす野原や泉や川を見て心奪われるわけではありませんよ。心奪われないとすれば、それはもっと魅了するものがあるからです。新しい釘が古い釘を押し出す〔「新しいものは古いものを忘れさせる」の意〕というでしょう。愉しみも同じですよ。

エウセビウス――たぶん高利貸とか、あるいはそれと同じ手合いの強欲な商人のことをいってるんだね。

ティモテウス――ええ、でも彼らだけじゃありませんよ。たいていは儲けるのが好きで、人間で溢れた都市で生活することがとりわけ好きな人たちが、聖職者や修道士も含めてたくさんいるんですよ。連中はピタゴラスとかプラトンの警句ではなく、群衆に押されているのが気持ちいいと思っている、ある盲目の乞食の警句に従ってるんです。乞食曰く、人込みのあるところ利益あり、とね。

エウセビウス――儲けのある乞食なんか糞くらえ。ぼくたちは哲学者なんだ。

ティモテウス――でも哲学者ソクラテスだって田園より都市のほうが好きだったんですよね。というのも、彼は知識欲にうずうずしていたのですが、都市には学ぶことがあっても、他方、田園がもたらすものときたら、樹木に庭園に泉に川ばかり。目を楽しませてはくれても、口をきくではなし、なにも教えてくれるものがないからです。

エウセビウス――田園をたったひとりで散策すれば、ソクラテスの言うこともまあ本当だなあ。けれどもぼくに言わせれば、自然は唖者どころか、語りかけてくれるし、もし人間が注意深く謙虚に教えてもらおうとすれば、自然を熟視する者に多くを教えてくれるものなのさ。春に見せる自然のあんなに優美な顔、それが創造主たる神が賢明であられ優しい方であられることを告げずして、いったいなにを告げるというのか。しかもだよ、この人里離れた場所で、ソクラテスはパイドロスにどれほど多くのことを教えただろうか、また逆にソクラテスはソクラテスで、どんなに多くを彼から学んだことだろうか。

ティモテウス——そのような人たちといっしょでしたら、田園に滞在することほど快適なことはないでしょうね。

エウセビウス——じゃあよかったら、試しにそうしてみないかね。ぼくは町の近くに、広くはないが手入れの行き届いた、ちょっとした土地を持っています。明日食事にご招待しよう。

ティモテウス——ぼくたちは大勢ですから、あなたの全財産をたちまち平らげてしまいますよ。

エウセビウス——いやいや、野菜しか出さないよ。ホラティウスの言うように〔『エポドン』Ⅱ四八〕、それが安上がりな献立というもんだ。葡萄酒は自家製だし、西瓜やメロン、無花果や梨や林檎や胡桃は木から自然にとれるんだ。ルキアノスを信ずれば、まるで幸福な島〔ルキアノス『本当の話』Ⅱ三などにでてくる、黄金時代の悦楽が享受できるとされる伝説の島〕にでもいるようなものさ。おそらくそれらに、ぼくの家畜飼育場の雌鶏が一羽加えられるかな。

ティモテウス——それじゃ、お断りする手はありませんね。

この長い引用は、エラスムスの『対話集』〔一五二二—三三年〕にある「宗教的饗宴」〔一五二二年〕と題された、聖書の読み方をめぐる対話の冒頭部にあたる。(1) ここに登場する知識人たちはたくさんの人々が蝟集する都市に住むよりも田園に引きこもるほうを好んでいるわけだが、こうした傾向はフランスでは一四、一五世紀にすでに顕著であった。ジャン・ド・モントルイユ、ニコラ・ド・クラマンジュ、ゴンチエ・コルなど、初期の人文主義者たちは別荘を構えていて、宮仕えに疲れるとそこに戻っては古典古代にいう閑暇《オティウム》、つまり文芸に専念する清閑を楽しんでいたからである。「宮廷の華美と都市の喧騒から逃れて、田園に住み、孤独を愛せよ」(2)とは、ジャン・ド・モントルイユの言葉である。この知識人の農村地帯への回帰は、ジャック・ル・ゴフによれば(3)、経済的・社会的発展の法則に従っていた。

封建制の漸進的な消滅を受けて、富裕になった市民が土地に投資して、都市から遠く離れたところに屋敷を建てたという。エラスムスの対話の登場人物たちが見せた田園志向もこの延長で考えればよいことになるのだが、しかしこれだけではあるまい。この現象だけでは、フランス人文主義の第一世代より以前にも農民の生活への心酔ぶりを表した人物が存在したことを説明しきれないからである。イタリアの名だたる人文主義者フランチェスコ・ペトラルカのことをいっているのだ。

宮廷人の腐敗と堕落を激しく攻撃するペトラルカは、宮廷生活が物質的利得を享受するには都合がいいにしても、そのために宮廷人はときには良心に悖《もと》ることもせざるをえないという精神的苦痛に苦しむことになるし、心ならずも嘘をついたりへつらったりしなければならないことをも看破していた。それにまた俗世間の塵や都市の騒々しさを避ける必要性を強調し、それが、神を求め、自己の発見と古典研究に没頭しようとする者にとっての義務であると説いた。正しく生きるためには、貪欲を軽蔑し、真の豊かさとはなにも望まないことにあるのだから、最低限必要なもので我慢するべきなのである、と。一三四六年に執筆された『孤独な生活』は、喧騒のなかで自己を見失う都会生活者と、高級官僚職と世俗の富を拒否して精神的に充実した日々を静寂のうちに過ごす田園生活者とを対照的に描いている(4)。かくしてペトラルカは社会から離れ、田舎に引きこもって清貧に甘んじることに喜びを見いだすのである。自然の懐に隠遁するにあたっては、おそらくペトラルカが愛読した、田園生活の効用を説いたり農作業について叙述したラテン語作品——カトーの『農業論』(前三—二世紀)とかウァロの『農事考』(前二—一世紀)——の影響、あるいはウェルギリウスの『牧歌』や『農耕詩』(ともに前一世紀)とか、セネカの影響があったにちがいない。この反宮廷の立場とストア主義的な叡智——「万人のうちで、英知に専念する者のみが暇のある人であり、このような者のみが生きていると言うべきである(5)」——が、研究と観想に打ち込む生産的な隠遁を(6)、すなわち自然に囲まれた環境での孤独生活および個人の自由を顕彰することになり、ひいては一四、一五世紀のフランスに著しい影響を与え、たちまちのうちに人文主義的な理想になったのだった。ジャン・ド・モントルイユやニコラ・ド・クラマンジュ、それに彼らの後継者たちが宮廷への嫌悪と田園への回帰を唱えたのは、明らかにこのペトラルカの影響を受けてのことだった(7)。

ペトラルカが、アヴィニョンの東、ヴォクリューズという美しい閑静な谷間に引きこもって送った孤独生活の様子は、たとえば交友関係にあったジャコモ・コロンナに宛てた韻文書簡に窺い知ることができる。「おしゃべりな俗衆や喧騒にみちた都市都市をきら」い、世俗的な煩わしさから逃げるようにしてやって来たペトラルカを迎えたのは、「すでに都会の風に染まって軟弱が習い性となっている」友らが「茂みや雪や〔ペトラルカの〕食卓におそれをなす」ような、質素で厳しい生活であった。ペトラルカの仲間といえば、おのれ自身と忠実な飼い犬だけで、「ほかにだれもこの場所におそれをなして近づきもせぬ」。そんな世人からすれば「牢獄の囚われ人」のような生活にも、ペトラルカには「秘密の仲間」がいたのだった。それが古典古代の知識人たちとの対話(研究)であった。古典研究は「すべてに耐え、／何ものをも求めず、自己自身を知ることを」教えてくれる。時には「人気を避け(8)」るために、ペトラルカはペンと紙片を握って森をさまようこともあった。孤独を求める詩人にとって、おそらく森こそがその最適の場だったのだ。

ほの暗い森の小道をたどりつつ思いにふけり
あれこれと重要なことに思案をめぐらしているとき、
不意に人があらわれて小声で話しかけてくるのは迷惑な
　こと。
広大な森の静寂《しじま》を呼吸するのはうれしく、すべて物音は
　いとわしい。
しかし清らかなせせらぎが小石にたわむれ、
そよ風が紙片を打ち、わが詩もかろやかに
ささやきを奏でるのはこころよい。そしてしばしば
長くのびた自分の影に、時刻のおそいことを知らされて、
わが家へと道をひきかえすよう警告される。
ときには　すっかり降りた夜のとばりが帰宅を強いる。
そして宵の明星が、あるいは日没とともに姿をあらわす
　月が、
鋭いイバラの茂みのあいだに小道を示してくれる(9)。

モーの司教であり、有名な詩人・音楽家でもあったフィリップ・ド・ヴィトリは、ペトラルカの親しい文通相手のひとりだった。フィリップ・ド・ヴィトリもペトラルカの影響を受けてか、宮仕えの生活に人文主義的な批判を加えていたが、その点でもっとも人口に膾炙したのが、自然の懐に抱かれて自由気儘に生きる農民が送る幸福な生活への賛美の詩「フラン・ゴンチエの歌」(一四世紀)であった。一

四、一五世紀には、宮廷生活の虚しい権謀術数と失望に対して、田園生活の静謐さと質素な幸福を賛美する牧歌詩が広く普及するが、その契機ともなった作品である。ペトラルカの反宮廷のテーマは、人文主義的な「閑暇」という理想を謳歌するのに寄与したばかりでなく、文学的にも廷臣生活への嫌悪と田園的・牧歌的生活礼賛のテーマを発展させることになったのである。

　さて、このわずか三二詩行の短い作品は、自然に抱かれて農民フラン・ゴンチエが女房のエレーヌと「青葉の下、心地よき草の上／瀬音優しき川のほとり、澄んだ泉のほとり」(10)でつましい田園生活を送る喜びを謳う。愛情のこもった雰囲気のなか、二人は小さい苫屋《とまや》で「フレッシュチーズ、牛乳、バター、各種チーズ、／クリーム、凝乳、林檎、胡桃、プラム、梨、／ニンニク、玉葱、黒パンの上に／すりつぶして練り物状にしたエシャロットと大きな塩の塊」(11)で食事をとり、腹ふくれれば夫婦の営みを楽しみ、それがすむとゴンチエは柴を刈りに森へ、エレーヌは洗濯のために川へでかけるという日常生活に満足しきっている。ゴンチエは木を伐り倒しながら、静かな生活を過ごせることを神に感謝してこう言う。

おいらは知らない、大理石の柱とか、
刀剣の光り輝く柄頭とか、絵画で飾られた壁がどんなものかは。
惧れることもない、友誼にあついふりをしながら裏切られるとか、
金杯に毒を盛られていないかとか。おいらは暴君のまえで
帽子を脱いだり、膝を折ることもない。
なかへはいろうとして門番の棒に追っ払われることもない、
貪欲にも、野心にも、むさぼるような淫欲にも
おいらはとらえられたことがないんだから。
働いておいらは楽しく自由に暮らしていくのさ、
おいらはエレーヌが大好き、エレーヌもおいらをきっぱり愛してる、
それで充分さね。おいらたち、墓なんて気にしていないのさ。(12)

　宮仕えの束縛された日々よりも、田園の原始的な生活の自由のほうがどんなに好ましいことか。こうしたゴンチエの束縛されない生活から帰結される語り手の答は明快その

ものだ。「ああ、奴隷みたいな廷臣なんかびた一文の価値もないが、／フラン・ゴンチエは純金にも値する」[13]。

フラン・ゴンチエのテーマはピエール・ダイイ枢機卿にも受け継がれ、彼の若書きの詩は宮廷の独裁君主の生活描写に多くを割いたうえで、やはり煩わしさのない農民の生活のほうに軍配を上げる[14]。さらに、フィリップ・ド・ヴィトリの詩もピエール・ダイイの詩も、前述のニコラ・ド・クラマンジュによってラテン語にパラフレーズされて広汎に流布されることとなった[15]。「フラン・ゴンチエの生活」といえば「牧歌的生活」と同義の成句になるほど[16]、このテーマが一五世紀にもあまねく知れ渡ったことは、後に稀代の泥棒詩人フランソワ・ヴィヨンがこの月並みな田園礼賛に嫌悪と反発を示して、粗末な食事と百姓の仕事に甘んじるよりはきれいな姐ちゃんたちを侍らせて美酒をあおる勝手気儘な生活のほうがどんなにましか、と歌ったバラッド「フラン・ゴンチエ反駁の歌」[17]をものしたことにも窺われる。一六世紀になっても、フィリップ・ド・ヴィトリが道をひらいた田園礼賛のテーマに属する、『森の宴会』という一五世紀に書かれたと思われる作者不詳の長詩が出版されるくらいである[18]。

こうして、宮廷批判の人文主義的な考え方が芽生え、フランス人文主義がそれを発展させ、一六世紀後半に流行ともなったのは、主にペトラルカに負っているといえる。エラスムスの対話に見られた田園への回帰も、かかるコンテクストに据えてはじめて理解できるのであって、この人文主義的な常套句はけっして自発的に現れたのではなく、ペトラルカから意識的に借用したものだったのである。

それにしても、ニコラ・ド・クラマンジュにせよ、あるいはジャン・ド・モントルイユにせよ、彼らは本当に、都会の喧騒を逃れて田園で閑暇を享受したいと願っていたのだろうか。それがどうもそうではないらしい。真摯な願望ではないということだ。宮仕えに反感の声を上げ、学問と田園生活のつましさをよしとする孤独な暮らしを勧めたにもかかわらず、彼らは現実には宮廷を離れたことがなかったし、一時離れるようなことがあっても、それは政治的に困難な状況におかれておのれの指導力を発揮できなくなったためであり、困難が解消されるや彼らは批判してやまない君侯たちに再び仕えようと宮廷に舞い戻るのである[19]。たとえそうでなくても、彼らはホラティウスやキケロなどの古典を通じて人文主義的な閑暇を楽しむためにのみ別荘にやってくるのであって、退屈な生活に飽きるといそいそとまた宮廷に戻るありさまなのだ。しかも、つましい簡素な田園生活を礼賛しながら、そのじつ彼らの身分は富裕な財産家であった。大勢の召使をかかえる豪奢な生活を送り、賭け事を好む人文主義者もいれば、「たくさんの書物、一年分の食糧、いくつもの住居、ありあまるほどの衣装と馬と芸術品」[20]を所有し、策謀をめぐらしては大きな利殖を図る者もいたのである。彼らの反宮廷の観点も、こうしてみると、個人的な計算が働いてのことのようであり、確固とした思想に根づいた選択というより、文学的な遊戯に発していたと見るべきなのである[21]。一六世紀後半の宗教戦争の時期から一七世紀初頭にかけては、後段で改めて言及することになるけれども、田園賛美・都市嫌悪のテーマが再びもてはやされるようになるのだが、そのときにもいま述べてきたことと同様の現象が窺えるのである。

それにひきかえ、ペトラルカの隠遁の勧めは真摯なものであったし、彼は早くから自然を賛嘆してやまなかった。草原、山――ペトラルカはヴァントゥー山を登攀していたことを思い出そう――、泉、そして森に心ひかれ、あるときは夢想や瞑想へ誘う安らぎの魅力と牧歌的な甘美をそこに嗅ぎとり、あるときは荒ぶる自然に瞠目し、緑陰多き山間、山上での広々と開けた眺望をじっと見入るのである[22]。かかる詩人の姿を認めるには詩集『カンツォニエーレ』(一四世紀後葉)を開けば事足りる。私たちの主題である森についていえば、恋に胸焦がす詩人は孤独と慰撫を求めて、人跡を留めない密やかな森に好んで分け入る。たとえば、つぎの四行詩で始まる、アルデンヌの深い森を行く詩人を謳ったソネット(第一七六番)。

住む人とてない荒んだ森の中
人と武器と　危険犯して歩みゆく、
だがわたしには　恐きもののなく
怖れるはただ　愛の光放つ生ける太陽[23]。

森にはいった詩人は到るところに若き人妻ラウラ(太陽)を見いだしてしまう。樅やブナの木立に恋人の面影を見たり、葉ずれの音、小鳥の囀《さえず》り、瀬音に恋人の声を聴いたりする。孤独の場としての森を愛するペトラルカの心情は、最後の三行詩に色濃く滲み出ているだろう。

小暗《おぐら》き森の稀なる沈黙《しじま》　その孤独な
怖ろしさが無性に好きで、されど
太陽からは　あまりに遠く踏み迷う[24]。

ペトラルカは、森に避難と安息を見いだすのであろう、しきりに森を彷徨する。「都は敵　森が友」(第二三七番)だからである。「ああ幾たび独り危ぶみつつ　小暗き／森へと分け入りしことか」(第二八一番)とか、「ああ　月天界の下　われほど深い苦悩を／耐える者のいるはずもなし、それを知るはかの森／日も夜も独りさすらう　森のみが」(第二三七番)とか、「高き山々　鬱蒼たる森　しばしの／安らぎをそこに見る、人の住む処は／いずこなりとも　わが眼の不倶戴天の敵」(第一二九番)という具合である。夜を日に継いで森のなかをさまようあまり、ついには「森の民」(第二三七番)、さらに「森の獣」(第三〇六番)[25]となるほどなのだ。

こうしてわたしは森の獣となり、
ひとり足取りも覚束なく　心も重く
濡れた眼も伏せたまま　この世を彷徨う
深山《みやま》の荒地のように思える世界を。[26]

森は詩人の告白の相手でもあって、詩人の感情に照応する。「溢れる胸の溜息　眼から湧き出《いず》るさざ波、／その波に草葉は濡れて　森も震える」(第二三七番)[27]。恋に苦しむ自分に共感を示せと自然に対して訴えるのは、ペトラルカを嚆矢として広範に扱われることになるモチーフである。ここにきて、すでに一六世紀の恋愛詩の通底音を聞き取る読者もきっと少なくないと思われる。ロンサールが故郷のガチーヌの森にうたって呼びかけるのも、告白相手としてであった。

聖なるガチーヌ、私の苦悩のしあわせな聞き手よ、
おまえは森のなかで答えてくれる、
或るときは大声で、或るときは低声《こごえ》で、
わが心が隠しおおせない長い溜息に。[28]

または、同じロンサールが、喧噪の都市に対峙する静寂な森のモチーフと、苦しい胸の裡を打ち明けられる親しい聞き手としての自然のモチーフによるソネットを書いているのも、ペトラルカに触発されてのことである。

都会も町も私には忌まわしく、
人のわずかな痕跡《けはい》すらあればわが命絶えるほどに。
物思いに沈みひとり森のなかをさまよう、
荒地ほどわが心愉しますものほかになく。

森には猛った猪はおらず、
頑な巌も、川も、泉もなく、
耳を塞いでわが苦痛を知らず、
苦悩にあえぐわが病に悲しまぬ木もない[29]。

　この最初の二節の四行詩にペトラルカの影響が容易に看取される。前述の第二三七番にある「都は敵　森が友」、「われほど深い苦悩を／耐える者のいるはずもなし、それを知るはかの森」などの詩句、第三五番の「物想いにうち沈み　ひとり荒野の中を歩む／疲れて鈍い足どりを数えている、／ひとの足跡《けはい》が残ってはいないかと／この眼で追うここかしこの大地[30]」の詩句がここには交響している。そして最後の三行詩でこう結ばれる。

されば小森で私を見つけた人は、
もじゃもじゃの毛と額に浮かぶ恐怖を見て
言うだろう、私は人間でなく野生の怪物だと[31]。

　ここで注目すべきは、長く森をさまよって毛むくじゃらになった「野生の怪物」のイメージである。ペトラルカにあった「森の民」とか「森の獣」というイメージを借用したのであるが、これらはいずれも恋煩いに由来する野人[32]を彷彿させるのである。

　そう、ここではロンサールだけを代表にしてあげつらったものの、文学的には、ペトラルカの模倣者たちは二百年以上にわたってペトラルカのセンチメンタルな牧歌的風景を追い求めることになるだろう。ペトラルカぶりを気取る詩人たちにはそれぞれのラウラがいて、ペトラルカの甘美な抒情詩の舞台たる静謐な優しい森の風景を形式的に模倣しようと努めたのである。現実から逃避し、ひたすら牧歌的な森を。

　ペトラルカがラウラの夭折を哀惜するのは、森の幻想を介してであった（第三二三番）。夢幻的で幸福なイメージの森は、存命中のラウラの思い出を留めている。

おなじ森の奥に　こんこんと岩走る
清泉ありて　快い飛沫《しぶき》を撒き散らせつつ
さわさわと囁き、ほの暗く
物寂しい美しい森影に　人目を忍べば
羊飼い　牛飼いの　近づく気配とてなく、
ひとり妖精やミューズの群が　やさしい声の
調べに唱和した[33]〔……〕。

しかし突然、幸福な森の夢想は崩れさって戦慄が走る。ラウラの死が暗示されるのである。

〔……〕折しも突如
眼前に見た深淵
泉も　懐かしの地も引きずり込まれ
その痛みは　思い起こすも恐怖が走る。(34)

森が本来的にもつおどろおどろしさがまったく払拭された、これらのなんと清新な森のイメージ。『カンツォニエーレ』のペトラルカにとって、鬱蒼たる森はかけがえのない友であり、孤独に浸る場であったのである。

しかしながら、このように見てきて留意しておかなければならないのは、親しい友らへの書簡や『孤独な生活』にあるように隠遁生活を送るにせよ、あるいは『カンツォニエーレ』にあるように森に慰撫を求めてさまようにせよ、ペトラルカはもはや、リヨンの森に起居した修道士フィリップ・ダルクリプのようには森の住民でないのはもとより、長く森に生活する人でもなく、一時の森の客人にすぎないということである。トリスタンとイズーも、ニコレットも、半永久的にとはいわないまでも、長らく森に住むのを余儀なくされたし、ましてや宮廷風騎士道物語の隠者は森の民同然であった。昔話に登場する女の子たちも、森にはすこしでも長く留まりたいと願った。しかるに『カンツォニエーレ』の語り手が森を訪れるのはほんの束の間にすぎない。恋の痛手を癒したり、深い瞑想に耽ったりするために、友としての森に避難するにすぎない「過客」なのである。森の外部に住む人間の都合にあわせて、森は特権的な地位をかろうじて保持するにすぎず、中世の暗くまがまがしい森のイメージはすでに影が薄くなっているといわざるをえない。いうまでもなく、ペトラルカの影響を受けた人文主義者たちも田園への回帰を唱えていながら都市に未練を残していたのだからなおさら、彼らのイマジネールなものとしての森の存在意義は格段に縮小されていた。彼らにとって、森とは、泉、川、山、草原とならぶ、牧歌的・原始的な田園生活の背景を構成する一要素にすぎなかったのである。

これを要するに、人間が野生を侵食していったのである。人類が動物から分離して自然を支配し、地球の唯一の相続人として名乗りをあげる、人間の時代が到来したということなのだ。ペトラルカの森には野蛮性が影を潜めてしまい、魑魅魍魎の巣ではもうない。かわって森は抒情的なノスタルジアの場に変質する。[35]世間の喧騒を逃れてもっぱら思索に耽っていられる森＝避難所では、ペトラルカの孤独も木や花や川や泉といった優しい風景と親密な関係を結ぶことができる——その例として『カンツォニエーレ』第一二六番のユートピア的な風景を挙げることができる。それゆえに彼は森が「無性に好きで」(第一七六番)、「しばしの安らぎをそこに見る」(第二一九番)のだった。[36]ペトラルカは冒険とか試練のために森のなかを徘徊するペルスヴァルでもイヴァンでもなければ、ましてや森への逃亡を余儀なくされるアウトローでもなく、自己省察と観想に浸らんがために森を歩き回る近代人なのである。その意味では確かに隠れ家としての森ではあるけれど、もはや社会の周辺に生きるマージナルな人々のための場所ではなく、文明の重圧にうちひしがれんとする、悩める孤独な世俗市民のためのものであった。

3　アルカディアの森からバロックの森へ

フィリップ・ド・ヴィトリによる、田園における「フラン・ゴンチエ」の質朴で自由な生活の讃歌は、一六世紀になってもなおその響きを消さない。しかも世紀初頭のころの作品は、森を含む田園の写実的活写よりもむしろ物質的な豊かさと自由闊達さを言挙げすることに重点がおかれたことでも、フラン・ゴンチエの流れを汲むものとなっている。イタリア文化史研究家のピエーロ・カンポレージは、一四世紀から一六世紀のイタリアが野生の自然に無関心で人の営みの形跡を留める土地を美しいと認識したと論じながら、一六世紀の人々は美の享受よりも経済上の評価をもっぱらとしたと洞察したが(1)、フランスでも事情は変わらない。モンテーニュがイタリアを旅したときに山の景色の美しさに感動の言葉を洩らしたのも、手つかずの自然の山ではなく、果樹や麦畑、人家や村々が散らばった山麓と谷間であった。すなわち人間の生の営みが刻まれた自然であった(2)。この時代の人々には、景観的・眺望的な美よりも経済資源の豊かさと人の居住状態の調和のほうに関心が寄せられていたのである。

したがって、ジャン・ル・フェーヴルの『ガリアの精華と古跡』(一五三二年作か)は、ドルー付近の渓間の美しさを礼賛するときに、あるときは穀類と果実の豊かさを(第二五章)、またあるときは田畑を埋めつくすおびただしい家畜の群れと野の動物の豊富さ(第一二章)をひたすら強調する(3)。クロタの森のなかの隠者の庵をうたう第一二章も、手つかずの野生の森の美しさには無頓着で、その土地の生産性のほうに関心が向いている。隠者が仲間とともに「暮らし、豌豆とそら豆と玉葱を食べて、／神とマグダラのマリアに仕えている(4)」この森の真ん中にあって、人目につかず茫漠たる荒野にも等しい場所は、ドングリ、林檎、梨、胡桃がなり、猪や鹿の絶好の餌場になっている。美しい大木の根元をウール川が潤し、その流れは今日も往昔と変わらない。その川のあたりには果樹園がいくつもあり、そこには壁で囲われた草地が広がって、四季折々の美しい木々がたくさん植樹され、「一万本以上の、美味なる林檎の木と／梨の木とその他の果樹がある」(5)。

森の有用性は作者不詳の『四篇の有益にして魅力的な農業論』(一五六〇年)でも強調される。森はまずもって燃料を提供するし、狩猟の獲物の源であるし、野生の漿果を稔らせ木材を産出するからである。こうした有用性への意識はやはり中世とさほど変わらない。逸名の著者は続けて森林空間の利点を並べ立てる。森のもたらす歓びと気晴らしは、なんといっても、住居に隣接して野生林でもあればなおさらのことだが、第一に、とりどりの緑が見た目にも愉しく視線を釘付けにすることだ。つまりは緑の効用と眼の保養。森の第二の気晴らしは、森にはあらゆる種類の小鳥が棲みつき、春に夏に日ごと囀り、夜には夜啼き鶯《ナイチンゲール》が歌って、その歌は耳に心地よく響き、住居が森に近ければ近いほどいながらにしてそれらを愉しむことができる。つまり精神の保養。第三の気晴らしは、森のなかにいれば、森鳩、アオゲラ、椋鳥などの小鳥たちが羽ばたくのを見て暇つぶしになるし、鳥たちを網などで捕獲できるというメリットもあることだ。第四の気晴らしは、森には兎、鹿、猪、ほかに見ていて愉しい小動物などがいて、食糧として大いに役立つこと。要するに第三と第四は、食糧の確保といった実利的なメリットである。森の第五の気晴らしは、暑いときに森の木立の陰で涼むことができるうえに、枝に繁る緑と樹木の下の青々とした草の緑を愉しめることである。第六の気晴らしは、冬に森の近くの家にいれば寒さに凍りつくことも風に吹きさらされることもないし、人里離れたところでは、周囲に広がる土地に視線をそぞろ投げようにも森や茂みでは見通しがきかないから、読書したり、文章を綴ったり、仕事のことを考えたりすることにかえって専念できる。これらが森のもたらす歓びであり気散じであり長所である。しかし著者は以上の歓びに加えて森の実利にも言及する。森は豚などの家畜の餌となるドングリや果実をもたらし、低林を毎年伐採することで粗朶の束や薪材をつくったり、葡萄の支えにする添え木や棒や樽のたがをつくったりすることができる。かくまでに、森はたんに歓びであるばかりか、もし利用しようとすれば大いに役立つものなのだ、と結ばれる(6)。

つまり、森は精神に無上の喜びを与える夢想の場というよりは、人間の生活にいかに役立ちうるかの一点に収斂される、現実の効用をもつ場であることが優先して求められていたのである。なるほど森は眼と精神の保養とはなっても、人間の労働や経済活動と結合していなければ意味をもたないかのようにみえる。それにもうひとつ、ジャン・ル・フェーヴルにせよ、『農業論』の逸名の著者にせよ、森を恐怖の聖域とか呪術的な場所と見做す態度をまったく見せていないことも看過すべきではない。いまや鬱蒼とした森は、中世におけるような危険に満ちて恐ろしい魔法の場ではなかった。それは過去の話になりつつあった。このことをさらに検証すべく、森の形容にふさわしいとされた言葉が、中世から一六世紀にかけてどのように推移しているかを一瞥してみよう。

中世文学研究者フィリップ・メナールは、中世文学において森を表現するのに用いられた形容辞が一様なことに注意を喚起している。それによると、森は「恐ろしくて大きく、野生の広漠たる」とか、「深い」とか、「暗い」とか、「草の繁った、悪意のある、棘だらけの」とか、人里離れて「迷いこむこと必定の」と言い表されたり、あるいは野獣が跋扈する場所、未開の荒地と規定された。森の形容の常数は「野生の、野蛮な」である。森のなかに棲むもの、ことごとくが野生の性格を帯びているということだ。[7] この野生の記憶は原初的な、野蛮な、不気味な世界を暗示するにちがいなく、ブロセリアンドの森やアルデンヌの森を再度想起するまでもなく、森が中世人にとってつねに奥深く晦冥で畏怖すべき場であったことは、本書でも縷々述べ来ったことである。

しかしながら、一六世紀になると森の形容に重大な変化が現れてくる。一五七一年にパリのある書肆から『形容辞彙』という興味深い本が印行された。著者はモーリス・ド・ラ・ポルト。この著書は、副題に「詩を生業とする人々に役立つだけでなく、ほかのあらゆるフランス語作品を註釈するためにも最適の書」とあるように、一六世紀の詩人たちによって通常用いられている「形容辞」——ここは広義での形容詞、言い換え、定義などを謂う——を渉猟・蒐集・目録化したものである。アルファベット順に項目立てられた普通名詞ないし固有名詞に対して、一六世紀中葉のフランス詩人たちが使用した主な形容辞を雑然と並べ、場合によってはそのあとに説明釈義を付したもので、一種の、語義としての特徴をまとめたものであり、引用語辞典にもなっている。したがってこの本を繙けば、ある概念について当時はいかなる先入主をもち、いかに観念連合を働かせ言語を運用していたかが垣間見える仕組みになっている。これを称して「一六世紀社会通念(紋切り型思考)辞典」とされる所以であり、一六世紀の思考方法と心性を知ろうとする現代の読者にとっては至極重宝な道具となるのである。[8] さてこれの「森」の見出しを開いてみると、五七種類の形容辞が列挙されている。[9] それらには神話を想起させるような形容辞(「神聖な」「ドドナの」「聖なる」「古代の」など)、また森の形態を喚起する形容辞(「緑なす」「暗い」「鬱蒼たる」「よく反響する」「密生した」「奥深い」「広大な」「葉の茂った」「枝の茂った」など)、陰惨として恐ろしげなイメージを想起させる形容辞(「人里離れた」「野生の」「ぞっとする」「恐ろしい」「荒寥たる」「嫌な」「不毛な」「恐怖の」など)に分類できるが、これらは中世来の森のイメージであり、さしたる目新しさはない。しかしさらにもうひとつの形容辞グループの存在も指摘できるのである。「役に立つ」「肥沃な」「ドングリを稔らせる」「建築用材になる」「実を結ぶ」「葡萄の添え木になる」といった形容辞には、作者不詳の『四篇の有益にして魅力的な農業論』に見えるのと同じ、森の有用性と効用が意識されはじめていることを表すし、「静謐な」「人けのない」「気品ある」「春の」「田舎の」「鄙びた」といった修飾語には気晴らしと歓びとして利用される森のありようが浮彫りにされていると思われる。かくて、もちろん一般化することには慎重でなければならないにしても、[10] 一六世紀には森に対する新しい感受性が生まれつつあったとはいえそうである。

*

一六世紀が自然に無関心ではありえなかったことは、たとえばドイツの画家デューラーによる、イタリア旅行中の水彩の風景素描群や旅行後のそれらを見れば一目瞭然である。イタリア・ルネサンスの風を肌に触れて描かれた《イタリアの山》(一四九四年、オクスフォード、アシュモーリアン美術館)や《アルコの風景》(一四九五年、パリ、ルーヴル美術館)もみごとな風景画であるが、帰国後の《沼小屋》(一四九七年ころ、ロンドン、大英博物館)、なかでも《森の沼》(一四九七—九八年、同右)(図71)は黄昏どきの森閑とした林間地の沼を描いて、確かな写実表現に宗教的なまでの静謐が漂う、情緒把握の傑作と思われる。「ヨーロッパ風景画の最初の頂点」[11] に立つこれらの水彩画は別格としても、一六世紀人は確かに自然に敏感になっているようなのだ。

それはこの時期の風景画の発生とけっして無関係ではなかった。[12]

一五二一年にヴェネツィアの貴族マルカントニオ・ミキエルは、グリマニ枢機卿のコレクションに「たくさんの小さな風景画」(molte tavolette de paesi)があったと記してい

図 71　デューラー《森の沼》(1497-1498，ロンドン，大英博物館)

る。それらがまったき風景画であったかどうかは判然としないが[13]、しかしこの事実は、イタリアの美術鑑識家たちにとってそれらが風景画として関心をそそるものであったということを示唆していよう。また、一五二〇年代遅くか三〇年代早くに、司教パオロ・ジョヴィオ（かのヴァザーリに『もっとも秀でたる建築家、画家ならびに彫刻家の伝記』（一五五〇／六八年）、通称『美術家列伝』の着想を鼓吹した人文主義者）は、ドッソ・ドッシのいくつかの絵について、「切り立った岩山、緑なす木立、ジグザグに流れる川の堅固な川岸、活気あふれる田舎の営み、農民たちの楽しくも辛い仕事、陸地や海の見晴かす眺望、船隊、野鳥撃ち、狩猟、そのほか目にも愉しきあらゆる種類のもの」からなる「寄せ集め、付け足し[14]」(parerga)と述べている。この風景に対する自覚の増大は、すでに一五世紀を代表するイタリアの人文主義者レオン・バッティスタ・アルベルティに窺われることであった。「愉しい田舎、港、釣り、狩猟、水泳、羊飼いたちの遊び——花々と緑の草木〔……〕を描いている絵を見ることで、私たちの心は非常な喜びで満たされる[15]」と記述して、アルベルティは風景画をたんなる装飾とは見ずに、その心理的効果——つまり疲弊した心を癒し回復させ、慰安を与えること——のゆえに、屈託のない詩や音楽のように重宝されるべき芸術と見做しているのである。

とはいえ、風景＝自然への関心はイタリアに劣らず北方の画家にも顕著であり、イタリアの収集家たちからもそれらの風景画は称賛されていた。フランドルの画家ヨアヒム・パティニール以来、山、川、海、平野など、変化に富む地形を一幅の画面に集約したいわゆる「世界風景」は、ブリューゲルらによっていっそう確固たるものになった。観者《かんじゃ》の視線を地平線へと向ける景観の鳥瞰図を特色とするパティニールの風景画は、たとえば《岩山風景のなかの聖ヒエロニムス》(図72)のように、綺想をめぐらしたそびえ立つ岩の形態はなにかしら空想的であり、屏風のように大地の表面に据えられただけの、大地とまるで一体感のない人工的なものになっている。それがブリューゲルになると、

図72　ヨアヒム・パティニール《岩山風景のなかの聖ヒエロニムス》(16世紀前葉，ロンドン，ナショナル・ギャラリー)

図73　ピーテル・ブリューゲル《悔悛のマグダラのマリア》(1550年代)

一二点のエッチングからなる〈大風景画〉の連作(一五五〇年代)が示すように、山中の峡谷や峨峨と聳える山岳の壮大なパノラマのなかに「地上の限りない多様性と広がり」[16]を伝えていて、岩山もまさに大地そのものといった連続性が感じられるのである。あわせて特筆すべきは、これら風景画が馴致された自然をやはり対象としていることである。《アルプスの風景》は深い峡谷に教会、城館、住居を散在させて、自然との穏やかな調和を見せている。自然の未開性と威圧感を際立たせるよりも、自然を人間社会に協調させるほうを選んでいるといってよい。[17]《悔悛のマグダラのマリア》(図73)にしても同様で、画面の右下隅にマグダラのマリアが申し訳程度に小さく描かれ――この部分はブリューゲルの手になるものではないともされる――、画面の大部分は屹立する連山とそのあいだを縫う、川のゆったりとした流れ、山肌にへばりつく村の景観に占められている。[18]ブリューゲル以降は、空想的な風景画からやがて写実的な風景画に移行していくことになる。[19]

翻って、フランスはフランドルやイタリアに較べるとはなはだ貧弱な風景画しか生みださなかった。しかもフランスのフォンテーヌブロー派の画家たちがいい例なのだが、宮廷画家たちが自然を描写するとしてもそれは神話を題材にした絵画や宗教画の背景に添えられた自然にすぎなかった。自然はなんらかの口実がなくては、そのものとして描かれることが求められなかった。[20]フランソワ・クルーエの油彩画《ディアナの水浴》(一五五〇―五九年、ルーアン美術館)は、観る者の視線を快適な森にでなく美しい女神と通りかかった騎乗者に向けさせるものだし、ニコロ・デッラバーテの作とされる《アリスタイオスの物語》(一五六〇年ころ、ロンドン、ナショナル・ギャラリー、《エウリディケーの死》とも題される)にしても、風景に大きな空間を割いているとはいえ、やはりあくまでも主題は前景のギリシア神話である。ジャン・クーザンのデッサン《神話的人物のいる風景》(年代不詳、サンクトペテルブルク、エルミタージュ美術館)も川の流れる広大な樹木風景のなかにアポロンとダフネらしき人物を配していて、その恋愛が中心になっている。そうしたなかで、画家 L. D. のエッチング《ユピテルの抱擁を受けるカリスト》(年代不詳、パリ、国立図書館)は、ちょうど「はじめに」で言及したアルトドルファーの《聖ゲオルギウスのいる風景》やブリューゲルの《悔悛のマグダラのマリア》《荒野の聖ヒエロニムス》と同様に、絵の主題が画面の片隅に目立たないくらい控えめに描かれて、むしろ鬱然たる森のほうが中心主題かと錯覚しそうなほどに画面を覆っている。そのことで、自然への認識がいや増し、やがて背景に添えられた自然の写実的描写が、前景を占める神話的形象に取って代わるであろうことを予感させるものになっている。(21)

かかる図像的特徴は当然、画家たちの顧客ないし王族たちの嗜好に応えたものであり、古代の記憶を湛えた絵画こそが要請されたということである。このことは宮廷の詩にも反映された。(22) ロンサール以後の宮廷で人気を恣《ほしいまま》にした詩人フィリップ・デポルトのシャンソンの一節は、アクセサリーとして背景に追いやられた風景のなかで戯れる女神たちをうたっている。

なんたる喜びか、太陽が月に席を譲って、
褐色の夜の帳のもと、森の奥で
ニンフたちが集い、吹く風に
あらわな胸を見せ、
踊り、跳びはね、ふざけて草の上に寝、
その足下で草が震えるのを見るのは。(23)

当のロンサールも早くから自然に親しみ、やはり人けのない自然に神々の戯れを見ようとするのだった――その点で、ロンサールにもっとも似通っている画家は一五五二年以降フォンテーヌブローで才能を発揮するニコロ・デッラバーテであり、神々が縦横に駆け回りその住まいとする広大な風景が、この画家の描く空間を領している。(24) たとえば、ロンサールの「秋の讃歌」(一五六三年)に見られるように。

一五歳にもならぬ頃から、王宮よりも
山や森や水や
鬱蒼と繁った暗い森林や
鳥の嘴で傷ついた岩の方が好きで、
谷間や、恐怖を誘う薄暗い洞窟や、
ぞっとするような荒地だけに心を寄せた。
夢見る眼で見たかった、夕べに、
ニンフと妖精が薄衣をまとって草はらで踊るのを、
また、足は雄山羊、
手は人間、額には
四ヵ月の小羊に見られるような
角を持つシルヴァーヌスを。(25)

一七世紀になっても、ジョン・ミルトンは「沈思の人」(一六三二年)で、ニンフの棲まう古代風の森林描写をやめない。[26] これはいわば古典的教養に育まれた知性というフィルターを通して眺めた、自然のヴィジョンである。もっと素朴にうたわれた自然ならば、一六世紀前半のフランス詩人クレマン・マロに求めなければならない。この魅力的な宮廷詩人は、自分の「野放図な青春の春」を思い出してうたう。

私はここかしこに飛ぶ
燕にも似て、心の命ずるところに
若さゆえか恐れも不安もなく赴いた。
森のなかに(狼をものともせずに)
柊黐《ひいらぎもち》を摘みにたびたび行ったのは、
歌声もさまざまなら羽毛もさまざまな
木立の鳥を捕まえる鳥黐を作るため。
〔……〕
　ああ、いくたび木によじのぼったことか、
鵲《かささぎ》とかカケスを巣から取るために、
あるいは帽子を差し出して待つ仲間たちに
熟してみごとな果実を放ってやるために。[27]

詩人の一種の自伝的証言になっている「国王への相聞牧歌」(一五三九年)のなかのこの美しい森の情景にはじつは典拠があって、ジャン・ルメール・ド・ベルジュの『ガリア頌とトロイ綺談』(一五一〇―一三年)から、パリスの幼少時代について書かれた箇所を模倣したものだった。[28] マロはその借用を完全に自家薬籠中のものにしているのではあるが。

　マロの詩で森の言及にもっとも詩行が費やされているのは、若書きの「恋人ピエール・ド・プロヴァンスに宛てたマグローヌの書簡詩」(一五一七―一九年ころ)である。詩題から想像されるとおり、これは一五世紀初めの物語『ピエール・ド・プロヴァンスと麗しのマグローヌ』(第三章第5節参照)から題材をとったものであり、さらに架空の人物が一人称で恋人に宛てて書簡をしたためる形式をとるという意匠は、オウィディウスの『名高き女たちの手紙』(前一世紀―後一世紀)からヒントを得ている。[29] マグローヌが涙ながらに綴る手紙は概ね二部に分かたれて、前半は森に置き去りにされた顚末、後半は恋人捜しの長旅が語られる。王女マグローヌはピエールと恋におち、ふたりして父王の城を立ち去る。だが森のなかで仮眠をとるあいだにピエールに打ち捨てられて――もとになった中世の物語ではその原因が猛禽のせいにされているが、ここではいっさい明らかにされていない――、彼女はひとり森に取り残される。心細い森の夜を過ごしてから、山の頂に登るとローマへの巡礼者の列が見える。マグローヌは王女の衣装を巡礼者の粗衣と交換してその列に加わる。恋人を捜し求める旅は虚しく続き、ロンバルディアから乗船して、ピエールの両親の住むプロヴァンスに行く。悲嘆の生活に終止符を打つべく、マグローヌは海辺に施療院を建てて、いつか恋人にめぐりあえることを期待しながら隠棲する。二二〇行余りの手紙はここで終わる。

さて、父王の城からの逃避行をついに実行した彼らからすれば、森はなんら危険な空間でなく、むしろ愛し合う二人を温かく抱擁するかのような夢想の空間であった。

大きな森のなかで、あなたは私を馬から降ろし、
みずからのマントを草の上に広げて、
私におっしゃったわ、「さあ、愛しのマグローヌ、
花咲き乱れる草の上でやすみましょう、
そして夜鳴き鶯《ナイチンゲール》の歌を聞きましょう(30)」。

こうしてマグローヌは愛の証に美しい花々を摘んで恋人の周りに敷きつめ、語らいながらいつしか恋人の膝の上で眠りにおちてしまう。ピエールは寝入ったマグローヌの白い胸を存分に嘆賞し、そっと唇を重ねる。マグローヌの白い肌が日焼けしないようにと、ピエールはたくさんの枝を伐り払ってきて、それで彼女の顔に降り注ぐ陽光を遮断する。目覚めかけたマグローヌは恋人を抱擁しようとするが、腕のなかにあるのは愛しいピエールならぬこれらの枝々であった。ここでの森はなんともエロティックな愛の空間である。

しかしマグローヌが眠りから覚めてからは、とたんに森の様相は一変する。マグローヌは森のなかを駆け回り、声をかぎりに恋人の名を呼ぶが、やがてピエールの不在を確信して地面にくずおれる。このとき、森は悪夢の空間に変ずるのである。マグローヌは、父王の城で享受していた貴族生活の愉しみを自分から取り上げた末に、「残酷非道な獣たちでいっぱいのこの森」に置き去りにした、とピエールを詰《なじ》る。ここに、都市文明に対峙された野生が唐突に喚起される。恋人の去った森は「残酷な巣窟」でしかない。ひとときマグローヌは死を願望する。「おお、獰猛なライオンに毒満てる蛇よ、／腹膨らせるヒキガエルに他のあらゆる獣どもよ、／私に向かってかかってこい、おおおさ怠りなく／私の若い柔肌を貪りつくせ」。絶望にとりつかれながらも気を取り直して、彼女は苦労しながら木によじの

ぼる――民話などでは木に登るのはたいてい男であったけれども。しかし、「聞こえるものときたら、危険な獣の／咆哮とぞっとする声ばかり」。木の上から恋人の姿を探すが、視界にはいるのは「原生林」(31)と遠方の海と岸辺だけである。狼の餌食になるのを恐れて、彼女は木の上でぶるぶる震えながら眠られぬ夜を過ごすのだった。

なるほどこの場面は森の両義性をよく表しているといえるが、しかしこれは森そのものに内在する喜悦と畏怖というよりも、恋人とともにいるという充足感ないしは恋人を見失った喪失感といった、主人公の心のありようが反映されたものであろう。森のもつ特性によるものでなく、森を行く人間の心的状態が森林空間を恐怖の場にも幸福の場にもしうるのである。主体たる人間が森林におのれの感情を投影する、人間中心の思考がここに露顕している。森は人間の主観的な物差しによって計測されて、明らかに人間世界の一部になっているのである。

しかし中世の畏怖すべき森林という概念がそのままに作品に援用されることもある。それは作品の性格がそのように要請するところから生じるのであろう。トルクァート・タッソの英雄叙事詩『解放されたエルサレム』(一五七五年)の第一三歌でうたわれる、人跡の絶えた谷間にある「深く、恐ろしい、抜け出られない森」(32)は、古木が不吉な影をあたりに落とし、夜ともなると暗闇が視線をさえぎり恐怖が心を領して、農民も羊飼いも森にはいって緑陰を求めようとはけっしてしないし、旅人も道に迷ったのでなければここを通ることはない。キリスト教軍に武器を調達していたこのサロンの森はやがて魔術師に魔法をかけられてしまうのだが、この森の描写がルカヌスの『内乱賦』から着想を得たにせよ、物語の背景をなす自然描写は憂愁を帯びたリリシズムに溢れている。

あるいは、恐怖の森は恋愛詩で譬喩として用いられる。エチエンヌ・ジョデルの詩でもっとも美しいもののひとつとされる(33)ソネットは、荒波にもまれて波間に消えそうな船乗りや漆黒の闇夜に野原をさまよう旅人とともに、恋人の不在を森のなかに迷い込んだ人に譬える。「道から、森のはずれから、正しい方向から、人影から遠く離れて／深い森に迷い込んだ人」(34)が森の出口をようやく見つけると、安堵と嬉しさのあまり森での長い彷徨も忘れてしまうように、恋人の晴れやかな表情を再び目の当たりにすれば恋の苦しみも忘れてしまう、と。

森は狩猟と密接な関係を保ちつづけていた。ルネサンスになっても狩猟は王侯貴族の主要な娯楽でありスポーツであった。文学にもそれが反映されないとは考えにくいだろう。狩りによる手負いの鹿がしばしば、恋の矢に射抜かれて悶える恋する男に譬えられるのももっともなのである[35]。後にドルの司教になったシャルル・デピネーは一五五九年に当時流行のペトラルカ風のソネット集を発表したが、そのうちの一篇が傷心の恋する詩人＝手負いの鹿を主題にしている。

美しい森よ、私の心は悲嘆に塞ぎ、
おまえの清流の緑なす岸辺で
私は涙を流す、〔愛する女の〕あの両の眼が
その優しさゆえに私に残していく苦しみを想って。

そのとき、私はおまえの深き懐より甦る歓声を
遠くに聞き、それから小高き丘のふもとを
物思いにさまよい、川の流れに沿って、
恋の痛手もそこでなら捨てられる林に踏み入る[36]。

そこに突然一頭の鹿が飛び出してきて、その跡を追うように狩猟係たちがらっぱと掛け声で猟犬たちを励ましながら茂みのなかを進んでくる。詩人は鹿が息も絶え絶えに川に飛び込むのを目撃して、恋の矢に傷ついて苦しむ自分もあの鹿と同じだと悟るのである。

中世の森は現実でも虚構の世界でも、野盗らが金品のみならず生命までも奪いかねない危険な場であり、『ポンチュー伯の息女』のように女性が犯されるという操の危機の場でもあった。一六世紀になっても基本的にはその性格を失ってはいないが、たとえばクロード・ゴーシェの『田園の愉しみ』のように一見のどかな牧歌の体裁をとりながらも、森のなかで二人の牧童が、「ここにはだれもいないし、ほら、荒地で、／道から離れているし、木陰で覆われているんだよ[37]」と言葉巧みに若い女羊飼いに言い寄り、嫌がる少女を強姦するという変奏が見られるようになる。もっともこのエピソードはつぎの時代には野卑と映ったのか、一六〇四年の版では削除されたのであるが。

いずれにしてもこれらのテクストから指摘しうることは、概して、森は存在感のあるものとして描かれるというよりも、牧歌的な安らぎであれ、愛の苦しみ、悲しみ、喜びであれ、なんらかの情動を読者に誘い起こす装置（とりわけ譬喩）として機能していることである。

一六世紀に好まれたのは、深い不気味な野生の森というよりは、人間の手のはいった、田園の静謐な美しさであっ

た——第一章第3節で紹介したオリヴィエ・ド・セールの所論を思い出されたい。そこでは森は装飾でしかない。田園生活を快適にするために森は重宝がられ植林もされた。森のある風景は荘厳な美を醸しだし、森は狩猟の獲物を養うために育成されねばならなかったが、美化と安らぎと歓びのためにも保存されなければならなかった。イングランドの森林法律家マンウッドが心地よい緑陰の魅力を力説していたとおりなのである(38)。この魅力的な田園は、都会の生活に疲れた人々からすればなによりのくつろぎと休養の場であった。しかも権謀術数の渦巻く宮廷や悪徳に満ちた都市よりは、素朴な田舎のほうが都会人にははるかに美徳に満ちているようにもみえただろう(39)。田園はいわば都市の陰《ネ》画《ガ》である。こうして田舎は都市の悪徳と虚飾からの逃避の場であり、仕事から解放される休息の場であった。緑なす森や家畜が草食む牧草地をそぞろ歩けば、馥郁《ふくいく》たる花の香りが鼻孔をくすぐり、快い鳥の歌声が緊張した心をほぐしてくれる。都会人は田園に精神的な歓びと充足をくみあげようとするのである。

しかも古典古代からの文学的な約束事に、田舎に住む者は都会で生活する者よりも健康的なだけでなく道徳的にも優れている、というものがあった。ウェルギリウス、ホラティウス、クラウディアヌスらのラテン詩人は、理想的景観を描いた牧歌に登場する純真無垢な羊飼いや、町の雑踏から遠く離れて自足した汚れなき生活を送るたくましい農民あるいはヴェローナの老人のエピソードをとおして、田園生活の恩恵、文芸と思索に専心する「閑暇」の自由と対比される宮仕えの窮屈さへの諷刺を繰り返しうたった——後世への影響という観点からすれば、ここに悲劇作家としてのセネカ(『パエドラ』一世紀、第四八三行以下)も付け加えるべきであろう。一六世紀後半から一七世紀にかけて、多くの詩が、田園詩であるとそうでないとにかかわらず、また意識的にせよ無意識であるにせよ、ホラティウスの有名な「幸いなるかな……」で歌いだされる田園生活賛美のテーマをなぞるのである(40)。

そのうえ、田舎の生活への憧憬を強めたものに、このころ一世を風靡した、真正でない生活の排斥と現世の虚しさへの軽蔑を説くキリスト教的なストア主義の影響もあるだろう。現世の快楽はつねに堕落にはしる危険性を孕む。この物質的で地上的な誘惑、現世的な関心から自己を閉ざすためには、みずからを隔離させなければならない。森をはじめとする人里離れた場所に隠遁して、都市のような外的な煩わしさから自己を保護し内にこもるのである(41)。しかしただ閉塞していればいいというものではなく、それは活動的でなければならない。隠遁生活とは怠惰に過ごすことではなく、瞑想、思念の鍛練、叡智を得るための観想的生活の謂だからである。あまつさえ、都会人は人間の手が作りだした作品ばかりを目にしているのに対して、荒野と森に親しんでいる田舎人は神の作品をつねに観照しているわけだから、田園が聖なる場所であると見做されて宗教的な次元にまで昇華されることもあった(42)。

こうして、中世に見られ、またペトラルカにも見られた田園の理想化が、いっそう先鋭化された形で反復される。自然との接触や、簡素で静かな生活は、宮廷人に研鑽と観想を促す孤独と避難場所をもたらすと夢想させた。ここには都市と農村の鋭い対峙がある。田園への憧憬が生まれるには都市の発展が前提となる。毎日田舎に暮らしている人には田舎趣味など問題にならない。洗練された都市の住民が田園に憧れるのは都市生活が発達したからこそである。都市住民は田舎に別荘を建てて、休日などには田舎に暮らす。かかる嗜好が都市生活の発達がめざましかったルネサンス期イタリアで最初に出現したのも、だから当然のことといえよう(43)。南フランスでも、マルセイユとエクス゠アン゠プロヴァンス周辺には、法曹界の人々の住む八百ほどの邸宅があったらしい。別荘はオレンジの木やザクロの木などに囲まれて、夏には博識な、ときには雅やかな会話に花が咲いた。狩猟よりも音楽(リュート、ハープなどの楽器演奏)とかポーム競技のような無害な野外遊戯が好まれた。会話の楽しみと同様に、手放しで薦められた愉悦が森のなかの散歩であり、これが野外パーティーのハイライトになった(44)。こうして一六世紀後半の四半世紀には、まるで都市はもう幸福のひとかけらも秘めていないかのように、後述する「田園生活の歓び」に類した題名をもつ田園賛美の詩がおびただしく創作されることになるし、後にアンリ四世の事実上の宰相として辣腕をふるうことになるシュリーも、一五八六年にロニの所領に妻と滞在したときのことを最良の幸福な思い出として記録するありさまなのだ(45)。

ホラティウスの『エポドン』(前三〇年)第二歌をフランス語に翻訳しているジャック・ペルチエ・デュ・マンは、喧騒の都市を嫌って、友人ロンサールに田野に出るよう誘いかける。「私はうんざりだ、／嵐のように騒がしい都市には。／あの町の住民たちときたら／私を悩ませ、頭を茫とさせる。／サクランボを摘みに行こう、／見に行こうよ、緑なす野辺、／葉叢繁れる木々、／葡萄園に咲く花を」(46)。ロンサールの仲間で、プレイヤード派の詩人のひとり、ジャン＝アントワーヌ・ド・バイフも「野辺の生活」を称賛する(47)。また一五八三年には、『田園生活の歓び』と題する三冊の仮綴小冊子の合冊本が出版され、野心を捨てて自分の領地で静かに暮らすことのできる人の幸せが謳われる(48)。それにはギ・デュ・フォール・ド・ピブラック、ニコラ・ラパン、クロード・ビネの作品が収められ、以後多くの詩人が競ってこのテーマをうたうことになるが、それらはどれも同工異曲というべきである(49)。デポルトのシャンソンの冒頭を引用しておこう。

ああ、自分の人生を送ることのできる人は幸せだ、
憎悪にも妬みにも煩わされない身内のなかで、
田野や森や林に囲まれながら、
喧騒と民衆の騒ぎから遠く離れて。
そして、王侯貴族によく思われようと、
おのれの自由を売らずにすむ人は(50)。

もっとも、モンテーニュの友人エチエンヌ・ド・ラ・ボエシーのように、政治的・宗教的混乱に明け暮れた一六世紀フランスで、ほんの束の間とはいえ、宗教戦争という「当代の惨禍」から遠ざかり忘れられる心安らぐ場として田舎を想起する法官＝詩人もいた。暑さが緩んで涼やかなある夏の夕べ、ラ・ボエシーと後に妻となるマルグリットの二人は、

森のなか、ある脇道をたどる。
アモルが先にたって歩き、私たちはその後を歩む。
私たちには密生した森の緑が気に入らなくて、
牧草地の色を見んとて下りゆく。

私たちは憂慮もなく生き、けっして気にもかけない、
王のこと、宮廷のこと、都市のことも。
ああメドックよ、わが人けなき未開の故郷《くに》、
私の目にかくまでに心地よき故郷《くに》はない。
おまえは世界の果てにあり、それだけにますますおまえを愛す。
私たちは後にありとある当代の惨禍を思い知ることになる(51)。

この、田舎＝逃げ場の考え方はとりわけ不遇だった宮廷人たちによって発展させられる。さんざんに味わった苦渋

を癒し乗り越えるために、彼らは心の平安と慰撫を求めて田舎に回帰するのである。ボースの貴族ジャン・ド・ラ・タイユもそうしたひとりで、シャルル九世の宮廷で地位を得ようと画策するもたちまち挫折し、失意のうちに生まれ故郷に引っ込み、そこにこそ真の幸福があるとみずから納得しようとする。

ああ、どんなにか田野が讃えられねばならないことか、
そこでは人々は狡猾でもなく意地悪でもないし、
もっと快適に暮らしている(52)〔……〕。

あるいは、

ああなんたる歓び、手に本を携えて、
あらゆる気遣いから解放されて森のなかに迷い込み、
哀れな宮廷人の心を引き裂く痛ましき不幸とひきかえに、
このように思索をめぐらすとは。
　それゆえ私は望む、偉大な王すら羨むにちがいないような
生活を村で過ごすために、
〔……〕

宮廷を去り、村の素敵な空気を選ぶことを(53)。

　しかし他方で、宗教改革に好意的な貴族たちは、聖バルテルミーの虐殺で流された改革派の血にまみれた宮廷に不信を抱いた。生命の危険に脅かされる彼らにとって、田舎への隠遁の夢はもはやたんなる文学のトポスですむはずはなく、田舎に隠れ住まざるをえない必要に迫られた現実であり、喫緊の今日的問題にほかならなかった(54)。

　こうしてたいていの貴族や都市住民が田舎へ田舎へとなびくなかで、司法官にして歴史家のエチエンヌ・パスキエはあえてこの傾向に棹さそうとする。木々に囲まれて小さい池を備えた田舎の美しい館に住み着いてしまった友人と、選ぶべきは都会か田舎かという論争をする形式の手紙のなかで、パスキエは都会派の弁護を買って出るからである。田舎から出ようとしない友人をまず軽く揶揄していう。「私がひとり物思いに耽りながら書斎のなかを歩き回っていると、あなたがフェリエールの庭園を巡回して、木の枝おろしをしたり、小径を真っ直ぐに刈り込み、庭師といっしょに花壇を作っているのが目に浮かぶような気がしたものだ」。友人が「閑談よりも沈黙を、群衆よりも孤独を、安全よりも気遣いを、暑さよりも凍えた空気を選択したの

は、つまり自由の代わりに牢獄として田野を選んだのは軽はずみだ」。都市には悪徳と妬みが溢れ、田野でよりも金銭と物が浪費されているのは事実だが、それでも美徳もたくさんあるのだ。嫉妬が試練となってもその報奨は大きな名誉だ。名誉は嫉妬を忘れさせてくれるうえに、寛大な心と分別の枢要でもある。古代人は都市と仕事を捨てて田野に休息を見いださなければならないといっているが、それは怠惰に導くものだ。田舎がいかに愉しいものであろうと、それは活動的な都市生活での一時の休息、「脱線《パランテーズ》」でしかない。そもそも「私たちがこの世でしかるべき職に就いている目的は、この人間社会の維持のためでなくていったいなんだろうか」。休息は必要であるにしても労働こそが高貴なのである。商品流通、取引、知性は都市に集中し、都会は社会活動の中枢である。農民はもちろんわがフランス国の一員だが、都市民ほどに人間社会の存続維持に熱心とは思えない。なるほど田舎ででも思索を深め知恵を積むことはできる。だが土地を耕しながら知性を磨いても、それを個の次元で留めてはいけない。その知は公共のものとしなければならない。それに農民ならばなんの心配事もなく生きていけるというが、将来の希望が満たされなければ商人や弁護士などと同様に苦しむのだし、気がかりの種は都市であれ田舎であれどこにでもついてまわるものである。しかも農民ならば天候不順などによる不作で大きい打撃をうけて苦悩に苛まれ、それは他人事ではなくまさに自分に直接に関わる苦しみである。田園では新しい季節を迎えるたびに鳥の囀り——学者先生や説教師や雄弁な弁護士のよく練られた演説よりもよっぽど心地よい——を愉しむことができるし、狩猟の楽しみに与ることもできるというかもしれないが、「あなたが田野で一日かかって狩りをするところを私なら書斎で一五分で狩りをする」と断言する。パスキエは「机と紙とでもって、あなたがた諸氏が猟犬の群れ、罠、網でもってするよりももっとたくさんの野兎、兎、猟獣を狩り出す」からである。都市のメリットに関する最後の論拠は、「私たちが毎日得る友情、恩義、交誼である。これは田野ではあなたにもたらされることのないものだ」[55]。

　このように都市生活を擁護しておきながら、パスキエも、そのじつ田舎にいくつか別荘を所有しているし、所領にもたびたび帰り、おいしい肉やパン、美酒、豊富な果物を目の前にしてあたかも地上の楽園にいるかのように描いているから話は厄介になるのだが[56]、しかしそうかといって彼は田園生活の歓びにまったく手放しではない。「率直に言って、はじめての機会には田野は私の精神を鼓舞してくれます。でも二、三日もすると、私はもってうまれた性質に立ち返ります。木々はなにも語りかけてくれません。それでそのときは書物にすがろうとするのです」(57)。

真剣に都市生活を賛美しているのか、それとも田園生活を謳歌しているのか、パスキエの場合のように判断に苦しむことは多い。シェイクスピアの『お気に召すまま』(一五九九―一六〇〇年ころ)に登場する道化タッチストーンは、このへんの曖昧さをみごとに笑いのめしている。

〔羊飼いの暮らしは〕さびしいという点ではおおいに気に入っているが、わびしいという点ではおおいに気にくわん。田園生活であるという点では快適だが、宮廷生活じゃないという点では退屈だ。この控えめな暮らしはおれの気性にはピッタリくる、が、ぜいたくな暮らしじゃないのでおれのおなかの皮が背中の皮とピッタリくっつく(58)。

あれほど自然を愛してやまなかったロンサールでさえ、パリの思い出にとりつかれて冬には首都に帰りたいと泣き言を並べる――このとき詩人は、ペスト禍にあったパリからモーの町へ避難していたのである。

そうは言っても、どんな快楽の虜になっていても、
きみのパリを思い出さずにはいられないし、
あの偉大なパリがいつも心に刻まれないではいられない。
だから北風が樹々の葉を散らし、
牧場から緑の衣を取り払ってしまうが早いか、
一目散に駈けて会いに行こう、
仲間たちに、また仲間より、きみより、私自身よりも
はるかに愛している私の本に(59)。

『田園生活の歓び』であんなに大当たりをとったピブラックであるが、高等法院法官ジャック＝オーギュスト・ド・トゥーの回想録によると、ド・トゥーがピブラックの領地に迎え入れられたときに城館の庭園を散歩したところ、庭園はまったく手入れがされず荒れ放題だったという(60)。『田園生活の歓び』で主張していたこととなんと矛盾していることか。

このように、彼らの田園礼賛は韜晦であり、田舎で暮らしたいという願望もあまり真に受けることはできないのである。ましてや一年間も田舎暮らしをしたいとはだれも願っていない。せいぜい失脚して宮廷から出ていかざるをえない失意の人が、ひとまず領地に帰ってくるにすぎなかっ

た。これを要して、一六世紀史の専門家ジャクリーヌ・ブーシェはこう指摘する。

田野の生活への嗜好は一六世紀末の宮廷人のあいだに存在したが、自然へのロマンティックな愛着をともなってはいない。宮廷人たちが田舎を好むのはつぎの条件付きでしかなかった。王の住まいをまねた快適な館と庭園があること、人間関係を保つことができて、話し相手に農民しかいないときに身につまされる孤独感を避けえること。これらの条件が満たされれば、宮廷人はいつでも喜んで領地に舞い戻り、その回数を増やそうとした。詩人たちは田園生活のノスタルジーを誇張し、日常生活では感じられなかった哲学的な価値をそれに付与しながら、古代人を剽窃したのである。[61]

*

森を含む田園風景をうたったあまたの詩人のなかで、もっとも深く森を愛したのは間違いなくロンサールである。[62]ロンサール自身は少年時代から故郷のトゥレーヌ地方の自然に親しんでいて、たとえば「ピエール・レスコーへのエレジー」(一五六〇年)のような自伝的な詩で、ひとり森にはいりこんでは詩作に没頭していたことを明かしている。[63]ローマ滞在中のジョアシャン・デュ・ベレーも、友人ロンサールのいや増す名声のために自分のことが忘れられていく苦渋を綴ったラテン語によるエレジーで、自然に包まれた幸せな生活を送るロンサールに言及している。小高いサビュのよく手入れの行き届いた葡萄畑、緑なす岸辺をもつブレー川、ガチーヌの森がロンサールを見守り、ル・ロワール川のニンフたちが彼の歌に応え、ベルリの泉水が詩句の律動にぴちぴち跳びはねる。このような詩人の声が聞け、夜に聖なる踊りを舞うことのできるニンフたちは幸せだ。詩人は守護神たるニンフたちの森を崇め、洞穴、河川、岩山に敬意を表する、と。[64]これらの一連の自然風景の列挙のなかで、詩人の竪琴の音にあわせて踊る森のニンフたちと、初期オードにうたわれたロンサール好みの風景を象徴的に示唆する「森」「洞穴」「河川」「岩山」といった言葉で、エレジーは明らかにクライマックスに達していて、漸層法的に詩調を最高潮に近づけていくデュ・ベレーの技巧には確かなものがある。また最初のロンサール伝(一五八六年)を著した同時代人のクロード・ビネによれば、故郷の緑と狩猟を愉しみ——もっともロンサール自身は「エウリュメドンとカリロエの恋」(一五七八年)の末尾に置かれたソネットで、カリロエに狩猟に反対させている[65]——、ガチーヌの森に孤独を求めるロンサールは、「たいていは独りで、しかしいつもミューズたちをあいともないながらさまよっては、都会と雑踏の喧騒のなかでは散り散りになっていて私たちには思いつかないようなうってつけの着想をかきあつめていた(66)」のである。

したがって初期の詩作活動から、故郷の自然、なかんずく森は繰り返しうたわれた。『オード四部集』(一五五〇年)に収められた、清新な「ベルリーの泉へ」「ガチーヌの森へ」「墓選び」などはいずれも忘れがたい名品である。ロンサールは自然との交感をマリーへの恋愛ソネットでうたっているが、そこで詩人は自然が与えてくれる至福の瞑想に心躍らせて、自然と一体になりたいと熱望する。

私は嬉しくて死にそうだ、小森で、
木々があちこちに這う木蔦にからまれているのや、
あまたの場所をさまよう野生葡萄を
野ばらの傍らに咲く山査子《さんざし》のなかに見るのは。

私は嬉しくて死にそうだ、ブナの高みで、
ヤツガシラ、郭公、クークーと鳴く森鳩が、
嘴をせわしなく寄せ合って囀る甘い言葉を聞くのは、
そして雉鳩の結婚を見るのも。

私は嬉しくて死にそうだ、これらの美しい月に、
獐《のろ》が森から朝早くに出てくるのや、
雲雀が空で躍り跳ねるのを見るのは(67)。

ロンサールは死の前年(一五八四年)にはじめて発表したエレーヌへのエレジーでも、森のなかを彷徨する歓びを最後までうたいつづけた。

私はただ一人でさ迷った、あるときは人影なき森を
花咲き匂う川岸の燈心草を敷きつめた土堤を、
あるときは奥深き荒涼たる岩山を、
あるときは鹿たちの緑の家なる叢林を(68)。

このような詩人が、秘書のアマディス・ジャマンに寄せた「サラダ」(一五六九年)のなかで、ウェルギリウス『農耕詩』第四巻のコーリュクスの老人のエピソード(第一二五行以下)を思い出しながら、おもねったりへつらってばかりの宮廷生活よりもむしろ自然の懐に抱かれて健全に生きる農夫の生活に憧れるのももっともなのである(69)。天気さえよ

ければ、ロンサールは緑のなかをさまようのをもっとも愛し、好きなように自分の時間が使える自由——この自由は統御されていない野生のなかでこそ保証される——を制限する仕事を嫌った。

昼食後天気が気持ちよく晴朗ならば、
私は散歩に出る、あるときは野原に、
あるときは村に、あるときは森に、
あるときは人影なき静謐な場所に。
私は野生の味わいある庭が大好きだし、
岸辺にささやく水の流れが好きだ。
そこで、芝生に座って友と雑談をしながら、
柳の陰のもと、咲き乱れる花のなかでよく
眠りこけたり、本を読みこんで
私を蘇らせる術を求めた(70)〔……〕。

ロンサールがことのほか好んだのは、人間の手のはいっていない野生の自然であった。すでに引用した「秋の讃歌」(一五六三年)の一節で、叙事詩的な畏怖すべき偉大さを湛えた神聖な風景への偏愛を表明していた詩人は(71)、「サラダ」の冒頭でジャマンにこう呼びかける。「足のおもむくままに、遠くを見据え、／ここかしこと視線を走らせ、／川岸や溝淵や、／怠け者の農夫に見棄てられ、／耕やさずともあらゆる種類の草が／自然に生える畑へ／僕は一人で別に行くぞ(72)」と。あるいはナポリの詩人ヤコポ・サンナザーロの散文と詩をまじえた田園歌物語『アルカディア』(一五〇四年)の影響をはっきりと受けながら、つぎのように人工に対して野生を称揚するのだった。

自然がたまさか技巧を弄せずして、
高林のなかに育てた鬱蒼とした樒の木々のほうが、
果樹園で巧みに接ぎ木された木々よりも、
羊の群れにやさしく羊飼いに清々しい。
枝にとまった自由な小鳥たちの歌声のほうが、
籠のなかで夜啼き鶯《ナイチンゲール》の教え込まれた歌より甘美だ。
岩から勢いよく飛沫《しぶき》をはね上げる泉のほうが、
夏になって田園の岸辺に咲き誇る花のなかに
身を横たえに来る道行く人には快い、
誉れある宮殿の中庭の中央に、
黄金の大きな導管から窮屈げに出ている
華美な大理石でできた泉水よりは。
ホックをかけたチュニックに身を包み、

腕を半ば剝き出しにしたニンフのほうが美しい、
白粉を塗りたくり、念のいった巧みさで髪を結ったご婦
　人よりも。
つねに自然のほうが人為よりも優れたるものゆえに。(73)

人工的な庭園よりも野生の風景を愛するロンサール。そのロンサールは、文芸の庇護者として当時知られたジャン・ブリノンに捧げられた詩作品「武器」(一五五五年)で、人間が鉄を手に入れてから武器を発明するようになったことを嘆いているが、(74)鉄の発明は同時に斧の製作にもつながり、それは手つかずの森を破壊する道具でもあった。かくて、ガチーヌの森を「堅い斧で」伐採する樵たちにその手を止めよと訴える絶唱(一五八四年)が生まれる。樵たちに伐り倒されてしまえば、

森よ、叢林の鳥たちの高らかな棲家よ、
孤独な鹿と軽やかな小鹿が絶えて、
おまえの木蔭で草を食めなくなり、おまえの緑の髪は
夏の太陽の光を阻むことができまい。
〔……〕
おまえは荒野(75)となり、その漂う影の
ゆらぎ爽やかな森林のかわりに、
おまえは犂べらと犂刀と鋤を感じ、
おまえの沈黙を失い、サテュロスもパーンも
恐怖に喘ぎ、もうおまえのところにやって来ないだろう。
〔……〕
さらば、古い森よ、さらば、聖なる梢よ、
かつては絵馬と花々で飾られたが、
今や、渇きを覚えた旅人たちの軽蔑の的となり、
夏に太陽の熱に焼かれても、
もうおまえのやさしい緑の爽やかさを見つけ出せず、
おまえの殺戮者を非難し、彼らに呪いの言葉を浴びせる。(76)

規律の代わりに野生、直線の代わりにしなやかな曲線、不動の代わりに動性、固着の代わりに未完、単一の代わりに多種という、こうした多様な形態(77)へと傾斜するロンサールはひとまず措くとしても、一六世紀人はほとんどみな耕作地が広がる牧歌的な風景のほうを愛好した——そして一七世紀でも自然といえば緑したたる豊饒で、人の住む穏やかな田園にほかならなかった。都会の喧騒を逃れて、あるいは政治的な失脚の果てに、ピクニック気分で田園で暇つぶしをする風潮が、一六世紀の後葉に顕著になる。それに

呼応するかのように、緑濃く繁茂した深い森への謙虚な賛嘆は影を潜め、かわって人類の進歩に驕りたかぶる一七世紀の人々は森を飼い馴らしながら、森よりも人間の優位を誇示しようとする。自然の征服、収奪、そして人間への奉仕はこうして完遂される。一七世紀に讃えられるのは庭園の築山、花壇、薄暗い葉叢に囲まれた美しい館であり、これは要するに整序と美の自然である。

さて、初春のように新鮮で匂やかなロンサールの森の薫りの後に来るのは、陰鬱な色彩を帯びた新しい風景である。一六世紀末から一七世紀初頭にかけては、田野、牧場、森、川、泉といった古典古代から継承された伝統的なトポスに、不吉な荒野と野生の背景が付け加わって、新たなメランコリックな風景が創出されるのである。もっともこれは知的に洗練された文学的な遊戯であり常套句《クリシェ》であるにすぎない。

この新しい時代の詩人たちは歓びを享受するためというよりも悔悛するために田園に引きこもる。恋する詩人の苦悩に開かれていた共感的な自然も荒寥として、つねに緑なす「悦楽境」はもはや慰撫をもたらさぬ不毛の地でしかなく、谷間の優しい森の緑の影はかつてはその瑞々しさで讃えられていたのに、いまや太陽の光も射さない人けのなさでかえって詩人を魅了する。(78) 打ち捨てられた恋人＝詩人は自殺の欲動が特徴となっている切迫した鬱状態の危機に苛まれ、嵐に襲われた冬とか夜とかの調和を欠いた自然にこそ逆説的ながら心の交感を見いだすのである。こうして、恋に絶望して野生に逃避する詩人は――「人里離れた荒野の真ん中に、／もっと荒涼たる洞穴の恐怖のなかに、／最果ての海岸沿いに、／私は人の住まう場所から逃れる」(79)――、中世の森の隠者さながらに、人間社会と恋愛を断念してみずからを世間から遠く隔離するのである。(80) フィリップ・デポルトは孤独と隠者の厳しく律せられた生活を希求して、有名なソネットをこう切り出す。

私は隠者になりたい、そして向こう見ずに溢れた
わが眼の過ちを悔悛したい、
人住まぬ地に庵を結んで(81)〔……〕。

恋人という太陽を奪われた恋する男の心は闇に占められる。そんな苦悶する魂にふさわしい風景は寂寥たる地を措いてほかにない、とアグリッパ・ドービニェはうたう。

私は求める、荒野を、脇道に逸れた岩山を、
道なき森を、枯死する楢を、

しかるに憎む、葉叢に飾られた森を、
人の出入りの多い住処を、白んだ道を。(82)

あるいは、「恋の殉教者」のテーマ（内的な悲しみを表明する詩人のテーマ）に調和させるために野生の自然を強調するという様式化、このロンサール後の図式に執着するのはテオフィル・ド・ヴィヨーも同じである。愛する女と引き離された詩人の苦痛を際立たせるために周囲の自然の荒涼を力説するのである。

森の寒々しい畏怖、
沼沢の湿気、
震撼せしめる人けなき地、
その地に太陽も涙とともに
不毛を虚しく引き起こすばかり、
これらは私の苦しみになにをしてくれるというのか。

私のほかは何者も来ようとしない
広漠たる荒野、不毛の砂山、
こんな無用の平原に
あなたはどれだけ私を留めおくつもりか。(83)

一六世紀末の詩人たちもペトラルカやロンサールに倣って、自然を自分の告白相手に選んでいる。それはあるときは牧歌的な自然などではなく、悲嘆と死の影に領された詩人の魂に似て、頑なで不毛な岩山、暗い寂寞たる森、峨峨たる山、岩をけずる激流であり、それらは詩人の内面世界と親和した関係を見せることがある。(84)アグリッパ・ドービニェのスタンス――同型の詩節が反復されてなる一種の抒情詩――が、古典古代の明るく輝く自然を詩人の肥大した気鬱で暗澹たるものに染め上げたごとく、自然（とその要素）は詩人の心理を表象するものとして、いわば自然の内面化とも称すべきプロセスをたどるのである。またあるときは自然は恋する男の苦痛の聞き役に徹したり、場合によっては慰めになったりもする。つぎに引くのは、後にアンリ四世をカトリックに改宗させたことでも名高い論戦家ジャック・ダヴィ・デュ・ペロン枢機卿の作になる、愛する女性の不在を嘆き苦悶する恋愛詩である。

悲しいまでに優しい川辺に、私は引きこもり、
川の水と私の日々がともに流れ去るのに目をやると、
痩せこけ青ざめた私が見えるが、それでもやはり愛する、

私の苦しみが映されるこの夢心地の快さよ。
森の密やかな深奥で私は苦痛を語り聞かせ、
愛を歌いつつ苦痛に涙するものの、
それでも森を愛する、いかな聞く耳をもたぬ森といえども、
私が叫び声をあげると、私の叫びを繰り返すから。

私を虜にする美しさをもつ女《ひと》よ、
あなたなしでは、愛するはただ死のみ、
あなたがいないのを、川と森が慰めてくれる。

川面に見、森のなかに聞くは、
泳ぎ、天翔ける死に彩られた、
私の顔色と、私の声の形姿《かたち》。(85)

デュ・ペロンはその苦しみを川と森とに告白し、かつ慰めを得ようとする。詩人の描写する自然たるや、なんと抽象的な森と川であろうか。生彩に富んだディテールは無視され、その立体感や色彩を描出することも詩人の関心の外にある。詩人はおのれの心情と、感情をもつと見做された自然とのあいだに交感を求めているのだ。だから森はまるで生き物のように表現されることになる。詩人が森を聞き手に嘆きを打ち明ければ、森も似たような嘆きを詩人に反復するのだから。しかも森は密やかで、他者に詩人の悩みを洩らさない、都合のよい忠実な仲間なのだ。詩人が自己を投影しそれに陶酔するという意味で、ナルシシズムの彩りを帯びた森。詩人が「森を愛する」というのも当然ではないか。だが、おそらく森と川を愛する気持ちはさほど真摯なものではない。そこにあるのは技巧的な気取りなのだ。そして人けのない自然に想いの丈を告白する孤独な詩人というテーマに、ロマンティックな思い入れをしてはならない。これほど没個性的な——非人称的といったほうが適当かもしれない——ものはない。デュ・ペロン以前にこの種のテーマは広く流布していたからである。この恋愛詩にテクスト解釈を施したジョルジュ・ラヴィが引用する宮廷詩人フィリップ・デポルトの一節をここでも引いておこう。

あなたの眼が私からそむけられるとき、
私の苦痛と、あなたのつれなさがいかにひどいかを
私がとてもうまく語って聞かせるものだから、
どんなに荒涼たる岩山だろうが、

どんなに無情な森、聞く耳をもたぬ岸辺だろうが、
私の憔悴ぶりを不憫に思わぬものとてない。(86)

ここにデュ・ペロンのソネットと同一のテーマと言い回しが巧みに数行のうちに凝縮されているのが見て取れよう。とはいえ、一六世紀後半から流行りだした田園礼賛が、新しい世紀ではラカン、メナール、ラ・フォンテーヌらに受け継がれて、こちらのほうは自然への感性にしても自然の描写にしても旧態依然たるものでしかないのと較べれば(87)、これらの新しいメランコリックな風景——ある研究者の表現を借りれば「バロック的風景」(88)——には中世はおろかロンサールの世代にもあまり認められない斬新さがある。恋人＝森の隠者のテーマといい、洗練されたデュ・ペロンのソネットといい、いかに作為の跡が感じられ技巧に走りがちなのは否めないにせよ、それらに見定めることができると思われる、自然への感情の萌芽については強調しておいたほうがよい。一七世紀人が自己の心理的状態の反映を自然のなかに見つけようとする、その人間と自然の交感ができあがりつつあるように思われるからである。自然への感情移入が生まれて、自然の風景に合致した心象風景の出現が可能となるのである。ルネサンスの人々は自然をメタファーとして、あるいは象徴を担うものとして——たとえば嵐にうねる海は人生の有為転変、現世の象徴という具合に——利用するのが一般であったのに、デュ・ペロンやシメオン＝ギヨーム・ド・ラ・ロックのような詩人たちになると自然の移り変わりに親密な協調を奏でようとする(89)。心的状態の鏡として自然が捉えられる傾向はテオフィル・ド・ヴィヨー、とりわけサン＝タマンといった詩人たちにいっそう顕著になるだろう(90)。いかにその表現がなお未成熟であろうとも。

しかしそれにしても、一七世紀初頭の森のイメージはなんと痩せ細っていることか。知的に操作され、概念化してしまって、まるで森という実体を失っている印象を受ける。あの中世におけるような、奥深い森のなにかしら眩暈でも惹き起こしそうな強烈な原初的イメージの喚起力をここに求めることはもう望むべくもない。いっそうの森林破壊が進む一七世紀にあって、現実の森の減少があるいは想像力の枯渇に連動していたのだろうか。近世は自然を犠牲にして、すなわち自然を馴致し搾取することで都市文明を発展させてきた。森林の消滅の代償はあまりに大きかったとすべきだろうか。ともあれ、ヨーロッパでは以後長きにわたって森のイマジネールが復権することはない。

おわりに 森の夢想

森は、中世には文字どおり「黄金時代」を謳歌することができたが、近世以降は人間のあくなき欲望や夢に道を譲るべく、その濃い緑の姿をしだいに失い、かわって耕地と牧草地が広々と横たわり一挙に視界が開けていく。中世のペルスヴァルはイニシエーションの場である森の孤独を好んで求めることができたが、近世のロンサールは森を伐採する斧の音に怒りと悲しみで身を震わせるしかなかった。

都市や城を築くのに大量の木材を必要としたけれども、造船にはさらに膨大な量の木材が必要だった。船舶。そう、このときからヨーロッパ人の目は海の彼方に向けられる。人間の野望と想像力に明確な輪郭を与える空間は、もはや大地ではなく海にあった。踏み込むやなかなか抜け出られない高林が後退すると、とたんに地平が引き裂かれて海が見えてくるのである。富への欲望に憑かれた略奪と搾取の大航海時代の始まりである。

中世において、森は自然のメタファーそのものといってよかったが、森のイメージが衰退するのにともなって、庭園のイメージが前面に躍り出る。自然の景観を再現するという意味では、庭は第二の自然のメタファーである。ただしそれは自然そのままの姿ではありえず、人間に心地よく作られた人工的な植生にほかならない。まさに飼い馴らされた自然といってよい。こうして私たちは深い森のなかを彷徨するアーサー王の騎士たちの姿を見失って、そのかわりに自然の人工的ミニチュアたる庭園に賑々しく集う若い貴族たちのカップルを見いだすことになる。魔法の森はフランチェスコ・コロンナの『ポリュフィルス狂恋夢』(一四九九年)の、異教的な象徴に満てるアレゴリーの庭に取って代わられるのだ。ルネサンス以降の庭園の流行については、いまさらここに言挙げするまでもない(1)。ヨーロッパの広大な樹海がずたずたにされるとき、どんなに想像力が森に結晶していようとも、森の神話はせいぜい民間伝承という形を留めるにすぎなくなる。森は本物の野盗、本物の狼、そしていまや迷信として片づけられる、いくばくかの農民の恐怖をかくまう場にすぎない。それらを恐れることのないのは、森の狩猟に熱中する王侯貴族たちであり、そのシンボルとしてシャンボールの宏壮な城がそびえ立つ(2)。

キリスト教会は異教の神々が潜む森とたえず闘ってきたが、ここに到ってついに勝利を収めた。都市は森林を、文化は野蛮を、そしてキリスト教は異教を征服したといえるだろう。しかし教会人は教父たちの教えを忘れて、純粋な宗教体験を求めて試練に耐えるべく、森＝荒野に行こうとは、もうしない。

アーサー王の円卓の騎士たちの冒険も終焉を迎える。一六世紀には騎士道物語が翻案されたりして人気が復活することがあったにしても(3)、かつてと同じではありえない。冒険の主たる舞台であったブロセリアンドの森もアルデンヌの森もいまや、中世の驚異が繰り広げられるのにはあまりにも狭く痩せ細った、凡俗な森でしかない。

中世の森のイメージはこうして近世以降に途絶えてしまったかのごとくである。しかしそれは消失したのではなく、地下水脈となってひとしきり潜伏したにすぎない。想像力は存続するのである。それが再び地上にほとばしりでるには、一九世紀のロマン主義の時代まで俟たねばならない(4)。

若きゲーテがストラスブールの大聖堂のまえに立ったとき、彼はゴシック教会に無限の多様性と全体の調和・均衡を認め、「こんもりと広がる崇高な神の木のように天にそそり立つ(5)」姿に感動した。それから三〇年後、今度はシャトーブリアンが『キリスト教精髄』(一八〇二年)でゴシック建築を森に譬えた。森はそもそも神の社だったから、人々は森に、まず建築の着想を得たという(6)。

葉叢の形に彫り刻まれた円天井、壁を支えつつ折れた幹のように唐突に終わる側柱、穹窿の冷気、内陣の闇、薄暗い翼廊、秘密の通路、低い扉、これらすべてがゴシック教会のなかに森の迷路をなぞっている。これらすべてが森の宗教的な畏怖、神秘、聖性を感じさせている(7)。

まさに「ガリア人の森が私たちの父祖の寺院にはいりこんできて、こうして私たちの楢の森は聖なる起源を保った(8)」のである。教会の造作は森の形姿のみを感じさせるのではなく、森のかそけきざわめきまでなぞろうとしている。

キリスト教徒の建築家は森を構築するだけでは満足せず、いわば森の囁きをも模倣しようとした。オルガンと釣鐘を用いて、森の奥深くで轟く風の音や雷鳴までゴシック寺院に託したのである。この宗教的な響きによって呼び起こされる過去数世紀は、石の内部からその古の声を発せしめ、広大な堂宇のなかで溜め息を洩らす。この聖所は古代の巫女の洞窟のように唸るのだ。頭上では鐘がすさまじい音をたてて揺れているのに、足下では死の地下聖堂が深い沈黙を守っているのである(9)。

したがって、このような「ゴシック教会に踏み入るときには、きまって一種の戦慄と神々しさの漠たる感じを覚えずにはいられなかった(10)」のである。シャトーブリアンがゴシック大聖堂に森の姿を連想したのもあるいは当然だったかもしれない。彼は緑深いブルターニュで生まれ育ったのだったから。長大な自伝『墓の彼方の回想』(一八〇九―四一年執筆)の第二巻で、彼は一二世紀のブルターニュが「ブレシュリアン〔ブロセリアンド〕の森」で占められていたことを指摘しながら、同時代の故郷を想起する。

今日の故郷はその起源の特徴を留めている。故郷は樹木豊かな牆壁に分割されて、遠くから見ると森のようで、イギリスを思い出させる。それは妖精たちの棲処だった。だから、私が実際そこで私のシルフィードに出会ったというのもお分かりになるだろう。狭隘な谷間には航行不能ないくつもの小さい川が貫流している。それらの谷間は荒蕪地によって、またひこばえのある柊黐《ひいらぎもち》の高林によって隔てられているのだ。海岸沿いには、灯台、暗礁、ドルメン、古代ローマ時代の建造物、中世の城の廃墟、ルネサンス期の鐘楼がずっと続いている。(11)

シャトーブリアンには自然とケルト伝説はことのほか親しいものであった。その彼によって森がゴシック建築にかこつけて再評価されたのは、したがってそうなるべくしてなったということかもしれない。

ロマン主義がゴシック教会に森を見いだしたことは正しい。大聖堂は確かに森の名残と記憶を留めているかにみえるからだ。(12)身廊の両側に並ぶ石柱は、垂直に伸びる樹木の太い幹を形象化したものにほかならない。高林はその巨大さと高さによってまさしく神の作品であるにふさわしい。束ね柱が上方に伸び上がって起拱点あたりで幹は終わり、そこからいっせいに放射状に伸びる交差リブの曲線はまるで樹木ののびのびとした枝振りを表すようだ。高い身廊と内陣の頂点で、円天井はまるで発葉期にあるかのようにぐっと抜きいでている。それが石の森の屋根にあたる。(13)イギリスのグロスター大聖堂の回廊は、歩く者を木の通路をくぐっていくような錯覚に陥れる(図74)。ほっそりした柱がそのまま円天井の網目状の扇形線条に連なっていくさまは、トンネル状のブナの木立にも似ているのである。ケンブリッジのキングズ・カレッジ礼拝堂の身廊に集まった学生たちが、その穹窿を見上げるときにも(図75)、やはり同様の印象を抱くのだろうか。

中世は都市の中心に立ち上げられた石造建築物と都市を囲繞する森とのあいだの類似をたぶん意識していた。建築工匠も石工もこのアナロジーを楽しんでいたにちがいない。一四九八年に、レオナルド・ダ・ヴィンチがミラノのスフォルツァ城の円天井を樹木の枝葉を組編みしたかのような模様で飾ったように。またティロル地方のゼーフェルトにあるピルナの聖マリア教会の内陣は、木の枝をかたどったリブをもち、そこに野人たちがよじのぼっているように。[14] かくて、建築工匠たちは神の永遠なるイメージを仮託された樹木に、神聖さへの憧憬のモデルを見いだしたのである。

森の刻印はステンドグラスにも歴然としている。ステンドグラスを通して床面に落ちる薄暗い光は、生い茂る木々の葉叢から漏れる陽光にほかならず、教会を訪れる人々に宗教的な畏怖と厳粛さと崇敬の念を植えつけるはずだ。

図 74　グロスター大聖堂の回廊(14 世紀). 扇形をもつ円天井は, ここを歩く者に広大な森のなかを歩いているような印象を与えるだろう

また、柱頭にはおびただしい葉が彫刻されている。[15] 森の旺盛な生命力を表すかのように、その葉は単純化されてはいるが、力強く過剰に浮き彫りにされている。美術史家エミール・マールが巧みに指摘したように、ゴシックの装飾的な植物相はもはや象徴ではなく、「自然に対する優しく深い愛情」の発露であり、中世の彫刻家たちは「子どもの驚きに満ちた眼差しで世界を見入っていた」。そして

彼らは「シャンパーニュやイル＝ド＝フランスの森や野原の植物が神の家を飾るのにふさわしい高貴さをもっている」[16]と考えたのである。

さらに忘れてならないのが、グリーンマンの存在である。[17]ヨーロッパじゅうの教会の天井アーチ交差部突起装飾や、柱頭、聖職者席など、あらゆる場所にその不気味な顔を見せているグリーンマンは、木の葉の仮面で覆われた男の顔(図76)であったり、口から葉や枝を吐き出している、ないしは呑み込んでいる男の顔(図77)だったりする。グリーンマンの真の意味はまだ謎の部分が多いようだが、小枝を吐き出したり呑み込んだりしていることから、あらゆる生を貪り吐き出す時間を、つまり死と再生という豊饒な生命の運動を意味するとみられる。ケルトの暦では夏の始まりである五月一日が、大地の草木が枯れ果てる季節、すなわち冬が終わり、その反対に転ずる日を表すので、それとの関係を言挙げする研究者もいる。[18]いずれにせよ、これまたヨーロッパの深い森の記憶を留め、森の尽きせぬ生命力を反映していることにかわりはない。

開墾のさなか、伐採されていく森が石の建造物の内部空間に侵入していったとはなんという皮肉か。石が、人間によって攻撃された森の記憶を蘇らせる。そしてその石が、石の森たる大聖堂と森の原初的性格とのあいだの象徴的な関係を刻印している。こればかりは樵も力及ばず、教会の枝々が樵に勝利したのである。[19]

ところで、一九世紀に森が再発見されたにしても、森の想像力は確かに存続するにはしたが、しかしすでにして枯渇気味であることは否めない。野人はヨーロッパの森から駆逐されて新大陸に追いやられ、さらには野蛮人と混同されて辺境の片隅に忘れられた。一九世紀から二〇世紀にかけてはフリーク・ショーの演し物としてでっち上げられ、[20]まれに雪男発見とか一九八〇年の中国の野人騒動などで世間を賑わせるだけだ。[21]狼男はテレビや映画の花形スターとして視聴者に危険のない恐怖と残酷な喜びを提供するにすぎない。[22]マーリンのような狂人はもう森に放置されずに、強制的に精神病院の四角い壁のなかに幽閉されるだろう。森のなかを捜し歩いても隠者はいないし、妖

図 75　ケンブリッジのキングズ・カレッジ礼拝堂内部(1446－1515)

図 76　グリーンマン．オセール大聖堂，柱頭の上方(13 世紀)

図 77　グリーンマン．エクセター大聖堂，天井アーチ交差部突起装飾(14 世紀初頭)

精にしてもファンタジーの世界の主人公になりかかっている。ましてや、「花女」のような蠱惑的でエロティックな女は影も形もない。

森の根源的なイメージをマルセル・ブリヨンはこう規定していた。

森は、もっとも野性味にみちた恐怖の場所であり、ここでは一切が可能性を秘めているかのようだ。理性と論理が拒絶する怪物と会遇するのもこの森なら、自然の無限の変容と危険なたわむれが旅人をして遂には眩惑を感じさせ、途方もない幻想に巻き込んでしまうのも、この森である。(23)

しかし現実の森林の後退と軌を一にして、想像力の深層でも緩慢な侵食がこの元型的なイメージを衰退させていく。ひとたび侵食が始まれば、その進行がいかに緩やかであろうとも、もう逆戻りすることはできない。いまは亡き優れた中世学者ポール・ズムトールは「二一世紀はたぶん決定的に森を死滅させるだろう(24)」と、なにやら予言めいたことを記していた。しかしズムトールの推測どおり森が滅びて、そのとき森のイメージも潰え去るにしても、森がヨーロッパ精神の主要な原郷のひとつであるという事実までは払拭されえないであろう。

註

* 参照指示で欧文書とその翻訳書が併記されている場合は、最初に掲げた書目を典拠として引用したことを、続く書目は参照にとどめたことを示す。
* 聖書の引用はすべて新共同訳による。

はじめに　森と竜と聖人

(1)　よく知られたこの絵は北方ルネサンスに関する書物にしばしば掲載されるが、たとえば J. Delumeau et R. Lightbown (éd.), *La Renaissance*, Paris, Seuil, 1996, p. 247 にある図版を参照。なお、M. Prieur, 《La forêt onirique du *Songe de Poliphile* au *Coin de forêt avec Saint Georges combattant le dragon* d'Altdörfer》, in *Le songe à la Renaissance*, études réunies et publiées par F. Charpentier, Saint-Etienne, Institut d'études de la Renaissance et de l'Age classique, Université de Saint-Etienne, 1990, pp. 99-112 は有益。

(2)　美術が森をどう描いてきたかに一章を割いたマルセル・ブリヨンが教えるところでは、この樹間の眺望は後世の加筆だとする説がある。迷宮のような木立のなかに開けるこの眺望は、確かに全体の緊張感からするとやや間延びした印象を与える。構図的にはここに竜の洞窟の入口が配されていたとも考えられるらしい。ブリヨン『幻想芸術』坂崎乙郎訳、紀伊国屋書店、一九九二(一九六八)、一七頁参照。

(3)　『ペロー童話集』新倉朗子訳、岩波文庫、一九八二、一七七頁(Ch. Perrault, *Contes*, introduction et notes par C. Magnien, Paris, Le Livre de Poche, 1990, p. 194)。

(4)　『グリム童話集』(二)、金田鬼一訳、岩波文庫、一九九四(一九七三)、二六八頁。

(5)　木村尚三郎「ペロー童話——人々の生活感情」、『物語にみる中世ヨーロッパ世界』光村図書、一九八五所収、二七頁。

(6)　ペロー、前掲書、一六三頁(Perrault, *op. cit.*, p. 179)。

(7)　カール・ハーゼル『森が語るドイツの歴史』山縣光晶訳、築地書館、一九九六、三一頁。

(8)　C. Gaignebet et J.-D. Lajoux, *Art profane et religion populaire au Moyen Age*, Paris, PUF, 1985, p. 285.

(9)　ペロー、前掲書、二四五—二四六頁(Perrault, *op. cit.*, p. 271)。

(10)　G. Sand, *Histoire de ma vie*, préface de G. Schlientz, t. 5, Saint-Cyr-sur-Loire, Pirot, 1997, p. 50.

(11)　*Ibid.*, pp. 51-52.

(12)　Jacques de Voragine, *La Légende dorée*, trad. de J.-B. M. Roze, t. I, Paris, Garnier-Flammarion, 1967, pp. 296-301 (ヤコブス・デ・ウォラギネ『黄金伝説』第二巻、前田敬作・山口裕訳、人文書院、一九八四、七五—八五頁)。また J. Berlioz, C. Bremond et C. Velay-Vallantin (sous la dir.), *Formes médiévales du conte merveilleux*, Paris, Stock, 1989, pp. 21-29 も参照。

(13) J. Chevalier et A. Gheerbrant, *Dictionnaire des symboles*, t. 2, Paris, Seghers, 1973, p. 212. 古代ローマ人たちも竜と蛇を混同していたことについては、G. de Tervarent, *Attributs et symboles dans l'art profane 1450-1600*, Genève, Droz, 1958, s. v.《dragon》を参照。また中世フランス語では、蛇 serpent がドラゴンを指すのによく用いられていた。Ph. Ménard,《Le dragon, animal fantastique de la littérature française》, *Revue des langues romanes*, XCVIII, 1994, p. 248. ほかに、*Tradition wallonne*, 13-14, 1996-1997 (*Saints et dragons*, 2 vol.), Bruxelles, Ministère de la Communauté française de Belgique に収録されているつぎの論文も参照せよ。J. Dierkens,《Le dragon : mal manifeste ou force cachée ?》, pp. 27-43 ; id.,《Serpents et dragons dans le bestiaire sacré de Samuel Bochart ou le folklore dans la Bible》, pp. 97-128.

(14) G. Duchet-Suchaux et M. Pastoureau, *La Bible et les saints. Guide iconographique*, Paris, Flammarion, 1994 (1990), p. 170.

(15) C.-G. Dubois, *L'imaginaire de la Renaissance*, Paris, PUF, 1985, pp. 182-183.

(16) C. Lecouteux, *Les monstres dans la littérature allemande du Moyen Age*, t. II, Göppingen, Kümmerle Verlag, 1982, pp. 192-194. あわせて、C. Lindahl, J. McNamara and J. Lindow (ed.), *Medieval folklore. An encyclopedia of myths, legends, tales, beliefs, and customs*, 2 vol., Santa Barbara, ABC-CLIO, 2000, s. v.《dragon》も参照。

(17) マッシモ・モンタナーリ『ヨーロッパの食文化』山辺規子・城戸照子訳、平凡社、一九九九、一三二頁。

(18) P. Somville,《Saint Georges et la princesse》, in *Tradition wallonne*, *op. cit.*, pp. 89-96. 同書は民衆的伝統に現れる竜など、ほかにも興味深い視座を与えてくれる論文を収める。J.M. Privat (sous la dir.), *Dans la gueule du dragon*, Sarreguemines, Pierron, 2000 も重要な論文を収める。

(19) C. Lecouteux, *op. cit.*, pp. 196-198 ; id., *Démons et Génies du terroir au Moyen Age*, Paris, Imago, 1995, pp. 85-96. マリ＝フランス・グースカン『フランスの祭りと暦』樋口淳訳、原書房、一九九一も参照。

(20) Jacques de Voragine, *op. cit.*, t. II, pp. 21-22 (ヤコブス・デ・ウォラギネ、前掲書、第三巻、前田敬作・西井武訳、一九八六、四六頁)。タラスクについては、L. Dumont, *La Tarasque*, Paris, Gallimard, 1987 (nouvelle éd.) を超える研究は未だに現れないが、S. Vierne,《La sainte et le dragon》, in *Tradition wallonne*, *op. cit.*, pp. 289-299 も参照できる。

(21) *Ibid.*, t. I, p. 125 (同上、第一巻、前田敬作・今村孝訳、一九七九、一三八頁)。

(22) J. Le Goff,《Culture ecclésiastique et culture folklorique au Moyen Age : saint Marcel de Paris et le dragon》, repris dans *Pour un autre Moyen Age*, Paris, Gallimard, 1994 (1977), pp. 278-279.

(23) *Ibid.*, pp. 236-279 ; G. Didi-Huberman, R. Garbetta et M. Morgaine, *Saint Georges et le dragon*, Paris, A. Biro, 1994, pp. 66, 110-111. 後者は聖ゲオルギウスと竜の主題について刺戟的な議論を展開しているし、なによりも竜との闘いに関するテクストを

詞華集として巻末に集めていて至便。

(24) ラブレー『第四之書 パンタグリュエル物語』第五九章、渡辺一夫訳、岩波文庫、一九七四、二六三—二六四頁 (F. Rabelais, *Œuvres complètes*, éd. M. Huchon, avec la collaboration de F. Moreau, Paris, Gallimard, 1994, p. 676)。

第一章 かつてヨーロッパは森林の王国だった

1 ヨーロッパ文明と森、あるいは幽邃な森の影

(1) A. Furetière, *Dictionnaire universel*, t. II, Paris, SNL-Le Robert, 1978 (1690), s. v. 《forest》.

(2) 『プリニウスの博物誌』Ⅱ、中野定雄ほか訳、雄山閣、一九八六、六五七頁 (Pline l'Ancien, *Histoire naturelle*, Livre XVI, trad. J. André, Paris, Les Belles Lettres, 1962, p. 24)。

(3) ハーゼル、前掲書、三六頁。

(4) 同上。

(5) L. Bourgenot, 《Histoire des forêts feuillues en France》, *Revue forestière française*, numéro spécial 1977, p. 9.

(6) P. Arnould, M. Hotyat et L. Simon, *Les forêts d'Europe*, Paris, Nathan, 1997, p. 25. ちなみに、同書はヨーロッパ連合諸国の植林の表面積と植林率を表にして掲げているので、参考までに再録しておこう。下の表を参照。

(7) 『アポローンへの讃歌』第二二五—二二八行、『四つのギリシャ神話——「ホメーロス讃歌」より』逸身喜一郎・片山英男訳、岩波文庫、一九八五所収、七二頁。

(8) 同上。

(9) C. Jacob, 《Paysage et bois sacré : ἄλσος dans la *Périégèse de la Grèce* de Pausanias》, in *Les bois sacrés. Actes du Colloque International du Centre Jean Bérard*, Napoli, Centre Jean Bérard, 1993, p. 33.

(10) パウサニアス『ギリシア案内記』(下)第二巻第三七章、馬場恵二訳、岩波文庫、一九九二、一六八頁。

(11) ウェルギリウス『アエネーイス』第八歌第三一四—三一八行、岡道男・高橋宏幸訳、京都大学学術出版会、二〇〇一、三六

国　名	植林の表面積（単位：千ヘクタール）	植林率（%）
ドイツ	10490	29
オーストリア	3877	47
ベルギー	617	20
デンマーク	504	12
フィンランド	23373	77
スペイン	12511	24
フランス	14100	25
ギリシア	2620	20
アイルランド	475	7
イタリア	6403	22
ルクセンブルク	88	34
オランダ	334	9
ポルトガル	3200	36
イギリス	2300	10
スウェーデン	27800	68

（出典：*Eurofor*, 1994 et P. Bazire et J. Gadant, *La forêt en France*, 1991）

六頁。

(12) モンタナーリ、前掲書、一二三頁。

(13) プラトン『クリティアス』田之頭安彦訳、「世界の名著」七『プラトンII』中央公論社、一九九八(一九七八)所収、四一二—四一三頁。

(14) P. Gallais et J. Thomas, *L'arbre et la forêt dans l'Enéide et l'Eneas. De la psyché antique à la psyché médiévale*, Paris, Champion, 1997, chap. II を見よ。

(15) ウェルギリウス、前掲書、第六歌第二〇五—二〇九行、二五四頁。この詩句を解釈したガレとトマ(*ibid.*, p. 61)は、黄金の鎌で切られた宿り木が地面に触れないように亜麻布で受け取られるというケルトの儀式をウェルギリウスは知っていたのではないかと推測する。ちなみに、同じ木にからみつく宿り木のイメージでも、マリー・ド・フランスのレー『すいかずら』の有名な詩句ではウェルギリウスの自然を愛するこまやかな感性の波動が伝わってこない。「というのも、あなたなしには生きられません。私たち二人は、/あたかも、はしばみの木にからむ、すいかずらのごとくであります。/すいかずらのまつわりついて、はしばみの幹のまわりを伝えば、/ともに生き永らえもしましょうが、もし二つを引き離すのであれば、/はしばみはすぐにも枯れはて、すいかずらも同様の運命をたどるでしょう。/「恋人よ、私たちも同じ。私なくしてあなたはなく、あなたなくして私もない」」(マリー・ド・フランス『すいかずら』、『十二の恋の物語』月村辰雄訳、岩波文庫、一九八八所収、二一六—二一八頁(Marie de France, *Chievrefueil*, vv. 67-78, in *Lais*, trad. L. Harf-Lancner, Paris, Le Livre de Poche, 1990, pp. 264-267))。

(16) ルクレティウス『事物の本性について』第五巻第一三七〇—一三七五行、岩田義一・藤沢令夫訳、「世界古典文学全集」二一、筑摩書房、一九八三(一九六五)所収、四〇五頁(Lucrèce, *De la nature/De rerum natura*, trad. J. Kany-Turpin, Paris, GF-Flammarion, 1993, pp. 390-391)。

(17) 船舶造営のために森が伐採されたことを示唆するテクストはいくつもある。時代錯誤を考慮に入れずに挙げれば、たとえばストラボン。「〔アレクサンドロス大王は〕バビュロンでは神域の杜や王の庭園にあった糸杉を使って船を組立てさせた。ここでは材木に乏しかった。しかし、コッサイオイそのほかの諸族の地方ではある程度の木材供給ができた」(『ギリシア・ローマ世界地誌』II、飯尾都人訳、龍渓書舎、一九九四、四六三頁)。またはウェルギリウス。造船のために松と楓の森が伐採されて、キュベレーはユピテルに船となった自分の樹木を守ってくれるよう頼むのだった。「松の木の森があり、わたしは多年にわたり大事にしてきた。/この聖林は山の頂にあるが、そこまで人々は捧げ物を届けたものだ。/そこは松の木の黒さに加え、楓の枝ぶりでほの暗い」(ウェルギリウス、前掲書、第九歌第八五—八七行、三九九頁)。

(18) それでもブローデルによると、現在と較べれば、一六世紀ころにもまだ地中海地方の森は密生していた。F. Braudel, *La Méditerranée et le monde méditerranéen à l'époque de Philippe II*, t. I,

Paris, A. Colin, 1982(5^e éd.), p. 3(ブローデル『地中海』I「環境の役割」浜名優美訳、藤原書店、一九九一、六一頁)。

(19)『ギルガメシュ叙事詩』月本昭男訳、岩波書店、一九九六、三四六頁。ジョン・パーリン『森と文明』安田喜憲・鶴見精二訳、晶文社、一九九四、二九—三三頁を参照。

(20)カエサル『ガリア戦記』國原吉之助訳、講談社学術文庫、一九九四、二二六頁。

(21)同上、二二九頁。

(22)聖なる森については、*Les bois sacrés, op. cit.* に収められた諸論文を見よ。J. Brosse, *Mythologie des arbres*, Paris, Plon, 1989, pp. 182-186(ジャック・ブロス『世界樹木神話』藤井史郎ほか訳、八坂書房、一九九五、二五七—二六四頁)も参照。

(23)カエサル、前掲書、二二六頁。

(24)Ch.-J. Guyonvarc'h et F. Le Roux, *Les Druides*, Rennes, Ed. Ouest-France, 1986, p. 229. 以下、ドルイドに関してはこの著書に負うところが大きい。

(25)中沢新一・鶴岡真弓・月川和雄編『ケルトの宗教 ドルイディズム』岩波書店、一九九七、三五〇頁(Lucain, *La Guerre civile* (*La Pharsale*), Liber I, vv. 453-454, trad. A. Bourgery, t. I, Paris, Les Belles Lettres, 1997(2^e éd.), p. 21)。

(26)Lucain, *ibid.*, pp. 81-82.

(27)ポンポニウス・メラ『世界地理』飯尾都人訳、ディオドロス『神代地誌』飯尾都人訳、龍渓書舎、一九九九所収、五四八—五四九頁(Pomponius Mela, *Chorographie*, trad. A. Silberman, Paris, Les Belles Lettres, 1988, pp. 72-73)。

(28)タキトゥス『年代記』(下)第一四巻第三〇節、國原吉之助訳、岩波文庫、一九八一、一九九頁。

(29)一般にケルト人が崇拝していた樹木は「樫」とされることが多い。フランス語でいえば chêne であるが、これは「樫」でなく「楢」とすべきである。英語の oak はアルプス以北ではすべて落葉楢である。木村尚三郎「ペロー童話」前掲、三九頁と、安田喜憲『森と文明の物語——環境考古学は語る』ちくま新書、一九九五、一一三頁を参照。さらに J. Brosse, *op. cit.*(ブロス、前掲書)のほかに、M. Duval, *Mythologie des arbres en Bretagne*, s. l., Royer, 2000 ; J. Brosse, *L'aventure des forêts en Occident. De la préhistoire à nos jour*, Paris, Lattès, 2000 も参照せよ。

(30)ドドナの聖所については、J. Brosse, *Mythologie des arbres, op. cit.*, pp. 71-79(ブロス、同上、九五—一〇六頁)を参照。

(31)プリニウス、前掲書、七〇四頁(Pline l'Ancien, *op. cit.*, p. 99)。

(32)タキトゥス『ゲルマニア/アグリコラ』國原吉之助訳、ちくま学芸文庫、一九九六、二五頁。

(33)カエサル『ガリア戦記』前掲、第六巻第二五節、二二三—二二四頁。なお、カエサルがこの森にあてている尋さについては、ポンポニウス・メラもほぼ同じことを記している。P. Mela, *op. cit.*, III, 3, 29, p. 75.

(34)A. Debord, «Châteaux et forêts en France aux XIe et XIIe siècles», in A. Chastel (sous la dir.), *Le château, la chasse et la fo-*

rêt, s. l., Ed. Sud Ouest, 1990, p. 25 ; R. Bechmann, *Des arbres et des hommes. La forêt au Moyen Age*, Paris, Flammarion, 1984, pp. 308-309.

（35） 『グリム童話集』(二)、前掲、一〇一―一〇二頁。

（36） 同上、一〇三頁。

（37） J.-C. Pitte, *Histoire du paysage français*, t. I, Paris, Tallandier, 1983, pp. 94-95（ピット『フランス文化と風景』(上)、高橋伸夫・手塚章訳、東洋書林、一九九八、一三五頁）。

（38） カエサル、前掲書、一五六頁。

（39） R. Harrison, *Forêts. Essai sur l'imaginaire occidental*, trad. F. Naugrette, Paris, Flammarion, 1992, p. 113（ロバート・P・ハリスン『森の記憶――ヨーロッパ文明の影』金利光訳、工作舎、一九九六、一〇二頁）。

（40） ドヴェーズ『森林の歴史』猪俣禮二訳、文庫クセジュ、一九九一（一九七三）、三二―三三頁。しかし安易なヨーロッパの北と南の二分化を戒めて、地中海地方の森林地帯の特殊性を考慮に入れなければならないとする意見も提出されている。C. Wickham, 《European forests in the early Middle Ages : landscape and land clearance》, reprinted in *Land and power. Studies in Italian and European social history, 400-1200*, London, British School at Rome, 1994, pp. 190-192 を参照せよ。

2 中世の森、あるいは文化の蚕食

（1） ドヴェーズ、前掲書、三五頁。

（2） M. Lachiver, *Dictionnaire du monde rural*, Paris, Fayard, 1997, s. v. 《futaie》.

（3） Dante, *La divine comédie. L'Enfer*, canto I, 2, trad. J. Risset, Paris, GF-Flammarion, 1992 (1985), pp. 24-25.

（4） Chrétien de Troyes, *Le Roman de Perceval ou le Conte du Graal*, v. 75, éd. W. Roach, Genève, Droz/Paris, Minard, 1959 (seconde éd. revue et augmentée), p. 3.

（5） なかでもシャルル・イグネの研究がよく知られている。C. Wickham, art. cité, pp. 155-199 を見よ。

（6） S. Cassagnes-Brouquet et V. Chambarlhac, *L'âge d'or de la forêt*, Rodez, Ed. du Rouergue, 1995, p. 106.

（7） *Ibid.*, p. 22. L. Delisle, *Etudes sur la condition de la classe agricole et l'état de l'agriculture en Normandie, au Moyen Age*, New York, Burt Franklin, s. d. (réimpr. de l'éd. 1851), p. 124.

（8） マッシモ・モンタナーリ、前掲書を参照。

（9） フランス語の「森」forêt の語源をめぐる問題については、たとえば R. Bechmann, *op. cit.*, pp. 25-26 が要領よく論じている。

（10） 御料林法については、川崎寿彦『森のイングランド』平凡社ライブラリー、一九九七（一九八四）、七一―八〇頁、および R. Harrison, *op. cit.*, pp. 111-127（ハリスン、前掲書、九九―一一五頁）をも参照。

（11） C. Wickham, art. cité, p. 159.

（12） M. Lachiver, *op. cit.*, s. v. 《taillis》.

（13） R. Larrère et O. Nougarède, *Des hommes et des forêts*, Paris,

Gallimard, 1993, pp. 22-23.

(14) マルク・ブロック『フランス農村史の基本性格』河野健二・飯沼二郎訳、創文社、一九九四(一九五九)、二二―二三頁 (M. Bloch, *Les caractères originaux de l'histoire rurale française*, Paris, A. Colin, 1999 (1931), pp. 56-57)。しかしブロックのこの断定はもうすこし含みをもたせるべきかもしれない。C. Wickham, art. cité, pp. 193-198 を見よ。

(15) A. Maury, *Les forêts de la Gaule et de l'ancienne France*, Paris, J. de Bonnot, 1994 (1867), pp. 137-378.

(16) パリ盆地の開墾については、Ch. Higounet, *Défrichements et villeneuves du Bassin parisien (XIe-XIVe siècles)*, Paris, Ed. du C. N. R. S., 1990 を参照。

(17) ユオン・ル・ロワ『ヴェール・パルフロワ』神沢栄三訳、「フランス中世文学集」三、新倉俊一・神沢栄三・天沢退二郎訳、白水社、一九九一所収、八五頁 (Huon le Roi, *Le lay du Vair Palefroi*, vv. 77-79, in *Nouvelles courtoises occitanes et françaises*, trad. S. Méjean-Thiolier et M.F. Notz-Grob, Paris, Le Livre de Poche, 1997, pp. 508-509)。

(18) 中世のノルマンディーの森については、L. Delisle, *op. cit.*, pp. 334-417 も参照。

(19) Gervais de Tilbury, *Le livre des merveilles*, chap. 36, trad. A. Duchesne, Paris, Les Belles Lettres, 1992, p. 56 (ティルベリのゲルウァシウス『皇帝の閑暇』池上俊一訳、青土社、一九九七、九三頁)。

(20) 荒野＝森については、J. Le Goff, 《Le désert-forêt dans l'Occident médiéval》, repris dans *L'imaginaire médiéval*, Paris, Gallimard, 1991 (1985), pp. 59-75 (ジャック・ルゴフ「西洋中世の荒野＝森」、『中世の夢』池上俊一訳、名古屋大学出版会、一九九二所収、一三七―一六二頁) が重要。D. Lecoq, 《Place et fonction du désert dans la représentation du monde au Moyen Age》, *Revue des sciences humaines*, nº 258, 2000, pp. 15-112, とくに pp. 29-32 も参照。

(21) *Ibid.*, p. 69 (同上、一五三頁) ; R. Larrère et O. Nougarède, *op. cit.*, p. 30.

(22) A. Maury, *op. cit.*, p. 120.

(23) J. Le Goff, art. cité, p. 67 (ルゴフ、前掲書、一五一頁)。

(24) G. Duby, *L'économie rurale et la vie des campagnes dans l'Occident médiéval*, t. I, Paris, Flammarion, 1977 (1962), p. 153.

(25) A. Maury, *op. cit.*, pp. 119-124.

(26) J. Le Goff, art. cité, p. 69 (ルゴフ、前掲書、一五四頁) ; R. Larrère et O. Nougarède, *op. cit.*, p. 28.

(27) M. Devèze, *La vie de la forêt française au XVIe siècle*, t. I, Paris, S. E. V. P. E. N., 1961, p. 62. ベックマン (R. Bechmann, *op. cit.*, p. 104) によると、一二世紀初頭にクリュニー会だけで一一八四の修道院を擁し、シトー会は六九四の修道院を創設した。

(28) S. Cassagnes-Brouquet et V. Chambarlhac, *op. cit.*, p. 25.

(29) G. Duby, *op. cit.*, t. I, p. 153 ; M. Devèze, *op. cit.*, t. I, p. 63.

(30) オートについては、L. Delisle, *op. cit.*, p. 8 sqq. の記述がな

お有効である。

（31） G. Duby, *op. cit.*, t. I, p. 160. 以下、開墾の評価については主にデュビーに従っている。

（32） R. Bechmann, *op. cit.*, pp. 117-118.

（33） *Ibid.*, p. 124.

（34） この段落の記述は、ベックマン（*ibid.*, pp. 117-132）のほかに、堀越宏一『中世ヨーロッパの農村世界』山川出版社、一九九七、四八―六一頁に多くを負っている。

（35） J. Heers, *La ville au Moyen Age en Occident*, Paris, Hachette, coll. 《Pluriel》, 1997 (1990), pp. 106-110.

（36） A. Maury, *op. cit.*, p. 369.

（37） F. Bellamy, *La Forêt de Brocéliande*, t. I, Rennes, La Découvrance, 1995 (1896), p. 387.

（38） J.-R. Pitte, *op. cit.*, t. I, p. 108（ピット、前掲書、一五五頁）; J. Le Goff, *La civilisation de l'Occident médiéval*, Paris, Flammarion, 1982 (1964), pp. 106-108.

（39） S. Cassagnes-Brouquet et V. Chambarlhac, *op. cit.*, p. 232.

（40） しかし一方で、イタリアには森が境界としてよりも燃料の貯蔵庫としてよく保存・管理されている例もあり、灌木の栽培育成にあてられた地域も存在するという。O. Redon, 《L'arbre et la forêt dans la Toscane méridionale aux XIIIe-XIVe siècles》, in M. Colardelle (sous la dir.), *L'homme et la nature au Moyen Age*, Paris, Errance, 1996, pp. 133-137.

（41） 森林の立法化の年表が、*Revue forestière française*, XXIX, n° spécial 1977, pp. 5-6, 39-40, 69-70, 117-118, 151-152, 163-165 に掲載されていて、便利。

（42） C. Wickham, art. cité, p. 169.

3 森の危機、あるいは植林思想の萌芽

（1） 一四世紀から一五世紀にかけてのフランス農村の動向については、F. Braudel et E. Labrousse (sous la dir.), *Histoire économique et sociale de la France*, t. I, vol. 2: *Paysannerie et croissance*, par E. Le Roy Ladurie et M. Morineau, Paris, PUF, 1977, pp. 483-554 が概観的な見取図を提供してくれる（執筆はル・ロワ・ラデュリーによる）。

（2） *La response de Jean Bodin à M. de Malestroit*, éd. H. Hauser, Paris, A. Colin, 1932, pp. 13-14. 傍点は筆者による。

（3） オラウス・マグヌス『北方民族文化誌』下巻、谷口幸男訳、渓水社、一九九一、六五―六六頁。

（4） A. Maury, *op. cit.*, p. 396.

（5） M. Devèze, *La vie de la forêt française au XVIe siècle*, *op. cit.*, t. II, p. 11 より引用。

（6） *Le voyage de Thomas Platter 1595-1599* (*Le siecle des Platter II*), présenté par E. Le Roy Ladurie, Paris, Fayard, 2000, p. 124. また *Félix et Thomas Platter à Montpellier 1552-1559/1595-1599. Notes de voyage de deux étudiants Bâlois*, Montpellier, P. Clerc/Espacesud, 1991 (1892), p. 204 も参照。

（7） M. Devèze, *op. cit.*, t. II, pp. 39 et 46. この段はドヴェーズ

に全面的に負っている。

（8）ポール・ボンドワによる試算。M. Devèze, *ibid.*, t. II, p. 49 を参照。

（9）L. Febvre, *Philippe II et la Franche-Comté*, Paris, Flammarion, 1970(1912), p. 20.

（10）都市の木造建築については、J.-L. Biget, J. Boissière et J.-C. Hervé (éd.), *Le bois et la ville du Moyen Age au XXe siècle*, Saint-Cloud, Ecole Normale Supérieure de Fontenay, 1991 に収録されたつぎの三本の論文を参照するとよい。J.-M. Pesez, 《Le bois dans les constructions de la ville médiévale: les questions》, pp. 195-202; B. Toulier, 《La maison à pans de bois aux XVe et XVIe siècles dans quelques villes du Val de Loire et Du Berry》, pp. 203-222; J.-M. Pérouse de Montclos, 《Difficultés d'approvisionnement en grands bois et innovation technique dans la charpente française des Temps Modernes》, pp. 223-235. あわせて A. Corvol, 《La forêt》, in P. Nora (sous la dir.), *Les lieux de mémoire*, III. *Les France*, vol. I: *Conflits et partages*, Paris, Gallimard, 1992, pp. 709-711 も参照。

（11）M. Devèze, *op. cit.*, t. I, p. 36 より引用。

（12）B. Palissy, *Discours admirable, de la nature des eaux et fonteines...*, in *Œuvres complètes*, éd. sous la dir. de M.-M. Fragonard, t. II, Mont-de-Marsan, Ed. InterUniversitaires, 1996, p. 87.

（13）B. Palissy, *Recepte veritable*, in *ibid.*, t. I, pp. 82-83. 底本として使用した版本のほかに、有益な註と図版を収めたつぎの版本も参看することが必要である。Palissy, *Recette véritable*, éd. F. Lestringant, Paris, Macula, 1996, p. 87. なおこれには邦訳があるものの（『陶工パリシーのルネサンス博物問答』佐藤和生訳、晶文社、一九九三）、残念ながら重要な序文などは割愛されている。

（14）*Ibid.*, t. I, p. 77; éd. Lestringant, p. 81.

（15）*Ibid.*, t. I, pp. 77-78; éd. Lestringant, p. 82.

（16）川崎寿彦、前掲書、二一―二六頁。

（17）B. Palissy, *op. cit.*, t. I, pp. 169-172; éd. Lestringant, pp. 179-182.

（18）B. Rivet, 《Réflexions sur quelques aspects économiques de l'œuvre de Bernard Palissy》, *Albineana*, 4, 1992, pp. 168-170 を参照。

（19）パリシーをオリヴィエ・ド・セールと比較考察することにかけては、たとえば Y. Quenot, 《Du jardin de Bernard Palissy au jardin d'Olivier de Serres》, in *ibid.*, pp. 93-103 のような論文も発表されている。

（20）J. Garrisson, *Les protestants au XVIe siècle*, Paris, Fayard, 1988, pp. 80-82 を参照。オリヴィエの著書に関連してよく引き合いに出されるのが、シャルル・エチエンヌとジャン・リエボーの共著になる『農業と農家』（一五八三）である。これら二著作を比較考察したものとして、高橋薫「「迷信」·妄想」、『フランス十六世紀読書報告』、一九九五所収、九六―一一五頁がある。これは同時に優れたオリヴィエ論にもなっている。

（21）Olivier de Serres, *Le theatre d'agriculture et mesnage des champs*, Genève, Slatkine, 1991 (réimpr. de 1605), p. 28. *Réforme*,

Humanisme, Renaissance, N° 50, 2000 はオリヴィエ・ド・セールの特集号を組んでおり、興味深い論文をいくつか収めている。

(22) B. Palissy, *op. cit.*, t. I, p. 54 ; éd. Lestringant, p. 63. なお、これに関連してつぎの論文は必読。F. Lestringant, 《Le prince et le potier : introduction à la *Recepte veritable* (1563)》, *Nouvelle Revue du XVIe siècle*, n° 3, 1985, pp. 5-24 ; J. Céard, 《Les talents de Bernard Palissy》, in *L'intelligence du passé. Les faits, l'écriture et le sens. Mélanges offerts à Jean Lafond*, Tours, Presses de l'Université de Tours, 1988, pp. 139-147 ; id., 《Relire Bernard Palissy》, *Revue de l'art*, n° 78, 1987, pp. 77-83.

(23) O. de Serres, *op. cit.*, p. 782.

(24) *Ibid.*, p. 783.

(25) *Ibid.*, pp. 785-786.

(26) *Ibid.*, p. 787.

(27) *Ibid.*, p. 792.

(28) *Ibid.*, p. 790.

(29) *Ibid.*, p. 794.

(30) *Ibid.*, pp. 794-795.

(31) *Ibid.*, p. 806.

(32) M. Devèze, *op. cit.*, t. II, p. 190.

(33) F. Joukovsky, *Paysages de la Renaissance*, Paris, PUF, 1974, pp. 12-13.

(34) 治水森林局の構成についてはつぎを参照。G. Zeller, *Les institutions de la France au XVIe siècle*, Paris, PUF, 1948, pp. 227-229, 193 ; R. Doucet, *Les institutions de la France au XVIe siècle*, t. I, Paris, A. et J. Picard, 1948, pp. 124-125 ; R. Mousnier, *Les institutions de la France sous la monarchie absolue 1598-1789*, t. II, Paris, PUF, 1992 (1974), pp. 284-292 ; L. Bély (sous la dir.), *Dictionnaire de l'Ancien Régime*, Paris, PUF, 1996, s. v. 《maîtrises particulières, maîtres particuliers des Eaux et Forêts》, 《bois, forêts》.

(35) パリシーやオリヴィエ・ド・セールのような経験と実践の人は、伐採する人々の無智や劣悪な管理と怠惰が森林のさらなる無秩序に拍車をかけることを憂慮して、教え、説明しようとした。しかし、その説得にさらに規制と抑止を結びつける必要性を熟知するショフールやギヨーム・マルタンのような森林管理のスペシャリストは、法律を発布し遵守させねばならないと考え、権勢者に進言を繰り返した。かくて、度重なる戦争と人口過剰で嘆かわしい事態に陥った森を美しい高林に再生させるためには、まさに王と王吏と民衆のすべての人々のエネルギーを結集する必要があるとの認識にやがて到達することになるのである。これらについては、啓発的なつぎの論文を参照のこと。Y. Quenot, 《Pour une défense de la nature à la Renaissance》, in J.J. Wunenburger (sous la dir.), *La Renaissance ou l'invention d'un espace*, Dijon, Editions univ. de Dijon, 2000, pp. 169-182.

(36) ドヴェーズ、前掲書、六一頁。

(37) 一七世紀以降の森林の運命については、アンドレ・コルヴォルの大著を参照すべきである。A. Corvol, *L'homme aux bois.*

Histoire des relations de l'homme et de la forêt (XVIIe–XXe *siècle*), Paris, Fayard, 1987. 一七世紀後葉からフランス革命までの治水森林長官の役職については、J.-C. Waquet, *Les grands maîtres des Eaux et Forêts de France de 1689 à la Révolution*, Genève/Paris, Droz, 1978 を参照するとよい。

本節ではフランスの森を中心にして論じざるをえなかったけれども、他の諸外国においても、たとえばイングランドではとりわけ船舶の建造により森林の危機に陥ったこととか、ジョン・イーヴリン『シルヴァ』(一六六四)のような注目すべき森林の知識の集大成が刊行されたことなどの特筆すべき事柄は多々ある。一六世紀から二〇世紀前半にわたってヨーロッパで発表された森林に関する著述のみごとな鳥瞰図がつぎの論文で手際よく展開されている。N. D. G. James, 《A history of forestry and monographic forestry literature in Germany, France, and the United Kingdom》, in P. McDonald and J. Lassoie (ed.), *The literature of forestry and agroforestry*, Ithaca/London, Cornell U. P., 1996, pp. 15–44.

第二章　森と人間

1　さんざめく森——森の住人たち

(1) Olivier de Serres, *op. cit.*, p. 781.

(2) ラブレー『第二之書 パンタグリュエル物語』渡辺一夫訳、岩波文庫、一九七三、二二一頁 (Rabelais, *Œuvres complètes*, *op. cit.*, p. 269)。

(3) A. Maury, *op. cit.*, p. 393. P. Mille, 《L'usage du bois vert au Moyen Age : de la contrainte technique à l'exploitation organisée des forêts》, in M. Colardelle (sous la dir.), *op. cit.*, pp. 166–170 も参照。

(4) R. Harrison, *op. cit.*, p. 99 (ハリスン、前掲書、九〇頁)。

(5) J. Le Goff, 《Le désert-forêt dans l'Occident médiéval》, art. cité, p. 62 (ルゴフ、前掲書、一四四頁)。聖者伝 hagiographie に関する文献は膨大だが、そのうち以下のものを参看できたにすぎない。H. Delehaye, *Les légendes hagiographiques*, Bruxelles, Société des Bollandistes, 1955 (quatrième éd.) ; R. Aigrain, *L'hagiographie. Ses sources, ses méthodes, son histoire*, Paris, Bloud et Gay, 1953 ; Th. Head (ed.), *Medieval hagiography. An anthology*, New York/London, Garland, 2000 ; *Revue des sciences humaines*, nº 251 (Hagiographie), 1998 ; *Les fonctions des saints dans le monde occidental* (IIIe–XIIIe *siècle*), Rome, Ecole française de Rome, 1991.

(6) Athanase d'Alexandrie, *Vie d'Antoine*, éd. G. J. M. Bartelink, Paris, Cerf, 1994 (アレクサンドレイアのアタナシオス『アントニオス伝』小高毅訳、「中世思想原典集成」一『初期ギリシア教父』小高毅監修、平凡社、一九九五所収、七六八—八四七頁) および Saint Jérôme, *Vivre au désert. Vies de Paul, Malchus, Hilarion*, trad. J. Miniac, Grenoble, Millon, 1992 (ヒエロニュムス『最初の隠修士パウルスの生』荒井洋一訳、「中世思想原典集成」四『初期ラテン教父』加藤信朗監修、平凡社、一九九五所収、七六八—八四七頁)。あわせてつぎの文献も参照。Athanasius of Alexandria, *Life of St. Antony of Egypt*, translated by D. Brakkel, in Th. Head (ed.), *ibid.*, pp. 1-30 ; *Saint Antoine entre mythe et légende*, textes réunis par Ph. Walther, Grenoble, ELLUG, 1996.

(7) *Chronique des abbés de Fontenelle (Saint-Wandrille)*, éd. P. Pradié, Paris, Les Belles Lettres, 1999, pp. 14-15.

(8) *Ibid.*, pp. 12-13.

(9) *Ibid.*, pp. 14-15. ここでは旧約『民数記』(ウルガタ)第三四章第五―六節が援用されている。なお、この理想郷は、*ibid.*, pp. 12-13 に詳しく描写されている。

(10) *Ibid.*, pp. 14-15.

(11) こうしたステレオタイプ化した隠者像については、P. Bretel, *Les ermites et les moines dans la littérature française du Moyen Age (1150-1250)*, Paris, Champion, 1995, とくに《Première partie: Typologie》および pp. 399-450 を参照。なお本書の第三章第2節も参照されたい。

(12) ペルスヴァルが森の隠者のもとに滞留したときに供された食事もつましいものだった。「それはひたすらつましい粗菜のみ、山人参、チシャ、野芹《クレソン》、そして黍、そして大麦とカラス麦のパン、そして澄んだ泉の水」(クレチアン・ド・トロワ『ペルスヴァルまたは聖杯の物語』天沢退二郎訳、「フランス中世文学集」二、白水社、一九九一所収、二六三頁(Chrétien de Troyes, *Le Roman de Perceval ou le conte du Graal*, *op. cit.*, vv. 6501-6504, p. 191))。

(13) S. Cassagnes-Brouquet et V. Chambarlhac, *op. cit.*, p. 185 より引用。

(14) 中世文学における隠者という重要なテーマは前出のブルテルによってあますところなく分析されている。P. Bretel, *Les ermites et les moines dans la littérature française du Moyen Age (1150-1250)*, *op. cit.*

(15) *Tristan et Iseut (Les poèmes français—La saga norroise)*, trad. D. Lacroix et Ph. Walter, Paris, Le Livre de Poche, 1989, pp. 84-88(ベルール『トリスタン物語』新倉俊一訳、「フランス中世文学集」一、白水社、一九九〇所収、一八五―一八七頁)。

(16) *Robert le Diable*, trad. A. Micha, Paris, GF-Flammarion, 1996, p. 35(『悪魔のロベール』天沢退二郎訳、「フランス中世文学集」三(前掲)所収、三三七頁)。ここでは隠者が「大変に美しい場所」に庵を結んで孤住しているが、ブルテル(P. Bretel, *op. cit.*, p. 405)によれば、このように隠者の庵を囲む環境が「悦楽境」(locus amoenus)的に描かれることは珍しい。ちなみに、「マラボンド」(Marabonde)という森の呼称は mar「不幸、禍」と abonde「豊富」の合成語であり、主人公の生を導く二つの道(悪と善、破壊したい欲望と救済のとりなし)の岐路を示すし、生まれたときから主人公に自己撞着を招いている二つの要求(「誰にも文句をつけられず、抵抗もなしに良いことをしようと思うと、たちまち別の考えがやってきて、がたがた文句をつけ、あっという間に、良いことをしようなどという考えからひき離され、別の道へと引きずりこまれる」(同書、三三三頁))の、いずれかを選択する時機を示す。E. Gaucher et M.-M. Castellani, 《Ecriture hagio-

graphique et représentation de la sainteté dans le roman de *Robert le diable*》, *Revue des sciences humaines*, nº 251, *op. cit.*, p. 158.

（17） *La Chanson de Girart de Roussillon*, trad. M. de Combarieu du Grès et G. Gouiran, Paris, Le Livre de Poche, 1993, pp. 556-557.

（18） Chrétien de Troyes, *Yvain ou le Chevalier au Lion*, vv. 2829-2887, in *Œuvres complètes*, éd. sous la dir. de D. Poirion, Paris, Gallimard, 1994, pp. 408-409.

（19） F.-M. Luzel, *Contes populaires de la Basse-Bretagne*, présenté par F. Morvan, t. I, Rennes, Presses univ. de Rennes/Terre de Brume, 1996 (1887), pp. 329-330.

（20） O. Redon, 《Parcours érémitique》, *Médiévales*, Nº 28 (Le choix de la solitude), 1995, pp. 5-9 は示唆に富む。

（21） *Ibid.*, p. 9 から引用。前述のサン＝ヴァンドリーユ大修道院縁起にあった理想郷的な景観描写も思いあわせるべきである。

（22） C. Gauchet, *Le plaisir des champs*, éd. P. Blanchemain, Paris, Franck, 1869, pp. 168-170.

（23） F.-M. Luzel, *op. cit.*, p. 63. この民話の翻訳は、『フランス幻想民話集』植田祐次訳編、現代教養文庫、一九八一に収録されている。

（24） *Ibid.*, p. 207.

（25） M. Devèze, *op. cit.*, t. I, p. 132 より引用。

（26） Robert de Boron, *Merlin*, trad. A. Micha, Paris, GF-Flammarion, 1994, p. 83; *Merlin le Prophète ou le livre du Graal*, trad. E. Baumgartner, Paris, Stock, 1991 (1980), p. 88.

（27） M. Pastoureau, 《La forêt médiévale: un univers symbolique》, in A. Chastel (sous la dir.), *Le château, la chasse et la forêt*, *op. cit.*, p. 89. この中世の森の象徴性に関する卓抜した論文は、三度にわたって発表されている。《Introduction à la symbolique médiévale du bois》, in J.-L. Biget, J. Boissière et J.-C. Hervé (éd.), *Le bois et la ville du Moyen Age au XX*e *siècle*, *op. cit.*, pp. 251-264, さらに同題で *L'arbre. Histoire naturelle et symbolique de l'arbre, du bois et du fruit au Moyen Age*, Paris, Le Léopard d'or, 1993, pp. 25-40. 後者の二本は同題であることからも推察されるように内容的にさしたる変更もないが、最初の論文はこれらと較べると冒頭部分が書き変えられていて、もっとも完成されていると判断される。本書ではもっぱらこれを参照する。

（28） 『ロンサール詩集』高田勇訳、青土社、一九八五、四〇八頁 (Pierre de Ronsard, *Œuvres complètes*, éd. P. Laumonier, 20 tomes, Paris, STFM, 1914-1978, t. XVIII, p. 144, vv. 19-22)。

（29） 「森と樵夫」、『ラ・フォンテーヌ寓話』市原豊太訳、白水社、一九七二（一九五九）所収、二八五頁 (La Fontaine, *Fables*, éd. G. Couton, Paris, Garnier, 1967 (1962), p. 345)。

（30） サンド『フランス田園伝説集』篠田知和基訳、岩波文庫、一九九八（一九八八）、八五頁 (G. Sand, *Légendes rustiques*, préface de E. Bloch-Dano, Saint-Cyr-sur-Loire, Pirot, 2000, p. 94)。

（31） 狼使いについて日本語で読めるものとして、C.-C. & G. ラガッシュ『狼と西洋文明』高橋正男訳、八坂書房、一九九一（一九八九)、一〇〇―一〇六頁。ダニエル・ベルナール『狼と人間――ヨーロッパ文化の深層』高橋正男訳、平凡社、一九九一、一八三―一九四頁。ジル・ラガッシュ『オオカミと神話・伝承』高橋正男訳、大修館書店、一九九二、七六―八〇頁。篠田知和基『人狼変身譚――西欧の民話と文学から』大修館書店、一九九四、三二八―三五一頁。

(32) サヴォワ地方では二〇世紀までこの類の言い伝えがあるという。N. Abry, 《Le bûcheron dans les récits savoyards》, in *La forêt. Perceptions et représentations*, prés. par A. Corvol, P. Arnould et M. Hotyat, Paris/Montréal, L'Harmattan, 1997, pp. 328-329を参照。

(33) F.M. Luzel, *op. cit.*, p. 208. 傍点は筆者。

(34) S. Cassagnes-Brouquet et V. Chambarlhac, *op. cit.*, p. 85. 魔術師としての鍛冶屋については、M. Eliade, *Forgerons et alchimistes*, Paris, Flammarion, 1977 (nouvelle éd.)(エリアーデ『鍛冶師と錬金術師』大室幹雄訳、せりか書房、一九九三(一九七三))、およびアルノ・ボルスト『中世の巷にて』(上)、永野藤夫・井本晌二・青木誠之訳、平凡社、一九八六、二五四―二六〇頁を参照。樵、炭焼き、鍛冶屋に、粉挽き(備蓄する者で、食糧不足を招来する元凶と見做された)と肉屋(金満家で、残酷かつ流血を好む輩と見做された)を付け加えれば、ヨーロッパの農民文化でもっとも恐れられ嫌悪された五つの職業グループが完成する(M. Pastoureau, art. cité, p. 89)。これらさまざまな職業にまつわる俗信については、P. Sébillot, *Légendes et curiosités des métiers*, Paris, E. Flammarion, s. d. が必読。ちなみに、倉本四郎『鬼の宇宙誌』平凡社ライブラリー、一九九八(一九九一)によれば、日本でも火を扱う鍛冶師を鬼に見立てる説があるらしい。

(35) L. Hommel, *Pages choisies de Chastellain*, Paris/Bruxelles, Ed. universitaires, 1949, p. 98; G. Chastelain, *Chronique*, trad. C. Thiry, in D. Régnier-Bohler (sous la dir.), *Splendeurs de la cour de Bourgogne*, Paris, Laffont, 1995, p. 843.

(36) Guibert de Nogent, *Autobiographie*, trad. E.-R. Labande, Paris, Les Belles Lettres, 1981, pp. 52-59.

(37) *La Chanson de Girart de Roussillon*, *op. cit.*, pp. 576-577.

(38) クレチアン・ド・トロワ『ペルスヴァルまたは聖杯の物語』前掲、一五八頁(Chrétien de Troyes, *Le Roman de Perceval ou le conte du Graal*, *op. cit.*, v. 839, p. 25)。

(39) *Lai de Guingamor*, vv. 582-594, in *Lais féeriques des XIIe et XIIIe siècles*, trad. A. Micha, Paris, GF-Flammarion, 1992, pp. 96-97.

(40) M. Pastoureau, art. cité, p. 90. ミニアチュールは炭焼きを半ば毛むくじゃらの野人、半ば真っ黒で動物同然の悪魔といった混血児的な人物として描いている。近代になっても相変わらず炭焼きが忌み嫌われたことについては、A. Corvol, 《La forêt》, art. cité, pp. 696-699を参照。

(41) M. Devèze, *op. cit.*, t. I, pp. 135-136; O. de Marliave, *Petit dictionnaire des mythologies basque et pyrénéenne*, Paris, Entente, 1993, s. v. 《cagots》; F. Bordes, *Sorciers et sorcières. Procès de sorcel-*

lerie en Gascogne et Pays Basque, Toulouse, Privat, 1999, pp. 59-61 ; L. Bély (sous la dir.), *Dictionnaire de l'Ancien Régime*, *op. cit.*, s. v. 《cagots》; O. Ricau, *Histoire des Cagots*, Pau, Princi Néguer, 1999. とくにつぎの研究書は必読。A. Guerreau et Y. Guy, *Les Cagots du Béarn. Recherches sur le développement inégal au sein du système féodal européen*, s. l., Minerve, 1988 ; F. Bériac, *Des lépreux aux cagots. Recherches sur les sociétés marginales en Aquitaine médiévale*, Bordeaux, Fédération historique du Sud-Ouest, 1990.

(42) M. Devèze, *op. cit.*, t. I, pp. 134-135. C. Gauchet, *op. cit.*, p. 170 にも炭焼きが木炭を製造する様子が活写されている。

(43) R. Bechmann, *op. cit.*, pp. 186-187.

(44) S. Cassagnes-Brouquet et V. Chambarlhac, *op. cit.*, p. 95 より引用。

(45) 『悪魔のロベール』前掲、三三〇頁 (*Robert le Diable*, *op. cit.*, p. 27)。

(46) 『ポンチュー伯の息女』新倉俊一訳、「フランス中世文学集」三(前掲)所収、三四頁 (*La Fille du comte de Ponthieu*, in *Le cœur mangé. Récits érotiques et courtois des XIIe et XIIIe siècles*, trad. D. Régnier-Bohler, Paris, Stock, 1994 (1979), p. 257)。

(47) 『グリム童話集』(三)前掲、四〇五頁以下。

(48) *Félix et Thomas Platter à Montpellier 1552-1559/1595-1599*, *op. cit.*, pp. 8-11. E. Le Roy Ladurie, *Le siècle des Platter 1499-1628*, t. I, Paris, Fayard, 1995, pp. 229-230 も参照。旅行者にとっての旅籠の危険性については、ウラ・ハイゼ『亭主――酒場と旅館の文化史』石丸昭二訳、白水社、一九九六、一四六―一五一頁がおもしろく読める。

(49) F. Bellamy, *op. cit.*, t. I, pp. 442-462. ニューバーグのウィリアムに依拠しながら客観的な記述をものしているのは、A. de La Borderie, *Histoire de Bretagne*, t. III, Mayenne, ERO/Spezet, Coop Breizh, 1998 (1899), pp. 210-214 ; ノーマン・コーン『千年王国の追求』江河徹訳、紀伊国屋書店、一九八九(一九七八)、三四―三七頁。とくに後者は、C. Carozzi et H. Taviani-Carozzi, *La fin des temps. Terreurs et prophéties au Moyen Age*, Paris, Flammarion, 1999 (nouvelle éd.), pp. 37-43 とともに、自称メシアたちの出現の歴史的文脈を知る意味でも有益である。ほかに、F. Bellamy, *op. cit.*, t. I, pp. 393-441 ; 田辺保『ケルトの森・ブロセリアンド』青土社、一九九八、二八―三三頁も参照。

(50) 以下、C. Carozzi et H. Taviani-Carozzi, *ibid.*, pp. 161-164 にある仏訳を参照しながら略述。

(51) エオンが説教活動を開始したのは一一四五年ころとされるが、この年(ないし前年)に彗星が目撃されていて、これを当時の人々は凶兆ととらえた。すなわちエオンら異端者の登場を前触れするものだと。またこのころ、天候不順のせいで不作が続き、飢饉と戦争にブルターニュの住民は喘いでいた。エオン一派が出現する不穏な状況を説明する史料については、F. Bellamy, *op. cit.*, pp. 408-409 を参照。

(52) R. Clouet, *Robin-des-Bois : le hors-la-loi légitime des ballades médiévales*, Villeneuve d'Ascq, Presses univ. du Septentrion, 1999

(thèse 1998) ; P. Brunel (sous la dir.), *Dictionnaire des mythes littéraires*, s. l., Ed. du Rocher, 1994 (nouvelle éd. augmentée), s. v. 《Robin des Bois》. ロビン・フッド伝説について日本語で読めるものに、たとえば、上野美子『ロビン・フッド伝説』研究社出版、一九八八、同『ロビン・フッド物語』岩波新書、一九九八、および川崎寿彦、前掲書、八六―一四〇頁、ホウルト『ロビン・フッド――中世のアウトロー』有光秀行訳、みすず書房、一九九四がある。ちなみにアウトローについては、いまや古典ともいえるM. Keen, *The outlaws of medieval legend*, London/New York, Routledge, 2000 (1961) を参看すべきであろう。

(53) 修道士ウスタッシュの生涯については、G. Burgess, *Two medieval outlaws. Eustace the Monk and Fouke Fitz Waryn*, Cambridge, D. S. Brewer, 1997, pp. 7-40 に詳しい。

(54) *Wistasse le Moine*, hrsg. von W. Foerster und J. Trost, Genève, Slatkine Reprints, 1976 (1891). 英訳は、G. Burgess, *ibid.*, pp. 50-78 を参照。

(55) ホウルト、前掲書、第四章を参照。

(56) *Fouke Fitz Warin*, éd. L. Brandin, Paris, Champion, 1930. 英訳は、G. Burgess, *op. cit.*, pp. 132-183 を、人と作品についても *ibid.*, pp. 91-131 を参照せよ。

(57) *Le Charroi de Nîmes*, vv. 14-27, éd. bilingue de C. Lachet, Paris, Gallimard, 1999, pp. 46-49. *Le cycle de Guillaume d'Orange* (*Anthologie*), trad. D. Boutet, Paris, Le Livre de Poche, 1996, pp. 150-153 も参照。

(58) 『ニーベルンゲンの歌』(前編)、相良守峯訳、岩波文庫、一九九九(一九五五)、二四九頁(第一五歌章)。

(59) *Mémoires de Robert de La Marck, seigneur de Fleurange et de Sedan*, in *Choix de chroniques et mémoires sur l'histoire de France*, éd. J. A. C. Buchon, Paris, Desrez, 1836, pp. 219-220. なおフルランジュ元帥は王家の鷹狩り一行の構成についても記録していて貴重(*ibid.*, p. 220)。

(60) L. Bély (sous la dir.), *Dictionnaire de l'Ancien Régime, op. cit.*, s. v. 《chasse》.

(61) J. Le Goff et J.-C. Schmitt (sous la dir.), *Dictionnaire raisonné de l'Occident médiéval*, Paris, Fayard, 1999, s. v. 《chasse》. この項目を執筆したアラン・ゲローはこれまでの狩猟の記述に新しい知見をいくつか提出している。ほかに、A. Chastel (sous la dir.), *Le château, la chasse et la forêt, op. cit.* 所収の論文(とくに、C. de Mérindol, R. Delort, A. Labbé)、あるいは *Milieux naturels, espaces sociaux. Etudes offertes à Robert Delort*, travaux réunis par E. Mornet et F. Morenzoni, Paris, Publications de la Sorbonne, 1997 所収の諸論文も役立つ。鹿狩りについては、高橋薫「鹿の蹄を王に捧げる」、『フランス十六世紀読書報告』、一九九五所収、一三一―七六頁が力作。M. Thiébaux, *The stag of love. The chase in Medieval literature*, Ithaca/London, Cornell U. P., 1974 ; B. Hell, *Le sang noir. Chasse et mythes du Sauvage en Europe*, Paris, Flammarion, 1994 ; *L'imaginaire de la chasse. Hier et demain*, Chalon sur Saône, Atelier CRC France, 1988 も参照。

(62) Jean Birrell-Hilton, 《La chasse et la forêt en Angleterre médiévale》, in A. Chastel (sous la dir.), *ibid.*, pp. 69–80 は簡略ながら要を得た論文である。

(63) 種村季弘「シチリアの鷹――フリードリヒ二世の『鷹の書』」、「種村季弘のネオ・ラビリントス」第二巻『奇人伝』河出書房新社、一九九八所収、三三五―三四七頁が要領を得た紹介になっている。鷹狩りについては、C. Beck et E. Rémy, *Le faucon, favori des princes*, Paris, Gallimard, 1990 を参照。

(64) Gaston Phébus, *Le Livre de la chasse*, trad. R. et A. Bossuat, Paris, Lebaud, 1986, p. 37. 中世文学における恋愛、戦争、狩猟の三幅対については、A. Strubel et C. de Saulnier, *La poétique de la chasse au Moyen Age*, Paris, PUF, 1994, pp. 165–172 を参照。

(65) *Le Livre de chasse du Roy Modus*, trad. G. Tilander, Limoges, A. Ardant, 1973, p. 27.

(66) *Le Livre de Caradoc*, trad. M. Szkilnik, in D. Régnier-Bohler (sous la dir.), *La légende arthurienne*, Paris, R. Laffont, 1998 (10e éd.), pp. 439–440. ジャン・ルナール『鳶』のモンティヴィリエ伯も戦法に通暁し、臣下の小貴族から慕われ、彼らの妻たちに毛皮のマントを贈る慇懃さを具えるばかりでなく、「川での狩猟(鴨、アオサギなどの水辺の鳥獣猟)や森での狩猟、チェス、トリックトラックにだれよりも手だれていた」(Jean Renart, *L'escoufle*, trad. A. Micha, Paris, Champion, 1992, pp. 2–3)。

(67) クセノポンの『狩猟について』は邦訳で読むことができる。クセノポン『小品集』松本仁助訳、京都大学学術出版会、二〇〇〇所収、一九八―二四三頁。中世に書かれた狩猟書全般については、きわめて優れた A. Strubel et C. de Saulnier, *La poétique de la chasse au Moyen Age*, *op. cit.* を参照しなければならない。

(68) マット・カートミル『人はなぜ殺すか――狩猟仮説と動物観の文明史』内田亮子訳、新曜社、一九九五、一〇五頁。

(69) デュ・フイユーについては、F. Remigereau, *Jacques du Fouilloux et son traité de* la Vénerie, Paris, Les Belles Lettres, 1952 を参照。あわせて A. Strubel et C. de Saulnier, *op. cit.*, pp. 11–54; M. Thiébaux, *op. cit.*, pp. 26–28 も参照。

(70) S. Cassagnes-Brouquet et V. Chambarlhac, *op. cit.*, p. 57. 近代におけるローマ教会の対狩猟観については、Ph. Salvadori, *La chasse sous l'Ancien Régime*, Paris, Fayard, 1996, pp. 175–182.

(71) J. Gardelles, 《La chasse dans l'architecture et le décor des châteaux au Moyen Age》, in A. Chastel (sous la dir.), *Le château, la chasse et la forêt*, *op. cit.*, pp. 129–139; F. Enaud, 《L'une des plus anciennes peintures murales de chasse à courre en France à l'église de Clans (Alpes Maritimes)》, in *ibid.*, pp. 175–185; N. de Reyniès, 《Tapisseries de chasse》, in *ibid.*, pp. 217–231.

(72) C. de Mérindol, 《De la hiérarchie et de la symbolique des chasses à la fin du Moyen Age. Emblématique et art》, in *ibid.*, pp. 147–149; D. Vingtain, *Avignon. Le Palais des Papes*, s. l., Zodiaque, s. d. [2000], pp. 256–260 を参照。

(73) M. Devèze, *op. cit.*, t. II, p. 70.

(74) D. Boccassini, 《"Le deduit du roy": les chasses de François

Ier》, in J. Céard, M. M. Fontaine et J.-C. Margolin (sous la dir.), *Le corps à la Renaissance*, Paris, Aux Amateurs de Livres, 1990, pp. 321-335を参照。

(75)　R. J. Knecht, *Renaissance warrior and patron: the reign of Francis I*, Cambridge, Cambridge U. P., 1994, p. 111.

(76)　Brantôme, *Recueil des Dames, poésies et tombeaux*, éd. E. Vaucheret, Paris, Gallimard, 1991, p. 35. 当時のヴェネツィア大使がつぎのように書いて驚きを隠していないことからしても、女性による狩猟は奇異に映ったようだ。「もっとも不思議なのは、彼女〔カトリーヌ〕も狩猟に同道することです。昨年、彼女は王から離れることはけっしてありませんでした。王とともに鹿を追って走り、信じられないことですが、びっしり樹木の生い茂った茂みのなかを行くときも、低林や木々の枝を巧みにかわすのです。それは大変な器用さと馬術の技が必要とされることなのです」(*ibid.*, p. 1047, n. 2)。

(77)　アンシャン・レジーム期の狩猟については、Ph. Salvadori, *La chasse sous l'Ancien Régime*, *op. cit.* が基本書。

(78)　F. Bardon, *Diane de Poitiers et le mythe de Diane*, Paris, PUF, 1963, pp. 52-53.

2　田舎領主グーベルヴィル殿と森

(1)　この猟官運動の次第については、宮下志朗『エラスムスはブルゴーニュワインがお好き』白水社、一九九六、六八―一〇二、二一二―二三〇頁を参照。おそらくこれが日本語で読めるもっとも便利なグーベルヴィル殿の紹介である。

(2)　使用したテクストは、*Le Journal du sire de Gouberville*, éd. A. de Blangy et E. Robillard de Beaurepaire, 3 vol., Village du pont Neuville, Les éditions des champs, 1993 (1892-1895) であるが、参看指示を逐一註記すると煩雑なので、本文に日付を明示して参照の便に供した。なお、使用した版本の第四巻(一九九四)は参考資料と索引からなる。

(3)　E. Le Roy Ladurie, 《La verdeur du bocage》, repris dans A. Tollemer, *Analyse du journal manuscrit d'un sire de Gouberville gentilhomme campagnard*, 2 vol., Village du pont Neuville, Les éditions des champs, 1993 (1873), t. I, p. V.

(4)　A. Tollemer, *op. cit.*, t. I, pp. 179-207, 364-404; t. II, pp. 443-477. ほかに、E. Le Roy Ladurie, art. cité, pp. V-L (これは多少の字句修正を経て、F. Braudel et E. Labrousse (sous la dir.), *op. cit.*, pp. 659-689に組み込まれた); M. Foisil, *Le sire de Gouberville*, Paris, Flammarion, 1986 (1981) を参照した。前者ル・ロワ・ラデュリーの論文は、ノルマンディーの田舎領主の世界を農業活動、社会構造、日常性の観点から的確に描出してみせているし、後者フォワジルの著書は田舎領主の世界における人々の生き方と感じ方を日記から読み取り、それを一六世紀フランス全体にまで投影してルネサンス人の心性を剔出しようとする試みで、現在までのところもっとも充実した研究になっている。また、C. Blanguernon, *Gilles de Gouberville, gentilhomme du Cotentin*, Village du pont Neuville, Les éditions des champs, 1993; G. Huppert, *Les bourgeois gentilshommes. An essay of the definition of elites in Renaissance France*, Chicago/London, The University of Chicago Press, 1977 (trad. fr.: *Bourgeois et gentilshommes. La réussite sociale en France au XVIe siècle*, Paris, Flammarion, 1983); P. de Vaissière, *Gentilshommes campagnards de l'ancienne France*, Paris, Perrin, 1903 も参照。

（5） M. Devèze, *op. cit.*, t. II, p. 159.

（6） M. Foisil, *op. cit.*, p. 43.

（7） M. Devèze, *op. cit.*, t. II, p. 158.

（8） *Ibid.*, t. I, pp. 234-235; L. Delisle, *Etudes sur la condition de la classe agricole et l'état de l'agriculture en Normandie au Moyen Age*, *op. cit.*, pp. 416-417.

（9） E. Le Roy Ladurie, art. cité, p. IX.

（10） A. Tollemer, *op. cit.*, t. I, p. 205. ヨーロッパ人の狼に対する恐怖と妄想については、第三章第7節に詳述する。

（11） E. Le Roy Ladurie, art. cité, p. XI.

（12） M. Foisil, *op. cit.*, p. 44, n. 11.

3 フィリップ・ダルクリプの小話集にみる森の生活

（1） M. Devèze, *op. cit.*, t. I, p. 240.

（2） *Ibid.*, p. 241.

（3） *Ibid.*, p. 238 より引用。

（4） *Ibid.*, p. 241.

（5） *Ibid.*, t. II, pp. 209-210.

（6） フィリップ・ダルクリプの研究はきわめて立ち遅れていて、本書でもわずかにつぎのものを参照しえたにすぎない。G.-A. Pérouse, *Nouvelles françaises du XVIe siècle. Images de la vie du temps*, Genève, Droz, 1977, pp. 251-267; Philippe d'Alcripe, *La nouvelle fabrique des excellents traicts de verité*, éd. F. Joukovsky, Genève, Droz, 1983, pp. VII-CX (Introduction).

（7） Philippe d'Alcripe, *ibid.*, p. 165. ここでは、このジューコヴスキー版を底本とするが、フィリップの小話は多くが一話につき二頁ほどの分量しかないので、小話の番号を本文にて明記する。参照したテクストには、ほかに一九世紀に刊行されたエルゼヴィール文庫版のリプリントがある。Ed. [Gratet-Duplessis], Bassac, Plein Chant, 1994 (1853).

（8） *Ibid.*, p. XII.

（9） G.-A. Pérouse, *op. cit.*, pp. 252-254.

（10） *Ibid.*, p. 254.

（11） マルコ・ポーロ『東方見聞録』二、愛宕松男訳、平凡社、一九九四（一九七一）、三〇九頁（Marco Polo, *Le devisement du monde. Le livre des merveilles*, trad. L. Hambis, introd. et notes de S. Yerasimos, t. II, Paris, La Découverte, 1991 (1980), pp. 534-535）。

（12） 類話に第九話がある。ルーアンの魚屋の女房はあまりの寒さに鼻が凍ってしまい、洟をかんだら鼻が顔面からもげてしまったのにも気づかず、地面にポイッと投げ捨てた。それを雌鴨が呑みこんでしまったから、さあ大変。帰宅した母親に鼻がないのを見た子どもたちは、怖がって逃げまどう始末。父親がそれはお母さんだよと安心させるものの、子どもたちは鼻なし母さんを見て笑ったり嘆き悲しんだりしたという話。

(13) モルトメール大修道院がリヨンの森にグランジュを創設、他の修道院との確執を経て、やがて集落が形成されていった過程については、L. Delisle, *op. cit.*, pp. 394-400, 401 を参照。

(14) Ph. d'Alcripe, *op. cit.*, p. 165.

(15) 宗教戦争の時代に、兵隊くずれのならず者や戦火を逃れて森に逃げこんだ農民たちが暴徒化したことについては、M. Devèze, *op. cit.*, t. II, pp. 232-237 を参照。

(16) Ph. d'Alcripe, *op. cit.*, pp. 71-72.

(17) 《Le Sieur de Neri, aux Mesdisans》, vv. 3-8, in *ibid.*, p. 8.

第三章　想像界の森(1)——呪われた空間

1　想像界の森の両義性

(1) G. Bertrand, 《Pour une histoire écologique de la France rurale》, in G. Duby et A. Wallon (sous la dir.), *Histoire de la France rurale*, t. I: *La formation des campagnes françaises des origines à 1340*, Paris, Seuil, 1992(1975), p. 95.

(2) G. Durand, *Les structures anthropologiques de l'imaginaire*, Paris, Bordas, 1981(8e éd.), p. 281.

(3) ブロセリアンドの森については、F. Bellamy, *La Forêt de Brocéliande*, *op. cit.* を、またアルデンヌの森については、きわめて有益な D. Quéruel, 《Les Ardennes dans la littérature romanesque du Moyen Age》, *Etudes Champenoises*, 5, 1986, pp. 37-49 を参照。

(4) Ph. Ménard, 《Le château en forêt dans le roman médiéval》, in A. Chastel (sous la dir.), *Le château, la chasse et la forêt*, *op. cit.*, p. 196. あまりに簡略すぎるという憾みはあるものの、ジャック・リバール『中世の象徴と文学』原野昇訳、青山社、二〇〇〇、二二六—二二九頁も参照。

(5) F. Godefroy, *Dictionnaire de l'ancienne langue française*, Nendeln/Liechtenstein, Kraus Reprint, 1969 (1883), s. v. 《desvoiable》にある文例。ちなみに、散文ロマン『ランスロ』における森のイメージについては、M. de Combarieu, 《Le nom du monde est forêt. (Sur l'imaginaire de la forêt dans le *Lancelot en prose*)》, *Cahiers de Recherches Médiévales*, 3, 1997, pp. 79-90 を参照。

(6) ガストン・バシュラール『空間の詩学』岩村行雄訳、思潮社、一九八〇(一九六九)、二三三頁。

(7) *Le Chevalier à l'épée*, trad. E. Baumgartner, in D. Régnier-Bohler (sous la dir.), *La légende arthurienne*, *op. cit.*, p. 516.

(8) バシュラール、前掲書、二三四頁。

(9) L. Hommel, *Pages choisies de Chastellain*, *op. cit.*, pp. 91-104; G. Chastelain, *Chronique*, trad. C Thiry, in D. Régnier-Bohler (sous la dir.), *Splendeurs de la cour de Bourgogne*, *op. cit.*, pp. 836-848. ホイジンガは『中世の秋』第二〇章でこのエピソードを採り上げている。J. Huizinga, *L'automne du Moyen Age*, trad. J. Bastin,

Paris, Payot, 1975, pp. 354-355（ホイジンガ『中世の秋』(下)、堀越孝一訳、中公文庫、一九七六、二六四―二六五頁）。
(10) L. Hommel, *op. cit.*, p. 94.
(11) *Ibid.*
(12) Ch・タミジエの表現。M. de Combarieu, 《Le nom du monde est forêt. (Sur l'imaginaire de la forêt dans le *Lancelot en prose*)》, art. cité, p. 79 に引用。
(13) バシュラール、前掲書、二三三頁。
(14) *Les bois sacrés, op. cit.* に収められた諸論文を参照。
(15) J.C Schmitt, 《Les 《superstitions》》, in J. Le Goff et R. Rémond (sous la dir.), *Histoire de la France religieuse*, t. I, Paris, Seuil, 1988, pp. 441-444（ジャン＝クロード・シュミット『中世の迷信』松村剛訳、白水社、一九九八、四二頁）。
(16) ブラガのマルティヌス『田舎者たちへの訓戒』須藤和夫・別宮幸徳訳、「中世思想原典集成」五『後期ラテン教父』野町啓監修、平凡社、一九九三所収、四二五―四四〇頁(Martin de Braga, *Comment ramener les Paysans à la vraie Foi*, in C. Lecouteux, *Mondes parallèles. L'univers des croyances du Moyen Age*, Paris, Champion, 1994, pp. 13-24)。引用は四二五頁(*ibid.*, p. 14)より。
(17) 同上、四二七頁(*ibid.*, p. 15)。
(18) 同上、四二七―四二八頁(*ibid.*, p. 16)。
(19) 同上、四二八頁(*ibid.*)。
(20) 同上(*ibid.*, pp. 16-17)。
(21) 同上、四三四頁(*ibid.*, p. 21)。
(22) Ph. Ménard, art. cité, p. 200. 簡潔ながら中世の森の本質を衝いた相変わらず切れ味鋭いポール・ズムトールの立論も看過することはできない。P. Zumthor, *La mesure du monde*, Paris, Seuil, 1993, pp. 64-68. ちなみに、この中世の想像界の森がウェルギリウスにおける森のイメージとさしたる懸隔を見せていないところからすると、ヨーロッパにおける森の象徴には常数があると知られる。P. Gallais et J. Thomas, *op. cit.*, pp. 52-57.

2 隠者と悪魔の誘惑

(1) ブラガのマルティヌス『田舎者たちへの訓戒』前掲、四二六頁(trad. fr., *op. cit.*, p. 14)。
(2) S. Cassagnes-Brouquet et V. Chambarlhac, *op. cit.*, p. 78.
(3) P. Bretel, *op. cit.*, pp. 241-246 ; F. V. Calle Calle, *Les représentations du diable et des êtres diaboliques dans la littérature et l'art en France au XII*^{e} *siècle*, t. I, Villeneuve d'Ascq, Presses univ. du Septentrion, 1998, pp. 229-260, 324-361.
(4) ヌルシアのベネディクトゥス『戒律』古田暁訳、「中世思想原典集成」五『後期ラテン教父』(前掲)所収、二四七頁。
(5) 本書第一章第2節及び第二章第1節(1)を参照されたい。P. Bretel, *op. cit.*, pp. 403-404 も参照。
(6) Athanase d'Alexandrie, *op. cit.*, pp. 142-171, 272-279 (アレクサンドレイアのアタナシオス『アントニオス伝』前掲、七七八―七八五、八一一―八一三頁)。
(7) *Saint Antoine entre mythe et légende, op. cit.* および神原正

明『ヒエロニムス・ボスの図像学』人文書院、一九九七、八三―一四一頁を参照。

（８） たとえば『砂漠の師父の言葉』には悪魔の誘惑と闘う隠者の逸話が豊富に収められている。*Les sentences des pères du désert, collection alphabétique*, trad. Dom L. Regnault, Sablé-sur-Sarthe, Abbaye Saint-Pierre de Solesmes, 1981; *Les chemins de Dieu au désert. La collection systématique des Apophtegmes des Pères*, trad. Dom L. Regnault, Solesmes, Ed. de Solesmes, 1992. 中世フランスのテクストではたとえば、*La vie des pères*, éd. F. Lecoy, 2 vol., Paris, SATF, 1987-1993; *L'Histoire des moines d'Egypte, suivie de La vie de saint Paul le Simple*, éd. M. Szkilnik, Genève, Droz, 1993 を挙げておく。

（９） Athanase d'Alexandrie, *op. cit.*, pp. 142-143（アレクサンドレイアのアタナシオス『アントニオス伝』前掲、七七八頁）。

（10） Saint Jérôme, *Vivre au désert*, *op. cit.*, p. 70.

（11） 《La vie de saint Jehan Paulu [*sic*]》, in C. Gaignebet et J.-D. Lajoux, *op. cit.*, pp. 310-312. ちなみに、ジャン・パウリュスの異名「パウリュ」(Paulu)は「ポワリュ」(Poilu)、つまり「毛むくじゃらの男」を意味するところから来ている。J. Voisenet, *Bêtes et hommes dans le monde médiéval. Le bestiaire des clercs du Ve au XIIe siècle*, Turnhout, Brepols, 2000, p. 280 を参照。

（12） P. Bretel, *op. cit.*, pp. 235-237. 同じブルテルによれば、隠者・修道士を主人公とした物語のパターンはほかに、事実無根の非難を受けながらやがて名誉が回復されるというパターン、誘惑に抗しえて試練は無事終わり天国に赴くパターン、誘惑に屈しても悔悛することなく命を終え劫罰を受けるパターンがある。F. Dubost, *Aspects fantastiques de la littérature narrative médiévale (XIIème-XIIIème siècles)*, t. II, Paris, Champion, 1991, pp. 643-658 も参考になる。

（13） Athanase d'Alexandrie, *op. cit.*, pp. 262-263（アレクサンドレイアのアタナシオス、前掲書、八〇九―八一〇頁）。

（14） ヌルシアのベネディクトゥス『戒律』前掲、二四八―二四九頁。

（15） S. Cassagnes-Brouquet et V. Chambarlhac, *op. cit.*, p. 115.

（16） J. Le Goff et J.-C. Schmitt (sous la dir.), *Dictionnaire raisonné de l'Occident médiéval*, *op. cit.*, s. v. 《diable》.

（17） J. Le Goff, *La civilisation de l'Occident médiéval*, *op. cit.*, p. 135.

（18） Ph. Walter, *La mémoire du temps. Fêtes calendriers de Chrétien de Troyes à La Mort Artu*, Paris, Champion, 1989, p. 495 に引用。一二世紀末に、ギラルドゥス・カンブレンシスも『カンブリア旅行記』第一巻第一二章で、地上に突き落とされた天使たちが未開の自然のなかに隠れ棲む霊になったことを、ある悪霊の口を通して伝えている。「キリストが生身で生誕するまえは、悪霊たちが人類に大きな力を発揮していたのです。しかしキリストが来てからは、この力もひどく弱められましてね。キリストの存在をまえにしては、悪霊たちも慌ててここかしこへと散っていきましたよ。ある者たちは海に飛び込み、またある者たちは木々の洞や岩の隙間に隠れました。かくいう私は泉のなかに潜りました」(Gerald of Wales, *The Journey through Wales*, translated by L. Thorpe, Harmondsworth, Penguin Books, 1978, p. 155. C. Lecouteux et Ph. Marcq, *Les esprits et les morts*, Paris, Champion, 1990, p. 45 の仏訳も参照した)。

(19) 『ローマ人物語 ゲスタ・ローマノールム』永野藤夫訳、東峰書房、一九九六、三四九―三五二頁(第二〇一篇「聖ラウレンティウスの誕生について」)。

(20) B. de Gaiffier, 《Le diable, voleur d'enfants. A propos de la naissance des saints Etienne, Laurent et Barthélemy》, repris dans *Etudes critiques d'hagiographie et d'iconologie*, Bruxelles, Société des Bollandistes, 1967, pp. 169-193.

(21) J.-C. Schmitt, *Le saint Lévrier. Guinefort, guérisseur d'enfants depuis le XIIIe siècle*, Paris, Flammarion, 1979.

(22) 構造主義人類学の先駆者ボガトゥイリョーフはカルパチア地方の俗信にもこれに類似したポドミニチャと呼ばれるものがあることを報告しているように、この民間伝承はヨーロッパを中心に世界各地に存在する。ボガトゥイリョーフ『呪術・儀礼・俗信――ロシア・カルパチア地方のフォークロア』千野栄一・松田州二訳、岩波書店、二〇〇〇(一九八八)、一五〇頁。

(23) *Perlesvaus*, trad. C. Marchello-Nizia, in D. Régnier-Bohler (sous la dir.), *La légende arthurienne*, *op. cit.*, pp. 247-251. P. Bretel, *op. cit.*, p. 407 も参照。

(24) 『聖杯の探索』天沢退二郎訳、人文書院、一九九四、一四四―一四五頁。

(25) 同上、一四五頁。

(26) F. V. Calle Calle, *op. cit.*, t. I, pp. 246-248; S. Cassagnes-Brouquet et V. Chambarlhac, *op. cit.*, p. 118.

(27) 『聖杯の探索』前掲、一四六頁。P. Bretel, *op. cit.*, p. 258 も参照。

(28) 同上。

(29) S. Cassagnes-Brouquet et V. Chambarlhac, *op. cit.*, p. 117.

(30) L. Hommel, *op. cit.*, p. 96.

(31) *Ibid.*

(32) *Ibid.*, p. 97.

(33) 『悪魔の罠』を唐突にも引いてきたのは、S. Cassagnes-Brouquet et V. Chambarlhac, *op. cit.*, p. 114 に従ってのことだが、『悪魔の罠』については、未見。J. Lefebvre, *Les fols et la folie*, Paris, Klincksieck, 1968, p. 94, n. 74 を参照。ところで森が悪魔の棲処であるとは、たとえば C. Lecouteux, *Démons et génies du terroir au Moyen Age*, *op. cit.*, p. 41; R. Villeneuve, *Dictionnaire du diable*, Paris, Omnibus, 1998, s. v. 《forêts》も参照。

(34) J. Delumeau, *La peur en Occident* Paris, Fayard, 1982 (1978), coll. 《Pluriel》, pp. 315, 317(ドリュモー『恐怖心の歴史』永見文雄・西澤文昭訳、新評論、一九九七、四五二、四五四頁)。近世初期フランスにおける悪魔のイメージを詳述した M. Closson, *L'imaginaire démoniaque en France (1550-1650). Genèse de la littérature fantastique*, Genève, Droz, 2000 も参照のこと。

(35)　詳しくは、伊藤進『怪物のルネサンス』河出書房新社、一九九八、三一八頁以下を参照されたい。

(36)　魔女狩り研究の第一人者であるミュシャンブレードによる「悪魔の歴史」はなかなかに興味深いのだが、とくにその第三章、第四章は本節の優れた補論となりうる。R. Muchembled, *Une histoire du diable, XIIe-XXe siècle*, Paris, Seuil, 2000.

(37)　伊藤進、前掲書、三〇八頁以下を参照されたい。

(38)　J.P. Seguin, *L'information en France avant le périodique. 517 canards imprimés entre 1529 et 1631*, Paris, Maisonneuve et Larose, 1964. このスガンの研究が瓦版の基本書である。

(39)　スガンは上記の研究書で瓦版を内容によって分類しているが、そこで悪魔関係の瓦版を六二点としているのである(*ibid.*, pp. 114-121)。本書ではスガンに従っている。

(40)　参看しえた瓦版を参考までに上記スガンの整理番号で示しておく。401, 403-411, 415, 417, 419, 422-425, 428, 431-434, 436, 439-443, 447-453, 455-460. なお、瓦版のテクストは現在ほぼつぎのもので参照するしかない。M. Lever, *Canards sanglants. Naissance du fait divers*, Paris, Fayard, 1993; E. Fournier, *Variétés historiques et littéraires*, 10 vol., Paris, Jannet, 1855-1863. これらに載せられていない閲覧困難な瓦版については、その写真複写の提供を平野隆文氏から受けることができた。記して感謝申し上げたい。

(41)　T. Hirano, *Le diable dans les occasionnels (canards) –Du crépuscule de la Renaissance au Temps du Baroque–*, Mémoire de D. E. A. Univ. Paris X, 1995.

(42)　ただし、筆者未見の瓦版(*Histoire admirable d'un Gentil-homme Portugais*..., 1613)はつぎのような粗筋で、隠者と悪魔の関係を窺わせるところがあるようだ(Hirano, *ibid.*, p. 55による)。武器商を生業としていた作者＝語り手がポルトガル人の友人といっしょに俗世間を捨てて、山間に隠者と共住する。ある日、三人が枝の束を作りに森にはいると、サバト(魔女集会)を開いている魔法使いたちにたまたま出会う。魔法使いたちはポルトガル人を眠らせ、そのあいだに二人の眼に魔法をかける。しかし神の力で、彼らは魔法使いどもの魔法から無事逃れるというもの。

(43)　ほかに、狩猟の帰途に貴族が魔法使いの魔術で急死した事件を報じる瓦版(スガンによる整理番号では410)もあるが、森への言及は皆無。森と悪魔との関係には直接関わらないが、まるで中世の妖精物語を彷彿させるような瓦版(スガンによる整理番号では456)もある。ラ・ミル男爵はフォントネ＝ル＝コントへ行くのに「サン・フレマンの森」を従兄弟たちとともに通っていると、時刻は三時半ころのこと、ラ・ベロディエール殿という貴族に出会う。ラ・ベロディエールは他の五人と鷹狩りで山鶉《やまうずら》を捕らえようとしているところだった。彼らがお互いに挨拶を交わすと、ラ・ベロディエールは男爵一行に自分の城に立ち寄るようしきりに勧める。ラ・ベロディエールの城での歓待のさなか、話がたまたま城の裏手の館に霊が現れる一件に及ぶと、興味津々の男爵はぜひそこに泊まりたいと言いだす。さて館の部屋に男爵が独りで寝ていると、ドアが開いて「ニンフ」たちがはいってくる。男爵はニンフに導かれて庭に出る。すると地面が裂けて墓が現れる。

墓が開くと花におおわれて横たわる人の姿が現れ、やがてまた地中に消えていった。ニンフは男爵をまたもとの部屋に導き入れ、壺を残して消え去る。その夜じゅう、壺から芳香が漂い出ていたが、夜明けとともにすべてが霧散した、というもの。

（44） スガンによる整理番号は 443。

3　狂気の場——彷徨と野生

（1） ミシェル・フーコー『狂気の歴史——古典主義時代における』田村俶訳、新潮社、一九七五。フーコーは精神病院の起源を追いながら、中世という時代の重要性は認識しているものの狂気の研究対象を一七、一八世紀にしか置いていない。中世の狂気については、M. Laharie, *La folie au Moyen Age, XIe-XIIIe siècles*, Paris, Le Léopard d'or, 1991 を参看しなければならない。なお狂気に関して、後出註（3）に記した研究とともに以下の研究も参照。*La folie et le corps*, études réunies par J. Céard, Paris, Presses de l'Ecole Normale Supérieure, 1985 ; *Folie et déraison à la Renaissance*, Bruxelles, Editions de l'Université de Bruxelles, 1976 ; R. Klein, 《Le thème du fou et l'ironie humaniste》, repris dans *La forme et l'intelligible*, Paris, Gallimard, 1970, pp. 433-450 ; B. Chaput, 《La condition juridique et sociale de l'aliéné mental》, in G.-H. Allard (sous la dir.), *Aspects de la marginalité au Moyen Age*, Montréal, L'Aurore, 1975, pp. 39-47 ; H. C. Erik Midelfort, *A history of madness in sixteenth-century Germany*, Stanford, Stanford U. P., 1999.

（2） たとえば『悪魔のロベール』「フランス中世文学集」三（前掲）、『トリスタン佯狂』新倉俊一訳、同一（前掲）所収を参照せよ。

（3） J.-M. Fritz, *Le discours du fou au Moyen Age, XIIe-XIIIe siècles*, Paris, PUF, 1992, p. 16.

（4） Gaufridi de Monemuta, *Vita Merlini*, vv. 72-83, trad. C. Bord et J.-Ch. Berthet, in Ph. Walter (sous la dir.), *Le devin maudit. Merlin, Lailoken, Suibhne. Textes et étude*, Grenoble, ELLUG, 1999, pp. 60-63. Geoffrey de Monmouth, *La vie de Merlin*, trad. I. Jourdan, Castelnau-le-Lez, CLIMATS, 1996 も参照した。

（5） *Ibid.*, v. 224.

（6） Chrétien de Troyes, *Œuvres complètes*, *op. cit.*, p. 1210, n. 2.

（7） Chrétien de Troyes, *Yvain ou le Chevalier au Lion*, vv. 2784-2791, in *ibid.*, pp. 406-407.

（8） *Ibid.*, v. 2799.

（9） *Ibid.*, vv. 2806-2807.

（10） *Ibid.*, vv. 2816-2839. ここで参照依拠しているテクストは Karl D. Uitti による校訂であるが、「イヴァンは近づいた」（《Yvains s'en va.》）(v. 2821) の詩句には「〔矢を奪い取るだけの〕正気はあった」（《S'ot tant de san.》）の異本文もある (W. Foerster による校訂を採用した trad. M. Rousse, Paris, GF-Flammarion, 1990, p. 175 (v. 2819) を参照)。

（11） S. Cassagnes-Brouquet et V. Chambarlhac, *op. cit.*, p. 108.

（12） J. Le Goff, 《Lévi-Strauss en Brocéliande》, repris dans

L'imaginaire médiéval, *op. cit.*, pp. 156-157（ルゴフ「ブロセリアンドのレヴィ＝ストロース」、『中世の夢』（前掲）所収、一七二頁）。

（13） R. Bernheimer, *Wild Men in the Middle Ages*, New York, Octagon Books, 1979 (1952), p. 12.

（14） *Lailoken ou la Vie du Merlin sylvestre*, trad. C. Bord et J.-Ch. Berthet, in Ph. Walter (sous la dir.), *Le devin maudit*, *op. cit.*, pp. 176-177.

（15） *Buile Suibhne*, §11, trad. N. Stalmans, in *ibid.*, p. 209.「シヴネ」の表記は、*ibid.*, p. 232による。

（16） *Ibid.*

（17） *Lailoken ou la Vie du Merlin sylvestre*, *op. cit.*, pp. 176-177.

（18） Ph. Walter (sous la dir.), *Le devin maudit*, *op. cit.*, pp. 11-16, とくにp. 15. Ph. Walter, *Merlin ou le savoir du monde*, Paris, Imago, 2000, pp. 120-123も参照。

（19） *Lancelot*, trad. A. Micha, t. II, Paris, 10/18, 1995 (1984), p. 388.

（20） *Les facétieuses nuits de Straparole*, traduites par Jean Louveau et Pierre de Larivey, t. I, Paris, Jannet, 1857, p. 308. ストラパローラと同時代の、ルヴォーとラリヴェーによる仏訳は、読みやすい現代仏訳で刊行されている。Straparola, *Les nuits facétieuses*, traduction revue et postfacée par J. Gayraud, Paris, Corti, 1999.

（21） *Ibid.*, p. 309.

（22） P. Delarue et M.-L. Tenèze, *Le conte populaire français*, t. II, Paris, Maisonneuve et Larose, 1964, pp. 221-227. R. Bartra, *The artificial savage. Modern myths of the Wild Man*, translated by Ch. Follett, Ann Arbor, The University of Michigan Press, 1997, pp. 21-29も参照。ちなみに、ドラリュとトネーズは、予言者メルラン（マーリン）の名前はフランスのみならずカナダの民話にも見られ、この名前の同一性は口承の伝統と書き記されたテクストとの関係にいろいろな問題を投ずる、とも指摘する（*ibid.*, p. 227）。たとえばブルターニュ地方の民話、*Le Murlru ou l'Homme sauvage*, in Luzel, *Contes populaires de la Basse-Bretagne*, *op. cit.*, t. II, pp. 221-233を参照。この民話もストラパローラの物語と類縁性をもっている。なお、ストラパローラが、ヨーロッパに伝わる物語を蒐集し、『愉しい夜』に収めたかもしれないことについては、*Conteurs italiens de la Renaissance*, éd. sous la dir. d'A. Motte-Gillet, Paris, Gallimard, 1993, p. 1388を参照。

（23） *Les facétieuses nuits de Straparole*, *op. cit.*, p. 311.

（24） R. Bartra, *Wild Men in the looking glass. The mythic origins of European otherness*, translated by C. T. Berrisford, Ann Arbor, The University of Michigan Press, 1994, p. 187. アリオストは開口一番こう切り出している、「私は歌う、婦人がた、騎士、戦、恋愛、艶事を、それにムーア人がアフリカの海を渡るときにフランスにかくも災厄をこうむらせた時代になしとげられた勇敢なる偉業を」（Ariosto, *Orlando Furioso*, Introduzione, commenti e note di M. Turchi, presentazione critica di E. Sanguineti, vol. primo, Milano, Garzanti, 1980 (IV edizione), p. 11）。

(25) Ariosto, *op. cit.*, vol. secondo, p. 637. 次の各種翻訳も参照。Ariosto, *Orlando Furioso*, translated by G. Waldman, Oxford/New York, Oxford U. P., 1983 (1974) ; L'Arioste, *Roland furieux*, éd. bilingue, traduction et notes de M. Orcel, présentation d'I. Calvino, 2 vol., Paris, Seuil, 2000. アリオスト『狂えるオルランド』脇功訳、名古屋大学出版会、二〇〇一。

(26) *Ibid.*, p. 1065.

(27) R. Bartra, *op. cit.*, p. 188. アリオストは、主要なエピソードであるオルランドの狂乱を作品のちょうど中央の、第二三歌の末尾に据えて、構造上の配慮を示している。

(28) M. Pastoureau, *Figures et couleurs. Etude sur la symbolique et la sensibilité médiévales*, Paris, Le Léopard d'or, 1986, pp. 40, 27-33 ; F. Portal, *Des couleurs symboliques dans l'Antiquité, le Moyen-Age et les Temps modernes*, s. l., Ed. de la Maisnie, 1978 (1837), p. 212. 徳井淑子『服飾の中世』勁草書房、一九九五、五八頁。

(29) J.-M. Fritz, *op. cit.*, pp. 296-297.

(30) Jean Froissart, *Chroniques*, trad. et prés. par A. Duby, Paris, Stock, 1997, p. 406.

(31) *Ibid.*, p. 407.

(32) *Ibid.*, p. 408.

(33) J. Le Goff, art. cité, p. 161 (ルゴフ、前掲書、一七八頁)。

(34) J.-M. Fritz, *op. cit.*, p. 28.

(35) D. Quéruel, 《Les Ardennes dans la littérature romanesque du Moyen Age》, art. cité, p. 39 より引用。

(36) J.-M. Fritz, *op. cit.*, p. 29.

(37) 本書第一章第2節、第二章第1節(1)、および第三章第2節を参照されたい。

4 野人の神話

(1) Gaufridi de Monemuta, *Vita Merlini*, *op. cit.*, vv. 232-235. ちなみに、筆者は拙著『怪物のルネサンス』(前掲)でも野人についていささか述べたことがあるので(二二四―二三一、二三〇―二三四頁)、そちらも参照されたい。

(2) R. Bartra, *Wild Men in the looking glass*, *op. cit.*, p. 67.

(3) *Vita Merlini*, *op. cit.*, vv. 1163-1165.

(4) *Ibid.*, vv. 416-420.

(5) *Ibid.*, vv. 1280-1291. なお、R. Bartra, *op. cit.*, p. 72 も参照。

(6) R. Bernheimer, *op. cit.*, p. 10.

(7) M. Zink, *La pastourelle. Poésie et folklore au Moyen Age*, Paris-Montréal, Bordas, 1972, p. 91 ; R. Bernheimer, *op. cit.*, pp. 179-180.

(8) C. Gaignebet, *A plus hault sens. L'ésotérisme spirituel et charnel de Rabelais*, t. I, Paris, Maisonneuve et Larose, 1986, pp. 158-159.

(9) R. Bartra, *op. cit.*, p. 65.

(10) R. Bernheimer, *op. cit.*, pp. 101-102.

(11) Geoffroy de Monmouth, *Histoire des rois de Bretagne*, trad. L. Mathey-Maille, Paris, Les Belles Letters, 1993 (2e tirage), pp. 155-

156.

(12) Robert de Boron, *Merlin*, *op. cit.*, p. 197.

(13) *Ibid.*, p. 199. C. Gaignebet et J.-D. Lajoux, *Art profane et religion populaire au Moyen Age*, *op. cit.*, pp. 303-307 にあるテクストも参照。

(14) R. Bartra, *op. cit.*, pp. 75-76.

(15) ヒエロニュムス『書簡集』荒井洋一訳、「中世思想原典集成」四『初期ラテン教父』(前掲)所収、七一五頁(「書簡二二」)。

(16) Saint Jérôme, *Vivre au désert*, *op. cit.*, p. 33(ヒエロニュムス『最初の隠修士パウルスの生』前掲、六二二頁)。

(17) R. Bartra, *op. cit.*, pp. 53-54.

(18) 以上の引用は順に、Saint Jérôme, *op. cit.*, pp. 37, 38(ヒエロニュムス『最初の隠修士パウルスの生』前掲、六二四、六二五頁)。

(19) R. Bartra, *op. cit.*, pp. 56-57.

(20) *Ibid.*, pp. 57-58. *The life of Onnophrius*, in *Journeying into God. Seven early monastic lives*, translated by T. Vivian, Minneapolis, Fortress Press, 1996, pp. 172-187 も見よ。

(21) *La vie de Sainte Marie l'Egyptienne*, éd. P. Dembowski, Genève, Droz, 1977, pp. 13-14.

(22) E. Pinto-Mathieu, *Marie-Madeleine dans la littérature du Moyen Age*, Paris, Beauchesne, 1997, pp. 90-95(とくに p. 94). 関連して、id., 《Trois vies de pécheresses repenties : les saintes Marie l'Egyptienne, Marie-Madeleine et Thaïs》, *Revue des sciences humaines*, n° 251, 1998, pp. 89-109 ; C. Velay-Vallantin, *L'histoire des contes*, Paris, Fayard, 1992, pp. 301-345 も参照。

(23) Jacques de Voragine, *op. cit.*, t. I, pp. 456-466(ヤコブス・デ・ウォラギネ、前掲書、第二巻、四三四―四五四頁)。

(24) これらの聖人のイコノグラフィーについては、つぎを参照。G. Duchet-Suchaux et M. Pastoureau, *La Bible et les saints*, *op. cit.* ジェイムズ・ホール『西洋美術解読事典』高階秀爾監修、河出書房新社、一九九二(一九八八)。柳宗玄・中森義宗編『キリスト教美術図典』吉川弘文館、一九九〇。また一九―二〇世紀の図像に重点が置かれているとはいえ、つぎの事典も参考になる。B. Berthod et E. Hardouin-Fugier, *Dictionnaire iconographique des saints*, Paris, Les éditions de l'Amateur, 1999.

(25) *Gesta Romanorum*, translated by Ch. Swan, revised and corrected by W. Hooper, New York, AMS Press, 1970 (1894), pp. 141-154 ;『ローマ人物語 ゲスタ・ローマノールム』前掲、一一八―一三二頁。『ゲスタ・ロマノールム』伊藤正義訳、篠崎書林、一九九四(一九八八)、三一五―三三七頁。

(26) 『教皇聖グレゴリウス伝』新倉俊一訳、「フランス中世文学集」四、白水社、一九九六所収、三六七頁。

(27) ハルトマン・フォン・アウエ『グレゴーリウス』中島悠爾訳、『ハルトマン作品集』郁文堂、一九八二所収、二二四頁。

(28) 『教皇聖グレゴリウス伝』前掲、三五九頁。

(29) 『ギルガメシュ叙事詩』前掲、九頁。以下、引用はすべて同書による。なお、「スムカン」(第三八行)とは野獣と家畜の神。

エンキドゥは裸であり、文明を知らなかった、の謂。

(30) 同上、三四〇―三四一頁。

(31) R. Bartra, *op. cit.*, p. 56.

(32) 野人の特徴については、R. Bernheimer, *Wild Men in the Middle Ages*, *op. cit.* に多くを負っている。

(33) Chrétien de Troyes, *Yvain ou le Chevalier au Lion*, *op. cit.*, vv. 293-311. 牛飼いの人物描写については、A. M. Colby, *The portrait in twelfth-century French literature*, Genève, Droz, 1965, pp. 170-173; S. Cassagnes-Brouquet et V. Chambarlhac, *op. cit.*, pp. 88-90 に興味深い指摘が見られる。

(34) *Vita Merlini*, *op. cit.*, vv. 451-455. R. Bernheimer, *op. cit.*, p. 26 も参照。野人が伝統的に牛飼いであることについては、Ph. Walter, *Canicule. Essai de mythologie sur* Yvain *de Chrétien de Troyes*, Paris, SEDES, 1988, pp. 85-116 を参照。

(35) 中世において農民が倫理的にも外見的にも下劣で醜悪とみられていたことについては、つぎの優れた研究書が重要。P. Freedman, *Images of the Medieval peasant*, Stanford, Stanford U. P., 1999.

(36) *Les quatre branches du* Mabinogi *et autres contes gallois du Moyen Age*, trad. P.-Y. Lambert, Paris, Gallimard, 1993, pp. 215-216.

(37) 『オーカッサンとニコレット』神沢栄三訳、「フランス中世文学集」三(前掲)所収、一四三―一四四頁(*Aucassin et Nicolette*, éd. M. Roques, Paris, Champion, 1973 (2e éd.), p. 25)。

(38) ハルトマン・フォン・アウエ『イーヴェイン』リンケ珠子訳、『ハルトマン作品集』(前掲)所収、二七一頁。

(39) 同上、三三三頁。

(40) Chrétien de Troyes, *op. cit.*, v. 328.

(41) 『プルターク英雄伝』(六)、河野与一訳、岩波文庫、一九九一(一九五四)、一九四頁。

(42) スペンサーの『妖精の女王』に登場するサティレンがサテュロスの子どもだったごとくに、野人がサテュロスとたびたび混同されていたことについては、つぎを参照。R. Bernheimer, *op. cit.*, pp. 95-102; L. F. Kaufmann, *The noble savage. Satyrs and Satyr families in Renaissance art*, Ann Arbor, UMI Research Press, 1984 (1979), pp. 29-41. F. Lavocat, 《La renaissance des Satyres》, *Textuel*, nº 33 (Thèmes et figures mythiques. L'héritage classique), 1997, pp. 49-62 も有益。

(43) R. Bernheimer, *ibid.*, pp. 96-97. 有名な魔女論『魔女への槌』(一四八六)で、ドミニコ会士である著者たちも同様のことを書きつけている。「『〔イザヤ書〕註解』曰く、毛むくじゃらの者たちは森の人である。髪ぼうぼうの者、男夢魔、サテュロス、悪魔の類」(H. Institoris et J. Sprenger, *Le marteau des sorcières. Malleus Maleficarum*, trad. par A. Danet, Grenoble, J. Millon, 1999 (1973), p. 145)。多毛の人と森の人、つまり野人に悪魔とサテュロスが結びつけられているのである。

(44) Saint Jérôme, *Vivre au désert*, *op. cit.*, p. 32 (ヒエロニュムス『最初の隠修士パウルスの生』前掲、六一一頁)。

(45) これについてははなはだ興味深い例がある。それは『自然誌の秘密』という副題でも知られる、一五世紀末に書かれたと推定される『世界の驚異の書』の「エジプト内陸部」の章である。この章は、アントニウスが聖パウルスを探すために砂漠を歩いている途中に出会った怪物、すなわち半人半馬のヒポケンタウルスとともに、「サテュロス」と呼ばれる怪物について叙述しているのだが、後者については「素っ裸で毛むくじゃらの小柄な野人」と表記して、事実それに付された挿絵(右図)——ロビネ・テスタールによるミニアチュール——には聖人に棗椰子を差し出す野人の姿がはっきりと描かれているのである。中世の人々がサテュロスに野人を読み取っていたひとつの傍証となるだろう。A.-C. Beaugendre, *Les merveilles du monde ou les secrets de l'histoire naturelle*, Arcueil, Anthèse, 1996, pp. 28-30.

(46) 『ヴァランタンとオルソンの物語』については、C. Gaignebet et J.-D. Lajoux, *Art profane et religion populaire au Moyen Age, op. cit.*, pp. 114-130 のほかに、A. Dickson, *Valentine and Orson. A study in late medieval romance*, New York, Columbia U. P., 1929 が基本書である。一六世紀初頭の英訳本は、*Valentine and Orson*, translated from the French by Henry Watson, ed. A. Dickson, London, The Early English Text Society, 2000 (1937) で参照できる。

(47) C. Gaignebet et J.-D. Lajoux, *ibid.*, pp. 116-117 のテクストを参照。

(48) 妖精によって製作された、どんな問いにも答える青銅の頭については、A. Dickson, *op. cit.*, pp. 191-216 を参照。

(49) シェイクスピア『テンペスト』小田島雄志訳、白水社、一九八三、三九頁。ヴォーン夫妻の『キャリバンの文化史』(本橋哲也訳、青土社、一九九九)はキャリバンを野人のコンテクストから読みなおそうとする。

(50) スペンサー『妖精の女王』和田勇一監修、文理、一九七四(一九六九)、八三二—八三三頁(第六巻第四篇第一一、一四スタンザ)。

（1）　M. Colombo Timelli, 《Le 《lai de l'omme saulvage》 de Jehan d'Avennes》, *Le Moyen Français*, 30, 1992, p. 47 による。

（2）　衣服を失って裸になるや、今度は新しい肌を持つことになるだろう。すなわちオルソンのごとくに、熊のように毛深くなって裸身を隠すのである。ここから狼男への変身を見ることが可能と思われる。野人から狼男までさしたる径庭はない。

（3）　裸の象徴的意味については、D. Régnier-Bohler, 《Le corps mis à nu. Perception et valeur symbolique de la nudité dans les récits du Moyen Age》, *Europe*, N° 654, 1983, pp. 51-62 が有益。なお、脱稿後に披見しえたつぎの論集は本書に関連する論点をいくつも含み、参考になる。*Le nu et le vêtu au Moyen Age* (*XIIe-XIIIe siècles*), actes du 25e colloque du CUER MA, 2-3-4 mars 2000, Senefiance n° 47, Aix-en-Provence, Publications de l'Université de Provence, 2001.

（4）　*Le dit du Prunier*, vv. 1181-1197, éd. P.-Y. Badel, Genève, Droz, 1985, p. 80.

（5）　*Ibid.*, v. 1246, p. 82.

（6）　*L'istoire de tres vaillans princez monseigneur Jehan d'Avennes*, éd. D. Quéruel, Villeneuve d'Ascq, Presses univ. du Septentrion, 1997, pp. 41-42 (*Le Roman de Jean d'Avesnes*, trad. D. Quéruel, in D. Régnier-Bohler (sous la dir.), *Splendeurs de la cour de Bourgogne*, *op. cit.*, p. 375).

（7）　*Ibid.*, pp. 12-16 ; *Le dit du Prunier*, *op. cit.*, pp. 27-30 を参照。

（8）　*Ibid.*, p. 184 (trad., p. 397).

（9）　*Ibid.* (trad., p. 398).

（10）　*Ibid.*, pp. 184-185 (trad., p. 398).

（11）　*Ibid.*, p. 185 (trad., p. 399).

（12）　この歌については、M. Colombo Timelli, art. cité が分析を施している。

（13）　*L'istoire de tres vaillans princez monseigneur Jehan d'Avennes*, *op. cit.*, p. 189 (trad., p. 403).

（14）　R. Bernheimer, *op. cit.*, p. 15.

（15）　*L'Ystoire du vaillant chevalier Pierre filz du conte de Provence et de la belle Maguelonne*, éd. R. Colliot, *Senefiance* n° 4, 1977 ; *L'Histoire de Pierre de Provence et de la belle Maguelonne*, renouvelée par G. Michaut, Paris, E. de Boccard, 1926.

（16）　Jean Renart, *L'escoufle*, *op. cit.*, p. 73 sqq.

（17）　R. Bernheimer, *op. cit.*, pp. 15-16.

（18）　H. White, 《The forms of wildness : archaeology of an idea》, reprinted in *Tropics of discourse*, Baltimore and London, The Johns Hopkins U. P., 1985 (1978), p. 166.

（19）　Pseudo-Callisthène, *Le Roman d'Alexandre*, trad. G. Bounoure et B. Serret, Paris, Les Belles Lettres, 1992, pp. 77-78 (伝カリステネス『アレクサンドロス大王物語』橋本隆夫訳、国文社、二〇〇〇、一四〇頁)。

（20）　スペンサー、前掲書、第四巻第七篇第七スタンザ、五七九頁。
(21) 同上。
(22) 同上、第五スタンザ、五七九頁。
(23) パウサニアス『ギリシア案内記』(上)、馬場恵二訳、岩波文庫、一九九一、一〇九頁。
(24) ジェイムズ・ホール、前掲書、三四六頁。
(25) C. Gaignebet et J.-D. Lajoux, *Art profane et religion populaire au Moyen Age, op. cit.*, p. 118.
(26) *Ibid.*, p. 119.
(27) *Tristan de Nanteuil*, laisse 103, in M. Gally et Ch. Marchello-Nizia, *Littératures de l'Europe médiévale*, Paris, Magnard, 1985, p. 468.
(28) *Lais féeriques des XIIe et XIIIe siècles, op. cit.*, pp. 182-223; *Le cœur mangé, op. cit.*, pp. 103-120.
(29) R. Bernheimer, *op. cit.*, pp. 34-36; C. Lindahl, J. McNamara and J. Lindow (ed.), *Medieval folklore, op. cit.*, s. v. 《wild woman》, vol. 2, pp. 1042-1043. ラミアはギリシア神話では蛇の尻尾をした女の怪物だったが、一五世紀ドイツの法学者ウルリヒ・モリトール以来、ラミアは魔女全体を指す言葉となった。*Des sorcières et des devineresses par Ulric Molitor*, reproduit en fac-simile d'après l'édition latine de Cologne 1489 et traduit pour la première fois en français, Paris, E. Nourry, 1926 を参照。
(30) *Le Chevalier au Papegau*, trad. D. Régnier-Bohler, in D. Régnier-Bohler (sous la dir.), *La légende arthurienne, op. cit.*, p. 1147.
(31) C. Lecouteux, *Les monstres dans la pensée médiévale européenne*, Paris, Presses de l'Univ. de Paris-Sorbonne, 1999 (3e éd. revue et corrigée), p. 80.
(32) *Ibid.*, p. 81.
(33) M. Zink, *op. cit.*, p. 91.
(34) *Ibid.*, pp. 88-89.
(35) ファン・ルイス『よき愛の書』牛島信明・冨田育子訳、国書刊行会、一九九五、二七一頁(第九七一連)。
(36) 同上、二八四—二八七頁(第一〇〇八、一〇一二—一〇一四、一〇一七、一〇一九連)。
(37) R. Bernheimer, *op. cit.*, p. 39. また、J. Adhémar, *Influences antiques dans l'art du Moyen Age français*, Paris, C. T. H. S, 1996 (1939), pl. XVI を参照。
(38) A. Dickson, *op. cit.*, pp. 114-115.
(39) R. Bernheimer, *op. cit.*, p. 56.
(40) *Pastourelles* III, éd. J.-C. Rivière, Genève, Droz, 1976, p. 12 (pièce nº LXVIII, vv. 1-4, 7-10).
(41) C. Lindahl, J. McNamara and J. Lindow (ed.), *Medieval folklore, op. cit.*, vol. 2, p. 1043. 「女の野人」の項目執筆者は、Lorraine K. Stock である。件の挿絵については、H. Schedel, *Weltchronik*, Lindau, Antiqua-Verlag, s. d. (Faksimile-Druck nach dem Original von 1493), ff. I vº, XII vº の図版を参照。
(42) *Ibid.*, p. 1044.

(43) H. White, art. cité, p. 166.

(44) C. Lecouteux, *op. cit.*, p. 83.

6 野人と異人

(1) 第三章第4節の註(43)を参照。

(2) H. White, art. cité, p. 167.

(3) この《野人の家族》が、聖家族とか、エジプトへの避難の途中に休息する聖家族を優しく見つめるヨセフといった宗教的なモチーフと重なることについては、L. F. Kaufmann, *op. cit.*, pp. 36-37を参照。

(4) J. Le Goff, 《L'Occident médiéval et l'océan Indien : un horizon onirique》, repris dans *Pour un autre Moyen Age*, *op. cit.*, pp. 295-296(ルゴフ「西洋中世とインド洋——夢の領域」、『中世の夢』(前掲)所収、五六頁)。

(5) この絵は社会の四つのヒエラルヒー(野生、貧困、労働、貴族)を描いたシリーズもののひとつで、そのもっとも低い階層にあるのが野人の家族である。野人はかつて社会的な被追放者の元型だったのに、ここでは社会的なランク付けで社会に組み込まれる。その人の長所によってでなく、富と環境的な安逸が社会階級を決定してしまい、野人は貧者や職人や金持ちよりも低い地位に甘んじなければならない。この絵にあるように野人の家族が棲む洞穴は貧者の粗末な小屋よりもっと住み心地が悪いにせよ、飛沫をあげて湧き出る泉の傍らで牧歌的な生活を送る、誇り高い挙措を見せる野人とその優美な妻のほうが、どうみても上の地位にある者よりも幸福に暮らしているのである。L. F. Kaufmann, *op. cit.*, pp. 37-38 および R. Bartra, *op. cit.*, p. 116, fig. 52を参照せよ。

(6) J. Białostocki, *L'art du XVe siècle des Parler à Dürer*, trad. P.-E. Dauzat, Paris, Le Livre de Poche, 1993, p. 373.

(7) R. Bartra, *The artificial savage*. *op. cit.*, pp. 39-48.

(8) *Ibid.*, p. 43.

(9) J. Białostocki, *op. cit.*, pp. 373-376.

(10) 池上俊一『動物裁判』講談社現代新書、一九九〇、一三四—二〇六頁は刺戟的で参考になった。C. Chêne, *Juger les vers. Exorcismes et procès d'animaux dans le diocèse de Lausanne* (*XVe-XVIe s.*), Lausanne, Section d'histoire-Faculté des Lettres, Univ. de Lausanne, 1995, pp. 114-117も参照。

(11) アルノ・ボルスト『中世の巷にて』(上)前掲、二五一—二五二頁。

(12) G. Duby, *Le temps des cathédrales. L'art et la société 980-1420*, Paris, Gallimard, 1976, pp. 178-180.

(13) Bernard Silvestre, *Cosmographie*, trad. M. Lemoine, Paris, Cerf, 1998, p. 75.

(14) 柏木英彦『中世の春』創文社、一九七六、八六頁。

(15) H. White, art. cité, p. 168.

(16) A. Furetière, *Dictionnaire universel*, *op. cit.*, t. III, s. v. 《sauvage》.

(17) O. P. Dickason, *Le mythe du sauvage*, trad. J. Des Chênes, Paris, Lebaud, 1995, p. 89.

(18)　Id., 《The concept of *L'Homme Sauvage*》, in M. M. Halpin and M. M. Ames (ed.), *Manlike monsters on trial*, Vancouver and London, Univ. of British Columbia Press, 1980, p. 73.

(19)　*Ibid.* ; *Le voyage de Gonneville (1503-1505) et la découverte de la Normandie par les Indiens du Brésil*, étude et commentaire de L. Perrone-Moisés, trad. A. Witkowski, Paris, Chandeigne, 1995, p. 146.

(20)　N. R. Smith, *Loathly births off nature : a study of the lore of the portentous monster in the sixteenth century*, Univ. of Illiois at Urbana-Champaign, Ph. D., 1978, p. 277より引用。

(21)　この興味深い逸話については、伊藤進、前掲書、三三〇―三三四頁を参照されたい。

(22)　『プリニウスの博物誌』I(前掲)、三〇〇頁。

(23)　*The Travels of Marco Polo*, the complete Yule-Cordier edition, vol. II, New York, Dover, 1993 (1903/1920), p. 299.

(24)　Marco Polo, *Le devisement du monde*, *op. cit.*, t. II, pp. 418-419 (マルコ・ポーロ『東方見聞録』二(前掲)、一五八―一五九頁)。

(25)　*Mandeville's Travels*, Texts and translations by M. Letts, vol. II, London, The Hakluyt Society, 1953, p. 401 ; Jean de Mandeville, *Le Livre des merveilles du monde*, éd. Ch. Deluz, Paris, CNRS Editions, 2000, p. 461 ; Jean de Mandeville, *Voyage autour de la terre*, trad. Ch. Deluz, Paris, Les Belles Lettres, 1993, p. 223.

(26)　*Ibid.*, p. 344 ; éd. Deluz, p. 358 ; trad. Deluz, p. 154.

(27)　*Ibid.*, p. 385 ; éd. Deluz, p. 436 ; trad. Deluz, p. 206.

(28)　Marco Polo, *op. cit.*, p. 464 (マルコ・ポーロ、前掲書、二二八頁)。

(29)　アリストテレース『動物誌』(上)、島崎三郎訳、岩波文庫、一九九八、七四―七五頁 (Aristote, *Histoire des animaux*, trad. J. Bertier, Paris, Gallimard, 1994, p. 122)。

(30)　J. Nederveen Pieterse, *White on black. Images of Africa and blacks in western popular culture*, New Haven and London, Yale U. P., 1992, p. 39 ; S. Wiseman, 《Monstrous perfectibility : ape-human transformation in Hobbes, Bulwer, Tyson》, in E. Fudge, R. Gilbert and S. Wiseman (ed.), *At the borders of the human. Beasts, bodies and natural philosophy in the early modern period*, London, Macmillan, 1999, pp. 215-238.

(31)　J. Lacarrière, *En cheminant avec Hérodote*, Paris, Seghers, 1981, p. 260. この「ゴリラ」をめぐる古来の解釈については、M. Mund-Dopchie, 《Les humanistes face aux 《gorilles》 d'Hannon》, in *Prose et prosateurs de la Renaissance. Mélanges offerts à M. le Professeur Robert Aulotte*, Paris, SEDES, 1988, pp. 331-341を参照。あわせて、id., *La fortune du 《Périple d'Hannon》 à la Renaissance et au XVIIe siècle*, Namur, Société des études classiques, 1995も参照。ハンノの報告する野人は一世紀のローマの地理学者ポンポニウス・メラによって再話された。「話によると、島内には女人だけが住み、全身に厚く毛が生え、男性と交わらなくても自分だけで自然に子をもうける。性格がきわめて狂暴で野蛮だから、なかの

何人かを鎖で縛って抵抗を受けないようにするのは、ほとんど不可能だった。ハンノはここから引き返し、その際何人かを殺してその皮を剝ぎ、故郷まで届けたので、話に信用を受けた」(ポンポニウス・メラ『世界地理』前掲、五六七—五六八頁(Pomponius Mela, *Chorographie*, *op. cit.*, p. 92))。

(32) Albert the Great, *Man and the beasts. De animalibus* (*Books 22-26*), translated by J. J. Scanlan, Binghamton, New York, Medieval & Renaissance Texts & Studies, 1987, pp. 174-175. O. P. Dickason, art. cité, p. 74も参照のこと。

(33) ルネサンスにおける存在の大いなる連鎖をめぐっては、拙著『怪物のルネサンス』(前掲)のなかでもすこしく言及した(二二八—二三二頁)。また、ラヴジョイ『存在の大いなる連鎖』内藤健二訳、晶文社、一九七五、P.-P. Gossiaux, *L'homme et la nature. Genèses de l'anthropologie à l'âge classique 1580-1750*, Bruxelles, De Boeck, 1995 (2e éd. revue et augmentée), pp. 265-277も参照。

(34) J. Nederveen Pieterse, *op. cit.*, p. 40 ; R. Bartra, *Wild Men in the looking glass*, *op. cit.*, p. 159, fig. 72.

(35) F. Zarncke, 《Der Brief des Priester Johannes an den byzantinischen kaiser Emanuel》, in Ch. F. Beckingham and B. Hamilton (ed.), *Prester John, the Mongols and the Ten Lost Tribes*, Aldershot, Variorum, 1996, p. 79 ; *La lettre du Prêtre Jean*, Les versions en ancien français et en ancien occitan, éd. M. Gosman, Groningen, Bouma's Boekhuis, 1982, p. 125 (vv. 193-194), etc.; I. Bejczy, *La lettre du Prêtre Jean : une utopie médiévale*, Paris, Imago, 2001, p. 181 ; Ch.-V. Langlois, *La vie en France au Moyen Age*, t. III : *La connaisance de la nature et du monde*, Paris, Hachette, 1927, p. 59.

(36) F. McCulloch, *Mediaeval Latin and French bestiaries*, Chapel Hill, The Univ. of North Carolina Press, 1962 (revised ed.), p. 204.

(37) O. P. Dickason, art. cité, p. 73.

(38) 『マガリャンイス 最初の世界一周航海』長南実訳、「大航海時代叢書」第I期、I、岩波書店、一九七二(一九六五)所収、六〇〇頁(A. Pigafetta, *Relation du premier voyage autour du monde de Magellan* (*1519-1522*), postface, notes et bibliographie par L. Peillard, Paris, Tallandier, 1999 (nouvelle éd. revue et corrigée), p. 129)。

(39) O. P. Dickason, art. cité, p. 73.

(40) 『コロンブス航海記』林屋永吉訳、岩波文庫、一九九三(一九七七)、三六頁(Christophe Colomb, *La découverte de l'Amérique*, t. I : *Journal de bord, 1492-1493*, trad. S. Estorach et M. Lequenne, Paris, La Découverte, 1993 (1979), p. 58)。

(41) 『クリストーバル・コロンの四回の航海』林屋永吉訳、「大航海時代叢書」第I期、I(前掲)所収、六四頁(Christophe Colomb, *op. cit.*, t. II : *Relations de voyage, 1493-1504*, 1991 (1979), p. 47)。

(42) 同上、六九、七〇頁(*ibid.*, pp. 51 et 52)。

(43) 『コロンブス航海記』前掲、三七—三八頁(Christophe Colomb, *op. cit.*, t. I, pp. 61-62)。

(44) 『クリストーバル・コロンの四回の航海』前掲、一二四—

二二五頁(Christophe Colomb, *op. cit.*, t. II, pp. 90-91)。

(45) F. Gagnon, 《Le thème médiéval de l'homme sauvage dans les premières représentations des Indiens d'Amérique》, in G.-H. Allard (sous la dir.), *Aspects de la marginalité au Moyen Age*, *op. cit.*, pp. 95-98.

(46) アンドレ・テヴェ『南極フランス異聞』山本顕一訳、「大航海時代叢書」第Ⅱ期、19、岩波書店、一九八二所収、二八七頁(*Le Brésil d'André Thevet. Les Singularités de la France Antarctique (1557)*, éd. F. Lestringant, Paris, Chandeigne, 1997, p. 132)。

(47) 同上(*ibid.*)。

(48) 同上、四七五頁(*ibid.*, p. 285)。

(49) ジャン・ド・レリー『ブラジル旅行記』二宮敬訳、「大航海時代叢書」第Ⅱ期、20、岩波書店、一九八七所収、八四頁(Jean de Léry, *Histoire d'un voyage faict en la terre du Brésil(1578)*, éd. F. Lestringant, Paris, Le Livre de Poche, 1994, p. 149)。

(50) 同上、二一八頁(*ibid.*, p. 214)。

(51) S. Regnier, *L'image de l'Amérindien dans les relations de voyages en Nouvelle-France de Jacques Cartier à Joseph-François Lafitau*, thèse pour le Doctorat en Histoire, Univ. Grenoble II, 1997, Villeneuve d'Ascq, Presses univ. du Septentrion, 2000, p. 236.

(52) O. P. Dickason, *Le mythe du sauvage*, *op. cit.*, p. 92.

(53) *Ibid.*, p. 91; S. Regnier, *op. cit.*, p. 236. プリニウスは『博物誌』第六巻第三六章第二〇〇節でハンノの話を採り上げている。なお、前出註(31)に該当する引用文を参照されたい。

(54) S. Regnier, *op. cit.*, p. 237. 傍点は筆者による。

(55) R. Bernheimer, *op. cit.*, pp. 49-84.

(56) ロイ・ストロング『ルネサンスの祝祭』(上)、星和彦訳、平凡社、一九八七、一九九頁。

(57) L. M. Bryant, *The king and the city in the Parisian Royal Entry: Politics, ritual, and art in the Renaissance*, Genève, Droz, 1986, p. 142.

(58) J. Heers, *Fêtes des fous et Carnavals*, Paris, Fayard, 1983, p. 160.

(59) P. Champion, *Catherine de Médicis présente à Charles IX son royaume (1564-1566)*, Paris, Grasset, 1937, p. 76. また、小山啓子「移動する宮廷とフランス・ルネサンス王政」、宮崎揚弘編『続・ヨーロッパ世界と旅』法政大学出版局、二〇〇一所収、一八七―一八八頁も参照。

(60) D. Heartz, 《Un divertissement de palais pour Charles Quint à Binche》, in J. Jacquot (prés.), *Les Fêtes de la Renaissance*, t. II: *Fêtes et cérémonies au temps de Charles Quint*, Paris, CNRS, 1975, pp. 329-342.

(61) J. Froissart, *op. cit.*, pp. 411-417.

(62) C. Gaignebet et J.-D. Lajoux, *op. cit.*, à la page entre pp. 164 et 165.

(63) 蔵持不三也『祝祭の構図――ブリューゲル・カルナヴァル・民衆文化』ありな書房、一九八四、三三一―三三六頁。

(64) A. Van Gennep, *Le folklore français*, vol. I, Paris, Laffont,

1998(1943/1946/1948), pp. 782-784.

(65) Boccace, *Décaméron*, trad. sous la dir. de Ch. Bec, Paris, Le Livre de Poche, 1994, p. 35(ボッカッチョ『デカメロン』(中)、柏熊達生訳、ちくま文庫、一九八七、五七頁)。

(66) R. Bartra, *op. cit.*, p. 5. なお、つぎの事典の「野人」の項目は簡略ながら要領のよい紹介になっている。J. B. Friedman and K. M. Figg (ed.), *Trade, travel, and exploration in the Middle Ages. An encyclopedia*, New York/London, Garland Publishing, 2000, s. v. 《wild people, mythical, and New World relations》; C. Lindahl, J. McNamara and J. Lindow (ed.), *Medieval folklore*, *op. cit.*, s. v. 《wild man》.

7 狼男

(1) *Le Lais Villon*, v. 11, éd. J. Rychner et A. Henry, t. I, Genève, Droz, 1977, p. 11(『ヴィヨンの形見分け』、『ヴィヨン詩集成』天沢退二郎訳、白水社、二〇〇〇所収、九頁)。

(2) 狼については、関連する邦語文献を第二章第1節註(31)にも掲げておいたが、R. Delort, *Les animaux ont une histoire*, Paris, Seuil, 1993(1984), pp. 315-349(ドロール『動物の歴史』桃木暁子訳、みすず書房、一九九八、二七九—三一三頁)が基本書である。G. Carbone, *La peur du loup*, Paris, Gallimard, 1991 は図版が豊富で手頃な参考文献である。新倉俊一「狼の話」、『フランス中世断章』岩波書店、一九九三所収、二五一—五五頁も参照。

(3) G. Milin, *Les chiens de Dieu. La représentation du loup-garou en Occident (XIe- XIXe siècles)*, Brest, Centre de Recherche Bretonne et Celtique, 1993, p. 24.

(4) ダニエル・ベルナール『狼と人間』前掲、一三六—一四二頁を参照。

(5) J. Delumeau, *La peur en Occident*, *op. cit.*, p. 89(ジャン・ドリュモー『恐怖心の歴史』前掲、一二五頁)。

(6) G. Milin, *op. cit.*, p. 26; R. Delort, *op cit.*, pp. 339-341(ドロール、前掲書、三〇二—三〇四頁)。

(7) R. Delort, *op. cit.*, p. 327(同上、二九一頁)。

(8) *Ibid.*, p. 326(同上、二九〇頁)。

(9) *Journal d'un bourgeois de Paris de 1405 à 1449*, éd. C. Beaune, Paris, Le Livre de Poche, 1990, pp 170-171. この逸名の日記作者によるパリ市中を徘徊する狼の証言については、J. Berlioz, *Catastrophes naturelles et calamités au Moyen Age*, Firenze, SISMEL-Edizioni del Galluzzo, 1998, pp. 27-31 を参照のこと。

(10) *Ibid.*, p. 172.

(11) *Ibid.*, p. 202.

(12) *Ibid.*, p. 383.

(13) *Ibid.*, p. 390.

(14) *Ibid.*

(15) *Ibid.*, p. 391.

(16) Pierre de L'Estoile, *Mémoires-Journaux*, éd. G. Brunet *et alii*, t. VII, Paris, Librairie des bibliophiles, 1879, p. 124.

(17) *Ibid.*, p. 125.

(18) *Ibid.*

(19) G. Milin, *op. cit.*, p. 29.

(20) *Mémoires du chanoine Jean Moreau sur les guerres de la Ligue en Bretagne*, cité par G. Milin, *op. cit.*, pp. 30-34.

(21) ピエール・ド・ランクルもこうした仕業を狼男に帰している。「衣服を滑りおろしたのは狼男自身だと言っていることは注目してよい。というのも、彼は衣服を引き裂かなかったからだ。それは観察したうえで認められたことであり、その結果、本物の狼は爪で引き裂くけれども、しかし狼男は歯でもって引き裂き、人間と同様に、喰らいたいと思う娘から衣服を引き裂かずに脱がせられることが明らかになった」(Pierre de Lancre, *Tableau de l'inconstance des mauvais anges et démons*, éd. N. Jacques-Chaquin, Paris, Aubier, 1982, p. 215)。

(22) 狼に向けられたさまざまな象徴と信仰について概観するのに便利なのは、X. R. M. Ferro, *Symboles animaux. Un dictionnaire des représentations et croyances en Occident*, trad. Ch. Girard et G. Grenet, Paris, Desclée et Brouwer, 1996, s. v. «loup»である。民話における狼については、M.-L. Tenèze, *Le conte populaire français*, t. III, Paris, Maisonneuve et Larose, 1976 を、古代の神話・伝承における狼については、Ch. Levalois, *Le loup. Mythes et traditions*, Paris, Le courrier du livre, 1997 をそれぞれ参照。

(23) J.-P. Ronecker, *Le symbolisme animal*, St-Jean-de-Braye, Dangles, 1994, p. 224.

(24) 一〇世紀末のイングランドの古文献も、羊飼いの気がかりの種が狼であったことを知らせている。「朝まだき、私は羊たちを牧草地まで連れていきます」と羊飼いは一日の仕事を語るのである。「暑かろうが寒かろうが、狼どもに喰われないように私は犬たちの応援をかりて羊たちの番をします。それから養牧場まで羊たちを送りもどし、一日に二回乳を搾り、囲いを移動させます。そのうえチーズとバターを作って、私はご主人に忠実に仕えます」(*Des animaux et des hommes*, textes présentés et traduits par M.-F. Alamichel et J. Bidard, Paris, Presses de l'Univ. de Paris-Sorbonne, 1998, p. 66)。

(25) マリー・ド・フランスの『イゾペ』の「司祭と狼」も食いしん坊の狼の本性を題材にしたものである。*Fables françaises du Moyen Age : Les Isopets*, trad. J.-M. Boivin et L. Harf-Lancner, Paris, GF-Flammarion. 1996, pp. 118-119 を参照。

(26) 『狐物語』鈴木覺・福本直之・原野昇訳、白水社、一九九四、八―九頁。

(27) Richard de Fournival, *Le Bestiaire d'amour*, éd. C. Hippeau, Genève, Slatkine Reprints, 1978 (1860), p. 8; *Bestiaires du Moyen Age*, trad. G. Bianciotto, Paris, Stock, 1992 (1980), p. 132.

(28) Gaston Phébus, *Le Livre de la chasse*, *op. cit.*, pp. 63-64.

(29) チョーサー『カンタベリー物語』(下)、桝井迪夫訳、岩波文庫、一九九五、一四七頁。

(30) ジル・ラガッシュ『オオカミと神話・伝承』前掲、三二頁。

(31) J. Voisenet, *Bestiaire chrétien. L'imaginaire animale des auteurs du Haut Moyen Age* (*V^{e}-XIe s.*), Toulouse, Presses univ. du

Mirail, 1994, p. 138. ただしヴォワズネによれば、不吉な狼はどの中世文学にも現れるけれども、ことケルトの領野にかぎって否定性はもうすこし緩和されるという(*ibid.*, pp. 138–139)。なお狼と羊の対置といったステレオタイプについても、ヴォワズネの著書は有益な示唆を与えてくれる。

(32) *Le Bestiaire de Pierre de Beauvais* (version courte), éd. G. R. Mermier, Paris, Nizet, 1977, p. 89 ; *Bestiaires du Moyen Age*, *op. cit.*, pp. 61–62.

(33) 人が狼を見るよりさきに狼に見られると口がきけなくなるとは、プラトンが『国家』第一巻(336d)で言及していることだし、プリニウスも『博物誌』第八巻第三四章で伝えているなど、古くからある言い伝えである。

(34) *Le Bestiaire de Pierre de Beauvais*, *op. cit.*, pp. 89–90 ; *Bestiaires du Moyen Age*, *op. cit.*, p. 62. 動物寓意譚については、とくに F. McCulloch, *op. cit.* ; R. Baxter, *Bestiaries and their users in the Middle Ages*, Phoenix Mill, Sutton, 1998 を参照。

(35) Pierre de Lancre, *op. cit.*, p. 233.

(36) U. Molitor, *op. cit.*, pp. 29–30.

(37) J.P. Ronecker, *op. cit.*, p. 227.

(38) ジョルジュ・サンド『フランス田園伝説集』前掲、八四—九二頁(G. Sand, *op. cit.*, pp. 93–99)。

(39) 狼男についての文献は膨大であるが、とりあえず本節を書き上げるのに有益だったもののみを挙げておく。G. Milin, *op. cit.* が基本である。邦語文献では、池上俊一『狼男伝説』朝日新聞社、一九九二、一三—七九頁、を凌駕するものは出ていない。S. Quénet, 《Mises en récit d'une métamorphose : le loup-garou》, in G. Chandes (éd.), *Le merveilleux et la magie dans la littérature*, Amsterdam/Atlanta, Rodopi, 1992, pp. 137–163 ; J.-M. Apostolidès, 《Lycanthropie et rationalité juridique à l'aube du XVIIe siècle》, *Littératures classiques*, N° 25 (L'irrationnel au XVIIe siècle), 1995, pp. 161–185 ; A. Planche, 《Deux monstres ambigus : licorne et lycanthrope》, in *Démons et merveilles au Moyen Age*, Nice, Centre d'Etudes Médiévales de Nice, 1990, pp. 153–170 ; F. Dubost, *op. cit.*, t. I, pp. 540–565 ; C. Lecouteux, *Fées, sorcières et loups-garous au Moyen Age*, Paris, Imago, 1992 ; H. Sidky, *Witchcraft, lycanthropy, drugs, and disease. An anthropological study of the European witch-hunts*, New York, Peter Lang, 1997 ; Ch. F. Otten (ed.), *A Lycanthropy reader. Werewolves in western culture*, Syracuse, Syracuse U. P., 1986.

(40) オウィディウス『変身物語』(上)、中村善也訳、岩波文庫、一九八一、二〇—二一頁(Ovide, *Les Métamorphoses*, trad. G. Lafaye, t. I, Paris, Les Belles Lettres, 1969 (5e tirage), p. 14)。

(41) 同上、二一—二二頁(*ibid.*, p. 15)。

(42) ペトロニウス『サテュリコン』國原吉之助訳、岩波文庫、一九九一、一〇八頁。

(43) 同上、一一〇頁。

(44) 『プリニウスの博物誌』I(前掲)、三六一頁(Pline l'Ancien, *Histoire naturelle*, Livre VIII, trad. A. Ernout, Paris, Les Bel-

les Lettres, 1952, p. 51)。

(45)　同上(*ibid.*, p. 52)。

(46)　マリー・ド・フランス『狼男』、『十二の恋の物語』(前掲)所収、九〇頁(Marie de France, *Bisclavret*, vv. 5-12, in *Lais*, *op. cit.*, pp. 116-117)。関連して、G. Gros, 《Où l'on devient Bisclavret. Etude sur le site de la métamorphose (Marie de France, *Bisclavret*, vers 89-96)》, in *Miscellanea Mediaevalia. Mélanges offerts à Philippe Ménard*, études réunies par J. C. Faucon, A. Labbé et D. Quéruel, t. I, Paris, Champion, 1998, pp. 573-583 ; J.-M. Boivin, 《Bisclavret et Muldumarec : la part de l'ombre dans les *Lais*》, in *Amour et merveille. Les* Lais *de Marie de France*, études recueillies par J. Dufournet, Paris, Champion, 1995, pp. 147-168 を参照。マリー・ド・フランスのレーについては、Ph. Ménard, *Les Lais de Marie de France*, Paris, PUF, 1997 (3e éd.)が基本である。

(47)　同上、九二頁(*ibid.*, vv. 63-66, pp. 118-121)。

(48)　*Lai de Mélion*, in *Lais féeriques des XIIe-XIIIe siècles*, *op. cit.*, pp. 258-291 ; *Le cœur mangé*, *op. cit.*, pp. 135-150. J.-C. Aubailly, *La fée et le chevalier. Essai de mythanalyse de quelques lais féeriques des XIIe et XIIIe siècles*, Paris, Champion, 1986, pp. 13-37 も参照。

(49)　ティルベリのゲルヴァシウス『皇帝の閑暇』前掲、二五七頁(Gervais de Tilbury, *Le livre des merveilles*, *op. cit.*, p. 139 ; D. Gerner, *La traduction des* Otia Imperiala *de Gervais de Tilbury par Jean de Vignay*, thèse Univ. Strasbourg, 1995, t. II, Villeneuve d'Ascq, Presses univ. du Septentrion, 1997, p. 479)。

(50)　グリム『ドイツ伝説集』(上)、桜沢正勝・鍛治哲郎訳、人文書院、一九八七、二五二—二五四頁。

(51)　ティルベリのゲルヴァシウス、前掲書、二五六、二五七頁(Gervais de Tilbury, *op. cit.*, p. 138 ; D. Gerner, *op. cit.*, p. 478)。

(52)　マリー・ド・フランス『狼男』、『十二の恋の物語』(前掲)所収、九六頁(Marie de France, *Bisclavret*, v. 157, in *Lais*, *op. cit.*, p. 125)。

(53)　ギラルドゥス・カンブレンシス『アイルランド地誌』有光秀行訳、青土社、一九九六、一三〇—一三六頁(J.-M. Boivin, *L'Irlande au Moyen Age. Giraud de Barri et la* Topographia Hibernica *(1188)*, Paris, Champion, 1993, pp. 211-215)。

(54)　ティルベリのゲルヴァシウス、前掲書、二五六頁(Gervais de Tilbury, *op. cit.*, p. 138 ; D. Gerner, *op. cit.*, p. 478)。

(55)　同上、二五六、二五七頁(*ibid.*, pp. 138 et 139 ; D. Gerner, *ibid.*, p. 478)。

(56)　池上俊一『狼男伝説』前掲、四四頁。

(57)　G. Milin, *op. cit.*, pp. 62-63.

(58)　阿部謹也『西洋中世の罪と罰——亡霊の社会史』弘文堂、一九八九、一九六—一九七頁(C. Lecouteux et Ph. Marcq, *Les esprits et les morts*, *op. cit.*, pp. 15-16)。

(59)　アウグスティヌス『神の国』(四)、服部英次郎・藤本雄三訳、岩波文庫、一九八六、三九四—三九五頁。

(60)　J. Voisenet, *op. cit.*, p. 286.

(61)　Virgile, *Bucoliques*, trad. E. de Saint-Denis, Paris, Les Belles

Lettres, 1970 (nouvelle éd.), p. 80; Virgil, *Eclogues*, trad. R. Fairclough, London, Heinemann/Cambridge, Mass., Harvard U. P. (The Loeb Classical Library), 1967 (1916), pp. 62-63; Vergil, *Eclogues*, ed. R. Coleman, Cambridge, Cambridge U. P., 1977, pp. 65, 25 (ウェルギリウス『牧歌・農耕詩』河津千代訳、未来社、一九八一、一四四頁)。

(62) H. Institoris et J. Sprenger, *Le marteau des sorcières*, *op. cit.*, p. 214.

(63) 池上俊一、前掲書、六九頁。

(64) Jean Bodin, *De la demonomanie des sorciers*, 1587, Paris, Gutenberg Reprints, 1979, p. 106 v°.

(65) *Ibid.*, p. 109 v°.

(66) Jean de Nynauld, *De la lycanthropie, transformation et extase des sorciers*, 1615, Ed. critique augmentée d'études sur les lycanthropes et les loups-garous, Paris, Frénésie, 1990 (ジャン・ド・ニノー『狼憑きと魔女』池上俊一監修、富樫瓔子訳、工作舎、一九九四)。

(67) P. de Lancre, *op. cit.*, p. 231. G. Milin, *op. cit.*, pp. 147-151 も参照。

(68) *Arrest memorable de la Cour de parlement de Dole, du dixhuictiesme jour de Janvier, 1574 contre Gilles Garnier, Lyonnois, pour avoir en forme de loup-garou devoré plusieurs enfans, & commis autres crimes*, etc., Sens, Jean Savine, 1574, pp. 3-7. この判決だけならば、つぎの史料集にも全文収録されている。L. Cimber et F. Danjou (éd.), *Archives curieuses de l'histoire de France depuis Louis XI jusqu'à Louis XVIII*, 1re série, t. 8e, Paris, Beauvais, 1836, pp. 7-11.

(69) *Ibid.*, pp. 9-22. なお、この判決文とドーシュの書簡についてはつぎの論文を参照すること。H. Campangne, 《*Arrest memorable contre Gilles Garnier, pour avoir en forme de Loup-garou devoré plusieurs enfants et commis autres crimes*: Métamorphose et commentaire dans une lettre de Daniel d'Auge》, *Nouvelle Revue du XVIe siècle*, N° 15/2, 1997, pp. 343-357.

(70) Pierre de L'Estoile, *op. cit.*, t. VII, pp. 150-151.

(71) R. Mandrou, *Magistrats et sorciers en France au XVIIe siècle*, Paris, Seuil, 1980, p. 157.

(72) 「ジェヴォーダンのベート」事件として有名であるが、たとえば M. Louis, *La Bête du Gévaudan. L'innocence des loups*, Paris, Perrin, 1997 (nouvelle éd.) を参照。

(73) サヴォワ地方とドーフィネ地方に近代まで残存してきた狼男の民間伝承を分類整理したすぐれて民俗学的な作業として、つぎの論文をぜひ挙げておかねばならない。Ch. Joisten, R. Chanaud et A. Joisten, 《Les loups-garous en Savoie et Dauphiné》, *Le monde alpin et rhodanien*, 1-4/1992, pp. 17-182.

8 幻想的な狩猟

(1) 『ロンサール詩集』前掲、一七一―一七二頁 (Pierre de Ronsard, *Les Daimons*, vv. 347-378, in *Œuvres complètes*, *op. cit.*, t. VIII, pp. 134-135)。

(2) フランス近世の文学における悪魔を論じたクロソンによれば、詩人が恋人に会いに行くためにサタンの王国から来た悪霊を追い払うというのではあまりに安易かつ軽薄なので、それはもはや一五八四年ころに隆盛となった新しい悪魔論と合致しないと考えられて、この個人的なエピソードは削除された。つまり、一五五五年当時はこの手の物語が本当らしくなくてもなんら問題がなかったのに、新しい悪魔論はかかる異常な出来事を信じうるものにするにはもっと明瞭な悪魔化を要求するようになった、ということである。M. Closson, *op. cit.*, p. 315 et n. 201.

(3) Ronsard, *Hymne des Daimons*, éd. A.-M. Schmidt, Paris, A. Michel, 1939, p. 64.『讃歌集』の新版を編んだアルベール・ピーは「自伝的なエピソード」と註しているし(Ronsard, *Hymnes*, éd. A. Py, Genève, Droz, 1978, p. 204)、ギュスターヴ・コーエンは博学のジャン・ボダンすら『魔術師の悪魔憑き妄想』を論じたことを引例して、ロンサールが語った幻覚にも真摯さが充分に感得されると指摘する(G. Cohen, *Ronsard, sa vie et son œuvre*, Paris, Gallimard, 1956(nouvelle éd.), p. 176)。

(4) G. Lafeuille, *Cinq hymnes de Ronsard*, Genève, Droz, 1973, pp. 183-185.

(5) 「荒猟師」についての文献は多いが、C. Lecouteux, *Chasses fantastiques et cohortes de la nuit au Moyen Age*, Paris, Imago, 1999; *Le mythe de la Chasse sauvage dans l'Europe médiévale*, études réunies et présentées par Ph. Walter, Paris, Champion, 1997が基本である。ほかに、B. Hell, *Le sang noir*, *op. cit.*; J.-C. Schmitt, *Les revenants. Les vivants et les morts dans la société médiévale*, Paris, Gallimard, 1994; J. Dufournet, *Adam de la Halle à la recherche de lui-même ou le Jeu dramatique de la Feuillée*, Paris, SEDES, 1974, pp. 147-158を参照。邦語文献では、『比較神話学シンポジウム 荒猟師伝承の東西』名古屋大学、一九九八と、カルロ・ギンズブルグの訳書(『夜の合戦――一六・一七世紀の魔術と農耕信仰』上村忠男訳、みすず書房、一九八六。『闇の歴史――サバトの解読』竹山博英訳、せりか書房、一九九二)を挙げておかなければならない。

(6) C. Lecouteux, *op. cit.*, pp. 167-173を参照。あわせて、Ph. Walter, *La mémoire du temps*, *op. cit.*; フィリップ・ヴァルテル「エルカン軍団の神話学」、『比較神話学シンポジウム 荒猟師伝承の東西』(前掲)所収、七―一一頁も参照。

(7) C. Lecouteux, *ibid.*, pp. 13-25.

(8) 阿部謹也『西洋中世の罪と罰』前掲、一八二頁(C. Lecouteux et Ph. Marcq, *Les esprits et les morts*, *op. cit.*, p. 15)を参照。

(9) 同上、一八五頁。

(10) C. Lecouteux, *op. cit.*, p. 18. また、J.-C. Schmitt, 《Les 《superstitions》》, art. cité, pp. 530-533(シュミット『中世の迷信』前掲、一八七―一九二頁)も参照。

(11) ギヨーム・ド・ロリス/ジャン・ド・マン『薔薇物語』篠田勝英訳、平凡社、一九九六、四二五―四二六頁(Guillaume de Lorris et Jean de Meun, *Le Roman de la Rose*, vv. 18395-18409, éd. F. Lecoy, t. III, Paris, Champion, 1970, pp. 52-53)。

(12) C. Lecouteux, *op. cit.*, pp. 20-21.

(13) *Ibid.*, p. 21.

(14) *Ibid.*

(15) タキトゥス『ゲルマニア/アグリコラ』前掲、九九頁。

(16) Gervais de Tilbury, *op. cit.*, pp. 151-152.

(17) P. Sébillot, *Le Folklore de France. Le ciel, la nuit et les esprits de l'air*, Paris, Imago, 1989 (1904-1906), p. 188 ; C. Lecouteux, *op. cit.*, pp. 217-222 ; C. Seignolle, *Les évangiles du diable selon la croyance populaire*, Paris, Maisonneuve et Larose, 1994, pp. 612-613 ; A. Van Gennep, *Le folklore français*, *op. cit.*, vol. 3, 1999 (1958), pp. 2706-2709 ; E. Mozzani, *Le livre des superstitions*, Paris, Laffont, 1996, pp. 348-353. ジョルジュ・サンドは「これは世界中で、村落の数と同じだけの名を持っている」と述べて、「幻の狩」の呼称が多種多様であることを示唆している。サンド『フランス田園伝説集』前掲、一六三頁を参照。

(18) C. Lecouteux, 《Chasse sauvage/Armée furieuse》, in *Le mythe de la Chasse sauvage*, *op. cit.*, pp. 20-22.

(19) C. Lecouteux, *op. cit.*, pp. 91-101 にあるフランス語訳に拠る。J.-C. Schmitt, *Les revenants*, *op. cit.*, pp. 115-119 にある要約も参照した。

(20) C. Lecouteux, *ibid.*, p. 100.

(21) J.-C. Schmitt, *op. cit.*, p. 121.

(22) C. Lecouteux, *op. cit.*, p. 96.

(23) Raoul Glaber, *Histoires*, trad. M. Arnoux, Turnhout, Brepols, 1996, pp. 280-281.

(24) Ph. Walter, 《Hellequin, Hannequin et le Mannequin》, in *Le mythe de la Chasse sauvage*, *op. cit.*, pp. 33-72. 水野知昭「荒ぶる軍勢を統べる神オージン」、『比較神話学シンポジウム 荒猟師伝承の東西』(前掲)所収、八六—八七頁。

(25) C. Lecouteux, *op. cit.*, pp. 92-93. フィリップ・ヴァルテル「巨人エルカンの神話的肖像」、『比較神話学シンポジウム 荒猟師伝承の東西』(前掲)所収、四八頁。

(26) M.-R. Jung, *Hercule dans la littérature française du XVIe siècle*, Genève, Droz, 1966, p. 73 sqq. なお、『ノストラダムス予言集』高田勇・伊藤進編訳、岩波書店、一九九九、一〇四—一〇八頁も参照されたい。

(27) フィリップ・ヴァルテル「巨人エルカンの神話的肖像」前掲、五〇頁。

(28) R. Bernheimer, *op. cit.*, p. 59 sqq.

(29) C. Lecouteux, *op. cit.*, p. 206.

(30) Gautier Map, *Contes pour les gens de cour*, trad. A. K. Bate, Turnhout, Brepols, 1993, pp. 91-94, 267-270.

(31) L. Harf-Lancner, 《L'Enfer de la cour : la cour d'Henri II Plantagenet et la Mesnie Hellequin》, in *L'Etat et les aristocraties*, textes réunis et présentés par Ph. Contamine, Paris, Presses de l'Ecole Normale Supérieure, 1989, pp. 27-50.

(32) J.-C. Schmitt, 《Les 《superstitions》》, art. cité, p. 529 (シュミット、前掲書、一八六頁)。

(33) C. Lecouteux, *op. cit.*, p. 74.

(34) シュミット『中世の迷信』前掲、一八七頁(J.-C. Schmitt, 《Les 《superstitions》》, art. cité, p. 530)。

(35) H. Rey-Flaud, *Le Charivari. Les rituels fondamentaux de la sexualité*, Paris, Payot, 1985; C. Lecouteux, *op. cit.*, pp. 147-160; 蔵持不三也『シャリヴァリ——民衆文化の修辞学』同文舘、一九九一、四三—七二頁を参照。

(36) C. Lecouteux, *op. cit.*, p. 207.

(37) Ronsard, *Hymne des Daimons*, *op. cit.*, pp. 64-65.

(38) R. Guy, *Le Diable, la Vierge, les ermites et les saints dans les légendes de nos campagnes*, Laval, Siloë, 1989, p. 48 に引用。

(39) C. Lecouteux, *op. cit.*, p. 144; P. Sébillot, *Le Folklore de France. La terre et le monde souterrain*, Paris, Imago, 1983 (1904-1906), p. 115.

(40) C. Lecouteux, *ibid.*, p. 146.

(41) Le Pogge Florentin, *Facéties*, trad. E. Wolff d'après la version de P. des Brandes, Paris, Anatolia, 1994, p. 159.

(42) Boccace, *op. cit.*, pp. 466-469(ボッカッチョ、前掲書、三三一—三三七頁)。ちなみに、ロレンツォ・イル・マニフィコの委嘱により、ボッティチェリはこの《ナスタジオ・デッリ・オネスティの物語》を四点の板絵に描いた。この絵については、G. Didi-Huberman, *Ouvrir Vénus. Nudité, rêve, cruauté*, Paris, Gallimard, 1999, pp. 64-85 を参照。

(43) ヨハネス・パウリ『冗談とまじめ』名古屋初期新高ドイツ語研究会訳、同学社、一九九九、二四一—二四二頁。

(44) 同上、二四二頁。

(45) 同上。

(46) C. Lecouteux, *op. cit.*, p. 125. また、J. Wirth, *La jeune fille et la mort. Recherches sur les thèmes macabres dans l'art germanique de la Renaissance*, Genève, Droz, 1979, p. 94 も参照。

(47) C. Lecouteux, *ibid.*, p. 126.

(48) *Ibid.*, pp. 126-127.

(49) J. Wirth, *op. cit.*, pp. 95-104.

(50) *Le Journal du sire de Gouberville*, *op. cit.*, t. II, p. 5.

(51) P. Sébillot, *Le Folklore de France. Le ciel, la nuit et les esprits de l'air*, *op. cit.*, p. 193.

(52) *Ibid.*, p. 189.

(53) Palma Cayet, *Chronologie septenaire*, éd. J. A. C. Buchon, Paris, A. Desrez, 1836, pp. 228-229.

(54) C. Lecouteux, *op. cit.*, p. 72 より引用。

(55) E. Mozzani, *op. cit.*, p. 347.

(56) Pierre de L'Estoile, *Mémoires-Journaux*, *op. cit.*, t. VII, p. 135.

(57) *Journal de L'Estoile pour le règne de Henri IV*, éd. L.-R. Lefèvre, t. I, Paris, Gallimard, 1948, p. 535(var. Ed. de 1736).

(58) この一文は一七四一年版に付加されたもの。Pierre de L'Etoile [*sic*], *Journal du regne de Henri IV*, t. II, La Haye, Frères Vaillant, 1741, p. 417.

(59) Hardouin de Péréfixe, *Histoire du roi Henri le Grand*, préface

de F. Bluche, Paris, Communication & Tradition, 1999, p. 106. 渡辺一夫『世間噺・後宮異聞』、「渡辺一夫著作集」第一四巻、筑摩書房、一九七七所収、一六七頁も参照。

(60) E. Mozzani, *op. cit.*, p. 348.

(61) *Estrange, et effroyable histoire nouvellement arrivée dans la Forest de Fontaine-bleau. A un Seigneur, de qualité, le jour de nostre Dame, quinziesme Aoust, mil cinq cens vingt cinq*[sic], Paris, Chez la veufve Ducarroy, 1625. スガンによる整理番号は452。

(62) *Ibid.*, p. 8.

(63) *Ibid.*, p. 10.

(64) F. Vinchant, *Voyage en France et en Italie (1608-1610)*, cité par P. Sébillot, *Le Folklore de France. La terre et le monde souterrain*, *op. cit.*, p. 109.

(65) Pline l'Ancien, *Histoire naturelle*, Livre II, trad. J. Beaujeu, Paris, Les Belles Lettres, 1950, p. 65（『プリニウスの博物誌』I（前掲）、一〇七—一〇八頁）。

(66) C. Lecouteux et Ph. Marcq, *op. cit.*, p. 87.

(67) P. Sébillot, *Le Folklore de France. Le ciel, la nuit et les esprits de l'air*, *op. cit.*, pp. 186-200; C. Lecouteux, *op. cit.*, pp. 45-52.

(68) *Journal d'un bourgeois de Paris sous le règne de François premier (1515-1536)*, éd. L. Lalanne, Paris, Renouard, 1854, p. 62.

(69) O. Niccoli, *Prophecy and people in Renaissance Italy*, translated by L. G. Cochrane, Princeton, Princeton U. P., 1990, pp. 61-88.

(70) *Journal d'un bourgeois de Paris sous le règne de François premier (1515-1536)*, *op. cit.*, p. 62.

(71) この瓦版はつぎの文献に収録されている。M. Lever, *Canards sanglants*, *op. cit.*, pp. 291-294. また、*Histoire de l'année 1608*, in L. Cimber et F. Danjou (éd.), *Archives curieuses*, *op. cit.*, 1ère série, t. 14e, 1837, pp. 399-400 も参照。

(72) Pierre de L'Estoile, *Mémoires-Journaux*, *op. cit.*, t. IX, pp. 172-173.

(73) Ronsard, *La Paix, Au Roy*, v. 95, in *Œuvres complètes*, *op. cit.*, t. IX, p. 108.

(74) ハイネ『アッタ・トロル』井上正蔵訳、岩波文庫、一九七三（一九五五）、一一三—一四三頁。

(75) Bürger, *Le féroce chasseur*, trad. Gérard de Nerval, in *Poèmes d'Outre-Rhin.* Poésies allemandes *(1840) suivies des* Poésies de Henri Heine *(1848) et d'autres traductions*, éd. J.-Y. Masson, Paris, Grasset, 1996, pp. 146-147. 引用箇所はこのネルヴァル訳から訳出したもの。

(76) ユゴー『ライン河幻想紀行』榊原晃三編訳、岩波文庫、二〇〇〇（一九八五）所収、一六八—一七七頁。

(77) アルレット・ブルミエ「伝説のエコー——ヴィクトル・ユゴーの「美男ペコパンと美女ボルドゥールの伝説」とジャン・ルー・トラサールの「メニー・エルカン」における幻の狩猟」、『比較神話学シンポジウム 荒猟師伝承の東西』（前掲）所収、二四頁。

(78) グリム『ドイツ伝説集』（上）前掲、二〇九、二一一—二一

三、三四二頁など。

(79) C. Lecouteux, *op. cit.*, p. 146.

(80) A. Joisten et Ch. Abry, *Etres fantastiques des Alpes*, Paris, Entente, 1995, p. 166.

第四章　想像界の森(2)——摩訶不思議の空間

1　魔法の森

(1) アーロン・グレーヴィチ『中世文化のカテゴリー』川端香男里・栗原成郎訳、岩波書店、一九九九(一九九二)、九〇頁。

(2) 同上。

(3) グリム『ドイツ伝説集』(上)前掲、三八五頁。

(4) K. Pomian, 《Collection-microcosme et la culture de la curiosité》, in *Scienze, credenze occulte, livelli di cultura*, Firenze, Olschki, 1982, p. 538(ポミアン『コレクション——趣味と好奇心の歴史人類学』吉田城・吉田典子訳、平凡社、一九九二、七六頁)。

(5) P. Boaistuau, *Histoires prodigieuses*, chap. 24, éd. préfacée par Y. Florenne, Paris, Club français du livre, 1961, pp. 169-171で採り上げられている三つのエピソードを謂うか。これらについて、およびボエスチュオの『驚倒すべき物語』(一五六〇)が一六世紀に博した人気については、伊藤進、前掲書、三三〇—三三二頁、三一八—三二三頁をそれぞれ参照されたい。なおボエスチュオの報告する三つめの野人の話は、第三章第6節の註(20)に該当する引用を参照願えれば、リュコステネスを典拠にしたものであることが判明する。

(6) P. Borel, *Les antiquitez, raretez, plantes, mineraux, & autres choses considerables de la Ville, & Comté de Castres d'Albigeois, etc.*, Genève, Minkoff Reprint, 1973(1649), Livre second, pp. 84-85.

(7) Guillaume de Lorris et Jean de Meun, *op. cit.*, v. 18408, t. III, p. 53. なお、この箇所は第三章第8節の註(11)に該当する引用にもすでに引かれている。

(8) Adam de la Halle, *Le Jeu de la Feuillée*, trad. J. Dufournet, Paris, GF-Flammarion, 1989, p. 172 にある v. 425 に関する註を参照。J. Dufournet, *Adam de la Halle à la recherche de lui-même, op. cit.*, pp. 158-168, およびギンズブルグ『闇の歴史』前掲、一四七—一九八頁も参照。

(9) P. Sébillot, *Le Folklore de France. La terre et le monde souterrain, op. cit.*, p. 100. 妖精のダンス好きについては、たとえばGautier Map, *Contes pour les gens de cour, op. cit.*, IV, 10; II, 12 の話を参照。

(10) Ph. d'Alcripe, *La nouvelle fabrique des excellents traicts de verité, op. cit.*, p. 130.

(11) ニコラ・ド・トロワの小話集『新話大鑑』を抜粋版で一九世紀に刊行したエミール・マビーユは、オリジナルの写本に収録されていないこの話をほかの写本から選びだし、ニコラの作品として抜粋版に加えてしまった(*Le grand parangon des nouvelles*

nouvelles composé par Nicolas de Troyes, éd. E. Mabille, Bassac, Plein Chant, 1993(1869), p. xiv)。しかしマビーユ版から百年以上経って出版された新版(これまた抜粋版ではあるが)では、これは偽作と断定された。本書は後者の説に従う(Nicolas de Troyes, *Le grand parangon des nouvelles nouvelles*, éd. K. Kasprzyk, Paris, STFM, 1970, p. XI, n. 2)。

(12)　Ph. d'Alcripe, *op. cit.*, p. 184.

(13)　グレーヴィチ、前掲書、九〇頁。

(14)　松原秀一『中世ヨーロッパの説話』中公文庫、一九九二(一九七九)、三二一―三六頁に要を得た解説がなされている。

(15)　J.-C. Schmitt(éd.), *Prêcher d'exemples*, Paris, Stock, 1985, pp. 31-34 に拠る。ほかに、*La fleur de la prose française depuis les origines jusqu'à la fin du XVIe siècle*, textes choisis par A. Mary, Paris, Garnier, s. d.[1954], pp. 18-23 ; *Le rire du prédicateur. Récits facétieux du Moyen Age*, présenté par J. Berlioz, Turnhout, Brepols, 1992, pp. 41-43 を参照。あわせて、M.-L. Tenèze, *Le conte populaire français*, T. IV, Premier vol., Paris, Maisonneuve et Larose, 1985, pp. 278-279 も参照のこと。

(16)　P. Sébillot, *Le Folklore de France. La terre et le monde souterrain*, *op. cit.*, pp. 92-95.

2　妖精――異界への誘い

(1)　本書第三章第1節註(20)に該当する引用文を参照されたい。パラケルススのテクストは、中世はもちろんルネサンスに到っても なお、ブラガのマルティヌスが犯したように、妖精、悪魔、幽霊が混同されることがあったことを示す。「メリュジーヌたちは王侯の娘であるが、おのが罪ゆえに絶望している。サタンは彼女たちをさらって、幽霊、悪霊、恐ろしい姿の亡者、醜悪な怪物に変えた。彼女たちはこの世のものとは思われない肉体をして、理性的な魂を持たずに生きており、自然の四大元素から栄養を摂取し、もし人間の男と結婚しなければ、最後の審判の際に四大元素とともに消え去るだろうと思われる。ところがこの結合の効力によって、彼女たちは自然な結婚生活ができ、また自然の死を迎えることができる。このような幽霊がたくさん、砂漠、森、廃墟、墓場、虚空、海辺などにいると思われる」(ジャン・マルカル『メリュジーヌ』中村栄子・末永京子訳、大修館書店、一九九七、一三頁)。S. Cassagnes-Brouquet et V. Chambarlhac, *op. cit.*, p. 159 も参照。

(2)　同上、註(18)に該当する引用文を参照されたい。

(3)　J.-C. Schmitt, *Le saint Lévrier*, *op. cit.*, p. 35 に引用。

(4)　Id., «Les «superstitions»», art. cité, p. 441(シュミット、前掲書、四一頁)。

(5)　Grégoire de Tours, *Histoire des Francs*, Livre II, X, trad. R. Latouche, Paris, Les Belles Lettres, 1999(1963), p. 99.

(6)　グリム、前掲書、下、五頁。

(7)　Sulpice Sévère, *Vie de saint Martin*, t. II : commentaire par J. Fontaine, Paris, Cerf, 1968, pp. 713-807. フォンテーヌによる註釈はきわめて有用。

（8） *Ibid.*, t. I: introd., texte et trad. par J. Fontaine, Paris, Cerf, 1967, pp. 282-283（スルピキウス・セウェルス『聖マルティヌス伝』橋本龍幸訳、「中世思想原典集成」四『初期ラテン教父』（前掲）所収、九〇四頁）。

（9） *Ibid.*, pp. 284-285（同上、九〇四、九〇五頁）。

（10） *Ibid.*, pp. 280-281（同上、九〇二―九〇三頁）。

（11） *Ibid.*, pp. 282-283（同上、九〇四頁）。

（12） *Ibid.*, t. II, p. 744.

（13） J.-C. Schmitt, 《Les 《superstitions》》, art. cité, pp. 443-445（シュミット、前掲書、四六―四八頁）; J. Brosse, *Mythologie des arbres*, *op. cit.*, pp. 187-189（ブロス、前掲書、二六四―二六八頁）。渡邊昌美『中世の奇蹟と幻想』岩波新書、一九八九、二八―二九頁、およびグリムの前掲書、上、二二三―二二四頁（第一八一章）も参照。

（14） Sulpice Sévère, *op. cit.*, t. II, p. 760; E. Mâle, *La fin du paganisme en Gaule et les plus anciennes basiliques chrétiennes*, Paris, Flammarion, 1950, pp. 32-69; J.-C. Schmitt, art. cité, p. 447（シュミット、前掲書、五四頁）。六世紀初めに、教皇グレゴリウス一世もアングロサクソン人の改宗のために派遣したカンタベリーのアウグスティヌスに、こうしたキリスト教の政策（異教を取り込み、異教色のあれこれを消し去り、キリスト教に反するものを根絶し、適応させ、修正し、削ぎとること）をある書簡で勧告している。その書簡の一部はクロード・ルクトゥによるつぎの有益なアンソロジー――これは、中世の信仰がいかにキリスト教の要因と異教の要因が重なり合って成立した混成的な特徴をもつものであるか、を示すテクスト群の撰集――に紹介されている。C. Lecouteux, *Mondes parallèles*, *op. cit.*, p. 11.

（15） J. Brosse, *op. cit.*, p. 189（ブロス、前掲書、二六八頁）。

（16） アルフレッド・モリーの言葉。N. Belmont, 《Les fées. Croyances et légendes populaires en France》, in Y. Bonnefoy (sous la dir.), *Dictionnaire des mythologies*, t. I, Paris, Flammarion, 1999 (1981), p. 772 に引用。関連してつぎの雑誌に収載された諸論文も参考になるだろう。*Bien dire et bien aprandre*, nº 12 (Fées, dieux et déesses au Moyen Age), 1994.

（17） L. Harf-Lancner, *Les fées au Moyen Age*, Paris, Champion, 1984, pp. 27-34.

（18） S. Cassagnes-Brouquet et V. Chambarlhac, *op. cit.*, p. 157.

（19） L. Harf-Lancner, *op. cit.*, pp. 34-42.

（20） 本書第三章第7節の註（58）に該当する引用文を参照されたい。

（21） 阿部謹也『西洋中世の罪と罰』前掲、一九七頁（C. Lecouteux et Ph. Marcq, *op. cit.*, p. 16）。

（22） L. Harf-Lancner, *op. cit.*, p. 24.

（23） *Ibid.*, p. 42. なおアルフ＝ランクネルの説を補足するものとして、例えば C. Lecouteux, *Au-delà du Merveilleux. Des croyances du Moyen Age*, Paris, Presses de l'Univ. de Paris-Sorbonne, 1995, pp. 161-177 がある。

（24） P. Gallais, *La fée à la fontaine et à l'arbre. Un archétype du conte merveilleux et du récit courtois*, Amsterdam/Atlanta, Rodopi, 1992, p. 12.

(25) アルプス地方の伝承にかぎれば、たとえば A. Joisten et Ch. Abry, *Etres fantastiques des Alpes*, *op. cit.*, pp. 25–58 を参照。

(26) *Lai de Désiré*, vv. 383–390, 719–724, 743–744, in *Lais féeriques des XIIe et XIIIe siècles*, *op. cit.*, pp. 126–129, 146–147, 148–149. ちなみに、この興味深いキリスト教化されたレーについては、L. Harf-Lancner, *op. cit.*, pp. 258–261 のほかに、J.-C. Aubailly, *La fée et le chevalier*, *op. cit.*, pp. 113–126 ; J. Subrenat, 《L'aveu du secret d'amour dans *Le lai de Désiré*》, in *Mélanges de langue et littérature françaises du Moyen Age et de la Renaissance offerts à Charles Foulon*, t. I, Rennes, Institut de Français, Univ. de Haute-Bretagne, 1980, pp. 371–379 を参照。

(27) A. Guerreau-Jalabert, 《Fées et chevalerie. Observations sur le sens social d'un thème dit merveilleux》, in *Miracles, prodiges et merveilles au Moyen Age*, Paris, Publications de la Sorbonne, 1995, p. 142.

(28) Jean d'Arras, *Mélusine*, trad. M. Perret, Paris, Stock, 1991 (1979), p. 39 sqq. ; Coudrette, *Le Roman de Mélusine*, trad. L. Harf-Lancner, Paris, GF-Flammarion, 1993, p. 47 sqq. (クードレット『メリュジーヌ物語』松村剛訳、青土社、一九九六、二二頁以下。これにはル・ゴフとル・ロワ・ラデュリーの重要論文の翻訳も併載されていて重宝)。メリュジーヌ関連の参考文献は多いが、いままで挙げた文献以外でとりあえずつぎの三点を補足しておく。C. Lecouteux, *Mélusine et le Chevalier au cygne*, Paris, Imago, 1997 (1982) ; F. Clier-Colombani, *La Fée Mélusine au Moyen Age. Images, mythes et symboles*, Paris, Le Léopard d'or, 1991 ; D. Maddox and S. Sturm-Maddox (ed.), *Melusine of Lusignan. Founding fiction in late medieval France*, Athens/London, The Univ. of Georgia Press, 1996.

(29) L. Harf-Lancner, *op. cit.*, pp. 204–212.

(30) *Ibid.*, pp. 212–213.

(31) *Lai de Guingamor*, in *Lais féeriques des XIIe et XIIIe siècles*, *op. cit.*, pp. 64–103. *Le cœur mangé*, *op. cit.* pp. 47–66 に収められた現代仏訳も参照。ほとんど翻訳といってもよい詳細な梗概が、松原秀一『中世ヨーロッパの説話』(前掲) に紹介されている (二一一—三二頁)。

(32) *Lai de Graelent*, in *Lais féeriques des XIIe et XIIIe siècles*, *op. cit.*, pp. 20–61 ; *Le cœur mangé*, *op. cit.* pp. 27–46. アルフ＝ランクネルは、『グラエレント』の作者がマリー・ド・フランスの『ランヴァル』を知っていて利用したと推測するが (L. Harf-Lancner, *op. cit.*, p. 254)、ピエール・ガレは『グラエレント』のほうがプリミティヴだとする (P. Gallais, *op. cit.*, pp. 56–57)。

(33) *Lai de Graelent*, *op. cit.*, vv. 713–716.

(34) S. Cassagnes-Brouquet et V. Chambarlhac, *op. cit.*, p. 156.

3 聖人と白い鹿

(1) ジャン・フラピエ『アーサー王物語とクレチヤン・ド・ト

ロワ』松村剛訳、朝日出版社、一九八八、一一七頁。

(2) 作者不詳の短詩『ナルシス』(一二世紀)でも鹿狩りが話の重要な転機になっている。ギジュマールと同様にいかなる女性にも心惹かれることのない主人公は鹿を追ううちに、喉の渇きを癒すために仲間から離れて泉を探す。その泉の水面で見たものは妖精ならぬ自分の美しい姿である。自分の容貌を見て、「ナルシスは思う、それは泉を守る女、海の妖精であると」(*Narcisse*, trad. M.-N. Toury, in D. Régnier-Bohler (sous la dir.), *Récits d'amour et de chevalerie*, Paris, Laffont, 2000, p. 28; *Pyrame et Thisbé, Narcisse, Philomena. Trois contes du XIIe siècle français imités d'Ovide*, traduits par E. Baumgartner, Paris, Gallimard, 2000, pp. 128-129 (vv. 655-656))。『ナルシス』は、妖精物語の狩猟の枠組みをうまく利用した「変身物語」になっている。

(3) マリー・ド・フランス『ギジュマール』、『十二の恋の物語』(前掲)所収、一五頁(Marie de France, *Guigemar*, vv. 89-92, in *Lais*, *op. cit.*, pp. 30-31)。

(4) 作者不詳『アーサー王の死』天沢退二郎訳、「フランス中世文学集」四、白水社、一九九六所収、八四頁参照。

(5) マリー・ド・フランス『ギジュマール』、『十二の恋の物語』(前掲)所収、一六頁(Marie de France, *Guigemar*, vv. 106-122, in *Lais*, *op. cit.*, pp. 32-33)。

(6) L. Harf-Lancner, *op. cit.*, p. 224; F. Dubost, *op. cit.*, t. I, p. 337; id., «Les merveilles du cerf: miracles, métamorphoses, médiations», *Revue des langues romanes*, XCVIII, N° 2, 1994, p. 292; A. Strubel et C. de Saulnier, *La poétique de la chasse au Moyen Age*, *op. cit.*, p. 228.

(7) *Le Livre de Baudouin, comte de Flandre*, trad. D. Régnier-Bohler, in D. Régnier-Bohler (sous la dir.), *Splendeurs de la cour de Bourgogne*, *op. cit.*, p. 17.

(8) *Ibid.*

(9) F. Dubost, «Les merveilles du cerf», art. cité, pp. 290-294. 中世文学における鹿については、このデュボストの論文が基本となる。

(10) 作者不詳『聖杯の探索』前掲、三五七頁。

(11) マロリー『アーサー王物語』(下)、中島邦男ほか訳、青山社、一九九五、三五三頁。

(12) Dom P. Miquel, *Dictionnaire symbolique des animaux*, Paris, Le Léopard d'or, 1992, s. v. «cerf-biche».

(13) *Les sentences des pères du désert*, *op. cit.*, p. 230 (n° 604).

(14) 『プリニウスの博物誌』I(前掲)、三六九頁(第八巻第五〇章)(Pline l'Ancien, *op. cit.*, Livre VIII, p. 64)。

(15) Isidore de Séville, *Etymologies*, Livre XII, trad. J. André, Paris, Les Belles Lettres, 1986, pp. 50-51 (I, 18).

(16) Gaston Phébus, *op. cit.*, Liv. I, chap. 1, p. 47.

(17) Brunetto Latini, *Li Livres dou tresor*, I, 183, 3, éd. F. J. Carmody, Genève, Slatkine Reprints, 1975 (1948), p. 160. なお、例話、聖者伝などの中世の教化文学や百科全書のなかで動物がどのように活用されていたかを論じた、つぎの論文集はきわめて有益にし

て刺戟的。J. Berlioz et M. A. Polo de Beaulieu (sous la dir.), *L'animal exemplaire au Moyen Age* (V^{e}-XVe *siècle*), Rennes, Presses univ. de Rennes, 1999. また、*Revue des langues romanes*, XCVIII, N° 2 (Eléments pour un bestiaire du Moyen Age), 1994; A. Strubel et C. de Saulnier, *op. cit.*, pp. 195-217 も参照。

(18) *Le Bestiaire divin de Guillaume Clerc* [sic] *de Normandie*, éd. C. Hippeau, Genève, Slatkine Reprints, 1970 (1852), pp. 277-280, 171-174. フィリップ・ド・タオンにおける「鹿」の項目については、Ch.-V. Langlois, *La vie en France au Moyen Age*, t. III, *op. cit.*, p. 18 に要約があるし、S. Cassagnes-Brouquet et V. Chambarlhac, *op. cit.*, p. 167 に関連箇所の現代仏訳が載せられている。動物寓意譚における「鹿」については、以下を参照。F. McCulloch, *Mediaeval Latin and French bestiaries*, *op. cit.*, pp. 172-174; D. Hassig, *Medieval bestiaries. Text, image, ideology*, Cambridge, Cambridge U. P., 1995, pp. 40-51.

(19) P. Boglioni, «Les animaux dans l'hagiographie monastique», in J. Berlioz et M. A. Polo de Beaulieu (sous la dir.), *op. cit.*, pp. 51-80; R. Aigrain, *op. cit.*, pp. 232-234.

(20) J.-R. Maréchal, *La vie des saints de la Gaule romaine aux royaumes francs* (*du I*^{er} *au VIII*^{e} *siècle*), Paris, Godefroy de Bouillon, 1997, p. 97, n. 11.

(21) Jacques de Voragine, *op. cit.*, t. I, pp. 196-199 (ヤコブス・デ・ウォラギネ、前掲書、第一巻、三八八―三九三頁)。C. Gaignebet, *A plus hault sens*, *op. cit.*, t. II, pp. 243-277; G. Duchet-Suchaux et M. Pastoureau, *op. cit.*, p. 67; C. Gaignebet et J.-D. Lajoux, *op. cit.*, aux pages entre pp. 260 et 231. 柳宗玄・中森義宗『キリスト教美術図典』前掲、二八三―二八四頁も参照。

(22) *Ibid.*, t. II, pp. 169-171 (同上、第三巻、三四一―三四六頁); G. Duchet-Suchaux et M. Pastoureau, *ibid.*, p. 172; 同上、二〇三―二〇四頁。

(23) *Ibid.*, t. I, pp. 170-171 (同上、第一巻、三二八―三三〇頁); G. Duchet-Suchaux et M. Pastoureau, *ibid.*, pp. 212-213; 同上、三一一頁。

(24) *La vie de saint Eustache*, poème français du XIIIe siècle, éd. H. Petersen, Paris, Champion, 1928, vv. 293-350. このフランス語韻文のヴァージョンでは（本文ではあえて散文訳にした）、ラテン語散文におけると同じく、「プラキドゥス」の表記を主にしているが、以下のフランス語散文のヴァージョンでは「プラキダス」としている。*La vie de saint Eustace*, version en prose française du XIIIe siècle, éd. J. Murray, Paris, Champion, 1929, pp. 5-6. ほかに、Jacques de Voragine, *ibid.*, t. II, pp. 306-312 (同上、第四巻、前田敬作・山中知子訳、人文書院、一九八七、一四七―一五九頁); G. Duchet-Suchaux et M. Pastoureau, *ibid.*, pp. 151-152. 同上、二八二―二八三頁も参照。

(25) L. Harf-Lancner, *op. cit.*, p. 240; M Thiébaux, *op. cit.*, pp. 61-65.

(26) G. Duchet-Suchaux et M. Pastoureau, *op. cit.*, p. 178; S. Cassagnes-Brouquet et V. Chambarlhac, *op. cit.*, pp. 169-171; B.

Hell, *op. cit.*, pp. 177-189；柳宗玄・中森義宗、前掲書、二八二―二八三頁。

(27)　グリム、前掲書、下、八八頁。P. Arabeyre, 《Animaux 《exemplaires》 et droit canon. Le commentaire de la décrétale *Raynutius* par Guillaume Benoît (1455-1516)》, in J. Berlioz et M. A. Polo de Beaulieu (sous la dir.), *op. cit.*, p. 214, n. 28.

(28)　*Ibid.*, p. 214, n. 29. J. Froissart, *op. cit.*, pp. 310-312 も参照。

(29)　C. Velay-Vallantin, *L'histoire des contes, op. cit.*, p. 187. 挿絵についてはたとえば、N. Garnier, *L'imagerie populaire française*, t. I, Paris, Ed. de la Réunion des musées nationaux, 1990, n°s 78, 420, 537, 837, 926 を、またエピナル画ではたとえば、*ibid.*, t. II, 1996, n°s 958-962 を参照。ちなみに、n° 960 のエピナル画はジュヌヴィエーヴを女の野人の様相で描いているのに対して、n° 961 ではおそらく「教育的配慮」のせいであろう、美しい衣服に身を包んでお姫さま然とした、じつにエレガントな姿で描かれている。六年間も森に棲むのであれば、当然前者の姿が自然なのであろうが。

(30)　M. Tarayre, *La Vierge et le miracle. Le* Speculum historiale *de Vincent de Beauvais*, Paris, Champion, 1999, pp. 62-65.

4　民話の森――女とアジール

(1)　Chrétien de Troyes, *Erec et Enide*, v. 4308 sqq., in *Œuvres complètes, op. cit.*, p. 105 sqq.

(2)　Id., *Yvain ou le Chevalier au Lion*, v. 3344, in *ibid.*, p. 420.

(3)　*Les merveilles de Rigomer*, trad. M.-L. Chênerie, in D. Régnier-Bohler (sous la dir.), *La légende arthurienne, op. cit.*, p. 977 sqq.

(4)　『オーカッサンとニコレット』前掲、一三七―一四七頁(*Aucassin et Nicolette, op. cit.*, 引用は順に、XVII, 8-9；XIX, 12-15；XXIV, 2-3；XXIV, 3-7；XXVII, 3)。

(5)　H. Braet, 《Les amants dans la forêt. A propos d'un passage du *Tristan* de Béroul》, in *Mélanges de langue et de littérature du Moyen Age offerts à Teruo Sato*, Nagoya, Centre d'Etudes Médiévales et Romanes, 1973, pp. 1-7.

(6)　ベルール『トリスタン物語』新倉俊一訳、「フランス中世文学集」一(前掲)所収、一八三―一九五頁(*Tristan et Iseut, op. cit.*, 引用は順に、vv. 1305；1277-1278；1290；1359；1748-1750；1425；1297；1428-1430；1638；1365-1366；1364；1648-1650)。

(7)　J. Le Goff, 《Le désert-forêt dans l'Occident médiéval》, art. cité, p. 70(ジャック・ルゴフ「西洋中世の荒野＝森」、『中世の夢』(前掲)所収、一五六―一五七頁)。

(8)　『フランス民話集』新倉朗子訳、岩波文庫、一九九三、三四頁。

(9)　Y. Verdier, 《Chemins dans la forêt. Les contes》, *Revue forestière française*, n° spécial 1980 (Société et forêts), p. 344.

(10)　『グリム童話集』一(前掲)、二七三頁。

(11)　同上、一五六―一七二頁。森義信『メルヘンの深層』講談社現代新書、一九九五、九〇―九二頁も参照。ちなみに、グリムの蒐集した童話が時代の要請と教育的配慮から大幅な改変が加えられていること、したがって口承の昔話から創作童話に近づいているわけで、その加筆と書き替えにも注意を払うべきであることをもちろん承知していないわけではないが、しかし物語の核をなす部分や主要モチーフはそのまま保持されていることも事実なのだし、本節はグリム童話論をめざしたものでもないので、そうした質的な変化の問題にはさしあたって拘泥しない。

(12) 以下の議論では、主につぎの二点の文献に多くを負っている。Y. Verdier, art. cité, pp. 344-352; M. Piarotas, *Des contes et des femmes. Le vrai visage de Margot*, Paris, Imago, 1996, pp. 43-60.

(13) *Le Corps-sans-Ame*, in F.-M. Luzel, *Contes populaires de la Basse-Bretagne*, *op. cit.*, t. I, pp. 323-337.

(14) 『ペロー童話集』前掲、一六三頁 (Ch. Perrault, *op. cit.*, p. 179)。

(15) Y. Verdier, art. cité, p. 349.

(16) 『グリム童話集』二(前掲)、一五三頁。

(17) F.-M. Luzel, *op. cit.*, t. I, p. 329.

(18) *Ibid.*, p. 207.

(19) 『グリム童話集』三(前掲)、四〇六頁。

(20) 同上、四〇七頁。

(21) 『グリム童話集』一(前掲)、一二〇―一二三頁。

(22) ラブレー『第一之書 ガルガンチュワ物語』渡辺一夫訳、岩波文庫、一九七三、九二頁 (Rabelais, *Œuvres complètes*, *op. cit.*, p. 47)。

(23) ラブレーの一見荒唐無稽にみえる作品に同時代の現実の反映を見るのは、あながち牽強附会とはいえない。G. Hoffmann, 《Rabelais à la limite de la fable: le rôle de la culture populaire dans le programme humaniste》, *Réforme, Humanisme, Renaissance*, Nº 34, 1992, pp. 27-39 は牝馬の行為の開化的な面を強調している。

(24) 作者不詳『ガルガンチュワ大年代記』渡辺一夫訳、白水社、一九四八、三七頁 (*Les grandes et inestimables Chroniques*, in Rabelais, *op. cit.*, p. 160)。

(25) ラブレー、前掲書、九二―九三頁 (Rabelais, *op. cit.*, p. 47)。

(26) たとえば、野村泫『グリム童話』ちくま学芸文庫、一九九三(一九八九)、一五九―一六三頁を参照。しかしニコル・ベルモンのつぎの論文も参照しなければならない。N. Belmont, 《La figure de la conteuse dans la tradition orale》, in O. Piffault (sous la dir.), *Il était une fois...les contes de fées*, Paris, Seuil/Bibliothèque nationale de France, 2001, pp. 503-511.

5 森に棲む「花女」——東方の夢

(1) 『アレクサンドロス大王物語』については、拙著『怪物のルネサンス』(前掲)でもすこし言及してあるので(八五―九六頁)参照されたい。つぎの二つの翻訳の解説も、中世フランスのアレクサンドロス・ロマン以前のテクストの複雑な伝承を鳥瞰するのに有益であろう。伝カリステネス『アレクサンドロス大王物語』(前掲)。ナポリの首席司祭レオ『アレクサンデル大王の誕生と勝利』芳賀重徳訳、近代文芸社、一九九六。欧文文献は枚挙に暇がないが、とりあえず比較的新しいつぎの四点のみを挙げておこう。D. J. A. Ross, *Alexander Historiatus. A guide to medieval illustrated Alexander literature*, Frankfurt am Main, Athenäum, 1988 (1963) ; id., *Studies in the Alexander Romance*, London, The Pindar Press, 1985 ; G. Zaganelli, *L'Oriente incognito medievale*, Catanzaro, Rubbettino, 1997, pp. 87-129 ; L. Harf-Lancner, C. Kappler et F. Suard (éd.) , *Alexandre le Grand dans les littératures occidentales et proche-orientales*, Nanterre, Centre des sciences de la littérature, Univ. Paris X, 1999.

(2)　*The medieval French* Roman d'Alexandre, ed. E. C. Armstrong *et alii*, 7 vol., New York, Kraus Reprint, 1965-1976 (1937-1976). 中世フランスのアレクサンドロス・ロマンについては、M. Gosman, *La légende d'Alexandre le Grand dans la littérature française du 12e siècle*, Amsterdam/Atlanta, Rodopi, 1997 ; C. Gaullier-Bougassas, *Les Romans d'Alexandre. Aux frontières de l'épique et du romanesque*, Paris, Champion, 1998 のみを挙げておく。

(3)　使用した底本は、註(2)に示したアームストロング版の vols. 2 & 6 である。ほかに、Alexandre de Paris, *Le Roman d'Alexandre*, trad. L. Harf-Lancner, Paris, Le Livre de Poche, 1994 を大いに参考にした。

(4)　*Ibid.*, vv. 3338-3339.

(5)　*Ibid.*, vv. 3501-3504.

(6)　*Ibid.*, vv. 3505-3506.

(7)　*Ibid.*, vv. 3523-3528.

(8)　*Ibid.*, vv. 3530-3542.

(9)　Ph. Ménard, 《Femmes séduisantes et femmes malfaisantes ; les filles-fleurs de la forêt et les créatures des eaux dans le *Roman d'Alexandre*》, *Bien dire et bien aprandre*, n° 7 (Autour d'Alexandre), 1989, p. 7. 本節を執筆するうえでメナール論文はきわめて有益であった。

(10)　P. Grimal, *Dictionnaire de la mythologie grecque et romaine*, Paris, PUF, 1976 (5e éd.), pp. 173, 320.

(11)　A. Planche, 《La belle était sous l'arbre…》, in *L'arbre. Histoire naturelle et symbolique de l'arbre, du bois et du fruit au Moyen Age*, *op. cit.*, pp. 95-96.

(12)　J. Frappier, 《La peinture de la vie et des héros antiques dans la littérature française du XIIe et du XIIIe siècle》, repris dans *Histoire, mythes et symboles*, Genève, Droz, 1976, p. 38. アリス・プランシュによると、これは冬には地獄の夫のもとで、夏には地上で母とともに暮らすペルセポネーの神話と関連がある。また同じプランシュは、花女に近いものとしてロシアの民間伝承に現れるレイシーを挙げてもいる。A. Planche, art. cité, p. 96.

(13)　J. Frappier, art. cité, p. 38.

(14)　伊藤進、前掲書、一八〇―一八六頁、およびヘンリー・リー／ラウファー『スキタイの子羊』尾形希和子・武田雅哉訳、博品社、一九九六を参照のこと。

(15)　伊藤進、同上、一八六―一九〇頁。なお、これら植物性動物についてはひとまずつぎの事典が役立つ。M. Izzi, *Il dizionario illustrato dei mostri*, Roma, Gremese, 1989, s. v. 《bernache》《borametz》《fitozoi》《mandragora》《wak wak》.

(16) J. Baltrušaitis, *Le Moyen Age fantastique*, Paris, Flammarion, 1993 (1981), pp. 124-140 (バルトルシャイティス『幻想の中世――ゴシック美術における古代と異国趣味』I、西野嘉章訳、平凡社ライブラリー、一九九八(一九八五)、一二一―一三八頁)。中野美代子「仙果のシンボリズム――ワクワク島の珍果から人参果まで」、『中国の青い鳥――シノロジー雑草譜』平凡社ライブラリー、一九九四(一九八五)所収、九一―一三二頁。A.-M. Schmidt, *La mandragore*, Paris, Flammarion, 1958, pp. 5-21 も興味深く読める。

(17) ブズルク・イブン・シャフリヤール『インドの不思議』藤本勝次・福原信義訳、関西大学出版・広報部、一九七八、四六―四七頁。

(18) グリム、前掲書、下、五九頁(第四一三話)。

(19) 澁澤龍彥、種村季弘の作品のほかに、伊藤進、前掲書、一九〇―一九二頁、A.-M. Schmidt, *op. cit.*; 斎藤広信「mandragore から main de gloire へ」、『ロンサール研究』XIV、二〇〇一、一七―三三頁も参照。

(20) Ph. Ménard, art. cité, p. 17. なおヨーロッパ中世・ルネサンスにおける怪物観については、伊藤進、同上を参照されたい。

第五章　森の文学的イメージの変容

1　森の脱魔化

(1) Virgil, *Aeneid*, Liber VI, vv. 268-273, trad. H. R. Fairclough, London, Heinemann/Cambridge, Mass., Harvard U. P., 1967 (1916), pp. 524-525.

(2) ダンテ『神曲』平川祐弘訳、河出書房新社、一九九七(一九九二)、六頁(「地獄篇」第一歌第一―六行)(Dante, *La divine comédie. L'Enfer*, *op. cit.*, pp. 24-25)。

(3) R. Harrison, *op. cit.*, p. 130 (ハリスン、前掲書、一一七頁)。

(4) ダンテ、前掲書、四六頁(「地獄篇」第一三歌第四〇―四五行)(Dante, *op. cit.*, pp. 124-125)。

(5) ボルヘス、ゲレロ『幻獣辞典』柳瀬尚紀訳、晶文社、一九九八(一九七四)、四〇頁。

(6) ダンテ、前掲書、二二七頁(「煉獄篇」第二八歌第一―二行)(Dante, *La divine comédie, Le Purgatoire*, trad. J. Risset, Paris, GF-Flammarion, 1992 (1988), pp. 254-255)。

(7) 同上(「煉獄篇」第二八歌第一六―一八行)(*ibid.*)。

(8) 同上(「煉獄篇」第二八歌第二三―二七行)(*ibid.*)。

(9) C. Lindahl, J. McNamara and J. Lindow (ed.), *op. cit.*, vol. 1, p. 87.

(10) 『ベーオウルフ』忍足欣四郎訳、岩波文庫、一九九八(一九九〇)、一三六―一三七頁(第二〇節第一三五七―一三七二行)。

(11) Adenet le Roi, *Berte as grans piés*, éd. A. Henry, Genève, Droz, 1982, p. 33 ; J. Berlioz, C. Bremond et C. Velay-Vallantin (sous la dir.), *Formes médiévales du conte merveilleux*, *op. cit.*, pp. 165-172を参照。

(12) Adenet le Roi, *ibid.*, v. 945, p. 86. なお、F. Dubost, *op. cit.*, t. I, pp. 319-324も参照。

(13) S. Cassagnes-Brouquet et V. Chambarlhac, *op. cit.*, p. 103.

(14) 一二世紀にしてすでにブロセリアンドの森が神秘性を喪失していたことを嘆くヴァースの『ルー物語』の一節をここで想起してもよい。本書第一章第2節を参照されたい。

(15) 池上俊一『動物裁判』前掲、一八八―一九〇頁。あわせて、同じ著者の『ロマネスク世界論』名古屋大学出版会、一九九九も参照。

(16) *Huon de Bordeaux*, vv. 3172-3173, éd. P. Ruelle, Bruxelles, Presses univ. de Bruxelles, 1960, p. 186. *Histoire de Huon de Bordeaux et Aubéron, roi de féerie*, trad. F. Suard, Paris, Stock, 1983, p. 96も参照。

(17) *Ibid.*, vv. 3815-3824, p. 205(trad. F. Suard, pp. 111-112).

(18) *Ibid.*, vv. 2908-2922, p. 179(*ibid.*, pp. 89-90). C. Lecouteux, *Les nains et les elfes au Moyen Age*, Paris, Imago, 1997 (2e éd.), pp. 46-47も参照。アレクサンドロス大王伝説ならびにプレスター・ジョンの手紙については、伊藤進、前掲書、八五―一一〇頁を参照されたい。

(19) 『オーカッサンとニコレット』前掲、一二七頁(*Aucassin et Nicolette*, *op. cit.*, XVI, 25-26)。

(20) 同上、一四〇頁(*ibid.*, XX, 20-23)。

(21) アルノ・ボルスト『中世の巷にて』(上)前掲、二五二頁。この、真偽のほどは確かでないアラゴン王によるカニグー山(標高二七八五メートル)の登攀については、J. Berlioz, *op. cit.*, pp. 183-196が興味深く読める。年代記作者サリンベーネについては、O. Guyotjeannin, *Salimbene de Adam : un chroniqueur franciscain*, Turnhout, Brepols, 1995を参照。

(22) 同上。

(23) アーロン・グレーヴィチ『中世文化のカテゴリー』前掲、九一頁。なおこの段は同書「第二章」に多くを負っている。また、P. Zumthor, *op. cit.*, pp. 86-90 ; J. Le Goff et J.-C. Schmitt (sous la dir.), *Dictionnaire raisonné de l'Occident médiéval*, *op. cit.*, s. v. 《nature》も参照のこと。

(24) クレチアン・ド・トロワ『ペルスヴァルまたは聖杯の物語』前掲、一四四頁(Chrétien de Troyes, *Le Roman de Perceval ou le conte du Graal*, *op. cit.*, vv. 85-90, pp. 3-4)。

(25) 欧州評議会特別展『西洋の美術――その空間表現の流れ』(国立西洋美術館)、読売新聞社、一九八七、一一六頁。『ブシコー元帥の時禱書』の美しい図版は、A. Châtelet, *L'âge d'or du manuscrit à peintures en France au temps du Charles VI et les Heures du maréchal Boucicaut*, Dijon, Ed. Faton, 2000に見ることができる。なお、この時禱書は今日まで一四〇一年から一四〇八年にかけての期間に完成されたとする説が唱えられてきたが、著者のシャトレは一四二一—一六年ころのあいだ、とりわけ一四一四年ころの制作と考えている(*ibid.*, pp. 221-222, 327)。本書ではこのシャトレ説に従っている。

2 ペトラルカと「フラン・ゴンチエ」

(1) Erasme, *Le Banquet religieux*, in *Œuvres choisies*, trad. J. Chomarat, Paris, Le Livre de Poche, 1991, pp. 638-639.

(2) J. Le Goff, *Les intellectuels au Moyen Age*, Paris, Seuil, 1957, p. 186(ル・ゴフ『中世の知識人——アベラールからエラスムスへ』柏木英彦・三上朝造訳、岩波新書、一九七七、二二三頁)。古典古代から二〇世紀にいたるまでの「閑暇」の問題については、J.-M. André, J. Dangel et P. Demont (éd.), *Les loisirs et l'héritage de la culture classique*, Bruxelles, Latomus, 1996 所収の諸論文を参照のこと。

(3) J. Le Goff, *ibid.*, p. 183(同上、二一二頁)。

(4) Pétrarque, *La vie solitaire*, trad. P. Maréchaux, Paris, Payot & Rivages, 1999, pp. 7-18 のマレショーによる「序文」は、簡潔ながら参考になる。つぎの対訳本も参照。Pétrarque, *De vita solitaria/La vie solitaire*, trad. C. Carraud, Grenoble, Millon, 1999.

(5) セネカ『人生の短さについて』第一四章第一節、『道徳論集』茂手木元蔵訳、東海大学出版会、一九八九所収、二五八頁。

(6) A. Tripet, *Pétrarque ou la connaissance de soi*, Genève, Droz, 1967, p. 43.

(7) J. Lemaire, *Les visions de la vie de cour dans la littérature française de la fin du Moyen Age*, Bruxelles, Palais des Académies/Paris, Klincksieck, 1994, pp. 365-473. あわせて、A. Coville, *Gontier et Pierre Col et l'humanisme en France au temps de Charles VI*, Paris, Droz, 1934 も参照。

(8) 以上の引用文はすべて、ペトラルカ『ルネサンス書簡集』近藤恒一編訳、岩波文庫、一九八九、二一九—二二三頁より。

(9) 同上、二二三—二二四頁。

(10) Philippe de Vitry, *Dit de Franc Gontier*, vv. 1-2, in E. Baumgartner, *Poésies de François Villon*, Paris, Gallimard, 1998, pp. 159-160. A. de Montaiglon et J. de Rothschild (éd.), *Recueil de poésies françoises des XVe et XVIe siècles*, t. X, Nendeln/Liechtenstein, Kraus Reprint, 1977 (1875), pp. 198 et 200 (頁付けに混乱あり); M. Gally et Ch. Marchello-Nizia, *Littératures de l'Europe médiévale*, *op. cit.*, p. 257 も参照。

(11) *Ibid.*, vv. 5-8.

(12) *Ibid.*, vv. 19-30.

(13) *Ibid.*, vv. 31-32.

(14) A. de Montaiglon et J. de Rothschild (éd.), *op. cit.*, pp. 202-203.

(15) ラテン語テクストは、A. Coville, *Recherches sur quelques écrivains du XIVe et du XVe siècle*, Paris, Droz, 1935, pp. 273-281 を参照。

(16) A. de Montaiglon et J. de Rothschild (éd.), *op. cit.*, p. 203, n. 1.

(17) *Le Testament Villon*, éd. J. Rychner et A. Henry, t. I, Genève, Droz, 1974, pp. 117-118(『ヴィヨンの遺言書』、『ヴィヨン詩集成』(前掲)所収、一五七―一五九頁)。

(18) *Le Banquet du Boys*, in A. de Montaiglon et J. de Rothschild (éd.), *op. cit.*, pp. 206-222. その概略は、A. Hulubei, *L'églogue en France au XVI*e *siècle. Epoque des Valois (1515-1589)*, Paris, Droz, 1938, pp. 148-149 にある。

(19) J. Lemaire, *op. cit.*, p. 427.

(20) J. Le Goff, *op. cit.*, p. 183.

(21) J. Lemaire, *op. cit.*, p. 427.

(22) H. Hauvette, *Les poésies lyriques de Pétrarque*, Paris, Société française d'éditions littéraires et techniques, 1931, p. 14. また、「おそらくペトラルカはある風景をまえにして個人的感懐を表明する最初のヨーロッパ人であり、中世が畏怖していた森と山を愛している」と評価する意見もある(N. Broc, *La géographie de la Renaissance*, Paris, Editions du C. T. H. S., 1986 (1980), p. 211)。ヴァントゥー山登攀に関連して、J.-M. Besse, 《Pétrarque sur la montagne: les tourments de l'âme déplacée》, *Revue des sciences humaines*, n° 258, 2000, pp. 113-130; P. G. Dalché, 《La montagne dans la description 《géographique》au Moyen Age》, in *La montagne dans le texte médiéval. Entre mythe et réalité*, textes réunis par C. Thomasset et D. James-Raoul, Paris, Presses de l'Univ. de Paris-Sorbonne, 2000, pp. 99-121; M.-F. Notz, 《Le 《sentiment de la montagne》 au Moyen Age: du non-sens à la quête du sens》, in *ibid.*, pp. 285-298 を参照。

(23) ペトラルカ『カンツォニエーレ――俗事詩片』池田廉訳、名古屋大学出版会、一九九二、二九一頁(Pétrarque, *Canzoniere/Le Chansonnier*, trad. P. Blanc, Paris, Bordas, 1988, pp. 314-315)。

(24) 同上(*ibid.*)。

(25) 同上、順に三六六、四三五、三六四、一三〇―一三一、三六五、四六二頁(*ibid.*, pp. 384-385, 446-447, 382-383, 258-259, 382-383, 472-473)。

(26) 同上、四六二頁(*ibid.*, pp. 472-473)。

(27) 同上、三六五頁(*ibid.*, pp. 384-385)。

(28) ロンサール『恋愛詩集』第一三一番、第一―四行、『ロンサール詩集』(前掲)所収、八九頁(Ronsard, *Œuvres complètes*, *op. cit.*, t. IV, p. 128)。

(29) *Nouvelle Continuation des Amours* (1556), 《Les villes & les bourgs me sont si odieux》, vv. 1-8, in *ibid.*, t. VII, p. 258.

(30) ペトラルカ、前掲書、順に三六六、三六四、六一頁(Pétrarque, *op. cit.*, pp. 384-385, 382-383, 106-107)。

(31) 《Les villes & les bourgs me sont si odieux》, vv. 12-14, in Ronsard, *op. cit.*, t. VII, p. 258.

(32) 本書第三章第5節を参照。

(33) ペトラルカ、前掲書、四八一頁(Pétrarque, *op. cit.*, pp. 490-491)。

(34) 同上(*ibid.*)。

(35) R. Harrison, *op. cit.*, p. 146(ハリスン、前掲書、一三〇頁)。

(36) ペトラルカ、前掲書、順に一九一、一三〇頁(Pétrarque, *op. cit.*, pp. 314-315, 258-259)。

3 アルカディアの森からバロックの森へ

(1) 「純粋に自然のままの風景ほど一六世紀的な嗜好から遠くかけ離れたものはない。骨を惜しまぬ人間の創意と手によって構築されていない風景、人間の存在、技術や努力の跡が見られない、ただ開けただけの未耕の空間——人間の所在の痕跡が深く刻まれていない「土地」は、当時の人々の感性に何ら訴えるものをもたなかった」(カンポレージ『風景の誕生——イタリアの美しき里』中山悦子訳、筑摩書房、一九九七、一六四頁)。

(2) たとえば、石川美子『旅のエクリチュール』白水社、二〇〇〇、四〇—四四頁を参照。

(3) Jean Le Fèvre, *Les fleurs et antiquitez des Gaules*, in A. de Montaiglon (éd.), *Recueil des poésies françoises des XVe et XVIe siècles*, t. VIII, Nendeln/Liechtenstein, Kraus Reprint, 1977 (1858), pp. 221-222, 218-219.

(4) *Ibid.*, p. 207.

(5) *Ibid.*, p. 208.

(6) *Quatre traictés utiles et delectables de l'agriculture*, cité par R. Bechmann, *op. cit.*, pp. 58-60.

(7) Ph. Ménard, 《Le château en forêt dans le roman médiéval》, art. cité, pp. 198-200.

(8) ラ・ポルトの『形容辞彙』については、伊藤進、前掲書、二六九—二七二頁でもすこしく言及されている。

(9) Maurice de La Porte, *Les Epithetes*, Genève, Slatkine Reprints, 1973 (1571), s. v. 《forest》.

(10) たとえばキース・トマスは、「一七世紀中葉に出版された詩語辞典では、森にふさわしい形容詞として、《恐ろしい》、《陰うつな》、《荒々しい》、《わびしい》、《粗野な》、《ゆううつな》、《人の住まない》、《野獣が出没する》、といった言葉が挙げられている」(トマス『人間と自然界——近代イギリスにおける自然観の変遷』山内昶監訳、法政大学出版局、一九八九、二九三頁)と述べて、一七世紀イングランドにおける、森が野生と危険の同義語であることを示す用例の存在を報告しているからでもある。

(11) アンツェレフスキー『デューラー 人と作品』前川誠郎・勝國興訳、岩波書店、一九八二、六二頁。ここにあげた水彩画は同書に掲載されている(順に、図31、39、57、54)。

(12) E. H. Gombrich, 《The Renaissance theory of art and the rise of landscape》, reprinted in *Norm and form. Studies in the art of the Renaissance*, London and New York, Phaidon, 1971 (1966), pp. 107-121を参照。

(13) *Ibid.*, p. 109. ゴンブリッチはそれらがたぶん純粋な風景画ではなかったと考えている。

(14) *Ibid.*, pp. 113-114. なお、ピーター・バーク『新版 イタリア・ルネサンスの文化と社会』森田義之・柴野均訳、岩波書店、二〇〇〇、二六七頁も参照。

(15) *Ibid.*, p. 111.

(16) リサ・ヴァーガラ「ピーテル・ブリューゲルの風景版画」小林頼子訳、『ピーテル・ブリューゲル全版画展』(ブリヂストン美術館)、東京新聞、一九八九所収、八一頁。

(17) 同上、八五頁。

(18) この構図に類似するアルプス風景を記述したのは一五八〇年のモンテーニュであった。モンテーニュはイン川の渓谷を「今までに見た最も美しい景色である」と感じてこう続ける。「ある時は狭くなって山々が押し合うように迫っているかと思うと、我々のいる川の左側の方は広がって、あまり険しくない山々の斜面に見える耕地の方に伸びている。ある時はまた、二段三段と段々になった平野が見渡され、そこにはたくさんの貴族の美しい邸宅や教会堂などが見える。しかもそれが皆、四方八方から、限りなく高い山々にとり囲まれ閉じこめられている」(モンテーニュ『旅日記』関根秀雄・斎藤広信訳、白水社、一九九二、六七頁(*Journal de voyage de Michel de Montaigne*, éd. F. Rigolot, Paris, PUF, 1992, p. 50; Montaigne, *Journal de voyage*, éd. F. Garavini, Paris, Gallimard, 1983, pp. 137-138)。この類似は必ずしも偶然ではないかもしれない。アルプスの景観が発見されたのは、山岳の眺望を描く絵や版画の流布より先立つのでなく、その後に続いてのことである。つまり風景画がまず風景への感性に優先してあり、ついでその感受性を涵養して風景を発見したといえるからである。アルプスの眺望をめぐるブリューゲルとモンテーニュの近親性と差異は、たとえばつぎの論文でもすでに指摘されている。W. S. Gibson, 《La glorification de la montagne : le paysage alpestre dans l'art de Pieter Bruegel l'Ancien》, in *La montagne et ses images du peintre d'Akrésilas à Thomas Cole*, Paris, Ed. du C. T. H. S., 1991, pp. 177-200, とくに p. 182.

(19) ブリューゲル以後のオランダ・フランドル風景画の展開については、『風景画ができるまで　ロンドン大学コートールド・ギャラリー所蔵　一六―一七世紀オランダ・フランドル風景素描の世界展』(東武美術館)、二〇〇〇が手頃な鳥瞰図を提供する。

(20) M. Vasselin, 《L'antique dans le paysage de l'école de Fontainebleau》, in *Le paysage à la Renaissance*, études réunies par Y. Giraud, Fribourg, Editions univ. Fribourg Suisse, 1988, pp. 281-296 をたとえば参照。

(21) 言及した図版は順に、J.-J. Lévêque, *L'école de Fontainebleau*, Neuchâtel, Ides et Calendes, 1984, pp. 153, 133; Catalogue de l'exposition, *L'école de Fontainebleau*, Paris, Editions des musées nationaux, 1972, n° 68; J.-J. Lévêque, *op. cit.*, p. 73 を参照。

(22) ロンサールがフォンテーヌブロー派の画家たちの絵をよく理解し、彼らの美学にも精通していたこと、同時代の芸術によく通じていたこと、さらに王侯貴族から寵愛されていたイタリア人芸術家たちに嫉妬をおぼえていたらしいことについては、J. Adhémar, 《Ronsard et l'école de Fontainebleau》, *Bibliothèque d'Humanisme et Renaissance*, XX, 1958, pp. 344-348 を参照せよ。

(23) Ph. Desportes, chanson, vv. 61-66, in *Diverses Amours et autres œuvres meslées*, éd. V. E. Graham, Genève, Droz/Paris, Minard,

1963, p. 171.

(24) D. Duport, *Les Jardins qui sentent le sauvage. Ronsard et la poétique du paysage*, Genève, Droz, 2000, p. 108, n. 169.

(25) ロンサール「秋の讃歌」、『ロンサール詩集』(前掲)所収、二九五頁(Ronsard, *Hymne de l'Automne*, vv. 31-42, in *Œuvres complètes, op. cit.*, t. XII, pp. 47-48)。ほかに、同じロンサールのつぎの詩篇も参照せよ。*Complainte contre Fortune*, vv. 80-90 (*ibid.*, t. X, p. 20) ; *Elegie à Pierre L'Escot*, vv. 85-94 (*ibid.*, p. 304).

(26) キース・トマス、前掲書、三二四頁を参照。

(27) C. Marot, *Eglogue au Roy*, vv. 16-22, 29-32, in *Œuvres poétiques complètes*, éd. G. Defaux, t. II, Paris, Bordas, 1993, pp. 34-35.

(28) J. Lemaire de Belges, *Les illustrations de Gaule et singularitez de Troye*, Liv. I, chap. XXI, in *Œuvres*, éd. J. Stecher, t. I, Genève, Slatkine Reprints, 1969 (1882-1885), pp. 134-135.

(29) 従来のマロ研究でほとんど注目されてこなかったこの書簡詩について、参照すべき論文は数えるほどしかないのが実状だが、つぎの論文はそのなかでも裨益するところ大である。F. Lestringant, 《De la défloration aux ossements : les jeux de l'amour et de la mort dans les héroïdes d'André de La Vigne et de Clément Marot》, in G. Ernst (sous la dir.), *La mort dans le texte*, Lyon, Presses univ. de Lyon, 1988, pp. 65-83 (これは後に《De la défloration aux ossements : Clément Marot, André de La Vigne et l'Epître de Maguelonne》と改題、増補されて、F. Lestringant, *Clément Marot, de L'Adolescence à L'Enfer*, Padova, Unipress, 1998, pp. 47-69 に収録された)。

(30) Marot, *Epistre de Maguelonne à son Amy Pierre de Provence*, vv. 31-35, in *Œuvres poétiques complètes, op cit.*, t. I, 1990, p. 66.

(31) 順に、*ibid.*, vv. 95, 98, 144-147, 155-156, 159.

(32) Le Tasse, *La Jérusalem délivrée/Gerusalemme liberata*, canto XIII, 2, 2-3, trad. J.-M. Gardair, Paris, Bordas, 1990, pp. 714-715. P. Larivaille, 《Paysages de la *Jérusalem délivrée* : topographie et topologie》, in *Le paysage à la Renaissance*, *op. cit.*, pp. 157-167 にも「サロンの森」への言及が見られる。

(33) E. Jodelle, *Œuvres complètes*, éd. E. Balmas, t. I, Paris, Gallimard, 1965, p. 521.

(34) *Ibid.*, p. 392 (vv. 1-2).

(35) H. Weber, *La création poétique au XVI*^{e} *siècle en France de Maurice Scève à Agrippa d'Aubigné*, Paris, Nizet, 1956, pp. 238-242.

(36) H. Busson, *Charles d'Espinay, évêque de Dol et son œuvre poétique (1531?-1591)*, Genève, Slatkine Reprints, 1978 (1923), p. 167 (sonnet XXXI, vv. 1-8).

(37) C. Gauchet, *Le plaisir des champs, op. cit.*, p. 268.

(38) キース・トマス、前掲書、三〇五頁。

(39) これについての基本書は、P. M. Smith, *The anti-courtier trend in sixteenth century French literature*, Genève, Droz, 1966 である(とくに p. 160 以下を参照)。あわせて、J. Brooks, *Courtly song in late sixteenth-century France*, Chicago/London, The Univ. of Chi-

cago Press, 2000, とくに pp. 357-377 も参照。

(40) Horace, épode II, 《Beatus ille qui procul negotiis》, in *Odes et Epodes*, trad. F. Villeneuve, Paris, Les Belles Lettres, 1970 (neuvième tirage), pp. 201-204. ホラティウスを模倣した一六世紀フランス詩人の詩篇は、T. Graur, *Un disciple de Ronsard : Amadis Jamyn*, Genève, Slatkine Reprints, 1981 (1929), p. 290, n. 2 に列挙されている。スペインではアントニオ・デ・ゲバラがこのテーマを発展させたことについて、P. Civil, 《Le thème de l'éloge de la vie rustique en Espagne au XVIème siècle》, in *Essais sur la campagne à la Renaissance. Mythe et réalités*, textes réunis par G.-A. Pérouse et H. Neveux, Paris, Société Française des Seiziémistes, 1991, pp. 103-114 を参照。ちなみにクラウディアヌスの《Felix, qui propriis aevum transegit in arvis》で始まるテクストは、一六世紀詩人メラン・ド・サン＝ジュレーによってフランス語に訳されている。M. de Saint-Gelais, *Œuvres poétiques françaises*, éd. D. Stone, Jr., t. II, Paris, STFM, 1995, pp. 249-252. セネカの『パエドラ』における田園生活賛美は、たとえば一六世紀フランスの悲劇作家ロベール・ガルニエの『イポリート』(一五七三)に模倣されている。セネカ『パエドラ』大西英文訳、『悲劇集1』小川正廣ほか訳、京都大学学術出版会、一九九七所収、三六一―三六四頁、および R. Garnier, *Hippolyte*, vv. 1197-1236, in *Œuvres complètes, Marc Antoine, Hippolyte*, éd. R. Lebègue, Paris, Les Belles Lettres, 1974, pp. 156-157 を参照。

(41) 庭園をめぐってではあるけれども、同様の議論を雄弁に展開しているのがフランドルのユマニストにして新ストア主義者、ユストゥス・リプシウスである。Juste Lipse, *De la constance*, trad. anonyme du latin, éd. de Tours (1592), Paris, Noxia, 2000, とくに Liv. II, chap. I-III を参照せよ。ちなみに、一七世紀を主たる対象にしているとはいえ、つぎの研究が隠遁文学の基本書である。B. Beugnot, *Le discours de la retraite au XVIIe siècle. Loin du monde et du bruit*, Paris, PUF, 1996.

(42) キース・トマス、前掲書、三七六―三七七頁。

(43) 同上、三七八頁。

(44) G. Huppert, *Les bourgeois gentilshommes*, *op. cit.*, p. 95 (trad. fr. : *Bourgeois et gentilshommes*, *op. cit.*, p. 152). いささか古めかしいとの感は拭いえないが、それでも田舎貴族に関するつぎの基本書はなお有益である。P. de Vaissière, *Gentilshommmes campagnards de l'ancienne France*, *op. cit.*

(45) Sully, *Les Œconomies royales*, éd. D. Buisseret et B. Barbiche, t. I, Paris, Klincksieck, 1970, p. 170.

(46) J. Peletier du Mans, *Au seigneur Pierre de Ronsart l'invitant aux champs*, vv. 1-8, in *Œuvres poétiques*, éd. L. Séché et P. Laumonier, Genève, Slatkine Reprints, 1970 (1904), pp. 96-97. ペルチエによるホラティウスのエポドンのフランス語訳は、*ibid.*, pp. 82-85 を参照。ペルチエは田園生活の幸福をうたった「心安らかなる人」と題された詩 (*ibid.*, pp. 128-134) も書いているが、これは一五四二年にフランス語訳されたアントニオ・デ・ゲバラの『宮廷への侮蔑と田園生活賛美』(一五三九)に影響されたものである。

(47) J.-A. de Baïf, *Vie des chams*, in *Le premier livre des poèmes*, éd. G. Demerson, Grenoble, Presses univ. de Grenoble, 1975, pp. 103-113.

(48) J. Brunel, 《Loisir et labeur dans le recueil des *Plaisirs de la vie rustique* de 1583》, in J.-M. André, J. Dangel et P. Demont (éd.), *Les loisirs et l'héritage de la culture classique*, *op. cit.*, pp. 543-558. A. Cabos, *Guy du Faur de Pibrac. Un magistrat poète au XVIe siècle (1529-1584)*, Paris, Champion/Auch, Cocharaux, 1922, pp. 368-399も参照。

(49) N. H. Clement, 《Nature and the country in sixteenth and seventeenth century French poetry》, *Publications of the modern language association of America*, XLIV, 1929, pp. 1005-1047 ; D. B. Wilson, *Descriptive poetry in France from blason to baroque*, Manchester, Manchester U. P./New York, Barnes & Noble, Inc., 1967, chap. IV ; H. Weber, *op. cit.*, pp. 307-333 ; F. Joukovsky (éd.), *La Renaissance bucolique. Poèmes choisis (1550-1600)*, Paris, GF-Flammarion, 1994 ; J. Vianey, 《La nature dans la poésie du XVIe siècle》, in *Mélanges de littérature, d'histoire et de philologie offerts à Paul Laumonier par ses élèves et ses amis*, Paris, Droz, 1935, pp. 171-188.

(50) Desportes, chanson, vv. 1-6, in *Diverses Amours*, *op. cit.*, pp. 167-168. ほかに、同じデポルトの discours, vv. 99-122, in *ibid.*, pp. 184-185も参照せよ。

(51) Estienne de La Boétie, sonnet XXIV, vv. 5-14, in *Œuvres complètes*, éd. P. Bonnefon, Genève, Slatkine Reprints, 1967 (1892), p. 283.

(52) Jean de La Taille, *Le courtisan retiré*, in *Œuvres*, éd. R. de Maulde, t. III, Paris, Willem, 1882, p. XXXVI.

(53) *Ibid.*, p. XLIV. ちなみに、シェイクスピアが『お気に召すまま』(一五九九―一六〇〇年ころ)で追放の身の公爵や、『ヴェローナの二紳士』(一六世紀末)でヴァレンタインにも同じような考えを述べさせていることも言い添えておこう。シェイクスピア『お気に召すまま』第二幕第一場、小田島雄志訳、白水社、一九九四(一九八三)、四二頁。同『ヴェローナの二紳士』第五幕第四場、小田島雄志訳、白水社、一九九四(一九八三)、一四二―一四三頁。川崎寿彦、前掲書、一五八、一七二―一七四頁も参照。

(54) M.-C. Bichard-Thomine, *Noël Du Fail, conteur*, Paris, Champion, 2001, pp. 24-25.

(55) E. Pasquier, *Lettres familières*, éd. D. Thickett, Paris/Genève, Droz, 1974, pp. 32-42.

(56) *Ibid.*, p. 218.

(57) E. Pasquier, *Lettres*, 1619, I, p. 644, cité par G. Huppert, *op. cit.*, p. 93 (trad. fr., *op. cit.*, p. 150).

(58) シェイクスピア、前掲書、第二幕第一場、八二頁。

(59) ロンサール「パリの人アンブロワーズ・ド・ラ・ポルトへの書簡詩」、『ロンサール詩集』(前掲)所収、一〇五―一〇六頁(Ronsard, *Epitre à Ambroise de La Porte Parisien*, in *Œuvres complètes*, *op. cit.*, t. VI, p. 13)。

(60) Jacques-Auguste de Thou, *Mémoires*, Liv. II, in J. A. C.

Buchon (éd.), *Choix de chroniques et mémoires sur l'histoire de France*, Paris, Desrez, 1836, p. 601.

(61) J. Boucher, 《Vrai ou faux amour de la campagne à la cour des derniers Valois ?》, in *Essais sur la campagne à la Renaissance*, *op. cit.*, p. 72.

(62) M. Devèze, *op. cit.*, t. II, p. 195. なお、E. Armstrong, *Ronsard and the Age of Gold*, Cambridge, At the University Press, 1968, chap. 5は、きわめて有益。W. B. Cornelia, *The classical sources of the nature references in Ronsard's poetry*, New York, Publications of the Institute of French studies, Inc., Columbia University, 1934, chap. IV ; J.-J. Loisel, 《L'amour absolu de Ronsard : la nature》, in *Eclats de vers, éclats de voix. Ronsard en ses provinces*, Vendôme, Amis du Pays natal de Ronsard, 2001, pp. 107-121 も参照。

(63) 前出註(25)を参照。

(64) J. du Bellay, *Ad P. Ronsardum, lyrae Gallicae principem*, vv. 25-32, in *Œuvres poétiques*, t. VII, éd. et trad. G. Demerson, Paris, STFM, 1983, pp. 60-61. これは後にデュ・ベレーみずからによりフランス語に訳しなおされた(*A Pierre de Ronsard*, vv. 24-32, in *ibid.*, t. V, éd. H. Chamard, pp. 362-363)。これについては、G. Demerson, 《Joachim Du Bellay traducteur de lui-même》, in G. Castor and T. Cave (ed.), *Neo-Latin and the vernacular in Renaissance France*, Oxford, Clarendon Press, 1984, pp. 113-128 (id., *Joachim Du Bellay et la belle romaine*, Orléans, Paradigme, 1996, pp. 35-48 に再録)を参照。またラテン語詩人としてのデュ・ベレーについては、P. Galand-Hallyn, *Le 《génie》 latin de Joachim Du Bellay*, La Rochelle, Rumeur des Ages, 1995 を参照のこと。

(65) Ronsard, *op. cit.*, t. XVII, p. 165. E. Armstrong, *op. cit.*, pp. 189-191 も参照。

(66) C. Binet, *La vie de P. de Ronsard* (1586), éd. P. Laumonier, Genève, Slatkine Reprints, 1969 (1909), p. 45.

(67) Ronsard, *Continuation des Amours*, sonnet LX, vv. 1-11, in *op. cit.*, t. VII, pp. 177-178.

(68) 『ロンサール詩集』前掲、四〇〇頁(id., *op. cit.*, t. XVIII, p. 34 (vv. 25-28))。

(69) Id., *La Salade*, vv. 41-50, 123-140, in *ibid.*, t. XV, pp. 78, 82-83. クラウディアヌス、ウェルギリウス、ホラティウスのテクストを自由に敷衍した、id., *Elegie à Monseigneur le reverendissime Cardinal de Chatillon*, in *ibid.*, t. X, pp. 5-15 も参照せよ。

(70) Id., *Responce aux injures*, vv. 531-540, in *ibid.*, t. XI, pp. 144-145.「私を蘇らせる」とは、文学上の後世の名声を得るの謂。

(71) D. Duport, *op. cit.*, p. 69, n. 11.

(72) 『ロンサール詩集』前掲、三四五頁(Ronsard, *op. cit.*, t. XV, pp. 76-77 (vv. 5-11))。

(73) Id., *Bergerie dédiée à la Majesté de la Royne d'Escosse*, vv. 1-16, in *ibid.*, t. XIII, pp. 76-77.

(74) Id., *Les Armes*, in *ibid.*, t. VI, pp. 204-211. U. Langer, *Invention, death, and self-definitions in the poetry of Pierre de Ronsard*,

Saratoga, Calif., Anma Libri, 1986, chap. II も参照。

(75) むしろ「平地」とすべきか。

(76) 『ロンサール詩集』前掲、四〇七—四〇九頁 (Ronsard, *op. cit.*, t. XVIII, pp. 143-147, 順に vv. 2, 27-30, 36-40, 49-54)。ちなみに、森林を伐採することへの心の痛みはイングランドでも表明されていたことについては、キース・トマス、前掲書、三三一—三三二頁を参照のこと。

(77) D. Duport, *op. cit.*, p. 92.

(78) テオフィル・ド・ヴィヨーはあるソネットで恋する詩人の心理状態と詩人を取り巻く自然の関係をつぎのように様式化する。「私は森の畏怖のなかをひとりさまよう、／不吉な尾白鷲と梟がとまる森を。／そこで私をつなぎとめることのできる唯一の慰めは、／太陽もけっして訪れようとしないこの森に／人が私を捜しに来る心配がないこと」(Théophile de Viau, sonnet《Quelque si doux espoir où ma raison s'appuye》, vv. 10-14, in *Œuvres complètes*, éd. G. Saba, t. I, Paris, Nizet/Roma, Edizioni dell'Ateneo, 1984, p. 470)。G. Mathieu-Castellani, *Eros baroque. Anthologie de la poésie amoureuse baroque 1570-1620*, Paris, 10/18, 1979, p. 30 ; id., *Les thèmes amoureux dans la poésie française 1570-1600*, Paris, Klincksieck, 1975, pp. 357-376 も参照。

(79) Flaminio de Birague, *Les premières œuvres poétiques*, sonnet XXXVI, vv. 1-4, éd. R. Guillot et M. Clément, Genève, Droz, 1998, p. 98.

(80) R. Guillot,《L'exil de l'amour ou l'amour au désert》, in *L'Exil*, textes réunis par A. Niderst, Paris, Klincksieck, 1996, pp. 63-78.

(81) Ph. Desportes, *Les Amours de Diane*, second livre, sonnet VIII, vv. 1-3, éd. V. E. Graham, Genève, Droz/Paris, Minard, 1959, p. 207.

(82) A. d'Aubigné, *Le Printemps*, stances I, vv. 93-96, in *Œuvres*, éd. H. Weber, J. Bailbé et M. Soulié, Paris, Gallimard, 1969, p. 275.

(83) Th. de Viau, *Ode à Philis*, vv. 45-54, in *Œuvres complètes*, *op. cit.*, t. I, pp. 276-277.

(84) F. de Birague, *op. cit.*, complainte [II], vv. 1-4, p. 164 ; Beroalde de Verville,《Je veux seul, écarté, ores dans un bocage》, in G. Mathieu-Castellani (éd.), *La poésie amoureuse de l'âge baroque*, Paris, Le Livre de Poche, 1990, pp. 110-111 ; I. Habert, *Amours et Baisers*, éd. N. Mahé, Genève, Droz, 1999, p. 237.

(85) *Recueil des poésies de Monsieur Du Perron*, fac-similé de l'éd. de 1622, Paris, Actes Sud-Papiers, 1988, p. 74.

(86) G. Lavis,《Un sonnet de Du Perron》, *Cahiers d'analyse textuelle*, 5, 1963, p. 49.

(87) Racan,《Thirsis, il faut penser à faire la retraite》, in *Les Bergeries et autres poésies lyriques*, éd. P. Camo, Paris, Garnier, 1929, pp. 216-218 ; F. Maynard,《Je donne à mon desert les restes de ma vie》,《Alcipe, reviens dans nos Bois》, in *Poésies*, éd. F. Gohin, Paris, Garnier, 1927, pp. 32, 161-163 ; La Fontaine, *Fables*, *op. cit.*, Liv. XI, iv : *Le songe d'un habitant du Mogol*, pp. 301-302.

N. H. Clement, art. cité, pp. 1037-1047 ; J. Tortel, 《Quelques constantes du lyrisme préclassique》, in *Le préclassicisme français*, présenté par J. Tortel, Paris, Les Cahiers du Sud, 1952, pp. 135-138 も参照。

(88) G. Mathieu-Castellani, *Eros baroque*, *op. cit.*, p. 27.

(89) M. Clément, *Une poétique de crise : poètes baroques et mystiques (1570-1660)*, Paris, Champion, 1996, pp. 326-328.

(90) Théophile de Viau, *La Solitude*, in *Œuvres complètes*, *op. cit.*, t. I, pp. 252-263 ; id., *Lettre de Theophile à son Frere*, in *ibid.*, t. III, 1979, pp. 190-205 ; Saint-Amant, *La Solitude*, in *Œuvres*, éd. J. Bailbé, t. I, Paris, STFM, 1971, pp. 33-48. H. Lafay, *La poésie française du premier XVIIe siècle (1598-1630)*, Paris, Nizet, 1975, pp. 104-106 も参照。

おわりに　森の夢想

(1) Francesco Colonna, *Le songe de Poliphile*, trad. Jean Martin (Paris, Kerver, 1546), éd. G. Polizzi, Paris, Imprimerie nationale, 1994. G. Polizzi, 《Poliphile ou les combats du désir》, in H. Brunon (sous la dir.), *Le jardin, notre double. Sagesse et déraison*, Paris, Ed. Autrement, 1999, pp. 81-100 も参照。庭園の歴史については、たとえば M. Mosser et G. Teyssot (sous la dir.), *Histoire des jardins de la Renaissance à nos jours*, Paris, Flammarion, 1991 ; M. Baridon, *Les jardins. Paysagistes-jardiniers-poètes*, Paris, Laffont, 1998 を参照。後者はテクストの抜粋も載せられていて便利。安西信一『イギリス風景式庭園の美学――〈開かれた庭〉のパラドックス』東京大学出版会、二〇〇〇も参考になる。

(2) S. Cassagnes-Brouquet et V. Chambarlhac, *op. cit.*, p. 243.

(3) N. Cazauran, 《Les romans de chevalerie en France : entre 《exemple》 et 《récréation》》, in M. T. Jones-Davies (sous la dir.), *Le roman de chevalerie au temps de la Renaissance*, Paris, Touzot, 1987, pp. 29-48 ; A. Tilley, 《Les romans de chevalerie en prose》, *Revue du seizième siècle*, VI, 1919, pp. 45-63 (これは後に英語に書き換えられて、A. Tilley, *Studies in the French Renaissance*, New York, Barnes & Noble, Inc., 1968 (1922), pp. 12-25 に収録された) を参照。

(4) バルトルシャイティス「ゴシック建築のロマン」、『アベラシオン――形態の伝説をめぐる四つのエッセー』種村季弘・巖谷國士訳、国書刊行会、一九九一所収、一五六―二〇五頁、酒井健『ゴシックとは何か――大聖堂の精神史』講談社現代新書、二〇〇〇、川崎寿彦、前掲書、二八〇頁以下などを参照。

(5) ゲーテ「ドイツの建築（一七七二年）」小栗浩訳、「世界の名著」三八『ヘルダー、ゲーテ』中央公論社、一九九八（一九七九）所収、三〇六頁 (Goethe, *Ecrits sur l'art*, trad. J.-M. Schaeffer, Paris, GF-Flammarion, 1996, p. 80)。

(6) Chateaubriand, *Génie du christianisme*, éd. P. Reboul, t. I, Paris, GF-Flammarion, 1966, p. 400.

(7) *Ibid.*, p. 401.

(8) *Ibid.*

（9） *Ibid.*

（10） *Ibid.*, p. 400.

（11） Id., *Mémoires d'outre-tombe*, éd. M. Levaillant, vol. I, Paris, Flammarion, 1964 (deuxième éd. revue et corrigée), I, p. 60.

（12） ディーフェンバッハ「森のドームの中で」(谷口幸男ほか『ヨーロッパの森から――ドイツ民俗誌』日本放送出版協会、一九八一、七六―七七頁に引用)を参照。大聖堂を森と同一視したものとして圧巻なのは、なんといってもユイスマンスの『大伽藍』(一八九八)である。これは抄訳ながら出口裕弘訳(平凡社ライブラリー、一九九五(一九八五))で読める。なおゴシック大聖堂全般については、R. Bechmann, *Les racines des cathédrales*, Paris, Payot, 1996 (1981) を参照。

（13） S. Cassagnes-Brouquet et V. Chambarlhac, *op. cit.*, pp. 238-239.

（14） バルトルシャイティス、前掲書、一七七―一七九頁を参照。

（15） J. Givens, 《The garden outside the walls: Plant forms in thirteenth-century English sculpture》, in *Medieval gardens*, Washington, D. C., Dumbarton Oaks, 1986, pp. 189-198 が大いに参考になる。

（16） E. Mâle, *L'art religieux du XIIIe siècle en France*, Paris, Le Livre de Poche, 1988 (1948), pp. 110-111 (マール『ゴシックの図像学』(上)、田中仁彦ほか訳、国書刊行会、一九九八、九六―九九頁)。傍点は筆者による。

（17） アンダーソン『グリーンマン――ヨーロッパ史を生きぬいた森のシンボル』板倉克子訳、河出書房新社、一九九八、K. Basford, *The Green Man*, Cambridge, D. S. Brewer, 1998 (1978); M. Harding, *A little book of the Green Man*, London, Aurum Press, 1998 を参照せよ。

（18） C. Gaignebet et J.-D. Lajoux, *op. cit.*, p. 73. ケルトの暦の上では、一年が六ヵ月ずつの二期に区分されていて、一一月初めから四月末までの上半期は冬の暗い期間に、五月初めから一〇月末までの下半期が夏の明るい期間に相当していた。

（19） S. Cassagnes-Brouquet et V. Chambarlhac, *op. cit.*, p. 240.

（20） R. Bogdan, *Freak show. Presenting human oddities for amusement and profit*, Chicago and London, The Univ. of Chicago Press, 1988, pp. 259-263.

（21） たとえば、M. Halpin and M. M. Ames (ed.), *Manlike monsters on trial*, *op. cit.* に収められた諸論文を参照。

（22） 映画・エンターテインメントにおける狼男について、事典形式の読み物として、B. Steiger, *The Werewolf book. The encyclopedia of shapeshifting beings*, Detroit/London, Visible Ink, 1999 がある。J. Goens, *Loups-garous, vampires et autres monstres. Enquêtes médicales et littéraires*, Paris, CNRS Editions, 1993, pp. 34-61 も参照。

（23） マルセル・ブリヨン『幻想芸術』前掲、一〇頁。

（24） P. Zumthor, *La mesure du monde*, *op. cit.*, p. 66.

人名索引

本文と註に言及された人名(神々，作品の登場人物を含む)を五十音順に掲げる．ただし，註に記された訳者名は省略した．

見出しのあとの(　)内は名前，別名，職名などを，[　]内は補足事項，関連指示を示す．

⇨は参照指示を示す．

ア 行

カ 行

サ　行

タ 行

ナ 行

ハ 行

マ 行

ヤ 行

ラ 行

ワ 行

参考文献

以下は「I 欧文文献」と「II 邦語文献」の二部からなる．末尾にアステリスク(*)を付した欧文書目には邦訳があり，邦語文献に掲示してある．ここに挙げた文献は原則として註に指示されたものであるが，指示されていない書目も有用と思われるものを若干掲げてある．

I 欧文文献

Abry, N., 《Le bûcheron dans les récits savoyards》, in Corvol, A., Arnould, P. et Hotyat, M., *La forêt. Perceptions et représentations*, Paris/Montréal, L'Harmattan, 1997, pp. 323-330.

Adam de la Halle, *Le Jeu de la Feuillée*, trad. J. Dufournet, Paris, GF-Flammarion, 1989.

Adenet le Roi, *Berte as grans piés*, éd. A. Henry, Genève, Droz, 1982.

Adhémar, J., *Influences antiques dans l'art du Moyen Age français*, Paris, C. T. H. S., 1996 (1939).

———, 《Ronsard et l'école de Fontainebleau》, *Bibliothèque d'Humanisme et Renaissance*, XX, 1958, pp. 344-348.

Aigrain, R., *L'hagiographie. Ses sources, ses méthodes, son histoire*, Paris, Bloud et Gay, 1953.

Alamichel, M.-F. et Bidard, J. (éd.), *Des animaux et des hommes*, Paris, Presses de l'Univ. de Paris-Sorbonne, 1998.

Albert the Great, *Man and the beasts. De animalibus* (*Books 22-26*), translated by J. J. Scanlan, Binghamton, Medieval & Renaissance Texts & Studies, 1987.

Alcripe, Ph. d', *La nouvelle fabrique des excellents traicts de verité*, éd. [Gratet-Duplessis], Bassac, Plein Chant, 1994 (1853) ; éd. F. Joukovsky, Genève, Droz, 1983.

Alexandre de Paris, *Le Roman d'Alexandre*, trad. L. Harf-Lancner, Paris, Le Livre de Poche, 1994.

André, J.-M., Dangel, J. et Demont, P. (éd.), *Les loisirs et l'héritage de la culture classique*, Bruxelles, Latomus, 1996.

Apostolidès, J.-M., 《Lycanthropie et rationalité juridique à l'aube du XVIIe siècle》, *Littératures classiques*, N° 25, pp. 161-185.

Arabeyre, P., 《Animaux《exemplaires》et droit canon. Le commentaire de la décrétale *Raynutius* par Guillaume Benoît (1455-1516)》, in J. Berlioz et M. A. Polo de Beaulieu (sous la dir.), *L'animal exemplaire au Moyen Age (Ve-XVe siècle)*, Rennes, Presses univ. de Rennes, 1999, pp. 207-222.

Ariosto, *Orlando Furioso*, introduzione, commenti e note di M. Turchi, presentazione critica di E. Sanguineti, 2 vol., Milano, Garzanti, 1980. * (Translated by G. Waldman, Oxford/New York, Oxford U. P., 1983 (1974) ; trad. fr. : *Roland furieux*, éd. bilingue, traduction et notes de M. Orcel, présentation d'I. Calvino, 2 vol., Paris, Seuil, 2000).

Aristote, *Histoire des animaux*, trad. J. Bertier, Paris, Gallimard, 1994.*

Armstrong, E., *Ronsard and the Age of Gold*, Cambridge, At the University Press, 1968.

Arnould, P., Hotyat, M. et Simon, L., *Les forêts d'Europe*, Paris, Nathan, 1997.

Arrest memorable de la Cour de parlement de Dole, du dixhuictiesme jour de Janvier, 1574 contre Gilles Garnier, Lyonnois, pour avoir en forme de loup-garou devoré plusieurs enfans, & commis autres crimes, etc., Sens, Jean Savine, 1574.

Athanase d'Alexandrie, *Vie d'Antoine*, éd. G. J. M. Bartelink, Paris, Cerf, 1994.*

Aubailly, J.-C., *La fée et le chevalier. Essai de mythanalyse de quelques lais fèeriques des XIIe et XIIIe siècles*, Paris, Champion, 1986.

Aubigné, A. d', *Œuvres*, éd. H. Weber, J. Bailbé et M. Soulié, Paris, Gallimard, 1969.

Aucassin et Nicolette, éd. M. Roques, Paris, Champion, 1973 (2e éd.).*

Baïf, J.-A. de, *Le premier livre des poèmes*, éd. G. Demerson, Grenoble, Presses univ. de Grenoble, 1975.

Baltrušaitis, J., *Le Moyen Age fantastique*, Paris, Flammarion, 1993 (1981).*

Bardon, F., *Diane de Poitiers et le mythe de Diane*, Paris, PUF, 1963.

Baridon, M., *Les jardins. Paysagistes-jardiniers-poètes*, Paris, Laffont, 1998.

Barrier, Ph., *Forêt légendaire. Contes, légendes, coutumes, anecdotes sur les forêts de France*, s. l., Christien de Bartillat, 1991.

Bartra, R., *Wild Men in the looking glass. The mythic origins of European otherness*, translated by C. T. Berrisford, Ann Arbor, The Univ. of Michigan Press, 1994.

——, *The artificial savage. Modern myths of the Wild Man*, translated by Ch. Follett, Ann Arbor, The Univ. of Michigan Press, 1997.

Basford, K., *The Green Man*, Cambridge, D. S. Brewer, 1998 (1978).

Baumgartner, E., *Poésies de François Villon*, Paris, Gallimard, 1998.

Baxter, R., *Bestiaries and their users in the Middle Ages*, Phoenix Mill, Sutton, 1998.

Beaugendre, A.-C., *Les merveilles du monde ou les secrets de l'histoire naturelle*, Arcueil, Anthèse, 1996.

Bechmann, R., *Les racines des cathédrales*, Paris, Payot, 1996(1981).

______, *Des arbres et des hommes. La forêt au Moyen Age*, Paris, Flammarion, 1984.

Beck, C. et Rémy, E., *Le faucon, favori des princes*, Paris, Gallimard, 1990.

Bejczy, I., *La lettre du Prêtre Jean : une utopie médiévale*, Paris, Imago, 2001.

Bellamy, F., *La Forêt de Brocéliande*, 2 vol., Rennes, La Découvrance, 1995(1896).

Belmont, N., «Les fées. Croyances et légendes populaires en France», in Y. Bonnefoy (sous la dir.), *Dictionnaire des mythologies*, t. I, Paris, Flammarion, 1999 (1981), pp. 771-775.

______, «La figure de la conteuse dans la tradition orale», in O. Piffault (sous la dir.), *Il était une fois... les contes de fées*, Paris, Seuil/Bibliothèque nationale de France, 2001, pp. 503-511.

Bély, L.(sous la dir.), *Dictionnaire de l'Ancien Régime*, Paris, PUF, 1996.

Bériac, F., *Des lépreux aux cagots. Recherches sur les sociétés marginales en Aquitaine médiévale*, Bordeaux, Fédération historique du Sud-Ouest, 1990.

Berlioz, J.(éd.), *Le rire du prédicateur. Récits facétieux du Moyen Age*, Turnhout, Brepols, 1992.

______, *Catastrophes naturelles et calamités au Moyen Age*, Firenze, SISMEL-Edizioni del Galluzzo, 1998.

Berlioz, J., Bremond, C. et Velay-Vallantin, C.(sous la dir.), *Formes médiévales du conte merveilleux*, Paris, Stock, 1989.

Berlioz, J. et Polo de Beaulieu, M. A.(sous la dir.), *L'animal exemplaire au Moyen Age* (V^e-XVe *siècle*), Rennes, Presses univ. de Rennes, 1999.

Bernard Silvestre, *Cosmographie*, trad. M. Lemoine, Paris, Cerf, 1998.

Bernheimer, R., *Wild Men in the Middle Ages*, New York, Octagon Books, 1979(1952).

Berthod, B. et Hardouin-Fugier, E., *Dictionnaire iconographique des saints*, Paris, Les éditions de l'Amateur, 1999.

Besse, J.-M., «Pétrarque sur la montagne : les tourments de l'âme déplacée», *Revue des sciences humaines*, n° 258, 2000, pp. 113-130.

Bestiaires du Moyen Age, trad. G. Bianciotto, Paris, Stock, 1992(1980).

Beugnot, B., *Le discours de la retraite au* XVIIe *siècle. Loin du monde et du bruit*, Paris, PUF, 1996.

Białostocki, J., *L'art du XVe siècle des Parler à Dürer*, trad. P.-E. Dauzat, Paris, Le Livre de Poche, 1993.

Bichard-Thomine, M.-C., *Noël Du Fail, conteur*, Paris, Champion, 2001.

Bien dire et bien aprandre, n° 12 (Fées, dieux et déesses au Moyen Age), 1994.

Binet, C., *La vie de P. de Ronsard* (1586), éd. P. Laumonier, Genève, Slatkine Reprints, 1969 (1909).

Birague, F. de, *Les premières œuvres poétiques*, éd. R. Guillot et M. Clément, Genève, Droz, 1998.

Birrell-Hilton, J., 《La chasse et la forêt en Angleterre médiévale》, in A. Chastel (sous la dir.), *Le château, la chasse et la forêt*, s. l., Sud Ouest, 1990, pp. 69-80.

Blanguernon, C., *Gilles de Gouberville, gentilhomme du Cotentin*, Village du pont Neuville, Les éditions des champs, 1993.

Bloch, M., *Les caractères originaux de l'histoire rurale française*, Paris, Colin, 1999 (1931).*

Boaistuau, P., *Histoires prodigieuses*, éd. préfacée par Y. Florenne, Paris, Club français du livre, 1961.

Boccace, *Décaméron*, trad. sous la dir. de Ch. Bec, Paris, Le Livre de Poche, 1994.*

Boccassini, D., 《"Le deduit du roy" : les chasses de François Ier》, in J. Céard, M. M. Fontaine et J.-C. Margolin (sous la dir.), *Le corps à la Renaissance*, Paris, Aux Amateurs de Livres, 1990, pp. 321-335.

Bodin, J., *La response de Jean Bodin à M. de Malestroit*, éd. H. Hauser, Paris, Colin, 1932.

———, *De la demonomanie des sorciers*, 1587, Paris, Gutenberg Reprints, 1979.

Bogdan, R., *Freak show. Presenting human oddities for amusement and profit*, Chicago/London, The Univ. of Chicago Press, 1988.

Boglioni, P., 《Les animaux dans l'hagiographie monastique》, in J. Berlioz et M. A. Polo de Beaulieu (sous la dir.), *op. cit.*, pp. 51-80.

Les bois sacrés. Actes du Colloque International du Centre Jean Bérard, Napoli, Centre Jean Bérard, 1993.

Boivin, J.-M., *L'Irlande au Moyen Age. Giraud de Barri et la* Topographia Hibernica *(1188)*, Paris, Champion, 1993.

———, 《Bisclavret et Muldumarec : la part de l'ombre dans les *Lais*》, in J. Dufournet (éd.), *Amour et merveille. Les* Lais *de Marie de France*, Paris, Champion, 1995, pp. 147-168.

Bordes, F., *Sorciers et sorcières. Procès de sorcellerie en Gascogne et Pays Basque*, Toulouse, Privat, 1999.

Bordessoule, N., *De proies et d'ombres. Escritures*[sic] *de la chasse dans la littérature française du XIV*ᵉ *siècle*, New York, Peter Lang, 2000.

Borel, P., *Les antiquitez, raretez, plantes, mineraux, & autres choses considerables de la Ville, & Comté de Castres d'Albigeois*, etc., Genève, Minkoff Reprint, 1973 (1649).

Boucher, J., 《Vrai ou faux amour de la campagne à la cour des derniers Valois ?》, in G.-A. Pérouse et H. Neveux (éd.), *Essais sur la campagne à la Renaissance. Mythe et réalités*, Paris, Société Française des Seiziémistes, 1991, pp. 57-72.

Bourgenot, L., 《Histoire des forêts feuillues en France》, *Revue forestière française*, n° spécial, 1977, pp. 7-26.

Braet, H., 《Les amants dans la forêt. A propos d'un passage du *Tristan* de Béroul》, in *Mélanges de langue et de littérature du Moyen Age offerts à Teruo Sato*, Nagoya, Centre d'Etudes Médiévales et Romanes, 1973, pp. 1-7.

Brantôme, *Recueil des Dames, poésies et tombeaux*, éd. E. Vaucheret, Paris, Gallimard, 1991.

Braudel, F., *La Méditerranée et le monde méditerranéen à l'époque de Philippe II*, 2 vol., Paris, Colin, 1982 (5ᵉ éd.).*

Braudel, F. et Labrousse, E. (sous la dir.), *Histoire économique et sociale de la France*, t. I (2 vol.), Paris, PUF, 1977.

Bretel, P., *Les ermites et les moines dans la littérature française du Moyen Age (1150-1250)*, Paris, Champion, 1995.

Broc, N., *La géographie de la Renaissance*, Paris, Editions du C. T. H. S., 1986 (1980).

Brooks, J., *Courtly song in late sixteenth-century France*, Chicago/London, The Univ. of Chicago Press, 2000.

Brosse, J., *Mythologie des arbres*, Paris, Plon, 1989.*

———, *L'aventure des forêts en Occident. De la préhistoire à nos jours*, Pars, Lattès, 2000.

Brunel, J., 《Loisir et labeur dans le recueil des *Plaisirs de la vie rustique* de 1583》, in J.-M. André, J. Dangel et P. Demont (éd.), *op. cit.*, pp. 543-558.

Brunel, P. (sous la dir.), *Dictionnaire des mythes littéraires*, s. l., Ed. du Rocher, 1994 (nouvelle éd.).

Brunetto Latini, *Li Livres dou tresor*, éd. F. J. Carmody, Genève, Slatkine Reprints, 1975 (1948).

Bryant, L. M., *The king and the city in the Parisian Royal Entry: Politics, ritual, and art in the Renaissance*, Genève, Droz, 1986.

Buile Suibhne, trad. N. Stalmans, in Ph. Walter (sous la dir.), *Le devin maudit. Merlin, Lailoken, Suibhne*, Grenoble, ELLUG, 1999, pp. 205-230.

Burgess, G., *Two medieval outlaws. Eustace the Monk and Fouke Fitz Waryn*, Cambridge, D. S. Brewer, 1997.

Busson, H., *Charles d'Espinay, évêque de Dol et son œuvre poétique (1531 ?- 1591)*, Genève, Slatkine Reprints, 1978 (1923).

Cabos, A., *Guy du Faur de Pibrac. Un magistrat poète au XVIe siècle (1529-1584)*, Paris, Champion/Auch, Cocharaux, 1922.

Calle Calle, F. V., *Les représentations du diable et des êtres diaboliques dans la littérature et l'art en France au XIIe siècle*, thèse Univ. de Caen, 1997, 2 vol., Villeneuve d'Ascq, Presses univ. du Septentrion, 1998.

Campangne, H., 《*Arrest memorable contre Gilles Garnier, pour avoir en forme de Loup-garou devoré plusieurs enfants et commis autres crimes*: Métamorphose et commentaire dans une lettre de Daniel d'Auge》, *Nouvelle Revue du XVIe siècle*, N° 15/2, 1997, pp. 343-357.

Carbone, G., *La peur du loup*, Paris, Gallimard, 1991.

Carozzi, C. et Taviani-Carozzi, H., *La fin des temps. Terreurs et prophéties au Moyen Age*, Paris, Flammarion, 1999 (nouvelle éd.).

Cassagnes-Brouquet, S. et Chambarlhac, V., *L'âge d'or de la forêt*, Rodez, Ed. du Rouergue, 1995.

Cazauran, N., 《Les romans de chevalerie en France: entre《exemple》et《récréation》》, in M. T. Jones-Davies (sous la dir.), *Le roman de chevalerie au temps de la Renaissance*, Paris, Touzot, 1987, pp. 29-48.

Cazelles, B., *Le corps de sainteté d'après Jehan Bouche d'Or, Jehan Paulus et quelques vies des XIIe et XIIIe siècles*, Genève, Droz, 1982.

Céard, J. (éd.), *La folie et le corps*, Paris, Presses de l'Ecole Normale Supérieure, 1985.

———, 《Relire Bernard Palissy》, *Revue de l'art*, n° 78, 1987, pp. 77-83.

———, 《Les talents de Bernard Palissy》, in *L'intelligence du passé. Les faits, l'écriture et le sens. Mélanges offerts à Jean Lafond*, Tours, Presses de l'Univ. de Tours, 1988, pp. 139-147.

Champion, P., *Catherine de Médicis présente à Charles IX son royaume (1564- 1566)*,

Paris, Grasset, 1937.
La Chanson de Girart de Roussillon, trad. M. de Combarieu du Grès et G. Gouiran, Paris, Le Livre de Poche, 1993.
Chaput, B., 《La condition juridique et sociale de l'aliéné mental》, in G.-H. Allard (sous la dir.), *Aspects de la marginalité au Moyen Age*, Montréal, L'Aurore, 1975, pp. 39-47.
Le Charroi de Nîmes, trad. C. Lachet, Paris, Gallimard, 1999.
Chastel, A. (sous la dir.), *Le château, la chasse et la forêt*, s. l., Sud Ouest, 1990.
______, *L'art français. Pré-Moyen Age/Moyen Age*, Paris, Flammarion, 2000.
______, *L'art français. Temps modernes 1430-1620*, Paris, Flammarion, 2000.
Chateaubriand, *Mémoires d'outre-tombe*, éd. M. Levaillant, 2 vol., Paris, Flammarion, 1964 (2e ed.).
______, *Génie du christianisme*, éd. P. Reboul, 2 vol., Paris, GF-Flammarion, 1966.
Châtelet, A., *L'âge d'or du manuscrit à peintures en France au temps de Charles VI et les Heures du maréchal Boucicault*, Dijon, Ed. Faton, 2000.
Les chemins de Dieu au désert. La collection systématique des *Apophtegmes des Pères*, trad. Dom L. Regnault, Solesmes, Ed. de Solesmes, 1992.
Chêne, C., *Juger les vers. Exorcismes et procès d'animaux dans le diocèse de Lausanne (XVe-XVIe s.)*, Lausanne, Section d'histoire-Faculté des Lettres, Univ. de Lausanne, 1995.
Chevalier, J. et Gheerbrant, A., *Dictionnaire des symboles*, 4 vol., Paris, Seghers, 1973-1974 (1969).
Chrétien de Troyes, *Le Roman de Perceval ou le Conte du Graal*, éd. W. Roach, Genève, Droz/Paris, Minard, 1959 (2e éd.).*
______, *Yvain ou le Chevalier au Lion*, trad. M. Rousse, Paris, GF-Flammarion, 1990.
______, *Œuvres complètes*, éd. sous la dir. de D. Poirion, Paris, Gallimard, 1994.
Chronique des abbés de Fontenelle (Saint-Wandrille), éd. P. Pradié, Paris, Les Belles Lettres, 1999.
Cimber, L. et Danjou, F. (éd.), *Archives curieuses de l'histoire de France depuis Louis XI jusqu'à Louis XVIII*, Ire série, 15 tomes, Paris, Beauvais, 1834-1837.
Civil, P., 《Le thème de l'éloge de la vie rustique en Espagne au XVIème siècle》, in G.-A. Pérouse et H. Neveux (éd.), *op. cit.*, pp. 103-114.
Clément, M., *Une poétique de crise : poètes baroques et mystiques (1570-1660)*, Paris, Champion, 1996.
Clement, N. H., 《Nature and the country in sixteenth and seventeenth century French

poetry》, *Publications of the modern language association of America*, XLIV, 1929, pp. 1005-1047.

Clier-Colombani, F., *La Fée Mélusine au Moyen Age. Images, mythes et symboles*, Paris, Le Léopard d'or, 1991.

Closson, M., *L'imaginaire démoniaque en France(1550-1650). Genèse de la littérature fantastique*, Genève, Droz, 2000.

Clouet, R., *Robin-des-Bois : le hors-la-loi légitime des ballades médiévales*, thèse Univ. Paris-Sorbonne, 1998, Villeneuve d'Ascq, Presses univ. du Septentrion, 1999.

Le cœur mangé. Récits érotiques et courtois des XIIe et XIIIe siècles, trad. D. Régnier-Bohler, Paris, Stock, 1994(1979).

Cohen, G., *Ronsard, sa vie et son œuvre*, Paris, Gallimard, 1956(nouvelle éd.).

Colby, A. M., *The portrait in twelfth-century French literature*, Genève, Droz, 1965.

Colomb, Christophe, *La découverte de l'Amérique*, trad. S. Estorach et M. Lequenne, 3 vol., Paris, La Découverte, 1991-1993(1979-1991).*

Colombo Timelli, M., 《Le《lai de l'omme saulvage》de Jehan d'Avennes》, *Le Moyen Français*, 30, 1992, pp. 45-61.

Colonna, F., *Le songe de Poliphile*, trad. Jean Martin(Paris, Kerver, 1546), éd. G. Polizzi, Paris, Imprimerie nationale, 1994.

Combarieu, M. de, 《Le nom du monde est forêt(Sur l'imaginaire de la forêt dans le *Lancelot en prose*)》, *Cahiers de Recherches Médiévales*, 3, 1997, pp. 79-90.

———, 《Lieux de vie dans *Renaut de Montauban*: forêts et châteaux》, in D. Quéruel (sous la dir.), *Entre épopée et légende*: Les Quatre Fils Aymon *ou* Renaut de Montauban, t. II, Langres, D. Guéniot, 2000, pp. 43-70.

Cornelia, W. B., *The classical sources of the nature references in Ronsard's poetry*, New York, Publications of the Institute of French studies, Inc., Columbia University, 1934.

Corvol, A., *L'homme aux bois. Histoire des relations de l'homme et de la forêt(XVIIe-XXe siècle)*, Paris, Fayard, 1987.

———, 《La forêt》, in P. Nora(sous la dir.), *Les lieux de mémoire*, III. *Les France*, vol. I, Paris, Gallimard, 1992, pp. 673-737.

Coudrette, *Le Roman de Mélusine*, trad. L. Harf-Lancner, Paris, GF-Flammarion, 1993.*

Coville, A., *Gontier et Pierre Col et l'humanisme en France au temps de Charles VI*, Paris, Droz, 1934.

———, *Recherches sur quelques écrivains du XIVe et du XVe siècle*, Paris, Droz, 1935.

Le Cycle de Guillaume d'Orange (Anthologie), trad. D. Boutet, Paris, Le Livre de Poche, 1996.

Dalché, P. G., 《La montagne dans la description《géographique》au Moyen Age》, in C. Thomasset et D. James-Raoul (éd.), *La montagne dans le texte médiéval. Entre mythe et réalité*, Paris, Presses de l'Univ. de Paris-Sorbonne, 2000, pp. 99-121.

Dante, *La divine comédie*, trad. J. Risset, 3 vol., Paris, GF-Flammarion, 1992 (1985-1990).*

Debord, A., 《Châteaux et forêts en France aux XIe et XIIe siècles》, in A. Chastel (sous la dir.), *op. cit.*, pp. 21-35.

Delarue, P. et Tenèze, M.-L., *Le conte populaire français*, 4 tomes, Paris, Maisonneuve et Larose, 1957-1985.

Delehaye, H., *Les légendes hagiographiques*, Bruxelles, Société des Bollandistes, 1955 (4e éd.).

Delisle, L., *Etudes sur la condition de la classe agricole et l'état de l'agriculture en Normandie, au Moyen Age*, New York, Burt Franklin, s. d. (réimpr. de l'éd. 1851).

Delort, R., *La vie au Moyen Age*, Paris, Seuil, 1982 (1972).

———, *Les animaux ont une histoire*, Paris, Seuil, 1993 (1984).*

Delumeau, J., *La peur en Occident*, Paris, Fayard, 1982 (1978).*

Delumeau, J. et Lightbown, R. (éd.), *La Renaissance*, Paris, Seuil, 1996.

Demerson, G., 《Joachim du Bellay traducteur de lui-même》, in G. Castor and T. Cave (ed.), *Neo-Latin and the vernacular in Renaissance France*, Oxford, Clarendon Press, 1984, pp. 35-48; repris dans *Joachim Du Bellay et la belle romaine*, Orléans, Paradigme, 1996, pp. 35-48.

Desportes, Ph., *Les Amours de Diane*, éd. V. E. Graham, 2 vol., Genève, Droz/Paris, Minard, 1959.

———, *Diverses Amours et autres œuvres meslées*, éd. V. E. Graham, Genève, Droz/Paris, Minard, 1963.

Devèze, M., *La vie de la forêt française au XVIe siècle*, 2 vol., Paris, S. E. V. P. E. N., 1961.

Dickason, O. P., 《The concept of *L'Homme Sauvage*》, in M. M. Halpin and M. M. Ames (ed.), *Manlike monsters on trial, Early records and modern evidence*, Vancouver/London, Univ. of British Columbia Press, 1980. pp. 65-82.

———, *Le mythe du sauvage*, trad. J. Des Chênes, Paris, Lebaud, 1995.

Dickson, A., *Valentine and Orson. A study in late medieval romance*, New York, Columbia U. P., 1929.

Didi-Huberman, G., *Ouvrir Vénus. Nudité, rêve, cruauté*, Paris, Gallimard, 1999.

Didi-Huberman, G., Garbetta, R. et Morgaine, M., *Saint Georges et le dragon*, Paris, Biro, 1994.

Dierkens, J., 《Le dragon : mal manifeste ou force cachée ?》, *Tradition wallonne*, 13-14, 1996-1997, pp. 27-43.

______, 《Serpents et dragons dans le bestiaire sacré de Samuel Bochart ou le folklore dans la Bible》, *Tradition wallonne*, *op. cit.*, pp. 97-128.

Le dit du Prunier, éd. P.-Y. Badel, Genève, Droz, 1985.

Doucet, R., *Les institutions de la France au XVI*^{e} *siècle*, 2 vol., Paris, A. et J. Picard, 1948.

Du Bellay, J., *Œuvres poétiques*, éd. H. Chamard et G. Demerson, 8 vol., Paris, STFM, 1908-1985.

Dubois, C.-G., *L'imaginaire de la Renaissance*, Paris, PUF, 1985.

Dubost, F., *Aspects fantastiques de la littérature narrative médiévale* (*XII*^{ème}- *XIII*^{ème} *siècles*), 2 vol., Paris, Champion, 1991.

______, 《Les merveilles du cerf : miracles, métamorphoses, médiations》, *Revue des langues romanes*, XCVIII, N° 2, 1994, pp. 287-310.

Duby, G., *L'économie rurale et la vie des campagnes dans l'Occident médiéval* (*France, Angleterre, Empire, IX*^{e}-*XV*^{e} *siècles*), 2 vol., Paris, Flammarion, 1977 (1962).

______, *Le temps des cathédrales. L'art et la société 980-1420*, Paris, Gallimard, 1976.

Duby, G. et Wallon, A. (sous la dir.), *Histoire de la France rurale*, t. I, Paris, Seuil, 1992 (1975).

Duchet-Suchaux, G. et Pastoureau, M., *La Bible et les saints. Guide iconographique*, Paris, Flammarion, 1994 (1990).

Dufournet, J., *Adam de la Halle à la recherche de lui-même ou le Jeu dramatique de la Feuillée*, Paris, SEDES, 1974.

Dumont, L., *La Tarasque*, Paris, Gallimard, 1987 (nouvelle éd.).

Du Perron, J. Davy, *Recueil des poésies de Monsieur Du Perron*, fac-similé de l'éd. de 1622, Paris, Actes Sud-Papiers, 1988.

Duport, D., *Les Jardins qui sentent le sauvage. Ronsard et la poétique du paysage*, Genève, Droz, 2000.

Durand, G., *Les structures anthropologiques de l'imaginaire*, Paris, Bordas, 1981 (8e éd.).

Duval, J., *Mythologie des arbres en Bretagne*, s. l., Royer, 2000.

L'école de Fontainebleau, catalogue de l'exposition, Paris, Editions des musées nationaux, 1972.

Eliade, M., *Forgerons et alchimistes*, Paris, Flammarion, 1977 (nouvelle éd.).*

Enaud, F., 《L'une des plus anciennes peintures murales de chasse à courre en France à l'église de Clans (Alpes Maritimes)》, in A. Chastel (sous la dir.), *op. cit.*, pp. 175-185.

Erasme, *Œuvres choisies*, trad. J. Chomarat, Paris, Le Livre de Poche, 1991.

Estrange, et effroyable histoire nouvellement arrivée dans la Forest de Fontaine-bleau. A un Seigneur, de qualité, le jour de nostre Dame, quinziesme Aoust, mil cinq cens vingt cinq [sic], Paris, Chez la veufve Ducarroy, 1625.

Fables françaises du Moyen Age: les Isopets, trad. J.-M. Boivin et L. Harf-Lancner, Paris, GF-Flammarion, 1996.

Febvre, L., *Philippe II et la Franche-Comté*, Paris, Flammarion, 1970 (1912).

Ferro, X. R. M., *Symboles animaux. Un dictionnaire des représentations et croyances en Occident*, trad. Ch. Girard et G. Grenet, Paris, Desclée et Brouwer, 1996.

Foisil, M., *Le sire de Gouberville. Un gentilhomme normand au XVIe siècle*, Paris, Flammarion, 1986 (1981).

Folie et déraison à la Renaissance, Bruxelles, Ed. de l'Univ. de Bruxelles, 1976.

Les fonctions des saints dans le monde occidental (IIIe-XIIIe siècle), Rome, Ecole française de Rome, 1991.

La forêt. Anthologie poétique, Paris, Ed. du chêne, 1997.

Fouke Fitz Warin, éd. L. Brandin, Paris, Champion, 1930.

Fournier, E., *Variétés historiques et littéraires*, 10 vol., Paris, Jannet, 1855-1863.

La France des forêts, Paris, Gallimard, 2001.

Frappier, J., 《La peinture de la vie et des héros antiques dans la littérature française du XIIe et du XIIIe siècle》, repris dans *Histoire, mythes et symboles*, Genève, Droz, 1976, pp. 21-54.

Freedman, P., *Images of the Medieval peasant*, Stanford, Stanford U. P., 1999.

Friedman, J. B. and Figg, K. M. (ed.), *Trade, travel, and exploration in the Middle Ages. An encyclopedia*, New York/London, Garland Publishing, 2000.

Fritz, J.-M., *Le discours du fou au Moyen Age, XIIe-XIIIe siècles*, Paris, PUF, 1992.

Froissart, Jean, *Chroniques*, trad. A. Duby, Paris, Stock, 1997.

Furetière, A., *Dictionnaire universel*, 3 vol., Paris, SNL-Le Robert, 1978 (1690).

Gagnon, F., 《Le thème médiéval de l'homme sauvage dans les premières représentations des Indiens d'Amérique》, in G.-H. Allard (sous la dir.), *op. cit.*, pp. 83-103.

Gaiffier, B. de, 《Le diable, voleur d'enfants. A propos de la naissance des saints Etienne, Laurent et Barthélemy》, repris dans *Etudes critiques d'hagiographie et d'iconologie*, Bruxelles, Société des Bollandistes, 1967, pp. 169-193.

Gaignebet, C., *A plus hault sens. L'ésotérisme spirituel et charnel de Rabelais*, 2 vol., Paris, Maisonneuve et Larose, 1986.

Gaignebet, C. et Lajoux, J.-D., *Art profane et religion populaire au Moyen Age*, Paris, PUF, 1985.

Galand-Hallyn, P., *Le《génie》latin de Joachim Du Bellay*, La Rochelle, Rumeur des Ages, 1995.

Gallais, P., *La fée à la fontaine et à l'arbre. Un archétype du conte merveilleux et du conte courtois*, Amsterdam/Atlanta, Rodopi, 1992.

Gallais, P. et Thomas, J., *L'arbre et la forêt dans l'*Enéide *et l'*Eneas. *De la psyché antique à la psyché médiévale*, Paris, Champion, 1997.

Gally, M. et Marchello-Nizia, C., *Littératures de l'Europe médiévale*, Paris, Magnard, 1985.

Gardelles, J., 《La chasse dans l'architecture et le décor des châteaux au Moyen Age》, in A. Chastel (sous la dir.), *op. cit.*, pp. 129-139.

Garnier, N., *L'imagerie populaire française*, 2 vol., Paris, Ed. de la Réunion des musées nationaux, 1990-1996.

Garnier, R., *Œuvres complètes*, éd. R. Lebègue, 4 vol., Paris, Les Belles Lettres, 1949-1974.

Garrisson, J., *Les protestants au XVIe siècle*, Paris, Fayard, 1988.

Gaston Phébus, *Le Livre de la chasse*, trad. R. et A. Bossuat, Paris, Lebaud, 1986.

Gaucher, E. et Castellani, M.-M., 《Ecriture hagiographique et représentation de la sainteté dans le roman de *Robert le diable*》, *Revue des sciences humaines*, n° 251, 1998, pp. 155-168.

Gauchet, C., *Le plaisir des champs*, éd. P. Blanchemain, Paris, Franck, 1869.

Gaufridi de Monemuta (Geoffroy de Monmouth), *Histoire des rois de Bretagne*, trad. L. Mathey-Maille, Paris, Les Belles Lettres, 1993 (2e tirage).

______, *Vita Merlini*, trad. C. Boyrd et J.-Ch. Berthet, in Ph. Walter (sous la dir.), *op. cit.*, pp. 56-171. (Trad. fr.: *La vie de Merlin*, trad. I. Jourdan, Castelnau-le-Lez,

CLIMATS, 1996.)

Gaullier-Bougassas, C., *Les Romans d'Alexandre. Aux frontières de l'épique et du romanesque*, Paris, Champion, 1998.

Gerald of Wales, *The Journey through Wales*, translated by L. Thorpe, Harmondsworth, Penguin Books, 1978.

Gerner, D., *La traduction des* Otia Imperiala *de Gervais de Tilbury par Jean de Vignay*, thèse Univ. Strasbourg, 1995, 4 vol., Villeneuve d'Ascq, Presses univ. du Septentrion, 1997.

Gervais de Tilbury, *Le livre des merveilles*, trad. A. Duchesne, Paris, Les Belles Lettres, 1992.*

Gesta Romanorum, translated by Ch. Swan, revised and corrected by W. Hooper, New York, AMS Press, 1970(1894).*

Gibson, W. S., 《La glorification de la montagne : le paysage alpestre dans l'art de Pieter Bruegel l'Ancien》, in *La montagne et ses images du peintre d'Akrésilas à Thomas Cole*, Paris, Ed. du C. T. H. S., 1991, pp. 177-200.

Givens, J., 《The garden outside the walls : Plant forms in thirteenth-century English sculpture》, in *Medieval gardens*, Washington, D. C., Dumbarton Oaks, 1986, pp. 189-198.

Godefroy, F., *Dictionnaire de l'ancienne langue française*, 10 vol., Nendeln/Liechtenstein, Kraus Reprint, 1969(1880-1902).

Goens, J., *Loups-garous, vampires et autres monstres. Enquêtes médicales et littéraires*, Paris, CNRS Editions, 1993.

Goethe, *Ecrits sur l'art*, trad. J.-M. Schaeffer, Paris, GF-Flammarion, 1996.*

Gombrich, E. H., 《The Renaissance theory of art and the rise of landscape》, reprinted in *Norm and form. Studies in the art of the Renaissance*, London/New York, Phaidon, 1971(1966), pp. 107-121.*

Gonneville, *Le voyage de Gonneville (1503-1505) et la découverte de la Normandie par les Indiens du Brésil*, étude et commentaire de L. Perrone-Moisés, trad. A. Witkowski, Paris, Chandeigne, 1995.

Gosman, M., *La légende d'Alexandre le Grand dans la littérature française du 12ᵉ siècle*, Amsterdam/Atlanta, Rodopi, 1997.

Gossiaux, P.-P., *L'homme et la nature. Genèses de l'anthropologie à l'âge classique 1580-1750*, Bruxelles, De Boeck, 1995(2ᵉ éd.).

Gouberville, *Le Journal du sieur de Gouberville*, éd. A. de Blangy et E. Robillard de Beaurepaire, 4 vol., Village du pont Neuville, Les éditions des champs, 1993-1994 (1892-1895).

Graur, T., *Un disciple de Ronsard : Amadis Jamyn*, Genève, Slatkine Reprints, 1981 (1929).

Grégoire de Tours, *Histoire des Francs*, trad. R. Latouche, Paris, Les Belles Lettres, 1999 (1963).

Grimal, P., *Dictionnaire de la mythologie grecque et romaine*, Paris, PUF, 1976 (5e éd.).

Gros, G., 《Où l'on devient Bisclavret. Etude sur le site de la métamorphose (Marie de France, *Bisclavret*, vers 89-96)》, in J. C. Faucon, A. Labbé et D. Quéruel (éd.), *Miscellanea Mediaevalia. Mélanges offerts à Philippe Ménard*, t. I, Paris, Champion, 1998, pp. 573-583.

Guerreau, A. et Guy, Y., *Les Cagots du Béarn. Recherches sur le développement inégal au sein du système féodal européen*, s. l., Minerve, 1988.

Guerreau-Jalabert, A., 《Fées et chevalerie. Observations sur le sens social d'un thème dit merveilleux》, in *Miracles, prodiges et merveilles au Moyen Age*, Paris, Publications de la Sorbonne, 1995, pp. 133-150.

Guibert de Nogent, *Autobiographie*, trad. E.-R. Labande, Paris, Les Belles Lettres, 1981.

Guillaume Clerc [*sic*] de Normandie, *Le Bestiaire divin*, éd. C. Hippeau, Genève, Slatkine Reprints, 1970 (1852).

Guillaume de Lorris et Jean de Meun, *Le Roman de la Rose*, éd. F. Lecoy, 3 vol., Paris, Champion, 1965-1970.*

Guillot, R., 《L'exil de l'amour ou l'amour au désert》, in A. Niderst (éd.), *L'Exil*, Paris, Klincksieck, 1996, pp. 63-78.

Guy, R., *Le Diable, la Vierge, les ermites et les saints dans les légendes de nos campagnes*, Laval, Siloë, 1989.

Guyonvarc'h, Ch.-J. et Le Roux, F., *Les Druides*, Rennes, Ed. Ouest-France, 1986.

Guyotjeannin, O., *Salimbene de Adam : un chroniqueur franciscain*, Turnhout, Brepols, 1995.

Habert, I., *Amours et Baisers*, éd. N. Mahé, Genève, Droz, 1999.

Halpin, M. and Ames, M. M. (ed.), *Manlike monsters on trial. Early records and modern evidence*, Vancouver/London, Univ. of British Columbia Press, 1980.

Harding, M., *A little book of the Green Man*, London, Aurum Press, 1998.

Hardouin de Péréfixe, *Histoire du roi Henri le Grand*, préface de F. Bluche, Paris, Communication & Tradition, 1999.

Harf-Lancner, L., *Les fées au Moyen Age. Morgane et Mélusine. La naissance des fées*, Paris, Champion, 1984.

______, 《L'Enfer de la cour : la cour d'Henri II Plantagenet et la Mesnie Hellequin》, in Ph. Contamine (éd.), *L'Etat et les aristocraties*, Paris, Presses de l'Ecole Normale Supérieure, 1989, pp. 27-50.

Harf-Lancner, L., Kappler, C. et Suard, F. (éd.), *Alexandre le Grand dans les littératures occidentales et proche-orientales*, Nanterre, Centre des sciences de la littérature, Univ. Paris X, 1999.

Harrison, R., *Forêts. Essai sur l'imaginaire occidental*, trad. F. Naugrette, Paris, Flammarion, 1992.*

Hassig, D., *Medieval bestiaries. Text, image, ideology*, Cambridge, Cambridge U. P., 1995.

Hauvette, H., *Les poésies lyriques de Pétrarque*, Paris, Société française d'éditions littéraires et techniques, 1931.

Head, Th. (ed.), *Medieval hagiography. An anthology*, New York/London, Garland, 2000.

Heartz, D., 《Un divertissement de palais pour Charles Quint à Binche》, in J. Jacquot (éd.), *Les Fêtes de la Renaissance*, t. II : *Fêtes et cérémonies au temps de Charles Quint*, Paris, CNRS, 1975, pp. 329-342.

Heers, J., *Fêtes des fous et Carnavals*, Paris, Fayard, 1983.

______, *La ville au Moyen Age en Occident*, Paris, Hachette, 1997 (1990).

Hell, B., *Le sang noir. Chasse et mythes du Sauvage en Europe*, Paris, Flammarion, 1994.

[Henri de Ferrière], *Le Livre de chasse du Roy Modus*, trad. G. Tilander, Limoges, Ardant, 1973.

Higounet, Ch., *Défrichements et villeneuves du Bassin parisien (XIe- XIVe siècles)*, Paris, Ed. du C. N. R. S., 1990.

Hirano, T., *Le diable dans les occasionnels* (canards) —*Du crépuscule de la Renaissance au Temps du Baroque*—, Mémoire de D. E. A. Univ. Paris X, 1995.

Histoire de Huon de Bordeaux et Aubéron, roi de féerie, trad. F. Suard, Paris, Stock, 1983.

L'Histoire de Pierre de Provence et de la belle Maguelonne, renouvelée par G. Michaut, Paris, E. de Boccard, 1926.

L'Histoire des moines d'Egypte, suivie de *La vie de saint Paul le Simple*, éd. M. Szkilnik, Genève, Droz, 1993.

Hoffmann, G., 《Rabelais à la limite de la fable : le rôle de la culture populaire dans le programme humaniste》, *Réforme, Humanisme, Renaissance*, N° 34, 1992, pp. 27-39.

Hommel, L., *Pages choisies de Chastellain*, Paris/Bruxelles, Ed. universitaires, 1949.

Horace, *Odes et Epodes*, trad. F. Villeneuve, Paris, Les Belles Lettres, 1970 (1929).*

Huizinga, J., *L'automne du Moyen Age*, trad. J. Bastin, Paris, Payot, 1975.*

Hulubei, A., *L'églogue en France au XVIe siècle. Epoque des Valois (1515-1589)*, Paris, Droz, 1938.

Huon de Bordeaux, éd. P. Ruelle, Bruxelles, Presses univ. de Bruxelles, 1960.

Huppert, G., *Les bourgeois gentilshommes. An essay of the definition of elites in Renaissance France*, Chicago/London, The Univ. of Chicago Press, 1977 (trad. fr. : *Bourgeois et gentilshommes. La réussite sociale en France au XVIe siècle*, trad. P. Braudel et A. Bonnet, Paris, Flammarion, 1983).

L'imaginaire de la chasse. Hier et demain, Chalon sur Saône, Atelier CRC France, 1988.

Institoris, H. et Sprenger, J., *Le marteau des sorcières. Malleus Maleficarum*, trad. A. Danet, Grenoble, Millon, 1993 (1973).

Isidore de Séville, *Etymologies*, Livre XII, trad. J. André, Paris, Les Belles Lettres, 1986.

L'istoire de tres vaillans princez monseigneur Jehan d'Avennes, éd. D. Quéruel, Villeneuve d'Ascq, Presses univ. du Septentrion, 1997.

Izzi, M., *Il dizionario illustrato dei mostri*, Roma, Gremese, 1989.

Jacob, C., 《Paysage et bois sacré : *ἄλσος* dans la *Périégèse de la Grèce* de Pausanias》, in *Les bois sacrés, op. cit.*, pp. 31-44.

Jacques de Voragine, *La Légende dorée*, trad. J.-B. M. Roze, 2 vol., Paris, Garnier-Flammarion, 1967.*

James, N. D. G., 《A history of forestry and monographic forestry literature in Germany, France, and the United Kingdom》, in P. McDonald and J. Lassoie (ed.), *The literature of forestry and agroforestry*, Ithaca/London, Cornell U. P., 1996, pp. 15-44.

Jean d'Arras, *Mélusine*, trad. M. Perret, Paris, Stock, 1991 (1979).

Jean Renart, *L'escoufle*, trad. A. Micha, Paris, Champion, 1992.

Jérôme (Saint), *Vivre au désert. Vies de Paul, Malchus, Hilarion*, trad. J. Miniac, Grenoble, Millon, 1992.*

Jodelle, E., *Œuvres complètes*, éd. E. Balmas, 2 vol., Paris, Gallimard, 1965-1968.

Joisten, A. et Abry, Ch., *Etres fantastiques des Alpes*, Paris, Entente, 1995.

Joisten, Ch., Chanaud, R. et Joisten, A., 《Les loups-garous en Savoie et Dauphiné》, *Le*

monde alpin et rhodanien, 1-4/1992, pp. 17-182.

Joubert, F., *La tapisserie au Moyen Age*, Rennes, Ed. Ouest-France, 2000.

Joukovsky, F., *Paysages de la Renaissance*, Paris, PUF, 1974.

______(éd.), *La Renaissance bucolique. Poèmes choisis (1550- 1600)*, Paris, GF-Flammarion, 1994.

Journal d'un bourgeois de Paris de 1405 à 1499, éd. C. Beaune, Paris, Le Livre de Poche, 1990.

Journal d'un bourgeois de Paris sous le règne de François premier (1515-1536), éd. L. Lalanne, Paris, Renouard, 1854.

Jung, M.-R., *Hercule dans la littérature française du XVIe siècle*, Genève, Droz, 1966.

Kaufmann, L. F., *The noble savage. Satyrs and Satyr families in Renaissance art*, Ann Arbor, UMI Research Press, 1984(1979).

Keen, M., *The outlaws of medieval legend*, London/New York, Routledge, 2000(1961).

Klein, R., «Le thème du fou et l'ironie humaine», repris dans *La forme et l'intelligible*, Paris, Gallimard, 1970, pp. 433-450.

Knecht, R. J., *Renaissance warrior and patron: the reign of Francis I*, Cambridge, Cambridge U. P., 1994.

La Boétie, E. de, *Œuvres complètes*, éd. P. Bonnefon, Genève, Slatkine Reprints, 1967 (1892).

La Borderie, A. de, *Histoire de Bretagne*, 6 vol., Mayenne, ERO/Spezet, Coop Brezh, 1998 (1898-1914).

Lacarrière, J., *En cheminant avec Hérodote*, Paris, Seghers, 1981.

Lachiver, M., *Dictionnaire du monde rural. Les mots du passé*, Paris, Fayard, 1997.

Lafay, H., *La poésie française du premier XVIIe siècle (1598-1630)*, Paris, Nizet, 1975.

Lafeuille, G., *Cinq hymnes de Ronsard*, Genève, Droz, 1973.

La Fontaine, *Fables*, éd. G. Couton, Paris, Garnier, 1967(1962).*

Laharie, M., *La folie au Moyen Age. XIe-XIIIe siècles*, Paris, Le Léopard d'or, 1991.

Lailoken ou la Vie du Merlin sylvestre, trad. C. Bord et J.-Ch. Berthet, in Ph. Walter (sous la dir.), *Le devin maudit*, *op. cit.*, pp. 176-201.

Lais féeriques des XIIe et XIIIe siècles, trad. A. Micha, Paris, GF-Flammarion, 1992.

La Marck, R. de, *Mémoires de Robert de La Marck, seigneur de Fleurange et de Sedan*, in J. A. C. Buchon (éd.), *Choix de chroniques et mémoires sur l'histoire de France*, Paris, Desrez, 1836, pp. 216-295.

Lancelot, trad. A. Micha, 2 vol., Paris, 10/18, 1995(1983-1984).

Lancre, Pierre de, *Tableau de l'inconstance des mauvais anges et démons*, éd. N. Jacques-Chaquin, Paris, Aubier, 1982.

Langer, U., *Invention, death, and self-definitions in the poetry of Pierre de Ronsard*, Saratoga, Calif., Anma Libri, 1986.

Langlois, Ch.-V., *La vie en France au Moyen Age*, 4 vol., Paris, Hachette, 1924-1928.

La Porte, Maurice de, *Les Epithetes*, Genève, Slatkine Reprints, 1973(1571).

Larivaille, P., 《Paysages de la *Jérusalem délivrée*: topographie et topologie》, in Y. Giraud (éd.), *Le paysage à la Renaissance*, Fribourg, Editions univ. Fribourg Suisse, 1988, pp. 157-167.

Larrère, R. et Nougarède, O., *Des hommes et des forêts*, Paris, Gallimard, 1993.

La Taille, J. de, *Œuvres*, éd. R. de Maulde, 4 vol., Paris, Willem, 1878-1882.

Lavis, G., 《Un sonnet de Du Perron》, *Cahiers d'analyse textuelle*, 5, 1963, pp. 42-50.

Lavocat, F., 《La renaissance des Satyres》, *Textuel*, n° 33, 1997, pp. 49-62.

Lecoq, D., 《Place et fonction du désert dans la représentation du monde au Moyen Age》, *Revue des sciences humaines*, n° 258, 2000, pp. 15-112.

Lecouteux, C., *Les monstres dans la littérature allemande du Moyen Age*, 3 vol., Göppingen, Kümmerle Verlag, 1982.

———, *Mélusine et le Chevalier au cygne*, Paris, Imago, 1997(1982).

———, *Les nains et les elfes au Moyen Age*, Paris, Imago, 1997(2e éd.).

———, *Fées, sorcières et loups-garous au Moyen Age*, Paris, Imago, 1992.

———, *Les monstres dans la pensée médiévale européenne*, Paris, Presses de l'Univ. de Paris-Sorbonne, 1999(3e éd.).

———, *Mondes parallèles. L'univers des croyances du Moyen Age*, Paris, Champion, 1994.

———, *Démons et génies du terroir au Moyen Age*, Paris, Imago, 1995.

———, *Au-delà du Merveilleux. Des croyances du Moyen Age*, Paris, Presses de l'Univ. de Paris-Sorbonne, 1995.

———, 《Chasse sauvage/Armée furieuse》, in Ph. Walter (éd.), *Le mythe de la Chasse sauvage dans l'Europe médiévale*, Paris, Champion, 1997, pp. 13-32.

———, *Chasses fantastiques et cohortes de la nuit au Moyen Age*, Paris, Imago, 1999.

Lecouteux, C. et Marcq, Ph., *Les esprits et les morts*, Paris, Champion, 1990.

Lefebvre, J., *Les fols et la folie. Etude sur les genres du comique et la création littéraire en Allemagne pendant la Renaissance*, Paris, Klincksieck, 1968.

Le Goff, J., *Les intellectuels au Moyen Age*, Paris, Seuil, 1957.*

______, *La civilisation de l'Occident médiéval*, Paris, Flammarion, 1982(1964).

______, 《Culture ecclésiastique et culture folklorique au Moyen Age : saint Marcel et le dragon》, repris dans *Pour un autre Moyen Age*, Paris, Gallimard, 1994 (1977), pp. 236-279.

______, 《L'Occident médiéval et l'océan Indien : un horizon onirique》, repris dans *Pour un autre Moyen Age*, *op. cit.*, pp. 280-298.*

______, 《Le désert-forêt dans l'Occident médiéval》, repris dans *L'imaginaire médiéval*, Paris, Gallimard, 1991(1985), pp. 59-75.*

______, 《Lévi-Strauss en Brocéliande. Esquisse pour une analyse d'un roman courtois》, repris dans *L'imaginaire médiéval*, *op. cit.*, pp. 151-187.*

Le Goff, J. et Schmitt, J.-C. (sous la dir.), *Dictionnaire raisonné de l'Occident médiéval*, Paris, Fayard, 1999.

Legrand, M.-D., 《Paysage(s) du paysage à la Renaissance : perspectives lexicales et horizons sémantiques》, *Vives Lettres*, n° 8, 1999, pp. 169-194.

Lemaire, J., *Les visions de la vie de cour dans la littérature française de la fin du Moyen Age*, Bruxelles, Palais des Académies/Paris, Klincksieck, 1994.

Lemaire de Belges, J., *Œuvres*, éd. J. Stecher, 4 vol., Genève, Slatkine Reprints, 1969 (1882-1885).

Le Pogge Florentin, *Facéties*, trad. E. Wolff d'après la version de P. des Brandes, Paris, Anatolia, 1994.

Le Roy Ladurie, E., 《La verdeur du bocage》, repris dans A. Tollemer, *Analyse du journal manuscrit d'un sire de Gouberville gentilhomme campagnard*, t. I, Village du pont Neuville, Les éditions des champs, 1993(1873), pp. V-L.

______, *Le siècle des Plattar 1499-1628*, t. I, Paris, Fayard, 1995.

Léry, Jean de, *Histoire d'un voyage faict en la terre du Brésil* (1578), éd. F. Lestringant, Paris, Le Livre de Poche, 1994.*

L'Estoile, Pierre de, *Mémoires-Journaux*, éd. G. Brunet *et alii*, 12 vol., Paris, Librairie des bibliophiles, 1875-1896.

______, *Journal du règne de Henri IV*, 4 vol., La Haye, Frères Vaillant, 1741.

______, *Journal de L'Estoile pour le règne de Henri IV*, éd. L.-R. Lefèvre et A. Martin, 3 vol., Paris, Gallimard, 1948-1960.

Lestringant, F., 《Le prince et le potier : introduction à la *Recepte veritable* (1563)》,

Nouvelle Revue du XVIe siècle, n° 3, 1985, pp. 5-24.

______, 《De la défloration aux ossements : les jeux de l'amour et de la mort dans les héroïdes d'André de La Vigne et de Clément Marot》, in G. Ernst (sous la dir.), *La mort dans le texte*, Lyon, Presses univ. de Lyon, 1988, pp. 65-83 ; repris dans *Clément Marot, de* L'Adolescence *à* L'Enfer, Padova, Unipress, 1998, pp. 47-69.

Le Tasse, *La Jérusalem délivrée/Gerusalemme liberata*, trad. J.-M. Gardair, Paris, Bordas, 1990.

La lettre du Prêtre Jean. Les versions en ancien français et en ancien occitan, éd. M. Gosman, Groningen, Bouma's Boekhuis, 1982.

Levalois, Ch., *Le loup. Mythes et traditions*, Paris, Le courrier du livre, 1997.

Lévêque, J.-J., *L'école de Fontainebleau*, Neuchâtel, Ides et Calendes, 1984.

Lever, M., *Canards sanglants. Naissance du fait divers*, Paris, Fayard, 1993.

Lindahl, C., McNamara, J. and Lindow, J. (ed.), *Medieval folklore. An encyclopedia of myths, legends, tales, beliefs, and customs*, 2 vol., Santa Barbara, ABC-CLIO, 2000.

Lipse, Juste, *Les deux livres de la constance. Esquels en forme de devis familier est discouru des afflictions, et principalement des publiques, et comme il se faut résoudre à les supporter*. Trad. anonyme du latin, éd. de Tours (1592), Paris, Noxia, 2000.

Loisel, J.-J., 《L'amour absolu de Ronsard : la nature》, in *Eclats de vers, éclats de voix. Ronsard en ses provinces*, Vendôme, Amis du Pays natal de Ronsard, 2001, pp. 107-121.

Louis, M., *La Bête du Gévaudan. L'innocence des loups*, Paris, Perrin, 1997 (nouvelle éd.).

Lucain, *La Guerre civile (La Pharsale)*, éd. A. Bourgery et M. Ponchont, 2 vol., Paris, Les Belles Lettres, 1993-1997 (1927-1930).

Lucrèce, *De la nature/De rerum natura*, trad. J. Kany-Turpin, Paris, GF-Flammarion, 1993.*

Luzel, F.-M., *Contes populaires de la Basse-Bretagne*, présenté par F. Morvan, 3 vol., Rennes, Presses univ. de Rennes/Terre de Brume, 1996 (1887).

McCulloch, F., *Mediaeval Latin and French bestiaries*, Chapel Hill, The Univ. of North Carolina Press, 1962 (revised ed.).

Maddox, D. and Strum-Maddox, S. (ed.), *Melusine of Lusignan. Founding fiction in late medieval France*, Athens/London, The Univ. of Georgia Press, 1996.

Mâle, E., *L'art religieux du XIIIe siècle en France*, Paris, Le Livre de Poche, 1988 (1948).*

______, *La fin du paganisme en Gaule et les plus anciennes basiliques chrétiennes*, Paris, Flammarion, 1950.

Mandeville, J., *Mandeville's Travels*, texts and translation by M. Letts, 2 vol., London, The Hukluyt Society, 1953.*

______, *Voyage autour de la terre*, trad. Ch. Deluz, Paris, Les Belles Lettres, 1993.

______, *Le Livre des merveilles du monde*, éd. Ch. Deluz, Paris, CNRS Editions, 2000.

Mandrou, R., *Magistrats et sorciers en France au XVIIe siècle*, Paris, Seuil, 1980.

Map, Gautier, *Contes pour les gens de cour*, trad. A. K. Bate, Turnhout, Brepols, 1993.

Maréchal, J.-R., *La vie des saints de la Gaule romaine aux royaumes francs (du Ier au VIIIe siècle)*, Paris, Godefroy de Bouillon, 1997.

Marie de France, *Lais*, trad. L. Harf-Lancner, Paris, Le Livre de Poche, 1990.*

Marliave, O. de, *Petit dictionnaire des mythologies basques et pyrénéenne*, Paris, Entente, 1993.

Marot, C., *Œuvres poétiques complètes*, éd. G. Defaux, 2 vol., Paris, Bordas, 1990-1993.

Mary, A. (éd.), *La fleur de la prose française depuis les origines jusqu'à la fin du XVIe siècle*, Paris, Garnier, s. d. [1954].

Mathieu-Castellani, G., *Les thèmes amoureux dans la poésie française 1570-1600*, Paris, Klincksieck, 1975.

______, *Eros baroque. Anthologie de la poésie amoureuse baroque 1570-1620*, Paris, 10/18, 1979.

______ (éd.), *La poésie amoureuse de l'âge baroque*, Paris, Le Livre de Poche, 1990.

Maury, A., *Les forêts de la Gaule et de l'ancienne France*, Paris, J. de Bonnot, 1994 (1867).

Maynard, F., *Poésies*, éd. F. Gohin, Paris, Garnier, 1927.

The medieval French Roman d'Alexandre, ed. E. C. Armstrong *et alii*, 7 vol., New York, Kraus Reprint, 1965-1976 (1937-1976).

Ménard, Ph., *Les Lais de Marie de France*, Paris, PUF, 1997 (3e éd.).

______, «Femmes séduisantes et femmes malfaisantes ; les filles-fleurs de la forêt et les créatures des eaux dans le *Roman d'Alexandre*», *Bien dire et bien aprandre*, n° 7, 1989, pp. 5-17.

______, «Le château en forêt dans le roman médiéval», in A. Chastel (sous la dir.), *op. cit.*, pp. 189-214.

______, «Le dragon, animal fantastique de la littérature française», *Revue des langues romanes*, XCVIII, 1994, pp. 247-268.

Mérindol, C. de, 《De la hiérarchie et de la symbolique des chasses à la fin du Moyen Age. Emblématique et art》, in A. Chastel (sous la dir.), *op. cit.*, pp. 143-161.

Merlin le Prophète ou le livre du Graal, trad. E. Baumgartner, Paris, Stock, 1991 (1980).

Micrologus, VIII, 1-2, (Il mondo animale), Firenze, SISMEL-Edizioni del Galluzzo, 2000.

Midelfort, H. C. Erik, *A history of madness in sixteenth-century Germany*, Stanford, Stanford U. P., 1999.

Milin, G., *Les chiens de Dieu. La représentation du loup-garou en Occident* (*XI*^{e} - *XIX*^{e} *siècles*), Brest, Centre de Recherche Bretonne et Celtique, 1993.

Mille, P., 《L'usage du bois vert au Moyen Age : de la contrainte technique à l'exploitation organisée des forêts》, in M. Colardelle (sous la dir.), *L'homme et la nature au Moyen Age*, Paris, Errance, 1996, pp. 166-170.

Milochau, F., *Fontainebleau, forêt fantastique*…, Tournai, La Renaissance du Livre, 2000.

Miquel, Dom P., *Dictionnaire symbolique des animaux*, Paris, Le Léopard d'or, 1992.

Molitor, Ulric, *Des sorcières et des devineresses*, reproduit en fac-simile d'après l'édition latine de Cologne 1489 et traduit pour la première fois en français, Paris, Nourry, 1926.

Montaiglon, A. de, et Rothschild, J. de (éd.), *Recueil de poésies françoises des XV*^{e} *et XVI*^{e} *siècles*, 13 vol., Paris, Jannet, 1855-1878 ; Nendeln/Liechtenstein, Kraus Reprint, 1977.

Montaigne, Michel de, *Journal de voyage*, éd. F. Rigolot, Paris, PUF, 1992 ; éd. F. Garavini, Paris, Gallimard, 1983.*

Montané, J. (sous la dir.), *La forêt landaise. Une aventure de l'homme et de son milieu*, Toulouse, Privat, 1994.

Mornet, E. et Morenzoni, F. (éd.), *Milieux naturels, espaces sociaux. Etudes offertes à Robert Delort*, Paris, Publications de la Sorbonne, 1997.

Mosser, M. et Teyssot, G. (sous la dir.), *Histoire des jardins de la Renaissance à nos jours*, Paris, Flammarion, 1991.

Motte-Gillet, A. (éd. sous la dir.), *Conteurs italiens de la Renaissance*, Paris, Gallimard, 1993.

Mousnier, R., *Les institutions de la France sous la monarchie absolue 1598-1789*, 2 vol., Paris, PUF, 1992 (1974).

Mozzani, E., *Le livre des superstitions*, Paris, Laffont, 1996.

Muchembled, R., *Une histoire du diable, XII*^{e}*-XX*^{e} *siècle*, Paris, Seuil, 2000.

Mund-Dopchie, M., 《Les humanistes face aux 《gorilles》 d'Hannon》, in *Prose et prosateurs*

de la Renaissance. Mélanges offerts à M. le Professeur Robert Aulotte, Paris, SEDES, 1988, pp. 331-341.

______, *La fortune du «Périple d'Hannon» à la Renaissance et au XVIIe siècle*, Namur, Société des études classiques, 1995.

Nederveen Pieterse, J., *White on black. Images of Africa and blacks in western popular culture*, New Haven/London, Yale U. P., 1992.

Nerval, G. de, *Poèmes d'Outre-Rhin.* Poésies allemandes *(1840) suivies des* Poésies de Henri Heine *(1848) et d'autres traductions*, éd. J.-Y. Masson, Paris, Grasset, 1996.

Niccoli, O., *Prophecy and people in Renaissance Italy*, translated by L. G. Cochrane, Princeton, Princeton U. P., 1990.

Nicolas de Troyes, *Le grand parangon des nouvelles nouvelles*, éd. E. Mabille, Bassac, Plein Chant, 1993 (1869) ; éd. K. Kasprzyk, Paris, STFM, 1970.

Notz, M.-F., «Le «sentiment de la montagne» au Moyen Age : du non-sens à la quête du sens», in C. Thomasset et D. James-Raoul (éd.), *La montagne dans le texte médiéval, op. cit.*, pp. 285-298.

Nouvelles courtoises occitanes et françaises, trad. S. Méjean-Thiolier et M.-F. Notz-Grob, Paris, Le Livre de Poche, 1997.

Le nu et le vêtu au Moyen Age (XIIe-XIIIe siècles), actes du 25e colloque du CUER MA, 2-3-4 mars 2000, *Senefiance* n° 47, Aix-en-Provence, Publications de l'Université de Provence, 2001.

Nynauld, Jean de, *De la lycanthropie, transformation et extase des sorciers*, 1615, éd. critique, Paris, Frénésie, 1990.*

Otten, Ch. F. (ed.), *A Lycanthropy reader. Werewolves in western culture*, Syracuse, Syracuse U. P., 1986.

Ovide, *Les Métamorphoses*, trad. G. Lafaye, 3 vol., Paris, Les Belles Lettres, 1966-1970 (1928-1930).*

Palissy, B., *Œuvres complètes*, éd. sous la dir. de M.-M. Fragonard, 2 vol., Mont-de-Marsan, Ed. InterUniversitaires, 1996.

______, *Recette véritable*, éd. F. Lestringant, Paris, Macula, 1996.*

Palma Cayet, *Chronologie septenaire*, éd. J. A. C. Buchon, Paris, Desrez, 1836.

Paravicini Bagliani, A. et Van den Abeele, B. (sous la dir.), *La chasse au Moyen Age. Société, traités, symboles*, Firenze, SISMEL-Edizioni del Galluzzo, 2000.

Pasquier, E., *Lettres familières*, éd. D. Thickett, Paris/Genève, Droz, 1974.

Pastoureau, M., *Figures et couleurs. Etude sur le symbolique et la sensibilité médiévales*, Paris, Le Léopard d'or, 1986.

______, 《Introduction à la symbolique médiévale du bois》, in J.-L. Biget, J. Boissière et J.-C. Hervé (éd.), *Le bois et la ville du Moyen Age au XXe siècle*, Saint-Cloud, Ecole Normale Supérieure de Fontenay, 1991, pp. 251-264 ; in *L'arbre. Histoire naturelle et symbolique de l'arbre, du bois et du fruit au Moyen Age*, Paris, Le Léopard d'or, 1993, pp. 25-40.

______, 《La forêt médiévale : un univers symbolique》, in A. Chastel (sous la dir.), *op. cit.*, pp. 83-98.

Pastourelles I-III, éd. J.-C. Rivière, Genève, Droz, 1974-1976.

Peletier du Mans, J., *Œuvres poétiques*, éd. L. Séché et P. Laumonier, Genève, Slatkine Reprints, 1970 (1904).

Pérouse, G.-A., *Nouvelles françaises du XVIe siècle. Images de la vie du temps*, Genève, Droz, 1977.

Pérouse de Montclos, J.-M., 《Difficultés d'approvisionnement en grands bois et innovation technique dans la charpente française des Temps Modernes》, in J.-L. Biget, J. Boissière et J.-C. Hervé (éd.), *op. cit.*, pp. 223-235.

Perrault, Ch., *Contes*, éd. C. Magnien, Paris, Le Livre de Poche, 1990.*

Pesez, J.-M., 《Le bois dans les constructions de la ville médiévale : les questions》, in J.-L. Biget, J. Boissière et J.-C. Hervé (éd.), *op. cit.*, pp. 195-202.

Pétrarque, *Canzoniere/Le Chansonnier*, trad. P. Blanc, Paris, Bordas, 1988.*

______, *La vie solitaire*, trad. P. Maréchaux, Paris, Payot & Rivages, 1999 ; *De vita solitaria/La vie solitaire*, trad. C. Carraud, Grenoble, Millon, 1999.

Piarotas, M., *Des contes et des femmes. Le vrai visage de Margot*, Paris, Imago, 1996.

Pierre de Beauvais, *Le Bestiaire* (version courte), éd. G. R. Mermier, Paris, Nizet, 1977.

Pigafetta, A., *Relation du premier voyage autour du monde de Magellan (1519-1522)*, postface, notes et bibliographie par L. Peillard, Paris, Tallandier, 1999 (nouvelle éd. revue et corrigée).*

Pinto-Mathieu, E., *Marie-Madeleine dans la littérature du Moyen Age*, Paris, Beauchesne, 1997.

______, 《Trois vies de pécheresses repenties : les saintes Marie l'Egyptienne, Marie-Madeleine et Thaïs》, *Revue des sciences humaines*, n° 251, 1998, pp. 89-109.

Pitte, J.-R., *Histoire du paysage français*, 2 vol., Paris, Tallandier, 1983.*

Planche, A., «Deux monstres ambigus : licorne et lycanthrope», in *Démons et Merveilles au Moyen Age*, Nice, Centre d'Etudes Médiévales de Nice, 1990, pp. 153-170.

______, «La belle était sous l'arbre...», in *L'arbre, op. cit.*, pp. 93-103.

______, *Des plantes, des bêtes et des couleurs*, Orléans, Paradigme, 1998.

Platter, F., *Félix et Thomas Platter à Montpellier 1552-1559/1595-1599. Notes de voyage de deux étudiants Bâlois*, Montpellier, P. Clerc/Espacesud, 1991 (1892).

Platter, Th., *ibid.*

______, *Le voyage de Thomas Platter 1595-1599* (*Le siècle des Platter II*), présenté par E. Le Roy Ladurie, Paris, Fayard, 2000.

Pline l'Ancien, *Histoire naturelle*, trad. J. Beaujeu *et alii*, 37 livres, Paris, Les Belles Lettres, 1950-1998.*

Polizzi, G., «Poliphile ou les combats du désir», in H. Brunon (sous la dir.), *Le jardin, notre double. Sagesse et déraison*, Paris, Ed. Autrement, 1999, pp. 81-100.

Polo, Marco, *The travels of Marco Polo*. The complete Yule-Cordier Ed., 2 vol., New York, Dover Publications, Inc., 1993 (1903-1920).*

______, *Le devisement du monde. Le livre des merveilles*, trad. L. Hambis, 2 vol., Paris, La Découverte, 1991-1994 (1980).

Pomian, K., «Collection-microcosme et la culture de la curiosité», in *Scienze, credenze occulte, livelli di cultura*, Firenze, Olschki, 1982, pp. 535-557.*

Pomponius Mela, *Chorographie*, trad. A. Silberman, Paris, Les Belles Lettres, 1988.*

Portal, F., *Des couleurs symboliques dans l'Antiquité, le Moyen Age et les Temps modernes*, s. l., Ed. de la Maisnie, 1978 (1837).

Prevenier, W. (sous la dir.), *Le prince et le peuple. Images de la société du temps des ducs de Bourgogne 1384-1530*, Anvers, Fonds Mercator, 1998.

Prieur, M., «La forêt onirique du *Songe de Poliphile* au *Coin de forêt avec Saint Georges combattant le dragon* d'Altdörfer», in F. Charpentier (éd.), *Le songe à la Renaissance*, Saint-Etienne, Institut d'études de la Renaissance et de l'Age classique, Univ. de Saint-Etienne, 1990, pp. 99-112.

Privat, J.-M. (sous la dir.), *Dans la gueule du dragon*, Sarreguemines, Pierron, 2000.

Pseudo-Callisthène, *Le Roman d'Alexandre*, trad. G. Bounoure et B. Serret, Paris, Les Belles Lettres, 1992.*

Pyrame et Thisbé, Narcisse, Philomena. Trois contes du XIIe *siècle français imités d'Ovide*, traduits par E. Baumgartner, Paris, Gallimard, 2000.

Les quatre branches du Mabinogi *et autres contes gallois du Moyen Age*, trad. P.-Y. Lambert, Paris, Gallimard, 1993.*

Quénet, S., 《Mises en récit d'une métamorphose : le loup-garou》, in G. Chandes (éd.), *Le merveilleux et la magie dans la littérature*, Amsterdam/Atlanta, Rodopi, 1992, pp. 137-163.

Quenot, Y., 《Du jardin de Bernard Palissy au jardin d'Olivier de Serres》, *Albineana*, 4, 1992, pp. 93-103.

______, 《Pour une défense de la nature à la Renaissance》, in J.-J. Wunenburger (sous la dir.), *La Renaissance ou l'invention d'un espace*, Dijon, Editions univ. de Dijon, 2000, pp. 169-182.

Quéruel, D., 《Les Ardennes dans la littérature romanesque du Moyen Age》, *Etudes Champenoises*, 5, 1986, pp. 37-49.

Rabelais, F., *Œuvres complètes*, éd. M. Huchon, avec la collaboration de F. Moreau, Paris, Gallimard, 1994.*

Racan, *Les Bergeries et autres poésies lyriques*, éd. P. Camo, Paris, Garnier, 1929.

Raoul Glaber, *Histoires*, trad. M. Arnoux, Turnhout, Brepols, 1996.

Redon, O., 《Parcours érémitique》, *Médiévales*, N° 28, 1995, pp. 5-9.

______, 《L'arbre et la forêt dans la Toscane méridionale aux XIIIe-XIVe siècle》, in M. Colardelle (sous la dir.), *op. cit.*, pp. 133-137.

Réforme, Humanisme, Renaissance, N° 50 (N° spécial : Olivier de Serres), 2000.

Régnier, S., *L'image de l'Amérindien dans les relations de voyages en Nouvelle-France de Jacques Cartier à Joseph-François Lafitau*, thèse Univ. Grenoble II, 1997, Villeneuve d'Ascq, Presses univ. du Septentrion, 2000.

Régnier-Bohler, D., 《Le corps mis à nu. Perception et valeur symbolique de la nudité dans les récits du Moyen Age》, *Europe*, N° 654, 1983, pp. 51-62.

______ (sous la dir.), *La légende arthurienne*, Paris, Laffont, 1998 (10e éd.).

______ (sous la dir.), *Splendeurs de la cour de Bourgogne*, Paris, Laffont, 1995.

______ (sous la dir.), *Récits d'amour et de chevalerie*, Paris, Laffont, 2000.

Remigereau, F., *Jacques du Fouilloux et son traité de* la Vénerie, Paris, Les Belles Lettres, 1952.

Revue des langues romanes, XCVIII, N° 2 (Eléments pour un bestiaire du Moyen Age), 1994.

Rey-Flaud, H., *Le Charivari. Les rituels fondamentaux de la sexualité*, Paris, Payot, 1985.

Reyniès, N. de, 《Tapisseries de chasse》, in A. Chastel (sous la dir.), *op. cit.*, pp. 217-231.

Ricau, O., *Histoire des Cagots*, Pau, Princi Néguer, 1999.

Richard de Fournival, *Le Bestiaire d'amour*, éd. C. Hippeau, Genève, Slatkine Reprints, 1978 (1860).

Rieu, J., 《La nature dans la poésie amoureuse de Philippe Desportes》, in *L'uomo e la natura nel Rinascimento*, a cura di L. Rotondi Secchi Tarugi, Milano, Nuovi Orizzonti, 1996, pp. 481-498.

Rivet, B., 《Réflexions sur quelques aspects économiques de l'œuvre de Bernard Palissy》, *Albineana*, 4, 1992, pp. 167-180.

Robert de Boron, *Merlin*, trad. A. Micha, Paris, GF-Flammarion, 1994.

Robert le Diable, trad. A. Micha, Paris, GF-Flammarion, 1996.*

Ronecker, J.-P., *Le symbolisme animal*, St-Jean-de-Braye, Dangles, 1994.

Ronsard, P. de, *Œuvres complètes*, éd. P. Laumonier, 20 tomes, Paris, STFM, 1914-1978.*

———, *Hymne des Daimons*, éd. A.-M. Schmidt, Paris, A. Michel, 1939.

———, *Hymnes*, éd. A. Py, Genève, Droz, 1978.

Rosenthal, O., *Donner à voir: écritures de l'image dans l'art de poésie au XVIe siècle*, Paris, Champion, 1998.

Ross, D. J. A., *Alexander Historiatus. A guide to medieval illustrated Alexander literature*, Frankfurt am Main, Athenäum, 1988 (1963).

———, *Studies in the Alexander Romance*, London, The Pinder Press, 1985.

Saint-Amant, *Œuvres*, éd. J. Bailbé, 5 vol., Paris, STFM, 1967-1979.

Saint-Gelais, M. de, *Œuvres poétiques françaises*, éd. D. Stone, Jr., 2 vol., Paris, STFM, 1993-1995.

Salvadori, Ph., *La chasse sous l'Ancien Régime*, Paris, Fayard, 1996.

Sand, G., *Histoire de ma vie*, préface de G. Schlientz, t. 5, Saint-Cyr-sur-Loire, Pirot, 1997.

———, *Légendes rustiques*, préface de E. Bloch-Dano, Saint-Cyr-sur-Loire, Pirot, 2000.*

Schedel, Hartmann, *Weltchronik*, Faksimile-Druck nach dem Original von 1493, Lindau, Antiqua-Verlag, s. d.

Schmidt, A.-M., *La mandragore*, Paris, Flammarion, 1958.

Schmitt, J.-C., *Le saint Lévrier. Guinefort, guérisseur d'enfants depuis le XIIIe siècle*, Paris, Flammarion, 1979.

______(éd.), *Prêcher d'exemples*, Paris, Stock, 1985.

______, 《Les《superstitions》》, in J. Le Goff et R. Rémond (sous la dir.), *Histoire de la France religieuse*, t. I, Paris, Seuil, 1988, pp. 419-551.*

______, *Les revenants. Les vivants et les morts dans la société médiévale*, Paris, Gallimard, 1994.

Sébillot, P., *Légendes et curiosités des métiers*, Paris, E. Flammarion, s. d.

______, *Le Folklore de France*, 8 vol., Paris, Imago, 1982-1986(1904-1906).

Seguin, J.-P., *L'information en France avant le périodique. 517 canards imprimés entre 1529 et 1631*, Paris, Maisonneuve et Larose, 1964.

Seignolle, C., *Les évangiles du diable selon la croyance populaire*, Paris, Maisonneuve et Larose, 1994.

Les sentences des pères du désert, collection alphabétique, trad. Dom L. Regnault, Sablésur-Sarthe, Abbaye Saint-Pierre de Solesmes, 1981.

Serres, O. de, *Le theatre d'agriculture et mesnage des champs*, Genève, Slatkine, 1991 (1605).

Sidky, H., *Witchcraft, lycanthropy, drugs, and disease. An anthropological study of the European witch-hunts*, New York, Peter Lang, 1997.

Smith, N. R., *Loathly births off nature: a study of the lore of the portentous monster in the sixteenth century*, Univ. of Illinois at Urbana-Champaign, Ph. D., 1978.

Smith, P. M., *The anti-courtier trend in sixteenth century French literature*, Genève, Droz, 1966.

Somville, P., 《Saint Georges et la princesse》, *Tradition wallonne, op. cit.*, pp. 89-96.

Steiger, B., *The Werewolf book. The encyclopedia of shapeshifting beings*, Detroit/London, Visible Ink, 1999.

Straparole, *Les facétieuses nuits*, trad. Jean Louveau et Pierre de Larivey, 2 vol., Paris, Jannet, 1857.

______, *Les nuits facétieuses*, traduction revue et postfacée par J. Gayraud, Paris, Corti, 1999.

Strubel, A. et Saulnier, C. de, *La poétique de la chasse au Moyen Age*, Paris, PUF, 1994.

Subrenat, J., 《L'aveu du secret d'amour dans *Le lai de Désiré*》, in *Mélanges de langue et littérature françaises du Moyen Age et de la Renaissance offerts à Charles Foulon*, t. I, Rennes, Institut de Français, Univ. de Haute-Bretagne, 1980, pp. 371-379.

Sully, *Les Œconomies royales*, éd. D. Buisseret et B. Barbiche, 2 vol., Paris, Klincksieck,

1970-1988.

Sulpice Sévère, *Vie de saint Martin*, éd. J. Fontaine, 3 vol., Paris, Cerf, 1967-1969.*

Tarayre, M., *La Vierge et le miracle. Le* Speculum historiale *de Vincent de Beauvais*, Paris, Champion, 1999.

Tervarent, G. de, *Attributs et symboles dans l'art profane 1450-1600*, 2 vol., Genève, Droz, 1958-1964.

Thevet, A., *Le Brésil d'André Thevet. Les Singularités de la France Antarctique* (1557), éd. F. Lestringant, Paris, Chandeigne, 1997.*

Thiébaux, M., *The stag of love. The chase in Medieval literature*, Ithaca/London, Cornell U. P., 1974.

Thou, Jacques-Auguste de, *Mémoires*, in J. A. C. Buchon (éd.), *Choix de chroniques et mémoires sur l'histoire de France*, Paris, Desrez, 1836, pp. 564-676.

Tilley, A., 《Les romans de chevalerie en prose》, *Revue du seizième siècle*, VI, 1919, pp. 45-63; reprinted in *Studies in the French Renaissance*, New York, Barnes & Noble, Inc., 1968 (1922), pp. 12-25.

Tollemer, A., *Analyse du journal manuscrit d'un sire de Gouberville gentilhomme campagnard*, 2 vol., Village du pont Neuville, Les éditions des champs, 1993 (1873).

Tortel, J., 《Quelques constantes du lyrisme préclassique》, in *Le préclassicisme français*, présenté par J. Tortel, Paris, Les Cahiers du Sud, 1952, pp. 123-161.

Toulier, B., 《La maison à pans de bois aux XVe et XVIe siècles dans quelques villes du Val de Loire et Du Berry》, in J.-L. Biget, J. Boissière et J.-C. Hervé (éd.), *op. cit.*, pp. 203-222.

Tripet, A., *Pétrarque ou la connaissance de soi*, Genève, Droz, 1967.

Tristan et Iseut (Les poèmes français-La saga norroise), trad. D. Lacroix et Ph. Walter, Paris, Le Livre de Poche, 1989.*

Vaissière, P. de, *Gentilshommes campagnards de l'ancienne France*, Paris, Perrin, 1903.

Valentine and Orson, translated from French by Henry Watson, ed. A. Dickson, London, The Early English Text Society, 2000 (1937).

Van Gennep, A., *Le folklore français*, 4 vol., Paris, Laffont, 1998-1999 (1937-1958).

Vasselin, M., 《L'antique dans le paysage de l'école de Fontainebleau》, in Y. Giraud (éd.), *Le paysage à la Renaissance*, *op. cit.*, pp. 281-296.

Velay-Vallantin, C., *L'histoire des contes*, Paris, Fayard, 1992.

Verdier, Y., 《Chemins dans la forêt. Les contes》, *Revue forestière française*, n° spécial

(Société et forêts), 1980, pp. 344-352.

Vernet, J.-L., *L'homme et la forêt méditerranéenne de la Préhistoire à nos jours*, Paris, Errance, 1997.

Vianey, J., 《La nature dans la poésie du XVIe siècle》, in *Mélanges de littérature, d'histoire et de philologie offerts à Paul Laumonier par ses élèves et ses amis*, Paris, Droz, 1935, pp. 171-188.

Viau, Théophile de, *Œuvres complètes*, éd. G. Saba, 4 vol., Paris, Nizet/Roma, Edizioni dell'Ateneo, 1978-1987.

La vie de saint Eustace, version en prose française du XIIIe siècle, éd. J. Murray, Paris, Champion, 1929.

La vie de saint Eustache, poème français du XIIIe siècle, éd. H. Petersen, Paris, Champion, 1928.

La vie de Sainte Marie l'Egyptienne, éd. P. Dembowski, Genève, Droz, 1996.

La vie des pères, éd. F. Lecoy, 2 vol., Paris, SATF, 1987-1993.

Vierne, S., 《La sainte et le dragon》, *Tradition wallonne*, *op. cit.*, pp. 289-299.

Villeneuve, R., *Dictionnaire du diable*, Paris, Omnibus, 1998.

Villon, F., *Le Testament Villon*, éd. J. Rychner et A. Henry, 2 vol., Genève, Droz, 1974.*

______, *Le Lais Villon et les poèmes variés*, éd. J. Rychner et A. Henry, 2 vol., Genève, Droz, 1977.*

Vingtain, D., *Avignon. Le Palais des Papes*, s. l., Zodiaque, s. d.[2000].

Virgile, *Bucoliques*, trad. E. de Saint-Denis, Paris, Les Belles Lettres, 1970 (1942) ; *Eclogues*, trad. H. R. Fairclough, London, Heinemann/Cambridge, Mass., Harvard U. P., 1967(1916) ; ed. R. Coleman, Cambridge, Cambridge U. P., 1977.*

______, *Aeneid*, Liber VI, trad. H. R. Fairclough, London, Heinemann/Cambridge, Mass., Harvard U. P., 1967(1916).*

Vivian, T.(trasl.), *Journeying into God. Seven early monastic lives*, Minneapolis, Fortress Press, 1996.

Voisenet, J., *Bestiaire chrétien. L'imaginaire animale des auteurs du Haut Moyen Age*(*V^e XIe s.*), Toulouse, Presses univ. du Mirail, 1994.

______, *Bêtes et hommes dans Le monde médiéval. Le bestiaire des clercs du Ve au XIIe siècle*, Turnhout, Brepols, 2000.

Walter, Ph., *Canicule. Essai de mythologie sur* Yvain *de Chrétien de Troyes*, Paris, SEDES, 1988.

______, *La mémoire du temps. Fêtes calendriers de Chrétien de Troyes à* La Mort Artu, Paris, Champion, 1989.

______(éd.), *Saint Antoine entre mythe et légende*, Grenoble, ELLUG, 1996.

______(éd.), *Le mythe de la Chasse sauvage dans l'Europe médiévale*, Paris, Champion, 1997.

______, 《Hellequin, Hannequin et le Mannequin》, in *ibid.*, pp. 33-72.

______, *Merlin ou le savoir du monde*, Paris, Imago, 2000.

Waquet, J.-C., *Les grands maîtres des Eaux et Forêts de France de 1689 à la Révolution*, Genève/Paris, Droz, 1978.

Weber, H., *La création poétique au XVIe siècle en France de Maurice Scève à Agrippa d'Aubigné*, Paris, Nizet, 1956.

White, H., 《The forms of wildness: archaeology of an idea》, reprinted in *Tropics of discourse*, Baltimore/London, The Johns Hopkins U. P., 1985(1978), pp. 150-182.

Wickham, C., 《European forests in the early Middle Ages: landscape and land clearance》, reprinted in *Land and power. Studies in Italian and European social history, 400-1200*, London, British School at Rome, 1994, pp. 155-199.

Wilson, D. B., *Descriptive poetry in France from blason to baroque*, Manchester, Manchester U. P./New York, Barnes & Noble, Inc., 1967.

Wirth, J., *La jeune fille et la mort. Recherches sur les thèmes macabres dans l'art germanique de la Renaissance*, Genève, Droz, 1979.

Wiseman, S., 《Monstrous perfectibility: ape-human transformation in Hobbes, Bulwer, Tyson》, in E. Fudge, R. Gilbert and S. Wiseman (ed.), *At the borders of the human. Beasts, bodies and natural philosophy in the early modern period*, London, Macmillan, 1999, pp. 215-238.

Wistasse le Moine, hrsg. von W. Foerster und J. Trost, Genève, Slatkine Reprints, 1976 (1891).

Wood, Ch. S., *Albrecht Altdorfer and the origins of landscape*, London, Reaktion Books, 1993.

L'Ystoire du vaillant chevalier Pierre filz du conte de Provence et de la belle Maguelonne, éd. R. Colliot, *Senefiance* n° 4, 1977.

Zaganelli, G., *L'Oriente incognito medievale*, Catanzaro, Rubbettino, 1997.

Zarncke, F., 《Der Brief des Priester Johannes an den byzantinischen kaiser Emanuel》, in Ch. F. Beckingham and B. Hamilton (ed.), *Prester John, the Mongols and the Ten Lost*

Tribes, Aldershot, Variorum, 1996, pp. 39-102.
Zeller, G., *Les institutions de la France au XVIe siècle*, Paris, PUF, 1948.
Zink, M., *La pastourelle. Poésie et folklore au Moyen Age*, Paris-Montréal, Bordas, 1972.
Zumthor, P., *La mesure du monde*, Paris, Seuil, 1993.

II 邦語文献

アウグスティヌス『神の国』全5巻，服部英次郎・藤本雄三訳，岩波文庫，1982-1991.
アタナシオス(アレクサンドレイアの)『アントニオス伝』小高毅訳，「中世思想原典集成」1『初期ギリシア教父』小高毅監修，平凡社，1995 所収.
阿部謹也『西洋中世の罪と罰——亡霊の社会史』弘文堂，1989.
『アポローンへの讃歌』，『四つのギリシャ神話』逸身喜一郎・片山英男訳，岩波文庫，1985 所収.
アリオスト『狂えるオルランド』脇功訳，名古屋大学出版会，2001.
アリストテレース『動物誌』全2巻，島崎三郎訳，岩波文庫，1998-1999.
安西信一『イギリス風景式庭園の美学——〈開かれた庭〉のパラドックス』東京大学出版会，2000.
アンダーソン『グリーンマン——ヨーロッパ史を生きぬいた森のシンボル』板倉克子訳，河出書房新社，1998.
アンツェレフスキー『デューラー 人と作品』前川誠郎・勝國興訳，岩波書店，1982.
池上俊一『動物裁判』講談社現代新書，1990.
———『狼男伝説』朝日新聞社，1992.
———『ロマネスク世界論』名古屋大学出版会，1999.
石川美子『旅のエクリチュール』白水社，2000.
伊藤進『怪物のルネサンス』河出書房新社，1998.
ヴァーガラ「ピーテル・ブリューゲルの風景版画」小林頼子訳，『ピーテル・ブリューゲル全版画展』ブリヂストン美術館／東京新聞，1989 所収.
『ヴィヨン詩集成』天沢退二郎訳，白水社，2000.
上野美子『ロビン・フッド伝説』研究社出版，1988.
———『ロビン・フッド物語』岩波新書，1998.
ウェルギリウス『アエネーイス』岡道男・高橋宏幸訳，京都大学学術出版会，2001.
———『牧歌・農耕詩』河津千代訳，未来社，1981.
ヴォーン『キャリバンの文化史』本橋哲也訳，青土社，1999.

『エネアス物語』原野昇ほか訳，渓水社，2000.
エリアーデ『鍛冶師と錬金術師』大室幹雄訳，せりか書房，1993(1973).
オウィディウス『変身物語』全2巻，中村善也訳，岩波文庫，1981-1984.
オラウス・マグヌス『北方民族文化誌』全2巻，谷口幸男訳，渓水社，1991-1992.
カエサル『ガリア戦記』國原吉之助訳，講談社学術文庫，1994.
カザル『ベリー侯の豪華時禱書』木島俊介訳，中央公論社，1989.
柏木英彦『中世の春』創文社，1976.
カートミル『人はなぜ殺すか――狩猟仮説と動物観の文明史』内田亮子訳，新曜社，1995.
川崎寿彦『森のイングランド』平凡社ライブラリー，1997(1984).
神原正明『ヒエロニムス・ボスの図像学』人文書院，1997.
カンポレージ『風景の誕生――イタリアの美しき里』中山悦子訳，筑摩書房，1997.
『狐物語』鈴木覺・福本直之・原野昇訳，白水社，1994.
木村尚三郎「ペロー童話――人々の生活感情」，『物語にみる中世ヨーロッパ世界』光村図書，1985 所収.
ギヨーム・ド・ロリス／ジャン・ド・マン『薔薇物語』篠田勝英訳，平凡社，1996.
ギラルドゥス・カンブレンシス『アイルランド地誌』有光秀行訳，青土社，1996.
『ギルガメシュ叙事詩』月本昭男訳，岩波書店，1996.
ギンズブルグ『夜の合戦――16・17 世紀の魔術と農耕信仰』上村忠男訳，みすず書房，1986.
――― 『闇の歴史――サバトの解読』竹山博英訳，せりか書房，1992.
グースカン『フランスの祭りと暦』樋口淳訳，原書房，1991.
クセノポン『狩猟について』，『小品集』松本仁助訳，京都大学学術出版会，2000 所収.
クードレット『メリュジーヌ物語』松村剛訳，青土社，1996.
蔵持不三也『祝祭の構図――ブリューゲル・カルナヴァル・民衆文化』ありな書房，1984.
――― 『シャリヴァリ――民衆文化の修辞学』同文舘，1991.
倉本四郎『鬼の宇宙誌』平凡社ライブラリー，1998(1991).
『クリストーバル・コロンの四回の航海』林屋永吉訳，「大航海時代叢書」第 I 期 1，岩波書店，1972(1965)所収.
『グリム童話集』全5巻，金田鬼一訳，岩波文庫，1993-1994(1973).
グリム『ドイツ伝説集』全2巻，桜沢正勝・鍛治哲郎訳，人文書院，1987-1990.

参考文献

グレーヴィチ『中世文化のカテゴリー』川端香男里・栗原成郎訳，岩波書店，1999(1992).
『ゲスタ・ロマノールム』伊藤正義訳，篠崎書林，1994(1988).
ゲーテ「ドイツの建築(1772年)」小栗浩訳，「世界の名著」38『ヘルダー，ゲーテ』中央公論社，1998(1979)所収.
ゲルウァシウス(ティルベリの)『皇帝の閑暇』池上俊一訳，青土社，1997.
小山啓子「移動する宮廷とフランス・ルネサンス王政」，宮崎揚弘編『続・ヨーロッパ世界と旅』法政大学出版局，2001所収.
『コロンブス航海記』林屋永吉訳，岩波文庫，1993(1977).
コーン『千年王国の追求』江河徹訳，紀伊国屋書店，1989(1978).
ゴンブリッチ『規範と形式――ルネサンス美術研究』岡田温司・水野千依訳，中央公論美術出版，1999.
斎藤広信「mandragore から main de gloire へ」，『ロンサール研究』XIV，2001.
酒井健『ゴシックとは何か――大聖堂の精神史』講談社現代新書，2000.
サンド『フランス田園伝説集』篠田知和基訳，岩波文庫，1998(1988).
篠田知和基『人狼変身譚――西欧の民話と文学から』大修館書店，1994.
シェイクスピア『テンペスト』小田島雄志訳，白水社，1983.
――『お気に召すまま』小田島雄志訳，白水社，1994(1983).
――『ヴェローナの二紳士』小田島雄志訳，白水社，1994(1983).
シュミット『中世の迷信』松村剛訳，白水社，1998.
ストラボン『ギリシア・ローマ世界地誌』全2巻，飯尾都人訳，龍溪書舎，1994.
ストロング『ルネサンスの祝祭』全2巻，星和彦訳，平凡社，1987.
スペンサー『妖精の女王』和田勇一監修，文理，1974(1969).
スルピキウス・セウェルス『聖マルティヌス伝』橋本龍幸訳，「中世思想原典集成」4『初期ラテン教父』加藤信朗監修，平凡社，1995所収.
『聖杯の探索』天沢退二郎訳，人文書院，1994.
『西洋の美術――その空間表現の流れ(欧州評議会特別展)』国立西洋美術館，読売新聞社，1987.
セネカ『人生の短さについて』，『道徳論集』茂手木元蔵訳，東海大学出版会，1989所収.
――『パエドラ』大西英文訳，『悲劇集1』小川正廣ほか訳，京都大学学術出版会，1997所収.
高橋薫「「迷信」妄想」，『フランス16世紀読書報告』1995所収.

———「鹿の蹄を王に捧げる」，同上所収.
タキトゥス『年代記』全 2 巻，國原吉之助訳，岩波文庫，1981.
———『ゲルマニア／アグリコラ』國原吉之助訳，ちくま学芸文庫，1996.
田辺保『ケルトの森・ブロセリアンド』青土社，1998.
谷口幸男ほか『ヨーロッパの森から——ドイツ民族誌』日本放送出版協会，1981.
種村季弘「シチリアの鷹——フリードリヒ二世の『鷹の書』」，「種村季弘のネオ・ラビリントス」第 2 巻『奇人伝』河出書房新社，1998 所収.
ダンテ『神曲』平川祐弘訳，河出書房新社，1997(1992).
チョーサー『カンタベリー物語』全 3 巻，桝井迪夫訳，岩波文庫，1973-1995.
テヴェ『南極フランス異聞』山本顕一訳，「大航海時代叢書」第 II 期 19，岩波書店，1982 所収.
伝カリステネス『アレクサンドロス大王物語』橋本隆夫訳，国文社，2000.
ドヴェーズ『森林の歴史』猪俣禮二訳，文庫クセジュ，1991(1973).
徳井淑子『服飾の中世』勁草書房，1995.
トマス『人間と自然界——近代イギリスにおける自然観の変遷』山内昶監訳，法政大学出版局，1989.
ドリュモー『恐怖心の歴史』永見文雄・西澤文昭訳，新評論，1997.
ドロール『動物の歴史』桃木暁子訳，みすず書房，1998.
中沢新一・鶴岡真弓・月川和雄編『ケルトの宗教 ドルイディズム』岩波書店，1997.
中野美代子『中国の青い鳥——シノロジー雑草譜』平凡社ライブラリー，1994(1985).
新倉俊一『フランス中世断章』岩波書店，1993.
ニノー『狼憑きと魔女』池上俊一監修，富樫瓔子訳，工作舎，1994.
『ニーベルンゲンの歌』全 2 巻，相良守峯訳，岩波文庫，1999(1955).
『ノストラダムス 予言集』P. ブランダムール校訂，高田勇・伊藤進編訳，岩波書店，1999.
野村泫『グリム童話』ちくま学芸文庫，1993(1989).
ハイゼ『亭主——酒場と旅館の文化史』石丸昭二訳，白水社，1996.
ハイネ『アッタ・トロル』井上正蔵訳，岩波文庫，1973(1955).
パウサニアス『ギリシア案内記』全 2 巻，馬場恵二訳，岩波文庫，1991-1992.
パウリ『冗談とまじめ』名古屋初期新高ドイツ語研究会訳，同学社，1999.
バーク『新版イタリア・ルネサンスの文化と社会』森田義之・柴野均訳，岩波書店，2000.
バシュラール『空間の詩学』岩村行雄訳，思潮社，1980(1969).

ハーゼル『森が語るドイツの歴史』山縣光晶訳，築地書館，1996.
パリシー『陶工パリシーのルネサンス博物問答』佐藤和生訳，晶文社，1993.
ハリスン『森の記憶——ヨーロッパ文明の影』金利光訳，工作舎，1996.
パーリン『森と文明』安田喜憲・鶴見精二訳，晶文社，1994.
バルトルシャイティス『幻想の中世——ゴシック美術における古代と異国趣味』全2巻，西野嘉章訳，平凡社ライブラリー，1998(1985).
———「ゴシック建築のロマン」，『アベラシオン——形態の伝説をめぐる四つのエッセー』種村季弘・巖谷國士訳，国書刊行会，1991所収.
ハルトマン・フォン・アウエ『ハルトマン作品集』平尾浩三・中島悠爾・相良守峯・リンケ珠子訳，郁文堂，1982.
ヒエロニュムス『最初の隠修士パウルスの生』荒井洋一訳，「中世思想原典集成」4『初期ラテン教父』加藤信朗監修，平凡社，1995所収.
———『書簡集』荒井洋一訳，「中世思想原典集成」4『初期ラテン教父』加藤信朗監修，平凡社，1995所収.
『比較神話学シンポジウム 荒猟師伝承の東西』名古屋大学，1997.
ピット『フランス文化と風景』全2巻，高橋伸夫・手塚章訳，東洋書林，1998.
フアン・ルイス『よき愛の書』牛島信明・冨田育子訳，国書刊行会，1995.
フーコー『狂気の歴史——古典主義時代における』田村俶訳，新潮社，1975.
ブズルク・イブン・シャフリヤール『インドの不思議』藤本勝次・福原信義訳，関西大学出版・広報部，1978.
プラトン『クリティアス』田之頭安彦訳，「世界の名著」7『プラトン II』中央公論社，1998(1978)所収.
フラピエ『アーサー王物語とクレチヤン・ド・トロワ』松村剛訳，朝日出版社，1988.
『フランス幻想民話集』植田祐次訳編，現代教養文庫，1981.
『フランス古譚 ガルガンチュワ大年代記』渡辺一夫訳，白水社，1948.
『フランス中世文学集』全4巻，新倉俊一・神沢栄三・天沢退二郎訳，白水社，1990-1996.
『フランス民話集』新倉朗子訳，岩波文庫，1993.
『プリニウスの博物誌』全3巻，中野定雄ほか訳，雄山閣，1986.
ブリヨン『幻想芸術』坂崎乙郎訳，紀伊国屋書店，1992(1968).
『プルターク英雄伝』全12巻，河野与一訳，岩波文庫，1991(1952-1956).
ブロス『世界樹木神話』藤井史郎ほか訳，八坂書房，1995.
ブロック『フランス農村史の基本性格』河野健二・飯沼二郎訳，創文社，1994(1959).

ブローデル『地中海』全5分冊，浜名優美訳，藤原書店，1991-1995.
『ベーオウルフ』忍足欣四郎訳，岩波文庫，1998(1990).
ペトラルカ『ルネサンス書簡集』近藤恒一編訳，岩波文庫，1989.
――『カンツォニエーレ――俗事詩片』池田廉訳，名古屋大学出版会，1992.
ペトロニウス『サテュリコン』國原吉之助訳，岩波文庫，1991.
ベネディクトゥス(ヌルシアの)『戒律』古田暁訳，「中世思想原典集成」5『後期ラテン教父』野町啓監修，平凡社，1993所収.
ベルナール『狼と人間――ヨーロッパ文化の深層』高橋正男訳，平凡社，1991.
『ペロー童話集』新倉朗子訳，岩波文庫，1982.
『風景画ができるまで ロンドン大学コートールド・ギャラリー所蔵16―17世紀オランダ・フランドル風景素描の世界展』東武美術館，2000.
ホイジンガ『中世の秋』全2巻，堀越孝一訳，中公文庫，1976(1967).
ホウルト『ロビン・フッド――中世のアウトロー』有光秀行訳，みすず書房，1994.
ボガトゥイリョーフ『呪術・儀礼・俗信――ロシア・カルパチア地方のフォークロア』千野栄一・松田州二訳，岩波書店，2000(1988).
ボッカッチョ『デカメロン』全3巻，柏熊達生訳，ちくま文庫，1987-1988(1981).
ポミアン『コレクション――趣味と好奇心の歴史人類学』吉田城・吉田典子訳，平凡社，1992.
『ホラティウス全集』鈴木一郎訳，玉川大学出版部，2001.
堀越宏一『中世ヨーロッパの農村世界』山川出版社，1997.
ホール『西洋美術解読事典』高階秀爾監修，河出書房新社，1992(1988).
ボルスト『中世の巷にて』全2巻，永野藤夫ほか訳，平凡社，1986-1987.
ボルヘス，ゲレロ『幻獣辞典』柳瀬尚紀訳，晶文社，1998(1974).
ポーロ(マルコ)『東方見聞録』全2巻，愛宕松男訳，東洋文庫，1994(1970-1971).
ポンポニウス・メラ『世界地理』，ディオドロス『神代地誌』飯尾都人訳，龍渓書舎，1998所収.
『マガリャンイス 最初の世界一周航海』長南実訳，「大航海時代叢書」第I期1，岩波書店，1972(1965)所収.
松原秀一『中世ヨーロッパの説話――東と西の出会い』中公文庫，1992(1979).
『マビノギオン――中世ウェールズ幻想物語集』中野節子訳，JULA出版局，2000.
マリー・ド・フランス『十二の恋の物語』月村辰雄訳，岩波文庫，1988.
マール『ゴシックの図像学』全2巻，田中仁彦ほか訳，国書刊行会，1998.
マルカル『メリュジーヌ』中村栄子・末永京子訳，大修館書店，1997.

参考文献

マルティヌス(ブラガの)『田舎者たちへの訓戒』須藤和夫・別宮幸徳訳,「中世思想原典集成」5『後期ラテン教父』野町啓監修, 平凡社, 1993 所収.
マロリー『アーサー王物語』全 2 巻, 中島邦男ほか訳, 青山社, 1998(1995).
マンデヴィル『東方旅行記』大場正史訳, 東洋文庫, 1989(1964).
宮下志朗『エラスムスはブルゴーニュワインがお好き』白水社, 1996.
森義信『メルヘンの深層――歴史が解く童話の謎』講談社現代新書, 1995.
モンタナーリ『ヨーロッパの食文化』山辺規子・城戸照子訳, 平凡社, 1999.
モンテーニュ『旅日記』関根秀雄・斎藤広信訳, 白水社, 1992.
ヤコブス・デ・ウォラギネ『黄金伝説』全 4 巻, 前田敬作ほか訳, 人文書院, 1979-1987.
安田喜憲『森と文明の物語――環境考古学は語る』ちくま新書, 1995.
柳宗玄・中森義宗編『キリスト教美術図典』吉川弘文館, 1990.
ユイスマンス『大伽藍――神秘と崇厳の聖堂讃歌』出口裕弘訳, 平凡社ライブラリー, 1995(1985).
ユゴー『ライン河幻想紀行』榊原晃三編訳, 岩波文庫, 2000(1985).
ラヴジョイ『存在の大いなる連鎖』内藤健二訳, 晶文社, 1975.
ラガッシュ『狼と西洋文明』高橋正男訳, 八坂書房, 1991(1989).
―――『オオカミと神話・伝承』高橋正男訳, 大修館書店, 1992.
『ラ・フォンテーヌ寓話』市原豊太訳, 白水社, 1971(1959).
ラブレー『ガルガンチュワ物語』『パンタグリュエル物語』全 5 巻, 渡辺一夫訳, 岩波文庫, 1973-1975.
リー/ラウファー『スキタイの子羊』尾形希和子・武田雅哉訳, 博品社, 1996.
リバール『中世の象徴と文学』原野昇訳, 青山社, 2000.
ルゴフ『中世の知識人――アベラールからエラスムスへ』柏木英彦・三上朝造訳, 岩波新書, 1977.
―――『中世の夢』池上俊一訳, 名古屋大学出版会, 1992.
ルクレティウス『事物の本性について』岩田義一・藤沢令夫訳,「世界古典文学全集」21, 筑摩書房, 1983(1965)所収.
レオ(ナポリの首席司祭)『アレクサンデル大王の誕生と勝利』芳賀重徳訳, 近代文芸社, 1996.
レリー『ブラジル航海記』二宮敬訳,「大航海時代叢書」第 II 期 20, 岩波書店, 1987 所収.
『ローマ人物語 ゲスタ・ローマノールム』永野藤夫訳, 東峰書房, 1996.

『ロンサール詩集』高田勇訳，青土社，1985.
渡辺一夫『世間噺・後宮異聞』，『渡辺一夫著作集』第 14 巻，筑摩書房，1977 所収.
渡邊昌美『中世の奇蹟と幻想』岩波新書，1989.

図版出典一覧

図 1 Ch. S. Wood, *Albrecht Altdorfer and the origins of landscape*, London, Reaktion Books, 1993.

図 2 Y. Verdier,《Chemins dans la forêt. Les contes》, *Revue forestière française*, n° spécial (Société et forêts), 1980.

図 3 R. Larrère et O. Nougarède, *Des hommes et des forêts*, Paris, Gallimard, 1993.

図 4 R. Delort, *La vie au Moyen Age*, Paris, Seuil, 1982 (1972).

図 5 *La forêt. Anthologie poétique*, Paris, Ed. du chêne, 1997.

図 6 R. Larrère et O. Nougarède, *op. cit.*

図 7 S. Cassagnes-Brouquet et V. Chambarlhac, *L'âge d'or de la forêt*, Rodez, Ed. du Rouergue, 1995.

図 8 J.-R. Pitte, *Histore du paysage français*, t. I, Paris, Tallandier, 1983.

図 9 Olivier de Serres, *Le theatre d'agriculture et mesnage des champs*, Genève, Slatkine, 1991 (1605).

図 10 W. Endrei and L. Zolnay, *Fun and games in old Europe*, Budapest, Corvina, 1986.

図 11 カザル『ベリー侯の豪華時禱書』木島俊介訳，中央公論社，1989.

図 12 S. Cassagnes-Brouquet et V. Chambarlhac, *op. cit.*

図 13 W. Prevenier (sous la dir.), *Le prince et le peuple. Images de la société du temps des ducs de Bourgogne 1384-1530*, Anvers, Fonds Mercator, 1998.

図 14 F. Joubert, *La tapisserie au Moyen Age*, Rennes, Ed. Ouest-France, 2000.

図 15 M. Devèze, *La vie de la forêt française au XVIe siècle*, t. I, Paris, S. E. V. P. E. N., 1961.

図 16 W. Prevenier (sous la dir.), *op. cit.*

図 17 A. Corvol, 《La forêt》, in P. Nora (sous la dir.), *Les lieux de mémoire*, III : *Les France*, vol. I, Paris, Gallimard, 1992.

図 18 M. B. Merback, *The thief, the cross and the wheel. Pain and the spectacle of punishment in Medieval and Renaissance Europe*, London, Reaktion Books, 1999.

図 19 アンナリータ・パオリエーリ『パオロ・ウッチェロ，ドメニコ・ヴェネツィアーノ，アンドレア・デル・カスターニョ』諸川春樹・片瀬頼継訳，「イタリア・ルネサンスの巨匠たち」11，東京書籍，1995.

図 20 Gaston Phébus, *Le Livre de la chasse*, trad. R. et A. Bossuat, Paris, Lebaud, 1986.

図 21 S. Cassagnes-Brouquet et V. Chambarlhac, *op. cit.*

図 22 W. Prevenier (sous la dir.), *op. cit.*

図 23 R. J. Knecht, *Renaissance warrior and patron: the reign of Francis I*, Cambridge, Cambridge U. P., 1994.

図 24 A. Chastel, *L'art français. Temps modernes 1430-1620*, Paris, Flammarion, 2000.

図 25 F. Bardon, *Diane de Poitiers et le mythe de Diane*, Paris, PUF, 1963.

図 26 M. Foisil, *Le sire de Gouberville*, Paris, Flammarion, 1986 (1981).

図 27 S. Cassagnes-Brouquet et V. Chambarlhac, *op. cit.*

図 28 C. Gaignebet et J.-D. Lajoux, *Art profane et religion populaire au Moyen Age*, Paris, PUF, 1985.

図 29 *Ibid.*

図 30 R. Bartra, *Wild Men in the looking glass. The mythic origins of European otherness*, translated by C. T. Berrisford, Ann Arbor, The Univ. of Michigan Press, 1994.

図 31 R. Bartra, *The artificial savage. Modern myths of the Wild Man*, translated by Ch. Follett, Ann Arbor, The Univ. of Michigan Press, 1997.

図 32 R. Bartra, *Wild Men in the looking glass, op. cit.*

図 33 C. Gaignebet et J.-D. Lajoux, *op. cit.*

図 34 S. Cassagnes-Brouquet et V. Chambarlhac, *op. cit.*

図 35 R. Bartra, *Wild Men in the looking glass, op. cit.*

図 36 *Ibid.*

図 37 *Ibid.*

図 38 C. Velay-Vallantin, *L'histoire des contes*, Paris, Fayard, 1992.

図 39 Hartmann Schedel, *Weltchronik*, Lindau, Antiqua-Verlag, s. d. (Faksimile-Druck nach dem Original von 1493).

図 40 *Ibid.*

図 41 R. Bartra, *Wild Men in the looking glass, op. cit.*

図 42 S. Cassagnes-Brouquet et V. Chambarlhac, *op. cit.*

図 43 R. Bartra, *Wild Men in the looking glass, op. cit.*

図 44 F. Joubert, *op. cit.*

図 45 R. Bartra, *The artificial savage, op. cit.*

図 **46** N. R. Smith, *Loathly births off nature: a study of the lore of the portentous monster in the sixteenth century*, Univ. of Illinois at Urbana-Champaign, Ph. D., 1978.

図 **47** S. Wiseman, 《Monstrous perfectibility: ape-human transformation in Hobbes, Bulwer, Tyson》, in E. Fudge, R. Gilbert, S. Wiseman (ed.), *At the borders of the human. Beasts, bodies and natural philosophy in the early modern period*, London, Macmillan, 1999.

図 **48** L. Pinon, *Livres de zoologie de la Renaissance. Une anthologie (1450-1700)*, Paris, Klincksieck, 1995.

図 **49** P. Delaunay, *La zoologie au XVI*[e] *siècle*, Paris, Hermann, 1997 (1962).

図 **50** R. Bartra, *Wild Men in the looking glass*, *op. cit.*

図 **51** J.-P. Duviols, *L'Amérique espagnole vue et rêvée. Les livres de voyages de Christophe Colomb à Bougainville*, Paris, Promodis, 1985.

図 **52** D. Heartz, 《Un divertissement de palais pour Charles Quint à Binche》, in J. Jacquot (éd.), *Les Fêtes de la Renaissance*, t. II: *Fêtes et cérémonies au temps de Charles Quint*, Paris, CNRS, 1975.

図 **53** *Carnavals et fêtes d'hiver*, Paris, Centre Georges Pompidou, 1984.

図 **54** C. Gaignebet et J.-D. Lajoux, *op. cit.*

図 **55** H. A. Klein, *Graphic worlds of Peter Bruegel the elder*, New York, Dover Publications, Inc., 1963.

図 **56** Ulric Molitor, *Des sorcières et des devineresses*, Paris, Nourry, 1926 (1489).

図 **57** J. Wirth, *La jeune fille et la mort. Recherches sur les thèmes macabres dans l'art germanique de la Renaissance*, Genève, Droz, 1979.

図 **58** C. Gaignebet et J.-D. Lajoux, *op. cit.*

図 **59** S. Cassagnes-Brouquet et V. Chambarlhac, *op. cit.*

図 **60** R. Larrère et O. Nougarède, *op. cit.*

図 **61** S. Cassagnes-Brouquet et V. Chambarlhac, *op. cit.*

図 **62** A. Chastel, *op. cit.*

図 **63** S. Cassagnes-Brouquet et V. Chambarlhac, *op. cit.*

図 **64** *Ibid.*

図 **65** *Ibid.*

図 **66** M. Izzi, *Il dizionario illustrato dei mostri*, Roma, Gremese, 1989.

図 **67** Jean de Mandeville, *Reisen*, Herausgegeben und mit einer Einleitung versehen von E. Bremer und K. Ridder, Hildesheim/Zürich/New York, Georg Olms, 1991

(1480/1481).

図 68　A.-M. Schmidt, *La mandragore*, Paris, Flammarion, 1958.

図 69　M. Izzi, *op. cit.*

図 70　A.-M. Schmidt, *op. cit.*

図 71　アンツェレフスキー『デューラー　人と作品』前川誠郎・勝國興訳，岩波書店，1982.

図 72　E. H. Gombrich, 《The Renaissance theory of art and the rise of landscape》, reprinted in *Norm and form. Studies in the art of the Renaissance*, London/New York, Phaidon, 1971(1966).

図 73　H. A. Klein, *op. cit.*

図 74　S. Cassagnes-Brouquet et V. Chambarlhac, *op. cit.*

図 75　J. Białostocki, *L'art du XV*[e] *siècle des Parler à Dürer*, trad. P.-E. Dauzat, Paris, Le Livre de Poche, 1993.

図 76　K. Basford, *The Green Man*, Cambridge, D. S. Brewer, 1998(1978).

図 77　*Ibid.*

410 頁の図版　A.-C. Beaugendre, *Les merveilles du monde ou les secrets de l'histoire naturelle*, Arcueil, Anthèse, 1996.

三先生の存在の大きさであった。大学院生の時代に、ベルールの『トリスタン物語』や『ヴェルジーの奥方』、ヴィヨン、クレチアン・ド・トロワの『ペルスヴァルまたは聖杯の物語』などをいっしょに読んでくださったことが、本書を執筆しながらたびたび懐かしく思い出された。なかでも『聖アレクシス伝』を薄暗い院生室ではじめて読んだときの素朴な感動は忘れがたい。神沢先生の謦咳に接してからだったろう、中世への興味がいや増しに高まったのは。急逝された先生の学恩に感謝する想いたるや、切なるものがある。

それぞれのお名前を挙げるのは差し控えさせていただくが、多くの友人、同僚諸氏には、いつもながら貴重な教示と助言、励ましをいただいた。篤くお礼を申し上げる。

本書の上梓にあたっては、岩波書店編集部の中川和夫氏に大変お世話になった。『ノストラダムス 予言集』(共訳、岩波書店、一九九九年)が氏とのはじめての仕事であったが、その打ち合わせの際に本書の構想とモチーフを漏らしたことが、実現に向けて邁進する契機となった。それ以来、自由になる時間のほとんどすべてを執筆に傾注してきた。細やかな配慮をもって産婆役を引き受けてくださった中川氏には篤く感謝申し上げる。

最後に、執筆するのにいつも最適な環境条件を整えてくれ、狭い書斎いっぱいに足の踏み場もないくらい本を積み上げても、呆れ顔でなにも言わずにじっと見守っていてくれた家族に感謝したい。

二〇〇二年二月

伊藤　進

しておいた「文化」と「野蛮」の対立の問題も明瞭になってくると思われる。

しかし翻って、これはヨーロッパ対非ヨーロッパの問題だけではなく、ヨーロッパの内部にもこの対峙は存在したはずなのである。ヨーロッパ内の（地理的にも精神的にも）異境といえば、森や山などの文化的対立の場所にほかならない。実際、本書でも縷々述べ来った「野人」は、ヨーロッパの森に棲む怪物であると昔から信じられていたではないか。東方を旅した中世の旅行者たちが目撃した（と思いこんだ）、ないしは噂に聞いた怪物の多くが棲息していたのも森や山のなかであったという。つまりヨーロッパの森は、文化対野蛮、中心対辺境の問題を孕み、かつそれらの問題意識を映し出す空間であった。しかも、最近の動向としてこのようなトポス（場所）を再検討する傾向が出てきたことが、私が森にいっそうの関心を寄せる契機となったことも否定できない。中世史家エルヴェ・マルタンは『中世の心性』の第二巻（パリ、二〇〇一年）において、近年の研究で一新された本質的なテーマのうちのひとつに、やはり山や森などの場所の問題を挙げて総括しているし、ドロールとヴァルテルも『ヨーロッパ環境史』（パリ、二〇〇一年）というはなはだ興味深い一書を刊行して、この分野の重要性に着目しているのだ。あるいは環境文学という視点でも森は新たな脚光を浴びつつある。こうして西欧文化における森の存在が気になりはじめるとともに、それ以来、とりわけ西欧の想像界における森をつねに考えつづけ、その関係の文献を渉猟してきたのである。そのような持続を踏まえた、ささやかな答案が本書である。前著『怪物のルネサンス』のときと同様、専門とするルネサンス文学の領域を、分際もわきまえずに大きく踏み越えて論じることになったので、思わぬ誤解も紛れ込んでいるにちがいないが、しかし想像界の森を考察するにはこのような暴挙にどうしても出ざるをえなかったのである。読者諸賢のご理解とご寛恕、そしてご教示を心よりお願いする次第である。

本書の性格上、おびただしい中世関係の文献を漁らざるをえなかったが、そのつど思い知らされたのが故神沢栄

あとがき

本書の構想はすでに五年ほどまえに遡る。一六世紀に書かれたフランス語による日記類を読み漁っていたころに、どの日記や年代記もまるで判で押したように異常気象や彗星、怪物の誕生などにかなりの頁を割いていることに気づいて、この時代の西欧人が驚異の現象と自然にどのようなメンタリティーをもって向き合っていたのかを調べてみようと思い立った。そのひとつの経過報告として、一九九八年には幸いにも『怪物のルネサンス』(河出書房新社)を上梓することができた。

この西洋と怪物の関わりを考えているときに、しきりに気になりだしたのは空間の問題であった。ユーラシア大陸の西に突き出た半島に過ぎないヨーロッパ、面積的にもアジア大陸の四分の一に満たない約一千万平方キロメートルの地域でしかないヨーロッパ、この小さなキリスト教文化圏は古来、モンゴル人、イスラム、ヴァイキング、マジャール人などの異民族による侵略の危機にたえず脅かされ、破壊と外圧に苦しめられて、外的世界とのあいだに緊張関係を強いられていた。それゆえ極端に閉鎖された、エスノセントリックな意識を根強くもっていた世界であった。この自閉状態のヨーロッパが東方や新大陸といった外的な異境と接触し、さまざまな情報を受信・蓄積していって、閉塞した空間意識から一気に開放されたとき、ヨーロッパ人ははじめて他者なる存在をまともに意識せざるをえなくなったといえるだろう。「私たち」と「彼ら」のあいだの強烈な自他意識の発生といってもよい。このとき「人間」と「非人間＝怪物」の区別が鮮明に浮かび上がるだけでなく、本書の「はじめに」においても提起

伊藤 進

1949年生まれ．専攻，16世紀フランス文学・思想．
現在，中京大学教養部教授．
著書：『怪物のルネサンス』(河出書房新社，1998)，
P. ブランダムール校訂『ノストラダムス 予言集』
共編訳(岩波書店，1999)ほか．

森と悪魔 中世・ルネサンスの闇の系譜学

2002年4月26日 第1刷発行

著 者 伊藤《いとう》 進《すすむ》

発行者 大塚信一

発行所 株式会社 岩波書店
〒101 8002 東京都千代田区 ツ橋 2-5-5
電 話 案内 03-5210-4000
http://www.iwanami.co.jp/

印刷・三陽社 カバー・半七印刷 製本・松岳社

ISBN 4-00-025292-5 Printed in Japan